NOVAS MEDIDAS CONTRA A CORRUPÇÃO

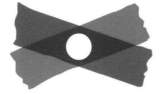 

www.unidoscontraacorrupcao.org.br

Copyright © 2018 Michael Freitas Mohallem, Bruno Brandão

Obra Licenciada em Creative Commons

Direitos desta edição reservados à FGV EDITORA,
nos termos da licença Creative Commons aqui utilizada:
Rua Jornalista Orlando Dantas, 37
22231-010 | Rio de Janeiro, RJ | Brasil
Tels.: 0800-021-7777 | 21-3799-4427
Fax: 21-3799-4430
editora@fgv.br | pedidoseditora@fgv.br
www.fgv.br/editora

Impresso no Brasil | *Printed in Brazil*

Os conceitos emitidos neste livro são de inteira responsabilidade do(s) autor(es).

1ª edição – 2018

Revisão: Renata Sangeon
Diagramação: Andreza Moreira – Tangente Design
Capa: Andreza Moreira – Tangente Design

Ficha catalográfica elaborada pela Biblioteca Mario Henrique Simonsen/FGV

Novas medidas contra a corrupção / Organizadores Michael Freitas Mohallem e Bruno Brandão; Isabel Cristina Veloso de Oliveira...[et al.]. - Rio de Janeiro : FGV Editora, 2018.
624 p.

Em parceria com a FGV Direito Rio, FGV Direito SP e Transparência Internacional Brasil.
ISBN: 978-85-225-2113-5

1. Corrupção. 2. Corrupção administrativa. 3. Corrupção na política. 4. Transparência na administração pública. I. Mohallem, Michael. II. Brandão, Bruno. III. Oliveira, Isabel Cristina Veloso de. IV. Fundação Getulio Vargas. V. Escola de Direito do Rio de Janeiro da Fundação Getulio Vargas. VI. Escola de Direito de São Paulo da Fundação Getulio Vargas. VII.Transparência Internacional Brasil (Organização)

CDD – 341.3

NOVAS MEDIDAS CONTRA A CORRUPÇÃO

Michael Freitas Mohallem
Bruno Brandão
(orgs.)

Isabel Cristina Veloso de Oliveira
Guilherme de Jesus France
Ana Luiza Aranha
Maira Martini
Fabiano Angélico
Luca Wanick

APRESENTAÇÃO

Nos últimos anos, no Brasil, foram expostas as relações criminosas que se estabeleceram, há décadas, entre empresas e agentes políticos. Simultaneamente, presenciamos a abertura de uma promissora janela de oportunidade para aprimoramento dos mecanismos de controle da corrupção.

Infelizmente, o debate público iniciado pelo conjunto de propostas conhecido como "Dez Medidas Contra a Corrupção" foi precocemente encerrado no Congresso Nacional, antes que outras contribuições de organizações sociais, acadêmicas e de especialistas pudessem se somar ao mais importante debate dos últimos anos no país.

Preocupados com os níveis de corrupção no país e com seus efeitos sobre a sociedade brasileira, um grupo de especialistas comprometido em contribuir com a agenda anticorrupção, liderado pelos proponentes, iniciou a retomada da reflexão sobre reformas sistêmicas. As propostas que assim nasceram buscaram revisar alguns pontos já discutidos, assim como agregar novas perspectivas e conteúdo para uma agenda renovada de reformas anticorrupção.

A partir da compilação de melhores práticas nacionais e internacionais e da colaboração de vários setores da sociedade brasileira, construiu-se o maior pacote anticorrupção já desenvolvido no mundo. Trata-se de uma plataforma de propostas de reforma legislativa, administrativa e institucional, com o objetivo de promover um debate público orientado às causas sistêmicas da corrupção e de oferecer soluções permanentes para o seu enfrentamento no longo prazo.

Esta iniciativa culminou na criação de um pacote com 70 medidas, incluindo anteprojetos de lei, propostas de emenda à Constituição, projetos de resolução e outras normas voltadas ao controle da corrupção.

O pacote ganhou tal amplitude pois avança em diferentes frentes contra um problema que é multifacetado, além de reunir a visão de diversos setores e instituições nacionais sobre o enfrentamento da corrupção. Assim, o pacote divide-se em 12 blocos:

BLOCO 01 — Sistemas, conselhos e diretrizes nacionais anticorrupção.

BLOCO 02 — Participação e controle social.

BLOCO 03 Prevenção da corrupção.

BLOCO 04 Medidas anticorrupção para eleições e partidos políticos.

BLOCO 05 Responsabilização de agentes públicos.

BLOCO 06 Investidura e independência de agentes públicos.

BLOCO 07 Melhorias do controle interno e externo.

BLOCO 08 Medidas anticorrupção no setor privado.

BLOCO 09 Investigação.

BLOCO 10 Aprimoramento da resposta do Estado à corrupção no âmbito penal e processual penal.

BLOCO 11 Aprimoramento da resposta do Estado à corrupção no âmbito da improbidade administrativa.

BLOCO 12 Instrumentos de recuperação do dinheiro desviado.

O PROCESSO DE CONSTRUÇÃO

Primeira etapa: compilação das melhores práticas e soluções internacionais

A partir da presença da Transparência Internacional em mais de uma centena de países, foram pesquisadas as experiências mais bem-sucedidas de enfrentamento da corrupção no mundo, além da revisão de recomendações das principais convenções internacionais anticorrupção. Estas medidas foram analisadas sobre sua adequação à realidade brasileira e adaptadas às especificidades do contexto nacional.

Segunda etapa: consultas às instituições públicas e sociedade civil brasileira

Foram enviados convites a 373 órgãos públicos, organizações não governamentais, instituições educacionais, instituições religiosas, associações comerciais e conselhos de classe. As instituições foram convidadas a enviar propostas legislativas capazes de prevenir, detectar e reprimir a corrupção no Brasil.

Terceira etapa: desenvolvimento de minutas

Convidamos especialistas, de diferentes formações e conhecimento e trajetória reconhecida, para transformar as ideias inicialmente apresentadas em proposições legislativas, de modo que constituam, ao final, um pacote de propostas refletidas e concretas para o combate à corrupção. Os especialistas apresentaram contribuições contextualizadas nas respectivas áreas de atuação e estudo, por meio da elaboração de minutas de projeto de lei, atos administrativos e emendas constitucionais, levando em conta, inclusive, proposições eventualmente já sob consideração do Congresso Nacional.

Quarta etapa: aprimoramento das minutas

A quarta etapa foi de revisão, por parte de especialistas, das minutas recebidas na primeira e na segunda etapas, para que fossem aprimoradas ou descartadas. Assim, através do método de revisão por pares, as propostas foram submetidas à pluralidade de visões de especialistas de distintas instituições ou setores da sociedade.

Quinta etapa: consulta pública ampliada

A quinta etapa objetivou submeter as minutas elaboradas a uma ampla avaliação da sociedade, por meio de plataforma online, e colher sugestões para seu aperfeiçoamento. Pretendeu-se elevar a qualidade e efetividade do pacote de propostas apresentado à sociedade brasileira. As contribuições mais relevantes e em formato adequado foram incorporadas diretamente às minutas e todas as demais foram compiladas e serão anexadas ao pacote para a consideração dos legisladores. Esta consulta foi realizada por meio da plataforma Wikilegis, no site http://novasmedidas.transparenciainternacional.org.br.

OS NÚMEROS DESSE PROCESSO

BLOCOS **12**

MEDIDAS **70**

INSTITUIÇÕES CONSULTADAS **373**

ESPECIALISTAS COLABORARAM **+200**

PARTICIPANTES CADASTRADOS NA
PLATAFORMA DE CONSULTA PÚBLICA **912**

LISTA DE COLABORADORES

O sucesso deste projeto se deveu à participação destes colaboradores que doaram seu tempo e conhecimento para a causa anticorrupção. Apresentamos os seus nomes aqui não apenas como uma forma de demonstrar nosso profundo agradecimento, mas também para evidenciar a diversidade e capacidade do grupo de pessoas que tornaram as Novas Medidas contra a Corrupção uma realidade.

- Alessander Januci
- Alexandre Knopfolz
- Alisson Campos
- Amanda Athyade
- Ana Claudia Santano
- Ana Luiza Aranha
- Andre Glitz
- André Janjácomo Rosilho
- André Luís Macêdo
- André Prado de Vasconcelos
- André Previato
- Andrea Cristina Bagatin
- Andréa Cristina Oliveira Gozetto
- Andrey Borges de Mendonça
- Anselmo Henrique Cordeiro Lopes
- Antonio Carlos Bezerra Leonel
- Antonio do Passo Cabral
- Antonio Gustavo Rodrigues
- Armando Santos Moreira da Cunha
- Armando Sobreiro Neto
- Arnaldo Ribeiro Gomes
- Athayde Ribeiro Costa
- Beto Vasconcelos
- Breno Vasconcelos
- Bruno Brandão
- Bruno Calabrich
- Bruno Dantas Faria Affonso
- Bruno Maeda
- Caio Farah
- Carla de Carli
- Carlos Ari Sundfeld
- Carlos Fernando dos Santos Lima
- Carlos Ragazzo
- Carolina de Gusmão Furtado
- Claudia Fernanda de Oliveira Pereira
- Claudia Sanen
- Clèmerson Merlin Clève
- Cristiano Ferri
- Cristina Romanó
- Daniel Lança
- Daniel Salgado
- Davi Tangerino
- Debora Costa Ferreira
- Deltan Dallagnol
- Diego Castor de Mattos
- Douglas Fischer
- Edilson Mougenot Bonfim
- Edson Campagnolo
- Eduardo Alonso
- Eduardo El Hage
- Eduardo Jordão
- Eduardo Watanabe
- Eduardo Xavier
- Egon Bookman Moreira
- Eli da Silva
- Emerson Garcia

Eurico de Santi
Fabiano Angélico
Fabio George
Fábio Guaragni
Fausto de Sanctis
Felipe Lélis Moreira
Felipe Oriá
Felippe Monteiro
Fernanda Campagnucci
Fernando Antonio da Silva Falcao
Fernando Leal
Filipe Batich
Flavio Cardoso Pereira
Floriano Marques Neto
Francisco Queiroz
Franklin Brasil Santos
Gabriela Viana
Gerson Schaan
Gil Castello Branco
Gilson Dipp
Grazieli David
Guilherme de Jesus France
Guilherme Donegá
Guilherme Siqueira
Gustavo Moraes
Gustavo Senna
Gustavo Ungaro
Helio Telho
Isabel Cristina Veloso de Oliveira
Isabel Grobba
Isac Barcelos
Izabela Corrêa
Janice Ascari
Januário Paludo
Jean Regina
João Heliofar

João Paulo de Resende
Joaquim Falcão
Jonatas Sallaberry
Jorge Hage
Jose Compagno
José Guilherme Vasi Werner
José Robalinho Cavalcanti
Juliana Sakai
Julia de Castro Tavares Braga
Karina Furtado
Kleber Cabral
Laila Bellix
Lauro Cardoso
Leandro Molhano
Leonardo Romano
Leticia Guimarães
Lívia Tinôco
Luana Macedo
Luca Wanick
Lucas Gualtieri
Luciana Asper
Luiz Alberto dos Santos
Luiza Frischeisen
Luiz Flavio Gomes
Maira Martini
Marcelo Barros Gomes
Marcelo Issa
Marcelo Ribeiro Oliveira
Márcio Adriano Anselmo
Márcio Antonio Rocha
Marco Antonio Carvalho Teixeira
Marco Aurélio Alves Adão
Marcus André Melo
Marcus Vinicius de Azevedo Braga
Marcus Furtado Côelho
Mariana Feniman

Maria Raphaela Matthiesen
Mario Vinícius Spinelli
Marlon Reis
Marlus Arns
Matthew Taylor
Mel Bornstein
Melina Castro Flores Montoya
Michael Freitas Mohallem
Modesto Carvalhosa
Monica Nicida
Nadia de Araujo
Ney Ribas
Nicolao Dino
Nicole Verillo
Nivaldo Dias Filho
Orlando Martello Junior
Patrícia Weber
Paulo Galvão
Pedro Alfonsin
Pedro Jorge do Nascimento Costa
Pedro Machado
Pedro Vasques Soares
Pierpaolo Bottini
Rafael Brum Miron
Rafael Di Bello
Rafael Formolo
Rafael Garofano
Rafael Jardim
Rafael Moreira Nogueira
Rafael Velasco
Raniere Rocha Lins
Raphael Ramos Monteiro de Souza
Raphael Sore
Renato de Oliveira Capanema
Rene Ariel Dotti
Ricardo Saadi

Richard Blanchet
Roberio Nunes dos Anjos Filho
Roberson Henrique Pozzobon
Roberto Leonel de Oliveira Lima
Roberto Livianu
Roberto Veloso
Roberto Vieira
Robinson Barreirinhas
Rodrigo Chemim
Rodrigo de Grandis
Rodrigo Janot
Rodrigo Prado
Rodrigo Tenório
Rogerio Pacheco
Rogério Sanches Cunha
Ronaldo Queiroz
Rossana Guerra de Sousa
Sara Martins Gomes Lopes
Sebastião Botto de Barros Tojal
Sergio Arenhart
Silvana Batini
Silvio Amorim
Solon Linhares
Thiago Herdy
Thiago Spercel
Vinícius Torquetti
Vladimir Aras
Wellington Cabral Saraiva
Yasser Gabriel

SOBRE A TRANSPARÊNCIA INTERNACIONAL BRASIL

A Transparência Internacional é um movimento global com um mesmo propósito: construir um mundo em que governos, empresas e o cotidiano das pessoas estejam livres da corrupção.

Atuamos no Brasil – www.transparenciainternacional.org.br – no apoio e mobilização de grupos locais de combate à corrupção, produção de conhecimento, articulação com empresas e governos sobre as melhores práticas globais de transparência e integridade, entre outras atividades.

A presença internacional da TI nos permite defender iniciativas e legislações contra a corrupção e que governos e empresas efetivamente se submetam a elas. Nossa rede também significa colaboração e inovação, o que nos dá condições privilegiadas para desenvolver e testar novas soluções anticorrupção.

PREFÁCIO

A corrupção, sabemos melhor agora, é problema sistêmico. Local, nacional e global. Atinge o público e o privado. Ofende a ética, o direito, a economia e a política. Não é problema só do Judiciário, Ministério Público ou Legislativo. É vírus que se prolifera no comportamento de quase todos. Enfrentá-la exige abordagem que fortaleça instituições, aprimore os mecanismos de prevenção, como a transparência e o controle social, e ofereça os instrumentos necessários à responsabilização de corruptos e corruptores.

As Novas Medidas contra a Corrupção pretendem exatamente isso.

São produto de amplo processo do qual participaram mais de 200 organizações e indivíduos pareceristas com larga experiência em áreas diversas. Coordenado pela Transparência Internacional Brasil e pelas Escolas de Direito Rio e São Paulo da Fundação Getulio Vargas, é fruto de ação colaborativa, que exercita um novo modo de fazer leis. De mobilizar a sociedade. Propostas de leis que não saem somente de gabinetes fechados ou de lobbies corporativos. É o uso da transparência indo além do desafio de implementar leis, mas o de fazê-las também.

Inicialmente desencadeado pelo Centro de Justiça e Sociedade, da FGV Direito Rio, e da Transparência Internacional, esse processo produziu 70 sugestões, materializadas em projetos de lei, propostas de emenda à Constituição e resoluções que tratam de temas diversos como eleições, persecução criminal, transparência e integridade no setor privado.

Pela primeira vez o fator corrupção é notório e parece que muito influenciará a decisão dos eleitores. As eleições de outubro são o momento adequado para se discutir nosso futuro. E agir. E votar. E escolher.

Mas como escolher? Propomos que se faça a partir de propostas concretas. Mas propostas que sejam consideradas em aberto para que sejam aperfeiçoadas, mudadas, acrescentadas, subsidiadas. A agenda do combate à corrupção e da expansão da transparência é agenda eleitoral por excelência. No seu melhor sentido: o da oportunidade de o eleitor participar do destino de nosso país.

Nos últimos anos, com a Operação Lava Jato, o protagonismo da luta contra a corrupção tem sido do Ministério Público e do Judiciário. A ampla participação da sociedade na construção das Novas Medidas contra a Corrupção sinaliza um novo quadro. Conduziram este processo a sociedade civil organizada e a academia. Participaram advogados, professores, juízes, promotores de justiça e membros de outros órgãos públicos, como CGU, TCU e AGU.

Os resultados dessa participação ampla e democrática são evidentes. As Novas Medidas contra a Corrupção seguem uma linha clara e tem no equilíbrio a sua principal virtude. Aprimoram o sistema de persecução criminal sem pender para o punitivismo. Preveem regras de responsabilização para agentes públicos, incluindo promotores e juízes, sem avançar sobre as liberdades necessárias para o exercício de sua função. Fortalecem as instâncias de controle sem criminalizar a atividade política.

A luta contra a corrupção ganha um importante e, principalmente, concreto substrato com as Novas Medidas contra a Corrupção. Será régua e padrão para medir o compromisso dos candidatos nas eleições de outubro com a integridade, a ética e a transparência. Será o repositório a partir do qual o próximo Congresso poderá finalmente oferecer uma resposta a esta que se tornou, nos últimos anos, a principal preocupação da sociedade brasileira.

Joaquim Falcão

SUMÁRIO EXECUTIVO

I Sistemas, Conselhos e Diretrizes Nacionais Anticorrupção

1 Sistema Nacional de Combate à Corrupção e Controle Social
Institui o Sistema Nacional de Controle Social e Integridade Pública, como uma instância descentralizada e participativa onde sociedade e entes da federação podem trabalhar conjuntamente para desenvolver políticas públicas de combate à corrupção e de promoção do controle social.

2 Conselho Nacional de Estado
Cria o Conselho Nacional de Estado (CNE), como um órgão permanente, vinculado ao Congresso Nacional, mas com autonomia funcional para aprovar normas administrativas nacionais, por meio de súmulas administrativas e regulamentos técnico-administrativos.

3 Prevenção de Corrupção nas Contratações Públicas
Determina que todas as compras públicas deverão ser divulgadas em um portal único na internet, o qual reunirá informações básicas sobre o certame instituído para celebrar a contratação com o fornecedor, assim como informações referentes à execução do contrato, como notas fiscais.

II Participação e controle social

4 Democracia Popular
Prevê a possibilidade de iniciativa popular para a apresentação de proposta de emenda à Constituição. Possibilita também a iniciativa popular para a apresentação de emendas a projetos de lei ou propostas de emenda à Constituição. Possibilita a coleta de assinaturas para iniciativa popular por meios eletrônicos.

5 Processo Legislativo Participativo
A proposta promove alterações no Regimento da Câmara dos Deputados para torná-la mais transparente e acessível à participação popular, especialmente por meio do uso de tecnologias hoje disponíveis.

6 Política Nacional de Dados Abertos
Prevê a publicidade das bases de dados como regra geral, em formato aberto, legíveis por máquinas e disponibilizadas em sua forma primária, o que permitirá cruzamento de dados e um controle mais eficiente das compras públicas, por exemplo.

7 Criação do Instituto Nacional de Acesso à Informação e aperfeiçoamento da Lei de Acesso à Informação
Criação do Instituto Nacional de Acesso à Informação e aperfeiçoamento da Lei de Acesso à Informação. Inspirada nas melhores experiências internacionais, esta proposta pretende aprimorar a Lei de Acesso à informação e garantir que a transparência permaneça um importante componente da estratégia de se combater a corrupção no Brasil.

8 Proteção do Reportante de Suspeita de Irregularidades ("*Whistleblower*")
Institui o Programa Nacional de Proteção e Incentivo a Relatos de Suspeitas de Irregularidades, estabelecendo incentivos e proteção ao cidadão para que ele colabore com o Estado na luta contra a corrupção.

9 Aperfeiçoamento da Ação Popular
Fortalece a ação popular e expande o seu escopo de aplicação para aumentar a capacidade dos cidadãos de interferir em defesa da integridade pública, promovendo o controle social.

III Prevenção da corrupção

10	Desburocratização do Estado	Institui a Política Nacional para a Desburocratização, com objetivo de promover a simplificação administrativa e a modernização da gestão pública, de criar um ambiente mais favorável à integridade do setor público e privado e de promover o monitoramento da qualidade dos serviços de atendimento ao público.
11	Anticorrupção nas Escolas	A proposta determina a inclusão no currículo dos ensino fundamental e médio de conteúdos relacionados à formação ética, à cidadania solidária, à participação na gestão pública e ao controle dos gastos públicos.
12	Seguro de Contratos Públicos (*Performance Bond*)	Institui como obrigatória a contratação de seguro garantia de execução do contrato em favor do Poder Público em todos os contratos públicos de obras ou fornecimento de bens ou serviços com valor superior a 10 milhões de reais.
13	Transparência do Beneficiário Final	Garante a transparência do beneficiário final de pessoas jurídicas para impedir que sejam utilizadas como instrumento para esconder dinheiro desviado e cometer outras irregularidades.
14	Regulação da circulação de dinheiro em espécie	Estabelece regras e limitações para transações, transporte e posse de dinheiro em espécie.

IV Medidas anticorrupção para eleições e partidos políticos

15	Transparência, Responsabilidade e Democracia Partidárias	Esta proposta pretende garantir a transparência das contas partidárias e dos processos decisórios internos aos partidos, instituir sanções adequadas e proporcionais para os casos de irregularidades e fortalecer a democracia interna dos partidos.
16	Criação do Teto de Doação e Autofinanciamento Eleitoral e extinção do "Fundão"	Extingue o bilionário Fundo Especial de Financiamento de Campanhas e estabelece limites para as doações e autodoações eleitorais.
17	Lei Eleitoral mais efetiva	Garante a efetividade da Justiça Eleitoral ao preencher algumas lacunas na legislação, conferir instrumentos para o Ministério Público Eleitoral investigar irregularidades e prever sanções mais rígidas para partidos e candidatos condenados por irregularidades nas contas eleitorais e abuso de poder econômico.
18	Extinção da competência criminal da Justiça Eleitoral	Retira a competêncida da Justiça Eleitoral para julgar processos criminais, transferindo-os para a Justiça Comum ou Federal.
19	Estende os Deveres da Lei de Lavagem de Dinheiro para Partidos	Determina que os partidos políticos estão sujeitos às mesmas regras destinadas à prevenção e ao combate da lavagem de dinheiro que as empresas e bancos.
20	Criminalização do 'Caixa 2' Eleitoral	Institui a responsabilidade administrativa, civil e eleitoral para partidos políticos envolvidos com 'Caixa 2' e criminaliza a prática, prevendo pena de reclusão de 2 a 5 anos para os indivíduos condenados por essa prática.

V — Responsabilização de agentes públicos

21	Redução do Foro Privilegiado	Restringe o benefício do foro privilegiado no STF e outros tribunais, quanto aos crimes comuns, para apenas 16 funções públicas – contra mais de 50 mil, atualmente.
22	Autorização da prisão preventiva de parlamentares	Possibilita a prisão provisória de parlamentares, sem sujeitá-la à necessidade de confirmação pelo Congresso Nacional.
23	Criminalização do enriquecimento ilícito de agentes públicos	Criminaliza o recebimento e a posse, entre outras condutas correlatas, de bens, direitos e valores cujo valor não seja compatível com o rendimento auferido pelos agentes públicos por meios lícitos.
24	Lei de Abuso de Autoridade	Atualiza a Lei de Abuso de Autoridade, para efetivamente responsabilizar agentes públicos que abusarem de seus poderes.
25	Extinção da aposentadoria compulsória como pena	Elimina a hipótese da aposentadoria compulsória como sanção e confere maior celeridade aos processos que investigam e punem membros do Judiciário e do Ministério Público.
26	Unificação do Regime Disciplinar do MP	Cria um regime disciplinar para o Ministério Público, prevendo as condutas irregulares, as sanções cabíveis e as regras do processo administrativo disciplinar a serem seguidas.
27	Cria Sistema Correicional no CNJ	Cria um sistema de controle para os processos de correição realizados pelos tribunais nacionais, permitindo o acompanhamento e a fiscalização do exercício dessa importante função

VI — Investidura e independência de agentes públicos

28	Critérios de Seleção de Ministros e Conselheiros dos Tribunais de Contas	Esta proposta pretende devolver a independência e autonomia aos tribunais de contas, garantindo-lhes os instrumentos para exercer sua função efetivamente.
29	Transparência na Seleção de Ministros do STF	Confere maior transparência ao processo de seleção de ministros do STF e impõe uma quarentena prévia - vedando a indicação de ocupantes de determinados cargos para a Suprema Corte - e posterior - proibindo que ministros concorram a cargos eletivos no prazo de 4 anos após saírem do tribunal.
30	Altera a composição da Justiça Eleitoral	Altera a composição da Justiça Eleitoral para garantir, nos TREs, a paridade entre a Justiça Estadual e a Justiça Federal, reduzindo a influência dos atores políticos locais nas deliberações do TRE.
31	Processo Seletivo para Cargos em Comissão	Determina a realização de processo seletivo como precedente necessário para que uma pessoa assuma cargo em comissão ou função confiança.
32	Ficha Limpa para Servidores Públicos	Determina que não poderão ocupar cargos, funções e empregos públicos os indivíduos que se encontrarem em situação de inelegibilidade em razão de condenação ou punição de qualquer natureza.
33	Aperfeiçoamento do Conselho Administrativo de Defesa Econômica	Aprimora os mecanismos de nomeação dos membros do CADE, garantindo mais independência e memória institucional àquele órgão.
34	Lei Orgânica da Controladoria-Geral da União	Estabelece a estrutura da CGU, delineando as competência de cada um dos seus órgãos, além de se criar o Fundo Nacional de Combate à Corrupção

VII — Melhoria do controle interno e externo

35 Fortalecendo o controle interno na Administração Pública. — Consagra a importância do controle interno na Constituição e delineiam-se as suas diretrizes a serem seguidas por todos os órgãos da administração pública.

36 Programa de prevenção da corrupção na gestão municipal — Estabelece o Programa de Prevenção da Corrupção na Gestão Municipal, o qual consiste em mecanismo de adesão voluntária para incentivar a adoção, por municípios pequenos, de boas práticas na prevenção e combate à corrupção.

37 Sistema de declarações de bens e direitos de servidores públicos — Cria um sistema que permite acompanhar a evolução patrimonial de agentes públicos. Trata-se de mecanismos indispensável para detectar o eventual recebimento de vantagem indevida e a prática de atos de corrupção e improbidade.

38 Auditoria patrimonial aleatória de agentes públicos — Institui sorteio a partir do qual se selecionarão autoridade públicas as quais serãos submetidas a sindicâncias patrimoniais pelo TCU e outros órgãos de controle.

39 Gestão de informações para detecção de corrupção de funcionários públicos — Regulamenta o compartilhamento de informações bancárias e fiscais de funcionários públicos para facilitar investigações pela CGU.

40 Auditoria estatal sobre governança de empresas com participação minoritária do Estado — Autoriza os órgãos de controle interno e externo a fiscalizarem empresas privadas nas quais o Estado é sócio minoritário para garantir a existência e eficácia dos programas de integridade e governança.

VIII — Medidas anticorrupção no setor privado

41 Regulamentação do Lobby — Propõe-se a regulamentação do lobby para conferir a esta atividade maior transparência e mecanismos adicionais de controle social. A proposta busca ainda oferecer maior equilíbrio nas interações de diferentes interesses econômicos e sociais com autoridades públicas.

42 Exigência de compliance em grandes licitações — Cria a obrigação para pessoas jurídicas que participam de contratações públicas de grande vulto de que tenham programas de integridade efetivos.

43 Incentivo a programas de integridade na Lei Anticorrupção — Aumenta os incentivos para que empresas estabeleçam programas de integridade destinados a prevenir a ocorrência de atos de corrupção.

44 Clawback: devolução dos bônus e incentivos pelos executivos — Possibilita que incentivos financeiros recebidos por executivos sejam restituídos às empresas quando houver evidência de que eles participaram de atos ilícitos para alcançar aqueles resultados.

45 Responsabilidade das empresas por corrupção privada — Possibilita a responsabilização e punição de pessoas jurídicas por corrupção privada

46 Criminalização da corrupção privada — Em paralelo à responsabilização de pessoas jurídicas por corrupção privada, pretende-se também criar instrumento para responsabilizar, criminalmente, os indivíduos envolvidos com essas práticas.

IX Investigação

47	Aperfeiçoamento da Cooperação Jurídica Internacional	Aprimora os instrumentos de cooperação internacional direta para dar mais celeridade às investigações e aos processos penais que envolvam crimes transnacionais.
48	Equipes Conjuntas de Investigação	Regulamenta a composição e a atuação das equipes de investigação composta por agentes de mais de um país.
49	Pedidos de Explicação de Riqueza Incompatível	Determina a criação de um procedimento específico por meio do qual o juiz notifica uma pessoa natural ou jurídica para que ele explique a propriedade, posse ou controle, jurídico ou de fato, sobre bens, direitos e valores de qualquer natureza que sejam incompatíveis com os seus rendimentos e capacidade econômica conhecidos.
50	Acordos de Leniência na Lei Anticorrupção e Lei de Improbidades Administrativa	Aprimora a regulamentação dos acordos de leniência à luz da experiência dos últimos anos.
51	Continuidade de investigações conexas àquelas de foro privilegiado	Permite que investigações e processos que toquem em pessoas com foro privilegiado sigam tramitando na vara de origem, garantindo a sua celeridade.

X Aprimoramento da resposta do Estado à corrupção no âmbito penal e processual penal

52	Arquivamento de casos penais com menor perspectiva útil	Permite que o Ministério Público decida sobre a utilidade da persecução criminal, podendo priorizar casos mais relevantes e pedir o arquivamento daqueles de menor perspectiva útil.
53	Cria gatilho de eficiência para atingir duração razoável do processo	Cria instrumentos, no âmbito do Conselho Nacional de Justiça e do Conselho Nacional do Ministério Público, para garantir a duração razoável do processo e evitar a impunidade em processos de corrupção.
54	Imprime maior celeridade ao sistema recursal	Sem eliminar garantias processuais e, principalmente, o direito à ampla defesa e devido processo legal, esta proposta pretende conferir maior celeridade ao sistema recursal brasileiro.
55	Imprime maior celeridade aos agravos em Tribunais	Busca-se aprimorar as regras que determinam a tramitação dos agravos nos tribunais superiores, aproximando-as daquelas já previstas para os processos em primeira instância, com objetivo de dar celeridade à Justiça.
56	Aperfeiçoa a Prescrição penal	Resolve situações nas quais a prescrição penal resulta em casos de impunidade e elimina o instituto da prescrição retroativa
57	Proíbe o indulto, a graça e a anistia para condenados por corrupção	Propõe-se ampliar a lista de crimes insuscetíveis de graça, indulto e anistia para incluir a corrupção e crimes correlatos.
58	Aumenta penas para crimes de corrupção	Propõe-se aumentar a pena prevista para o crime de corrupção ativa e passiva, e correlatos, estabelecer como causa de aumento da pena o envolvimento de grandes quantias de recursos e exige a reparação dos danos causados como condição para a progressão de regime e livramento condicional.

| 59 | Aumenta penas da Lei de Licitações | Adequa as penas previstas na Lei de Licitações para compatibilizá-las com o restante do sistema penal e com a gravidade das condutas e dos prejuízos causados |

XI Aprimoramento da resposta do Estado à corrupção no âmbito da improbidade administrativa

60	Especialização de Varas em Improbidade e Corrupção	Determina que os Tribunais de Justiça e os Tribunais Regionais Federais instituirão Varas Especializadas em Ações Cíveis de Improbidade, com competência para julgar aquelas ações previstas na Lei nº 8.429 de 1992 e na Lei nº 12.846 de 2013.
61	Amplia conceito de agente público na Lei de Improbidade Administrativa	Sujeita à Lei de Improbidade Administrativa os particulares que celebram, com a Adminsitração Pública, convênio, contrato de repasse, contrato de gestão ou ajustes semelhantes.
62	Melhora resposta da Lei de Improbidade Administrativa para a falta de prestação de contas	Caracteriza como ato de improbidade administrativa o embaraço à transição de mandatos políticos e o descumprimento da obrigação de prestar contas.
63	Aperfeiçoa o sistema de punições da Lei de Improbidade Administrativa	Acrescenta diversos fatores a serem considerados na dosimetria da pena em caso de condenação por improbidade administrativa, aumentando as penas quando se tratar de desvios de verbas da saúde ou da educação e exige que se apliquem as penas de ressarcimento ao erário e a perda de bens e valores cumulativamente.
64	Aperfeiçoa as regras de prescrição da Lei de Improbidade Administrativa	Preenche lacunas nas regras de prescrição da Lei de Improbidade Administrativa, as quais conduziam à impunidade.
65	Imprime celeridade ao processamento de Ações de Improbidade Administrativa	Permite a celebração de acordos no âmbito da ação de improbidade administrativa nos casos em que o réu admita a responsabilidade pela conduta. Elimina brechas e procedimentos desnecessários, que prolongam o julgamento de ações de improbidade administrativa, fazendo com que sejam efetiva e tempestivamente responsabilizados os agentes públicos responsáveis pelo cometimento de irregularidades.

XII Instrumentos de recuperação do dinheiro desviado

66	Ação de Extinção de Domínio	Cria a ação de extinção de domínio para suprir as lacunas onde a persecução criminal não alcança os recursos oriundos de atividades ilícitas.
67	Confisco Alargado	Autoriza o confisco de bens de indivíduos condenados por crimes específicos, sob a presunção de que estes são produto da atividade ilícita.
68	Aperfeiçoa bloqueios de bens na ação de improbidade administrativa	Autoriza o emprego das cautelares previstas na LIA para o bloqueio de bens, sendo dispensável a demonstração de periculum in mora.
69	Execução Cível da Pena	Autoriza a execução cível da sentença penal condentória quando esta for confirmada em segunda instância.
70	Rastreamento de Bens	Dá celeridade ao cumprimento de ordens judiciais referentes à quebra de sigilo bancário e fiscal.

SUMÁRIO

1 SISTEMA NACIONAL DE CONTROLE SOCIAL E INTEGRIDADE PÚBLICA 25

2 CONSELHO NACIONAL DE ESTADO 37

3 PREVENÇÃO DE CORRUPÇÃO NAS CONTRATAÇÕES PÚBLICAS 55

4 DEMOCRACIA POPULAR 62

5 PROCESSO LEGISLATIVO PARTICIPATIVO 68

6 POLÍTICA NACIONAL DE DADOS ABERTOS 77

7 CRIAÇÃO DO INSTITUTO NACIONAL DE ACESSO À INFORMAÇÃO E APERFEIÇOAMENTO DA LEI DE ACESSO À INFORMAÇÃO 81

8 PROTEÇÃO DO REPORTANTE DE SUSPEITA DE IRREGULARIDADES ("*WHISTLEBLOWER*") 101

9 APERFEIÇOAMENTO DA AÇÃO POPULAR 127

10 DESBUROCRATIZAÇÃO DO ESTADO 134

11 ANTICORRUPÇÃO NAS ESCOLAS 146

12 SEGUROS DE CONTRATOS PÚBLICOS (*"PERFORMANCE BONDS"*) 151

13 TRANSPARÊNCIA DO BENEFICIÁRIO FINAL 164

14 REGULAÇÃO DA CIRCULAÇÃO DE DINHEIRO EM ESPÉCIE 171

15 TRANSPARÊNCIA, RESPONSABILIDADE E DEMOCRACIA PARTIDÁRIAS 177

16 CRIAÇÃO DO TETO DE DOAÇÃO E AUTOFINANCIAMENTO ELEITORAL E EXTINÇÃO DO "FUNDÃO" 186

17 LEI ELEITORAL MAIS EFETIVA 193

18 EXTINÇÃO DA COMPETÊNCIA CRIMINAL DA JUSTIÇA ELEITORAL ... 201

19 ESTENDE OS DEVERES DA LEI DE LAVAGEM DE DINHEIRO PARA PARTIDOS POLÍTICOS ... 204

20 CRIMINALIZAÇÃO DO "CAIXA 2" ELEITORAL ... 210

21 REDUÇÃO DO FORO PRIVILEGIADO ... 217

22 AUTORIZAÇÃO DA PRISÃO PREVENTIVA DE PARLAMENTARES ... 230

23 CRIMINALIZAÇÃO DO ENRIQUECIMENTO ILÍCITO DE AGENTES PÚBLICOS ... 247

24 LEI DE ABUSO DE AUTORIDADE ... 251

25 EXTINÇÃO DA APOSENTADORIA COMPULSÓRIA COMO PENA ... 263

26 UNIFICAÇÃO DO REGIME DISCIPLINAR DO MP ... 273

27 CRIA O SISTEMA CORREICIONAL ELETRÔNICO NO CNJ ... 290

28 CRITÉRIOS DE SELEÇÃO DOS MINISTROS E CONSELHEIROS DOS TRIBUNAIS DE CONTAS ... 295

29 TRANSPARÊNCIA NA SELEÇÃO DE MINISTROS DO STF ... 310

30 ALTERA A COMPOSIÇÃO DA JUSTIÇA ELEITORAL ... 314

31 PROCESSO SELETIVO PARA CARGOS EM COMISSÃO ... 319

32 FICHA LIMPA PARA SERVIDORES PÚBLICOS ... 322

33 APERFEIÇOAMENTO DO CONSELHO ADMINISTRATIVO DE DEFESA ECONÔMICA ... 324

34 LEI ORGÂNICA DA CGU ... 330

35 FORTALECIMENTO DO CONTROLE INTERNO ... 348

36 PROGRAMA DE PREVENÇÃO DA CORRUPÇÃO NA GESTÃO MUNICIPAL ... 355

37 SISTEMA DE DECLARAÇÃO DE BENS E DIREITOS DOS SERVIDORES PÚBLICOS 361

38 AUDITORIA PATRIMONIAL ALEATÓRIA DE AGENTES PÚBLICOS 365

39 GESTÃO DE INFORMAÇÕES PARA DETECÇÃO DE CORRUPÇÃO DE FUNCIONÁRIOS PÚBLICOS 368

40 AUDITORIA ESTATAL SOBRE GOVERNANÇA DE EMPRESAS COM PARTICIPAÇÃO MINORITÁRIA DO ESTADO 372

41 REGULAMENTAÇÃO DO *LOBBY* 377

42 EXIGÊNCIA DE *COMPLIANCE* EM GRANDES LICITAÇÕES 391

43 INCENTIVO A PROGRAMAS DE INTEGRIDADE NA LEI ANTICORRUPÇÃO 403

44 *CLAWBACK*: DEVOLUÇÃO DOS BÔNUS E INCENTIVOS PELOS EXECUTIVOS 409

45 RESPONSABILIDADE DAS EMPRESAS POR CORRUPÇÃO PRIVADA 420

46 CRIMINALIZAÇÃO DA CORRUPÇÃO PRIVADA 426

47 APERFEIÇOAMENTO DA COOPERAÇÃO JURÍDICA INTERNACIONAL 430

48 EQUIPES CONJUNTAS DE INVESTIGAÇÃO 435

49 PEDIDOS DE EXPLICAÇÃO DE RIQUEZA INCOMPATÍVEL 441

50 MELHORIAS NOS ACORDOS DE LENIÊNCIA NAS LEIS ANTICORRUPÇÃO E DE IMPROBIDADE 450

51 CONTINUIDADE DE INVESTIGAÇÕES CONEXAS ÀQUELAS DE FORO PRIVILEGIADO 465

52 ARQUIVAMENTO DE CASOS PENAIS COM MENOR PERSPECTIVA ÚTIL 471

53 CRIA GATILHO DE EFICIÊNCIA PARA ATINGIR A DURAÇÃO RAZOÁVEL DO PROCESSO 477

54 IMPRIME MAIOR CELERIDADE AO SISTEMA RECURSAL 489

55	IMPRIME MAIOR CELERIDADE AOS AGRAVOS EM TRIBUNAIS	501
56	APERFEIÇOA A PRESCRIÇÃO PENAL	506
57	PROÍBE O INDULTO, A GRAÇA E A ANISTIA PARA CONDENADOS POR CORRUPÇÃO	524
58	AUMENTA PENAS PARA CRIMES DE CORRUPÇÃO	526
59	AUMENTA PENAS DA LEI DE LICITAÇÕES	539
60	ESPECIALIZAÇÃO DE VARAS EM IMPROBIDADE E CORRUPÇÃO	551
61	AMPLIA CONCEITO DE AGENTE PÚBLICO NA LEI DE IMPROBIDADE ADMINISTRATIVA	560
62	MELHORA RESPOSTA DA LEI DE IMPROBIDADE ADMINISTRATIVA PARA A FALTA DE PRESTAÇÃO DE CONTAS	564
63	APERFEIÇOA O SISTEMA DE PUNIÇÕES DA LEI DE IMPROBIDADE ADMINISTRATIVA	571
64	APERFEIÇOA AS REGRAS DE PRESCRIÇÃO DA LEI DE IMPROBIDADE ADMINISTRATIVA	577
65	IMPRIME MAIOR CELERIDADE AO PROCESSAMENTO DE AÇÕES DE IMPROBIDADE ADMINISTRATIVA	580
66	AÇÃO DE EXTINÇÃO DE DOMÍNIO	592
67	CONFISCO ALARGADO	603
68	APERFEIÇOA O BLOQUEIO DE BENS NA AÇÃO DE IMPROBIDADE ADMINISTRATIVA	612
69	EXECUÇÃO CÍVEL DA PENA	616
70	RASTREAMENTO DE BENS	620

# I

SISTEMAS, CONSELHOS E DIRETRIZES NACIONAIS ANTICORRUPÇÃO

1 SISTEMA NACIONAL DE COMBATE À CORRUPÇÃO E CONTROLE SOCIAL

A sociedade desempenha um importante papel no combate à corrupção, ao lado das instâncias oficiais de controle interno e externo. O controle social das políticas públicas é instrumento essencial não só para garantir a integridade da gestão pública, mas também para reafirmar o caráter democrático e participativo de todos os espaços decisórios da administração pública.

Principais pontos da proposta

- Institui o Sistema Nacional de Controle Social e Integridade Pública (SNCSI) como uma instância descentralizada e participativa em que sociedade e entes da federação podem trabalhar conjuntamente para desenvolver políticas públicas de combate à corrupção e de promoção do controle social.
- Determina a criação de um sistema com órgãos e instrumentos correspondentes em todos os níveis da federação – federal, estadual e municipal – garantindo a ampliação do alcance das políticas de promoção do controle social.
- Cria os Conselhos e as Conferências de Promoção da Integridade e Controle Social. Os Conselhos atuarão como instâncias consultivas para determinar as diretrizes dos Planos, acompanhar e avaliar sua execução e fiscalizar a aplicação de recursos nessa esfera. As Conferências são os espaços máximos de revisão e deliberação sobre os Planos.
- Determina a elaboração de Planos de Combate à Corrupção, Promoção da Integridade e Controle Social como instrumentos para a gestão em médio e longo prazos de políticas de fomento do controle social. Os planos deverão definir estratégias, metas, prazos e recursos necessários à sua execução. Serão também compartilhados, em nível federal, com a ENCCLA para servir de diretriz ao conjunto de ações a serem adotadas.
- Prevê a criação do Fundo Nacional para a Promoção da Integridade Pública e reforma, para aumentar sua transparência, o Fundo de Defesa de Direitos Difusos.

Problemas que pretende solucionar

- Tendo em vista a diversificação dos instrumentos de participação e controle social – ouvidorias, reuniões com grupos de interesse, audiências públicas, consultas públicas, conselhos, conferências e ações de transparência – torna-se mister instituir uma estrutura permanente para a previsão de políticas de promoção do controle social. É, afinal, a única maneira de se avaliar os instrumentos mais adequados para cada instância, considerar possíveis espaços para aprimoramento e garantir a execução das políticas previstas.
- Apesar de haver evidências contundentes de que um nível maior de institucionalização da participação da sociedade – controle social – no desenho e execução de políticas públicas gera resultados positivos[1], os esforços para se promover o controle social ainda são esporádicos e inconstantes.

---

1 AVRITZER, L. **Democracia e Políticas Públicas no Brasil: Relatório de pesquisa do projeto democracia participativa**. Belo Horizonte: FINEP, 2009.

ANTEPROJETO DE LEI

Institui o Sistema Nacional de Controle Social e Integridade Pública (SNCSI) e dá outras providências.

O **CONGRESSO NACIONAL** decreta:

CAPÍTULO I
DISPOSIÇÕES PRELIMINARES

Art. 1º. Fica instituído o Sistema Nacional de Controle Social e Integridade Pública (SNCSI), com o objetivo de fortalecer e articular as instâncias democráticas de diálogo e a atuação conjunta entre a administração pública federal e a sociedade civil, com vistas ao combate à corrupção e a promoção do controle social das ações do Estado.

Art. 2º. O SNCSI, organizado em regime de colaboração, de maneira descentralizada e participativa, compreende um processo de gestão e promoção conjunta de políticas públicas de controle social, democráticas e permanentes, pactuadas entre os entes da Federação e a sociedade, tendo por objetivo promover o desenvolvimento humano, social e econômico do país.

Art. 3º. Para os fins desta Lei, considera-se:

I – sociedade civil – o cidadão, os coletivos, os movimentos sociais institucionalizados ou não institucionalizados, suas redes e organizações;

II – conselho de políticas públicas – instância colegiada permanente, instituída por ato normativo, de diálogo entre a sociedade civil e o governo para promover a participação no processo decisório e na gestão de políticas públicas;

III – conferência – instância de debate, formulação e avaliação sobre temas específicos e de interesse público, com participação paritária de representantes do governo e da sociedade civil, contemplando etapas estaduais, distrital, municipais e regionais, para propor diretrizes e ações acerca de tema específico.

Art. 4º. O SNCSI é regido pelos seguintes princípios:

I – reconhecimento da participação social como direito do cidadão e expressão de sua autonomia;

II – solidariedade, cooperação e respeito à diversidade de etnia, raça, cultura, geração, origem, sexo, orientação sexual, religião e condição social, econômica ou de deficiência, para a construção de valores de cidadania e de inclusão social;

III – direito à informação e à transparência nas ações públicas, com uso de linguagem simples e objetiva, considerando-se as características e o idioma da população a que se dirige;

IV – valorização da educação para a cidadania ativa;

V – autonomia, livre funcionamento e independência das organizações da sociedade civil;

VI – ampliação dos mecanismos de controle social;
VII – transparência, compartilhamento das informações e fomento à produção, difusão e circulação de conhecimento;
VIII – cooperação entre os entes federados, os agentes públicos e a sociedade civil atuantes na área de controle social;
IX – integração e interação na execução das políticas, programas, projetos e ações desenvolvidas;
X – autonomia dos entes federados;
XI – democratização dos processos decisórios com participação e controle social;
XII – descentralização articulada e pactuada da gestão, dos recursos e das ações; e
XIII – ampliação progressiva dos recursos contidos nos orçamentos públicos para o controle social.

Art. 5º. São objetivos do SNCSI, entre outros:

I – promover a articulação das instâncias e dos mecanismos de participação social;
II – aprimorar a relação do governo federal com a sociedade civil;
III – desenvolver mecanismos de participação social acessíveis aos grupos sociais historicamente excluídos e aos vulneráveis;
IV – incentivar a participação social nos entes federados;
V – articular os entes federados visando ao desenvolvimento de políticas, programas, projetos e ações conjuntas no campo do controle social;
VI – promover a articulação e implementação de políticas públicas que promovam a interação do controle social com as demais áreas sociais;
VII – criar instrumentos de gestão para acompanhamento e avaliação das políticas públicas voltadas para o controle social desenvolvidas no âmbito do Sistema Nacional de Controle Social; e
VIII – estabelecer parcerias entre os setores público e a sociedade civil nas áreas de gestão e de promoção do controle social.

CAPÍTULO II
DA ESTRUTURA DO SISTEMA NACIONAL DE CONTROLE SOCIAL E INTEGRIDADE PÚBLICA

SEÇÃO I

Da Estrutura

Art. 6º. Constitui a estrutura do SNCSI nas respectivas esferas da Federação:

I – órgãos gestores do controle social;
II – conselhos de Promoção da Integridade e Controle Social;
III – conferências de Promoção da Integridade e Controle Social;
IV – planos de Combate à Corrupção, Promoção da Integridade e Controle Social;
V – sistemas de financiamento ao controle social.

SEÇÃO II

Dos Órgãos Gestores do Controle Social

Art. 7º. Órgãos gestores do controle social são organismos da administração pública responsáveis pelas políticas da área, respeitando os limites de cada âmbito de atuação dos entes federativos.

§1º. O Ministério da Transparência e Controladoria-Geral da União é o órgão gestor federal do SNCSI, em coordenação com outros órgãos gestores nos âmbitos estaduais e municipais.

SEÇÃO III

Dos Conselhos de Promoção da Integridade e Controle Social

Art. 8º. Conselhos de Promoção da Integridade e Controle Social são instâncias colegiadas permanentes, de caráter consultivo e deliberativo, integrantes do Poder Executivo nos âmbitos federal, estadual e municipal.

§1º. Os conselhos de Promoção da Integridade e Controle Social serão compostos por mais de 50% (cinquenta por cento) de representantes da sociedade civil, eleitos democraticamente por distintos segmentos.

§2º. Os conselhos de Promoção da Integridade e Controle Social serão presididos por um representante da sociedade civil.

§3º. O mandato dos conselheiros que representam a sociedade civil não coincidirá com o mandato eletivo dos governantes do Poder Executivo e não será superior a 2 (dois) anos, podendo ser renovável, uma única vez, por igual período.

§4º. Os conselhos de Promoção da Integridade e Controle Social serão compostos por 21 membros, sendo 9 do Poder Público e 12 da sociedade civil, assim distribuídos: 4 (quatro) do terceiro setor, 4 (quatro) do setor empresarial, 4 (quatro) da comunidade acadêmica.

Art. 9º. Compete aos conselhos de Promoção da Integridade e Controle Social:

I – propor e aprovar, a partir das decisões tomadas nas Conferências municipais, estaduais e nacional, as diretrizes gerais dos Planos de Combate à Corrupção, Promoção da Integridade e Controle Social (municipais, estaduais e nacional);

II – acompanhar e avaliar a execução dos respectivos Planos de Combate à Corrupção, Promoção da Integridade e Controle Social;

III – eleger e enviar delegados para as Conferências de Promoção da Integridade e Controle Social;

IV – apreciar e aprovar as diretrizes gerais do Sistema de Financiamento a ações de Combate à Corrupção, Promoção da Integridade e Controle Social;

V – fiscalizar a aplicação dos recursos; e

VI – acompanhar o cumprimento das diretrizes e o funcionamento dos instrumentos de financiamento do controle social, em especial o Fundo Nacional para a Promoção da Integridade.

§1º. Os conselhos de Promoção da Integridade e Controle Social terão sua organização e normas de funcionamento definidas em regimento próprio, aprovadas pelo respectivo conselho, sendo assegurada aos entes federados plena autonomia na definição da organização interna.

Art. 10. Devem ser observadas, no mínimo, as seguintes diretrizes para os Conselhos de Promoção da Integridade e Controle Social:

I – presença de maioria de representantes eleitos pela sociedade civil;

II – garantia da diversidade entre os representantes da sociedade civil;

III – estabelecimento de critérios objetivos e transparentes de escolha de seus membros;

IV – rotatividade dos representantes da sociedade civil;

V – compromisso com o acompanhamento dos processos conferenciais relativos ao tema de sua competência; e

VI – publicidade de seus atos.

§1º. A participação dos membros no conselho é considerada prestação de serviço público relevante, não remunerada.

§2º. A publicação das resoluções de caráter normativo dos conselhos de natureza deliberativa vincula-se à análise de legalidade do ato pelo órgão jurídico competente, em acordo com o disposto na Lei Complementar n. 73, de 10 de fevereiro de 1993.

§3º. A rotatividade das entidades e de seus representantes nos conselhos de políticas públicas deve ser assegurada mediante a recondução limitada a lapso temporal determinado na forma dos seus regimentos internos, respeitados os termos do §3º do art. 8º desta lei.

§4º. A participação de dirigente ou membro de organização da sociedade civil que atue em conselho de política pública não configura impedimento à celebração de parceria com a administração pública.

§5º. Na hipótese de parceria que envolva transferência de recursos financeiros de dotações consignadas no fundo do respectivo conselho, o conselheiro ligado à organização que pleiteia o acesso ao recurso fica impedido de votar nos itens de pauta que tenham relação com o processo de seleção, monitoramento e avaliação da parceria.

SEÇÃO IV

Das Conferências de Promoção da Integridade e Controle Social

Art. 11º. As conferências de Promoção da Integridade e Controle Social são os espaços máximos de revisão e deliberação sobre os Planos de Combate à Corrupção, Promoção da Integridade e Controle Social.

§1º. Cabe ao Poder Executivo, no âmbito da respectiva esfera de atuação, proceder à convocação das conferências de Promoção de Integridade e Controle Social.

§2º. O Ministério da Transparência, Fiscalização e Controladoria-Geral da União coordenará e convocará as conferências nacionais de Promoção da Integridade e

Controle Social a serem realizadas anualmente, definindo o período para realização das conferências municipais, estaduais e distrital que a antecederão.

§3º. Caso o Poder Executivo não efetue a convocação da conferência prevista no §1º, poderá esta ser feita pela Sociedade Civil, representada no Conselho, pelo Poder Legislativo ou pelo Poder Judiciário nesta ordem.

§4º. As Conferências de Promoção de Integridade e Controle Social contarão com um calendário de eventos preparatórios durante o ano.

§5º. A representação da sociedade civil será, no mínimo, paritária em relação ao poder público, e seus delegados serão eleitos:

I – para a conferência nacional nas conferências estaduais e distrital;

II – para as conferências estaduais e distrital nas conferências municipais, intermunicipais ou regionais; e

III – para as conferências municipais ou intermunicipais em pré-conferências municipais ou mediante inscrição aberta aos munícipes que tenham interesse pela área.

Art. 12º. As conferências de Promoção da Integridade e Controle Social devem observar, no mínimo, as seguintes diretrizes:

I – divulgação ampla e prévia do documento convocatório, especificando seus objetivos e etapas;

II – garantia da diversidade dos sujeitos participantes;

III – estabelecimento de critérios e procedimentos para a designação dos delegados governamentais e para a escolha dos delegados da sociedade civil;

IV – integração entre etapas municipais, distritais, estaduais, regionais e nacional;

V – disponibilização prévia dos documentos de referência e materiais a serem apreciados na etapa nacional;

VI – definição dos procedimentos metodológicos e pedagógicos a serem adotados nas diferentes etapas;

VII – publicidade de seus resultados;

VIII – determinação do modelo de acompanhamento de suas resoluções; e

IX – periodicidade mínima anual de sua realização.

Parágrafo único. As conferências nacionais serão convocadas por ato normativo específico.

SEÇÃO V

Dos Planos de Combate à Corrupção, Promoção da Integridade e Controle Social

Art. 13º. Os planos de Combate à Corrupção, Promoção da Integridade e Controle Social, elaborados pelos conselhos de Promoção da Integridade e Controle Social, com base nas diretrizes definidas na Constituição Federal e nas conferências de Promoção da Integridade e Controle Social, são o instrumento de gestão de médio e longo prazo nos Municípios, Estados e União, nos quais o Poder Público assume a responsabilidade de implantar políticas de fomento ao controle social que ultrapassem os limites de uma única gestão de governo.

§1º. Os Planos de Combate à Corrupção, Promoção da Integridade e Controle Social têm a finalidade de estabelecer estratégias e metas, e definir prazos e recursos necessários à sua implementação.

§2º. A partir das diretrizes definidas pelas Conferências de Promoção de Integridade e Controle Social, os Planos de Combate à Corrupção, Promoção da Integridade e Controle Social são elaborados pelos órgãos gestores com a colaboração dos Conselhos de Promoção da Integridade e Controle Social, a quem cabe aprová-lo.

§3º. Os Planos de Combate à Corrupção, Promoção da Integridade e Controle Social serão encaminhados pelo Poder Executivo para aprovação do Poder Legislativo, a fim de que, transformados em leis, adquiram a estabilidade de políticas de Estado.

I – Devem ser formadas Comissões Especiais anuais no Congresso Nacional, nas Assembleias Legislativas, na Câmara Legislativa do Distrito Federal e nas Câmaras Municipais para a apreciação das propostas oriundas dos Planos nacional estaduais, distrital e municipais, respectivamente.

II – As propostas devem tramitar em regime de prioridade, e os presidentes das respectivas comissões deverão prestar contas publicamente sempre em 9 de dezembro de cada ano a respeito dos trabalhos desenvolvidos

§ 4º. Os Planos serão ainda compartilhados com a Estratégia Nacional de Combate à Corrupção e a Lavagem de Dinheiro (Enccla), servindo como diretriz para o conjunto de ações a serem desenvolvidas pela Estratégia ao longo do ano seguinte.

I – Os projetos de lei encaminhados pelo Enccla para o Congresso Nacional a partir de diretrizes do Plano também tramitarão em regime de prioridade, devendo ser igualmente apreciadas pela Comissão Especial formada no Congresso Nacional.

II – A Secretaria Executiva da Enccla deverá prestar contas de suas atividades, com especial destaque para aquelas desenvolvidas a partir de diretrizes do Plano, em 9 de dezembro de cada ano.

SEÇÃO VI

Dos Sistemas de Financiamento a ações de Combate à Corrupção, Promoção da Integridade e Controle Social

Art. 14º. Os sistemas de Financiamento a Ações de Combate à Corrupção, Promoção da Integridade e Controle Social são constituídos pelo conjunto de mecanismos diversificados e articulados de financiamento público do controle social, tanto para as atividades desenvolvidas pelo Estado como para apoio e incentivo a programas, projetos e ações realizadas pela sociedade civil.

§1º. O conjunto dos instrumentos de financiamento público ao Combate à Corrupção, Promoção da Integridade e Controle Social podem ser de três tipos:

I – orçamento público (reembolsável e não reembolsável).

II – fundos (reembolsável e não reembolsável); e

III – incentivo fiscal.

§2º. Os recursos dos Orçamentos Públicos destinam-se, principalmente, para custeio da máquina pública.

§3º. Os Fundos aplicam recursos, quase sempre de origem orçamentária, diretamente na execução e apoio a programas, projetos e ações realizadas pelo Poder Público e pela sociedade civil.

§4º. No Sistema Nacional de Controle Social, os Fundos se constituem no principal mecanismo de financiamento.

§5º. Os dois fundos principais serão o Fundo de Defesa de Direitos Difusos (FDDD) e o Fundo Nacional para a Promoção da Integridade (FNPI).

§6º. O Fundo de Defesa de Direitos Difusos será reformado para dar maior transparência à execução de seus recursos, bem como critérios objetivos e verificáveis para o processo decisório na seleção de projetos financiados.

§7º. Será estabelecido o porcentual do orçamento anual do Fundo de Defesa de Direitos Difusos oriundos de sanções por crimes relacionados à corrupção, que deverão ser transferidos ao Sistema Nacional de Controle Social no orçamento do ano seguinte.

§8º. O Fundo Nacional para a Promoção da Integridade será criado por lei e formado a partir de multas pecuniárias advindas de sanções, administrativas e judiciais, por improbidade administrativa, crimes contra a Administração Pública, incluindo os recursos oriundos de acordos de leniência.

    I – O Ministério da Transparência e Controladoria-Geral da União deverá destinar ao FNPI ao menos 25% do valor arrecadado a partir de multas administrativas aplicadas no âmbito do Executivo Federal.

§9º. O Incentivo Fiscal é feito por meio da renúncia fiscal, pela qual os governos abrem mão de receber parcela dos impostos de contribuintes, dispostos a financiar o controle social.

CAPÍTULO III

DAS COMPETÊNCIAS DOS PARTÍCIPES

SEÇÃO I

Das Competências do Ministério da Transparência e Controladoria-Geral da União

Art. 15º. Compete ao Ministério da Transparência, Fiscalização e Controladoria-Geral da União:

    I – coordenar e desenvolver o Sistema Nacional de Controle Social e Integridade Pública;

    II – criar condições de natureza legal, administrativa, participativa e orçamentária para o desenvolvimento do Sistema Nacional de Controle Social e Integridade Pública;

III – apoiar a criação, a implementação, o desenvolvimento, a integração e o compartilhamento dos sistemas estaduais, municipais e distrital de controle social e órgãos de fiscalização;

IV – elaborar, em conjunto com a sociedade, institucionalizar e implementar o Plano Nacional de Combate à Corrupção, Promoção da Integridade e Controle Social;

V – manter ativo e fortalecer o Conselho Nacional de Promoção da Integridade e Controle Social;

VI – realizar anualmente as conferências nacionais de Promoção da Integridade e Controle Social;

VII – apoiar a realização das conferências estaduais, municipais e distrital de Promoção da Integridade e Controle Social;

VIII – criar o Sistema Nacional de Financiamento a ações de Combate à Corrupção, Promoção da Integridade e Controle Social, aprimorando, articulando e fortalecendo os diversos mecanismos de financiamento, em especial o Fundo de Defesa de Direitos Difusos, no âmbito da União, e a criação do Fundo Nacional para a Promoção da Integridade;

IX – compartilhar recursos para a execução de programas, projetos e ações do Sistema Nacional de Controle Social, tanto para atividades desenvolvidas pelo Estado quanto para atividades realizadas pela sociedade civil;

X – acompanhar a execução de programas e projeto, no âmbito do Sistema Nacional de Controle Social;

XI – fomentar, no que couber, a integração de Estados, Distrito Federal e municípios para a promoção de metas de controle social.

SEÇÃO II

Das Competências dos Estados e do Distrito Federal

Art. 16º. Compete aos Estados e ao Distrito Federal, no que couber:

I – criar, coordenar e desenvolver, mediante lei específica, o Sistema Estadual ou Distrital de Controle Social e Integridade Pública;

II – integrar-se ao Sistema Nacional de Controle Social e Integridade Pública;

III – criar condições de natureza legal, administrativa, participativa e orçamentária para sua integração ao Sistema Nacional de Controle Social e Integridade Pública;

IV – apoiar a criação, a implementação e o desenvolvimento dos sistemas municipais de controle social;

V – elaborar, em conjunto com a sociedade, institucionalizar e implementar o Plano Estadual ou Distrital de Combate à Corrupção, Promoção da Integridade e Controle Social;

VI – criar e implantar o Conselho Estadual ou Distrital de Promoção da Integridade e Controle Social, garantindo o funcionamento e a composição de, no mínimo, 50% (cinquenta por cento) de representantes da sociedade civil, eleitos democraticamente;

VII – criar e implantar o Sistema Estadual ou Distrital de Financiamento a Ações de Combate à Corrupção, Promoção da Integridade e Controle Social, em especial o Fundo Estadual ou Distrital para a Promoção da Integridade, garantindo recursos para seu funcionamento;

VIII – apoiar a realização das conferências municipais e realizar as conferências estaduais ou distrital de Promoção da Integridade e Controle Social, previamente às conferências nacionais, seguindo o calendário estabelecido pelo Ministério da Transparência, Fiscalização e Controladoria Geral da União;

IX – apoiar a realização e participar das conferências nacionais de Promoção da Integridade e Controle Social;

X – compartilhar recursos para a execução de programas, projetos e ações no âmbito do Sistema Nacional de Controle Social, tanto para atividades desenvolvidas pelo Estado quanto para atividades realizadas pela sociedade civil;

XI – promover a integração com Municípios e a União, para a promoção de metas de controle social conjuntas, inclusive por meio de consórcios públicos.

SEÇÃO III
Das Competências dos Municípios

Art. 17º. Compete aos Municípios:

I – criar, coordenar e desenvolver, mediante lei específica, o Sistema Municipal de Controle Social e Integridade Pública;

II – integrar-se ao Sistema Nacional de Controle Social e Integridade Pública;

III – criar condições de natureza legal, administrativa, participativa e orçamentária para sua integração ao Sistema Nacional de Controle Social e Integridade Pública;

IV – integrar-se ao Sistema Estadual de Controle Social;

V – elaborar, em conjunto com a sociedade, institucionalizar e implementar o Plano Municipal de Combate à Corrupção, Promoção da Integridade e Controle Social;

VI – criar e implantar o Conselho Municipal de Promoção da Integridade e Controle Social, garantindo o funcionamento e a composição de, no mínimo, 50% (cinquenta por cento) de representantes da sociedade civil, eleitos democraticamente;

VII – criar e implantar o Sistema Municipal de Financiamento a ações de Combate à Corrupção, Promoção da Integridade e Controle Social, em especial o Fundo Municipal para a Promoção da Integridade, garantindo recursos para seu funcionamento;

VIII – realizar as conferências municipais de Promoção da Integridade e Controle Social, previamente às conferências estaduais e nacionais, seguindo o calendário estabelecido pelo Ministério da Transparência, Fiscalização e Controladoria-Geral da União;

IX – apoiar a realização e participar das conferências estaduais e nacionais de Promoção da Integridade e Controle Social;

X – compartilhar recursos para a execução de programas, projetos e ações no âmbito do Sistema Nacional de Controle Social, tanto para atividades desenvolvidas pelo Estado quanto para atividades realizadas pela sociedade civil;

XI – promover a integração com outros municípios, com o Estado, o Distrito Federal e a União, para a promoção de metas de controle social conjuntas, inclusive por meio de consórcios públicos, concretizando o propósito da subsidiariedade administrativa.

CAPÍTULO IV
DISPOSIÇÕES FINAIS

Art. 18. Esta Lei entra em vigor na data de sua publicação.

Brasília, xx de xxxx de 2018.

JUSTIFICATIVA

Nas últimas décadas, a interface entre Poder Público e sociedade em torno de programas e políticas públicas aumentou consideravelmente, atingindo, em 2010, quase 90% dos programas federais[2]. A alta na quantidade de interfaces de participação em programas e políticas do governo federal veio acompanhada de uma diversificação na forma de tais interações: ouvidorias, reuniões com grupos de interesse (como mesas de diálogo e comitês), audiências públicas, consultas públicas, conselhos, conferências, além de telefones para contato e ações de transparência.

A institucionalização de espaços de participação social parece estar associada à qualidade das políticas públicas. Um estudo que analisou a estrutura de participação em 56 municípios (todos com mais de 100 mil habitantes) de todas as regiões do país encontrou "associações consistentes entre o maior nível de institucionalização da participação nos municípios e resultados em termos da qualidade da gestão e do desempenho de políticas públicas".[3]

A corrupção – preocupação central dos brasileiros, de acordo com pesquisas recentes[4] – é um problema público que merece atuação mais concentrada e assertiva do Poder Público. A literatura sobre corrupção indica que um efetivo sistema de controle é crucial para sua redução. Assim, é fundamental que os órgãos institucionais de controle sejam fortalecidos e tenham autonomia. Porém, é um equívoco apostar unicamente no controle institucional. Não apenas o controle institucional deve ser fortalecido, mas também o controle social.

Diante da disponibilidade de instrumentos de participação da sociedade no desenho e no acompanhamento de políticas públicas e da aparente associação positiva entre participação e qualidade da gestão e do desempenho, o presente documento sugere a criação de um Sistema Nacional de Controle Social e Integridade Pública. O Sistema tem como objetivo promover o fortalecimento da participação da Sociedade Civil nas políticas públicas de prevenção, detecção e combate à corrupção. Para financiar o Sistema, este projeto recomenda a criação de um fundo específico (o Fundo Nacional para a Promoção da Integridade – FNPI), além da reforma do FDDD – Fundo de Defesa de Direitos Difusos. Uma das fontes do FNPI é o fundo a ser criado com base no projeto Lei Orgânica da CGU, também apresentado no âmbito desta iniciativa.

O presente Projeto de Lei colaciona elementos do Projeto de Lei de 2014, dos Deputados Chico Alencar, Ivan Valente e Jean Wyllys, e utiliza sobremaneira o Projeto de Lei n. 4271, de 2016, do Deputado João Derly, que deu origem ao Sistema Nacional de Cultura.

---

2   PIRES, R. R. C.; VAZ, A. C. N. Para Além da Participação: Interfaces Socioestatais no Governo Federal. Lua Nova, 93, 2014, p. 61-91
3   AVRITZER, L. Democracia, Desigualdade e Políticas públicas no Brasil. Relatório de pesquisa do projeto democracia participativa, Belo Horizonte FINEP, 2009.
4   Datafolha e Latinobarómetro.

2 CONSELHO NACIONAL DE ESTADO

A diversidade de órgãos componentes do Estado brasileiro – em termos de áreas de atuação, dimensões físicas e financeiras e complexidade – exige a criação de um instrumento que permita a uniformização da atuação pública. O combate à corrupção se faz por meio de aprimoramentos institucionais suficientes para eliminar as brechas e contradições na atuação da administração pública. São essenciais instituições capazes de desenvolver um trabalho permanente e consistente no fortalecimento da integridade pública e na promoção da transparência, como o Conselho Nacional de Estado que se propõe.

Principais pontos da proposta

- Cria o Conselho Nacional de Estado (CNE), como um órgão permanente, vinculado ao Congresso Nacional, mas com autonomia funcional para aprovar normas administrativas nacionais, por meio de súmulas administrativas e regulamentos técnico-administrativos.
- O CNE terá atuação restrita às seguintes matérias: prevenção da corrupção, transparência e publicidade, desburocratização, política fiscal, concursos públicos, licitações e outros processos de contratação e regime de contratos estatais.
- As normas emitidas pelo CNE vinculam tanto a administração direta quanto a indireta, os Poderes Executivo e Legislativo da União, dos Estados e do Distrito Federal e dos Municípios.
- O CNE é composto pelo AGU, seu presidente e por mais 8 membros, indicados pelo Presidente da República, com mandatos únicos e não coincidentes de 6 anos. São os 8 membros: um servidor público, um representante da sociedade civil, academia ou setor privado, dois servidores dos poderes legislativos, um servidor do TCU, um servidor dos TCEs e TCMs, um membro do Poder Judiciário e um membro do Ministério Público.
- Deverá ser elaborado anualmente, pelo CNE, o Plano Administrativo-Normativo Nacional, com as propostas de atuação por meio de súmulas administrativas e regulamentos técnico-administrativos.

Problemas que pretende solucionar

- É a fragmentação de decisões administrativas, ou seja, a existência de uma multiplicidade de normas sobre o mesmo tema, que abre espaço para confusão e interpretações diversas, ocasionando ineficiência e corrupção.
- O lento processo legislativo dificulta a adequação do ordenamento às constantes evoluções e às especificidades de determinados processos, tecnologias, produtos e serviços. O aprimoramento institucional permite uma abordagem profissional e permanente por um corpo técnico especializado em uma gama específica e restrita de assuntos.
- Além de tratar especificamente da prevenção da corrupção e da transparência, o CNE também cuidará de diversos temas intimamente relacionados com o combate à corrupção, como as licitações e os contratos públicos. O aprimoramento das normas relacionadas a esses temas é essencial para se enfrentar a corrupção em longo prazo no Brasil.

PROPOSTA DE EMENDA À CONSTITUIÇÃO

Introduz o art. 47-A na Constituição, criando o Conselho Nacional de Estado.

As **MESAS DA CÂMARA FEDERAL E DO SENADO FEDERAL** promulgam a seguinte emenda, que entrará em vigor na data de sua publicação:

Art. 47-A.[1] O Conselho Nacional de Estado[2] é órgão permanente[3], vinculado ao Congresso Nacional[4] e com autonomia funcional[5], com competência para, por iniciativa do Poder Executivo[6], aprovar normatização[7] administrativa[8] nacional[9] por meio de súmulas administrativas[10] e regulamentos técnico-administrativos[11], exclusivamente nas seguintes matérias[12]:

I – prevenção da corrupção[13];

II – transparência e publicidade[14];

III – desburocratização[15];

IV – política fiscal[16];

V – concurso público e outros processos de admissão de empregados e servidores públicos[17];

VI – licitação e outros processos de contratação[18]; e

VII – regime dos contratos estatais[19].

§1º. A normatização administrativa do Conselho Nacional de Estado terá caráter vinculante[20] para todas as autoridades e agentes[21] da administração pública direta e indireta[22] dos Poderes[23] Executivo e Legislativo[24] da União, dos Estados, do Distrito Federal e dos Municípios[25], para os Tribunais de Contas da União, dos Estados e do Distrito Federal e para os Tribunais e Conselhos de Contas dos Municípios[26], observado o art. 5º, XXXVI[27].

§2º. As súmulas administrativas harmonizarão[28] a interpretação de normas de nível constitucional[29] ou legal[30] que tenham incidência nacional[31], observadas as decisões vinculantes do Supremo Tribunal Federal previstas nos arts. 102, §2º e 103-A, *caput*[32].

§3º. Os regulamentos técnico-administrativos serão editados nos limites e casos autorizados em leis[33] que tenham incidência nacional[34].

§4º. A normatização administrativa do Conselho Nacional de Estado submete-se ao controle[35]:

I – do Supremo Tribunal Federal[36], na forma do art. 102, I, "a" e "q", e do art. 103-A, §3º[37];

II – do Superior Tribunal de Justiça[38], por ação direta de ilegalidade ou ação direta declaratória de legalidade, na forma da lei[39]; e

III – do Congresso Nacional, na forma do art. 49, V[40].

§5°. O Conselho Nacional de Estado compõe-se do Advogado-Geral da União, como membro nato e presidente[41], e de outros oito membros[42], de ilibada reputação e notório saber jurídico ou administrativo[43], com mais de 35 anos de idade[44], nomeados pelo Presidente da República[45] para mandatos únicos de seis anos, sendo:

I – um servidor efetivo[46] ou empregado admitido por concurso[47] na administração pública direta ou indireta da União, dos Estados, do Distrito Federal ou dos Municípios[48], escolhidos pelo Congresso Nacional[49] entre os indicados em listas tríplices pelo Presidente da República;

II – um representante de organização da sociedade civil, academia ou setor privado escolhido pelo Congresso Nacional entre os indicados em lista tríplice pela Comissão de Legislação Participativa da Câmara dos Deputados[50];

III – dois servidores efetivos do Congresso Nacional, de Assembleia Legislativa estadual ou de Câmara Municipal[51], indicados em listas tríplices pelo Congresso Nacional[52];

IV – um servidor efetivo indicado em lista tríplice pelo Tribunal de Contas da União[53];

V – um servidor efetivo[54] indicado em lista tríplice pelo voto dos Conselheiros dos Tribunais de Contas dos Estados e do Distrito Federal e dos Tribunais e Cortes de Contas Municipais[55];

VI – um servidor efetivo do Poder Judiciário, indicado em lista tríplice pelo Conselho Nacional de Justiça[56]; e

VII – um servidor efetivo do Ministério Público[57], indicado em lista tríplice pelo Conselho Nacional do Ministério Público.

§6°. Deverão ser publicados, na página de internet do Conselho e antes da nomeação pelo Presidente da República, os currículos de todos os indicados nas listas tríplices de cada um dos incisos (I a VII) do § 5°[58].

§7°. O mandato dos Conselheiros é de 6 (seis) anos, não coincidentes, vedada a recondução[59].

§8°. O início da fluência do prazo do mandato será imediatamente após o término do mandato anterior, independentemente da data de indicação, nomeação ou posse.

§9°. Para garantir o sistema de mandatos não coincidentes, entre os Conselheiros nomeados na primeira composição, quatro terminarão seus mandatos no fim de um período de três anos, e outros quatro, no fim de um período de seis anos.

§10°. Os Conselheiros cujos mandatos deverão terminar no fim dos referidos períodos iniciais de três e seis anos serão escolhidos por sorteio, que será efetuado pelo Presidente imediatamente depois das nomeações da composição completa.

§11°. O Conselho deverá desenvolver[60] e apresentar ao Congresso Nacional e ao Poder Executivo, anualmente[61], Plano Administrativo-Normativo Nacional, com propostas de atuação por meio de súmulas administrativas e regulamentos técnico-administrativos nas matérias de competência do Conselho[62].

§12º. O Plano Administrativo-Normativo Nacional deverá incluir um relatório das atividades normativas do Conselho no ano anterior[63].

§13º. A lei disporá sobre a composição[64], organização[65], funcionamento[66] e exercício das competências constitucionais[67] do Conselho Nacional de Estado, sobre os processos de consulta pública prévia à aprovação, revisão ou cancelamento[68] de súmulas e de regulamentos técnico-administrativos e sobre o processo de votação a que se refere o inciso V do § 5º[69].

Brasília, XX de XXXX de XXXX.

JUSTIFICATIVA

Esta Proposta de Emenda à Constituição visa criar o Conselho Nacional de Estado, órgão técnico-especializado, ligado ao Congresso Nacional.

A ideia de instituir o Conselho surge de um conjunto de experiências internacionais que apostaram na criação de organismos técnicos, capazes de enfrentar problemas jurídicos relacionados à fragmentação de decisões administrativas e que demonstraram que esse tipo de apoio à atividade de gestão pública pode ser importante para o bom funcionamento da administração, como é o caso dos Conselhos de Estado europeus. Contudo, ainda que a experiência internacional seja inspiradora, a proposta não é de transplante institucional. Em certa medida, olha-se também para as experiências nacionais do Conselho Nacional de Justiça e do Conselho Nacional do Ministério Público, que, entre outras coisas, conseguiram, por meio de normas, imprimir alguma padronização no modo de operação do Poder Judiciário e nos Ministérios Públicos do Brasil.

Embora as vantagens da proposta excedam o enfrentamento à corrupção, deve-se observar que a proposta é extremamente relevante para o tratamento nacional, adequado e dinâmico de assuntos técnicos relacionados a realidades em permanente mutação, os quais se relacionam estreitamente com a as oportunidades e incentivos para a corrupção.

Tomem-se, por exemplo, as licitações e os contratos, em que há uma imensa variedade de produtos e serviços de diferentes características que podem ser seu objeto. Hoje, a compra de material de escritório, gêneros alimentícios e *softwares* avançados, bem como a construção de grandes obras, estão sujeitas às mesmas regras da lei de licitações, que ignoram suas particularidades. Além da questão da adequação das regras às diferentes situações, o processo legislativo é moroso, tornando-se difícil a necessária adaptação permanente das regras à dinâmica da realidade, em constante mutação diante de novas tecnologias, produtos e serviços.

Assim, o melhor modo de prevenir a corrupção em determinadas áreas, como licitações e contratos, desburocratização e política fiscal, é por meio de um aprimoramento institucional que permita sua abordagem profissional e permanente por um corpo técnico especializado, ideia que se materializa na presente proposta.

Uma instância administrativo-normativa nacional

O Conselho de Estado brasileiro será bastante peculiar e bem mais limitado que esses exemplos nacionais e internacionais. Não terá competência jurisdicional nem consultiva, apenas normativa própria, diferenciando-se dos Conselhos de Estado europeus. Mesmo assim, o uso da denominação tradicional destes evoca a essência do que interessa: a necessidade de colegiado neutro, de profissionais públicos de alto nível (e não de representantes de interesses), que cuide de modo permanente da coerência técnico-jurídica e da estabilidade jurídica do estado administrativo, em seus diversos níveis e funções.

Criando uma *instância normativo-administrativa nacional*, a proposta resolve falha importante do sistema federativo brasileiro. Embora já exista *instância legislativa nacional* em temas administrativos tidos pela Constituição como de caráter nacional (essa instância é o Congresso Nacional), nossa Federação não tem instância *administrativa* equivalente para esses mesmos temas, o que compromete a uniformidade na aplicação nacional das leis.

Sua função exclusiva será aprovar *normatização administrativa nacional sobre temas-chave de gestão pública* (como prevenção da corrupção, transparência, desburocratização, licitações, contratações, concursos públicos e política fiscal).

A normatização do Conselho será só nessas *matérias administrativas* e quando envolverem *questões comuns a toda a administração brasileira*. Não incluirá, portanto, temas não administrativos (como direito penal, civil, processual, trabalhista etc.) nem temas administrativos não incluídos em sua competência (como remuneração de servidores públicos, tributos, benefícios previdenciários etc.), tampouco temas administrativos exclusivamente federais, estaduais ou municipais (que, em respeito à autonomia federativa, continuarão nas respectivas esferas de competência).

O Conselho será órgão normativo, não possuindo competências recursais, anulatórias, sancionadoras ou disciplinares. Não será órgão geral de comando, pois não editará atos individuais e concretos, sejam administrativos (para isso já existem as administrações públicas), sejam de controle (para isso já existem o controle judicial, o externo dos tribunais de contas e mesmo o interno). Sua função exclusiva será editar normas, por um lado, para estabilizar interpretações nas esferas administrativa e do controle externo, por meio de súmulas administrativas e, por outro, para desenvolver soluções inovadoras em temas-chave de gestão pública para aplicação nacional, por meio de regulamentos técnico-administrativos, quando o Congresso Nacional entender que não é conveniente que a própria lei faça esse desenvolvimento (o que tornaria mais difíceis e lentas as adaptações futuras, que exigiriam uma nova lei). Portanto, o Conselho atuará por meio de dois instrumentos: a *súmula administrativa* e o *regulamento técnico-administrativo*, cada um servindo a propósito específico.

O Conselho de Estado será órgão *colegiado* para poder abarcar as perspectivas das várias administrações e controladores externos que integram o Estado administrativo brasileiro, nos vários níveis da Federação (daí o caráter *nacional*).

Relações com os poderes e órgãos constitucionais autônomos

O Conselho não terá poder de auto-organização nem autonomia administrativa constitucional, e seu funcionamento administrativo será definido em lei. A vinculação do Conselho ao Legislativo, e não ao Executivo, se justifica, em primeiro lugar, pela natureza da função (normativa) e para que o Conselho não tenha uma custosa estrutura administrativa própria, devendo usar a do Congresso, já instalada, especializada e experiente em ação normativa. Em segundo lugar, por ser o Conselho órgão nacional, à semelhança do Congresso Nacional – e ao contrário do Executivo, que é somente federal. Por fim, porque, na edição de regulamentos técnicos nacionais, o Conselho atuará por autorização direta do Legislativo, caso a caso.

Mas o Conselho terá *autonomia funcional*, de modo que suas decisões não dependerão da concordância ou homologação de outros órgãos ou Poderes. Equilibrando essa autonomia, há freios e contrapesos para impedir que se transforme em fator de instabilidade. Jamais agirá de ofício, dependendo, em todos os casos, da iniciativa do Executivo federal. Só editará regulamentos por autorização expressa e caso a caso do Legislativo, limitada a temas-chave de gestão pública e na dependência de iniciativa do Executivo. Seu presidente será o Advogado-Geral da União, autoridade do Executivo. Suas normas poderão ser suspensas ou anuladas na via direta, com efeitos *erga omnes*, pelo Judiciário, ou sustadas pelo Legislativo, sem prejuízo do controle judicial difuso, por via de exceção (controle difuso que só será obstado em caso de prévia declaração de constitucionalidade da súmula administrativa ou do regulamento técnico-administrativo pelo STF, ou de legalidade pelo STJ), e suas decisões dependerão de consulta pública prévia, permitindo a influência da sociedade e dos órgãos de estado envolvidos.

A iniciativa exclusiva do Executivo se justifica: a proibição de o Conselho agir de ofício, com base na experiência institucional do Judiciário, impede que o colegiado desenvolva agenda própria que afete sua neutralidade. No caso das *súmulas administrativas*, a iniciativa do Executivo viabiliza que órgãos de gestão com atuação transversal (como a Advocacia-Geral da União e os Ministérios do Planejamento e da Transparência – CGU) se incumbam de identificar problemas de conflito ou de instabilidade da legislação administrativa, que exijam a intervenção neutra uniformizadora do Conselho (exemplo: divergências importantes de interpretação normativa entre o controle externo dos Tribunais de Contas e as administrações públicas). E, no caso dos *regulamentos técnico-administrativos*, a reserva de iniciativa decorre da necessidade de a edição de normas administrativas com novas soluções de gestão pública nascerem não da agenda isolada do Conselho, mas de estudos e propostas de órgãos atuantes em gestão pública.

A *normatização do* Conselho *será vinculante* para todas as autoridades e agentes da administração pública direta e indireta dos poderes Executivo e Legislativo da União, dos Estados, do Distrito Federal, dos Municípios e de seus respectivos tribunais de contas. O Poder Judiciário, no exercício de sua função jurisdicional, não ficará submetido às deliberações do Conselho, continuando a tomar, de maneira autônoma, suas decisões a respeito dos temas normatizados.

Em relação aos Poderes Legislativos (Congresso Nacional, Assembleias Legislativas e Câmaras de Vereadores), a vinculação é apenas para suas *atividades de "administração pública"* e que envolvam os temas-chave de gestão pública. Não há, portanto, interferência na atividade legislativa, tampouco diminuição da autonomia administrativa na organização interna desses Poderes (remuneração de servidores, por exemplo).

É indispensável que a normatização do Conselho vincule também todos os controladores externos (Tribunais de Contas de qualquer nível). Do contrário, a unificação normativa nacional seria ineficaz, pois as autoridades administrativas poderiam ser ameaçadas ou sancionadas por controladores externos que tivessem opiniões divergentes. Mas, sendo a atuação do Conselho de Estado pontual e apenas normativa, ela não afetará o exercício normal das funções dos controladores externos, que se exerce por atos concretos. Importante também é que não haverá diminuição da autonomia administrativa na organização interna dos tribunais de contas, pois esse tema não se inclui entre as matérias de competência do Conselho.

Todavia, a normatização do Conselho não será vinculante para as administrações públicas específicas do Poder Judiciário e do Ministério Público. Em primeiro lugar, porque sua atividade de administração é muito peculiar. Em segundo, para garantir a máxima proteção de sua autonomia administrativa. Ainda, porque o Conselho Nacional de Justiça e o Conselho Nacional do Ministério Público já exercem sobre eles poder normativo administrativo com efeitos unificadores.

As súmulas administrativas

A *súmula administrativa* harmonizará a interpretação de normas, constitucionais ou legais, sobre temas-chave de gestão pública, para todos os agentes administrativos dos Poderes Executivo e Legislativo e para os tribunais de contas de qualquer nível. Para atuar por meio da súmula, o Conselho deverá ser provocado, pelo Poder Executivo, a se manifestar sobre a correta leitura de normativo nacional específico. A súmula esclarecerá a interpretação desse normativo, que passará a valer para todas as situações semelhantes que surjam dali em diante.

O que torna a súmula administrativa instrumento necessário à coordenação da gestão pública brasileira atual é a autonomia jurídica de que, em decorrência de previsão constitucional (art. 18, *caput*, da Constituição Federal), dispõem as administrações públicas e também seus Tribunais de Contas. A autonomia em si é positiva. O inconveniente está na pluralidade de interpretações normativas que dela podem decorrer, quando estão em causa normas nacionais sobre temas-chave de gestão pública.

São editadas normas de caráter nacional regulando, a partir das mesmas diretrizes básicas, a atividade de gestão de todos os entes federativos em temas-chave. Em razão da autonomia que lhes foi dada, cabe a cada ente, e aos respectivos órgãos de controle externo, interpretar por si essas normas e lhes dar execução. As interpretações, contudo, variam. E entes federativos diferentes podem assumir entendimentos distintos a respeito do mesmo texto legal ou constitucional. Mais: ocorre também instabilidade na interpretação normativa no âmbito do mesmo ente federativo, pois a leitura do dispositivo varia em razão do agente público responsável por aplicá-lo.

A edição de súmulas administrativas nacionais pelo Conselho não diminui a autonomia atual dos entes subnacionais, na parte que importa. A organização do Brasil como Federação pela Constituição de 1988 envolveu a outorga de autonomia às administrações públicas da União, dos Estados, do Distrito Federal e dos Municípios, com competência também para cada um legislar para si sobre matéria administrativa. Mas essa autonomia, normativa e administrativa, já é hoje limitada por normas constitucionais sobre gestão pública (como as que exigem licitações para contratos e concursos públicos para admissão de servidores – CF, art. 37, II e XXI). Também é limitada por normas legais nacionais editadas pelo Congresso Nacional em temas indicados pela Constituição (ex.: contratações públicas, art. 22, XXVII, e finanças públicas, art. 24, I). Esta proposta não mexe nesse equilíbrio, pois a nova instância normativa nacional servirá só regulamentar (inferior à lei) e para temas-chave de gestão pública que hoje já são objeto de normas nacionais, constitucionais ou legais.

O caos interpretativo em temas-chave de gestão pública gera ineficiência da máquina pública e, no limite, o descumprimento do Direito. A gestão é paralisada em virtude de frequentes questionamentos administrativos e judiciais a respeito da interpretação dada às normas; gestores, com receio de serem sancionados por controladores, preferem não decidir; e contratações emperram por conta de questionamentos a respeito da correta aplicação da lei. Além disso, abrem-se espaços para desvios da finalidade pública, havendo possibilidade de agentes públicos mal-intencionados fazerem interpretações visando propiciar ou obter vantagens indevidas.

Um exemplo que ilustra esse caos interpretativo é a polêmica em torno dos gastos públicos. O Direito brasileiro possui uma série de normas sobre política fiscal, criando limites e vinculações de despesas públicas que devem ser observadas por todos os entes federativos, mas cada um deles tem interpretação própria sobre o modo de aplicar tais normas. Isso abre brecha para que, respaldados em sua autonomia interpretativa, possam ler os limites e vinculações de modo inadequado, elevando seus gastos e violando o Direito. Assim, considerando que normas constitucionais e legais sobre temas-chave de gestão podem ser vagas demais (e, em alguns casos, precisam mesmo ser), é necessário ter meios para a solução final rápida sobre dúvidas de interpretação em pontos relevantes, de modo a pôr fim a distorções e desvios.

Os regulamentos técnico-administrativos

O *regulamento técnico-administrativo* será utilizado quando houver autorização do Congresso Nacional, por meio de lei, para o Conselho normatizar questão técnica em tema-chave de gestão pública que tenha incidência nacional (isto é, que não seja apenas federal ou estadual ou municipal). A proposta inicial de regulamento virá sempre do Poder Executivo federal.

Apesar de, em temas-chave de gestão, o ordenamento jurídico brasileiro já possuir um conjunto importante de normas constitucionais e legais de aplicação nacional, não há regulamentação padronizada para sua execução por todos os entes federativos. Forma-se um vácuo normativo que precisa ser preenchido. Além disso, embora o Congresso Nacional possua competência para editar normas legais nacionais, não é órgão técnico. A ideia é que o Conselho, desde que autorizado pelo Legislativo, possa realizar essa tarefa. Isso tende a deslocar, para instância mais técnica e ágil, a especificação normativa sobre temas-chave de gestão pública nacional, sem comprometer a homogeneidade jurídica, fundamental à segurança – comprometimento que pode ocorrer quando, optando as leis nacionais por conceder flexibilidades aos distintos entes federativos, esses detalhes ficam dispersos nas mãos das múltiplas administrações e de controladores públicos pelo país afora.

Não há paralelo da competência normativa do Conselho com a ampla competência regulamentar dos chefes do Executivo, a qual não depende de previsão específica em lei e pode ser exercida sempre que necessário para a fiel execução de lei pelos órgãos subordinados. Para evitar conflito com o espaço regulamentar dos Executivos, a competência normativa do Conselho é pontual, pois, além de sua temática ser restrita, o Conselho só fará regulamentos técnico-administrativos se e quando autorizado, caso a caso, por lei, a qual também definirá seus limites, sob pena de inconstitucionalidade.

Vale insistir em que o órgão técnico não comprometerá a autonomia federativa, apesar da competência para, quando autorizado, produzir novas normas nacionais, pois sua atuação é normativa e pontual. Também não se imiscuirá nas competências do próprio Congresso Nacional – que continuará a editar normas nacionais sobre gestão pública – ou dos Executivos – que continuarão definindo as políticas de governo a implementar. As escolhas políticas que levam à edição de leis e à elaboração de políticas públicas permanecerão nas mãos desses Poderes. O Conselho apenas somará esforços, quando convocado, disciplinando soluções técnicas em temas-chave de gestão envolvidos na execução dessas escolhas.

Nesse sentido, é pertinente exemplificar a diferença entre temas políticos e temas técnicos. Imagine-se que o Estado brasileiro pretenda fomentar a participação de empresas estrangeiras em licitações. Para isso, resolve dispensar-lhes a apresentação de documentos de habilitação peculiares ao ambiente empresarial brasileiro e autorizar sua substituição por outros, mais adequados à realidade de empresa estrangeira. Edita, então, lei nacional com essa diretriz e autoriza que o Conselho discipline critérios nacionais para a substituição dos documentos. A opção por estimular a participação estrangeira em licitações públicas é claramente política. Porém, padronizar o procedimento para sua execução é trabalho técnico. O Conselho não terá qualquer poder sobre decisões políticas, apenas atuará, por meio de regulamento e quando autorizado, para garantir sua boa execução.

Competência em temas-chave nacionais de gestão pública

Compreendidos os modos de atuação do Conselho, é importante atentar ao fato de que os temas-chave de gestão pública sobre os quais poderá deliberar estarão previstos de modo taxativo na Constituição. São eles: *prevenção da corrupção*; *transparência e publicidade*; *desburocratização*; *concurso público e outros processos de admissão de empregados e servidores públicos; licitação e outros processos de contratação; regime dos contratos estatais*; e *política fiscal*.

A taxatividade da lista de matérias em que o Conselho poderá atuar (*numerus clausus*) é importante, pois impede que, seja por ação própria, seja por futuras delegações legislativas, o órgão expanda seu campo de atuação, interferindo no atual equilíbrio federativo ou nas funções instituições dos Poderes e órgãos constitucionais autônomos do país.

A escolha desses temas-chave não foi ao acaso. Estão neles os principais perigos e entraves em termos de gestão pública que precisam ser enfrentados com urgência.

As pautas de prevenção da corrupção, transparência e desburocratização tornaram-se prioridade no cenário político brasileiro, e o sistema jurídico-administrativo de que dispomos não tem sido capaz de dar as respostas adequadas em tempo hábil. Ainda que haja leis prevendo medidas para prevenir improbidades e estimular o aumento de produtividade na administração, sua efetivação percorre caminho tortuoso.

A prevenção da *corrupção administrativa* vem sendo buscada por normas constitucionais e legais variadas. Exemplos são as que instituíram o dever de apresentar declaração de bens para posse em cargo público (Lei da Improbidade, Lei n. 8.429, de 1992, art. 13), o acordo de leniência na esfera administrativa (Lei Anticorrupção, Lei n. 12.846, de 2013, arts. 16 e 17) e os meios legais de acesso à informação pública (Lei de Acesso à Informação, Lei n. 12.527, de 2011, art. 9º), bem como os Códigos de Conduta e Integridade e os órgãos de gestão de riscos e de auditoria nas empresas estatais (Lei das Estatais, Lei n. 13.303, de 2016, arts. 9º, 24 e 25). Além disso, projetos de lei sobre *compliance* pública estão em tramitação no Congresso Nacional. Como colegiado neutro e técnico, especializado em gestão pública, e com autoridade nacional, o Conselho de Estado pode evitar que a eficácia nacional dessas normas seja comprometida por interpretações conflitantes, maliciosas ou oportunistas, tanto das esferas administrativas como do controle externo, nos vários níveis da Federação.

A *publicidade e a transparência* já são deveres de toda a administração brasileira por força de normas constitucionais (como o princípio da publicidade administrativa do art. 37, *caput*, e o dever estatal de informação do art. 5º, XXXIII), as quais justificaram a edição, com efeitos nacionais, da Lei de Acesso à Informação (Lei Federal n. 12.527, de 2011), entre outras normas legais. O Conselho de Estado, com suas súmulas, poderá impedir que esses valores, tal como incorporados na Constituição e nas leis nacionais, sejam comprometidos por problemas de interpretação. Além disso, com seus regulamentos (se autorizados em leis futuras), poderá contribuir com adaptações necessárias à gestão pública, em especial por conta do governo eletrônico.

Um órgão normativo nacional e técnico é indispensável para viabilizar o governo eletrônico nacional e neutralizar barreiras burocráticas. Um governo eletrônico supõe desburocratização, pois sua implantação, aumentando a transparência e a eficiência, e permitindo a integração dos sistemas de informação pública, nos diversos níveis da Federação, depende da superação de padrões burocráticos atuais, que sempre variaram de ente para ente. Isso não é viável sem *normas nacionais de desburocratização*. Todavia, barreiras burocráticas administrativas impostas de modo descentralizado por órgãos federais, estaduais ou municipais, por meio de interpretações distorcidas ou por regulamentos burocráticos, constituem risco constante de sabotagem à aplicação das normas nacionais que imponham o respeito a valores públicos, como concorrência pelos fornecimentos públicos, abertura comercial, transparência e luta contra a corrupção.

Soluções do Poder Judiciário para essas situações demoram ou vêm de maneira fragmentada, para casos muito pontuais. Com a criação do Conselho, se autorizado para isso em lei, a edição de normatização administrativa nacional poderia com rapidez deixar precisa e clara o meio de cumprimento da lei em pontos relevantes. Ademais, as súmulas do Conselho podem combater rapidamente as sabotagens ou ineficiências geradas pelas interpretações contraditórias.

Já matérias relativas à admissão de pessoal e regime das contratações públicas demandam reformulação de ideias mais tradicionais, que dificultam a atuação pública ao mesmo tempo eficiente e sem desvios. No caso dos processos de admissão de pessoal, é necessária a introdução de soluções modernas que valorizem a meritocracia. Para contratações públicas, precisa-se de soluções normativas que visem melhorar e tornar mais competitivo e limpo o ambiente de negócios públicos, tanto com relação aos procedimentos de contratação quanto ao regime de execução contratual.

O *concurso* é exigência constitucional para admissão de servidores efetivos na administração pública e para empregos de carreira nas estatais (CF, art. 37, II). Existem processos diversos para a contratação temporária (CF, art. 37, IX) e para os cargos em comissão (CF, art. 37, II), mas o Congresso Nacional não tem competência legislativa geral para editar normas nacionais sobre esses processos (ao contrário, por exemplo, do que ocorre com licitações – CF, art. 22, XXVII), e não existe órgão administrativo com autoridade regulamentar nacional para isso. Assim, regras e orientações flutuam muito entre as inúmeras administrações do país. Isso leva, por um lado, a sabotagens constantes das exigências constitucionais; por outro, a insegurança e timidez dos gestores na adoção de inovações que poderiam modernizar, melhorar e moralizar as seleções de servidores. A experiência positiva do Conselho Nacional de Justiça na organização e regularização, por meio de normas regulamentares nacionais (Resolução CNJ 81, de 2009, com alterações posteriores), dos concursos para os cartórios notariais e de registros (concursos previstos no art. 236, §3º da CF e na Lei Federal n. 8.935, de 1994, mas comprometidos por práticas descentralizadas), mostra a importância de alguma coordenação administrativa nacional normativa nessa matéria.

Usando sua competência para editar normas gerais (CF, art. 22, XXVII), o Congresso Nacional vem legislando com frequência sobre processos de *licitação e* processos de *contratação direta*. Todavia, essas normas legais gerais enfrentam dificuldades.

Em primeiro lugar, há flutuação excessiva na sua interpretação, nos vários níveis da Federação e entre órgãos de controle externo, comprometendo a eficácia nacional do sistema (um exemplo é a dúvida quanto a abrangência maior ou menor dos efeitos das sanções administrativas de suspensão e inidoneidade do art. 87, III e IV da Lei n. 8.666, de 1993). Isso será enfrentado se uma autoridade nacional puder, com rapidez, uniformizar e impor interpretações.

Em segundo lugar, tem-se a *ineficácia* de comandos importantes, *por insuficiência* de seu conteúdo diante das diferentes situações contratuais (exemplo é o art. 5º, *caput*, da Lei n. 8.666, de 1993, que impôs, sem sucesso, que pagamentos fossem feitos em ordem cronológica). Essa insuficiência poderá ser, com autorização do Legislativo, enfrentada pelo Conselho, autoridade regulamentar nacional mais habilitada (do que os próprios parlamentares) a considerar e resolver a complexidade técnica envolvida.

Uma terceira dificuldade é o grande volume e o crescente *detalhismo dessas leis*, na tentativa de impedir aplicações variadas e conflitantes pelas administrações estaduais e municipais, gerando rigidez. A regulação dos processos de contratação pública melhorará se o Congresso Nacional puder editar normas legais estruturais e de política pública e evitar a dispersão de soluções, atribuindo ao Conselho, autoridade efetivamente nacional, a edição de regulamentos técnicos, e garantindo uniformidade e coerência nacionais na aplicação das diretrizes, quando necessário.

A competência do art. 22, XXVII da CF vem sendo usada pelo Congresso Nacional para regular o *regime geral de contratos estatais* como obras, serviços e compras (leis n. 8.666, de 1993, 12.462, de 2011, entre outras), concessões (leis n. 8.987, de 1995, e 11.079, de 2004), contratos de inovação (Lei n. 10.973, de 2004), parcerias sociais (Lei n. 13.019, de 2014) e contratos de estatais (Lei n. 13.303, de 2016), mas a pulverização de órgãos aplicadores e de controles externos dificulta a uniformidade e segurança na interpretação dessas leis, dando margem a frequentes conflitos e paralisações, bem como a manipulações (p. ex., nos aditivos e prorrogações de contratos). Isso será enfrentado se uma autoridade nacional puder, com rapidez, uniformizar e impor interpretações na matéria.

Sobre o tema da política fiscal, é preciso evitar o colapso das contas públicas, e esse esforço depende do bom cumprimento do sistema de responsabilidade fiscal previsto em lei. Uma complementação normativa vinda do Conselho – seja por regulamento técnico, nos aspectos em que autorizado por lei, seja por súmula administrativa, em pontos de frequente distorção ou conflito – pode auxiliar na boa aplicação e interpretação das previsões legais já existentes.

A sustentabilidade e o equilíbrio fiscais em todos os níveis da Federação, fundamentais à política fiscal do país, têm sido buscados por normas nacionais constitucionais e legais (como a Lei de Responsabilidade Fiscal – LRF, Lei Complementar n. 101, de 2000) e pela ação administrativa de autoridades fazendárias federais (prevista, p. ex., no art. 40, §1º, II e III, e §§2º a 6º da LRF).

Um *Conselho de Gestão Fiscal* foi pensado pelo art. 67 da LRF para, entre outras tarefas, harmonizar a atuação dos entes da Federação e editar normas nacionais de consolidação das contas públicas (art. 67, I e III), mas acabou não se viabilizando, talvez pela falta de autorização constitucional para o exercício centralizado dessa função normativa administrativa, com efeitos nacionais. Uma *Instituição Fiscal Independente* foi criada pelo Senado Federal (Resolução 42, de 2016), mas, embora relevante na coleta e tratamento de informação, não tem essa competência normativa.

Falta ao Brasil uma autoridade regulamentar nacional na matéria de política fiscal, com capacidade constitucional inquestionável de vincular as administrações subnacionais. Isso dificulta o combate a desvios de gestão com base em interpretações e aplicações variadas, e mesmo heterodoxas, das normas de política fiscal (ex.: na contabilização de despesas para o atendimento da aplicação do mínimo constitucional em educação). O Conselho de Estado preenche essa lacuna.

Controle das súmulas e regulamentos

O controle sobre os atos do Conselho ficará a cargo do Poder Judiciário e do Congresso Nacional.

A existência do Conselho não gerará qualquer diminuição do controle judicial difuso, em concreto, pelas instâncias próprias do Judiciário, quanto às suas interpretações e soluções em temas-chave de gestão pública. Mesmo quando um ato administrativo de gestor ou um ato do controle externo tiverem sido praticados seguindo as orientações normativas do Conselho, poderão ser questionados de modo amplo na Justiça, inclusive com o argumento de inconstitucionalidade ou ilegalidade das próprias orientações. Os juízes continuarão livres para formar seus convencimentos, não se vinculando juridicamente às orientações do Conselho.

O controle judicial abstrato das normas do Conselho, tratando-se de dúvidas constitucionais, será feito pelo Supremo Tribunal Federal, segundo o sistema de processo constitucional hoje existente. Destaque-se ainda que as deliberações vinculantes do STF se aplicam ao órgão técnico, que tem de respeitá-las.

Já casos que digam respeito à validade das súmulas e regulamentos do Conselho frente às leis nacionais poderão ser levados diretamente ao Superior Tribunal de Justiça por meio de novas ações, denominadas ação direta de ilegalidade e ação direta declaratória de ilegalidade, criadas para esse fim. Essas ações servirão para que o STJ declare a legalidade ou a ilegalidade em abstrato das deliberações do Conselho.

É grande a importância do controle concentrado dos atos normativos do Conselho – controle concentrado tanto de constitucionalidade, pelo STF, como de legalidade, pelo STJ – para que, com eficiência, dê-se segurança à gestão pública. Questões relevantes em temas-chave de gestão pública serão amadurecidas, com rapidez maior que a comum, durante o processo normativo do Conselho. E, assim que tomada a decisão pelo Conselho, poderão ser levadas de imediato, já amadurecidas, diretamente aos tribunais superiores incumbidos das definições finais de constitucionalidade e legalidade. Essa via permite que o STF e o STJ façam as definições necessárias em temas-chave de gestão pública sem o longo trâmite processual que hoje tem de ser percorrido quando as questões lhes chegam nas ações comuns, como é habitual.

O Congresso Nacional também poderá realizar o controle direto dos atos do Conselho por meio de sua competência constitucional para sustar atos administrativos que exorbitem o poder regulamentar ou os limites de delegação legislativa.

Composição

Como os poderes do Conselho alcançarão todos os entes federativos nacionais, há cuidado para que sua composição contemple pessoas experientes em administração pública dos diversos níveis da Federação, escolhidas em sistema que envolva interação entre Poderes. Essas pessoas deverão ter conhecimento técnico relevante sobre gestão pública, reputação ilibada e mais de 35 anos. Não serão admitidos agentes públicos políticos. Serão oito membros permanentes, com mandatos únicos de seis anos. Além deles, o Advogado-Geral da União figurará como membro nato e presidente do Conselho, pois atua na advocacia pública de mais alto nível e está essencialmente ligado a funções jurídicas.

A diversidade na composição tentará trazer a esse órgão de cúpula as peculiaridades, complexidades e preocupações de cada uma das administrações, dos tribunais de contas, do Judiciário e do Ministério Público, além da perspectiva da sociedade civil. Com isso, as deliberações do Conselho, mesmo tomadas de modo centralizado, poderão refletir as diferentes realidades da gestão pública brasileira e de seu controle.

Notas explicativas:

1. Em virtude da vinculação do Conselho ao Congresso Nacional, o novo artigo deve ser incluído no Capítulo I, do Poder Legislativo, do Título IV, Da Organização dos Poderes, da Constituição de 1988.

2. Em atenção às características institucionais brasileiras, o Conselho proposto é muito original. Será órgão colegiado para poder abarcar as perspectivas das várias administrações e controladores externos que integram o estado administrativo brasileiro, nos vários níveis da Federação (daí o caráter nacional). Terá competência apenas normativa (editar súmulas administrativas e regulamentos técnico-administrativos autorizados). Não terá competência jurisdicional nem consultiva, diferenciando-se dos Conselhos de Estado europeus, mas o uso da denominação tradicional destes evoca a essência do que interessa: a necessidade de colegiado neutro, de profissionais públicos de alto nível (e não de representantes de interesses), que cuidem de modo permanente da coerência técnico-jurídica e da estabilidade jurídica do Estado administrativo, em seus diversos níveis e funções.

3. A característica de órgão constitucional permanente baseia-se na definição do art. 127 da CF para o Ministério Público.

4. Em coerência com essa vinculação, o Conselho não terá poder de auto-organização nem autonomia administrativa constitucional, sendo seu funcionamento administrativo definido em lei (§6º do art. 47-A). A vinculação do Conselho ao Legislativo, e não ao Executivo, se justifica:
   a) pela natureza da função (normativa) e para que o Conselho não tenha uma custosa estrutura administrativa própria, devendo usar a do Congresso, já instalada e especializada em ação normativa;
   b) por ser o Conselho órgão nacional, à semelhança do Congresso Nacional – e ao contrário do Executivo, que é somente federal (§1º do art. 47-A); e
   c) porque, na edição de regulamentos técnicos nacionais, o Conselho atuará por autorização direta do Legislativo, caso a caso (§3º do art. 47-A).

5. Com a autonomia funcional, decisões do Conselho não dependerão da concordância ou homologação de outros órgãos ou Poderes, mas há freios e contrapesos para impedir que ele se transforme em fator de instabilidade:
   a) Jamais agirá de ofício, dependendo, em todos os casos, da iniciativa do Executivo federal (caput do art. 47-A).
   b) Só editará regulamentos por autorização expressa e caso a caso do Legislativo (§3º do art. 47-A), limitada às matérias taxativas dos incisos I a VII do caput do art. 47-A e na dependência de iniciativa do Executivo.
   c) Seu presidente será o Advogado-Geral da União, autoridade do Executivo (caput do §5º do art. 47-A).
   d) Suas normas poderão ser suspensas ou anuladas na via direta, com efeitos erga omnes, pelo Judiciário (incs. I e II do §4º do art. 47-A) ou sustadas pelo Legislativo (inc. III do §4º do art. 47-A), sem prejuízo do controle judicial difuso, por via de exceção (controle difuso que só será obstado em caso de prévia declaração de constitucionalidade da súmula administrativa ou do regulamento técnico-administrativo pelo STF ou de legalidade pelo STJ).
   e) Suas decisões dependerão de consulta pública prévia (§6º do art. 47-A), permitindo a influência da sociedade e dos órgãos de estado envolvidos.

6. A iniciativa do Executivo:
   a) se justifica, pois a proibição de o Conselho agir de ofício, inspirada na experiência institucional do Judiciário, impede que o colegiado desenvolva agenda própria que afete sua neutralidade (caberá à lei regular o processo normativo do Conselho e dizer como será provocado pelo Executivo – §6º do art. 47-A);
   b) no caso das súmulas administrativas, viabiliza que órgãos de gestão com atuação transversal (como a Advocacia-Geral da União e os Ministérios do Planejamento e da Transparência – CGU) incumbam-se de identificar problemas de conflito ou instabilidade da legislação administrativa, que exijam a intervenção neutra uniformizadora do Conselho (exemplo: divergências importantes de interpretação normativa entre o controle externo dos Tribunais de Contas e as administrações públicas); e
   c) no caso dos regulamentos técnico-administrativos, decorre da necessidade de a edição de normas administrativas com novas soluções de gestão pública nascerem não da agenda isolada do Conselho, mas de estudos e propostas de órgãos atuantes em gestão pública.

7   O Conselho não será órgão geral de comando, pois não editará atos individuais e concretos, sejam administrativos (para isso já existem as administrações públicas), sejam de controle (para isso já existem o controle judicial, o externo dos Tribunais de Contas e mesmo o interno). Sua função exclusiva é editar normas:
    a) para estabilizar interpretações nas esferas administrativa e do controle externo, por meio de súmulas administrativas (§ 2º do art. 47-A); ou
    b) para desenvolver soluções inovadoras de gestão pública (nas matérias dos incs. I a VII do caput do art. 47-A) para aplicação nacional (por meio de regulamentos técnico-administrativos – §3º do art. 47-A), quando o Congresso Nacional entender que não é conveniente que a própria lei faça esse desenvolvimento (o que tornaria mais difíceis e lentas as adaptações futuras, que exigiriam nova lei).
    A normatização do Conselho será só nas matérias administrativas dos incs. I a VII do caput do art. 47-A e quando envolverem questões comuns a toda a administração brasileira. Não incluirá, portanto, temas:
    a) não administrativos (como direito penal, civil, processual, trabalhista etc.);
    b) administrativos, mas não indicados nesses incisos (como remuneração de servidores públicos, tributos, benefícios previdenciários etc.); e
    c) exclusivamente federais, estaduais ou municipais (que, em respeito à autonomia federativa, continuarão nas respectivas esferas de competência).

8   A normatização do Conselho será só nas matérias administrativas dos incs. I a VII do caput do art. 47-A e quando envolverem questões comuns a toda a administração brasileira. Não incluirá, portanto, temas:
    a) não administrativos (como direito penal, civil, processual, trabalhista etc.);
    b) administrativos, mas não indicados nesses incisos (como remuneração de servidores públicos, tributos, benefícios previdenciários etc.); e
    c) exclusivamente federais, estaduais ou municipais (que, em respeito à autonomia federativa, continuarão nas respectivas esferas de competência).

9   Criando uma instância normativa administrativa nacional, a proposta resolve uma falha importante do sistema federativo brasileiro. Embora já exista instância legislativa nacional em temas administrativos tidos pela Constituição como de caráter nacional (essa instância é o Congresso Nacional), nossa Federação não tem instância administrativa equivalente para esses mesmos temas, o que compromete a uniformidade na aplicação nacional das leis.
    A proposta de criação do Conselho de Estado não diminui a autonomia atual dos entes subnacionais. A organização do Brasil como Federação pela Constituição de 1988 importou na outorga de autonomia administrativa às administrações públicas da União, dos Estados, do Distrito Federal e dos Municípios (CF, art. 18, caput), com competência também para cada um legislar para si sobre matéria administrativa. Mas essa autonomia normativa já é hoje limitada; a) por normas constitucionais sobre gestão pública (como as que exigem licitações para contratos e concursos públicos para admissão de servidores – CF, art. 37, II e XXI); e b) por normas legais nacionais editadas pelo Congresso Nacional em temas indicados pela Constituição (ex.: contratações públicas, art. 22, XXVII, e finanças públicas, art. 24, I). Esta proposta não mexe nesse equilíbrio, pois a nova instância normativa nacional servirá só para temas hoje já objeto de normas nacionais, constitucionais ou legais (indicados nos incs. I a VII do caput do art. 47-A).

10 As súmulas são denominadas "administrativas" por duas razões: a) em razão da matéria (sempre administrativa – incs. I a VII do caput do art. 47-A); e b) para se distinguirem das súmulas judiciais (em especial as súmulas vinculantes do STF). A função das súmulas administrativas do Conselho, e sua completa submissão às súmulas vinculantes do STF, estão definidas no §2º do art. 47-A.

11 Os regulamentos são denominados "técnico-administrativos" por duas razões:
    a) em razão da matéria (sempre administrativa – incs. I a VII do caput do art. 47-A); e
    b) para destacar a expertise técnica em gestão pública, que justifica a ação neutra do Conselho e é propiciada pela composição de técnicos (v. §5º do art. 47-A).

12 A taxatividade da lista de matérias em que o Conselho pode atuar (numerus clausus) é importante. Ela impede que, seja por ação própria, seja por futuras delegações legislativas, o órgão venha a expandir seu campo de atuação, interferindo no atual equilíbrio federativo ou nas funções instituições dos Poderes e órgãos constitucionais autônomos do país.

13 A prevenção da corrupção administrativa vem sendo buscada por normas constitucionais e legais variadas. Exemplos são as que instituíram o dever de apresentar declaração de bens para posse em cargo público (Lei da Improbidade, Lei n. 8.429, de 1992, art. 13), o acordo de leniência na esfera administrativa (Lei Anticorrupção, Lei n. 12.846, de 2013, arts. 16 e 17), os meios legais de acesso à informação pública (Lei de Acesso à Informação, Lei n. 12.527, de 2011, art. 9º), bem como os Códigos de Conduta e Integridade e os órgãos de gestão de riscos e de auditoria nas empresas estatais (Lei das Estatais, Lei n. 13.303, de 2016, arts. 9º, 24 e 25). Além disso, projetos de lei sobre compliance pública estão em tramitação no Congresso Nacional. Como colegiado neutro e técnico, especializado em gestão pública, e com autoridade nacional, o Conselho de Estado pode evitar que a eficácia nacional dessas normas seja comprometida por interpretações conflitantes, maliciosas ou oportunistas, tanto das esferas administrativas como do controle externo, nos vários níveis da Federação.

14 A publicidade e a transparência já são deveres de toda a administração brasileira por força de normas constitucionais (como o princípio da publicidade administrativa do art. 37, caput, e o dever estatal de informação do art. 5º, XXXIII), as quais justificaram a edição, com efeitos nacionais, da Lei de Acesso à Informação (Lei Federal n. 12.527, de 2011), entre outras normas legais. O Conselho de Estado, com suas súmulas, poderá impedir que esses valores, tal como incorporados na Constituição e nas leis nacionais, sejam comprometidos por problemas de interpretação. Além disso, com seus regulamentos (se autorizados em leis futuras), poderá contribuir com adaptações necessárias à gestão pública, em especial por conta do governo eletrônico.

15 Um órgão normativo nacional e técnico é indispensável para viabilizar o governo eletrônico nacional e neutralizar barreiras burocráticas. Governo eletrônico supõe desburocratização, pois sua implantação, aumentando a transparência e a eficiência, e permitindo a integração dos sistemas de informação pública, nos diversos níveis da Federação, depende da superação de padrões burocráticos atuais, que sempre variaram de ente para ente. Isso não é viável sem normas nacionais de desburocratização. Todavia, barreiras burocráticas administrativas impostas de modo descentralizado por órgãos federais, estaduais ou municipais, seja por meio de interpretações distorcidas, seja por regulamentos burocráticos, constituem risco constante de sabotagem à aplicação das normas nacionais que imponham respeito a valores públicos, como concorrência pelos fornecimentos públicos, abertura comercial, transparência e luta contra a corrupção.

16 A sustentabilidade e o equilíbrio fiscais em todos os níveis da Federação, fundamentais à política fiscal do país, têm sido buscados por normas nacionais constitucionais e legais (como a Lei de Responsabilidade Fiscal – LRF, Lei Complementar n. 101, de 2000) e pela ação administrativa de autoridades fazendárias federais (prevista, p. ex., no art. 40, §1º, II e III, e §§2º a 6º da LRF). Um Conselho de Gestão Fiscal foi pensado pelo art. 67 da LRF para, entre outras tarefas, harmonizar a atuação dos entes da Federação e editar normas nacionais de consolidação das contas públicas (art. 67, I e III), mas acabou não se viabilizando, talvez pela falta de autorização constitucional para o exercício centralizado dessa função normativa

administrativa, com efeitos nacionais. Uma Instituição Fiscal Independente foi criada pelo Senado Federal (Resolução 42, de 2016) e, embora relevante na coleta e tratamento de informação, não tem essa competência normativa. Falta ao Brasil uma autoridade regulamentar nacional nessa matéria, com capacidade constitucional inquestionável de vincular as administrações subnacionais. Isso dificulta o combate a desvios de gestão com base em interpretações e aplicações variadas, e mesmo heterodoxas, das normas de política fiscal (ex.: na contabilização de despesas para o atendimento da aplicação do mínimo constitucional em educação). O Conselho de Estado preenche essa lacuna.

17 O concurso é exigência constitucional para admissão de servidores efetivos na administração pública e para empregos de carreira nas estatais (CF, art. 37, II). Existem processos diversos para a contratação temporária (CF, art. 37, IX) e para os cargos em comissão (CF, art. 37, II), mas o Congresso Nacional não tem competência legislativa geral para editar normas nacionais sobre esses processos (ao contrário, p. ex., do que ocorre com licitações – CF, art. 22, XXVII) e não existe órgão administrativo com autoridade regulamentar nacional para isso. Assim, regras e orientações flutuam muito entre as inúmeras administrações do país. Isso leva, por um lado, a sabotagens constantes das exigências constitucionais; por outro, a insegurança e timidez dos gestores na adoção de inovações que poderiam modernizar, melhorar e moralizar as seleções de servidores. A experiência positiva do Conselho Nacional de Justiça – CNJ na organização e regularização, por meio de normas regulamentares nacionais (Resolução CNJ 81, de 2009, com alterações posteriores), dos concursos para os cartórios notariais e de registros (concursos previstos no art. 236, §3º da CF e na Lei Federal n. 8.935, de 1994, mas comprometidos por práticas descentralizadas) mostra a importância de alguma coordenação administrativa nacional normativa nessa matéria.

18 Usando sua competência para editar normas gerais (CF, art. 22, XXVII), o Congresso Nacional vem legislando com frequência sobre processos de licitação e processos de contratação direta. Todavia, essas normas legais gerais enfrentam três dificuldades:
   a) Flutuação excessiva na sua interpretação nos vários níveis da Federação e entre órgãos de controle externo, comprometendo a eficácia nacional do sistema (um exemplo é a dúvida quanto à abrangência maior ou menor dos efeitos das sanções administrativas de suspensão e inidoneidade do art. 87, III e IV, da Lei n. 8.666, de 1993). Isso será enfrentado se uma autoridade nacional puder, com rapidez, uniformizar e impor interpretações.
   b) Ineficácia de comandos importantes, por insuficiência de seu conteúdo diante das diferentes situações contratuais (exemplo é o art. 5º, caput da Lei n. 8.666, de 1993, que impôs sem sucesso que pagamentos fossem feitos em ordem cronológica). Essa insuficiência poderá ser, com autorização do Legislativo, enfrentada pelo Conselho, autoridade regulamentar nacional mais habilitada (do que os próprios parlamentares) a considerar e resolver a complexidade técnica envolvida.
   c) Grande volume e crescente detalhismo dessas leis, na tentativa de impedir aplicações variadas e conflitantes pelas administrações estaduais e municipais, gerando rigidez. A regulação dos processos de contratação pública melhorará se o Congresso Nacional puder editar normas legais estruturais e de política pública e evitar a dispersão de soluções atribuindo ao Conselho, autoridade efetivamente nacional, e a edição de regulamentos técnicos, garantindo uniformidade e coerência nacionais na aplicação das diretrizes, quando necessário.

19 A competência do art. 22, XXVII da CF vem sendo usada pelo Congresso Nacional para regular o regime geral de contratos estatais como obras, serviços e compras (Leis n. 8.666, de 1993, 12.462, de 2011, entre outras), concessões (Leis n. 8.987, de 1995, e 11.079, de 2004), contratos de inovação (Lei n. 10.973, de 2004), parcerias sociais (Lei n. 13.019, de 2014) e contratos de estatais (Lei n. 13.303, de 2016). Mas a pulverização de órgãos aplicadores e de controles externos dificulta a uniformidade e segurança na interpretação dessas leis, dando margem a frequentes conflitos e paralisações, bem como a manipulações (p. ex., nos aditivos e prorrogações de contratos). Isso será enfrentado se uma autoridade nacional puder, com rapidez, uniformizar e impor interpretações na matéria.

20 O caráter vinculante:
   a) vale para toda a "normatização administrativa do Conselho", o que inclui suas súmulas e regulamentos técnicos (essa definição de "normatização" está no caput do art. 47-A);
   b) impede que, alegando invalidade, as administrações e os controladores externos (Tribunais de Contas) neguem aplicação a eles;
   c) não compromete a revisão judicial, por via de ação direta ou de exceção, pois o Judiciário não está atingido pelo efeito vinculante das normas do Conselho.

21 A referência a "autoridades e agentes" assegura a eficácia abrangente da normatização, incluindo os agentes políticos e outras autoridades com competências decisórias, bem como agentes de execução, em qualquer regime jurídico.

22 Incluídas, portanto, as empresas estatais e as fundações estatais.

23 A normatização do Conselho não será vinculante para a administração pública específica do Poder Judiciário e do Ministério Público:
   a) porque sua atividade de administração é muito peculiar;
   b) para garantir a máxima proteção de sua autonomia administrativa (CF, art. 99, caput, e art. 127, §2º);
   c) porque o Conselho Nacional de Justiça e o Conselho Nacional do Ministério Público já exercem sobre eles poder normativo administrativo com efeitos unificadores (CF, art. 103-B, §4º, e art. 130-A, §2º).

24 Em relação aos Legislativos (Congresso Nacional, Assembleias Legislativas e Câmaras de Vereadores), a vinculação é apenas para suas atividades de "administração pública" e que envolvam as matérias administrativas nacionais dos incs. I a VII do caput do art. 47-A. Não há, portanto, interferência na atividade legislativa, tampouco diminuição da autonomia administrativa na organização interna desses Poderes (remuneração de servidores, p. ex.).

25 O Conselho será, portanto, autoridade normativa administrativa nacional, e não apenas federal.

26 É indispensável que a normatização do Conselho Nacional de Estado vincule também todos os controladores externos (Tribunais de Contas de qualquer nível). Do contrário, a unificação normativa nacional seria ineficaz, pois as autoridades administrativas poderiam ser ameaçadas ou sancionadas por controladores externos que tivessem opiniões divergentes. Mas, sendo a atuação do Conselho de Estado pontual e apenas normativa, ela não afetará o exercício normal das funções dos controladores externos, que se exerce por atos concretos. Importante é que não haverá diminuição da autonomia administrativa na organização interna dos Tribunais de Contas, pois esse tema não se inclui entre as matérias dos incs. I a VII do caput do art. 47-A.

Está em exame no Congresso Nacional a proposta de criar o Conselho Nacional de Tribunais de Contas, com composição majoritária de representantes desses tribunais nos níveis federal, estadual e municipal, e com poder de uniformizar a jurisprudência no âmbito do controle externo (PEC 22, de 2017, do Senado Federal). A ideia tem o mérito de chamar atenção para o problema da dispersão, mas o inconveniente de atribuir competência uniformizadora a um simples colegiado de controladores externos em matéria de gestão pública, com efeitos indiretos também sobre todas as administrações. O mais adequado é incluir não só a visão dos controladores externos, mas também das demais parcelas do Estado brasileiro com experiência em gestão pública, o que é propiciado pela amplitude do Conselho Nacional de Estado.

27. Por razões de segurança jurídica, novas normas gerais, mesmo interpretativas (como as súmulas administrativas), não podem desconstituir situações consolidadas pelo Direito. Daí o respeito, nesses casos, ao ato jurídico perfeito, ao direito adquirido e à coisa julgada, exigido pela CF, art. 5º, XXXVI.

28. A proposta não dispõe sobre as situações que podem justificar a "harmonização", o que ficou delegado à lei (§6º do art. 47-A). Quanto a isso, soluções semelhantes às das súmulas vinculantes do STF (CF, art. 103-A, caput) seriam inadequadas, pois, ao contrário do STF, o Conselho não tomará decisões caso a caso (sua função é só normativa – caput do art. 47-A) e não agirá de ofício (e sim por iniciativa do Executivo – caput do art. 47-A).

29. Quanto à relação entre o Supremo Tribunal Federal (como juiz constitucional) e o Conselho de Estado (como intérprete de normas constitucionais por meio de súmulas administrativas):
    a) As súmulas administrativas não diminuem as funções do STF, pois administrações públicas e controladores externos já fazem hoje, com autonomia, interpretações próprias dessas normas.
    b) Se o STF não concordar com interpretação do Conselho, poderá suspendê-la de imediato ou anulá-la por ação direta de inconstitucionalidade, com efeitos erga omnes (CF, art. 102, I, "a", e §2º).
    c) Se o STF for acionado e confirmar a constitucionalidade da súmula administrativa, a interpretação passará a ter eficácia também para os demais órgãos do Judiciário, o que encerrará a questão em todos os âmbitos (CF, art. 102, I, "a", e §2º).
    d) Se uma súmula administrativa do Conselho contrariar súmula vinculante do STF, este a anulará, por reclamação (CF, art. 103-A, §3º).
    e) As competências do STF aplicáveis ao caso estão ressalvadas no inc. I do §4º do art. 47-A da presente proposta.

30. Quanto à relação entre o Superior Tribunal de Justiça (intérprete final da lei federal – CF, art. 105, III) e o Conselho de Estado (intérprete de normas legais administrativas nacionais por meio de súmulas administrativas):
    a) As súmulas administrativas de interpretação legal do Conselho não diminuem as funções do STJ, pois administrações públicas e controladores externos já fazem hoje, com autonomia, suas interpretações dessas normas.
    b) A proposta dá ao STJ poder que ele hoje não tem, pois, se não concordar com a súmula do Conselho, poderá suspendê-la de imediato ou anulá-la por ação direta de ilegalidade, com efeitos gerais (ação que está sendo criada para esse fim – inc. II do §4º do art. 47-A).
    c) A proposta também dá ao STJ o poder, que hoje não tem, de, confirmando a legalidade de súmula administrativa do Conselho (ação criada pelo inc. II do §4º do art. 47-A), uniformizar, também para os demais órgãos do Judiciário, a interpretação de norma legal administrativa nacional.
    d) Se uma súmula administrativa do Conselho comprometer a autoridade de decisão do STJ, este poderá restaurá-la, por reclamação (CF, art. 105, I, f).

31. Portanto, o Conselho não editará súmulas administrativas para uniformizar a interpretação de normas legais que se dirijam apenas à administração federal (ou à estadual ou à municipal), as quais não suscitam problemas de coerência federativa e podem ser estabilizadas pela ação dos órgãos federais, estaduais ou municipais, conforme o caso.

32. Decisões em ações diretas de inconstitucionalidade ou constitucionalidade, e também por súmulas vinculantes.

33. Não há paralelo com a ampla competência regulamentar dos chefes do Executivo, que não depende de previsão específica em lei e pode ser exercida sempre que necessária para a fiel execução de lei pelos órgãos subordinados (CF, art. 84, IV). Para evitar conflito com o espaço regulamentar dos Executivos, a competência normativa do Conselho é pontual, pois só fará regulamentos técnico-administrativos se e quando autorizado, caso a caso, por lei, a qual também definirá seus limites, sob pena de inconstitucionalidade.

34. Não pode ser atribuída ao Conselho, sob pena de inconstitucionalidade, a regulamentação de norma dirigida apenas a administração específica (federal, estadual ou municipal).

35. Essa disciplina do controle judicial (abstrato), específica para as normas do Conselho, justifica-se:
    a) para evitar dúvida quanto aos poderes do STF no controle de constitucionalidade (já existente em nosso sistema); e
    b) para criar o controle abstrato de legalidade pelo STJ, o qual será aplicável apenas a atos normativos do Conselho (e não a outros atos normativos, como regulamentos do Presidente da República ou de agências reguladoras).

36. Ao STF cabe apenas o controle de constitucionalidade por via de ação (abstrato), ficando o controle por via de exceção a cargo da Justiça Federal, segundo as regras comuns (ressalvado o mandado de injunção, que já é de competência do STF, por força da CF, art. 102, I, "a", a qual, por paralelismo, deve se aplicar também nas omissões do Conselho).

37. Ações diretas de inconstitucionalidade e de constitucionalidade, mandado de injunção (em situação excepcional, quando alguma omissão parcial do Conselho "torne inviável o exercício [difuso, neste caso] de direitos e liberdades constitucionais e das prerrogativas inerentes à nacionalidade, à soberania e à cidadania", na forma do art. 5º, LXXI da CF) e reclamação para anulação da súmula administrativa ou do regulamento que contrarie súmula vinculante do STF, anulação que sempre terá efeitos gerais.

38. Ao STJ cabe apenas o controle de legalidade por via de ação direta (controle abstrato), ficando o controle por via de exceção a cargo da Justiça Federal, segundo as regras comuns.

39. Essas ações diretas não existem atualmente e terão de ser disciplinadas em lei. Elas são importantes por:
    a) reforçarem, em virtude de seus efeitos abstratos e gerais, a função do STJ como intérprete final das leis nacionais administrativas (nas matérias dos incs. I a VII do caput do art. 47-A), tanto quando o tribunal for a favor da interpretação adotada pelo Conselho, como quando for contra ela;
    b) permitirem que, havendo sucessivos questionamentos judiciais das próprias normas do Conselho que comprometam a segurança jurídica, o STJ seja acionado para eliminar de vez as dúvidas também no âmbito judicial.

40. Sustação pelo Legislativo de atos normativos que "exorbitem do poder regulamentar ou dos limites de delegação legislativa". Faz sentido estender sobre a ação normativa do Conselho a competência parlamentar de controle que já existe sobre atos normativos do Executivo.

41. A presença e condução do Advogado-Geral da União ajudam na estabilidade da agenda do Conselho e na sua vinculação ao Direito, e também na sua proximidade com programas de gestão pública de que participe a administração federal, lembrando-se que a iniciativa das súmulas administrativas e dos regulamentos técnicos será sempre do Executivo (caput do art. 47-A).

42. Incluindo o AGU, serão 9 membros, número razoável que evita as complexidades operacionais e custos dos colegiados muito grandes. O critério político terá média influência na escolha em relação a 5 membros (vagas dos incs. I, II e III), dos quais 3 virão da interação entre

Executivo e Legislativo, o AGU de escolha prévia do Presidente da República e o representante da sociedade por escolha do Congresso Nacional (com apreciação prévia de órgão participativo interno). Em relação ao restante do colegiado, embora haja a escolha final pelo Presidente, a influência política será menor, pois as listas tríplices virão de órgãos não políticos (incs. IV a VII). De qualquer modo, ao menos 8 dos membros serão servidores de carreira, o que favorece a atuação técnica (incs. I, III, IV, V, VI e VII).

43 A critério do Congresso Nacional, os requisitos de reputação e notório saber poderão ser especificados com maior precisão na lei prevista no §6º do art. 47-A, pois esta poderá tratar da "composição" do Conselho.

44 O requisito de idade (35 anos, equivalente à do Presidente da República) se justifica para evitar a nomeação de pessoas no início de sua vida profissional.

45 O sistema, bastante interativo, dificulta influências muito específicas ou individuais nas nomeações, para evitar capturas. No caso do inciso I deste §5º, a nomeação pelo Presidente da República será a formalização de escolha final do Congresso a partir de lista tríplice antes submetida pelo próprio Presidente. Nos casos dos incs. III a VII, para um total de 6 membros, ao fazer a nomeação o Presidente terá de escolher entre nomes das listas do Congresso (incs. II e III), do TCU (inc. IV), dos demais Tribunais de Contas (inc. V), do Conselho Nacional de Justiça (inc. VI) e do Conselho Nacional do Ministério Público (inc. VII).

46 Excluem-se, portanto, ocupantes apenas de cargos em comissão, que não são efetivos.

47 O espaço para celetistas, desde que admitidos por concurso, justifica-se pela existência de carreiras bem organizadas em empresas estatais, as quais também se submetem à ação normativa do Conselho.

48 Caberá ao Presidente da República, ao elaborar a lista, a busca do equilíbrio quanto à origem do servidor (federal, estadual ou municipal, da administração direta ou indireta, do Executivo, ou mesmo do Legislativo ou do Judiciário).

49 Sendo a escolha ato do Congresso, caberá a este, por normas internas, definir as regras do processo de votação.

50 Não há exigência de que os membros da lista sejam servidores, de modo que esta vaga permite trazer ao Conselho pessoas sem vínculo permanente com a estrutura do Estado, mas com saber jurídico ou administrativo (como ex-ocupantes de cargos públicos de relevância, executivos com experiência em empresas do setor privado, professores universitários de instituições privadas, especialistas em administração pública e representantes de organizações da sociedade civil).

51 Não há espaço para parlamentares, com sua visão política, mas para membros do quadro permanente dos Legislativos (consultores legislativos, procuradores etc.), já que se busca a experiência com administração pública de órgãos legislativos.

52 Sendo a lista feita pelo Congresso, caberá a este, por normas internas, definir as regras do processo de votação para sua elaboração.

53 A norma dá liberdade ao TCU para incluir servidores efetivos de qualquer origem ou Poder, pois o objetivo não é ter Ministros ou Ministros Substitutos do TCU, tampouco somente membros do seu quadro administrativo permanente.

54 A norma dá liberdade ao conjunto de Tribunais de Contas estaduais e municipais para incluir servidores efetivos de qualquer origem ou Poder, pois o objetivo não é ter Conselheiros ou Conselheiros Substitutos desses tribunais, tampouco apenas membros do seu quadro administrativo permanente.

55 O processo de votação será regulado por lei (§6º do art. 47-A).

56 A atribuição da lista ao CNJ se justifica por ele ser o mais importante órgão administrativo do sistema de Justiça brasileiro, com representantes de outros órgãos e Poderes.

57 O objetivo não é ter magistrados ou membros do Ministério Público, mas integrantes de seus quadros permanentes, pois o que se busca é experiência com administração pública.

58 Este mecanismo adicional de transparência do processo de indicação de Conselheiros ajudará no controle social do caráter técnico da composição do Conselho.

59 O mandato longo, de 6 anos, que é importante para a estabilidade, justifica por si a vedação à recondução.

60 A preparação do Plano deverá contar com processos consultivos com órgãos da administração pública e representantes da sociedade civil.

61 A data de apresentação anual do Plano deverá ser definida pelo Congresso Nacional.

62 O Plano deverá ter um caráter eminentemente técnico e deverá ser a principal referência para o Poder Executivo e o Congresso Nacional exercerem seus poderes de iniciativa e autorização sobre a atuação do Conselho a cada ano. Esse documento servirá também para a sociedade acompanhar a interação entre o Conselho e os dois Poderes, ajudando a preservar sua atuação de captura política.

63 O relatório de atividades contido no Plano reforçará a publicidade da atividade normativa e o controle social da atuação do Conselho, bem como sua interação com o Poder Executivo e o Congresso Nacional.

64 Dispor sobre composição envolve o detalhamento de requisitos de elegibilidade (ex.: ilibada reputação, notório saber e incompatibilidades), bem como regras sobre interinidade e sobre indicações em caso de omissão dos órgãos competentes.

65 Dispor sobre organização envolve a definição das estruturas administrativas com que o Conselho poderá contar, compartilhadas ou não com o Congresso Nacional. Apesar da vinculação do Conselho ao Legislativo, é recomendável que este não possa tratar do tema apenas por normas internas, exigindo-se lei e evitando que o Conselho fique muito vulnerável a flutuações parlamentares.

66 Dispor sobre o funcionamento envolve definições relacionadas à organização.

67 Dispor sobre o exercício das competências constitucionais (aprovação de súmulas administrativas e regulamentos técnico-administrativos) inclui a definição de regras sobre a iniciativa (que é do Executivo, mas pode envolver interação com autoridades variadas), sobre processo de emenda, de discussão e de votação, bem como sobre publicidade da atuação do Conselho, entre outros aspectos. As iniciativas e autorizações para o exercício das competências constitucionais do Conselho deverão ser informadas pelo Plano Administrativo-Normativo Nacional preparado pelo Conselho e apresentado, anualmente, ao Poder Executivo e ao Congresso Nacional.

68 A consulta pública, promovida pelo próprio Conselho, é fundamental para viabilizar a manifestação de órgãos administrativos ou de controle externo, bem como da sociedade em geral.

69 Processo para elaboração de lista tríplice pelos Tribunais de Contas estaduais e municipais.

3 PREVENÇÃO DE CORRUPÇÃO NAS CONTRATAÇÕES PÚBLICAS

As compras públicas têm sido o centro de grandes esquemas de corrupção. A solução encontrada para prevenir a perda de recursos públicos e os prejuízos aos cidadãos decorrentes de fraudes e corrupção em compras públicas foi uma aliança com novas tecnologias, para oferecer transparência completa dos processos de contratação. Assim, pretende-se criar um portal único na internet em que se concentrarão todas as informações sobre compras realizadas pela administração pública.

Principais pontos da proposta
- Determina que todas as compras públicas deverão ser divulgadas em um portal único na internet (ComprasGov), o qual reunirá informações básicas sobre o certame instituído para celebrar a contratação com o fornecedor, bem como informações referentes à execução do contrato, como notas fiscais.
- O portal integrará as informações referentes à habilitação para contratar com a Administração Pública dos fornecedores punidos nos âmbitos administrativo, cível e penal, facilitando o controle social e garantindo a aplicação dessas sanções.
- Cria um certificado único, a ser emitido pela Receita Federal, garantindo a possibilidade de participação em processos de compras públicas apenas para aqueles que tenham regularidade fiscal, previdenciária e trabalhista, bem como ausência de punições relativas à habilitação para contratar com a Administração Pública.
- Cria também o Catálogo Nacional de Compras Públicas, o Protocolo Padrão de plataformas eletrônicas de compras públicas e a Capacitação Profissional de Compradores Públicos, esta última destinada a capacitar os servidores designados para conduzir processos de compras públicas.

Problemas que pretende solucionar
- A existência de inúmeros portais de transparência e compras públicas, administrados e empregados pelos diversos órgãos públicos do Brasil dificulta o controle efetivo sobre as licitações e impede que importantes ganhos sejam auferidos com a comparação e cruzamento de dados.
- A ausência de um portal único representa também um desafio para os atores da sociedade civil interessados em realizar controle social sobre os processos licitatórios, focos dos maiores escândalos de corrupção nos últimos anos.
- A manutenção de um portal e um catálogo únicos, bem como de uma base nacional de notas fiscais, possibilitará o desenvolvimento de ferramentas que gerem alertas em casos de indícios de corrupção, servindo de fonte de informações para os órgãos de controle interno e externo.
- Servidores públicos responsáveis por realizar processos de compras são, com frequência, mal treinados, especialmente nas esferas estadual e municipal, e não recebem qualquer instrução específica para aquela função, tornando-se vulneráveis a atores corruptos. O mecanismo de capacitação, além de instruir sobre os aspectos técnicos do portal e demais ferramentas, oferecerá noções de integridade, gestão de riscos e transparência.

ANTEPROJETO DE LEI

Estabelece diretrizes para a Política Nacional de Prevenção à Corrupção nas Contratações Públicas.

O **PRESIDENTE DA REPÚBLICA** faço saber que o Congresso Nacional decreta e eu sanciono a seguinte lei:

Art. 1º. A Política Nacional de Prevenção à Corrupção nas Contratações Públicas fundamenta-se na padronização, automatização, integração e intercâmbio de informações sobre contratações públicas e a disponibilização destas pela transparência ativa, fomentando o controle social pela possibilidade de identificação, avaliação e comparabilidade das contratações públicas, em todo o território nacional.

Parágrafo único. A Política Nacional de Prevenção à Corrupção nas Contratações Públicas se instrumentaliza por meio de Portal de âmbito Nacional e, a depender do caso, pela simplificação da habilitação dos fornecedores ao governo por meio de certificado único, pela criação de um catálogo unificado que possibilite a avaliação e racionalização das compras públicas, e pelo estímulo à profissionalização, tendo como princípios básicos a integração das experiências locais e a transparência como fomento à participação e ao controle.

Art. 2º. Esta Lei dispõe sobre os procedimentos a serem observados pelos órgãos e entidades da União, Estados, Distrito Federal e Municípios, bem como por entidades do terceiro setor que recebam recursos públicos, entidades de fiscalização profissional e Serviços Sociais Autônomos, com o fim de instrumentalizar o livre acesso a informações previsto na Lei n. 12.527/2011 e na Lei Complementar n. 101/2000, ressalvados os sigilos previstos legalmente e o disposto na Lei n. 13.303, de 30 de junho de 2016, e na Lei n. 13.019, de 31 de julho de 2014.

§1º. Toda compra pública deverá, obrigatoriamente, ser divulgada no Portal Nacional de Compras Públicas (ComprasGov), sob responsabilidade do Ministério do Planejamento, Desenvolvimento e Gestão.

§2º. Entende-se por compra pública toda e qualquer transação de aquisição de bens ou contratação de serviços, inclusive obras, realizada por entidade integrante da Administração Pública.

§3º. Um regulamento tratará da operacionalização do Portal ComprasGov.

§4º. A divulgação de que trata este artigo refere-se aos dados necessários à participação de potenciais interessados no certame, edital, fornecedor contratado, objeto, preço, atas de registro de preço, condições e outros elementos definidos em regulamento, bem como informações que permitam o controle social, por parte da solução, em especial quanto à razoabilidade dos preços praticados e à pertinência das despesas à luz da natureza do órgão ou entidade.

§5º. O Portal ComprasGov oferecerá livre e imediato acesso ao seu acervo em formato de dados abertos, nos termos da Lei n. 12.527, de 18 de novembro de 2011.

§6º. A divulgação no Portal ComprasGov substitui as exigências de publicação em imprensa oficial e jornal de grande circulação, e tal fato deve ser ativamente divulgado na página do órgão ou entidade responsável pela contratação, com acesso ao endereço do Portal.

§7º. As Notas Fiscais e suas respectivas notas de empenho que tenham como destinatária entidade da Administração Pública ou se refiram a transações realizadas com recursos públicos serão de livre acesso a qualquer cidadão, não constituindo violação de sigilo, e serão divulgadas no Portal ComprasGov.

§8º. A base nacional de Notas Fiscais eletrônicas poderá ser usada para definir parâmetros de preços aceitáveis em compras públicas, e seu uso para esse fim não constituirá violação de sigilo fiscal.

§9º. O Portal Nacional de Compras Públicas – ComprasGov – integrará informações de outras fontes sobre fornecedores punidos em âmbito administrativo, cível ou criminal que afetem a habilitação para contratar com a Administração Pública, a exemplo das punições previstas na Leis n. 8.666/93, nº 10.520/2001 e n. 12.846/2013, de modo a facilitar o controle social.

§10. O Portal Nacional de Compras Públicas – ComprasGov – poderá gerar relatórios periódicos disponibilizados ao público geral, com inconsistências e alertas oriundos de críticas geradas pelo próprio sistema, bem como permitirá o cadastramento do cidadão e/ou da pessoa jurídica para acompanhar periodicamente as compras nas quais tiver interesse.

§11. A confiabilidade dos dados disponíveis no Portal será objeto de avaliação periódica dos Tribunais de Contas alusivos a cada órgão ou entidade alimentador de informações, com o apoio dos Órgãos de Controle Interno, nos termos da Seção IX da Constituição Federal de 1988.

    I – O resultado dessa avaliação periódica será divulgado no Portal em linguagem cidadã e pode ser objeto de recurso e contestação, regulamentada por cada Tribunal de Contas.

[...]

Art. 3º. Fica criado o Certificado de Regularidade para participação em compras públicas, emitido pela Receita Federal do Brasil por meio de consulta na internet, integrando, em um único documento, emitido por CNPJ ou CPF, informações de cadastro, regularidade fiscal, previdenciária, trabalhista e penalidades aplicadas, de modo a facilitar o controle e reduzir a burocracia nos processos de compras públicas.

§1º. Um regulamento disporá sobre a operacionalização do Certificado de Regularidade.

§2º. O Certificado de Regularidade será integrado ao Portal ComprasGov.

§3º. O Certificado deverá conter também informações a propósito do órgão ou entidade promotora da contratação certificada, com os dados mencionados no *caput*, no que couber.

Art. 4º. Fica criado o Catálogo Nacional de Compras Públicas, mantido e coordenado pelo Ministério do Planejamento, Desenvolvimento e Gestão, a ser utilizado obrigatoriamente em todos os sistemas de processamento de compras, contratos e pagamentos da Administração Pública, integrado aos sistemas de emissão e controle de Notas Fiscais Eletrônicas, com a finalidade de buscar aumentar a padronização das compras públicas, como instrumento de fomento à transparência, à economicidade e à qualidade dos insumos adquiridos.

Parágrafo único. O Catálogo Nacional de Compras Públicas funcionará de modo a permitir adesão e integração a catálogos já existentes nos órgãos e entidades arrolados no art. 2º, estabelecendo requisitos mínimos para essa integração, com a supervisão de uma câmara interfederativa coordenada pelo Ministério do Planejamento, Desenvolvimento e Gestão que avalie as peculiaridades locais na integração dessa catalogação, ouvidos representantes do mercado.

§1º. Um regulamento disporá sobre a operacionalização do Catálogo Nacional de Compras Públicas.

§2º. O Catálogo Nacional de Compras Públicas abrangerá materiais e serviços e ficará integrado ao Portal ComprasGov.

Art. 5º. Fica criado o Protocolo Padrão de plataformas eletrônicas de compras públicas, estabelecendo os requisitos e as condições mínimas dessas plataformas e a obrigação de interoperabilidade com o Portal ComprasGov, Catálogo Nacional e outros sistemas da Administração Pública.

§1º. Um regulamento disporá sobre a operacionalização do Protocolo Padrão de plataformas eletrônicas de compras públicas.

[...]

Art. 6º. Fica criada a Capacitação Profissional de Compradores Públicos, destinada a servidores públicos designados para conduzir processos de compras públicas, cujos requisitos básicos de certificação observarão os seguintes princípios:

- que a capacitação exija conhecimentos não somente da legislação afeta a compras, mas também informações sobre gestão de riscos, prevenção a fraude, transparência pública e capacidade de tomada de decisão;
- que a capacitação poderá ser feita por meio de plataformas a distância e fornecida por entidades públicas e privadas, sendo que as escolas de governo certificarão as entidades privadas que desempenharem essa tarefa.

§1º. A Capacitação deverá proporcionar ao servidor competências técnicas suficientes para desenvolver suas atribuições nos processos de compras públicas, incluindo servidores incumbidos de elaborar termos de referência e editais, pesquisar preços, elaborar parecer jurídico, julgar licitações e auditar procedimentos.

§2º. O Ministério do Planejamento, Desenvolvimento e Gestão, em articulação com as demais escolas de governo dos poderes e entes, produzirá material e promoverá a articulação com a finalidade do aprimoramento das compras públicas, em especial no viés da prevenção de fraudes e de corrupção.

§3º. Um regulamento disporá sobre a oferta da Capacitação Profissional de Compradores Públicos.

Art. 7º. O Sistema de Controle Interno de cada ente ou poder e o respectivo Tribunal de Contas poderão ter acesso aos documentos que comprovem os custos da mercadoria ou do serviço fornecido pelo contratado ao ente público contratante, devendo guardar sigilo profissional sobre os dados a que tiverem acesso.

Art. 8º. Esta Lei entra em vigor dois anos após a data da sua publicação.

Brasília, X de XXXX de 2018.

JUSTIFICATIVA

É inegável que grande parte da corrupção que assola o país tem origem nos processos de compras públicas, que representam parcela significativa da despesa pública, e essa é, portanto, uma das áreas de maior vulnerabilidade e suscetibilidade a atos ilícitos.

As propostas deste projeto de lei buscam fortalecer a integridade das compras públicas por meio da transparência, racionalização e profissionalização, permitindo a comparabilidade de preços, a avaliação da pertinência das despesas e o cotejamento destas com informações de outras fontes, obtidas pelo cidadão.

O uso intensivo da Tecnologia da Informação, por meio da internet, protocolo para plataformas eletrônicas, catálogo padronizado, certificado único de regularidade, acesso a notas fiscais eletrônicas, todos são mecanismos que permitem criar e reforçar uma cultura de transparência e facilitar o monitoramento e controle das compras públicas.

Hoje existem milhares de portais de transparência, criados por cada órgão público espalhado pelo país, inviabilizando o conhecimento e controle efetivo sobre as licitações, com problemas de padronização e agregação dos dados produzidos, o que diminui a circulação de informação qualificada que pode ser um elemento de prevenção da corrupção.

Assim como existem milhares de catálogos de materiais e serviços, sem qualquer padrão, inviabilizando a comparação de preços, a integração e consolidação de dados, a falta de padrão também é preocupante nas plataformas eletrônicas. Existem diversas. Essas plataformas não falam a mesma língua, não possuem os mesmos requisitos, exigem custos altíssimos dos fornecedores para se adaptar a cada uma delas e não permitem o exercício saudável e necessário do controle social.

Faltam padrões mínimos, também, nas competências dos servidores que atuam nas compras públicas. A falta de profissionalização é um fator que facilita sobremaneira a ocorrência de fraudes, desvios e desperdícios nas contratações do setor público.

Por isso, propõe-se que o comprador público seja submetido a processo de capacitação profissional, para aprender e/ou aprimorar as competências mínimas para assumir as responsabilidades que suas atribuições exigem, dificultando a manipulação, a cooptação e o aliciamento desses profissionais. É inerente a essa estrutura especializada a capacitação permanente, remuneração condizente com a responsabilidade, código de ética específico e suporte administrativo adequado.

Por fim, o acesso às Notas Fiscais de vendas ao setor público deve ser irrestrito. Não há qualquer lógica na ideia de que esses documentos sejam alcançados por sigilo. Já as Notas Fiscais de transações privadas podem ser usadas para processamento eletrônico de bancos de dados, de maneira a servir de parâmetro de preço nas compras públicas. Não é aceitável que o governo tenha esses dados e não possa utilizá-los para avaliar os preços que paga em suas compras.

Ainda tratando de transações privadas, propõe-se que os órgãos de controle tenham a prerrogativa de acessar as notas fiscais que deram origem aos custos diretamente relacionados às vendas ao setor público. Por exemplo: se uma empresa fornece arroz a uma prefeitura para a merenda escolar, o respectivo órgão de controle teria possibilidade de acessar o comprovante de aquisição do produto pelo fornecedor, para avaliar a regularidade da aquisição e os custos que deram origem à transação com o governo.

II

PARTICIPAÇÃO
E CONTROLE SOCIAL

4 DEMOCRACIA POPULAR

A Constituição prevê a participação popular no processo legislativo, ou seja, a atuação direta do povo, seja pela iniciativa de apresentar projetos de lei, seja pela realização de plebiscitos, referendos ou conselhos de políticas públicas. Os obstáculos para a concretização dessa participação, porém, são tantos que vêm impedindo a efetiva participação do povo nas decisões do Congresso Nacional e evitando que importantes pautas, como os temas anticorrupção, com amplo apoio social, sejam acolhidas e, ao menos, objeto de deliberação pelos parlamentares.

Principais pontos da proposta

- Prevê a possibilidade de iniciativa popular para a apresentação de proposta de emenda à Constituição. Possibilita também a iniciativa popular para a apresentação de emendas a projetos de lei ou propostas de emenda à Constituição.
- Possibilita a coleta de assinaturas por meios eletrônicos.
- Estabelece a competência do Tribunal Superior Eleitoral para a validação das assinaturas constantes na petição convocatória de plebiscitos ou referendos ou nos projetos de lei ou propostas de emenda à Constituição.
- Institui regras específicas que conferem maior celeridade à tramitação das propostas que se originam da iniciativa popular.

Problemas que pretende solucionar

- O processo de coleta de assinaturas físicas para a iniciativa popular legislativa é complexo, caro e excessivamente demorado. Em razão disso, a participação popular tem sido rara. Nos 30 anos desde a promulgação da Constituição Federal, apenas 4 projetos de lei de iniciativa popular foram aprovados[1].
- Mesmo os projetos que conseguem preencher os requisitos previstos e coletam o número de assinaturas necessário, não tramitam como projetos de iniciativa popular. Em razão da incapacidade do Congresso Nacional de validar as assinaturas, esses projetos foram encampados por parlamentares. Foi em razão dessa dificuldade que o Ministro do Supremo Luiz Fux determinou que fosse reiniciada a tramitação do projeto que tratava das "Dez Medidas Contra a Corrupção"[2].
- A proposta reconhece os importantes esforços que vêm sendo realizados para facilitar a participação popular no processo legislativo, principalmente aqueles que se aproveitam de recursos tecnológicos, como E-Democracia[3], do Laboratório Hacker da Câmara dos Deputados, e o Mudamos[4], do Instituto de Tecnologia e Sociedade do Rio.

---

1   G1. **Em quase 30 anos, Congresso aprovou 4 projetos de iniciativa popular**. Brasília, 18 fev. 2017. Disponível em: <https://g1.globo.com/politica/noticia/em-quase-30-anos-congresso-aprovou-4-projetos-de-iniciativa-popular.ghtml>. Acesso em: 6 mar. 2018.
2   Decisão liminar no bojo do Mandado de Segurança n. 34.530.
3   Mais informações em: <https://edemocracia.camara.leg.br/home>.
4   Mais informações em: <https://itsrio.org/pt/projetos/mudamos-plataformas-para-uma-democracia-participativa/>.

PROPOSTA DE EMENDA À CONSTITUIÇÃO

Altera os arts. 60 e 61 da Constituição Federal para ampliar a participação popular em iniciativa legislativa.

As Mesas da Câmara dos Deputados e do Senado Federal, nos termos do § 3º do art. 60 da Constituição Federal, promulgam a seguinte Emenda ao texto constitucional:

Art. 1º. O art. 60 da Constituição Federal passa a vigorar com a seguinte redação:

"Art. 60. [...]

IV – dos cidadãos.

§6º. A proposta de emenda à Constituição, apresentada à Câmara dos Deputados, nos termos do disposto no inciso IV deste artigo, será subscrita, inclusive por meio eletrônico, por, no mínimo, 1% (um por cento) do eleitorado nacional, distribuído pelo menos por 5 (cinco) Estados, com não menos de 0,3% (três décimos por cento) dos eleitores de cada um deles.

§7º. Poderão ser apresentadas emendas de iniciativa popular à proposta de emenda à Constituição perante a Câmara dos Deputados ou o Senado Federal, atendidas as exigências de subscrição contidas no §6º. (NR)

§8º. O Tribunal Superior Eleitoral realizará a conferência da subscrição dos eleitores à proposta de emenda à Constituição e suas emendas."

Art. 2º. O art. 61 da Constituição Federal passa a vigorar com a seguinte redação:

"Art.61. [...]

§2º. A iniciativa popular pode ser exercida pela apresentação à Câmara dos Deputados de projeto de lei subscrito, inclusive por meio eletrônico, por, no mínimo, 0,5% (meio por cento) do eleitorado nacional, distribuído pelo menos por 3 (três) Estados, com não menos de 0,1% (um décimo por cento) dos eleitores de cada um deles.

§3º. Poderão ser apresentadas emendas de iniciativa popular a projeto de lei perante a Câmara dos Deputados ou o Senado Federal, atendidas as exigências de subscrição contidas no §2º.

§4º. A lei regulamentará o exercício da iniciativa popular por meio eletrônico, conforme previsto nos §§2º e 3º deste artigo e nos §6º e §7º do art. 60.

§5º. As proposições de iniciativa popular, apoiadas por partidos políticos com representação em ambas as casas do Congresso Nacional, não se submeterão às hipóteses de sobrestamento de pauta previstas nesta Constituição e terão urgência na tramitação. (NR)

§6º. O Tribunal Superior Eleitoral realizará a conferência da subscrição dos eleitores à proposta de lei e suas emendas."

Art. 3º. Esta Emenda Constitucional entra em vigor na data de sua publicação.

Brasília, xx de xxxx de 2018.

JUSTIFICATIVA

Esta Proposta de Emenda à Constituição pretende acrescer os arts. 60 e 61 da Constituição Federal com o objetivo de simplificar e ampliar a iniciativa popular.

Os recentes movimentos da sociedade voltados à apresentação de projetos de lei ao Congresso Nacional demonstraram que os requisitos hoje impostos dificultam sobremaneira a participação popular no processo legislativo.

Essa proposta visa, então, conceder aos eleitores da sociedade brasileira maior facilidade na apresentação de projetos de lei. Abre também a possibilidade de apresentação de projeto de emenda constitucional, o que até o momento não é previsto pelo ordenamento jurídico. Igualmente acresce à iniciativa popular o poder de apresentar emendas a projetos de lei ou de emenda constitucional, permitindo maior participação naqueles processos legislativos iniciados por outros legitimados. Possibilita, ainda, que a coleta das assinaturas se dê por meio digital, abrindo espaço para a modernização do relacionamento da sociedade com o Congresso Nacional sem deixar de exigir garantias de regularidade desse processo ao estabelecer que essa coleta seja realizada por meio de sistema auditável. Propõe ainda que a conferência dos dados dos eleitores seja realizada pelo Tribunal Superior Eleitoral, órgão criado constitucionalmente para garantir o respeito à soberania popular e à cidadania, e responsável pelo alistamento eleitoral e demais controles sobre a regularidade da condição do eleitor. Por fim, com vistas a reconhecer a importância e premência da análise de projetos de lei ou de emenda constitucional por meio da iniciativa popular, concede-se a estes prioridade de tramitação perante o Congresso Nacional.

ANTEPROJETO DE LEI

Altera a lei n. 9709, de 18 de novembro de 1998 (Lei da Democracia Direta).

O **PRESIDENTE DA REPÚBLICA** faço saber que o Congresso Nacional decreta e eu sanciono a seguinte lei:

Art. 1º. A Lei n. 9.709, de 19 de setembro de 1995, passa a vigorar com as seguintes alterações:

"**Art. 3º.** Nas questões de relevância nacional, de competência do Poder Legislativo ou do Poder Executivo, e, no caso do §3º, art. 18, Constituição Federal, o plebiscito e o referendo são convocados mediante decreto legislativo, por proposta de um terço, no mínimo, dos membros que compõem as Casas do Congresso Nacional, mediante decreto editado pelo Presidente da República, ou por petição autoconvocatória do povo brasileiro, assinada por 1% dos eleitores, distribuídos em pelo menos 3 Estados da Federação.

Parágrafo único. É vedada a realização de plebiscitos e referendos que possam resultar em redução ou extinção de direitos e garantias fundamentais.

Art 8º. – [...]

II – tornar pública a cédula respectiva, os meios eletrônicos e virtuais de votação; (NR)

[...]

Art. 8-A. As campanhas dos plebiscitos e referendos terão a participação paritária em sua criação, coordenação e execução, de organizações da sociedade civil, juntamente com partidos políticos e frentes parlamentares;

Art. 8-B. As despesas das campanhas dos plebiscitos e referendos serão realizadas exclusivamente com verbas provenientes de dotações do Orçamento da União, destinando-se ao custeio de debates, material informativo, campanhas em rádio e televisão, manutenção de sítios na internet para divulgação da matéria submetida a consulta e o que mais for necessário para proporcionar a exposição democrática das questões relacionadas à matéria;

Art. 12. Os projetos de plebiscito e referendo terão urgência de tramitação no Congresso Nacional. (NR)

Art. 13. A iniciativa popular consiste na apresentação de proposição legislativa à Câmara dos Deputados, subscrita, no mínimo, pelo percentual de eleitores exigido pela Constituição Federal. (NR)

§1º. A proposição legislativa de iniciativa popular deverá circunscrever-se a um só assunto. (NR)

§2º. A proposição legislativa de iniciativa popular não poderá ser rejeitada por vício de forma, cabendo à Câmara dos Deputados, por seu órgão competente, providenciar a correção de eventuais impropriedades de técnica legislativa ou de redação. (NR)

§3º. Serão rejeitadas as proposições legislativas de iniciativa popular que possam resultar em redução ou extinção de direitos e garantias fundamentais.

Art. 13-A. A subscrição da proposição de iniciativa popular poderá ser feita por meio de formulário impresso, urnas eletrônicas vistoriadas pela Justiça Eleitoral, por assinatura digital na internet, bem como por preenchimento de formulário na internet com confirmação de identidade por e-mail, realizados em qualquer ambiente passível de auditoria.

§1º. Para a subscrição de iniciativa popular, serão exigidos o nome completo do eleitor e de sua genitora e a data de nascimento, os quais poderão ser acrescidos de outras informações que permitam sua identificação e localização;

§2º. Fica o Tribunal Superior Eleitoral, por meio de seus órgãos, em prazo razoável, responsável pela conferência das assinaturas coletadas.

Art. 14. Uma vez alcançado o número mínimo de subscrições, contabilizado nos termos desta Lei, a Câmara dos Deputados dará seguimento imediato à tramitação da proposição, em conformidade com as normas de seu Regimento Interno, conferindo regime de urgência de tramitação, prevalecendo sobre todos os demais projetos que tratem do mesmo assunto, em relação aos quais terá tramitação autônoma, sendo vedado o apensamento. (NR)

Art. 2º. Esta Lei entra em vigor na data de sua publicação.

Brasília, xx de xxxx de 2018.

JUSTIFICATIVA

Este projeto de lei pretende conformar-se a recente projeto de emenda constitucional, cujo objetivo é simplificar e ampliar a iniciativa popular. Este projeto baseia-se no Projeto de Lei de iniciativa capitaneado pela Coalizão pela Reforma Política Democrática e Eleições Limpas. A Coalizão é uma articulação da sociedade brasileira visando a uma Reforma Política Democrática. É composta atualmente por 101 entidades, movimentos e organizações sociais listados ao final desta cartilha, entre as quais OAB, CNBB, Movimento de Combate à Corrupção Eleitoral (MCCE), Plataforma dos Movimentos Sociais pela Reforma do Sistema Político, FENAJ, UNE, CTB, CUT, UBES, UBM, União dos Vereadores do Brasil, Conselho Nacional das Igrejas Cristãs do Brasil (Conic), Confederação Nacional dos Trabalhadores na Educação (CNTE), Confederação Nacional dos Trabalhadores em Estabelecimentos de Ensino (Contee), Instituto de Estudos Socioeconômicos (Inesc), entre outras.

Os recentes movimentos da sociedade voltados à apresentação de projetos de lei ao Congresso Nacional demonstraram que os requisitos hoje impostos dificultam sobremaneira a participação popular no processo legislativo.

Essa nova proposta visa, então, conceder aos eleitores da sociedade brasileira maior participação política na apresentação de proposições legislativas, sejam projetos de lei, emendas constitucionais ou emendas a proposições iniciadas por outros legitimados. Possibilita ainda que a sociedade civil esteja presente, de maneira paritária, em todo o processo de criação, coordenação e execução das campanhas para a realização de referendos e plebiscitos.

Outrossim, estimula a convivência de diferentes métodos de coleta das assinaturas para a apresentação das proposições, adicionando a coleta digital, abrindo espaço para a modernização do relacionamento da sociedade com o Congresso Nacional, sem deixar de exigir garantias de regularidade deste processo ao estabelecer que essa coleta seja realizada por meio de sistema auditável.

Propõe, ainda, que a conferência dos dados dos eleitores seja realizada pelo Tribunal Superior Eleitoral, órgão criado constitucionalmente para garantir o respeito à soberania popular e à cidadania, e responsável pelo alistamento eleitoral e demais controles sobre a regularidade da condição do eleitor. Por fim, com vistas a reconhecer a importância e premência da análise de projetos de lei ou de emenda constitucional por meio da iniciativa popular, concede-se a estes prioridade de tramitação perante o Congresso Nacional.

5 PROCESSO LEGISLATIVO PARTICIPATIVO

O processo legislativo nas Casas do Congresso Nacional, com frequência, parece distante e impenetrável para o povo. Utilizar-se das tecnologias para tornar a participação popular factível, acessível e ágil é essencial para garantir que as demandas populares alcancem efetivamente o Poder Legislativo. Esta proposta pretende superar as dificuldades de participação, simplificando a intervenção das pessoas por meio de significativas mudanças no Regimento da Câmara dos Deputados. A proposta quer tornar o processo de criação das leis mais transparente e íntegro.

Principais pontos da proposta

- Prevê que todos os documentos relevantes na tramitação de proposições pela Câmara dos Deputados serão disponibilizados em formato de dados abertos, para permitir a leitura e processamento por máquinas e facilitar a participação social.
- Potencializa as formas de participação popular no processo legislativo, já que determina a inclusão, na Ordem do Dia do Plenário, de uma proposição priorizada pela sociedade pelo sistema eletrônico e torna obrigatória a análise das sugestões a PLs oriundas da participação nos pareceres dos relatores.
- Institui um mecanismo de assinatura eletrônica, no sistema digital de dados abertos da Câmara, que poderá ser empregado para coletar apoiadores a projetos de iniciativa popular.
- Determina que, no caso de instauração de processo criminal contra um deputado no STF ou outra instância, perderá o cargo de membro da Mesa Diretora, de Líder de partido ou bloco parlamentar, de presidente ou vice-presidente das comissões da Casa ou de membro do Conselho de Ética e Decoro Parlamentar.
- Promove a independência e o melhor funcionamento do Conselho de Ética, ao permitir que este permaneça funcionando mesmo durante a Ordem do Dia de sessão ordinária e extraordinária da Câmara ou do Congresso Nacional; ao prever que os recursos contra indeferimento de questões de ordem sejam decididos pelo Plenário da Câmara; ao não permitir a destituição do relator, uma vez indicado; e ao não permitir que suplentes de Deputado integrem o Conselho de Ética.

Problemas que pretende solucionar

- Sem um mecanismo de verificação de assinaturas eletrônicas, permanece-se efetivamente inviável a apresentação de projeto de lei por iniciativa popular e o consequente aproveitamento do ímpeto e status específico que essas propostas teriam.
- Com frequência, deputados que ocupam cargos de liderança na Câmara, tornam-se réus em ações penais perante o Supremo. O que se pretende estabelecer é uma exigência de integridade e ética proporcional aos cargos que os deputados ocupam naquela Casa.
- O Conselho de Ética precisa ganhar independência e ser imune a manobras como a abertura da Ordem do Dia no Plenário para evitar a evolução de seus trabalhos[1].

---

1 G1. **Presidente do Conselho de Ética critica estratégia para adiar sessão**. Brasília, 19 nov. 2015. Disponível em: <http://g1.globo.com/politica/noticia/2015/11/presidente-do-conselho-de-etica-critica-estrategia-para-adiar-sessao.html>. Acesso em: 9 mar. 2018.

PROJETO DE RESOLUÇÃO DA CÂMARA DOS DEPUTADOS

> Dispõe sobre a participação da sociedade no processo legislativo, amplia a transparência durante a tramitação e votação das proposições legislativas, prevê assinatura digital para projetos de lei de iniciativa popular, reforça a autonomia do Conselho de Ética e Decoro Parlamentar e dá outras providências.

A **CÂMARA DOS DEPUTADOS** resolve:

CAPÍTULO I

DA PARTICIPAÇÃO DA SOCIEDADE NO ÂMBITO DAS COMISSÕES PARLAMENTARES

Art. 1º. O art. 24 da Resolução n. 17 de 1989 – Regimento Interno da Câmara dos Deputados – passa a vigorar com a seguinte redação:

"**Art. 24.** Às Comissões Permanentes, em razão da matéria de sua competência, e às demais Comissões, no que lhes for aplicável, cabe:

[...]

XIV – solicitar audiência ou colaboração de órgãos ou entidades da administração pública direta, indireta ou fundacional, e da sociedade civil, para elucidação de matéria sujeita a seu pronunciamento, não implicando a diligência dilação dos prazos *e garantida a ampla transparência e a participação social*." (NR)

Art. 2º. O art. 41 da Resolução n. 17 de 1989 – Regimento Interno da Câmara dos Deputados – passa a vigorar com a seguinte redação:

"Art. 41.

[...]

VII – conceder a palavra aos membros da Comissão, aos Líderes e aos Deputados que a solicitarem, *bem como aos cidadãos previamente convidados a se manifestar, neste caso a título de reconhecimento pelas contribuições dadas acerca do tema em debate nos sistemas de participação da Câmara dos Deputados, podendo ocorrer presencialmente, por meio de videoconferência via internet, ou em* vídeo gravado, garantindo-se a representatividade de opiniões divergentes." (NR)

Art. 3º. O art. 47 da Resolução n. 17 de 1989 – Regimento Interno da Câmara dos Deputados – passa a vigorar com a seguinte redação:

"**Art. 47.** O Presidente da Comissão Permanente organizará a Ordem do Dia de suas reuniões ordinárias e extraordinárias, de acordo com os critérios fixados no Capítulo IX do Título V, *fazendo constar ao menos uma proposição priorizada pela sociedade por meio de sistema digital da Câmara dos Deputados.*" (NR)

CAPÍTULO II

DA TRANSPARÊNCIA E DA PARTICIPAÇÃO DA SOCIEDADE NA TRAMITAÇÃO DAS PROPOSIÇÕES LEGISLATIVAS

Art. 4º. O art. 100 da Resolução n. 17 de 1989 – Regimento Interno da Câmara dos Deputados – passa a vigorar com a seguinte redação:

"**Art. 100**.

[...]

§2º. Toda proposição deverá ser redigida com clareza, em termos explícitos e concisos, *e inserida em sistema digital da Câmara dos Deputados em formato de dados abertos.*" (NR)

Art. 5º. O art. 101 da Resolução n. 17 de 1989 – Regimento Interno da Câmara dos Deputados – passa a vigorar com a seguinte redação:

"**Art. 101.** Ressalvadas as hipóteses enumeradas na alínea "a" do inciso I deste artigo, *a apresentação de proposição será feita por meio do sistema digital da Câmara dos Deputados com dados estruturados, em formato aberto, de modo a permitir a leitura por máquinas e facilitar a transparência do processo legislativo e participação popular, podendo ocorrer*: [...]" (NR)

Art. 6º. O art. 119 da Resolução n. 17 de 1989 – Regimento Interno da Câmara dos Deputados – passa a vigorar com a seguinte redação:

"**Art. 119.** As emendas deverão ser apresentadas em Comissão *por meio de sistema digital de dados abertos da Câmara dos Deputados, com dados estruturados, em formato aberto, de modo a permitir a leitura por máquinas e facilitar a transparência do processo legislativo e participação popular*, inclusive no caso de projeto sujeito a apreciação conclusiva." (NR)

Art. 7º. O art. 120 da Resolução n. 17 de 1989 – Regimento Interno da Câmara dos Deputados – passa a vigorar com a seguinte redação:

"**Art. 120.** As emendas de Plenário serão apresentadas *em sistema digital de dados abertos da Câmara dos Deputados, com dados estruturados, em formato aberto, de modo a permitir a leitura por máquinas e facilitar a transparência do processo legislativo e participação popular*" (NR)

Art. 8º. O art. 128 da Resolução n. 17 de 1989 – Regimento Interno da Câmara dos Deputados –, passa a vigorar com a seguinte redação:

"**Art. 128.** Nenhuma proposição será submetida a discussão e votação sem parecer escrito *e disponibilizado pela Comissão competente no sistema digital de dados abertos da Câmara dos Deputados*, exceto nos casos previstos neste Regimento, quando deverá ser reduzido a termo e disponibilizado no mencionado sistema." (NR)

Art. 9º. O art. 129 da Resolução n. 17 de 1989 – Regimento Interno da Câmara dos Deputados – passa a vigorar com a seguinte redação:

"**Art. 129.** O parecer por escrito constará de três partes:

I – relatório, em que se fará exposição circunstanciada da matéria em exame, *apresentando capítulo específico sobre os dados da participação popular, oportunizada por meios de sistemas digitais da Câmara dos Deputados*;

II – voto do Relator, em termos objetivos, com sua opinião sobre a conveniência da aprovação ou rejeição, total ou parcial, da matéria, ou sobre a necessidade de dar-lhe substitutivo ou oferecer-lhe emenda, *indicando expressamente a possibilidade ou não da incorporação de sugestões advindas da participação popular*;

§1º. O parecer a emenda pode constar apenas das partes indicadas nos incisos II e III, dispensado o relatório e *sendo obrigatória a referência e análise sobre a participação popular.*" (NR)

CAPÍTULO III

DA PARTICIPAÇÃO DA SOCIEDADE NO ÂMBITO DAS SESSÕES PLENÁRIAS

Art. 10. O art. 86 da Resolução n. 17 de 1989 – Regimento Interno da Câmara dos Deputados – passa a vigorar acrescido do seguinte §4º:

"**Art. 86.** [...]

§4º. Constará da Ordem do Dia *ao menos uma proposição priorizada pela sociedade por meio de sistema digital da Câmara dos Deputados.*" (NR)

Art. 11. O art. 130 da Resolução n. 17 de 1989 – Regimento Interno da Câmara dos Deputados – passa a vigorar com a seguinte redação:

"**Art. 130.**

[...]

c) conceder a palavra aos Deputados *e aos cidadãos previamente convidados a se manifestar, neste caso a título de reconhecimento pelas contribuições dadas acerca do tema nos sistemas de participação da Câmara dos Deputados, podendo ocorrer presencialmente, por meio de videoconferência via internet, ou em* vídeo gravado, garantindo-se a representatividade de opiniões divergentes." (NR)

[...]

Parágrafo único. O Presidente da Câmara devolverá à Comissão o parecer que contrarie as disposições regimentais, *em especial as atinentes à participação popular*, para ser reformulado na sua conformidade, ou em razão do que prevê o parágrafo único do art. 55." (NR)

Art. 12. O art. 132 da Resolução n. 17 de 1989 – Regimento Interno da Câmara dos Deputados – passa a vigorar acrescido do seguinte §3º.

"**Art. 132.** [...]

§3º. Fica assegurada a participação popular durante a fase de apreciação das proposições legislativas, por meio de audiências públicas *e do uso e desenvolvimento de metodologias que incorporem múltiplas formas de expressão e linguagens de participação social, especialmente a internet.*" (NR)

CAPÍTULO IV
DA TRANSPARÊNCIA NO PROCESSO DE VOTAÇÃO DAS PROPOSIÇÕES

Art. 13. O art. 136 da Resolução n. 17 de 1989 – Regimento Interno da Câmara dos Deputados – passa a vigorar com a seguinte redação:

"**Art. 136.** [...]

Parágrafo único. O processo referente à proposição *ficará disponível em sistema digital de dados abertos da Câmara dos Deputados, à disposição da mesa, dos deputados e da sociedade, em tempo real pela internet, durante sua tramitação em Plenário.*" (NR)

Art. 14. O art. 137 da Resolução n. 17 de 1989 – Regimento Interno da Câmara dos Deputados – passa a vigorar com a seguinte redação:

"**Art. 137.** Toda proposição recebida pela Mesa será numerada, datada, despachada às Comissões competentes e publicada no Diário da Câmara dos Deputados e em avulsos, para serem distribuídos aos Deputados, às Lideranças e Comissões, *devendo, obrigatoriamente, constar de sistema digital de dados abertos da Câmara dos Deputados, com vistas a garantir a transparência do processo legislativo e a participação popular.*" (NR)

Art. 15. O art. 162 da Resolução n. 17 de 1989 – Regimento Interno da Câmara dos Deputados – passa a vigorar com a seguinte redação:

"**Art. 162.** Em relação aos destaques, serão obedecidas as seguintes normas:

[...]

Parágrafo único. Será *disponibilizada visualização comparativa entre a matéria destacada e a principal* no sistema digital da Câmara dos Deputados, facilitando a compreensão das modificações pretendidas." (NR)

Art. 16. O art. 165 da Resolução n. 17 de 1989 – Regimento Interno da Câmara dos Deputados – passa a vigorar com a seguinte redação:

"**Art. 165.** Discussão é a fase dos trabalhos destinada ao debate em Plenário.

[...]§3º. Durante toda a fase de discussão, *será disponibilizada em sistema digital de dados abertos da Câmara dos Deputados, à disposição da mesa, dos deputados e da sociedade, em tempo real pela internet, visualização comparativa que explicite as alterações objetivadas pelas emendas e substitutivos.*" (NR)

Art. 17. O art. 179 da Resolução n. 17 de 1989 – Regimento Interno da Câmara dos Deputados – passa a vigorar com a seguinte redação:

"**Art. 179.** Encerrada a discussão do projeto, com emendas, a matéria irá às Comissões que a devam apreciar, observado o que dispõe o art. 139, II, e o parágrafo único do art. 121.

Parágrafo único. Publicados os pareceres sobre as emendas no Diário da Câmara dos Deputados, *devidamente disponibilizados em sistema digital de dados abertos da Câmara dos Deputados* e distribuídos em avulsos, estará a matéria em condições de figurar em Ordem do Dia, obedecido o interstício regimental." (NR)

Art. 18. O art. 189 da Resolução n. 17 de 1989 – Regimento Interno da Câmara dos Deputados – passa a vigorar com a seguinte redação:

"**Art. 189.** A proposição, ou seu substitutivo, será votada sempre em globo, ressalvada a matéria destacada ou deliberação diversa do Plenário, *sendo, em todos os casos, disponibilizada em plenário visualização comparativa que explicite as alterações constantes de emendas ou substitutivos*." (NR)

CAPÍTULO V
DA ASSINATURA ELETRÔNICA PARA PROJETOS DE INICIATIVA POPULAR

Art. 19. O art. 252 da Resolução n. 17 de 1989 – Regimento Interno da Câmara dos Deputados – passa a vigorar com a seguinte redação:

"**Art. 252.** [...]

I – a assinatura de cada eleitor deverá ser *apostada em sistema digital de dados abertos da Câmara dos deputados, não sendo aceitas por meios diversos*.

II – as listas de assinatura serão organizadas por Município e por Estado, Território e Distrito Federal, *por meio de sistema digital da Câmara dos Deputados.*

III – será lícito a entidade da sociedade civil patrocinar a apresentação de projeto de lei de iniciativa popular, responsabilizando-se inclusive pela coleta das assinaturas, *observado o inciso I do art. 252*;

[...]

VI – o projeto de lei de iniciativa popular *terá tramitação prioritária, nos termos do art. 158*;" (NR)

CAPÍTULO VI
DO AFASTAMENTO DE MEMBROS DA MESA E DO CONSELHO DE ÉTICA, LÍDERES PARTIDÁRIOS E PRESIDENTES DE COMISSÃO

Art. 20. O art. 8º da Resolução n. 17 de 1989 – Regimento Interno da Câmara dos Deputados – passa a vigorar com a seguinte redação:

"**Art. 8º.** [...]

§ 6º *O membro da Mesa perderá automaticamente o cargo que ocupa se contra ele for instaurado processo criminal no Supremo Tribunal Federal*, devendo a vaga respectiva ser preenchida nos termos do §2º." (NR)

Art. 21. O art. 9º da Resolução n. 17 de 1989 – Regimento Interno da Câmara dos Deputados – passa a vigorar com a seguinte redação:

"**Art. 9º.** [...]

§7º. *Será o Líder automaticamente afastado de suas funções se contra ele for instaurado processo criminal no Supremo Tribunal Federal*, devendo a representação

Partidária ou bloco parlamentar proceder a nova indicação." (NR)

Art. 22. O art. 39 da Resolução n. 17 de 1989 – Regimento Interno da Câmara dos Deputados – passa a vigorar com a seguinte redação:

"**Art. 39.** [...]

§6°. *Será o Presidente ou Vice-Presidente da Comissão automaticamente afastado de suas funções se contra ele for instaurado processo criminal no Supremo Tribunal Federal ou em qualquer instância da Justiça*, devendo a vaga ser preenchida nos termos dos §§1°, 2° e 3°." (NR)

Art. 23. O Regimento Interno da Câmara dos Deputados, aprovado pela Resolução n. 17 de 1989, passa a vigorar acrescido do art. 15- A com a seguinte redação.

"**Art. 15-A.** *Recebida a representação contra Deputado pelo Conselho de Ética e Decoro Parlamentar*, para apuração de fato punível com suspensão de prerrogativas regimentais, suspensão do exercício do mandato ou perda do mandato, *o representado, sendo membro efetivo ou suplente da Mesa Diretora da Câmara dos Deputados, será imediatamente afastado das suas atividades* até a conclusão final do processo. (NR)

Parágrafo único. Em todos os casos, o afastamento será declarado pelo Presidente do Conselho de Ética e Decoro Parlamentar." (NR)

Art. 24. O art. 7° do Código de Ética e Decoro Parlamentar da Câmara dos Deputados passa a vigorar com a seguinte redação:

"**Art. 7°.** [...]

§6°. A vaga no Conselho ocorrerá em virtude do término do mandato, da renúncia ou da perda do mandato no colegiado, a qual será declarada de ofício, pelo Presidente do órgão, nas seguintes situações:

[...]

II – *instauração de processo criminal no Supremo Tribunal Federal contra membro do Conselho.*" (NR)

CAPÍTULO VII
DO CONSELHO DE ÉTICA E DECORO PARLAMENTAR

Art. 25. O §1° do art. 46 do Regimento Interno da Câmara dos Deputados passa a vigorar com a seguinte redação:

"**Art. 46.** [...]

§1°. *Ressalvadas as reuniões do Conselho de Ética e Decoro Parlamentar da Câmara dos Deputados*, em nenhum caso, ainda que se trate de reunião extraordinária, seu horário poderá coincidir com o da Ordem do Dia da sessão ordinária ou extraordinária da Câmara ou do Congresso Nacional." (NR)

Art. 26. O art. 17 da Resolução n. 17 de 1989 – Regimento Interno da Câmara dos Deputados – passa a vigorar com a seguinte redação:

"**Art. 17.** São atribuições do Presidente, além das que estão expressas neste Regimento, ou decorrem da natureza de suas funções e prerrogativas:

I – [...]

n) decidir as questões de ordem e as reclamações, *salvo as oriundas do Conselho de Ética e Decoro Parlamentar*, conforme art. 95-A deste regimento." (NR)

Art. 27. O Regimento Interno da Câmara dos Deputados, aprovado pela Resolução n. 17 de 1989, passa a vigorar acrescido do art. 95- A com a seguinte redação:

"**Art. 95-A**. *Os recursos contra indeferimento de questão de ordem oriundos do Conselho de Ética e Decoro Parlamentar serão decididos pelo Plenário da Câmara dos Deputados*, vedada em qualquer hipótese, ainda que posteriormente "*ad referendum*", decisão monocrática e provisória do relator membro da Mesa Diretora." (NR)

Art. 28. O art. 243 da Resolução n. 17 de 1989 – Regimento Interno da Câmara dos Deputados – passa a vigorar com a seguinte redação:

"**Art. 243.** O suplente de Deputado, quando convocado em caráter de substituição, *não poderá* ser escolhido para os cargos da Mesa ou de Suplente de Secretário nem para Presidente ou Vice-Presidente de Comissão, ou *integrar a Procuradoria Parlamentar e o Conselho de Ética e Decoro Parlamentar*." (NR)

Art. 29. O art. 7º do Regulamento do Conselho de Ética e Decoro Parlamentar da Câmara dos Deputados – Resolução n. 25 de 2001 – passa a vigorar acrescido do §4º com a seguinte redação:

"**Art. 7º.**

[...]

§4º. Uma vez designado o *relator, este não poderá ser destituído de suas funções*, ressalvadas as hipóteses previstas nos incisos II a IV do art. 10 do Código de Ética e Decoro Parlamentar." (NR)

CAPÍTULO VIII

DISPOSIÇÕES GERAIS

Art. 30. Os órgãos administrativos da Casa ficarão incumbidos do suporte técnico-digital às Comissões e ao Plenário, com vistas ao cumprimento das normas estabelecidas para garantia e promoção da participação popular.

Art. 31. Esta Resolução entra em vigor na data de sua publicação.

Brasília, xx de xxxx de 2018.

JUSTIFICATIVA

O processo legislativo nas Casas do Congresso Nacional, com frequência, parece distante e impenetrável para o povo. Utilizar-se das tecnologias para tornar a participação popular factível, acessível e ágil é essencial para garantir que as demandas populares alcancem efetivamente o Poder Legislativo. Esta proposta pretende superar as dificuldades de participação, simplificando a intervenção das pessoas por meio de significativas mudanças no Regimento da Câmara dos Deputados. A proposta quer tornar o processo de criação das leis mais transparente e íntegro.

Sem um mecanismo de verificação de assinaturas eletrônicas, permanece-se efetivamente inviável a apresentação de projeto de lei por iniciativa popular e o consequente aproveitamento do ímpeto e *status* específico que essas propostas teriam.

Além disso, com frequência, deputados que ocupam cargos de liderança na Câmara, tornam-se réus em ações penais perante o Supremo. O que se pretende estabelecer é uma exigência de integridade e ética proporcional aos cargos que os deputados ocupam naquela Casa.

O Conselho de Ética também precisa ganhar independência e ser imune a manobras como a abertura da Ordem do Dia no Plenário para evitar a evolução de seus trabalhos[2].

---

2   G1. **Presidente do Conselho de Ética critica estratégia para adiar sessão**. Brasília, 19 nov. 2015. Disponível em: <http://g1.globo.com/politica/noticia/2015/11/presidente-do-conselho-de-etica-critica-estrategia-para-adiar-sessao.html>. Acesso em: 9 mar. 2018.

6 POLÍTICA NACIONAL DE DADOS ABERTOS

Transparência é um dos principais instrumentos no combate à corrupção. Os dados e documentos abertos ao público, entretanto, não podem se encontrar em formatos que dificultem a sua leitura e seu processamento. A ideia de usar a tecnologia como ferramenta de controle social para verificar, por exemplo, a compatibilidade dos gastos públicos com merenda escolar com o custo médio dos alimentos depende de as informações serem apresentadas pelo poder público em formatos abertos e processáveis por computadores.

Principais pontos da proposta
- Prevê a publicidade das bases de dados como preceito geral, essas bases devem se encontrar em formato aberto, serem legíveis por máquinas, disponibilizadas em sua forma primária, com o maior grau de granularidade possível, e atualizadas de forma periódica.
- Autoriza qualquer cidadão a apresentar pedido de abertura de base de dados públicos, não sendo permitidas às autoridades questionar os motivos desse pedido ou negá-los em razão de inconsistências na base de dados.
- Prevê que os entes públicos deverão estabelecer Laboratórios de Inovação, que são "espaços abertos à participação e à colaboração da sociedade para o desenvolvimento de ideias, ferramentas e métodos inovadores para a gestão pública, a prestação de serviços públicos e o empoderamento do cidadão para o exercício do controle sobre a administração pública".
- Todas as ideias, ferramentas, softwares e métodos desenvolvidos pelos laboratórios serão de domínio público e livre.

Problemas que pretende solucionar
- Com frequência, o fornecimento de informações em formatos inadequados à leitura por máquinas torna inviável sua análise, em razão da quantidade e complexidade dos dados. Nesses casos, o dever de transparência do poder público não é cumprido.
- No mais, o cruzamento de dados de diferentes órgãos, essencial para o efetivo controle social de políticas e gastos públicos, depende do seu fornecimento em bases abertas e processáveis por computadores.
- O estímulo à inovação no setor público é necessário e segue o ótimo exemplo do Laboratório Hacker da Câmara dos Deputados, que desenvolveu importantes ferramentas para promover o controle social no Congresso.

ANTEPROJETO DE LEI

Institui a Política Nacional de Dados Abertos e dá outras providências.

O **PRESIDENTE DA REPÚBLICA** faço saber que o Congresso Nacional decreta e eu sanciono a seguinte lei complementar:

CAPÍTULO I

DA POLÍTICA NACIONAL DE DADOS ABERTOS

Art. 1º. O acesso à informação será promovido pelo poder público nos termos da Lei n. 12.527, de novembro de 2011, na Lei de Responsabilidade Fiscal e demais normas vigentes.

Art. 2º. Na promoção da transparência ativa de dados, o poder público deverá observar os seguintes requisitos:

I – observância da publicidade das bases de dados como preceito geral e do sigilo como exceção;

II – garantia de acesso irrestrito às bases de dados, as quais devem ser legíveis por máquina e estar disponíveis em formato aberto;

III – descrição das bases de dados, com informação suficiente para a compreensão de eventuais ressalvas quanto à sua qualidade e integridade;

IV – permissão irrestrita de reuso de bases de dados publicadas em formato aberto;

V – completude e interoperabilidade de bases de dados, as quais devem ser disponibilizadas em sua forma primária, com o maior grau de granularidade possível, ou referenciar bases primárias, quando disponibilizadas de maneira agregada;

VI – atualização periódica, de modo a garantir a perenidade de dados, a padronização de estruturas de informação e o valor dos dados à sociedade e atender às necessidades de seus usuários;

VII – designação clara de responsável pela publicação, atualização, evolução e manutenção de cada base de dados aberta, incluída a prestação de assistência quanto ao uso dos dados; e

VIII – o respeito à privacidade, perseguindo sempre a anonimização dos dados pessoais e dos dados sensíveis sem prejuízo aos demais requisitos elencados.

Art. 3º. Na promoção da transparência ativa de dados públicos, o poder público deverá:

I – promover a publicação de dados contidos em bases de dados de órgãos e entidades da administração pública sob a forma de dados abertos;

II – franquear aos cidadãos o acesso aberto a dados produzidos ou acumulados que não estejam sob sigilo ou restrição de acesso nos termos da Lei n. 12.527 de 2011;

III – facilitar o intercâmbio de dados entre órgãos e entidades da administração pública das diferentes esferas da federação;

IV – fomentar a atuação do cidadão no controle da qualidade dos serviços públicos e da qualidade da administração pública;

V – apoiar o desenvolvimento de novas tecnologias destinadas à construção de ambiente de gestão pública participativa e democrática e a melhor oferta de serviços públicos;

VI – fomentar a pesquisa científica de base empírica sobre a gestão pública e serviços públicos;

VII – promover o desenvolvimento tecnológico e a inovação no setor público;

VIII – promover o compartilhamento de recursos de tecnologia da informação, de maneira a evitar a duplicidade de ações e o desperdício de recursos públicos na disseminação de dados e informações; e

IX – promover a oferta de serviços públicos em meio eletrônico e de maneira integrada.

Art. 4º. Qualquer interessado poderá apresentar pedido de abertura de base de dados públicos, por qualquer meio legítimo, e o pedido deve conter a identificação do requerente e a especificação da informação requerida.

§1º. Para a abertura de base de dados de interesse público, as informações para identificação do requerente não podem conter exigências que inviabilizem o exercício do seu direito.

§2º. Os entes deverão disponibilizar ferramenta eletrônica em seus sítios oficiais na internet que permitam o encaminhamento de pedidos de abertura de base de dados.

§3º. São vedadas quaisquer exigências relativas aos motivos determinantes da solicitação de abertura de base de dados públicos.

§ 4º. Os pedidos de abertura de base de dados, bem como seu processamento, incluindo prazos, necessidade de justificativa e possibilidade de recursos, serão regulamentados pelas mesmas normas que guiam os pedidos de acesso à informação, especialmente o Capítulo III da Lei n. 12.527 de 2011.

Art. 5º. A existência de inconsistências na base de dados não poderá obstar o atendimento da solicitação de abertura.

Parágrafo único. Eventuais inconsistências existentes na base de dados aberta deverão ser informadas e, se possível, detalhadas no arquivo gerado com os dados.

CAPÍTULO II
DOS LABORATÓRIOS DE INOVAÇÃO

Art. 6º. Os entes públicos deverão instituir Laboratórios de Inovação, espaços abertos à participação e à colaboração da sociedade para o desenvolvimento de ideias, ferramentas e métodos inovadores para a gestão pública, a prestação de serviços públicos e o empoderamento do cidadão para o exercício do controle sobre a administração pública.

Art. 7º. Os Laboratórios de Inovação terão como diretrizes:

I – colaboração interinstitucional e com a sociedade;

II – promoção e experimentação de tecnologias abertas e livres;

III – uso de práticas ágeis de desenvolvimento e prototipação de *softwares*;

IV – foco na sociedade e no cidadão;

V – fomento à participação social e à transparência pública;

VI – incentivo à inovação;

VII – apoio ao empreendedorismo;

VIII – uso estratégico da informação, a fim de subsidiar a tomada de decisão e melhorar a gestão pública;

IX – estímulo à participação de servidores, estagiários e colaboradores em suas atividades; e

X – difusão de conhecimentos no âmbito da administração pública;

Art. 8º. As ideias, ferramentas, *softwares*, resultados e métodos inovadores desenvolvidos nos Laboratórios de Inovação serão de uso e domínio público e livre compartilhados por meio de licenças livres não restritivas.

Art. 9º. Esta Lei entra em vigor na data de sua publicação.

Brasília, xx de xxxx de 2018.

JUSTIFICATIVA

Transparência é um dos principais instrumentos no combate à corrupção. Os dados e documentos abertos ao público, entretanto, não podem se encontrar em formatos que dificultem a sua leitura e seu processamento. A ideia de usar a tecnologia como ferramenta de controle social para verificar, por exemplo, a compatibilidade dos gastos públicos com merenda escolar com o custo médio dos alimentos depende de as informações serem apresentadas pelo poder público em formatos abertos e processáveis por computadores.

Com frequência, o fornecimento de informações em formatos inadequados à leitura por máquinas torna inviável sua análise, em razão da quantidade e complexidade dos dados. Nesses casos, o dever de transparência do poder público não é cumprido.

No mais, o cruzamento de dados de diferentes órgãos, essencial para o efetivo controle social de políticas e gastos públicos, depende do seu fornecimento em bases abertas e processáveis por computadores.

O estímulo à inovação no setor público é necessário e segue o ótimo exemplo do Laboratório Hacker da Câmara dos Deputados, que desenvolveu importantes ferramentas para promover o controle social no Congresso.

7 CRIAÇÃO DO INSTITUTO NACIONAL DE ACESSO À INFORMAÇÃO E APERFEIÇOAMENTO DA LEI DE ACESSO À INFORMAÇÃO

A Lei de Acesso à Informação (LAI) foi uma importante vitória para a sociedade e consagrou a transparência como princípio efetivo no ordenamento brasileiro. Mais de 6 anos após sua aprovação, entretanto, já ficou claro que permanecem lacunas, especialmente quanto à sua implementação pelos órgãos públicos em nível estadual e municipal. Inspirada nas melhores experiências internacionais, esta proposta pretende aprimorar a LAI e garantir que a transparência permaneça um importante componente da estratégia de se combater a corrupção no Brasil.

Principais pontos da proposta

- Cria o Instituto Nacional de Acesso à Informação, competente para monitorar e garantir a aplicação da LAI, a adequada interpretação de seus preceitos e o cumprimento de suas determinações por todos os agentes públicos. É, assim, o órgão competente para julgar recursos contra a unidades locais.
- Determina que todos os órgãos e entidades sujeitos à LAI deverão criar uma Unidade de Transparência e Acesso à Informação.
- Institui os testes de Danos e de Interesse Público com o objetivo de exigir uma formulação mais específica e restrita nos casos de sigilo, firmando este como exceção ao direito de acesso à informação.
- Elimina a necessidade de fornecimento de dados de identificação do solicitante para a formulação dos pedidos de acesso à informação.
- Subordina os partidos políticos à Lei de Acesso à Informação, com o objetivo de aumentar a transparência partidária.

Problemas que pretende solucionar

- A excessiva generalidade das hipóteses de sigilo previstas na LAI tem dado margem a uma interpretação ampliativa que inclui como sigilosas informações diversas, sem apresentação de justificativa adequada.
- Os resultados de pesquisas sobre transparência ativa e passiva têm produzido péssimos resultados no Judiciário e Ministério Público, em órgãos locais[3] e mesmo em órgãos de controle e combate à corrupção, como os tribunais de contas[4].

---

[3] Como apontam pesquisas recentes do Programa de Transparência Pública da EBAPE, FGV. Disponível em: <http://transparencia.ebape.fgv.br/pesquisa>.

[4] MOHALLEM, M. F.; RAGAZZO, C. E. J. **Diagnóstico Institucional**: primeiros passos para um Plano Nacional Anticorrupção. Rio de Janeiro: FGV Direito Rio, 2017. Disponível em: <http://hdl.handle.net/10438/18167>. Acesso em: 10 dez. 2017.

- A necessidade de fornecimento de informações pessoais do solicitante (RG e CPF) também abre a possibilidade de respostas desiguais e discriminatórias, sendo contrária à recomendação da Organização dos Estados Americanos[5].

ANTEPROJETO DE LEI

Altera a Lei n. 12.527, de 18 de novembro de 2011, para criar o Instituto Nacional de Acesso à Informação e dar outras disposições.

O **PRESIDENTE DA REPÚBLICA** faço saber que o Congresso Nacional decreta e eu sanciono a seguinte lei complementar:

Art. 1º. Os artigos 1º, 3º, 4º, 6º, 8º, 9º, 10, 11, 15, 16, 17, 18, 19, 22, 23, 27, 29, 30, 31, 32, 33, 34, 35, 39, 40 e 41 da Lei n. 12.527, de 18 de novembro de 2011, passam a vigorar com as seguintes alterações:

Art. 1º. [...]

Parágrafo único. Subordinam-se ao regime desta Lei:

[...]

III – os partidos políticos.

IV – pessoas naturais e jurídicas, públicas ou privadas, que cumpram função pública e prestem serviços públicos, quanto às informações relacionadas a esses serviços.

[...]

Art. 3º.

[...]

§ 1º. Toda informação gerada, obtida, adquirida, transformada ou custodiada por órgãos e entidades subordinados a esta Lei é pública e acessível a qualquer pessoa nos termos e condições estabelecidos pela presente Lei.

§ 2º. A informação apenas poderá ser classificada excepcionalmente como sigilosa temporariamente por razões de interesse público nos termos dispostos nesta Lei.

Art. 4º. Para os efeitos desta Lei, considera-se:

[...]

X – Instituto: Instituto Nacional de Transparência e Acesso à Informação;

X – Informação de interesse público: informação relevante ou que traz benefícios para a sociedade; sua divulgação é útil para que o público compreenda as atividades realizadas pelos órgãos e entidades sujeitos à presente Lei;

XII – Teste de danos: demonstração que os órgãos e entidades sujeitos a esta Lei fazem para indicar que a divulgação da informação requisitada lesa o interesse juridicamente protegido pela Lei e provar que o dano da divulgação da informação será maior que o interesse de conhecê-la;

---

5   OEA. **Model Inter-American Law on Access to Public Information**. Washington DC, 8 jun. 2010. Disponível em: <http://www.oas.org/en/sla/dil/docs/access_to_information_Text_edited_DDI.pdf>. Acesso em: 6 mar. 2018.

XIII – Teste de interesse público: demonstração feita pelo Instituto, com base em elementos de adequação, necessidade e proporcionalidade, de que a publicação de informações de acesso restrito não prejudica o interesse legal protegido pela Lei;

XIV – Unidade de Transparência e Acesso à Informação: unidade administrativa receptora das solicitações de informação e que tutela seu trâmite.

[...]

Art. 6º. Cabe aos órgãos e entidades sujeitos a esta Lei assegurar a:

[...]

§1º. Para todas as informações entendidas como sigilosas, será aplicado o teste de danos.

Art. 8º. [...]

§1º. [...]

I – registro das competências e estrutura organizacional, funções, deveres e nomes dos funcionários, endereços e telefones das respectivas unidades, inclusive da Unidade de Transparência e Acesso à Informação e horários de atendimento ao público;

[...]

VII – qualificações, titulações, remuneração e subsídios recebidos por ocupantes de cargos, empregos ou funções públicas, incluídos eventuais auxílios, ajudas de custo, jetons e quaisquer outras vantagens pecuniárias, bem como proventos de aposentadoria e pensões, de maneira individualizada, bem como as escalas salariais de todas as categorias de funcionários e consultores que trabalham no órgão ou entidade;

VIII – lista completa dos subsídios concedidos por autoridade pública;

IX – todo mecanismo interno e externo de supervisão do órgão ou entidade, incluindo relatórios de auditoria;

X – mecanismo de apresentação direta de reclamações, sugestões ou elogios à disposição do público em relação a ações ou omissões do órgão ou entidade, junto com resumo de toda solicitação, denúncia ou outra ação direta de pessoas e a resposta do órgão ou entidade;

XI – catálogo elaborado pela sua Unidade de Transparência e Acesso à Informação que contenha informação adequada sobre seus sistemas de manutenção de documentos, tipos e formas de informação em seu poder, categorias de informação que publica e procedimentos que devem ser adotados para formular uma solicitação de informação e uma apelação interna;

XII – íntegra das solicitações recebidas e respectivas respostas, bem como documentos divulgados em conformidade com a presente Lei, que deverão estar automaticamente disponíveis em formato aberto e legível por máquinas;

XIII – agenda das autoridades da alta administração, no caso de órgãos da Administração Pública, tanto a agenda prevista quanto a realizada; e

XIV – íntegra dos contratos, convênios e parcerias firmados, com os respectivos números de processo;

Art. 9º. O acesso a informações públicas será assegurado mediante a criação de uma Unidade de Transparência e Acesso à Informação em todos os órgãos e entidades sujeitos a esta Lei.

§1º. A criação da Unidade será comunicada ao Instituto Nacional, o qual acompanhará e supervisionará sua atuação.

§2º. São atribuições da Unidade de Transparência e Acesso à Informação:

I – coletar, ordenar, analisar, processar e acompanhar os pedidos de acesso à informação;

II – coletar, publicar e atualizar informações públicas de ofício e obrigações de transparência do órgão ou entidade;

III – propor ao órgão ou entidade os procedimentos internos necessários para maior eficiência na resposta aos pedidos de acesso à informação;

IV – acompanhar os pedidos até a entrega da informação;

V – disponibilizar guia para os solicitantes de maneira simples, compreensível e acessível, que abarque:
 a) a elaboração de pedidos de acesso à informação;
 b) procedimentos para solicitar informações; e
 c) as instâncias às quais o cidadão possa recorrer para solicitar orientações, dirigir consultas ou fazer reclamações sobre a provisão de serviços de acesso à informação;

VI – notificar os solicitantes;

VII – apoiar o Instituto no desempenho de suas funções;

VIII – realizar o teste de danos quando necessário;

IX – estabelecer procedimentos para assegurar que, no caso de informações protegidas por sigilo, seja entregue apenas ao seu titular ou representante;

X – operar sistemas digitais que garantam o direito ao acesso à informação; e

XI – promover a cultura da transparência.

§2º A Unidade será colegiada e terá um número ímpar de servidores públicos ou de pessoal que o órgão ou entidade determinar, incluindo o responsável pela área de controle interno do órgão ou entidade.

§3º. Caso o órgão ou entidade sujeito à Lei não tenha um órgão de controle interno, este deverá ser instalado.

§4º. Os membros da Unidade não podem depender hierarquicamente de uma única pessoa na estrutura interna do órgão ou entidade.

§5º. A Unidade é responsável por propor a classificação ou declaração de inexistência da informação.

§6º. As decisões da Unidade serão tomadas por maioria de votos de seus membros, e, em caso de empate, o presidente da Unidade terá o voto de qualidade.

§7º. A Unidade de Transparência e Acesso à Informação terá acesso a informações restritas, em sua modalidade confidencial, para confirmar, modificar ou revogar sua classificação e salvaguardar ou proteger a informação.

Art. 10. Qualquer interessado poderá apresentar pedido de acesso à informação aos órgãos e entidades sujeitos a esta Lei, por meio das suas Unidades de Transparência e Acesso à Informação, por qualquer meio legítimo, devendo o pedido conter a especificação da informação requerida.

§1º. Para o acesso à informação, não poderá ser exigida a identificação do requerente.

[...]

§4º. O pedido de acesso à informação deverá conter os seguintes dados:
a) informação de contato do solicitante para que possa receber notificações e a informação solicitada;
b) descrição suficientemente precisa da informação solicitada, para permitir que a informação seja localizada; e
c) o meio preferido de entrega da informação solicitada.

§ 5º. O pedido de acesso à informação pode ser apresentado por meio escrito, via eletrônica, verbalmente em pessoa, por telefone ou qualquer meio análogo.

§ 6º. Todo pedido de acesso à informação deverá ser registrado e receber um número para seu devido acompanhamento pelo solicitante.

§7º. Os pedidos de acesso à informação deverão ser registrados na ordem em que são recebidos e deverão ser atendidos de maneira justa e sem discriminação.

§8º. Se a Unidade tiver dúvidas acerca do alcance ou natureza da informação solicitada, deverá entrar em contato com o solicitante, por meio da plataforma específica, com o objetivo de esclarecer a solicitação, sendo vedado o contato pessoal para esclarecimento de dúvidas sobre pedidos de acesso à informação.

Art. 10-B. Na hipótese de alguma autoridade competente se recusar a colaborar com a sua Unidade de Transparência e Acesso à Informação, esta notificará o Instituto Nacional para que possa tomar as providências cabíveis.

Parágrafo único. A Unidade divulgará na página da autoridade competente na internet um número de telefone e e-mail por meio dos quais o cidadão possa fazer reclamações ou sugestões.

Art. 11. [...]

§1º. [...]

III – comunicar que não possui a informação, indicar, se for do seu conhecimento, o órgão ou a entidade que a detém e remeter o requerimento a esse órgão ou entidade no prazo máximo de 5 (cinco) dias, notificando o interessado da remessa de seu pedido de informação e fornecendo informação de contato do funcionário encarregado do processamento da solicitação.

[...] **Art. 11-A.** Para enviar pedido de acesso à informação ou iniciar outro dos procedimentos previstos nesta Lei, os solicitantes têm direito de obter orientação e serviços de aconselhamento junto à Unidade.

§1º. A Unidade é obrigada a garantir as medidas e condições de acessibilidade para que o cidadão possa exercer o direito de acesso à informação pública, incluindo o fornecimento de informações simples e compreensíveis sobre os procedimentos a serem realizados.

§2º. A Unidade deve garantir que os pedidos sejam entregues a todas as áreas competentes do órgão ou entidade que detenham a informação ou deveriam ter de acordo com suas faculdades, competências e funções, para que possam conduzir uma busca razoável das informações solicitadas.

Art. 11-B. Se o órgão ou entidade considerar que os documentos ou informações devam ser classificados como sigilosos, deverá enviar o pedido de classificação juntamente com os motivos para a classificação para a Unidade.

§1º. A Unidade, por meio de um teste de danos, irá:

a) confirmar a classificação;

b) modificar a classificação e conceder parcialmente o acesso à informação; ou

c) revogar a classificação e conceder acesso à informação.

§2º. Quando a informação contiver partes ou seções reservadas ou confidenciais, para responder a um pedido de informação, o órgão ou entidade deverá preparar uma versão pública que destaque as partes ou seções classificadas, indicando seu conteúdo de maneira genérica e fundando e motivando sua classificação.

Art. 11-C. Quando a informação não for encontrada nos arquivos, a Unidade:

I – analisará o caso e tomará as medidas necessárias para localizar a informação, podendo inclusive realizar buscas nas instalações dos órgãos e entidades para confirmar a não existência da informação;

II – emitirá uma certidão confirmando a não localização do documento;

III – ordenará, sempre que possível, que a informação seja gerada ou reabastecida;

IV – notificará o órgão de controle interno ou equivalente da parte obrigada que, se aplicável, deve iniciar procedimento de responsabilidade administrativa correspondente.

Art. 11-D. A certidão da Unidade que confirme a não localização das informações solicitadas conterá os elementos mínimos que permitam ao requerente saber que houve esforços razoáveis para a busca da informação, além de indicar as circunstâncias de tempo, maneira e local que podem ter impedido a localização da informação.

[...]

Art. 15. [...]

§1º. O recurso será dirigido à mais alta autoridade do órgão ou entidade ao qual se dirigiu a solicitação.

§2º. A autoridade deverá se manifestar no prazo de 10 (dez) dias corridos.

§3º. Negado o acesso a informação pelos órgãos ou entidades, um novo recurso poderá será dirigido ao Instituto, que deverá se manifestar no prazo de 10 (dez) dias corridos.

Art. 16. O Instituto deliberará se:

[...]

II – a decisão de negativa de acesso à informação total ou parcialmente classificada como sigilosa indicou a autoridade classificadora a quem possa ser dirigido pedido de acesso ou desclassificação;

[...]

V – a declaração de inexistência de informação procede;

VI – a informação for entregue incompleta;

VII – a informação entregue não corresponder ao solicitado;

VIII – a informação for entregue em formato incompreensível e/ou não acessível ao requerente;

IX – a consulta direta da informação for negada;

X – a resposta à solicitação sofrer de falta, deficiência ou insuficiência de racionalidade e/ou motivação; e

XI – a solicitação não for processada.

§1º. [revogado]

§2º. Verificada a procedência das razões do recurso, o Instituto determinará ao órgão ou entidade que adote as providências necessárias para dar cumprimento ao disposto nesta Lei.

Art. 16-A. O recurso deverá conter:

I – endereço, meios eletrônicos e outros contatos do recorrente;

II – o órgão ou entidade perante o qual o pedido foi submetido;

III – o número da solicitação de acesso que permita identificar a solicitação sob revisão;

IV – a data em que o requerente foi notificado ou teve conhecimento do ato alegado ou da apresentação do pedido em caso de falta de resposta;

V – os motivos do desacordo;

VI – a cópia da resposta contestada, exceto em caso de falta de resposta do pedido; e

VII – a solicitação de teste de interesse público e/ou resultado de teste de danos já feitos.

Art. 16-B. O Instituto, ao resolver o recurso, deverá aplicar um teste de interesse público, nos casos estabelecidos nesta Lei, com base em elementos de adequação, necessidade e proporcionalidade, quando houver uma colisão de direitos.

§1º. Para esses fins, será entendido como:

I – adequação: a legitimidade do direito adotado como preferencial, adequado para a realização de um propósito constitucionalmente válido ou para atingir o propósito pretendido;

II – necessidade: a falta de uma alternativa significa menos prejuízo para a abertura da informação para satisfazer o interesse público; e

III – proporcionalidade: o equilíbrio entre malefício e benefício a favor do interesse público, de modo que a decisão tomada representa um maior benefício em relação ao dano que poderia causar à população.

Art. 16-C. As deliberações do Instituto podem:

I – classificar o recurso como improcedente e o indeferir;

II – confirmar a resposta da Unidade e indeferir o recurso;

III – revogar a resposta da Unidade e deferir o recurso.

§1º. As deliberações do Instituto estabelecerão, consoante o caso, o prazo para o cumprimento da decisão, que não pode exceder 20 (vinte) dias.

[...]

Art. 16-D. Quando o Instituto determinar, durante a análise do recurso, que possa ter ocorrido provável responsabilidade pelo não cumprimento das obrigações previstas nesta Lei e as demais disposições aplicáveis ao assunto, deve levar ao conhecimento do órgão correcional ou da autoridade competente para que se inicie, quando for o caso, procedimento de responsabilidade.

Art. 16-E. As resoluções do Instituto são vinculativas, definitivas e inatacáveis para os órgãos e entidades sujeitos a esta Lei.

Art. 17. [Revogado]

Art. 18. [Revogado]

Art. 19. [Revogado]

[...]

Art. 22. [Revogado]

Art. 23. [...]

§1º. A classificação da informação será imposta apenas quando seu acesso gerar risco claro, provável e específico de dano significativo ao interesse público.

[...]

Art. 27. [...]

§3º. Para a classificação da informação, a Unidade do órgão ou entidade competente deverá aplicar um teste de danos, no qual deve justificar que:

I – a divulgação da informação representa risco real, demonstrável e identificável de danos significativos ao interesse público;

II – o risco de danos resultantes da divulgação supera o interesse geral do público em sua disseminação; e

III – a limitação está em conformidade com o princípio da proporcionalidade e representa os meios menos restritivos disponíveis para evitar o dano.

§4º. O ônus da prova para justificar qualquer recusa de acesso à informação e a classificação da informação será sempre do órgão ou entidade sujeito à Lei.

§5º. Os órgãos ou entidades sujeitos à Lei não podem emitir resoluções gerais ou prévias que classifiquem as informações como sigilosas antes de serem geradas.

[...]

Art. 29. A classificação das informações será reavaliada pelo Instituto, mediante provocação, pedido de recurso ou de ofício, nos termos e prazos previstos em regimento, com vistas à sua desclassificação ou à redução do prazo de sigilo, por meio de um teste de interesse público.

[...]

§2º. Na reavaliação a que se refere o *caput*, deverão ser examinadas a permanência dos motivos do sigilo e a possibilidade de danos decorrentes do acesso ou divulgação da informação.

[...]

Art. 30. A autoridade máxima de cada órgão ou entidade publicará, anualmente, na parte do seu sítio na internet destinada à sua Unidade:

[...]

Art. 31. [...]

§ 6º. O Instituto aplicará teste de interesse público a toda disponibilização de informação pessoal, provando uma conexão clara entre a informação pessoal e um assunto de interesse público e atestando a proporcionalidade entre a invasão de privacidade causada pela divulgação de informações pessoais e o interesse público da informação.

Art. 32. Constituem condutas ilícitas que ensejam responsabilidades do agente público ou entidades privadas:

[...]

Art. 33. O funcionário público, a pessoa física ou entidade privada que deter informações em virtude de vínculo de qualquer natureza com o poder público e deixar de observar o disposto nesta Lei estarão sujeitos às seguintes sanções:

[...]

VI – suspensão, para o caso de servidores públicos.

[...]

§4º. As sanções serão divulgadas nos portais de transparência do Instituto 5 (cinco) dias depois de impostas, e, caso envolvam uma ofensa civil ou penal, os responsáveis serão reportados perante a autoridade competente.

§5º. As multas não podem ser pagas com recursos públicos.

§6º. As sanções a que se refere o *caput* serão impostas pelo Instituto e executadas pelos órgãos ou entidades ou com o apoio da autoridade competente.

§7º. É considerado delito penal atuar deliberadamente com a intenção de destruir ou alterar documentos uma vez que tenham sido objeto de uma solicitação de informação.

[...]

Art. 34-B. Em caso de condutas ilícitas por parte dos partidos políticos, o Instituto comunicará o ocorrido ao Tribunal Superior Eleitoral para que possa resolver o que é apropriado, sem prejuízo das sanções estabelecidas nas leis aplicáveis.

Art. 34-C. No caso de condutas ilícitas relacionadas aos órgãos da administração pública, o Instituto comunicará ao órgão correcional ou competente para que possa instaurar os procedimentos administrativos aplicáveis.

Art. 34-D. Nos casos em que o suposto infrator estiver sujeito ao regime de responsabilidade administrativa dos servidores públicos, o Instituto enviará à autoridade competente arquivo contendo todos os elementos que sustentem a alegada responsabilidade administrativa.

Art. 34-E. No caso do suposto infrator não estiver sujeito ao regime de responsabilidade administrativa dos servidores públicos, o Instituto será a autoridade habilitada para ouvir a defesa e aplicar sanção, segundo o mesmo parâmetro do art. 34-B.

Art. 34-F. O procedimento a que se refere o parágrafo anterior começará com a notificação feita pelo Instituto ao suposto ofensor, com relação aos fatos e imputações que deram origem ao início do processo, e lhe concederá um período de 15 (quinze) dias para apresentar defesa e apresentação de provas.

§1º. No caso de revelia, o Instituto decidirá com os elementos de convicção à disposição, podendo determinar diligências que entender cabíveis.

§2º. Realizadas eventuais diligências reputadas necessárias, o Instituto decidirá dentro de 30 (trinta) dias.

Art. 35 [Revogado]

[...]

Art. 39. [...]

§2º. No âmbito de todos os órgãos e entidades sujeitos à Lei, a reavaliação prevista no *caput* poderá ser revista, a qualquer tempo, pelo Instituto, observados os termos desta Lei.

[...]

Art. 40. No prazo de 60 (sessenta) dias, a contar da vigência desta Lei, o dirigente máximo de cada órgão ou entidade da administração pública direta e indireta designará autoridade que lhe seja diretamente subordinada para, no âmbito do respectivo órgão ou entidade, compor a Unidade de Transparência e Acesso à Informação.

Art. 41. [Revogado]

CAPÍTULO V-B

DO INSTITUTO NACIONAL DE ACESSO À INFORMAÇÃO

SEÇÃO 1

Da sua natureza e composição

Art.34-D. O Instituto é um órgão autônomo, especializado, independente, imparcial e com personalidade e patrimônio jurídico próprios, com total autonomia técnica, gerencial e financeira, e capacidade de decidir sobre o exercício de seu orçamento e determinar sua organização interna, funcionamento e resoluções, responsável por assegurar o cumprimento desta Lei, direcionando e monitorando o exercício dos direitos de acesso à informação e o funcionamento das Unidades de Transparência e Acesso à Informação.

§1º. As estruturas de controle interno existentes, bem com as Unidades de Transparência e Acesso à Informação, deverão trabalhar de modo colaborativo com o Instituto.

Art. 34-E. O Instituto terá competência para:

I – requisitar da autoridade que classificar a informação como sigilosa esclarecimento ou conteúdo, parcial ou integral da informação, caso solicitações para esclarecimentos tenham sido negados;

II – rever a classificação de informações sigilosas, de ofício ou mediante provocação de pessoa interessada; e

III – prorrogar o prazo de sigilo de informação classificada como ultrassecreta, sempre por prazo determinado, enquanto seu acesso ou divulgação puder ocasionar ameaça externa à soberania nacional ou à integridade do território nacional, ou grave risco às relações internacionais do país, o que será determinado pela aplicação de um teste de interesse público.

§1º. O prazo referido no inciso III é limitado a uma única renovação.

§2º. A revisão de ofício a que se refere o inciso II deverá ocorrer, no máximo, a cada 4 (quatro) anos, quando se tratar de documentos secretos ou ultrassecretos.

§3º. A não deliberação sobre a revisão pelo Instituto nos prazos previstos no §2º implicará desclassificação automática das informações.

§4º Regimento Interno disporá sobre a composição, organização e funcionamento do Instituto, observadas as demais disposições desta Lei.

Art. 34-F. Na sua organização, operação e controle, o Instituto será regido pelos princípios de segurança, legalidade, independência, imparcialidade, eficácia, objetividade, profissionalismo, transparência e máxima publicidade.

Art. 34-G. O Instituto será formado por:

I – um Órgão Plenário, que será o órgão de governança do Instituto;

II – um Presidente, que será o presidente do Plenário e do Instituto;

III – Unidades Administrativas que o Plenário determinar em seu Regimento Interno; e

IV – um corpo de funcionários.

Parágrafo único. O Plenário do Instituto será a instância diretiva e a Presidência será a instância executiva, tendo atribuições suficientes para fazer cumprir esta Lei.

Art. 34-H. O Plenário será composto por 6 (seis) Comissários Cidadãos titulares, todos com direito a fala e voto, que serão representantes da sociedade civil escolhidos pelo voto da Comissão de Transparência e nomeados pelo presidente desta.

§1º. Os Comissários Cidadãos serão escolhidos por meio de chamada pública feita pelo Poder Executivo, que convidará membros de organizações não governamentais, centros de pesquisa, escolas, associações profissionais, instituições acadêmicas e meios de comunicação para inscrever candidaturas, desde que atinjam os requisitos indicado por esta Lei.

§2º. A chamada estabelecerá:

a) os prazos, lugares, horários e condições para a apresentação de candidaturas;
b) os requisitos e o modo de inscrevê-las;
c) o método de registro e o instrumento técnico para avaliação e qualificação dos requerentes;
d) publicação do resultado no Diário Oficial da União; e
e) publicação dos currículos dos candidatos.

§3º. Com base na avaliação dos currículos, a Comissão de Transparência, composta por 4 (quatro) membros de ilibada reputação indicados pelos Presidente da República, pelo Presidente do Congresso Nacional, pelo Presidente do Conselho Nacional de Justiça (CNJ) e pelo Presidente do Conselho Nacional do Ministério Público (CNMP), fará a seleção dos Comissários entre os candidatos.

a) Os membros da Comissão de Transparência são de livre nomeação;
b) Os Presidentes da República, do Congresso, do CNJ e do CNMP têm poder de veto em relação aos nomes apresentados;
c) A lista definitiva dos 4 (quatro) membros da Comissão de Transparência deverá obedecer à igualdade de gênero;
d) A Comissão de Transparência será formada sempre que for necessária a seleção de Comissários Cidadãos e será dissolvida assim que a decisão estiver publicada no Diário Oficial da União;
e) A Comissão de Transparência poderá solicitar apoio técnico das Ouvidorias dos Poderes Executivo e Legislativo e dos Conselhos Nacionais de Justiça e do Ministério Público sempre que necessário e de maneira pontual e provisória;
f) A decisão preliminar da Comissão de Transparência deverá ser publicada na internet e amplamente divulgada, com mecanismos que permitam a qualquer cidadão questionar as decisões;
g) Da decisão preliminar, devem constar ao menos os nomes dos indicados a Comissários Cidadãos e os critérios que justificaram a escolha;
h) A Comissão deverá, em 30 (trinta) dias após a decisão preliminar, responder publicamente às manifestações apresentadas e poderá ratificar o(s) nome(s) indicado(s) para o Comissionário Cidadão ou reabrir o processo de seleção;

i) Caso seja reaberto o processo de seleção, o processo será reiniciado;

j) A primeira Comissão de Transparência indicada deverá redigir seu regimento interno, considerando os parâmetros desta Lei e seu caráter provisório e permanente.

§4º. Na seleção dos Comissários, a igualdade de gênero será garantida.

§5º. No caso de vacância do cargo durante o mandato, será escolhido novo Comissário dentro do prazo improrrogável de 60 (sessenta) dias depois de a ausência ser comunicada à Comissão de Transparência.

Art. 34-I. Os Comissários exercerão suas funções por 7 (sete) anos, sem possibilidade de reeleição, deverão ser substituídos de maneira gradual e desfrutarão dos emolumentos equivalentes aos de Ministro do Superior Tribunal de Justiça.

§1º. Para a consecução da gradualidade de que trata o *caput*, o primeiro mandato de cada Comissário terá prazo diferenciado, vencendo o mandato do Comissário mais velho ao fim do 3º ano, o mandato do Comissário mais jovem ao fim do 9º ano e o mandato dos demais, ano a ano, encerrando-se, nesse período, o mandato dos mais jovens antes dos mandatos dos demais.

§2º. A tarefa dos Comissários é incompatível com qualquer outro emprego, cargo, comissão ou atividade, exceto de pesquisa, caridade, ensino e acadêmica, desde que não sejam atendidas em tempo integral e sejam compatíveis com o pleno exercício de sua função.

§3º. Os Comissários não poderão, enquanto durarem seus mandatos, estar a serviço de organismos, empresas ou instituições privadas, ocuparem cargos políticos ou de direção em qualquer partido político ou empresa estatal nem ocupar cargo no governo federal, estadual, municipal ou distrital.

Art. 34-J. Para ser um Comissário Cidadão, é necessário:

I – ser cidadão brasileiro, em pleno exercício de seus direitos políticos e civis;

II – ter pelo menos 21 anos no dia da sua nomeação;

III – desfrutar de prestígio pessoal e profissional reconhecido;

IV – não ter sido condenado por ofensa que tenha como pena mais de um ano de prisão nem ofensa contra a Administração Pública ou relacionada a crimes contra o patrimônio, a fé pública ou que envolvam abuso de confiança;

V – não ter sido candidato ou ocupado cargo de eleição federal, estadual, municipal ou distrital durante os 2 (dois) anos imediatamente anteriores à data da sua designação;

VI – não ter sido titular de nenhum cargo público, seja do Poder Executivo, Legislativo, Judiciário ou Ministério Público, nem diretor empresa estatal ou de organização partidária durante os 2 (dois) anos imediatamente anteriores à data da sua designação;

VII – comprometer-se a tornar público seu patrimônio e suas declarações fiscais.

Art. 34-K. O Plenário e o Instituto serão presididos por um Comissário Cidadão, eleito por maioria simples do Plenário, com mandato de 3 (três) anos, renovável por igual período.

Parágrafo único. No caso de o Comissário permanecer por período inferior a três anos, um novo Comissário pode ser eleito Presidente pelo tempo restante do mandato.

Art. 34-L. Para o exercício de suas atribuições, o Instituto terá sua estrutura e seu orçamento autorizados pelo Plenário, por proposta do seu Presidente.

Art. 34-M. O Plenário, em seu Regimento Interno, determinará as unidades administrativas da estrutura orgânica do Instituto, bem como as faculdades e funções de cada um dos seus titulares.

§1º. Os acordos e decisões do Plenário serão publicados no Diário Oficial da União.

§2º. Os Comissários só poderão ser destituídos de seus cargos por decisão de 2/3 da Comissão de Transparência, convocada pelo seu presidente, no caso de ser verificada, em procedimento com direito à ampla defesa, conduta incompatível com a dignidade e o decoro exigidos pelo cargo, incluindo:

a) condenação por um delito;
b) infrações graves à Constituição ou a esta Lei;
c) prática de improbidade administrativa;
d) descumprimento de qualquer dos requisitos do cargo, tal como não tornar público seu patrimônio e declarações fiscais.

SEÇÃO II

Do seu patrimônio

Art. 34-N. O patrimônio do Instituto será constituído por:

I – receitas recebidas de acordo com o Orçamento da União;
II – propriedades e outros recursos que o governo federal prover;
III – subsídios e contribuições permanentes, periódicas ou temporárias, recebidas do governo federal;
IV – doações, heranças e legados que foram feitos a seu favor; e
V – todos os outros rendimentos e ativos que lhe correspondam ou sejam adquiridos por qualquer outro meio legal.

Art. 34-O. O Instituto administrará seus ativos de acordo com esta Lei, seu Regimento Interno e outras disposições legais.

Art. 34-P. Para satisfazer à função confiada ao Instituto, seu orçamento anual será determinado tomando como base o mínimo de 0,15% (zero vírgula quinze por cento) do valor total das dotações orçamentárias previstas no Orçamento da União.

Art. 34-Q. O Presidente Comissário enviará ao Poder Executivo o projeto de orçamento das despesas do Instituto previamente aprovado pelo Plenário com os itens orçamentários necessários para o cumprimento do seu objeto.

SEÇÃO III
De sua finalidade e atribuições

Art. 34-R. O Instituto visa:

I – monitorar o cumprimento das disposições de transparência e de acesso à informação pública e a interpretação e aplicação dos preceitos desta Lei; e

II – garantir, no âmbito da sua competência, que os sujeitos obrigados cumpram os princípios da constitucionalidade, legalidade, certeza, independência, imparcialidade e objetividade em matéria de transparência e acesso à informação pública.

Art. 34-S. O Instituto, no âmbito da sua competência, terá as seguintes atribuições:

I – Emitir opiniões e recomendações sobre questões relacionadas a esta Lei;

II – Decidir os recursos oferecidos contra os atos e decisões das Unidades em relação aos pedidos de acesso à informação;

III – Exigir e acessar sem restrições as informações classificadas como sigilosas, para determinar sua classificação adequada, desclassificação ou origem de acesso;

IV – Propor a cada uma das autoridades subordinadas à lei a aplicação de estratégias de tecnologia da informação;

V – Organizar seminários, cursos, oficinas e outras atividades que promovam o conhecimento desta Lei e o direito de acesso à informação;

VI – Preparar e publicar estudos e pesquisas para divulgar esta Lei;

VII – Emitir seu Regimento Interno, bem como Manuais, Diretrizes, Acordos e outros regimentos que facilitem sua organização e operação;

VIII – Elaborar e aplicar indicadores e metodologias para avaliar o desempenho dos órgãos sujeitos a esta Lei;

IX – Estabelecer sistema interno para garantir o acesso à informação dentro do Instituto nos termos da Lei;

X – Solicitar e avaliar relatórios e informações dos órgãos sujeitos à Lei sobre o exercício do direito de acesso à informação;

XI – Estabelecer a estrutura administrativa do Instituto e sua hierarquia, bem como os mecanismos para seleção e contratação de pessoal, nos termos do Regimento Interno, inclusive selecionar e nomear servidores públicos para fazer parte do Instituto;

XII – Elaborar e aprovar os formatos de pedidos de acesso à informação;

XIII – Preparar compêndio sobre os procedimentos de acesso à informação;

XIV – Preparar seu projeto de orçamento anual e aprovar o relatório anual;

XV – Estabelecer e rever os critérios de custódia de informações confidenciais;

XVI – Publicar anualmente os índices de conformidade com esta Lei;

XVII – Monitorar o cumprimento desta Lei e outras disposições aplicáveis, inclusive por meio de visitas, inspeções e revisões;

XIII – Emitir recomendações vinculativas sobre as classificações de informações feitas pelos órgãos e entidades sujeitos à esta Lei;

XIX – Promover o treinamento e a atualização dos servidores públicos sobre o direito de acesso à informação e proteção de dados pessoais;

XX – Promover a elaboração de guias que expliquem os procedimentos e formalidades desta Lei;

XXI – Orientar e auxiliar as pessoas a exercer o direito de acesso à informação pública;

XXII – Realizar teste de interesse público e analisar os recursos nos casos de indeferimento do acesso à informação, classificação da informação e outros casos previstos nesta Lei;

XXIII – Denunciar à autoridade competente as irregularidades na publicação de informações de ofício, bem como fatos que são ou podem ser constitutivos de infrações à presente Lei e outras disposições da matéria;

XXIV – Promover a criação de espaços de participação social e cívica que estimulem o intercâmbio de ideias entre a sociedade e os órgãos da representação dos cidadãos sobre os assuntos desta Lei, inclusive por meio da realização de audiências públicas;

XXV – Estabelecer sanções, conforme apropriado, de acordo com as disposições da presente Lei;

XXVI – Realizar, de ofício ou a pedido de uma parte, investigações em relação a queixas sobre incumprimento da presente Lei; e

XXVII – Certificar que a informação publicada pelas partes obrigadas seja acessível de maneira direcionada às pessoas com deficiência motora, auditiva e visual.

Art. 34-T. Os órgãos e entidades sujeitos a esta Lei colaborarão com o Instituto e realizarão todas as ações necessárias para o cumprimento de suas atribuições, fornecendo toda informação exigida, além de cumprir acordos, observações, recomendações e decisões emitidas.

Art. 34-U. Todas as Unidades deverão estabelecer plataformas digitais abertas que incluam informações recebidas das Unidades ao Instituto sobre suas atividades em conformidade com a presente Lei, que incluirá, pelo menos:

a) o número de solicitações de informação recebidas, concedidas em sua totalidade ou em parte, e das solicitações negadas;

b) as seções da Lei invocadas para negar, em sua totalidade ou em parte, as solicitações de informação, e com que frequência foram invocadas;

c) os recursos interpostos contra a negativa de comunicar informação;

d) suas atividades em conformidade com a obrigação de publicar informações;

e) suas atividades em conformidade com a manutenção de documentos;

f) suas atividades em conformidade com a capacitação de funcionários;

g) informação sobre o número de solicitações respondidas nos prazos estabelecidos por esta Lei; e

h) informação sobre o número de solicitações respondidas fora dos prazos estabelecidos por esta Lei, incluindo as estatísticas de qualquer demora na resposta.

Art.34-V. O Instituto, por meio de seu Presidente, apresentará anualmente, perante o Poder Legislativo, relatório escrito, anteriormente aprovado pelo Plenário, sobre o trabalho realizado durante o ano anterior, que incluirá pelo menos as informações contidas no artigo anterior.

SEÇÃO IV
Do Plenário

Art.34-X. O Plenário é o órgão de direção do Instituto, com a responsabilidade de monitorar o cumprimento das disposições constitucionais e assuntos legais em matéria de transparência e acesso à informação.

[...]

  II – Decidir os recursos oferecidos contra os atos e decisões das Unidades em relação aos pedidos de acesso à informação;

CAPÍTULO VI
DISPOSIÇÕES FINAIS E TRANSITÓRIAS

Art. 35. [Revogado].

[...]

Art. 39. [...]

§2º. No âmbito de todos órgãos e entidades sujeitos à Lei, a reavaliação prevista no *caput* poderá ser revista, a qualquer tempo, pelo Instituto, observados os termos desta Lei.

[...] **Art. 40.** No prazo de 60 (sessenta) dias, a contar da vigência desta Lei, o dirigente máximo de cada órgão ou entidade da administração pública direta e indireta designará autoridades que lhe sejam diretamente subordinadas para, no âmbito do respectivo órgão ou entidade, comporem a Unidade de Transparência e Acesso à Informação.

Art. 41. [Revogado]

Art. 2º. Esta Lei entra em vigor na data de sua publicação.

Brasília, xx de xxxx de 2018.

JUSTIFICATIVA

Em 2011, o Brasil conferiu aos seus cidadãos os mecanismos concretos que assegurem o direito de acesso à informação pública. A premissa por trás deste esforço é a de que o acesso à informação é um direito fundamental, vinculado ao próprio fortalecimento da democracia e ao processo de profissionalização da administração pública.

A Lei de Acesso à Informação (LAI), em termos *de jure*, é considerada uma legislação forte de acordo com o RTI Rating –*ranking* internacional que mensura a força legal das Leis de Acesso à Informação no mundo. Em seus mais de cinco anos de vigência, a LAI promoveu avanços significativos para a transparência no Brasil. Viabilizou a disponibilização de informações relevantes acerca das ações do Estado brasileiro, o que contribuiu para o incremento da participação social e do debate público, pois abriu espaço para a produção de críticas mais bem informadas e, até mesmo, aprimoramento da gestão da coisa pública e combate à corrupção[6].

O impacto da LAI tem sido extensamente medido, e sabe-se que a Lei proporcionou a ampliação do volume e da qualidade das informações públicas disponíveis para os cidadãos brasileiros. O controle social pela imprensa e pela sociedade civil se qualificou, e a opacidade passou a ser um constrangimento para o agente público. Os especialistas no assunto asseguram que a LAI representou um novo paradigma cívico e administrativo: "O Estado oficialmente passou da posição de detentor do monopólio de 'documentos oficiais' para guardião de 'informações públicas'" (MICHENER; CONTRERAS; NISKIER, 2017)[7].

Apesar dos avanços, ainda permanecem lacunas, fazendo com que a LAI não seja uma realidade. Pesquisas e levantamentos recentes, estimulados pelo aniversário de 5 anos da LAI, concluíram que ainda existem consideráveis lacunas em sua implementação e cumprimento em todo o Estado brasileiro, especialmente nos níveis estadual e municipal. Apesar da importância da transparência, sua implementação ainda é bastante onerosa em termos políticos, desincentivando algumas entidades a se adequarem às suas diretrizes.

Em seu livro, *Lei de Acesso à Informação: Reforço ao Controle Democrático*, Fabiano Angélico defende que falta conhecimento por parte da população sobre a lei para fazer uso dela e falta capacidade do governo para bem executá-la[8]. O autor destaca como problema a inexistência de um órgão externo e autônomo que garanta a lei na ausência de um Estado que o faça, e este Projeto de Lei visa corrigir esse problema.

Uma das principais lacunas da LAI seria a falta de clareza nos limites da lei em termos de conteúdo. Ela engloba algumas expressões muito vagas, principalmente quanto aos limites do sigilo. Falta um detalhamento específico sobre em quais casos o acesso à informação não pode ser provido. Não basta que uma informação caia no âmbito de um objetivo legítimo colocado em lei para que essa informação se torne restrita; é preciso

---

6 ANGÉLICO, F. *Lei de Acesso à Informação*. Coleção "Para entender direito". São Paulo: Estúdio Editores.com, 2015.

7 Disponível em: <http://transparencia.ebape.fgv.br/sites/transparencia.ebape.fgv.br/files/transparencyandopacity_pt.pdf>.

8 Disponível em: <http://transparencyaudit.net/pt-br/content/fabiano-ang%C3%A9lico-lan%C3%A7a-livro-sobre-lei-de-acesso-e-accountability>.

que o Estado demonstre que a divulgação daquela informação específica causaria prejuízo substancial ao direito protegido pela lei. A lei modelo da OEA, por exemplo, afirma que a restrição à informação é legítima quando o acesso puder "gerar um risco claro, provável ou específico de dano significativo". Ou seja, não basta que haja a possibilidade de dano; para se restringir o acesso a uma informação pública, é preciso que o risco seja claramente determinado e especificado e que se preveja um dano importante[9].

Para sanar isso, a saída é a inclusão de dispositivos como os testes de danos e testes de interesse público. Esses mecanismos são acionados em caso de discórdia no interior do órgão solicitado sobre a necessidade de sigilo de determinada informação. Nesses casos, é convocada uma reunião entre autoridades, e um questionário é aplicado com perguntas sobre os possíveis malefícios de uma informação específica vir a público. Por fim, os participantes votam secretamente se concordam ou não com a publicidade da informação em questão. A apreciação do caso e decisão são tomadas coletivamente com o intuito de não ferir o princípio do interesse público, mas de igualmente não desrespeitar as regras do sigilo.

Na mesma linha argumentativa, o mapeamento feito pela Fundação Getulio Vargas – a maior avaliação de transparência já realizada no Brasil em termos de números de pedidos de acesso à informação enviados – concluiu sobre o baixo grau de observância à LAI (apesar de os resultados variarem consideravelmente entre as diferentes unidades federativas). No geral, as unidades federativas não respondem 1 entre 3 pedidos de acesso à informação recebidos, e pouco mais da metade de todos os pedidos contém respostas minimamente precisas. Um complicador local, por exemplo, está na restrição imposta por alguns estados, que exigem que os pedidos sejam protocolados presencialmente na sede do órgão.

E mais: a LAI define que a regra é o direito do cidadão obter a informação solicitada, e o sigilo é a exceção. A negativa do acesso deve ocorrer somente em casos excepcionais, nas hipóteses definidas em lei. Os resultados da pesquisa, no entanto, indicam que, em reiterados casos, os pedidos de acesso à informação foram indeferidos com base em uma interpretação ampliativa e ilegítima das exceções legais. Em outras situações, o Poder Judiciário dificultou o acesso por meio da criação de entraves burocráticos não previstos na LAI.

O acesso à informação não só enfrenta disparidades significativas quanto à sua concretização prática, mas também encontra situações em que os órgãos públicos o aplicam de maneira discriminatória. Os resultados sugerem que solicitantes sem perfil público identificável – muitas vezes de setores mais humildes da sociedade – podem estar recebendo um serviço de qualidade significativamente inferior. Com base em discussões com administradores públicos encarregados de responder as demandas da LAI, foi constatado que há um hábito de se pesquisar na internet o nome do requerente da informação, para identificar detalhes sobre quem é o solicitante. Esses dados apenas reforçam a necessidade premente de abolir a exigência estabelecida na Lei de que o

---

9 Disponível em: <https://www.conjur.com.br/2013-jun-06/fabiano-angelico-clareza-sigilo-fundamental-transparencia>.

cidadão forneça o número de um documento oficial (RG ou CPF) como condição para obter a informação. Com isso, seria possível evitar a discriminação e uma possível intimidação no processo de acesso à informação.

Diante desse cenário, este Projeto de Lei visa tomar medidas para sanar as fragilidades da LAI. Seguindo o que é preconizado pela Organização dos Estados Americanos em sua "Lei Modelo de Acesso à Informação Pública"[10], propomos abandonar a obrigatoriedade de que o cidadão tenha que apresentar um documento de identidade para enviar o pedido de informação e delimitar precisamente as exceções ao direito de acesso à informação, de acordo com as melhores práticas internacionais; a ampliação das sanções previstas; e a criação de Unidades específicas para tratar da LAI, rompendo com a utilização das Ouvidorias ou equivalentes ao "Fale Conosco" como meios de recebimento de pedidos de acesso à informação.

No mesmo sentido, a "Declaração de São Paulo", assinada por acadêmicos, organizações da sociedade civil, jornalistas e ativistas, sugere cinco recomendações para fortalecer a LAI. Entre elas, encontram-se a Implementação de Unidades de Acesso à Informação em toda entidade pública, a proteção da identidade do solicitante e a criação de um órgão de transparência constitucionalmente independente dedicado a fortalecer a transparência e o acesso à informação pública. Esse órgão deve promover e supervisionar o cumprimento das obrigações de transparência estabelecidas pela LAI e em outros dispositivos legais.

Tomando como base a Lei de Acesso à Informação do México – a melhor legislação do mundo sobre o assunto, de acordo com a classificação do RTI Ranking[11] –, adequamos a LAI para aumentar seu escopo e atingir os partidos políticos – em um cenário de crescente indignação pelo montante exorbitante de verbas públicas aos quais ganharam acesso –, e criar o Instituto Nacional de Acesso à Informação e suas respectivas Unidades de Acesso à Informação.

Este Projeto de Lei entende ser necessária uma revisão da LAI, em consonância com um comprometimento político e mudanças legislativas correspondentes. É imperativa a revisão desta Lei para que consigamos atingir, de fato, os padrões de transparência almejados e reacendermos os compromissos dos órgãos governamentais e todos aqueles que recebam recursos públicos com os princípios da transparência.

---

10 Organização dos Estados Americanos. **Lei Modelo Interamericana sobre o Acesso à Informação Pública**. Disponível em: <http://www.oas.org/dil/AG-RES_2607-2010_por.pdf>.

11 Global Right to Information Rating. Disponível em: <http://www.rti-rating.org/wp-content/themes/twentytwelve/files/pdf/Mexico.pdf>.

8 PROTEÇÃO DO REPORTANTE DE SUSPEITA DE IRREGULARIDADES ("*WHISTLEBLOWER*")

Desvendar esquemas de corrupção é um desafio para o Estado. Contar com a ajuda de todos os cidadãos para que, tomando conhecimento de evidências de irregularidades, possam comunicá-las aos autores dos ilícitos e às autoridades competentes é fundamental para a realização de investigações que possam pôr fim a essas irregularidades e responsabilizar os envolvidos. O que esta proposta pretende é fortalecer os canais de denúncia e instituir mecanismos de incentivos aos denunciantes e de proteção contra retaliações.

Principais pontos da proposta

- Institui o Programa Nacional de Incentivo e Proteção de Relatos de Suspeita de Irregularidades, estabelecendo incentivo e proteção ao cidadão para que colabore com o Estado na luta contra a corrupção.
- Estão subordinados a este programa todos os órgãos da administração direta e indireta da União, os órgãos do Ministério Público, sindicatos, entidades beneficentes, organizações da sociedade civil e outras que recebam recursos públicos e o setor privado.
- Estimula a criação de canais de recebimento de relatos por ente privados e dá diretrizes sobre como devem funcionar e como devem ser realizadas investigações sobre os relatos.
- Cria as Unidades de Recebimento de Relatos, as quais devem estar presentes em todos os órgãos e entidades, tendo a competência de receber e encaminhar os relatos às autoridades fiscalizadores e correcionais para apuração. Realizam apenas um juízo de admissibilidade prévio para verificar a existência de requisitos mínimos para, em seguida, realizar esse encaminhamento ou proceder ao arquivamento.
- Define reportante como "a pessoa natural que, isoladamente ou em conjunto, tomar conhecimento, por meio de atividades pessoais ou profissionais, e relatar suspeita de irregularidade" e suspeita de irregularidade como a crença do denunciante, fundada em motivos razoáveis, da ocorrência de ação ou omissão, passada, presente ou iminente, que, se confirmada, causaria graves danos à sociedade.
- Institui um rol de medidas para proteger o reportante (e sua família) de eventuais retaliações. Esse rol inclui o direito à preservação da identidade, a autorização temporária de trabalho domiciliar ou transferência de seu ambiente de trabalho, proteção contra e possibilidade de reversão de retaliações no ambiente de trabalho, como demissão arbitrária ou retirada de benefícios, a determinação do afastamento do ambiente de trabalho daquele responsável pela prática de retaliação, entre outras. Abrange também medidas de proteção à integridade física, como a colocação sob proteção provisória de órgão de segurança pública e a alteração de identidade.

- Prevê medidas de incentivo ao denunciante, incluindo a retribuição pecuniária, preenchidas as devidas condições, como a originalidade do relato e a cominação de sanções em montante superior a 300 salários mínimos, no valor de 10% a 20% do valor das penalidades impostas e do montante fixado para a reparação dos danos.

Problemas que pretende solucionar

- Muitos órgãos e entidades, atualmente, não têm canais de denúncia ou têm, porém frágeis e pouco conhecidos.
- As normas atuais referentes à proteção de denunciantes são também insuficientes para garantir que estejam protegidos de retaliações.

ANTEPROJETO DE LEI

Institui Programa Nacional de Proteção e Incentivo a Relatos de Suspeitas de Irregularidades no âmbito dos Poderes da União, dos Estados, do Distrito Federal e dos Municípios, com o fim de assegurar a participação da sociedade no relato de informações em defesa do interesse público.

O **PRESIDENTE DA REPÚBLICA** faço saber que o Congresso Nacional decreta e eu sanciono a seguinte lei:

TÍTULO I

DO PROGRAMA DE PROTEÇÃO E INCENTIVO A RELATOS DE SUSPEITA DE IRREGULARIDADES

CAPÍTULO I

DAS DISPOSIÇÕES GERAIS

Art. 1º. Este Título estabelece normas gerais sobre o Programa Nacional de Proteção e Incentivo a Relatos de Suspeitas de Irregularidades no âmbito dos Poderes da União, dos Estados, do Distrito Federal e dos Municípios, bem como empresas públicas, pessoas jurídicas de direito privado e sociedades de economia mista, com o fim de assegurar a participação da sociedade no relato de irregularidades.

§ 1º. Subordinam-se às normas gerais do programa de que trata o caput:

I – os órgãos da administração direta;

II – os fundos especiais, as autarquias, as fundações públicas, as empresas públicas, as sociedades de economia mista e as demais entidades controladas direta ou indiretamente pela União, Estados, Distrito Federal e Municípios;

III – o Ministério Público da União e dos Estados, e o Conselho Nacional do Ministério Público;

IV – os sindicatos, federações e confederações sindicais, entidades beneficentes de assistência social, organizações da sociedade civil de interesse público e outras que, direta ou indiretamente, recebam recursos públicos;

V – as sociedades empresárias e as sociedades simples, personificadas ou não, independentemente do modo de organização ou modelo societário adotado, bem como a quaisquer fundações, associações de entidades ou pessoas, ou sociedades estrangeiras, que tenham sede, filial ou representação no território brasileiro, constituídas de fato ou de direito, ainda que temporariamente.

§2º. É faculdade dos Estados, do Distrito Federal e dos Municípios a criação de um sistema próprio de proteção e incentivo segundo as disposições deste Título.

Art. 2º. Toda pessoa natural tem o direito de relatar suspeitas de irregularidade:

§1º. Para os fins desta Lei, considera-se suspeita de irregularidade a crença do denunciante, fundada em motivos razoáveis, da ocorrência de ação ou omissão, passada, presente ou iminente, que, se confirmada:

I – configuraria descumprimento, público ou privado, de dever legal ou regulamentar;

II – atentaria contra:
  a) os princípios da administração pública, o patrimônio público, a probidade administrativa e a prestação de serviços públicos;
  b) os direitos e garantias fundamentais e demais direitos humanos, inclusive os decorrentes do disposto no art. 5º, §2º, da Constituição Federal;
  c) a organização e o exercício dos direitos sociais, de nacionalidade e políticos, e as relações de trabalho;
  d) a ordem econômica e tributária e o sistema financeiro;
  e) o meio ambiente, a saúde pública, as relações de consumo e a livre concorrência;
  f) bens e direitos de valor artístico, estético, histórico, turístico e paisagístico, a ordem urbanística e o patrimônio cultural e social;
  g) o interesse público.

§2º. A não observância de regras, acordos ou contratos de trabalho aos quais o reportante está sujeito não representa irregularidade relevante para os fins desta Lei.

§3º. Considera-se reportante a pessoa natural que, isoladamente ou em conjunto, tomar conhecimento, por meio de atividades pessoais ou profissionais, e relatar suspeita de irregularidade.

§ 4º. É assegurado ao reportante a possibilidade de relatar suspeita de irregularidade mesmo que desacompanhada de dados de identificação próprios.

§ 5º. Recebido o relato, fica assegurado o acesso do reportante às medidas de proteção e incentivo do Programa.

§6º. A divulgação, pelo reportante, das informações relatadas a terceiros antes da conclusão do respectivo procedimento fiscalizatório ou correcional não lhe assegurará a adoção das medidas de proteção do Programa, cabendo à Unidade de Recebimento de Relatos, a seu critério, adotar as que considerar pertinentes.

Art. 3º. O reportante fará o relato de suspeita de irregularidade preferencialmente ao ente público ou privado responsável, na qualidade de agente ativo, pela ação ou omissão que deu causa à suspeita de irregularidade.

§1º. Na hipótese do relato referido no *caput* não ser possível, prático, não se mostrar efetivo ou, em razão da situação ao qual o reportante está sujeito, haver receio motivado de retaliação realizada pelo agente responsável pela irregularidade, o relato pode ser feito às Unidades de Recebimento de Relatos do ente público prejudicado pela irregularidade, do ente responsável pela regulação do assunto reportado, do ente responsável pela proteção difusa dos direitos possivelmente violados com a irregularidade ou a qualquer outra autoridade pública.

§2º. Na hipótese de o relato referido no *caput* e no §1º não ser possível, prático, não se mostrar efetivo ou, em razão da situação ao qual o reportante está sujeito, haver receio motivado de retaliação, o relato pode ser feito, ainda, para organizações da sociedade civil, a mídia ou demais organizações relevantes que, mediante o limite de sua atuação e conforme acordo com o reportante, pode, entre outros, realizar diligências de apuração, dar publicidade ao dados contidos no relato e cobrar a devida investigação e possível responsabilização do fato relatado.

CAPÍTULO II
DOS RELATOS ENCAMINHADOS A ENTES PRIVADOS

Art. 4º. Para tratamento de relatos recebidos por entes privados, podem ser criadas por eles estruturas internas de recebimento, processamento, investigação e resposta a suspeitas de irregularidades relevantes que, a depender de seu correto funcionamento, materializam a possibilidade, praticidade e eficácia no tratamento de relatos de suspeita de irregularidades relevantes para fins do disposto no art. 3º.

Parágrafo único. A existência da estrutura interna mencionada no *caput* é obrigatória para entes privados que possuam mais de 50 (cinquenta) empregados.

Art. 5º. As estruturas internas mencionadas no artigo 4º deverão, no mínimo:

I – manter diretrizes para o recebimento, processamento, investigação e resposta de suspeitas de irregularidade;

II – manter mecanismos seguros e de fácil acesso como *hotlines*, portais *online* e *ombudsmans*, para recebimento de relatos de irregularidade emitidos tanto por empregados como por demais pessoas interessadas;

III – possibilitar o recebimento de relatos desacompanhados de identificação do reportante;

II – assegurar a confidencialidade do relato e da identificação do relator;

V – comunicar para o público interno e externo por meio de e-mails, treinamentos, publicações em locais visíveis em seus escritórios e *website*, informações acerca da existência do mecanismo de recebimento de relatos e instruções para seu uso;

VI – garantir que os relatos recebidos serão objeto de processamento em tempo razoável, assim entendida a avaliação da existência de indícios de materialidade suficientes e razoáveis para seu encaminhamento à investigação interna, com ciência da decisão ao reportante.

Art. 6º. Havendo necessidade de realização de investigação interna, ela deverá:

I – ser iniciada imediatamente e conduzida de modo a identificar se a suspeita relatada materializa-se em irregularidade;

II – comunicar-se com o reportante, mediante seu consentimento, para coletar informações relevantes e mantê-lo atualizado do andamento da investigação interna, assegurado o direito de o ente privado preservar informações que possam interferir com o andamento da investigação do relato.

III – ao final da investigação, comunicar-se com o reportante informando-o do resultado do processamento do relato, assegurado o direito de o ente privado preservar informações confidenciais.

Art. 7º. Na hipótese de a suspeita de irregularidade ser confirmada em investigação interna, devem ser tomadas medidas possíveis para remediar a irregularidade, que podem incluir implementação ou revisão de processos, medidas disciplinares contra as pessoas envolvidas com a irregularidade, restituição de valores, entre outros.

§1º. Havendo identificação de ocorrência de crime ou descumprimento legal sujeito à aplicação de multa, o ente privado deve relatar a irregularidade à Unidade de Recebimento de Relatos do ente prejudicado pela irregularidade, do ente responsável pela regulação do assunto objeto da irregularidade ou do ente responsável pela proteção difusa dos direitos possivelmente violados com a irregularidade, conforme o caso aplicável.

§2º. Havendo ocorrência de crime, o relato deve ser também encaminhado ao Ministério Público.

§3º. O ente privado preservará a identidade do reportante na comunicação de relatos feita nos moldes dos parágrafos anteriores.

Art. 8º. Aplicam-se subsidiariamente às disposições deste Capítulo aquelas do Capítulo III.

CAPÍTULO III
DO RELATOS ENCAMINHADOS A ENTES PÚBLICOS

Art. 9º. Serão instaladas Unidades de Recebimento de Relatos preferencialmente nas estruturas de ouvidoria e correição preexistentes dos órgãos públicos, constituídas preferencialmente por servidores ou empregados públicos estáveis e com formação ou experiência profissional em atividades de monitoramento, fiscalização e correição e que não tenham qualquer registro de condenação por má conduta em seu histórico profissional.

§1º. Os membros das Unidades de Recebimento de Relatos serão investidos em mandato, com duração não inferior a dois anos, cujo termo final não deverá coincidir com o do mandato de outros membros e da autoridade que os nomeou.

§2º. Aos membros das Unidades de Recebimento de Relatos são asseguradas as mesmas garantias ao reportante estabelecidas neste Título e as previstas em lei para o representante de entidade sindical.

§3º. É vedada à Unidade de Recebimento de Relatos realizar a apuração dos relatos que receber.

Art. 10. As atividades das Unidades de Recebimento de Relatos são consideradas serviço essencial para o exercício dos direitos de cidadania, da liberdade de expressão, de acesso à informação e para o cumprimento do dever legal de transparência pública.

Art. 11. As Unidades de Recebimento de Relatos deverão ser constituídas de modo a assegurar, entre outros, os seguintes padrões mínimos de serviço:

   I – ampla divulgação da sua existência e dos meios de acesso aos serviços de protocolo de relatos, assegurando-se, inclusive, o acesso digital por meio dos sítios dos órgãos ou entidades na rede mundial de computadores;

   II – registro e processamento dos relatos recebidos por reportantes, assegurando-lhes o acesso a informações sobre o encaminhamento do relato e os procedimentos instaurados, e a ciência sobre o resultado da apuração, ressalvadas as informações protegidas por sigilo;

   III – preservação da identidade do reportante no recebimento e encaminhamento de relatos, ressalvadas as exceções previstas neste Título;

   IV – publicação anual de dados e estatísticas sobre o desempenho do respectivo Programa;

   V – canal de comunicação para a solução de dúvidas sobre o Programa e procedimentos para a apresentação de relatos;

   VI – disponibilização de manual sobre o Programa, com informações sobre os requisitos para o recebimento de relatos e os critérios mínimos ou indicativos de relevância estabelecidos pelo órgão ou entidade, com demonstração do meio de apuração;

   VII – permanente identificação dos membros da Unidade de Recebimento de Relatos perante o reportante e o público.

Art. 12. São atribuições das Unidades de Recebimento de Relatos, entre outras:

   I – receber do reportante o relato de informações sobre as ocorrências previstas no art. 2º;

   II – analisar, em dez dias, prorrogáveis por igual prazo, a razoabilidade do relato e determinar seu arquivamento ou encaminhamento para apuração;

   III – encaminhar o relato e requerer à autoridade fiscalizadora do órgão ou entidade, no prazo de até dez dias, contado da data de seu recebimento, em decisão fundamentada, a instauração do respectivo procedimento fiscalizatório;

   IV – encaminhar o relato e requerer à autoridade correcional do órgão ou entidade, no prazo de dez dias, contado da data de seu recebimento, por decisão fundamentada, manifestação sobre a instauração de sindicância ou processo disciplinar, se o relato envolver a autoria ou participação de servidor ou empregado público, agente público, agente político ou outro ocupante de função pública em irregularidade ou ilícito;

V – analisar requerimentos de medidas de proteção, determinando ao órgão ou entidade e, quando necessário, requerendo a outras autoridades, inclusive policiais, que adotem medidas para proteção da integridade física, psicológica e funcional do reportante;

VI – solicitar a cooperação de outros órgãos ou entidades para os fins previstos neste Título, observadas as medidas para preservação da identidade do reportante;

VII – manter interlocução permanente com o reportante e intermediá-la com outros órgãos ou entidades, quando necessária;

VIII – instaurar e processar sindicância para apurar a prática de ato atentatório ao Programa vinculada com irregularidade cujo recebimento do relato seria de sua competência;

IX – decidir a sindicância a que se refere o inciso VIII quanto a atos praticados por pessoas jurídicas de direito privado ou trabalhadores da iniciativa privada, ou, relativamente a ato praticados por servidor ou empregado público, quando a pena aplicável seja advertência ou suspensão por até trinta dias, assegurados o contraditório e a ampla defesa;

X – determinar as medidas de proteção necessárias à prevenção, cessação ou correção de ato de retaliação;

XI – atuar como "*amicus curiae*" em processo judicial no interesse da aplicação das medidas de proteção e incentivo do Programa;

XII – requerer a revisão das decisões referidas nos incisos III e IV deste artigo e no art. 15, §§2º a 4º;

XIII – analisar requerimento do reportante para revisão dos percentuais e valores de retribuição fixados pela autoridade fiscalizadora ou correicional.

§1º. A Unidade de Recebimento de Relatos preservará a identidade do reportante na comunicação de relatos a autoridades fiscalizadoras ou correcionais.

§2º. Quando direcionadas a outros órgãos ou entidades, a comunicação de que trata o §1º será feita às respectivas Unidades de Recebimento de Relatos, mesmo que o relato tenha sido feito oralmente.

Art. 13. Além de suas atribuições legais, às Unidades de Recebimento de Relatos do Ministério da Transparência e Controladoria-Geral da União, do Conselho Nacional de Justiça e do Conselho Nacional do Ministério Público incumbe revisar, no âmbito de suas atribuições, os atos praticados pelas demais Unidades de Recebimento de Relatos, inclusive em relação à penalidade prevista no art. 45.

Parágrafo único. Para os fins previstos neste Título, os órgãos e entidades deverão assegurar o acesso direto das Unidades de Recebimento de Relatos a seus dirigentes ou a quem estes designarem formalmente, e a suas unidades de auditoria e integridade, para a adoção de providências a respeito das informações relatadas.

Art. 14. Para o recebimento e encaminhamento de relatos e inclusão do reportante no Programa, os órgãos ou entidades poderão estabelecer critérios mínimos ou indicativos de relevância, que:

I – serão determinados com base em dados estatísticos e em observação às prioridades do órgão ou entidade, seus recursos humanos e materiais, sua capacidade operacional e os resultados regionais anuais das unidades de fiscalização ou correição;

II – serão utilizados como parâmetro para rejeitar os relatos de ocorrências consideradas de menor expressão para o órgão ou entidade, a fim de priorizar suas atividades e direcioná-las ao esclarecimento de informações de maior importância;

III – não poderão ser utilizados como justificativa para a não apuração de ocorrências sobre ilícitos que envolvam a autoria ou participação de servidor, empregado ou agente público, agente político ou outro ocupante de função pública.

§1º. A Unidade poderá rejeitar e determinar o arquivamento de relatos que não apresentem elementos suficientes e razoáveis para seu encaminhamento à autoridade fiscalizadora ou correcional.

§2º. Os relatos arquivados pelas Unidades receberão o tratamento previsto no art. 31 da Lei n. 12.527, de 18 de novembro de 2011.

Art. 15. O relato apresentado pelo reportante à Unidade de Recebimentos de Relatos conterá elementos suficientes que indiquem a ocorrência dos atos ou omissões relatadas e a identificação dos envolvidos.

Parágrafo único. Entende-se por elementos suficientes informações, indícios e provas considerados confiáveis, verossímeis e potencialmente relevantes para o esclarecimento das ocorrências relatadas.

Art. 16. A Unidade de Recebimento de Relatos, em decisão fundamentada:

I – rejeitará o relato que não atender aos critérios mínimos ou indicativos de relevância ou não contiver elementos suficientes para ser encaminhado à apuração, determinando seu arquivamento;

II – ao verificar que o relato atende aos critérios mínimos ou indicativos de relevância e concluir, preliminarmente, de modo razoável, que os elementos apresentados pelo reportante são suficientes e indicam a possível prática das ações ou omissões relatadas, recebê-lo-á e o encaminhará à autoridade fiscalizadora ou correcional competente para apuração.

§1º. Entende-se por razoável a conclusão que um observador desinteressado obtém da análise dos fatos informados e que permite constatar, preliminarmente, a possível ocorrência da ação ou omissão relatada.

§2º. A decisão da Unidade de Recebimento de Relatos deverá ser comunicada ao reportante.

§3º. O arquivamento de relato sem apuração das informações relatadas não impede o exercício regular da atividade fiscalizadora ou correcional do órgão ou entidade.

Art. 17. O reportante poderá relatar a ocorrência aos órgãos referidos no art. 13, de acordo com suas atribuições:

I – quando tiver fundado receio do envolvimento de servidor, empregado ou agente público, agente político ou outro ocupante de função pública do órgão ou entidade que inicialmente rejeitar ou receber o relato com as ações ou omissões relatadas;

II – na ausência de apreciação definitiva, no prazo de até seis meses, dos procedimentos fiscalizatórios ou correcionais instaurados com fundamento em relatos encaminhados pela Unidade de Recebimento de Relatos.

Parágrafo único. O reportante poderá relatar informações diretamente à Unidade de Recebimento de Relatos do Ministério Público ou dos órgãos referidos no art. 8º para requerer a adoção de medidas urgentes a fim de evitar danos pessoais ou ao interesse público, ou para a preservação de provas.

Art. 18. Aplicam-se as disposições do artigo 16 ao relato apresentado perante órgãos externos:

I – quando existir risco atual ou iminente à saúde pública, ao meio ambiente ou de grave dano a consumidores;

II – para evitar danos imediatos à integridade física do reportante ou de terceiros.

§1º. Nas hipóteses do *caput*, o reportante poderá requerer medidas de proteção e incentivo à Unidade de Recebimento de Relatos competente ou à do Ministério Público.

§2º. Os procedimentos fiscalizatórios e correcionais instaurados com fundamento em relatos apresentados nos termos deste artigo terão tramitação prioritária nos respectivos órgãos ou entidades.

Art. 19. A autoridade fiscalizadora ou correcional se manifestará sobre os requerimentos a que se referem os incisos III e IV do art. 7º e, se for o caso, promoverá a apuração no prazo de até noventa dias, contado da data que receber a comunicação do relato encaminhado pela Unidade de Recebimento de Relatos, podendo o prazo ser prorrogado uma vez, por igual período, diante de comprovada necessidade.

§1º. Havendo necessidade e viabilidade, e mediante seu consentimento, o reportante poderá ser solicitado a contribuir com a apuração da ocorrência relatada, fornecendo novas informações e auxiliando na coleta de informações ou provas.

§2º. A autoridade fiscalizadora ou correcional requererá autorização judicial, na forma da lei, se for necessária a obtenção de dados e informações sob sigilo.

§3º. A Unidade de Recebimento de Relatos terá acesso permanente e direito à manifestação nos procedimentos fiscalizatórios ou correcionais instaurados com fundamento nos relatos que encaminhar.

Art. 20. A autoridade fiscalizadora ou correcional comunicará o inteiro teor da decisão sobre o procedimento instaurado com fundamento em relato à Unidade de Recebimento de Relatos, que dará ciência de seus termos ao reportante.

§1º. Ao reportante não cabe pedido de revisão da decisão da autoridade fiscalizadora ou correcional que apreciar juridicamente os fatos relatados, ficando-lhe assegurado, no entanto, o conhecimento dos seus termos, ressalvados os dados sigilosos.

§2º. A Unidade de Recebimento de Relatos poderá requerer a homologação, ou a revisão da decisão da autoridade fiscalizadora ou correcional, no prazo de dez dias, a contar da data de que dela tomar ciência, indicando razões de fato e de direito e decisões administrativas em casos similares.

§3º. O requerimento a que se refere o §2º deverá ser apreciado pelo dirigente ou pela unidade de revisão do órgão ou entidade no prazo máximo de trinta dias.

§4º. A Unidade de Recebimento de Relatos poderá requerer aos órgãos previstos no art. 8º a revisão total ou parcial da decisão da autoridade correcional do órgão ou entidade, no prazo de dez dias, contado da data em que for proferida.

§5º. As decisões a que se refere este artigo somente serão consideradas definitivas após proferida a decisão de revisão ou homologação.

Art. 21. No interesse do esclarecimento das informações relatadas, a autoridade fiscalizadora ou correcional, em decisão fundamentada, poderá determinar que a apuração seja conduzida reservadamente pelo prazo de noventa dias, prorrogável uma vez por igual período se houver necessidade, devidamente justificada.

§1º. Se a complexidade da apuração exigir sua condução reservada por prazo superior a 180 dias, a autoridade fiscalizadora ou correcional remeterá cópia do inteiro teor do procedimento apuratório aos órgãos previstos no art. 13 e ao Ministério Público.

§2º. Não havendo a apuração, no prazo de seis meses, do relato encaminhado pela Unidade de Recebimento de Relatos à autoridade fiscalizadora ou correcional, o reportante poderá reapresentá-lo ao órgão competente previsto no art. 13

CAPÍTULO III
DAS MEDIDAS DE PROTEÇÃO AO REPORTANTE

Art. 22. O reportante cujo relato for recebido deverá ser protegido contra retaliação ou danos à sua pessoa, em seu ambiente familiar, social ou de trabalho, sendo-lhe assegurada a punição dos responsáveis e a reparação dos danos causados.

§1º. As medidas de proteção contra atos de retaliação serão aplicadas, no que couber, aos familiares do reportante e a pessoas a ele relacionadas que possam sofrer retaliação em razão do relato.

§2º. O recebimento e encaminhamento do relato assegurará ao reportante proteção integral, nos termos deste Título, e o isentará de responsabilização civil, administrativa ou penal em relação à ocorrência relatada, ressalvadas as hipóteses dos art. 25 e 28.

Art. 23. O reportante não é responsável civil, criminal ou administrativamente em razão do relato de suspeita de irregularidade, a menos que soubesse, ao momento do relato, que alguma das informações prestadas fosse falsa e que o relato foi feito de má-fé.

Art. 24. A proteção ao reportante subsistirá e não poderá ser limitada ou excluída se ao seu final se concluir pela inocorrência dos fatos relatados ou não houver a imposição de sanção ou punição de qualquer espécie ao possível responsável pelas ações ou omissões relatadas.

Art. 25. São asseguradas ao reportante as seguintes medidas de proteção, sem prejuízo de outras que se façam necessárias:

I – preservação do sigilo de sua identidade, ressalvadas as exceções previstas no art. 24;

II – preservação da integridade física e psicológica;

III – autorização temporária de trabalho domiciliar e de afastamento ou transferência do reportante de seu ambiente de trabalho, sem prejuízo do vínculo funcional ou trabalhista e da respectiva remuneração;

IV – proteção contra ações ou omissões praticadas em retaliação ao exercício do direito de relatar ou para as quais o ato de relatar tenha sido fator contributivo, como:

　a) demissão arbitrária, imposição de sanções ou de prejuízos remuneratórios, retirada de benefícios diretos ou indiretos e negativa de acesso a treinamento e cursos ou de fornecimento de referências profissionais;

　b) alteração de funções ou atribuições, e do local ou condições de trabalho, salvo quando consensualmente acordadas com o reportante.

V – determinação de afastamento ou transferência do ambiente de trabalho da pessoa responsável pela prática de retaliação contra o reportante, inclusive do superior hierárquico imediato que se omitir ou recusar a adotar as medidas de proteção necessárias;

VI – apoio médico ou psicológico temporários, cuja necessidade decorra da prática de retaliação;

VII – suspensão liminar das ações ou omissões que possam configurar retaliação.

VIII – as pessoas jurídicas das quais os reportantes sejam representantes, membros, sócios, acionistas, cotistas, diretores, empregados, participantes ou associados não poderão ser utilizadas como meio de retaliação pelo ente privado ou público sobre cuja suspeita de irregularidade recai, por meio de atos como cancelamento de contratos existentes, revisão imotivada de termos negociais, entre outros atos que tragam desvantagem comercial à empresa que tenha vínculo com o reportante.

Parágrafo único. É obrigatória a adoção das medidas de proteção determinadas pela Unidade de Recebimento de Relatos em caráter provisório ou definitivo.

Art. 26. Se a apuração revelar a autoria ou participação do reportante na prática dos atos ou omissões relatados ou deles decorrentes, mediante o recebimento para si de qualquer benefício ilícito ou vantagem ilícita, ele será excluído do Programa.

Art. 27. A Defensoria Pública fornecerá orientação e assistência jurídica à pessoa que pretenda apresentar ou tenha apresentado relato de informações de suspeita de irregularidade.

SEÇÃO I
Da preservação da identidade do reportante

Art. 28. É direito do reportante a preservação de sua identidade, ressalvadas as disposições desta Seção.

Parágrafo único. A preservação da identidade do reportante estender-se-á ao procedimento fiscalizatório, correcional, investigatório ou administrativo e ao processo judicial instaurado com fundamento em relato recebido e encaminhado pela Unidade de Recebimento de Relatos.

Art. 29. Se no curso do procedimento de apuração sobrevier a necessidade de levantamento da preservação da identidade do reportante, a autoridade fiscalizadora ou correcional poderá requerê-lo à Unidade de Recebimento de Relatos ou ao ente privado responsável pelo relato, demonstrando interesse público ou concreto da providência para o esclarecimento dos fatos.

§1º. Haverá interesse público no levantamento da preservação da identidade do reportante quando a providência contribuir para afastar danos ou perigo de danos ao meio ambiente, à saúde ou a consumidores.

§2º. Haverá interesse concreto no levantamento da preservação da identidade do reportante quando:

    I – ele tiver apresentado prova obtida por meio ilícito e existir interesse jurídico no esclarecimento dos fatos e circunstâncias sobre sua obtenção, ainda que essa prova seja excluída dos autos;

    II – for comprovada falsidade de informação ou da prova apresentada, e, após os esclarecimentos, ainda que preservada a identidade, persistir dúvida:

        a) sobre a responsabilidade do reportante pela falsidade da informação ou prova, ou por sua apresentação, mesmo sabendo ou devendo saber que são falsas;

        b) se o reportante tinha, podia ter tido ou teve acesso fácil e direto a informação ou esclarecimento sobre a falsidade da informação ou prova e foi deliberadamente negligente ao apresentá-la.

§3º. Considera-se deliberadamente negligente a apresentação de informação ou prova falsa quando a conclusão sobre a veracidade dos fatos reportados basear-se fundamentalmente na falsidade, sem análise ou indicação, pelo reportante, de outros elementos aos quais tinha acesso pessoal, fácil e direto e que por si só seriam suficientes para que fosse verificada a falsidade.

§4º. Considera-se acesso pessoal, fácil e direto a disponibilidade irrestrita de informação ou prova sem o risco de revelação da identidade do reportante e de ocultação ou destruição de elementos probatórios.

§5º. Comprovada a apresentação dolosa de informações ou provas falsas, o reportante perderá o direito às medidas de proteção do Programa e deverá responder por denunciação caluniosa, falso testemunho ou outras infrações penais, sem prejuízo de sua responsabilização civil e administrativa.

Art. 30. Não rejeitando liminarmente o requerimento de levantamento da preservação da identidade, a Unidade de Recebimento de Relatos ou a autoridade competente determinará a manifestação do reportante no prazo de vinte dias.

Art. 31. A Unidade de Recebimento de Relatos ou a autoridade competente, por decisão fundamentada, determinará o levantamento da preservação da identidade, a qual deverá ser comunicada ao reportante e executada somente após o decurso do prazo de trinta dias, contado da data da comunicação.

§1º. O levantamento da preservação da identidade do reportante limitar-se-á às pessoas diretamente envolvidas no procedimento de apuração, salvo justificado interesse em contrário.

§2º. Na hipótese do *caput*, o reportante poderá requerer à autoridade judicial a concessão de tutela de urgência para a manutenção da preservação de sua identidade.

SEÇÃO II
Da proteção à integridade física do reportante

Art. 32. Havendo perigo à integridade física do reportante, seus familiares ou pessoas a ele relacionadas, a Unidade de Recebimento de Relatos poderá solicitar ou determinar a adoção das seguintes medidas de proteção, sem prejuízo de outras que entender cabíveis:

   I – as previstas na Lei n. 9.807, de 13 de julho de 1999, inclusive a alteração da identidade a que se refere seu art. 9º;

   II – a preservação de nome, qualificação, voz e imagem, e informações pessoais durante a investigação e o processo criminal ou cível, salvo decisão judicial em sentido contrário;

   III – a preservação de sua identidade, não podendo ser fotografado ou filmado pelos meios de comunicação sem sua prévia autorização por escrito;

   IV – a remoção, redistribuição, requisição, cessão ou colocação em exercício provisório em outro órgão ou entidade;

   V – sua colocação e de seus familiares sob a proteção provisória de órgão de segurança pública, em caso de urgência e de ameaça iminente de risco à sua incolumidade física.

§1º. Sendo o reportante integrante de força policial, a transferência de local poderá ser liminarmente solicitada pela Unidade, juntamente à providência do art. 12, inciso IV.

§2º. Na realocação provisória ou definitiva, poderá haver a cooperação de órgãos federais, estaduais e municipais mediante acordo, segundo a conveniência para preservação da incolumidade física dos envolvidos.

Art. 33. A Unidade de Recebimento de Relatos poderá determinar que o órgão, entidade ou pessoa jurídica de direito privado providencie orientação e apoio psicológico ao reportante, seus familiares ou pessoas a ele relacionadas.

SEÇÃO III
Da proteção funcional e profissional

Art. 34. É nula de pleno direito a cláusula inserida em contrato de trabalho ou de prestação de serviço que imponha restrição ao direito de relatar informações sobre os atos e omissões previstos no art. 2º.

Art. 35. Ao servidor, empregado ou agente público que relatar suspeita de irregularidade e estiver sob proteção do Programa são assegurados os seguintes direitos:

I – proibição de remoção ou redistribuição de ofício por até dois anos, podendo esse prazo ser prorrogado pela autoridade competente, diante de comprovada necessidade;

II – alteração de lotação, com ou sem modificação de sede ou quadro, quando indispensável à manutenção de sua integridade física ou psicológica, e ao exercício de suas funções;

III – impossibilidade de aplicação de qualquer penalidade que caracterize prática de retaliação em razão do relato.

Parágrafo único. Em razão de ter apresentado o relato, o servidor, empregado ou agente público sob proteção do Programa não será prejudicado:

I – em avaliação de desempenho para cargo ou emprego público, se estiver em estágio probatório;

II – em procedimento de avaliação periódica de desempenho previsto no art. 41, III, da Constituição Federal, se for estável;

III – em avaliação especial de desempenho para aquisição da estabilidade, se não for estável.

Art. 36. Ao ocupante de cargo em comissão ou função de confiança sob proteção do Programa que tenha sido exonerado de ofício pela autoridade competente em razão da apresentação do relato é assegurada a percepção dos proventos relativos ao cargo ou função ocupados por até dois anos, podendo esse prazo ser prorrogado pela autoridade competente.

Art. 37. Ao empregado, regido pela Lei n. 5.452, de 1º de maio de 1943, de entidade pública ou privada cujos representantes, membros, sócios, acionistas, cotistas, diretores, empregados, participantes ou associados de qualquer espécie estejam envolvidos com as informações relatadas, que estiver sob proteção do Programa e for demitido em razão do relato, são assegurados os direitos a:

I – demissão sem justa causa, com todos os efeitos legais dela decorrentes;

II – percepção da reparação prevista no art. 42, §1º.

Art. 38. Os auditores independentes contratados por pessoas jurídicas de direito privado para realização de auditoria e adequações de integridade poderão relatar suspeita de irregularidade identificada em cliente após o decurso do prazo de seis meses, contado da data da comunicação formal aos seus representantes legais das irregularidades e ilegalidades existentes, caso não haja indicativo de remediação.

SEÇÃO IV
Da proteção contra retaliação

Art. 39. Para os efeitos deste Título, considera-se retaliação a ação ou omissão praticada contra direitos ou interesses do reportante em razão do exercício do direito de relatar suspeita de irregularidade ou para os quais o relato tenha sido fator contributivo.

§1º. Haverá presunção relativa da prática de retaliação quando:

I – a prática das condutas previstas no art. 25, inciso IV, tenha ocorrido antes do encerramento do procedimento de apuração, pública ou privada, e forem consideradas prejudiciais ao reportante; ou

II – for conhecida ou presumível a identidade do reportante e não lhe forem asseguradas condições usuais no ambiente de trabalho, resultando em isolamento funcional ou outro meio de transtorno.

§2º. A presunção relativa da prática de retaliação estender-se-á, automaticamente, pelo prazo de três anos, a contar da data de apresentação do relato, se em razão dele tiver sido aplicada sanção ou punição no âmbito do serviço público ou da iniciativa privada.

§3º. A presunção relativa da prática de retaliação somente será ilidida mediante comprovação de que as medidas tomadas em relação ao reportante tiveram motivação autônoma, legítima e não relacionada à apresentação do relato.

§4º. Também será protegido de retaliação, nos termos deste Capítulo, as pessoas que:

I – proverem informações durante procedimentos correicionais, fiscalizatórios ou de investigações internas;

II – ajudarem ou tentarem auxiliar os reportantes;

III – sejam percebidos como reportantes, mesmo que não o sejam.

Art. 40. Os órgãos, entidades e pessoas jurídicas de direito privado responderão objetivamente pela prática de retaliação contra o reportante, assegurado o direito de regresso contra seus autores ou partícipes.

§1º. Sem prejuízo da reparação por danos materiais, o arbitramento do dano moral:

I – será feito em ação judicial;

II – não poderá ser inferior ao dobro dos proventos ou salário mensais do reportante ou ofensor, se forem maiores que os daquele;

III – será calculado em relação a cada evento identificável e multiplicado por tantos quantos forem os responsáveis diretos pela retaliação.

§2º. Na apuração da ocorrência de retaliação, o ônus da prova é do réu.

Art. 41. Se a retaliação for praticada no ambiente de trabalho, e dela decorrerem prejuízos remuneratórios ao reportante, terá ele direito ao dobro do montante das verbas salariais relativas ao período em que perdurou o ato de retaliação.

Parágrafo único. Se o gestor, administrador, diretor ou representante legal do órgão, entidade ou pessoa jurídica de direito privado reconhecer a ocorrência da retaliação, realizando o pagamento do valor da remuneração devida antes da adoção de medidas judiciais pelo reportante, o acréscimo previsto no *caput* será equivalente ao limite do prejuízo total apurado.

Art. 42. Ocorrendo a hipótese de demissão ou exoneração como ato de retaliação, sem prejuízo da reintegração, será imposto ao órgão, entidade ou pessoa jurídica de direito privado responsável o pagamento de reparação ao reportante equivalente a no mínimo 12 e no máximo 36 vezes a sua maior remuneração bruta mensal, e o pagamento das verbas remuneratórias e consectários legais, com os consequentes reflexos administrativos e trabalhistas.

§1º. Não sendo do interesse do reportante a restauração da relação de emprego, ele poderá optar pelo pagamento em dobro da reparação referida no *caput*.

§2º. Deverão ser considerados para a fixação da reparação prevista no *caput*, entre outros critérios, os possíveis danos econômicos ao reportante decorrentes da perda do cargo, emprego ou função, o grau de dependência do núcleo familiar relativamente à sua renda e a dificuldade de sua reinserção no mercado de trabalho.

Art. 43. A indenização referente a atos de retaliação contra o reportante ou deles decorrente não afasta seu direito de requerer judicialmente perdas e danos e outros direitos funcionais ou trabalhistas, vedada a dupla indenização com a mesma natureza.

Art. 44. Recebida a notícia da prática de retaliação, acompanhada de informações, indícios ou provas, a Unidade de Recebimento de Relatos deverá instaurar procedimento simplificado para apuração de ato atentatório ao Programa, adotando as seguintes providências:

> I – determinará medidas de proteção em caráter de urgência, inclusive para assegurar a preservação das condições de trabalho;
>
> II – notificará o representante legal do órgão, entidade ou pessoa jurídica de direito privado para apresentação de defesa, possibilitando-lhe provar a inexistência de ato de retaliação ou a adoção de medidas para sua cessação ou reparação;
>
> III – notificará pessoalmente os responsáveis pelo ato de retaliação para apresentação de defesa;
>
> IV – designará audiência de conciliação e instrução.

Art. 45. Não tendo sido alcançado o acordo nem havido a cessação ou reparação do ato de retaliação, será realizada a instrução do procedimento.

Art. 46. Finda a instrução, a Unidade proferirá decisão no procedimento, indicando as razões do seu convencimento e, reconhecendo a prática de retaliação, aplicará as penalidades cabíveis por ato atentatório ao Programa.

Art. 47. A Unidade de Recebimento de Relatos poderá funcionar como *amicus curiae* em qualquer ação que envolver o reportante, por fatos relacionados ao relato realizado.

Art. 48. Não tendo obtido espontaneamente a reparação dos prejuízos decorrentes de retaliação, ao requerê-la em ação judicial, o reportante deverá comprovar que:

I – apresentou o relato de suspeita de irregularidade;

II – estava na iminência de apresentar relato de suspeita de irregularidade;

III – tinha posição capaz de revelar suspeita de irregularidade;

Parágrafo único. As ações judiciais relacionadas a este Programa terão tramitação prioritária.

SEÇÃO V

Da proteção a dados e informações sigilosos

Art. 49. É protegido o sigilo das informações, dados e documentos que constituam indícios ou provas do ilícito relatado que tenham sido transferidos pelo reportante à Unidade de Recebimento de Relatos, cujo acesso tenha ocorrido no exercício normal de suas atividades funcionais, empregatícias ou contratuais.

§1º. Considera-se mantido e inviolado o sigilo transferido à autoridade fiscalizadora ou correcional que receber a comunicação do relato, ficando o reportante isento de responsabilidade civil, administrativa ou penal.

§2º. O reportante que, após ter transferido dados e elementos sigilosos, divulgá-los sem autorização administrativa ou judicial estará sujeito a responsabilização civil, administrativa e penal, nos termos da lei.

CAPÍTULO V

DOS ATOS ATENTATÓRIOS AO PROGRAMA

Art. 50. Constitui ato atentatório ao Programa Nacional de Proteção e Incentivo a Relatos de Suspeita de Irregularidade:

I – a ação ou omissão de dirigente de órgão ou entidade ou de seus servidores ou empregados públicos, agentes públicos ou agentes políticos, do representante legal de pessoa jurídica de direito privado ou de seus empregados, que tenham por objetivo manter, tolerar ou não fazer cessar retaliação contra o reportante;

II – deixar o dirigente de órgão ou entidade e o representante legal da pessoa jurídica de direito privado de adotar, cumprir ou implementar as medidas de proteção determinadas pela Unidade de Recebimento de Relatos;

III – o servidor ou empregado público, o agente público e o agente político às penas de advertência ou suspensão por até trinta dias e, em caso de reincidência, a pena de multa de duas a doze vezes o valor bruto de seus proventos ou salário mensais, sem prejuízo da aplicação de outras sanções cabíveis;

IV – a pessoa jurídica de direito privado à pena de multa no valor de 0,5% (meio por cento) a 2% (dois por cento) sobre o montante total de sua folha de pagamento no respectivo ano fiscal.

§2º. Configurada a reincidência do servidor, empregado ou agente público, agente político ou outro ocupante de função pública, a Unidade de Recebimento de Relatos encaminhará a sindicância à autoridade competente, representando pela abertura de processo disciplinar.

§3º. As sanções de natureza pecuniária aplicadas nos termos deste artigo serão revertidas ao Programa de Proteção de Testemunhas.

Art. 51. Constitui crime revelar a identidade, fotografar, filmar ou divulgar imagem do reportante sem sua prévia autorização por escrito, sujeitando-se o agente a pena de reclusão, de um a três anos, e multa.

CAPÍTULO VI
DAS MEDIDAS DE INCENTIVO AO REPORTANTE

Art. 52. O reportante cujo relato apresentado nos termos desta Lei acarretar a imposição de penalidades e a reparação de danos ao erário terá direito ao percebimento de retribuição no percentual de 10% (dez por cento) a 20% (vinte por cento) da multa aplicada em razão da Lei n. 12.846/2013 ou da Lei n. 8.429/1992, desde que atendidos os seguintes requisitos:

I – o valor da reparação dos danos e das penalidades aplicadas em razão do relato sejam superiores a trezentos salários mínimos;

II – o reportante tenha sido a primeira pessoa a relatar as informações;

III – não tenha havido a divulgação pública, por parte do reportante, das informações relatadas, ou da existência da apuração, antes da conclusão das autoridades fiscalizatórias ou correicionais;

IV – os fatos não estejam sendo apurados em investigação ou procedimento instaurado previamente à apresentação do relato;

V – se os fatos relatados estiverem sendo apurados em investigação ou procedimento instaurado previamente à apresentação do relato, o reportante tenha apresentado informação, indício ou prova de substancial relevância que tenha contribuído para a apuração;

VI – o reportante tenha relatado a suspeita de irregularidade ao ente público ou privado responsável, na qualidade de agente ativo, pela ação ou omissão que deu causa à suspeita de irregularidade;

VII – na hipótese de o reportante não ter feito o relato nos termos do inciso V, que demonstre que tal relato não foi possível, prático, não se mostrou efetivo ou que havia fundado receio de retaliação.

Parágrafo único. No prazo de trinta dias, contado da data de recebimento do relato, a Unidade de Recebimento de Relatos expedirá certidão sobre a existência ou não de procedimento instaurado no órgão ou entidade para apuração das informações relatadas.

Art. 53. O percentual e o valor da retribuição a que tiver direito o reportante serão arbitrados pela autoridade fiscalizadora ou correcional, em decisão fundamentada, nos autos do procedimento ou processo no qual concluir pela ilicitude dos fatos apurados em decorrência do relato e impuser penalidade ou determinar a reparação do dano.

§1º. O valor da retribuição terá como base de cálculo o somatório dos valores das penalidades impostas e do montante fixado para reparação do dano, e será deduzido desse total.

§2º. A diferença entre o somatório das penalidades impostas e do montante fixado para a reparação do dano e o valor da retribuição arbitrada será recolhida separadamente deste e destinada nos termos da legislação específica.

§3º. O percentual de retribuição deverá será arbitrado em:

I – consideração à originalidade, importância e qualidade das informações relatadas e à relevância que apresentarem para a apuração dos fatos ou o desempenho atual e futuro das atividades fiscalizatórias ou correcionais do órgão ou entidade;

II – montante que incentive a apresentação de novos relatos segundo as disposições deste Capítulo.

§4º. Se for proposta ação penal com fundamento nas informações relatadas, o arbitramento do percentual e do valor da retribuição será feito pelo juiz na sentença, considerando como base de cálculo o somatório das multas impostas, dos valores cuja perda for declarada e do montante fixado para reparação dos danos, sem prejuízo da retribuição arbitrada pela autoridade fiscalizadora ou correcional.

§5º. O reportante poderá requerer à Unidade de Recebimento de Relatos a revisão da decisão da autoridade fiscalizadora ou correcional que arbitrar o percentual e o valor da retribuição, no prazo de vinte dias, contado da data de ciência.

Art. 54. Se o relato acarretar imposição de cominações em razão da prática dos ilícitos previstos nas leis seguintes, a retribuição terá como base de cálculo o somatório do valor da reparação do dano e das multas impostas com fundamento:

I – no art. 12 da Lei n 8.429, de 2 de junho de 1992;

II – nos arts. 8º e 9º da Lei n. 8.137, de 27 de dezembro de 1990;

III – no art. 6º, inciso I, da Lei n. 12.846, de 1º de agosto de 2013;

IV – no Capítulo III da Lei n. 12.529, de 30 de novembro de 2011;

V – nos arts. 1º e 12 da Lei n. 9.613, de 3 de março de 1998;

VI – nos arts. 2º, 18, 19, 20 e 21 da Lei n. 12.850, de 2 de agosto de 2013.

Parágrafo único. O arbitramento da retribuição prevista no *caput* se dará sem prejuízo do disposto no art. 52, parágrafo único.

Art. 55. O recolhimento e pagamento da retribuição será feito em dinheiro mediante depósito:

I – extrajudicial, por ordem da autoridade fiscalizadora ou correcional, se a retribuição for arbitrada em procedimento ou processo extrajudicial;

II – judicial, por ordem do juiz, se a retribuição for arbitrada em processo judicial.

§1º. Os depósitos serão efetuados na Caixa Econômica Federal mediante Documento de Arrecadação de Receitas Federais (DARF) específico para essa finalidade e separadamente do recolhimento do montante das penalidades impostas e do montante referente reparação do dano, nos termos do art. 52.

§2º. Os depósitos serão repassados pela Caixa Econômica Federal para a Conta Única do Tesouro Nacional, independentemente de qualquer formalidade.

§3º. A autoridade competente determinará a:

I – complementação do depósito se o valor da retribuição for majorado;

II – devolução da diferença recolhida a maior ao responsável se o valor da retribuição for reduzido.

§4º. Após o encerramento do procedimento ou processo e a homologação da decisão que arbitrar a retribuição, o valor do depósito a ela referente será transformado em pagamento definitivo e, mediante ordem da autoridade administrativa ou judicial competente, entregue ao reportante pela Caixa Econômica Federal.

§5º. Os valores entregues ao reportante ou devolvidos ao responsável pela Caixa Econômica Federal serão acrescidos de juros na forma estabelecida pelo art. 39, §4º, da Lei n. 9.250, de 26 de dezembro de 1995, e debitados da Conta Única do Tesouro Nacional, em subconta de restituição.

§6º. A Caixa Econômica Federal manterá controle dos valores depositados, entregues ao reportante ou devolvidos ao responsável.

§7º. Aplica-se ao recolhimento e pagamento da retribuição, no que couber, as disposições da Lei n. 9.703, de 17 de novembro de 1998.

Art. 56. O reportante poderá requerer à autoridade fiscalizadora ou correcional ou ao juiz, quando for o caso, a expedição de certidão do valor da retribuição arbitrada em seu favor, considerada título executivo contra o responsável pelo seu pagamento.

Parágrafo único. A premiação tomará por base os valores efetivamente pagos pelo responsável pelo fato, concorrendo proporcionalmente quando houver recuperação de valores parciais pelo responsável.

CAPÍTULO VII
DAS DISPOSIÇÕES FINAIS

Art. 53. As instituições financeiras e sociedades empresárias que obtiverem a adjudicação de obras e serviços públicos de valor superior a dez mil salários mínimos deverão implementar mecanismos de conformação e integridade, instituindo-se unidade ou setor para o recebimento de comunicações da prática de irregularidades ou ilegalidades na forma do art. 2º, podendo contratar empresa especializada, desde que independente de seus próprios auditores.

Parágrafo único. O órgão ou entidade pública poderá reter o repasse de valores à adjudicatária de bens e serviços até que sejam implementados os mecanismos referidos no *caput*.

Art. 57. O Ministério da Justiça poderá, em parceria com os órgãos referidos no art. 8º, promover estudos e coleta de informações sobre o desempenho do Programa perante os diversos órgãos e entidades e propor, periodicamente, a revisão das disposições legais a ele referentes.

Art. 58. O artigo 117 da Lei n. 8.112, de 11 de dezembro de 1990, passa a vigorar acrescido do seguinte inciso XX:

"**Art. 117.** [...]

XX – praticar ato de retaliação ao reportante ou descumprir as medidas de proteção determinadas pelas Unidades de Recebimento de Relatos".

Art. 59. Esta Lei entra em vigor na data de sua publicação.

Brasília, xx de xxxx de 2018.

JUSTIFICATIVA

O texto aqui apresentado tem por base o anteprojeto de lei ofertado em 2016 pela Estratégia Nacional de Combate a Corrupção e Lavagem de Dinheiro (ENCCLA), quando vários colaboradores de diversos órgãos públicos e entidades civis realizaram trabalho de análise dos projetos de lei existentes no Congresso Nacional, das melhores práticas contidas nas principais legislações de países estrangeiros e das recomendações contidas em estudos internacionais formulados pelas Nações Unidas, G20, Conselho Europeu e Transparência Internacional. A redação toma por base a redação atual no Senado, apresentada pelo Senador Lasier Martins, propondo emenda ao PLC n. 80/2016, incorpora disposições do projeto ofertado atualmente na Câmara pelo Deputado Antônio Carlos Mendes Thame, reapresentando projeto com as disposições do PL n. 4.850, trata de disposições do PL do Deputado Onix Lorenzoni, aprovado pela Comissão Especial do PL n. 4.850 (conhecido como "Dez Medidas Contra a Corrupção"), além de incorporar discussões ensejadas pela revisão por pares das minutas. Em especial, buscou-se englobar no projeto melhores práticas de recebimento e tratamento de relatos de suspeitas de irregularidades por entes privados, no intuito de que o suposto autor da irregularidade, muitas vezes pessoa jurídica de direito privado, possua posição estratégica para solucioná-la.

O projeto visa criar o **Programa Nacional de Incentivo e Proteção de Relatos de Suspeita de Irregularidades**, estabelecendo proteção e incentivo ao cidadão que cooperar com o Estado na luta contra a corrupção e ilícitos cometidos por funcionários públicos, agentes políticos ou trabalhadores de empresas na iniciativa privada.

Em uma sociedade verdadeiramente democrática, é de fundamental importância que os cidadãos possam relatar suspeitas de irregularidade sem o risco de retaliações de qualquer tipo. Este projeto destina-se a proteger pessoas para que possam relatar suspeitas de irregularidades e fatos de interesse público sem que sofram retaliações no ambiente de trabalho, como ameaças, demissão, perdas salariais, gratificações, promoções, alterações do local e horário de trabalho. Essas manifestações estão abrangidas pelo direito fundamental de livre expressão, previsto no artigo 5º, inciso IV, da Constituição Brasileira, substanciando o dever legal de transparência dos órgãos públicos e o exercício pleno da cidadania.

A necessidade de proteger as pessoas que cooperam com o Estado é vista internacionalmente como prioritária nos sistemas jurídicos e é peça fundamental para evitar a corrupção e o desperdício de dinheiro público. Essa proteção está prevista em tratados internacionais assinados pelo Brasil e que foram ratificados pelo Congresso Nacional, entre os quais se pode destacar a Convenção das Nações Unidas para Combate à Corrupção (Convenção de Mérida)[12], cujo artigo 33 estabelece que

cada Estado Parte considerará a possibilidade de incorporar em seu ordenamento jurídico interno medidas apropriadas para proporcionar proteção contra todo trato injusto às pessoas que denunciem ante as autoridades competentes, de boa-fé e com motivos razoáveis, quaisquer feitos relacionados com os delitos qualificados de acordo com a presente Convenção.

Também a Convenção Interamericana contra a Corrupção prevê, no item 8 de seu artigo III, que os Estados Partes ficam comprometidos a criar "sistemas para proteger funcionários públicos e cidadãos particulares que denunciarem de boa-fé atos de corrupção, inclusive a proteção de sua identidade".

Reportantes têm um papel essencial na exposição de atos de corrupção, fraudes, má gestão e outros desvios que afetam áreas cruciais como saúde pública, integridade financeira, direitos humanos e meio-ambiente. Os reportantes têm ajudado países do mundo inteiro a salvar milhões de vidas e recursos públicos e ainda auxiliam a prevenir desastres ambientais. Os reportantes colocam suas vidas em situação de perigo, sujeitando-se ao risco de serem demitidos, processados, chantageados, ameaçados ou até mesmo, em casos mais extremos, mortos. Sua proteção para tais retaliações é essencial e não apenas ajuda a trazer a corrupção à público como também promove um ambiente de governo e de trabalho mais aberto e transparente.

A organização não governamental Transparência Internacional lançou em 2013 e atualizou em 2018 os Princípios Internacionais para Legislações de Proteção ao Reportante ("*International Principles for Whistleblower Legislation*")[13], no qual defende que o direito dos cidadãos de reportar más condutas é uma extensão de seu direito de liberdade de expressão e está conectado aos princípios de transparência e integridade. A legislação proposta aqui encaixa-se com os princípios defendidos, possibilitando canais acessíveis e confiáveis para reportar, proteção robusta contra toda e qualquer maneira de retaliação e mecanismos de divulgação que previnam desvios futuros. Por exemplo, o reportante deve ter sua identidade protegida e ser protegido de retaliações no ambiente de trabalho que impliquem desvantagens ou discriminação.

Além desses dispositivos, o documento prevê a possibilidade de sistemas de recompensa. Nesses sistemas, os denunciantes podem receber uma proporção dos fundos recuperados ou multas aplicadas como resultado da sua denúncia. Outras maneiras de recompensa incluem reconhecimento ou prêmio público, promoção no emprego ou pedido de desculpas público por medidas de retaliação. O Capítulo 6 do presente projeto de lei inclui medidas de incentivo ao reportante, recuperadas da proposta aprovada pela Comissão do PL n. 4.850, estabelecendo um sistema de premiação que pode ser

---

12 Aprovada pelo Decreto Legislativo n. 348, de 18 de maio de 2005, e promulgada por meio do Decreto n. 5.687, de 31 de janeiro de 2006.
13 Disponível em: <https://www.transparency.org/whatwedo/publication/international_principles_for_whistleblower_legislation>.

considerado altamente controverso. Colocada para consulta pública, desejamos trazer essa ideia para o debate.

A ideia proposta seria um sistema que não onera o Estado, ou seja, a premiação não será paga com recursos públicos. O Brasil perde anualmente bilhões de reais em corrupção e fraudes públicas que jamais seriam apurados por falta de informações, e, portanto, a premiação se baseará nos valores de danos e multas que o cidadão auxiliar a recuperar em virtude de suas informações. A premiação visa incentivar a cooperação com os órgãos públicos e ofertar compensação pelo serviço prestado ao Estado e pelos riscos costumeiramente envolvidos quando se fala de pessoas e empresas que cometem irregularidades importantes. Paradoxalmente, por não ter o Estado brasileiro avançado em sua legislação de proteção ao cidadão, atualmente a legislação nacional concede premiação e incentivos financeiros, inclusive (pela renúncia de aplicação de penalidades financeiras), apenas a réus e empresas confessas, cujas condutas ilícitas já foram substancialmente detectadas e comprovadas por autoridades públicas. Não há, portanto, por que não premiar o cidadão que corre riscos para cooperar com os cofres públicos e a probidade.

Uma inovação aqui apresentada, não constante do projeto da Enccla e dos projetos de lei nos quais essa proposta se baseia, impõe que, para receber a premiação, o reportante deverá seguir os trâmites do programa, aguardando os prazos nele previstos para as apurações e evitando divulgar os fatos sem que haja uma conclusão das autoridades encarregadas da apuração. Com isso, evita-se que equívocos na apreciação dos fatos pelo reportante possam gerar ofensa à imagem de pessoas.

Outra inclusão ao projeto proposta durante a fase de consulta pública foi possibilitar e priorizar o relato feito ao ente autor da suspeita de irregularidade, mesmo que tal autor seja pessoa jurídica de direito privado. Para tanto, foi criado um capítulo tratando desse tipo de relato, seguindo melhores práticas internacionais, incluindo a obrigatoriedade de empresas criarem canais de recebimento desse tipo de relatos. A lógica dessa proposição é de que a pessoa jurídica autora da irregularidade é a melhor parte para dar cabo e solução a ela, posto que nem sempre ela é ciente da irregularidade cometida em seu nome. Nos casos em que ela é conivente, sempre há a possibilidade de reportar ao ente que sofreu com a irregularidade – em certos casos, entes públicos – e à mídia e sociedade civil.

Adicionalmente, foi também sugerida alteração para algumas nomenclaturas do projeto. Uma delas foi a alteração do título do programa, suprimindo a expressão "interesse público", porque, apesar de relevante, a melhor prática internacional sugere que não deva haver teste de interesse público para fins de recebimento dos relatos, apesar de sua violação ser uma das razões que pode dar ensejo ao relato. Outra foi a supressão da expressão "boa-fé", posto que a sugestão da Transparência Internacional é que a motivação do reportante não possa ser condicionante para fins de limitação de recebimento dos relatos.

De acordo com as melhores práticas promovidas pela Transparência Internacional, não há teste de interesse público para fins de recebimento dos relatos; todavia, não será todo e qualquer fato que poderá ser relatado dentro do programa. Fatos de menor expressão e que envolvam disputas pouco representativas em relações de emprego não serão aceitos. Cada órgão público estabelecerá critérios mínimos de relevância para que os relatos sejam averiguados. Esses critérios serão informados nos sítios eletrônicos e, com eles, será feito um filtro que, primeiro, evite relatos de menor importância; segundo, permita relatos que, por serem prioritários, possam ser efetivamente apurados pelo órgão, evitando-se a exposição desnecessária do cidadão.

O programa não permite denúncias não fundamentadas, e somente terão trânsito pelo programa fatos de reconhecido interesse público e social que coloquem em risco a saúde pública, o direito dos consumidores, a livre concorrência, o Erário, a defesa do patrimônio público, a probidade administrativa, a organização e o exercício dos direitos políticos e dos direitos humanos, a ordem econômica e tributária, o sistema financeiro, a prestação de serviços públicos, o meio ambiente ou o interesse público.

Para proteger o cidadão, entre outras medidas, o Programa estabelece que os relatos serão feitos mediante a proteção da identidade, sendo permitido, inclusive, o anonimato, conforme boas práticas globais sugerem com vistas à proteção do reportante. O Programa exige ainda que os relatos sejam feitos com informações razoáveis e permitam a conclusão da possível existência de ilícitos. Se forem praticados atos de retaliação por parte do superior hierárquico ou empresa, estão previstas importantes medidas de proteção, salvaguardando a integridade moral e física do reportante, e prevendo indenizações e compensação financeira em razão da retaliação. Ainda, retaliar o cidadão que fizer o relato será considerado ato atentatório ao Programa Nacional, gerando punição administrativa do responsável, e, ainda, será crime a revelação injustificada da identificação do reportante.

Por fim, previu-se a possibilidade de, em futuro próximo, fazer-se atualização legislativa, sabendo-se que a realidade brasileira pode demandar ajustes do programa ao longo do tempo, segundo as características do sistema jurídico.

No entendimento dos diversos órgão e instituições que compõem a ENCCLA, o Programa representará o mais forte elo a unir cidadãos no auxílio ao Estado, fomentando a mudança definitiva do panorama de irregularidades que se espalham nos setores público e privado.

Abaixo se registra a justificativa apresentada pela Enccla juntamente com o anteprojeto:

Visando contribuir quanto no debate para implantação de programas de *"whistleblower"* no Brasil, objeto de vários projetos de lei em tramitação no Congresso Nacional, em nome de todas as entidades ao final indicadas, passamos às mãos de Vossas Excelências, em formato de anteprojeto de lei, o resultado dos trabalhos desenvolvidos no ano de 2016 perante a Ação 4, da Estratégia Nacional de Combate a Corrupção de Lavagem de Dinheiro – ENCCLA.

Modernamente, os programas de "whistleblower" são instrumentos para o asseguramento ao cidadão de direitos constitucionais do pleno exercício da cidadania e do direito de livre manifestação. Integram, portanto, o amplo espectro dos direitos humanos, conforme reconhecido pela Corte Europeia de Direitos Humanos e em diversas legislações forâneas.

Paralelamente, os programas de *"whistleblower"* são considerados entre as maiores ferramentas de combate a corrupção e fraudes públicas, sendo instrumentos indispensáveis para a manutenção da integridade nos setores público e privado.

Amplamente adotados na Comunidade Europeia e Estados Unidos, bem como em alguns países da África e Ásia, a implantação de tais programas pelo Brasil dará atendimento a compromissos internacionais firmados pela nossa Nação, de modo especial a Convenção das Nações Unidas para Combate a Corrupção e a Convenção Interamericana de Combate a Corrupção.

No ano de 2016, os trabalhos da ENCCLA, promovidos pelas entidades aqui relacionadas, analisaram os projetos de lei existentes no Congresso Nacional, as melhores práticas contidas nas principais legislações de países estrangeiros, e recomendações contidas em estudos internacionais formulados pelas Nações Unidas, G20, Conselho Europeu e Transparência Internacional.

Seguindo essa ampla experiência internacional, onde tais programas não se limitam ao combate da corrupção e improbidade administrativa, os trabalhos da ENCCLA concluem pela oportunidade de implantação da um amplo Programa Nacional de Incentivo e Proteção a Relatos de Informações de Interesse Público. Pelo programa, o cidadão será protegido e incentivado a fazer relatos relacionados à defesa do patrimônio público, a probidade administrativa, a organização e o exercício dos direitos políticos, dos direitos humanos, a ordem econômica e tributária, o sistema financeiro, a prestação de serviços públicos, o meio-ambiente, a saúde pública, as relações de consumo e a livre concorrência.

Por meio desse Programa, pretende-se que o Congresso Nacional, no uso de sua autoridade constitucional, tal qual exercida quando da promulgação da Lei de Acesso Informação, estabeleça as bases para que o programa proposto, correlacionado ao direito constitucional de livre manifestação e de informação, seja implantado no âmbito dos governos federal, estadual e municipal.

O programa, sem elevação de despesas ou criação de novos órgãos, prevê a implantação de Unidades de Recebimento de Relatos, formadas por servidores ou empregados públicos dos órgãos ou entidades, com atribuições, em resumo, de fazer a interlocução entre o cidadão e as autoridades públicas fiscalizadoras e correcionais, cabendo ainda às Unidades de Recebimento de Relatos velar para a transparente apuração dos fatos nos respectivos órgãos, e promover medidas de proteção contra retaliações ao cidadão, denominado no anteprojeto de "reportante".

Como principais características do Programa, seguindo a experiência internacional, os relatos podem ser feitos mediante a proteção da identidade do reportante, evitando-se, portanto, o indesejável anonimato. O Programa exige que os relatos sejam feitos com informações que sejam razoáveis, averiguando-se a razoabilidade pelas Unidades de Recebimento de Relatos através de um critério objetivo, possibilitando assim a rejeição preliminar de relatos que não possuam o exclusivo fim de informar sobre fatos de interesse público.

O programa prevê em cada órgão ou entidade o estabelecimento de critérios de relevância, como condicionantes do recebimento dos relatos, ofertando assim ferramenta para filtrar relatos de menor expressão segundo os critérios do órgão. O estabelecimento desses critérios compatibilizará o número de relatos com a capacidade pessoal e material do órgão realizar efetiva a apuração dos fatos. Evita-se com isso a indesejada exposição do cidadão a riscos quanto a fatos que, pela menor importância, o órgão não terá adequada capacidade de apurar. Importante lembrar que, por disposição expressa, os critérios de relevância não poderão afastar a apuração de crimes envolvendo a participação de funcionários públicos.

No aspecto da proteção, o anteprojeto proíbe ações ou omissões que representem deterioração das condições de trabalho do cidadão, havidas em função de ter ofertado relato de interesse público, ou que o relato tenha sido um fator contributivo para as ações do empregador contra o cidadão. Também como medida de proteção há a previsão de medidas temporárias de salvaguarda da integridade moral e física do reportante e a previsão de indenização dos danos eventualmente sofridos.

Ainda no aspecto da proteção, procurando dar poder às Unidades para cumprimento das medidas de proteção, estabelece-se a punição administrativa por atos atentatórios ao Programa Nacional, e a previsão de crime quanto à revelação injustificada da identificação do reportante.

As entidades tiveram a oportunidade de promover evento internacional sobre o tema, realizado nos dias 19 e 20 de setembro em Florianópolis, contando com a importante presença de Vossas Excelências, oportunidade na qual foi conferido o alinhamento do anteprojeto às melhores práticas internacionais.

De todo o trabalho realizado ao longo do ano de 2016, sobressai aos integrantes da Ação 4, da ENCCLA que o estabelecimento do Programa representa o mais forte elo a unir cidadãos de bem no auxílio ao Estado, podendo mudar definitivamente a cultura daqueles que acintosamente acreditam na impunidade é a regra do contexto brasileiro.

Assim, oferta-se à Comissão Especial para apreciação do *PL 4.850/2016* o anteprojeto em anexo, confiantes as Instituições Colaboradoras que a implantação do *Programa Nacional de Proteção e Incentivo a Relatos de Informações de Interesse Público* se trata de solidificação dos direitos e garantias do cidadão previstas na Constituição, sendo, portanto, uma das mais importantes medidas de combate à corrupção e demais irregularidades nos setores públicos e privados.

9 APERFEIÇOAMENTO DA AÇÃO POPULAR

A ação popular é um importante instrumento por meio do qual qualquer cidadão pode se insurgir contra atos de corrupção ou imoralidade administrativa. É uma ferramenta de empoderamento da sociedade civil, já que não depende da ação dos órgãos de controle interno e externo. Fortalecer a ação popular e expandir seu escopo de aplicação é, portanto, aumentar a capacidade dos cidadãos de interferir em defesa da integridade pública.

Principais pontos da proposta

- Aumenta e simplifica o rol de atos que podem ser alvo de ação popular: "ato lesivo ao patrimônio público ou de entidade de que o Estado participe, à moralidade administrativa, ao meio ambiente e ao patrimônio histórico e cultural".
- Garante a proteção do autor popular contra eventuais retaliações, sendo cabível a aplicação das medidas de proteção.
- Institui como base para anulação de atos administrativos: o abuso de preços no fornecimento de bens ou serviços e a omissão do agente público naquelas circunstâncias em que esteja vinculado por lei ou regulamento.
- Prevê a possibilidade de retribuição pecuniária ao autor popular no valor de 10% a 20% do total a ser pago pelo réu, considerando-se a originalidade dos fatos apresentados, a existência de investigações prévias, a dificuldade de obtenção das informações que fundamentaram a ação popular e a gravidade dos danos sofridos pela Administração Pública.

Problemas que pretende solucionar

- São grandes os custos, tanto para obtenção das informações-base da ação popular quanto do procedimento de apresentar uma ação popular, de maneira que a previsão de um incentivo, na forma de retribuição pecuniária, é muito importante no sentido de incentivar o controle social e o engajamento dos cidadãos na fiscalização das ações dos agentes públicos, principalmente dos agentes políticos, em seus respectivos âmbitos de atuação.

ANTEPROJETO DE LEI

Altera a Lei da Ação Popular, para instituir novas hipóteses de cabimento, regulamentar aspectos de tramitação e dá outras providências.

O **PRESIDENTE DA REPÚBLICA** faço saber que o Congresso Nacional decreta e eu sanciono a seguinte lei:

Art. 1º. Esta lei modifica a Lei n. 4.717, de 29 de junho de 1965.

Art. 2º. A Lei n. 4.717, de 29 de junho de 1965, passa a vigorar com as seguintes alterações:

"**Art. 1º.** Qualquer cidadão é parte legitima para propor ação popular que vise anular ato lesivo ao patrimônio público ou de entidade de que o Estado participe, à moralidade administrativa, ao meio ambiente e ao patrimônio histórico e cultural, ficando o autor, salvo comprovada má-fé, isento de custas judiciais e do ônus da sucumbência. (NR)

[...]

§2º. Em se tratando de instituições ou fundações, para cuja criação ou custeio o Tesouro público concorra com menos de cinquenta por cento do patrimônio ou da receita anual, bem como de pessoas jurídicas ou entidades que recebam recursos públicos, as consequências patrimoniais da nulidade ou anulação dos atos lesivos terão por limite a repercussão deles sobre a contribuição aos cofres públicos. (NR)

[...]

§4º. Para instruir a inicial, o cidadão poderá requerer as entidades a que se refere este artigo, as certidões, as informações e os documentos que julgar necessários, nos termos da Lei n. 12.527, de 18 de novembro de 2011. (NR)

§5º. Ocorrendo negativa a pedidos de acesso à informação, a ação poderá ser proposta desacompanhada das certidões ou informações negadas, cabendo ao juiz, após apreciar os motivos do indeferimento, requisitá-las e, caso cabível, mantê-las, assim como o processo, em segredo de justiça, nos termos do art. 189, I do Código de Processo Civil. (NR)

§6º. Ao autor popular é assegurada proteção contra qualquer ato de retaliação, na forma das medidas de proteção previstas em lei. (NR)

§7º. Podem ser objeto desta Lei os atos e contratos dos órgãos e entidades da administração direta e indireta ou de entidade que, de qualquer modo, seja destinatária de recursos públicos, inclusive por concessão, autorização, convênio ou outra forma de relação jurídica." (NR)

Art. 2º. *São nulos os atos lesivos ao patrimônio dos órgãos e entidades referidos no art. 1º nos casos de:* (NR)

[...]

f) abuso de preço no fornecimento de bem ou serviço a órgão ou entidade pública;

g) omissão na prática de ato administrativo a que o agente público estiver vinculado por lei ou regulamento;

Parágrafo único. [...]

f) considera-se abusivo o preço superior ao praticado pela empresa adjudicatária, para o fornecimento de bens ou serviços a órgão ou entidade públicos, quando comparado àquele praticado em condições semelhantes junto à iniciativa privada ou a outras entidades públicas, bem como aquele acima dos parâmetros normais do mercado, em condições análogas.

g) a omissão se verifica quando o agente público deixar de praticar ato administrativo ao qual esteja vinculado;

[...]

Art. 5º. [...]

§4º. Na defesa do patrimônio público, caberá a suspensão liminar do ato lesivo impugnado e medidas assecuratórias sobre bens, direitos ou valores do réu para assegurar o resultado útil do processo, sendo dispensável, excepcionalmente, a demonstração do *periculum in mora*. (NR)

§5º. A concessão de tutelas de urgência independe de prévia manifestação do Ministério Público.

Art. 7º [...]

§3º. A prolação da sentença além do prazo estabelecido privará o juiz da inclusão em lista de merecimento para promoção, durante 2 (dois) anos, e acarretará perda, para efeito de promoção por antiguidade, de tantos dias quantos forem os do retardamento, salvo motivo justo, declinado nos autos e comprovado perante o órgão disciplinar competente.

§4º. Verificada a ocorrência de crime de ação pública ou ato de improbidade administrativa, o MP promoverá a apuração, devendo o juiz compartilhar todas as informações e provas que contribuam para a elucidação dos fatos.

Art. 7º-A. Julgado total ou parcialmente procedente o pedido formulado na ação popular, terá o autor direito a retribuição no percentual de 10% (dez por cento) a 20% (vinte por cento), a ser paga pelo réu, arbitrada na sentença em observância aos seguintes critérios:

I – a base de cálculo da retribuição abrangerá o valor da condenação por perdas e danos (art. 11), das custas e despesas processuais e das multas impostas, e qualquer valor que venha a ser ressarcido aos cofres públicos em razão da nulidade ou anulação do ato lesivo;

II – o percentual da retribuição será arbitrado em consideração ao valor dos danos apurados, ao prejuízo evitado, ao proveito econômico obtido ou às penalidades impostas ao responsável pelo ato lesivo.

§1º. O arbitramento da retribuição tem por finalidade valorizar e incentivar a atuação do cidadão no interesse público, devendo o juiz considerar:

I – ter sido o autor popular comprovadamente a fonte primária e original das informações que esclareçam e comprovem os fatos e as tenha apresentado anteriormente ao conhecimento público;

II – o trabalho desenvolvido pelo autor popular e seu advogado;

III – a dificuldade de obtenção de informações e provas e sua importância para o julgamento da causa;

IV – a relevância da cooperação do autor popular para a invalidação do ato lesivo;

V – a gravidade e extensão dos danos sofridos e a importância de seu conhecimento para o aperfeiçoamento da atuação da administração pública.

§2º. A retribuição somente será arbitrada quando sua base de cálculo for igual ou superior a 120 salários mínimos.

§3º. A sentença condenará o vencido ao pagamento de honorários ao advogado do autor popular de 10% (dez por cento) a 20% (vinte por cento) sobre o valor da condenação.

§4º. Transitada em julgado a decisão condenatória do réu, o autor popular e seu advogado poderão requerer execução integral do julgado, inclusive dos valores que lhes são devidos, ou poderão requerer os valores devidos de maneira autônoma, concorrendo, todavia, proporcionalmente com a entidade pública lesada quando o patrimônio do réu não for suficiente para a suportar a integralidade da condenação.

Art. 7º-B. O autor popular não terá direito à retribuição se:

I – os fundamentos de fato e de direito do pedido forem substancialmente idênticos àqueles objeto de apuração em procedimento investigatório, processo administrativo ou de ação judicial previamente proposta;

II – os fatos forem divulgados em audiência pública da qual o autor popular tenha participado ou tornados públicos pelos meios de comunicação.

III – abandonar a causa em qualquer fase.

Art. 14. [...]

§5º. No caso de fraudes em licitações, praticadas para obter a adjudicação do bem ou serviço, ou para aumentar indevidamente os valores contratuais, o valor do dano equivale ao lucro ou parcela remuneratória do preço.

§6º. Havendo conluio entre os licitantes, para afastar o caráter competitivo do processo licitatório, todos os licitantes que concorreram para a fraude incorrem, cada qual, em responsabilidade pessoal e subsidiária, por dano no valor equivalente ao valor referido no parágrafo anterior.

§7º. Nos casos de ajuizamento de ação popular preventiva, o valor da indenização será arbitrado e poderá levar em consideração, entre outros razoavelmente indicados, os seguintes aspectos:

I – de 20% a 50% do valor do bem, móvel ou imóvel, do objeto licitado ou do benefício econômico pretendido com a licitação;

II – de 20% a 50% do valor do bem, serviço ou obra licitada, quando os atos de fraude foram praticados para obter a adjudicação do bem, serviço ou obra, ou para aumentar indevidamente os valores contratuais, incorrendo em idêntica sanção todos os concorrentes que tenham participado da fraude;

§ 8º. No caso de propositura de ação popular para a reparação de danos decorrentes do fornecimento de produtos ou serviços deficientes, fora das especificações ou com vícios ou defeitos, a indenização levará em atenção, entre outros, os seguintes aspectos:

I – o refazimento da obra ou serviço, ou equivalente pecuniário, ou o fornecimento da totalidade, ou equivalente pecuniário, dos produtos defeituosos ou fora das especificações;

II – de 20% a 50% do valor dos serviços ou produtos que se apresentavam irregulares, defeituosos ou fora das especificações, e para os quais não seria possível ou recomendável o refazimento ou substituição;

III – os benefícios ou lucros sociais cessantes, assim entendidos os que adviriam da fruição do produto ou serviço adquirido. (NR).

Art. 3º. Aplicam-se as disposições da Lei da Ação Popular, no que couber, à Ação Civil Pública.

Art. 4º. Esta Lei entra em vigor na data de sua publicação.

Brasília, xx de xxxx de 2018.

JUSTIFICATIVA

Esta proposta reflete um anseio de atualização e ampliação do escopo de aplicação da Ação Popular para valorizar e incentivar a defesa do patrimônio público pelo cidadão, por meio da ação popular. Já foi alvo, inclusive, de amplas discussões no Congresso Nacional no bojo do processo legislativo do PL n. 4850/2016 – "Dez 10 Medidas Contra a Corrupção". Texto semelhante ao ora apresentado foi aprovado pela Comissão Especial, destinada a discutir sobre aquele projeto, e pelo Plenário da Câmara dos Deputados.

Propõe-se, de início, adequar o alcance do objeto da ação popular às disposições constitucionais respectivas.

Sugere-se colocar sob a proteção da ação popular todas as formas de aplicação de recursos públicos, inclusive quando a administração de tais recursos for delegada a entidades privadas.

Assegura-se o uso dos mecanismos da Lei de Acesso às Informações Públicas para a obtenção, pelo cidadão, de informações, documentos e provas necessários à instrução da ação popular. Uniformiza-se, assim, o procedimento e as obrigações de transparência relacionadas aos pedidos de acesso à informação.

Permite-se dar ao autor popular as proteções legais previstas para os colaboradores da Justiça. Nesse ponto, espera-se que, uma vez aprovada a criação do Programa Nacional de Incentivo e Proteção de Relatos de Informações de Interesse Público – tema de outra proposta incluída neste pacote –, este venha a ser aplicado diretamente para autores populares.

Sugere-se a inclusão de novas causas de nulidade dos atos administrativos, conceituando-as, como o abuso de preço no fornecimento de bem ou serviço a órgão ou entidade pública e a omissão na prática de ato administrativo vinculado.

Preveem-se as possibilidades de tutela liminar e de punições ao juiz que retardar o julgamento da causa, bem como ao autor popular que se valer de má-fé.

Por fim, cria-se uma retribuição pecuniária ao autor da ação popular e ao seu advogado, proporcionalmente ao êxito da ação, como meio de estimular a ação fiscalizatória do cidadão.

III

PREVENÇÃO DA CORRUPÇÃO

10 DESBUROCRATIZAÇÃO DO ESTADO

O excesso de burocracia é um forte entrave para a gestão dos recursos públicos, além de proporcionar oportunidades para a prática de corrupção. Simplificar os processos administrativos, modernizar a gestão pública e monitorar a qualidade dos serviços públicos são medidas necessárias para desburocratizar o Estado brasileiro e reduzir as oportunidades para que sejam praticados atos de corrupção.

Principais pontos da proposta

- Institui a Política Nacional para a Desburocratização, com o objetivo de promover a simplificação administrativa e a modernização da gestão pública, criar um ambiente mais favorável à integridade do setor público e privado e promover o monitoramento da qualidade dos serviços de atendimento ao público.
- Cria o Conselho Nacional para a Desburocratização, encarregado de elaborar planos nacionais para desburocratização, com prioridades e metas para adoção de medidas e ações ao longo de cada ano.
- Determina a criação do Sistema Nacional para a Desburocratização, integrado pelo Conselho e diversos órgãos de todos os poderes, que será responsável pelas ações de planejamento, execução e controle das atividades relacionadas à desburocratização nos respectivos órgãos.
- Prevê algumas práticas básicas no provimento dos serviços públicos: gratuidade dos atos necessários ao exercício da cidadania, padronização de procedimentos referentes à utilização de formulários, guias e outros documentos, racionalização dos campos de formulários físicos e eletrônicos.
- Determina que os prestadores de serviços públicos devem implementar medidas como a Carta de Serviços, na qual constarão informações claras e precisas sobre cada um dos serviços prestados, incluindo os requisitos e documentos necessários ao acesso e etapas de processamento, e a Pesquisa de Satisfação dos Usuários, como ferramenta eletrônica para a constante avaliação pelos usuários dos serviços prestados.
- Proíbe-se a exigência de apresentação de certidões e declarações comprobatórias de atos, fatos ou informações constantes nos registros cadastros e arquivos dos próprios órgãos públicos. Veda-se também a cobrança de taxas e emolumentos para a emissão de certidões e declarações referentes a esses atos, fatos e informações. Privilegia-se o fornecimento das certidões e declarações necessárias em outras circunstâncias por meio eletrônico.
- Simplifica o processo de abertura e encerramento de pessoas jurídicas.

Problemas que pretende solucionar

- O Brasil é um dos países com a mais intricada burocracia do mundo[1], o que representa não só um custo adicional para empresas e desincentiva investimentos, como também produz aumento nas oportunidades para que atos de corrupção sejam praticados. Afinal, o pagamento de propina tem como objetivo, com frequência, superar entraves e obstáculos burocráticos.

---

1 EXAME. **Brasil é país em que mais se gasta tempo em burocracia tributária.** Washington DC, 1 nov. 2017. Disponível em: <https://exame.abril.com.br/brasil/brasil-e-pais-em-que-mais-se-gasta-tempo-em-burocracia-tributaria/>. Acesso em: 9 mar. 2018.

ANTEPROJETO DE LEI

Dispõe sobre a Política Nacional para Desburocratização, institui o Sistema Nacional para Desburocratização e dá outras providências.

Art. 1º. Esta Lei institui a Política Nacional para Desburocratização, dispondo sobre seus princípios, objetivos, instrumentos e responsabilidades, com o fim de promover iniciativas de modernização da gestão pública, a simplificação administrativa e a melhoria da prestação de serviços públicos às empresas, aos cidadãos e à sociedade civil.

CAPÍTULO I

DA POLÍTICA NACIONAL PARA DESBUROCRATIZAÇÃO

SEÇÃO I

Dos Princípios

Art. 2º. São princípios da Política Nacional para Desburocratização:

I – a soberania popular;

II – a presunção de boa-fé do administrado;

III – a necessidade de mensuração dos impactos das exigências normativas e burocráticas;

IV – a prioridade de melhoria da qualidade e da eficiência dos serviços públicos;

V – a racionalização do tempo e recursos investidos pelo cidadão no relacionamento com o poder público;

VI – a participação efetiva do cidadão no exercício do controle e da fiscalização dos serviços públicos em geral; e

VII – a previsibilidade dos atos decisórios administrativos.

SEÇÃO II

Dos objetivos

Art. 3º. São Objetivos da Política Nacional para Desburocratização:

I – direcionar ações para a busca de resultados para a sociedade, encontrando soluções tempestivas e inovadoras para lidar com a limitação de recursos e com as mudanças de prioridades;

II – promover a simplificação administrativa e a modernização da gestão pública;

III – criar um ambiente mais favorável à integridade no setor público e privado; e

IV – promover o monitoramento da qualidade dos serviços de atendimento ao público.

SEÇÃO III

Dos Instrumentos

Art. 4º. São instrumentos da Política Nacional para Desburocratização (PND):

I – o Conselho Nacional para Desburocratização (CND);

II – o Sistema Nacional para Desburocratização (SND);

III – o Plano Nacional para Desburocratização (Plan);

IV – as medidas gerais de incentivo à desburocratização; e

V – as medidas específicas para desburocratização.

CAPÍTULO II
DOS INSTRUMENTOS

SEÇÃO I

Do Conselho Nacional para Desburocratização

Art. 5º. O Conselho Nacional para Desburocratização é integrado pelos seguintes membros:

I – Ministro de Estado Chefe da Casa Civil da Presidência da República, que o presidirá;

II – Ministro de Estado da Fazenda;

III – Ministro de Estado do Planejamento, Desenvolvimento e Gestão;

IV – Ministro de Estado da Ciência, Tecnologia, Inovações e Comunicações;

V – Ministro de Estado da Transparência, Fiscalização e Controle – CGU;

VI – Ministro de Estado Chefe da Secretaria de Governo da Presidência da República;

VII – um Deputado Federal, indicado pelo Presidente da Câmara dos Deputados;

VIII – um Senador da República, indicado pelo Presidente do Senado Federal;

IX – dois representantes dos Governos Estaduais ou Distrital;

X – dois representantes das Prefeituras Municipais;

XI – dois representantes do Poder Judiciário, indicados pelo Conselho Nacional de Justiça; e

XII – dois representantes do Ministério Público, indicados pelo Conselho Nacional do Ministério Público.

XIII – dois representantes da Sociedade Civil Organizada

Parágrafo único. A Casa Civil da Presidência da República exercerá a função de Secretaria-Executiva do Conselho Nacional para Desburocratização.

Art. 6º. Compete ao Conselho Nacional para Desburocratização (CND):

I – articular a elaboração do Plano Nacional para Desburocratização (Plan) pelos integrantes do Sistema Nacional para Desburocratização (SND), com prioridades e metas para a adoção de medidas de simplificação de procedimentos na administração pública, a modernização da gestão pública e a melhoria da prestação de serviços públicos;

II – apoiar a formulação de políticas voltadas ao desenvolvimento sustentável, para promover a simplificação administrativa, a modernização da gestão pública e a melhoria da prestação de serviços públicos às empresas, aos cidadãos e à sociedade civil;

III – monitorar e fomentar de forma contínua as iniciativas dos Planos para Desburocratização Estaduais, Distrital e Municipais de responsabilidade dos Comitês Permanentes para Desburocratização em articulação com o Plano Nacional para Desburocratização;

IV – estruturar fóruns regionais sobre desburocratização entre entes afins, para compartilhamento de experiências, aferição de resultados e seleção das melhores práticas;

V – premiar e divulgar as melhores práticas voltadas à desburocratização.

SEÇÃO II
Do Sistema Nacional para Desburocratização

Art. 7º. Fica instituído o Sistema Nacional para Desburocratização (SND), que é integrado pelo Conselho Nacional e por Comitês dos órgãos dos Poderes Executivo, Legislativo e Judiciário, incluindo o Ministério Público e as Cortes de Contas, as autarquias e fundações públicas e as concessionárias, permissionárias e delegatárias de serviços públicos, os quais serão responsáveis pelas ações de planejamento, execução e controle das atividades relacionadas à desburocratização nos respectivos órgãos.

Parágrafo único. O Conselho Nacional para Desburocratização será o órgão central e coordenador do Sistema Nacional para Desburocratização, tendo este por objetivo:

I – instrumentalizar a cooperação entre as diferentes esferas e níveis do poder público e demais integrantes do sistema, visando ao cumprimento da Política Nacional para Desburocratização; e

II – promover a integração e articulação das ações para desburocratização de forma coordenada em todo território nacional.

Art. 8º. Os órgãos e entidades referidos no artigo anterior deverão instituir Comitês Permanentes para Desburocratização com o objetivo de identificar as ações e os projetos de simplificação administrativa, modernização da gestão pública e melhoria da prestação dos serviços às empresas, aos cidadãos e à sociedade civil.

Art. 9º. Cada Comitê Permanente para Desburocratização terá por coordenador um servidor público designado pela Alta Direção do órgão ou entidade, e deverá, sempre que possível, abrir espaço à sociedade civil e aos cidadãos usuários de serviços públicos que quiserem colaborar, inclusive mediante fóruns presenciais ou digitais.

Art. 10. Aos Comitês Permanentes para Desburocratização caberão as seguintes ações, além de outras a serem regulamentadas por ato normativo de competência de cada órgão:

I – solicitar a colaboração dos órgãos e entidades que tenham relação com os procedimentos e serviços a serem aperfeiçoados, indicando as áreas a serem prioritariamente atingidas pelo Programa;

II – organizar um Grupo de Ação Executiva para cada área prioritária, com a participação dos representantes dos órgãos e entidades federais diretamente afetos ao desenvolvimento dos trabalhos e, quando possível, representantes da sociedade civil;

III – designar o coordenador de cada Grupo de Ação Executiva, ao qual incumbirá o acompanhamento dos trabalhos e a apresentação do cronograma contendo as etapas, prazos e resultados; e

IV – apresentar, anualmente, o relatório das suas ações ao público e abrir espaço para sugestões e críticas da população, inclusive por meio de fóruns presenciais ou digitais.

SEÇÃO III

Do Plano Nacional para Desburocratização

Art. 11. O Plano Nacional para Desburocratização – Plan deverá ser elaborado pelos integrantes do Sistema Nacional para Desburocratização, tendo como conteúdo mínimo a definição de:

I – diagnóstico da situação atual;

II – estabelecimento das competências e responsabilidades;

III – objetivos e metas;

IV – iniciativas e projetos; e

V – metodologia de controle.

SEÇÃO VI

Das Medidas Gerais de Incentivo à Desburocratização

Art. 12. No atendimento aos administrados e usuários dos serviços públicos, os órgãos e as entidades prestadoras de serviços observarão as seguintes práticas:

I – gratuidade dos atos necessários ao exercício da cidadania, nos termos de legislação própria;

II – padronização de procedimentos referentes à utilização de formulários, guias e outros documentos congêneres;

III – racionalização dos campos de formulários físicos ou eletrônicos, que deverão indicar o tempo estimado para seu preenchimento;

IV – vedação de recusa de recebimento de requerimentos pelos serviços de protocolo, que deverá encaminhar o requerimento ao órgão ou prestador de serviços competente quando não o for, informando o interessado.

Parágrafo único. Quando a remessa referida no inciso IV não for possível, o interessado deverá ser comunicado imediatamente do fato para adoção das providências necessárias.

Art. 13. Os prestadores de serviços públicos devem implantar pelo menos as seguintes medidas de incentivo à desburocratização:

I – Carta de serviços;

II – Pesquisas de satisfação do serviço; e

III – Laboratórios de Inovação.

Art. 14. A Carta de Serviços ao Usuário tem por objetivo informar aos usuários os serviços prestados, os meios de acesso a esses serviços e os compromissos e padrões de qualidade do atendimento ao público.

§1º. Na Carta de Serviços ao Usuário deverão constar informações claras e precisas sobre cada um dos serviços prestados, especialmente as relativas:

I – ao serviço oferecido;

II – aos requisitos e aos documentos necessários para acessar o serviço;

III – às etapas para processamento do serviço;

IV – ao prazo para a prestação do serviço;

V – à forma de prestação do serviço;

VI – ao modo de comunicação com o solicitante do serviço; e

VII – aos locais e às formas de acessar o serviço.

§2º. Além das informações referidas no § 1º, a Carta de Serviços ao Usuário deverá, para detalhar o padrão de qualidade do atendimento, estabelecer:

I – os usuários que farão jus à prioridade no atendimento;

II – o tempo de espera para o atendimento;

III – o prazo para a realização dos serviços;

IV – os mecanismos de comunicação com os usuários;

V – os procedimentos para receber, atender, gerir e responder às sugestões e reclamações;

VI – as etapas, presentes e futuras, esperadas para a realização dos serviços, incluídas a estimativas de prazos;

VII – os mecanismos para a consulta pelos usuários acerca das etapas, cumpridas e pendentes, para a realização do serviço solicitado;

VIII – o tratamento a ser dispensado aos usuários quando do atendimento;

IX – os elementos básicos para o sistema de sinalização visual das unidades de atendimento;

X – as condições mínimas a serem observadas pelas unidades de atendimento, em especial quanto à acessibilidade, à limpeza e ao conforto;

XI – os procedimentos para atendimento quando o sistema informatizado estiver indisponível; e

XII – outras informações julgadas de interesse dos usuários.

Art. 15. Os prestadores de serviços públicos deverão utilizar ferramenta de pesquisa de satisfação dos cidadãos, disponível em sua página oficial na internet e nos locais de atendimento ao público.

§1º. A pesquisa de satisfação prevista no *caput* terá como objetivo assegurar a efetiva participação do cidadão na avaliação dos serviços prestados e possibilitar a identificação de lacunas e deficiências na prestação dos serviços.

§2º. O conteúdo da pesquisa de satisfação deve abranger no mínimo os atributos de qualidade, prazo e custo do serviço.

§3º. Os entes públicos deverão divulgar, semestralmente, em seu sítio oficial na internet, os resultados e o histórico da avaliação dos cidadãos sobre seu desempenho na prestação de serviços públicos, especialmente em relação aos padrões de qualidade do atendimento fixados na Carta de Serviços ao Cidadão.

§4º. Os resultados das pesquisas de satisfação deverão ser utilizados para reorientar e ajustar os serviços prestados.

Art. 16. Os prestadores de serviço deverão instituir Laboratórios de Inovação, espaços abertos à participação e colaboração da sociedade para o desenvolvimento de ideias, ferramentas e métodos inovadores para a gestão pública, a prestação de serviços públicos e o controle social.

§1º. No âmbito dos prestadores de serviço público, o Grupo de Ação Executiva para a desburocratização e o Laboratório de Inovação poderão funcionar conjuntamente.

§2º. Os Laboratórios de Inovação terão como diretrizes:

　　I – colaboração interinstitucional e com a sociedade;

　　II – interação, mediante convênios ou atividades de pesquisa e intenção, com estabelecimentos de ensino público e privado;

　　III – promoção e experimentação de tecnologias abertas e livres;

　　IV – uso de práticas ágeis de desenvolvimento e prototipação de *softwares*;

　　V – foco na sociedade e no cidadão;

　　VI – fomento à participação social, à transparência pública e ao controle social;

　　VII – incentivo à inovação;

　　VIII – apoio ao empreendedorismo;

　　IX – uso estratégico da informação, a fim de subsidiar a tomada de decisão e melhorar a gestão pública;

　　X – estímulo à participação de servidores, estagiários e colaboradores em suas atividades;

　　XI – difusão de conhecimentos no âmbito da administração pública; e

　　XII – promoção de um ambiente favorável à integridade no relacionamento entre prestadores de serviço público e usuários.

§3º. As ideias, ferramentas, *softwares*, resultados e métodos inovadores desenvolvidos nos Laboratórios de Inovação serão de uso e domínio público e livre, e compartilhados por meio de licenças livres não restritivas.

SEÇÃO V
Das Medidas Específicas de Desburocratização

Art. 17. Subordinam-se a esta Seção os seguintes órgãos públicos e entidades:

I – os órgãos públicos integrantes da administração direta dos Poderes Executivo, Legislativo, incluindo as Cortes de Contas, Judiciário e do Ministério Público;

II – as autarquias, fundações públicas, empresas públicas, sociedades de economia mista e demais entidades controladas direta ou indiretamente pela União, Estados, Distrito Federal e Municípios; e

III – concessionárias, permissionárias e delegatários de serviços públicos.

Art. 18. É vedada a exigência, escrita ou verbal, da apresentação de certidões, declarações ou traslados de documentos comprobatórios de atos, fatos ou informações constantes de registros, cadastros, bancos de dados ou arquivos de órgãos públicos e entidades submetidos a esta Seção V.

§1º. A proibição compreende a exigência relativa a quaisquer registros, cadastros, bancos de dados ou arquivos, independentemente de sua vinculação direta ao órgão público ou entidade que os demandam, devendo ser obtidos diretamente do órgão público ou entidade detentora.

§2º. Quando não for possível a obtenção, pelo órgão público ou entidade demandante, das certidões, declarações ou traslados de documentos a que a que se refere este artigo, diretamente do órgão púbico ou entidade que detém os registros, cadastros, bancos de dados ou arquivos, a declaração escrita e assinada pelo interessado sobre a informação exigida, juntamente com outros indícios eventualmente reputados necessários e suficientes, será considerada como prova, ficando o interessado sujeito às sanções administrativas, civis e penais aplicáveis à falsidade.

§3º. É nulo de pleno direito qualquer ato normativo infralegal, parecer, orientação normativa ou ato afim que estabeleça o contrário.

Art. 19. É vedada a cobrança de emolumentos, taxas ou outros valores para o fornecimento de certidões, declarações ou traslados de documentos comprobatórios de atos, fatos ou informações constantes de registros, cadastros, bancos de dados ou arquivos de órgãos públicos ou entidades submetidos a esta Seção V.

§1º. As certidões e declarações de natureza fiscal cuja emissão é de responsabilidade da União, do Distrito Federal, dos Estados e dos Municípios deverão estar disponíveis por meio de acesso eletrônico público, contínuo e ininterrupto.

§2º. Ressalvadas as hipóteses legais de sigilo, as certidões e declarações referidas no *caput* deste artigo poderão ser requeridas e obtidas por meio eletrônico e, sempre que possível, de modo automático.

§3º. Ressalvadas as hipóteses legais de sigilo, o acesso aos registros, cadastros, bancos de dados ou arquivos referidos no *caput* deste artigo dependerá apenas do fornecimento do número do cadastro de pessoas físicas ou do número do cadastro nacional de pessoas jurídicas do administrado.

§4º. Por razões de segurança pública cogentes ou de proteção à intimidade ou à privacidade de pessoas naturais e jurídicas, e ressalvadas as disposições da lei de acesso à informação, o órgão público ou a entidade submetida a esta Seção V poderá exigir autorização expressa do interessado ou realização de cadastro prévio e fornecer senha de acesso para a consulta das informações constantes dos repositórios indicados no *caput* deste artigo.

Art. 20. As exigências necessárias para requerimentos perante os órgãos e entidades sujeitos a esta Seção V serão feitas desde logo e de uma só vez ao interessado, justificando-se exigência posterior apenas em caso de dúvida superveniente.

§1º. É vedada a renovação de exigência documental ao interessado que já tenha sido obrigado a atender norma ou requisição do órgão público ou entidade, salvo quando do interesse do próprio administrado ou usuário.

§2º. Para prestar informações ou solicitar esclarecimentos, informações ou documentos, a comunicação entre o órgão púbico ou entidade e o interessado poderá ser feita por qualquer meio, preferencialmente eletrônico.

Art. 21. Não será exigida prova de fato já suficientemente comprovado pela apresentação de documento válido e sobre o qual não recaiam suspeitas de falsidade.

§1º. Ressalvada previsão legal expressa em contrário, é proibida a exigência de atestados para comprovar fatos e situações, especialmente relativos a vida, residência, pobreza, dependência econômica, idoneidade moral e bons antecedentes, os quais podem ser declarados diretamente pelo interessado ou seu bastante procurador.

§2º. O exercício de direitos, perante seguradoras e entidades de direito público ou privado, na esfera extrajudicial, relativos a seguros e apólices, independerá da realização de termo circunstanciado ou boletim de ocorrência, ressalvada a hipótese de ocorrência de ilícitos penais.

Art. 22. A apresentação de documentos pelo interessado poderá ser feita:

I – por meio de cópia autenticada, dispensada nova conferência com o documento original, nas hipóteses em que há disposição de patrimônio ou sujeição a responsabilidade patrimonial, caso em que poderá ser exigido o reconhecimento de firma; ou

II – por meio de cópia simples, dispensado o reconhecimento de firma, em outras hipóteses, incluindo a inscrição em certames ou concursos públicos e a posse em cargo público.

§1º. O interessado poderá solicitar que a autenticação da cópia do documento original seja feita, por meio da extração de cópia no ato com o pagamento de valor equivalente ao seu custo, pelo servidor público ou preposto a quem o documento deva ser apresentado, do órgão público ou entidade subordinada a esta Seção V.

§2º. O interessado poderá solicitar que o servidor público ou o preposto responsável, do órgão público ou entidade a quem o documento deva ser apresentado, ateste a aposição de firma em sua presença, hipótese em que a firma será dada por reconhecida, facultando-se ao órgão público ou entidade o registro visual do ato.

§3º. A administração pública, quando possível, deverá disponibilizar ambiente para a utilização da certificação digital.

§4º. O órgão público ou entidade sujeita a esta Seção V poderá exigir a apresentação do documento original quando existir dúvida quanto à autenticidade da cópia, do original ou de algum de seus aspectos.

§5º. Constatada, a qualquer tempo, a falsificação de firma ou de cópia de documento público ou particular, o órgão público ou entidade sujeita a esta Seção V considerará não satisfeita a respectiva exigência documental e, salvo se comprovada a veracidade, no prazo de até cinco dias, dará conhecimento do fato à autoridade competente para adoção das providências administrativas, civis e penais cabíveis.

§6º. A cópia apresentada nos termos desta Seção V é considerada documento para fins de responsabilização civil e penal.

Art. 23. A exigência de protocolo, eletrônico ou físico, ou qualquer outro meio de identificação de demandas em órgãos públicos ou entidades, não é razão impeditiva para o exercício de direito perante os mesmos órgãos públicos ou entidades, ressalvado o uso de senhas ou mecanismos de priorização de acesso estabelecido em lei com fundamento na condição da pessoa.

Parágrafo único. O disposto neste artigo também se aplica à exigência de carimbos ou selos, ressalvados os selos de controle e as demais disposições desta Seção V.

Art. 24. Ressalvados os casos previstos em lei, as hipóteses de preenchimento de informações estritamente necessárias para a celebração de contratos e estabelecimento de suas garantias, bem como as situações em que estiverem presentes razões cogentes de segurança pública, é proibida a exigência por entidades públicas ou privadas do preenchimento de formulários de informações pessoais, cadastros ou fichas de identificação pessoal para:

I – aquisição de bens ou serviços, ressalvada a hipótese de operação de crédito destinada a viabilizar o negócio jurídico;

II – embarque em meios de transporte rodoviário, aeroviário, ferroviário e náutico, ressalvado o preenchimento de cadastro inicial para aquisição do conhecimento de transporte;

III – expedição ou recepção de bens, correspondências ou cartas.

Parágrafo único. Nas hipóteses em que é autorizado o preenchimento de formulários, cadastros e fichas, haverá separação clara das informações exigíveis e das facultativas, indicando-se o tempo estimado para o preenchimento de cada parte.

Art. 25. Os tributos, taxas, tarifas, emolumentos e contraprestações de qualquer natureza relativos ao exercício de direitos, realização de negócios jurídicos, cumprimento de obrigações tributárias, acesso à função jurisdicional do Estado ou de agentes em colaboração com a administração deverão ser objeto de um único documento de arrecadação, ainda que sejam nele discriminados os valores e respectivos destinatários das receitas.

Parágrafo único. É vedada ao órgão público ou entidade a exigência de contraprestação relativa a um mesmo ato ou procedimento em locais diversos.

Art. 26. A abertura e a extinção de pessoas jurídicas ocorrerão mediante o recolhimento de uma única contraprestação, pagável em documento específico, na qual se encontrará a discriminação de suas parcelas e dos destinatários dos valores recolhidos.

Art. 27. Se o exercício do direito depender do recolhimento de qualquer valor a título de contraprestação com pagamento periódico ou continuado, ressalvados os recolhimentos de tributos, a quitação da última parcela cria a presunção de não haver débitos anteriores em relação a esse título, ressalvados os casos em que houver inscrição da pessoa em cadastros de devedores.

CAPÍTULO III
DISPOSIÇÕES FINAIS

Art. 28. Ficam revogadas as disposições em contrário.

Art. 29. Esta lei entra em vigor na data de sua publicação, ressalvada a Seção V do Capítulo II, que entra em vigor um ano após a data de sua publicação.

Brasília, xx de xxxx de 2018.

JUSTIFICATIVA

A Constituição Federal de 1988 está fundamentada na premissa de que "Todo poder emana do povo, que o exerce por meio de representantes eleitos ou diretamente, na forma da Constituição" (art. 1º, parágrafo único).

Com o objetivo de detalhar o modo de atendimento das demandas da sociedade, a Constituição obriga a Administração Pública a pautar sua atuação pela eficácia e também pela eficiência dos serviços públicos prestados (art. 37, *caput*, e art. 74, II).

Podemos conceituar a eficácia como a entrega do serviço para o cidadão, enquanto a eficiência reside na relação de custo do serviço com o benefício gerado para esse mesmo cidadão. E, no §3º do art. 37, também da Constituição, fica expresso que caberá à lei disciplinar os meios de participação do usuário na administração pública direta e indireta, em especial as reclamações relativas à prestação dos serviços públicos em geral. Inclusive o art. 5º, LXXVII, da Constituição Federal, atribui à lei a tarefa de regulamentar a gratuidade dos atos necessários ao exercício da cidadania.

Nesse contexto, a Fiesp e o Ciesp encomendaram pesquisa de percepção sobre a burocracia no Brasil junto à Ipsos Public Affairs em âmbito nacional entre os dias 1º e 11 de fevereiro de 2017, considerando uma amostra de 1.200 pessoas[2].

Os resultados foram que 84% consideram o país burocrático e 75% concordam que o excesso de burocracia estimula a corrupção. A pesquisa ainda revelou que para os brasileiros esse excesso de burocracia também dificulta o desenvolvimento do Brasil (78% concordam) e o combate à burocracia deveria ser uma prioridade do governo (65% concordam).

Todavia, o desafio da desburocratização na Administração Pública brasileira é complexo devido à estrutura existente em União, Estados, Distrito Federal e Municípios, além da

---

2   Disponível em: <http://www.fiesp.com.br/indices-pesquisas-e-publicacoes/pulsos/attachment/pulso_burocracia_versao-3/>. Acesso em: 1º fev. 2018.

divisão em Poderes Executivo, Legislativo e Judiciário. Para se desburocratizar um dado processo em um determinado órgão, é preciso conhecer profundamente a atividade desenvolvida. Há milhares de atividades que demandariam análise, o que exige um esforço sistêmico e capilarizado.

Nesse sentido, o presente Projeto de Lei visa instituir a Política Nacional para Desburocratização como instrumento integrador das iniciativas para desburocratização nas diferentes esferas da Administração Pública, nos diferentes Poderes.

O modelo proposto baseou-se na Política Nacional de Resíduos Sólidos e de criação de um Plano Nacional, Planos Estaduais e Planos Municipais, instituída pela Lei n. 12.305, de 2 de agosto de 2010, que tem como desafio também coordenar esforços de todos os entes federativos em torno de questão muito relevante.

O Projeto também propõe a criação de um Conselho Nacional para a Desburocratização e de Comitês Permanentes para Desburocratização nos órgãos e entidades públicos, com uma experiência bem-sucedida em andamento no Poder Executivo Federal (Decreto de 7 de março de 2017). Além do Conselho Nacional, propõe-se a formação de Comitês nos diferentes órgãos, que designarão Grupos de Ação Executiva para estudar e racionalizar procedimentos específicos, alcançando-se, com isso, a desejada capilaridade.

É papel do Conselho Nacional coordenar as ações, a realização de encontros regionais dos Comitês por áreas de afinidade, bem como divulgar e premiar as melhores práticas.

Com relação aos instrumentos para a desburocratização, o projeto propõe a utilização da Carta de Serviços ao Usuário normatizada no Poder Executivo Federal pelo Decreto n. 9.094, de 17 de julho de 2017. De maneira complementar, são propostos também a Pesquisa de Satisfação e os Laboratórios de Inovação como instrumentos a partir do texto do Projeto de Lei n. 7.843/2017, do Deputado Federal Alessandro Molon.

O âmbito de abrangência da Lei é amplo, incluindo órgãos da administração direta, autarquias, fundações e concessionárias, permissionárias e delegatárias de serviços públicos. Foi utilizado como referência nessa parte o Projeto de Lei n. 7.843/2017, do Deputado Federal Alessandro Molon.

Contudo, o projeto não trata apenas de um plano para a desburocratização futura. Para além de procedimento, traz importantes avanços materiais. Nesse sentido, o projeto traz dispositivos para racionalizar as exigências de documentos e informações do cidadão no âmbito da desburocratização, conforme proposto na Minuta do Projeto do Estatuto de Desburocratização, elaborada pela Comissão de Juristas para a Desburocratização, constituída pelo Senado Federal.

Essa seção específica, por exemplo, restringe a possibilidade de exigência, por órgãos e entidades vinculadas ao Poder Público, de documentos emitidos por outros órgãos, que deverão ser buscados diretamente pelo próprio órgão ou entidade demandante. A validade de cópias despidas de autenticação ou reconhecimento de firmas são reguladas. É restringida uma série de exigências atuais quanto a documentos e informações. A vigência desta seção fica, contudo, condicionada a uma *vacatio legis* de um ano, a fim de que os órgãos públicos possam se preparar e adaptar para atender a suas determinações.

11 ANTICORRUPÇÃO NAS ESCOLAS

Fazer com que as próximas gerações se mostrem conscientes dos impactos negativos da corrupção e que tenham conhecimentos sobre os variados instrumentos necessários para combatê-la é parte de um esforço que deve começar agora para transformar o Brasil. O engajamento de crianças e adolescentes no combate à corrupção, por meio da integração de forma interdisciplinar desse tema em seu currículo estudantil, é uma oportunidade para atrair jovens cidadãos e eleitores para uma agenda que rejeita políticos corruptos e engajá-los no exercício do controle social sobre a administração pública em seus mais variados níveis.

Principais pontos da proposta

- A proposta determina a inclusão no currículo dos ensinos fundamental e médio de conteúdos relacionados à formação ética, à cidadania solidária, à participação na gestão pública e ao controle dos gastos públicos.

- De maneira geral, pretende incluir na educação de crianças e adolescentes informações relativas a causas, impactos, riscos, prejuízos e meios de enfrentamento da corrupção.

Problemas que pretende solucionar

- A exclusão desses temas das salas de aula faz com que crianças e adolescentes permaneçam alheios a um dos maiores problemas enfrentados pela sociedade brasileira nesse momento.

- Ao redor do mundo, sociedades transmitem valores e normas relacionados à integridade pública por meio das escolas, vida familiar e espaços políticos. Mas, às vezes, quando a corrupção e outras normas antiéticas parecem normais, podemos perder a noção do que é integridade pública e por quê ela importa. Em momentos como este, é importante que os governos escolham educar para a integridade pública, de forma que os interesses públicos sejam ressaltados e predominem sobre os interesses privados. Só assim conseguiremos fortalecer a sociedade na direção de maior integridade pública[3].

---

3   OCDE. **Education for Integrity: Teaching on Anti-Corruption, Values and the Rule of Law**. Disponível em: <https://www.oecd.org/governance/ethics/education-for-integrity-web.pdf>. Acesso em: 10 maio 2018.

ANTEPROJETO DE LEI

> Altera a redação dos arts. 32 e 35-A da Lei n. 9.394, de 20 de dezembro de 1996 (Lei de Diretrizes e Bases da Educação Nacional), para inserir novos conteúdos obrigatórios nos currículos dos ensinos fundamental e médio.

O **PRESIDENTE DA REPÚBLICA** faço saber que o Congresso Nacional decreta e eu sanciono a seguinte Lei:

Art. 1º. Os arts. 32 e 35-A da Lei n. 9.394, de 20 de dezembro de 1996 (Lei de Diretrizes e Bases da Educação Nacional), passam a vigorar com as seguintes alterações:

"Art. 32. [...]

§7º. O currículo do ensino fundamental incluirá, obrigatoriamente, conteúdo que trate de formação ética e voltada ao exercício de cidadania solidária, à participação na gestão pública e ao controle de gastos públicos, ao zelo pela coisa pública, bem como informações e práticas educativas sobre causas, impactos, riscos, prejuízos e meios de enfrentamento da corrupção, observada a produção e distribuição de material didático adequado. (NR)"

[...]

"Art. 35-A. [...]

§2º. A Base Nacional Comum Curricular referente ao ensino médio incluirá obrigatoriamente estudos e práticas de educação física, arte, sociologia e filosofia, além de conteúdo que trate de formação ética e voltada ao exercício de cidadania solidária, à participação na gestão pública e ao controle de gastos públicos, ao zelo pela coisa pública, bem como informações e práticas educativas sobre causas, impactos, riscos, prejuízos e meios de enfrentamento da corrupção." (NR)

Art. 2º. Esta Lei entra em vigor na data de sua publicação.

Brasília, xx de xxxx de 2018.

JUSTIFICATIVA

A Convenção das Nações Unidas contra a Corrupção, promulgada no Brasil por meio do Decreto n. 5.687 de 31 de janeiro de 2006, trata, no artigo 13, da participação da sociedade na prevenção, controle, detecção e repressão à corrupção e estabelece:

1. Cada Estado Parte adotará medidas adequadas, no limite de suas possibilidades e de conformidade com os princípios fundamentais de sua legislação interna, para fomentar a participação ativa de pessoas e grupos que não pertençam ao setor público, como a sociedade civil, as organizações não-governamentais e as organizações com base na comunidade, na prevenção e na luta contra a corrupção, e para sensibilizar a opinião pública a respeito à existência, às causas e à gravidade

da corrupção, assim como a ameaça que esta representa. Essa participação deveria esforçar-se com medidas como as seguintes:

a) Aumentar a transparência e promover a contribuição da cidadania aos processos de adoção de decisões;

b) Garantir o acesso eficaz do público à informação;

c) Realizar atividade de informação pública para fomentar a intransigência à corrupção, assim como programas de educação pública, incluídos programas escolares e universitários;

d) Respeitar, promover e proteger a liberdade de buscar, receber, publicar e difundir informação relativa à corrupção. Essa liberdade poderá estar sujeita a certas restrições, que deverão estar expressamente qualificadas pela lei e ser necessárias para: i) Garantir o respeito dos direitos ou da reputação de terceiros; ii) Salvaguardar a segurança nacional, a ordem pública, ou a saúde ou a moral públicas.

2. Cada Estado Parte adotará medidas apropriadas para garantir que o público tenha conhecimento dos órgãos pertinentes de luta contra a corrupção mencionados na presente Convenção, e facilitará o acesso a tais órgãos, quando proceder, para a denúncia, inclusive anônima, de quaisquer incidentes que possam ser considerados constitutivos de um delito qualificado de acordo com a presente Convenção.

A Convenção prevê ainda, em seu Capítulo II, artigos 5º e 6º, como políticas e práticas de prevenção à corrupção, que:

Artigo 5
POLÍTICAS E PRÁTICAS DE PREVENÇÃO DA CORRUPÇÃO

1. Cada Estado Parte, de conformidade com os princípios fundamentais de seu ordenamento jurídico, formulará e aplicará ou manterá em vigor políticas coordenadas e eficazes contra a corrupção que promovam a participação da sociedade e reflitam os princípios do Estado de Direito, a devida gestão dos assuntos e bens públicos, a integridade, a transparência e a obrigação de render contas.

2. Cada Estado Parte procurará estabelecer e fomentar práticas eficazes encaminhadas a prevenir a corrupção.

3. Cada Estado Parte procurará avaliar periodicamente os instrumentos jurídicos e as medidas administrativas pertinentes a fim de determinar se são adequadas para combater a corrupção.

4. Os Estados Partes, segundo procede e de conformidade com os princípios fundamentais de seu ordenamento jurídico, colaborarão entre si e com as organizações internacionais e regionais pertinentes na promoção e formulação das medidas mencionadas no presente Artigo. Essa colaboração poderá compreender a participação em programas e projetos internacionais destinados a prevenir a corrupção.

Artigo 6
ÓRGÃO OU ÓRGÃOS DE PREVENÇÃO À CORRUPÇÃO

1. Cada Estado Parte, de conformidade com os princípios fundamentais de seu ordenamento jurídico, garantirá a existência de um ou mais órgãos, segundo procede, encarregados de prevenir a corrupção com medidas tais como:
    a) A aplicação das políticas as quais se faz alusão no Artigo 5 da presente Convenção e, quando proceder, a supervisão e coordenação da prática dessas políticas;
    b) O aumento e a difusão dos conhecimentos em matéria de prevenção da corrupção.
2. Cada Estado Parte outorgará ao órgão ou aos órgãos mencionados no parágrafo 1 do presente Artigo a independência necessária, de conformidade com os princípios fundamentais de seu ordenamento jurídico, para que possam desempenhar suas funções de maneira eficaz e sem nenhuma influência indevida. Devem proporcionar-lhes os recursos materiais e o pessoal especializado que sejam necessários, assim como a capacitação que tal pessoal possa requerer para o desempenho de suas funções.
3. Cada Estado Parte comunicará ao Secretário Geral das Nações Unidas o nome e a direção da(s) autoridade(s) que possa(m) ajudar a outros Estados Partes a formular e aplicar medidas concretas de prevenção da corrupção.

No mesmo sentido, a Convenção Interamericana contra a Corrupção, promulgada por meio do Decreto n. 4.410, de 7 de outubro de 2002, consignou que *a democracia representativa, condição indispensável para a estabilidade, a paz e o desenvolvimento da região, exige, por sua própria natureza, o combate a toda forma de corrupção no exercício das funções públicas e aos atos de corrupção especificamente vinculados a seu exercício, e ressaltou a importância de gerar entre a população dos países da região uma consciência em relação à existência e à gravidade desse problema e da necessidade de reforçar a participação da sociedade civil na prevenção e na luta contra a corrupção. Como uma das medidas preventivas indicadas em seu Artigo III, incluiu a criação, manutenção e fortalecimento, pelos Estados signatários, de mecanismos para estimular a participação da sociedade civil e de organizações não-governamentais nos esforços para prevenir a corrupção.*

O Estado brasileiro, signatário desses instrumentos internacionais, tem o dever de dar efetividade aos compromissos assumidos há mais de uma década.

Ademais, nos termos do art. 205 da Constituição da República, a educação é direito de todos e dever do Estado e da família, devendo ser promovida e incentivada com a colaboração da sociedade, visando ao pleno desenvolvimento da pessoa, seu preparo para o exercício da cidadania e sua qualificação para o trabalho.

Adicionalmente, a Lei n. 9.394/1996, Lei de Diretrizes e Bases da Educação Nacional – LDB estabelece que os conteúdos curriculares da educação básica observarão, entre outras diretrizes, a difusão de valores fundamentais ao interesse social, aos direitos e deveres dos cidadãos, de respeito ao bem comum e à ordem democrática (art. 27, I).

A previsão da normativa internacional e nacional mostra-se acertada sobretudo quando se tem em mente que o sistema de justiça, por si só, não consegue prevenir nem reprimir as práticas de corrupção.

A posição do Brasil nos dois principais *rankings* de percepção de corrupção – Transparência Internacional e da escola de negócios suíça IMD – despencou em dois anos, caindo 10 posições. Atualmente está em 79º lugar, empatado com China e Índia, e, em 2017, é o segundo país mais corrupto entre os avaliados, ficando acima apenas da Venezuela, o que reforça a necessidade de buscar novos meios de enfrentamento.

Países como Filipinas, enfrentando o fenômeno em sua complexidade, universalidade e multidimensionalidade, com base em um compromisso conjunto do Estado e sociedade, estabeleceram um planejamento estratégico de reversão do quadro e recomeço, fundado em três principais pilares: 1) repressão/responsabilização/recuperação; 2) transparência/controle/detecção; e 3) conscientização/educação.

Então, como importante estratégia de prevenção e enfrentamento, sustentável e duradouro, da corrupção, é necessário incluir formalmente no ensino escolar temas relacionados ao exercício de cidadania solidária e à participação na gestão pública, visando fomentar a valorização do comportamento ético e de atitudes de responsabilidade cívica e de não tolerância à corrupção.

12 SEGUROS DE CONTRATOS PÚBLICOS ("*PERFORMANCE BONDS*")

As obras públicas, especialmente de alto valor, são um dos principais focos de corrupção no Brasil. O seguro-garantia, além de impor a exigência dos projetos executivos para obras e contratos de grande escala, introduz uma solução do setor privado que amplia a fiscalização e garante que os cofres públicos não arcarão com prejuízos em caso de defeitos ou atrasos na execução dos contratos. A solução encontra inspiração em boas práticas dos Estados Unidos e países europeus, tendo sido aproveitado o texto de proposta em trâmite no Congresso Nacional.

Principais pontos da proposta
- Institui como obrigatória a contratação de seguro-garantia da execução do contrato em favor do Poder Público em todas as contratações públicas de obras ou fornecimento de bens ou serviços com valor superior a 10 milhões de reais. O contrato de seguro deve cobrir 100% do valor do contrato principal.
- Essa obrigação se aplica a todos que contratarem com a administração pública direta e indireta, nos níveis federal, estadual e municipal.
- Autoriza a exigência de contragarantias por parte da seguradora, em relação ao tomador do seguro, na forma de reembolso ou indenização.
- Estipula como obrigatória para a emissão da apólice de seguro a apresentação de um projeto executivo. Atribui, ainda, à seguradora o poder de fiscalizar livremente a execução do contrato principal e atestar a conformidade dos serviços e materiais empregados.
- Em caso de reclamação de sinistro pelo órgão contratante, o prestador deverá apresentar defesa escrita à seguradora e ao órgão, contendo justificativa para o atraso e/ou defeito na execução do contrato, bem como plano detalhado para a regularização da execução contratual. Caso não seja aceito, procede-se à comunicação do sinistro.
- Caracterizado o sinistro, a seguradora pode (i) contratar outra pessoa jurídica para executar o contrato; (ii) assumir ela própria a execução da parcela restante do projeto; ou (iii) financiar o próprio órgão contratante para que complemente a obra, dentro dos prazos determinados. Caso a alternativa apresentada pela seguradora não seja aceita, esta deverá indenizar, em espécie, o órgão público contratante.

Problemas que pretende solucionar
- São frequentes os problemas relacionados a atrasos na execução ou à execução parcial de contratos públicos de obras ou fornecimento de bens e serviços. É no curso da execução desses projetos que se aproveitam atores interessados em maximizar lucros e dispostos a corromper agentes públicos. A Operação Lava Jato evidenciou um grande número de esquemas em que empreiteiras "compravam" aditivos contratuais milionários.

- A ausência de projetos executivos para a contratação de obras de grande vulto é vista, com frequência, como uma das origens de eventos relacionados à corrupção, ao aumento dos custos para os cofres públicos das obras, por meio de aditivos, e à má execução dos contratos[4]. A proposta, assim, diminui a discricionariedade e amplia a fiscalização das obras públicas.

ANTEPROJETO DE LEI

> Dispõe sobre o seguro-garantia de execução de contrato na modalidade segurado setor público, determinando sua obrigatoriedade em todos os contratos públicos de obras e de fornecimento de bens ou de serviços, de valor igual ou superior a R$ 10.000.000,00 (dez milhões de reais), alterando a Lei n. 8.666, de 21 de junho de 1993, para estabelecer o limite de cobertura do seguro-garantia em 100% (cem por cento) do valor do contrato, além de prever outras providências.

O **PRESIDENTE DA REPÚBLICA** faço saber que o Congresso Nacional decreta e eu sanciono a seguinte lei:

CAPÍTULO I
DISPOSIÇÕES GERAIS

Art. 1º. É obrigatória a contratação de seguro-garantia de execução de contrato pelo tomador em favor do Poder Público, em todos os contratos públicos de obras e de fornecimento de bens ou de serviços, cujo valor seja igual ou superior a R$ 10.000.000,00 (dez milhões de reais).

Parágrafo único. Subordinam-se ao regime desta Lei todos os órgãos da Administração Pública direta e indireta, inclusive os fundos especiais, as autarquias, as fundações públicas, as empresas públicas, as sociedades de economia mista e demais entidades controladas direta ou indiretamente pelos Poderes da União, dos Estados, do Distrito Federal e dos Municípios.

Art. 2º. Para os fins desta Lei, definem-se:

    I – seguro-garantia: contrato de seguro firmado entre a sociedade seguradora e o tomador, em benefício de órgão ou entidade da Administração Pública, visando garantir o fiel cumprimento das obrigações assumidas pelo tomador perante o segurado no contrato principal;

    II – tomador: pessoa física ou jurídica de direito privado devedora das obrigações assumidas perante o segurado no contrato principal;

---

[4] O GLOBO. Dispensa de projeto executivo em obras pública cria polêmica entre governo e entidades de classe. Rio de Janeiro, 11 ago. 2013. Disponível em: <http://oglobo.globo.com/economia/imoveis/dispensa-de-projeto-executivo-em-obras-publicas-cria-polemica-entre-governo-entidades-de-classe-9466166>. Acesso em: 9 mar. 2018.

III – segurado: órgão ou entidade da Administração Pública ou o poder concedente com o qual o tomador celebrou o contrato principal;

IV – apólice: documento assinado pela seguradora que representa o contrato de seguro-garantia celebrado com o tomador;

V – contrato principal: todo e qualquer ajuste entre segurado e tomador em que haja um acordo de vontades para a formação de vínculo e a estipulação de obrigações recíprocas, seja qual for a denominação utilizada;

VI – endosso: documento assinado pela seguradora no qual ela aceita formalmente as alterações propostas pelo tomador e pelo segurado ao contrato principal;

VII – prêmio: importância devida à seguradora pelo tomador, em cumprimento do contrato de seguro-garantia;

VIII – sinistro: inadimplemento de obrigação do tomador coberta pelo seguro-garantia;

IX – indenização: pagamento devido ao segurado pela seguradora, resultante do inadimplemento das obrigações cobertas pelo seguro garantia; e

X – valor da garantia: valor máximo nominal garantido pela apólice de seguro garantia, o qual corresponde ao valor total da obra ou do fornecimento de bem ou serviço, conforme estabelecido no contrato principal.

Art. 3º. Aplicam-se esta Lei, além dos artigos expressamente mencionados, no que couber, as disposições da Lei n. 8.666, de 21 de junho de 1993, e da Lei n. 12.462, de 4 de agosto de 2011.

Art. 4º. No contrato de seguro-garantia, a seguradora poderá exigir do tomador contragarantias equivalentes à importância segurada pela respectiva apólice.

Art. 5º. A contragarantia poderá estar prevista na própria apólice de seguro-garantia ou ser objeto de contrato específico, cujo objeto seja indenização ou reembolso dos valores eventualmente pagos pela seguradora por sinistro em apólice de seguro-garantia contratado pelo tomador.

Parágrafo único. A contragarantia constitui contrato de indenização em favor da seguradora, com cláusula de solidariedade que rege as relações entre, de um lado, a sociedade seguradora e, de outro, o tomador e as sociedades integrantes de seu grupo econômico.

Art. 6º. É vedada a utilização de mais de um seguro-garantia de mesma modalidade para cobrir o mesmo objeto, salvo no caso de apólices complementares que prevejam exatamente os mesmos direitos e obrigações para as partes.

Art. 7º. Estão sujeitos às disposições desta Lei os regulamentos próprios, devidamente publicados pelas sociedades de economia mista, empresas e fundações públicas, e demais entidades controladas direta ou indiretamente pela União, Estados, Distrito Federal e Municípios.

Art. 8º. É vedada a prestação de seguro garantia caso exista vínculo societário direto ou indireto entre o tomador e a seguradora.

Art. 9º. Caso existam duas ou mais formas de garantia distintas que cubram o mesmo objeto do seguro, em benefício do mesmo segurado ou beneficiário, a seguradora responderá com os demais garantidores pelo prejuízo comum, de modo proporcional ao risco assumido.

Art. 10. A subcontratação de partes da obra ou do fornecimento de bens ou serviços, nos termos do art. 71 da Lei n. 8.666, de 1993, não altera as obrigações contraídas pelas partes na apólice de seguro garantia.

Parágrafo único. Ao tomador é vedado arguir exceção de inadimplemento por subcontratadas, ainda que conste disposição nesse sentido do próprio contrato a ser executado.

Art. 11. Os litígios decorrentes do seguro-garantia, ocorridos entre a seguradora e o tomador, poderão ser objeto de convenção de arbitragem, nos termos da Lei n. 9.307, de 23 de setembro de 1996, respeitadas as regras estabelecidas pela Superintendência de Seguros Privados (Susep).

CAPÍTULO II
ANTEPROJETO, PROJETO BÁSICO E PROJETO EXECUTIVO

Art. 12. Observadas as regras constantes das Leis n. 8.666, de 1993, e n. 12.462, de 2011, acerca dos projetos e anteprojetos, a apresentação de projeto executivo é requisito obrigatório à emissão de apólice de seguro-garantia de execução dos contratos submetidos à presente Lei.

Art. 13. A apólice de seguro-garantia condiciona o início da execução do contrato principal e será apresentada pelo tomador:

I – nos contratos submetidos à Lei n. 8.666, de 1993:
  a) na habilitação, quando a exigência de garantia constituir previsão editalícia;
  b) no momento de celebração do contrato principal, como condição à sua celebração, em todos os demais casos; e

II – nos contratos submetidos à Lei n. 12.462, de 2011, imediatamente após a aprovação do projeto básico.

Art. 14. Após a apresentação do projeto executivo, a seguradora disporá de 30 (trinta) dias corridos para analisá-lo, diretamente ou por intermédio de terceiro contratado, podendo apresentar sugestões de alteração ao responsável pelo projeto ou contestá-lo, devendo, neste caso, apresentar, às suas expensas, parecer ou laudo técnico apto a justificar os defeitos do projeto executivo apresentado.

Parágrafo único. Sendo o projeto executivo elaborado pelo tomador, a Administração Pública também disporá de 30 (trinta) dias corridos para sugerir alterações ou contestar tecnicamente o projeto, a contar de sua apresentação pelo tomador.

Art. 15. O responsável pelo projeto executivo disporá de 15 (quinze) dias corridos, a contar da notificação prevista no artigo anterior, para apresentar à seguradora e/ou à Administração Pública o projeto executivo readequado ou os fundamentos para sua manutenção em seus termos originais.

Art. 16. A seguradora poderá negar-se a emitir a apólice de seguro-garantia, desde que justifique tecnicamente a incipiência ou a inadequação de anteprojeto, projeto básico e/ou executivo apresentados por segurado ou tomador, a depender do regime de execução legal a que o contrato estiver submetido.

Art. 17. A apresentação do projeto executivo – não contestado pela autoridade pública competente ou pela seguradora no prazo previsto nesta Lei –, em conjunto com a correspondente apólice de seguro-garantia, autoriza o início da execução do contrato principal.

Art. 18. Admite-se o fracionamento do projeto executivo em frentes de execução, sem prejuízo à emissão da apólice de seguro-garantia, desde que cada frente executiva apresentada seja previamente aprovada pela seguradora antes do início da execução do contrato principal.

CAPÍTULO III
DA ALTERAÇÃO DO CONTRATO PRINCIPAL

Art. 19. Dependerá de anuência da seguradora sua vinculação às alterações do contrato principal propostas pelo tomador e pelo segurado, após a emissão da apólice de seguro-garantia correspondente, que modifiquem substancialmente as condições consideradas essenciais pelas partes no momento da celebração do contrato de seguro garantia.

§1º. A seguradora terá 30 (trinta) dias para manifestar sua anuência ou discordância, a contar da notificação das alterações propostas pelo tomador e pelo segurado. A ausência de manifestação da seguradora no prazo legal implicará sua anuência às alterações propostas.

§2º. A negativa de anuência pela seguradora será acompanhada da apresentação de parecer técnico, elaborado por seu corpo técnico ou por terceiro por ela contratado, que justifique tecnicamente a decisão da seguradora de rescindir o contrato de seguro-garantia.

§3º. A negativa de anuência, motivada tecnicamente pela seguradora, implica a rescisão do contrato de seguro-garantia e suspende imediatamente a execução do contrato principal.

§4º. Será facultado ao tomador apresentar ao segurado nova seguradora que assuma todas as responsabilidades relacionadas ao objeto do contrato de seguro-garantia original e às alterações propostas, no prazo de 30 (trinta) dias corridos após a rescisão da apólice de seguro-garantia.

Art. 20. Na hipótese de a alteração contratual posterior à emissão da apólice de seguro-garantia, devidamente anuída pela seguradora, ensejar necessária modificação do valor do contrato principal, o valor da garantia será modificado mediante solicitação à seguradora de emissão de endosso de cobrança ou de restituição de prêmio, correspondente à alteração do valor da apólice e, se for o caso, de sua vigência.

CAPÍTULO IV
DO PODER DE FISCALIZAÇÃO DA SEGURADORA

Art. 21. Terceira interessada na regular execução do contrato objeto do seguro-garantia, a seguradora fica autorizada a fiscalizar livremente a execução do contrato principal e a atestar a conformidade dos serviços e dos materiais empregados, bem como o cumprimento dos prazos pactuados.

Art. 22. A execução do contrato será acompanhada e fiscalizada por representante da seguradora especialmente designado, sendo permitida a contratação de terceiro para assisti-lo e subsidiá-lo com informações pertinentes a essa atribuição.

Parágrafo único. O representante da seguradora anotará em registro próprio todas as ocorrências relacionadas com a execução do contrato, determinando, se for o caso, o que for necessário à regularização das faltas ou defeitos observados.

Art. 23. O tomador deve colaborar com a seguradora durante toda a execução do contrato, devendo fornecer todas as informações e documentos relacionados à execução da obra, inclusive notas fiscais, orçamentos e comprovantes de pagamento.

Art. 24. A seguradora tem poder e competência para:

I – fiscalizar livremente os canteiros de obras, as contratações e subcontratações concernentes à execução do contrato principal objeto da apólice;

II – realizar auditoria técnica e contábil; e

III – requerer esclarecimentos por parte do responsável técnico pela obra ou fornecimento.

Parágrafo único. O representante da seguradora ou terceiro por ela designado deverá informar a intenção de visitar o canteiro de obras com pelo menos 24 (vinte e quatro) horas de antecedência, devendo o tomador assegurar-lhe o acesso a todos os locais utilizados para a execução do contrato principal.

Art. 25. Nos contratos submetidos a esta Lei, apesar da fiscalização exercida pela seguradora, o segurado permanece obrigado ao acompanhamento da execução contratual por seu corpo técnico próprio, nos termos da Lei n. 8.666, de 1993.

Parágrafo único. Os agentes públicos que praticarem atos em desacordo com as disposições legais ou visando frustrar os objetivos da garantia durante a execução contratual sujeitam-se às sanções previstas nesta Lei, na Lei n. 8.666, de 1993, e na Lei n. 8.429, de 2 de junho de 1992, e nos regulamentos próprios, sem prejuízo das responsabilidades civil e criminal.

CAPÍTULO V
DO SINISTRO E DA EXECUÇÃO DA APÓLICE

Art. 26. A reclamação do sinistro na apólice de seguro-garantia é procedimento administrativo formal e resulta do inadimplemento pelo tomador de obrigação coberta pela apólice, a ser analisado pela seguradora para fins de caracterização do sinistro.

Parágrafo único. A seguradora deverá deixar claro nas condições contratuais os procedimentos especiais não previstos em lei que devem ser adotados pelo segurado para a reclamação do sinistro, além dos critérios a serem satisfeitos para sua caracterização.

Art. 27. Concomitantemente à notificação extrajudicial ao tomador de não execução, execução parcial ou irregular do contrato principal, o segurado notificará a seguradora acerca da expectativa de sinistro.

Parágrafo único. A notificação de expectativa de sinistro conterá, além da cópia da notificação enviada ao tomador, a descrição do fato potencialmente gerador do sinistro, a relação de cláusulas inadimplidas e as planilhas que indiquem o prejuízo causado ao segurado.

Art. 28. A notificação extrajudicial ao tomador marca o início do prazo de 30 (trinta) dias corridos para este apresentar defesa escrita ao segurado e à seguradora, justificando o atraso e/ou os defeitos na execução do contrato principal, devendo conter, ainda, projeto detalhado para regularização da execução contratual.

Parágrafo único. Durante o prazo estabelecido no *caput*, o segurado e a seguradora não poderão exercer qualquer ação por descumprimento do contrato.

Art. 29. Caso o tomador não apresente defesa escrita no prazo legal, ou o segurado e a seguradora não manifestem formalmente sua concordância com o projeto de regularização apresentado, no prazo de 15 (quinze) dias corridos a contar da defesa escrita do tomador, a Administração Pública imediata e obrigatoriamente emitirá comunicação de sinistro à seguradora.

§1º. Na hipótese do art. 76 da Lei n. 8.666, de 1993, a rejeição pela Administração Pública, no todo ou em parte, de obra, serviço ou fornecimento executado em desacordo com o contrato importa a automática declaração de inexecução e consequente execução da apólice de seguro-garantia.

§2º. Independentemente de comunicação de sinistro pelo segurado, a seguradora é obrigada a iniciar o processo de regulação do sinistro sempre que for informada ou constatar, diretamente ou por intermédio de terceiro contratado, a ocorrência de inadimplemento por parte do tomador de obrigação coberta pela apólice.

Art. 30. Comunicada do sinistro, a seguradora deverá, diretamente ou por terceiro contratado, investigar se o inadimplemento contratual encontra-se coberto pela apólice, as causas e razões do sinistro, a extensão dos danos resultantes do inadimplemento e, em particular na hipótese de execução parcial e/ou defeituosa, o percentual não executado do contrato principal, a qualidade do cumprimento parcial do contrato, bem como os custos para a regularização e o cumprimento do contrato até seu termo, em conformidade com o projeto executivo.

Parágrafo único. A investigação deverá ser célere e basear-se em evidências trazidas por documentos, pareceres e laudos técnicos.

Art. 31. Caso se verifique a caracterização do sinistro, a seguradora sub-roga-se nos direitos do segurado contra o tomador ou terceiros que tenham dado causa ao sinistro, devendo indenizar o segurado até o limite da garantia da apólice, adotando uma das seguintes soluções:

I – contratar outra pessoa jurídica para realizar o contrato principal;

II – assumir ela própria, nos limites das obrigações assumidas pelo tomador no contrato rescindido, a execução da parcela restante do projeto com mão de obra própria ou por intermédio de terceiros contratados; ou

III – financiar o próprio tomador inadimplente para complementar a obra, desde que dentro dos prazos contratados.

§1º. A seguradora disporá de 30 (trinta) dias corridos, a partir da caracterização do sinistro, para apresentar o relatório final de regulação, o qual deverá conter as alterações necessárias de prazo, condições e preço para a conclusão da obra ou do fornecimento de bem ou de serviço, a serem ratificadas pelo segurado.

§2º. O segurado disporá de 30 (trinta) dias corridos, a partir da entrega do relatório final de regulação do sinistro, para emitir sua concordância com as alterações propostas.

§3º. Caso o segurado não aprove as alterações propostas, a seguradora procederá com indenização em espécie seguindo o relatório final de regulação do sinistro.

§4º. O pagamento da indenização, nos termos da apólice, ou a execução da parcela restante do contrato principal deverá iniciar-se no prazo de 30 (trinta) dias corridos, a contar da manifestação do segurado prevista no §2º deste artigo.

§5º. Na hipótese de execução parcial do contrato, o valor devido pela seguradora a título de indenização equivalerá ao montante proporcional ao percentual do contrato ainda não executado, em relação ao valor global deste contrato, somado ao valor do custo adicional para a conclusão do projeto.

§6º. Na hipótese de a seguradora optar por executar diretamente o contrato principal, o segurado deve colocar à sua disposição os recursos disponíveis para a continuidade e o término do projeto, conforme os termos da apólice.

§7º. Na hipótese do §6º deste artigo, o segurado obriga-se, ainda, a pagar à seguradora o restante do valor do contrato parcialmente inadimplido.

§8º. Na hipótese de outorga do restante da execução do contrato inadimplido a terceiro, a seguradora fica livre e desimpedida para utilizar o meio de seleção que julgar adequado ao regular adimplemento do contrato.

§9º. Na hipótese do inciso I, não poderá ser contratada pessoa jurídica inscrita no Cadastro Nacional de Empresas Inidôneas ou Suspensas – Ceis.

CAPÍTULO VI
DO LIMITE DE COBERTURA

Art. 32. O art. 56, da Lei n. 8.666, de 21 de junho de 1993, passa a vigorar com a seguinte redação:

"Art. 56. [...]

§3º. Na contratação de obras, serviços e fornecimentos no âmbito dos Poderes da União, dos Estados, do Distrito Federal e dos Municípios com o valor global igual ou superior a R$ 10.000.000,00 (dez milhões de reais), a autoridade competente exigirá do vencedor do procedimento licitatório apresentação de seguro-garantia de execução do contrato que cubra 100% (cem por cento) do valor do contrato. (NR)"

Art. 33. A Lei n. 12.462, de 4 de agosto de 2011, passa a vigorar acrescida do seguinte art. 44-B:

"**Art. 44-B.** A exigência de seguro-garantia nos contratos regidos por esta Lei observará o disposto no art. 56 da Lei n. 8.666, 21 de junho de 1993."

CAPÍTULO VII
DA VIGÊNCIA

Art. 34. O prazo de vigência da apólice será:

I – igual ao prazo estabelecido no contrato principal a que esteja vinculada a apólice de seguro-garantia; e

II – igual ao prazo informado na apólice, em consonância com o estabelecido nas condições contratuais do seguro-garantia, considerando a particularidade de cada modalidade, na hipótese de a apólice não estar vinculada a um contrato principal.

Parágrafo único. A vigência da apólice acompanhará as modificações no prazo de execução do contrato principal ou do documento que serviu de base para a aceitação do risco pela seguradora, desde que tais modificações recebam a anuência da seguradora, mediante a emissão do respectivo endosso.

Art. 35. O tomador é responsável pelo pagamento do prêmio à seguradora por todo o prazo de vigência da apólice.

Parágrafo único. O seguro-garantia continuará em vigor mesmo quando o tomador não tiver pagado o prêmio nas datas convencionadas, e a seguradora pode, neste caso, recorrer à execução do contrato de contragarantia.

Art. 36. O seguro-garantia extinguir-se-á na ocorrência de um dos seguintes eventos – o que ocorrer primeiro – sem prejuízo do prazo para a ocorrência do sinistro:

I – quando o objeto do contrato principal garantido pela apólice for definitivamente realizado mediante termo ou declaração assinada pelo segurado, ou devolução da apólice;

II – quando o segurado e a seguradora assim o acordarem;

III – quando o pagamento da indenização ao segurado atingir o limite máximo de garantia da apólice;

IV – quando o contrato principal for extinto, nas hipóteses em que houver vinculação da apólice a um contrato principal, ou quando a obrigação garantida for extinta, para os demais casos; ou

V – quando do término de vigência previsto na apólice, salvo se estabelecido em contrário nas condições contratuais do seguro-garantia.

Parágrafo único. Quando a garantia da apólice recair sobre um objeto previsto em contrato, essa garantia somente será liberada ou restituída após a execução do contrato, em consonância com o disposto no §4º do art. 56 da Lei n. 8.666, de 1993, e sua extinção se comprovará, além das hipóteses previstas neste artigo, pelo recebimento do objeto do contrato, nos termos do art. 73 da Lei n. 8.666, de 1993.

Art. 37. As apólices de seguro-garantia serão a base de ocorrência, e não serão aplicadas as regras de seguros à base de reclamação.

§1º. Serão recusados todos os sinistros reclamados após 12 (doze) meses da data em que se observou a ocorrência do evento gerador do descumprimento de obrigação coberta pela apólice de seguro-garantia.

§2º. Serão recusados todos os sinistros reclamados tardiamente, mesmo que dentro do prazo fixado no §1º deste artigo, de modo a impossibilitar a atuação da seguradora na preservação de seus direitos de ressarcimento contra o tomador ou terceiro causador do evento gerador do sinistro.

Art. 38. Na hipótese de a seguradora selecionada pelo tomador ser declarada insolvente ou, por outro motivo administrativo ou judicial, perder o direito de operar no mercado brasileiro, o tomador deve notificar imediatamente o segurado desse fato e providenciar nova apólice de seguro-garantia em 30 (trinta) dias corridos contados dessa notificação.

CAPÍTULO VIII
DISPOSIÇÕES FINAIS E TRANSITÓRIAS

Art. 39. Esta Lei entra em vigor na data de sua publicação.

Parágrafo único. A utilização do seguro-garantia nos contratos objeto desta Lei torna-se facultativa a partir da data de sua publicação, passando a ser obrigatória após 120 (cento e vinte) dias dessa data, não se aplicando aos contratos vigentes à época e às licitações cujos editais tenham sido publicados antes do início da vigência de sua aplicação obrigatória.

Brasília, xx de xxxx de 2018.

JUSTIFICATIVA

Este projeto articula uma medida anticorrupção defendida pelo eminente jurista Modesto Carvalhosa, o *"performance bond"*. Do modo como articulado acima, consta no projeto n. 274/2016, que tramita no Senado Federal (reproduzido, no momento, sem modificações). Apesar da ausência de alterações e do endosso à ideia da proposta, é importante a realização de ajustes em seu eventual trâmite legislativo, que não puderam ser endereçados no âmbito desta pesquisa, por dependerem, inclusive, de informações técnicas e operacionais do mercado de seguros.

Por exemplo, a necessidade de segurar 100% do valor do contrato parece ser incoerente com o fato de que isso só seria necessário na hipótese de inexecução completa, caso em que, contudo, melhor que acionar a apólice seria adjudicar o objeto da licitação para o segundo colocado. Além disso, exigir garantias de 100% do valor da apólice inviabilizaria que contratados trabalhassem alavancados e restringiria muito o número de potenciais contratantes em licitações.

Entre as dúvidas, ainda, está a possibilidade de o mercado de seguros no Brasil comportar toda a demanda gerada se o limiar da regra que determina a garantia for de dez milhões de reais, o que pode recomendar a ampliação do patamar que enseja a exigência. Há dúvidas também sobre a existência de produtos no mercado que viabilizem segurar todo o contrato. Some-se que o próprio custo desse tipo de seguro, em termos percentuais, pode ser determinante para a conveniência da adoção da proposta.

De todo modo, a ideia é interessante, estimulando uma maior fiscalização dos contratos e desestimulando a corrupção.

Reproduz-se, assim, a seguir, a justificativa do próprio projeto original:

> Os constantes problemas de alterações de projetos, superfaturamentos, atrasos e abandonos de obras públicas demonstram a falta de proteção do Poder Público ao celebrar contratos com empresas privadas para a realização de obras ou fornecimento de bens ou serviços. Esta situação torna ineficaz a gestão pública e favorece a ocorrência de atos de corrupção, com a consequente falta de amortização dos investimentos públicos que, assim, não conseguem propiciar o retorno esperado pela sociedade brasileira.
>
> A falta de uma efetiva garantia da correta e tempestiva execução dos contratos públicos está diretamente relacionada com a inadequação da legislação nacional aplicável às licitações e aos contratos celebrados pela Administração Pública. Daí a necessidade premente de uma legislação que, a exemplo do que ocorre na iniciativa privada, garanta o resultado esperado pelo Poder Público ao contratar obras e fornecimentos. A experiência internacional, principalmente com o *Miller Act* norte-americano e algumas legislações europeias, demonstra que a contratação pública somente tem eficiência, previsibilidade e

segurança de amortização do investimento público, com a adoção de um sistema abrangente de seguro garantia que assegure o fiel cumprimento das obrigações assumidas pelas empresas privadas ao contratar com o Estado.

É nessa linha que o atual Anteprojeto de Lei visa a regulamentar a obrigatoriedade de contratação de seguro garantia pelo tomador em favor da Administração Pública, em contratos públicos com valor global igual ou superior a dez milhões de reais, cobrindo a totalidade do valor do contrato. Essa modalidade de seguro não é nova no Brasil, embora sua utilização ainda seja incipiente no setor público. O Decreto-Lei nº 200, de 25 de fevereiro de 1967, foi o primeiro a dispor sobre a modalidade de seguro garantia orientada ao uso pelo Setor Público, seguido pelo Decreto-Lei 2.300, de 21 de novembro de 1986.

Importante destacar, nessa linha, que o texto original do § 3º, do art. 56, da Lei nº 8.666, de 1993, previa expressamente a exigência de contratação de seguro garantia pela Administração Pública na contratação de obras e serviços vultuosos, facultando este seguro nos contratos de médio e pequeno vulto. Contudo, a redação original da Lei de Licitações foi objeto de veto pelo Presidente Itamar Franco (Mensagem de Veto nº 335, de 21 de junho de 1993), com base em ponderações dos Ministérios da Justiça e dos Transportes centradas na garantia de condições competitivas do procedimento licitatório e ausência de critérios objetivos definidos em lei para orientar os administradores públicos.

Desse modo, o artigo 56 da Lei nº 8.666, de 1993, prevê atualmente o seguro garantia como modalidade válida de garantia na contratação pública, mas não realiza a sua finalidade de incentivo à regular execução dos contratos, pois os atuais patamares de importância segurada são muito baixos, tornando incipientes os incentivos à elaboração de criteriosa avaliação de subscrição da apólice por parte das seguradoras, as quais não dispõem sequer de poder fiscalizatório durante a execução do contrato principal objeto do seguro garantia.

Nessa linha, o atual Anteprojeto visa a ampliar para a totalidade do valor do contrato o limite de cobertura nos contratos públicos de maior valor. Além disso, ele estabelece critérios objetivos para orientar a atuação dos administradores públicos perante os tomadores e as seguradoras, de modo a limitar a possibilidade de corrupção e de manipulação de preços.

Dessa forma, reduz-se a discricionariedade dos agentes no processo de contratação e de execução dos projetos públicos, limitando as situações de corrupção, e dando maior previsibilidade e eficiência à gestão pública. Nesse ponto, trata-se o presente Anteprojeto de mais uma norma a integrar o sistema de leis voltadas à responsabilização daqueles que causem danos à Administração Pública, a exemplo das recentes Lei Anticorrupção (Lei nº 12.486, de 2013) e Lei de Responsabilidade das Estatais (Lei nº 13.303, de 2016).

Ademais, o Anteprojeto confere à seguradora amplos poderes de fiscalização da execução do contrato principal, tornando-a um terceiro interessado no correto adimplemento do contrato pelo tomador, sob pena de, em não fiscalizando corretamente o cumprimento do contrato, ver-se obrigada a indenizar o Estado ou assumir, diretamente ou por intermédio de terceiro, a execução do projeto.

É, nesse sentido, por exemplo, que o Anteprojeto exige a apresentação de projeto executivo adequado como condição à execução da apólice e, sobretudo, amplia o poder de ação imediato da seguradora após a comunicação do sinistro. Embora o Estado continue fiscalizando o cumprimento do contrato por intermédio de seu corpo técnico próprio, o Anteprojeto cria um sistema que limita o diálogo entre os administradores públicos e as empresas privadas durante a execução do contrato, interpondo entre eles a figura da seguradora, na condição de principal interessada no correto adimplemento do contrato público.

Ele visa, assim, a complementar, aprimorar e modernizar o regime de licitação pública de obras e fornecimentos, trazendo soluções que se mostraram adequadas em outros países, sem desnaturar o atual regime nacional de contratação pública, especialmente as regras previstas nas Leis nº 8.666, de 1993 e nº 12.462, de 2011. Assim, as atuais proposições tornam claras as obrigações de cada uma das partes envolvidas na relação contratual refletida na apólice de seguro garantia e, sobretudo, instituem as ferramentas de fiscalização, acompanhamento e execução por cada uma das partes envolvidas.

A superação do seu uso facultativo, atualmente prevista pela Lei de Licitações, pela contratação compulsória sinaliza o objetivo de, através da norma dedicada aos aspectos contratuais da apólice, prestar contribuição decisiva à superação do atual paradigma de gestão e execução dos contratos públicos, criando mecanismos que garantam ao Estado a amortização do investimento público, mediante a execução do contrato no prazo, condições e preço contratados.

13 TRANSPARÊNCIA DO BENEFICIÁRIO FINAL

Pessoas jurídicas são instrumentos essenciais para a condução de negócios no Brasil e no mundo. Podem ser, entretanto, empregadas indevida e até criminosamente como instrumentos para ocultar recursos ilícitos, lavar dinheiro e dar execução a esquemas de corrupção, dificultando a identificação das pessoas físicas efetivamente responsáveis por essas irregularidades. Garantir a transparência dos beneficiários finais é, portanto, fundamental para combater à corrupção.

Principais pontos da proposta

- Define como beneficiário final de pessoas jurídicas a pessoa natural que, em última instância, possui, controla ou influencia uma entidade – controle que é definido como possuir ao menos 15% do capital ou do direito de voto naquela entidade. Também é beneficiário final aquele em cujo nome uma transação é conduzida e aquele que detém ou exerce preponderância nas deliberações sociais e o poder de eleger ou remover a maioria dos administradores da entidade.
- Determina que são responsáveis pela coleta de dados sobre beneficiário final a Receita Federal do Brasil e as Juntas Comerciais.
- São sujeitas às obrigações relacionadas à transparência do beneficiário final todas as sociedades civis e comerciais, associações, cooperativas, fundações sujeitas ao direito brasileiro ou estrangeiro que exerçam atividade ou pratiquem atos e negócios jurídicos em território nacional e tenham que se inscrever no CNPJ. Também estão sujeitos os representantes de entidades internacionais ou de direito estrangeiro que exerçam atividade no Brasil.
- As informações sobre os beneficiários finais de cada pessoa jurídica devem ser fornecidas com determinada periodicidade e detalhes suficientes para permitir a identificação precisa destes.
- Também devem ser aprimorados os sistemas de preenchimento do Quadro de Sócios e Administradores (QSA) de pessoas jurídicas. As informações públicas contidas no QSA devem ser publicadas em formato aberto. Pretende-se garantir a publicidade de informações básicas em relação aos beneficiários finais, bem como em relação às entidades.
- O cumprimento das regras relacionadas ao beneficiário final será exigido para a regularização da situação tributária de todas as pessoas jurídicas. O não preenchimento dessas informações levará à suspensão da inscrição no CNPJ e a todas as restrições que isso implica.

Problemas que pretende solucionar

- Estruturas corporativas pouco transparentes são frequentemente usadas para ocultar dinheiro ilícito e evitar o pagamento de impostos. Empresas offshore são especialmente suscetíveis a esse tipo de mau aproveitamento, e exemplos como Panamá Papers, Malta Papers e Paradise Papers mostram isso.

- Ainda que o Brasil não esteja em listas de jurisdições nas quais frequentemente se abrem as chamadas empresas offshore, a disponibilidade de informações detalhadas a respeito da estrutura societária de empresas com atividade no Brasil ajuda a demonstrar eventuais relações de pessoas físicas e jurídicas brasileiras com estruturas corporativas ligadas aos chamados paraísos fiscais – um estudo da Transparência Internacional identificou centenas de empresas brasileiras controladas por offshores (em um contexto de propriedade de imóveis na cidade de São Paulo)[5]. Ademais, caso o Brasil aprove uma lei de transparência do beneficiário final, a boa prática ganha mais força na arena global, pressionando outros países – incluindo os chamados "paraísos fiscais".

ANTEPROJETO DE LEI

Tipifica legalmente o beneficiário final, disciplina e regula a coleta e o compartilhamento de dados sobre beneficiário final e dá outras disposições.

O **PRESIDENTE DA REPÚBLICA** faço saber que o Congresso Nacional decreta e eu sanciono a seguinte lei:

Capítulo I

DISPOSIÇÕES GERAIS

Art. 1º. Esta Lei dispõe sobre os beneficiários finais de pessoas jurídicas brasileiras e estrangeiras com atividade no Brasil.

§ 1º. Para efeitos do disposto no *caput*, considera-se beneficiário final:

I – a pessoa natural que, em última instância, direta ou indiretamente, possui, controla ou influencia significativamente a entidade; ou

II – a pessoa natural em nome da qual uma transação é conduzida.

§2º. Presume-se influência significativa, a que se refere o §1º, quando a pessoa natural:

I – possui ao menos 15% (dez por cento) do capital da entidade, direta ou indiretamente; ou

II – possui ao menos 15% (dez por cento) de direto a voto, direta ou indiretamente; ou

III – detém ou exerce, a preponderância nas deliberações sociais e o poder de eleger ou remover a maioria dos administradores da entidade, ainda que sem controlá-la.

Art. 2º. A coleta de dados sobre o beneficiário final é responsabilidade do Ministério da Fazenda, por meio da Secretaria da Receita Federal do Brasil, bem como das Juntas Comerciais, a partir de orientações exaradas pelo Departamento de Registro Empresarial e Integração da Secretaria Especial da Micro e Pequena Empresa.

---

5 TRANSPARÊNCIA INTERNACIONAL. **A Corrupção mora ao lado.** São Paulo, 10 abr. 2017. Disponível em: <https://www.transparency.org/whatwedo/publication/sao_paulo_a_corrupcao_mora_ao_lado>. Acesso em: 10 maio 2018.

Art. 3º. Estão sujeitas à provisão mandatória de informações sobre beneficiário final as seguintes entidades:

i. As sociedades civis e comerciais, associações, cooperativas, fundações, sujeitos ao direito brasileiro ou ao direito estrangeiro, que exerçam atividade ou pratiquem ato ou negócio jurídico em território nacional que determine a inscrição no Cadastro Nacional da Pessoa Jurídica (CNPJ) junto à Secretaria da Receita Federal.

ii. Os representantes de entidades internacionais ou de direito estrangeiro que exerçam atividade no Brasil.

Art. 4º. Não estão sujeitas a provisão mandatória de informações sobre beneficiário final as seguintes entidades:

i. as pessoas jurídicas constituídas sob a forma de companhia aberta no Brasil ou em países que exijam a divulgação pública de todos os acionistas considerados relevantes e não estejam constituídas em jurisdições com tributação favorecida ou submetidas a regime fiscal privilegiado de que tratam os arts. 24 e 24-A da Lei n. 9.430, de 27 de dezembro de 1996;

ii. as entidades sem fins lucrativos que não atuem como administradoras fiduciárias e não estejam constituídas em jurisdições com tributação favorecida ou submetidas a regime fiscal privilegiado de que tratam os arts. 24 e 24-A da Lei n. 9.430, de 1996, desde que reguladas e fiscalizadas por autoridade governamental competente;

iii. os organismos multilaterais, bancos centrais, entidades governamentais ou ligadas a fundos soberanos;

iv. as missões diplomáticas e consulares, bem como os organismos internacionais de natureza pública reconhecidos pelo Estado Brasileiro.

CAPÍTULO II
DECLARAÇÃO DO BENEFICIÁRIO FINAL

Art. 5º. As entidades indicadas no art. 3º devem declarar, nos momentos previstos e com a periocidade fixada no presente regime, informação exata e atual sobre seus beneficiários finais, incluindo informação sobre como o controle é exercido nos termos do art. 1º.

Art. 6º. Têm legitimidade para efetuar a declaração prevista no artigo anterior:

i. as pessoas físicas que atuem nas qualidades referidas no art. 1º;

ii. os membros dos órgãos de administração das sociedades;

iii. advogados cujos poderes de representação se presumem;

iv. contabilistas certificados, em decorrência da declaração de início de atividade.

Art. 7º. A declaração de beneficiário final deve conter informação sobre:

i. a entidade;

ii. no caso de sociedades comerciais, a identificação dos titulares de capital social, com discriminação das respectivas participações sociais;

iii. a identificação dos gerentes, administradores ou quem exerça a gestão ou administração da entidade, incluindo nome, documento de identificação, e endereço;

iv. os beneficiários finais;
v. o declarante, incluindo o nome, documento de identificação, endereço e a qualidade em que atua.

Art. 8º. Sem prejuízos de demais informações a respeito de pessoas físicas já previstas em lei, os seguintes dados referentes ao beneficiário final devem constar da declaração:
- nome completo;
- data de nascimento;
- número de CPF ou passaporte;
- nacionalidade(s);
- endereço residencial permanente, incluindo o país;
- data em que a pessoa natural indicada se tornou beneficiário final;
- a(s) condição(ões) presente(s) nos termos do art. 1º.

Parágrafo único. Documentos que formalizam a constituição de sociedades comerciais devem conter a identificação das pessoas físicas que controlam as empresas nos termos do art. 1º.

Art. 9º. A Secretaria da Receita Federal aprimorará o sistema eletrônico para o preenchimento dos dados do Quadro de Sócios e Administradores (QSA) das Pessoas Jurídicas e deverá produzir, em articulação com o Departamento de Registro Empresarial e Integração, manuais e orientações com procedimentos a serem adotados para o atendimento desta Lei.

Art. 10. A declaração inicial do beneficiário final deve ser efetuada com o registro de constituição da sociedade ou com a inscrição no CNPJ, consoante se trate ou não de entidade sujeita a registro comercial.

Art. 11. A informação constante no QSA das Pessoas Jurídica deve ser atualizada dentro de 30 dias contados a partir da data do fato que determina a atualização.

Art. 12. A confirmação da exatidão, suficiência e atualidade da informação deve ser feita em uma declaração anual a ser entregue até o dia 15 de março.

CAPÍTULO III

ACESSO

Art. 13º. Serão disponibilizadas publicamente, em página eletrônica, as seguintes informações sobre os beneficiários finais e sobre as entidades:
i. relativamente aos beneficiários finais, o nome completo, o ano de nascimento, a nacionalidade, o país de residência e as condições presentes nos termos do art. 1º;
ii. relativamente às entidades, o número de inscrição junto ao CNPJ, a firma ou denominação, a natureza jurídica, a sede, o número do Cadastro Nacional de Atividades Econômicas e o identificador único de entidades jurídicas (LEI), quando relevante.

Parágrafo único. As informações públicas contidas no QSA devem estar publicadas em formato aberto, acessíveis por sistemas externos de consultas em consonância com o artigo 8º da Lei n. 12.527, de 2011.

Art. 14º. As pessoas sujeitas ao mecanismo de controle estabelecido pela Lei nº 12.683, de 9 de julho de 2012, têm acesso a todas as informações declaradas pelo beneficiário final e pela entidade, nos termos dos arts. **7º e 8º**.

Parágrafo único. Todos os acessos efetuados devem ficar registrados para fins de auditoria ao sistema, bem como para a generalidade de funções inerentes às atribuições das autoridades de supervisão e fiscalização em matéria de prevenção e investigação criminal no âmbito da prevenção e do combate à lavagem de dinheiro e ao financiamento do terrorismo.

Art. 15º. As autoridades judiciárias, policiais e setoriais previstas na Lei nº 12.683, de 9 de julho de 2012, no âmbito das respectivas atribuições legais, devem atuar em matéria de prevenção e combate ao branqueamento de capitais e ao financiamento do terrorismo.

CAPÍTULO IV

RETIFICAÇÃO

Art. 16º. A omissão, inexatidão, desconformidade ou desatualização da informação constante do QSA devem ser comunicadas à Secretaria Receita Federal por qualquer dos seguintes interessados:

i. a própria entidade sujeita;

ii. as pessoas indicadas como beneficiários finais;

iii. as autoridades que prossigam fins de investigação criminal, as autoridades de supervisão e fiscalização e a Receita Federal;

iv. as pessoas sujeitas aos mecanismos de controle estabelecidos pela Lei n. 12.683, de 9 de julho de 2012;

v. outras pessoas ou entidades que possam provar interesse legítimo quanto à lavagem de dinheiro, ao financiamento do terrorismo e às infrações subjacentes associadas, como a corrupção, os crimes fiscais e a fraude.

CAPÍTULO V

FISCALIZAÇÃO E SANÇÕES

Art. 17º. A comprovação do registro e das respectivas atualizações das informações sobre o beneficiário final pelas entidades deve ser exigida em todas as circunstâncias em que a lei obrigue a comprovação da situação tributária regularizada.

Art. 18º. As entidades que não preencherem e atualizarem as informações referentes ao beneficiário final no prazo solicitado terão sua inscrição suspensa no Cadastro Nacional da Pessoa Jurídica – CNPJ e ficarão impedidas de transacionar com estabelecimentos bancários, inclusive quanto à movimentação de contas-correntes, à realização de aplicações financeiras e à obtenção de empréstimos.

§1º. O impedimento de transacionar com estabelecimentos bancários não se aplica à realização das operações necessárias para o retorno do investimento ao país de origem e o cumprimento de obrigação assumida antes da suspensão, como prazos, carência e data de vencimento.

Art. 19º. Quem prestar falsas declarações para efeitos de registro do beneficiário final, para além da responsabilidade criminal que incorre, nos termos do artigo 299 do Código Penal, responde civilmente pelos danos a que der causa.

Brasília, xx de xxxx de 2018.

JUSTIFICATIVA

Escândalos revelados recentemente e estudos realizados por instituições multilaterais demonstram que estruturas corporativas pouco transparentes são utilizadas com frequência para ocultar dinheiro ilícito e/ou evitar o pagamento de impostos.

Estudo do Banco Mundial analisou 200 casos de grande corrupção e identificou que, em 70% dos casos, estruturas corporativas pouco transparentes, como trustes ou *offshores*, foram utilizadas para canalizar dinheiro obtido por meio de práticas ilícitas.

Escândalos conhecidos, como Panama Papers, Malta Papers e Paradise Papers, também relevaram que jurisdições *offshore* são largamente utilizadas para fins aparentemente ilícitos.

De maneira a prevenir usos ilícitos de estruturas corporativas, surgiram, nos últimos anos, recomendações de maior transparência corporativa, especificamente em relação a informações sobre as pessoas físicas que controlam ou possuem forte influência sobre empresas: os beneficiários finais.

Conforme assinala documento orientador do governo britânico, informações sobre beneficiários finais (ou *"people with significant control"*, conforme define a lei britânica) aumentam a transparência sobre quem é o proprietário ou o controlador das empresas, ajudando investidores a tomar decisões quando estes consideram investir em uma empresa. Além disso, prossegue o documento, o registro de beneficiários finais ajuda autoridades estatais em investigações sobre lavagem de dinheiro

Tais debates e recomendações resultaram, recentemente, em compromissos multilaterais e em legislações nacionais. Em 2014, os países do G-20 assinaram um documento conjunto sobre os Dez Princípios Específicos da Transparência do Beneficiário Final[6].

Nessa linha, a União Europeia (UE) aprovou, em maio de 2015, a Diretiva 849, relativa à prevenção à lavagem de dinheiro e ao financiamento do terrorismo. Em seu capítulo III, a Diretiva recomenda que os países-membros da UE criem um registro de beneficiários finais, de modo a dar mais transparência a estruturas corporativas registradas em cada país europeu. Beneficiários finais são identificados como pessoas físicas que controlam pessoas jurídicas.

Vários países, como Inglaterra, Portugal e Espanha, já aprovaram leis nacionais sobre

---

[6] Disponível em: <https://www.ag.gov.au/CrimeAndCorruption/AntiCorruption/Documents/G20High-LevelPrinciplesOnBeneficialOwnershipTransparency.pdf >. Acesso em 10 jan. 2018.

beneficiários finais com base na diretiva europeia.

De modo a ser efetiva, uma lei que cria o cadastro de beneficiários finais deve ter algumas características: definir concretamente o que é beneficiário final e quais limites devem ser observados para se enquadrar alguém como beneficiário final (muitos países definem 25%, mas, nos Estados Unidos, por exemplo, a lei para determinar propriedade de empresas norte-americanas fala em "pelo menos 10%" e, para empresas abertas, o percentual é de 5% – nossa proposta busca um meio-termo, com o estabelecimento de 15%); definir o escopo da informação a ser mandatoriamente produzida e repassada ao Estado; definir sanções por incumprimento; definir métodos de verificação da informação; definir grau de abertura ao escrutínio público e de acesso por parte dos atores estatais e de atores relevantes do sistema antilavagem de dinheiro; além definir formatos de publicação.

No Brasil, a Receita Federal emitiu a Instrução Normativa 1634, em maio de 2016, que definiu beneficiário final no âmbito do Cadastro Nacional da Pessoa Jurídica e estabeleceu regras para a coleta desta informação.

A partir desse movimento da Receita Federal, sugere-se que esta amplie a coleta referente a dados de beneficiário final e, em articulação com o Departamento de Registro Empresarial e Integração, produza manuais e documentos de referência.

14 REGULAÇÃO DA CIRCULAÇÃO DE DINHEIRO EM ESPÉCIE

A lavagem de dinheiro, a sonegação fiscal e o pagamento de propina são algumas das práticas relacionadas à corrupção facilitadas pela livre circulação de dinheiro em espécie. De fato, utilizando-se desse instrumento, as origens e as destinações de grandes quantias de recursos tornam-se praticamente irrastreáveis. Regulamentar essa circulação dentro de parâmetros razoáveis obrigará o uso de operações financeiras tradicionais, que estão sujeitas a maior nível de controle, e oferecerá instrumentos para que órgãos de investigação possam identificar e confiscar os recursos empregados em transações irregulares.

Principais propostas da medida

- São estabelecidas regras e condições para uso de dinheiro em espécie em transações de qualquer natureza, para o trânsito de recursos em espécie e para a posse de recursos em espécie.
- Para transações comerciais ou profissionais, estabelece-se o limite de 10 mil reais. O pagamento de boletos e faturas em espécie fica restrito a quantias inferiores a 5 mil reais. O trânsito de recursos em espécie fica limitado a valores inferiores a 100 mil reais ou seu equivalente em moeda estrangeira. A posse de recursos em espécie também fica sujeita a limitação – máximo de 300 mil reais.
- O descumprimento dessas normas está sujeito a sanções administrativa de confisco e/ou multa.

Problemas que pretende solucionar

- Muito utilizado em atividades de corrupção, o trânsito de dinheiro em espécie facilita a lavagem de dinheiro e a circulação de propina. Exemplos recentes do uso de grandes quantias para transações ilícitas[7] e para armazenamento de vantagens indevidas recebidas[8] mostram a necessidade dessa medida.
- As práticas que se pretendem combater são, também, um meio para a sonegação fiscal, que impacta diretamente na arrecadação e na qualidade dos serviços públicos oferecidos. O combate ao tráfico de drogas e armas e ao financiamento do terrorismo também se beneficiam com essa medida.
- Adequa o Brasil a uma tendência internacional – medidas para coibir a transação de dinheiro em espécie para fins ilícitos estão sendo implementadas em diversos países, como Estados Unidos, Canadá, Austrália, Portugal, Itália e Bélgica.

---

[7] G1. **Filmado recebendo mala de dinheiro, Deputado Rodrigo Rocha Loures chega ao Brasil**. São Paulo, 19 maio 2017. Disponível em: <https://g1.globo.com/sao-paulo/noticia/filmado-recebendo-mala-de-dinheiro-deputado-rodrigo-rocha-loures-chega-ao-brasil.ghtml>. Acesso em: 23 mar. 2018.

[8] EL PAÍS. **Dinheiro encontrado em malas no 'bunker' de Geddel Vieira soma 51 milhões de reais.** Brasília, 6 set. 2017. Disponível em: <https://brasil.elpais.com/brasil/2017/09/05/politica/1504623466_872533.html>. Acesso em: 23 mar. 2018.

ANTEPROJETO DE LEI

Dispõe sobre as condições para o uso de dinheiro em espécie em transações de qualquer natureza, bem como para o trânsito de recursos em espécie em todo o território nacional.

O **PRESIDENTE DA REPÚBLICA** faço saber que o Congresso nacional decreta e eu sanciono a seguinte lei:

Art. 1º. A presente lei estabelece regras e condições para o uso de dinheiro em espécie em transações de qualquer natureza, bem como para o trânsito de recursos em espécie em todo o território nacional.

Art. 2º. É vedado o uso de dinheiro em espécie em transações comerciais ou profissionais de qualquer natureza que envolvam montantes iguais ou superiores a R$ 10.000,00 (dez mil reais), ou seu equivalente em moeda estrangeira, valor que poderá ser alterado por decisão do Conselho de Controle de Atividades Financeiras.

§1º. O descumprimento dessa regra sujeitará os recursos à apreensão e, se não comprovada sua origem e destinação lícitas, ao confisco, respeitando-se o princípio do contraditório e da ampla defesa.

§2º. Caso comprovada a origem e destinação lícita dos recursos movimentados em descumprimento a essa regra, os envolvidos na transação ficarão sujeitos à pena de multa de até 20% do valor em espécie utilizado, cujos critérios de aplicação serão regulamentados em decreto.

§3º. Cabe ao Conselho de Controle de Atividades Financeiras o procedimento de justificação, bem como a aplicação das penas de confisco e multa, que serão revertidos em favor do órgão e destinados ao financiamento da atividade de prevenção e combate à lavagem de dinheiro, corrupção e terrorismo.

Art. 3º. É vedado o pagamento de boletos, faturas ou documentos equivalentes de valor igual ou superior a R$ 5.000,00 (cinco mil reais), ou o seu equivalente em moeda estrangeira, em espécie, devendo ser realizados por meios que assegurem a identificação do pagador e do beneficiário, valor que poderá ser alterado por decisão do Conselho de Controle de Atividades Financeiras.

Parágrafo único. O limite referido neste artigo se aplica também para o pagamento de impostos.

Art. 4º. O limite referido no art. 3º será de R$ 10.000,00 (dez mil reais), ou seu equivalente em moeda estrangeira, sempre que o pagamento for realizado por pessoas naturais não residentes em território nacional, desde que não atuem na qualidade de empresários ou comerciantes.

Art. 5º. Para fins de cômputo dos limites referidos nos arts. 3º e 4º, são considerados, de maneira agregada, todos os pagamentos associados à compra e venda de bens ou prestação de serviços, ainda que não excedam aqueles limites se considerados fracionadamente.

Art. 6º. O disposto nesta Lei não é aplicável às operações com instituições financeiras que recebam depósitos, prestem serviços de pagamento, emitam moeda eletrônica ou realizem operações de câmbio manual, nos pagamentos decorrentes de decisões ou ordens judiciais e em situações excepcionais previstas em lei especial.

Art. 7º. É vedado o trânsito de recursos em espécie em valores superiores a R$ 100.000,00 (cem mil reais), ou seu equivalente em moeda estrangeira, salvo se comprovadas a origem e a destinação lícita dos recursos. Esse valor poderá ser alterado por decisão do Conselho de Controle de Atividades Financeiras.

§1º. Não está abrangido nesta proibição o transporte realizado por instituições financeiras, nos termos do art. 17 da Lei n. 4595, de 1964, e outras entidades autorizadas por lei.

§2º. O descumprimento dessa regra sujeitará os recursos à apreensão e, se não comprovada sua origem e destinação lícitas, ao confisco, respeitando-se o princípio do contraditório e da ampla defesa.

§3º. Cabe ao Conselho de Controle de Atividades Financeiras o procedimento de justificação bem como a aplicação das penas de confisco e multa, que serão revertidos em favor do órgão e destinados ao financiamento da atividade de prevenção e combate à lavagem de dinheiro, corrupção e terrorismo.

Art. 8º. Ressalvadas situações que legitimem o recebimento recente de tais recursos, é vedada a posse de recursos em espécie em valores superiores a R$ 300.000,00 (trezentos mil reais), ou seu equivalente em moeda estrangeira, valor que poderá ser alterado por decisão do Conselho de Controle de Atividades Financeiras.

§1º. Não estão abrangidas nesta proibição as instituições financeiras, nos termos do art. 17 da Lei n. 4.595, de 1964, e outras entidades autorizadas por lei.

§2º. Por recente, considera-se o recebimento dos recursos efetivado nos 7 dias úteis anteriores.

§3º. Não legitimam o recebimento dos recursos as situações em que o trânsito ou recebimento dos recursos aconteceu em violação a esta lei ou qualquer outra disposição legal ou regulamentar.

§4º. O descumprimento dessa regra sujeitará os recursos à apreensão e, se não comprovada sua origem e destinação lícitas, ao confisco, respeitando-se o princípio do contraditório e ampla defesa.

§5º. Caso comprovada a origem e destinação lícita dos recursos movimentados em descumprimento a essa regra, os envolvidos na transação ficarão sujeitos à pena de multa de até 20% do valor em espécie movimentado, cujos critérios de aplicação serão regulamentados em decreto.

§6º. Cabe ao Conselho de Controle de Atividades Financeiras o procedimento de justificação bem como a aplicação das penas de confisco e multa, que serão revertidos em favor do órgão e destinados ao financiamento da atividade de prevenção e combate à lavagem de dinheiro, corrupção e terrorismo.

Art. 9º. Esta Lei entra em vigor na data de sua publicação.

Brasília, xx de xxxx de 2018.

JUSTIFICATIVA

Esta proposta tem como objetivo prevenir a utilização dos sistemas econômicos para a prática dos ilícitos previstos na Lei n. 9.613, de 3 de março de 1998, bem como estabelecer regras e condições para o uso de dinheiro em espécie em transações de toda natureza realizadas no comércio de bens e serviços.

Além disso, o trânsito de dinheiro em espécie facilita a lavagem de recursos em atividades de corrupção, a sonegação fiscal e, ademais, oportuniza a prática de crimes como assaltos a bancos, arrombamentos de caixas eletrônicos, entre outros.

Em diversas operações do Ministério Público e da Polícia Federal, identificou-se que o repasse de valores em espécie é uma das principais maneiras de lavar dinheiro e um dos principais modos de circular propinas, dada a dificuldade de rastrear os recursos, identificar as origens e o destino e sua relativa "invisibilidade" para as autoridades públicas. Exemplo quase anedótico foi a descoberta de apartamento, vinculado a político de visibilidade, com malas e caixas contendo mais de R$ 50 milhões em espécie.

Ciente desse fato, a Receita Federal do Brasil instituiu, por meio da Instrução Normativa n. 1761, de 20 de novembro de 2017, a obrigação aos contribuintes, pessoas física ou jurídica, de prestar informações à Secretaria da Receita Federal do Brasil (RFB) relativas a operações, em espécie, decorrentes de alienação ou cessão onerosa ou gratuita de bens e direitos, prestação de serviços, aluguel ou outras operações cuja soma seja igual ou superior a R$ 30.000,00 (trinta mil reais), ou o equivalente em outra moeda.

Medidas semelhantes já foram implementados em diversos países. Nos Estados Unidos, as instituições financeiras devem comunicar todas transações em espécie acima de US$ 10.000 (dez mil dólares americanos) a uma central supervisionada pelo FinCen (Unidade de Inteligência Financeira – UIF norte-americana)[9]. Em 2003, o Canadá implementou um sistema sob o qual transações em espécie iguais ou superiores a CAN$10.000 (dez mil dólares canadenses) devem ser comunicadas[10]. As comunicações são efetuadas para a UIF canadense. Transferências internacionais por cabo acima do mesmo montante também devem ser comunicadas[11]. Uma obrigação similar existe na Austrália: transações em espécie envolvendo recursos (moeda ou papel moeda) no equivalente a AU$ 10.000 (dez mil dólares australianos) ou mais e todas as transferências internacionais por cabo devem ser comunicadas à autoridade competente.

Na Europa, diversos países implementaram medidas que vão além da comunicação de transações envolvendo valores em espécie e visam estabelecer restrições e limitações ao uso de dinheiro vivo. Portugal publicou o novo artigo da Lei Geral Tributária, intitulado "Proibição de pagamento em numerário", em agosto de 2017. O artigo proíbe pagar ou receber em numerário as transações de qualquer natureza que envolvam montantes

---

[9] A obrigação de comunicar está contida em um regulamento, 31 CFR 103.22, emitido sob a autoridade da Lei de Sigilo Bancário (31 U.S.C. 5311 et seq.) [Estados Unidos].

[10] Regulamentos dos Recursos do Crime Lavagem de Dinheiro e Financiamento ao Terrorismo, Seção 12.(1) e outros [Canadá]. Essa obrigação de comunicar entrou em efetividade em 31 de janeiro de 2003.

[11] Idem. A obrigação de comunicar transferências internacionais por cabo foi escalonada durante 2002 e 2003.

iguais ou superiores a € 3.000 (três mil euros), ou o seu equivalente em moeda estrangeira. Na Itália, desde 2011, estão proibidas transações em espécie acima de € 2.999,99 por pagamento. Na Grécia a limitação é de € 1.500. Na Bélgica, o limite para pagamentos em espécie é de € 3.000 (três mil euros).

O Brasil, com um dos sistemas bancários mais desenvolvidos do mundo, proporciona todas as condições para que operações financeiras possam ser feitas sem a necessidade de se portar dinheiro em espécie, o que facilitaria, ainda, o rastreamento dessas operações.

Assim, faz-se necessário o debate desta proposta para que se possam estabelecer mecanismos para a redução da circulação do dinheiro em espécie, o que proporcionaria grandes benefícios à sociedade, quanto à prevenção e combate à corrupção, à lavagem de dinheiro e ao financiamento do terrorismo.

IV

MEDIDAS ANTICORRUPÇÃO PARA ELEIÇÕES E PARTIDOS POLÍTICOS

15 TRANSPARÊNCIA, RESPONSABILIDADE E DEMOCRACIA PARTIDÁRIAS

Os partidos políticos são peças fundamentais para o funcionamento da democracia. Por sua centralidade e importância, a Constituição brasileira deu aos partidos o monopólio do acesso aos cargos públicos eletivos, além de destinar ao seu funcionamento os valores proporcionais do Fundo Partidário. Infelizmente, porém, a generosidade da Constituição não encontrou pleno respaldo no desenvolvimento das obrigações partidárias. Muitos partidos tornaram-se negócios de família, outros se distanciaram das pessoas ao não promoverem mínimos mecanismos de acesso e controle social ou de filiados. Não por menos, partidos vêm se desgastando frente às inúmeras investigações que indicam o envolvimento de dirigentes partidários e o uso da máquina partidária para a consecução de esquemas de corrupção. Esta proposta pretende garantir a transparência das contas partidárias e dos processos decisórios, instituir sanções adequadas e proporcionais para os casos de irregularidades e fortalecer a democracia interna dos partidos.

Principais pontos da proposta
- Determina que os processos eleitorais internos dos partidos observem os princípios democráticos do voto direto, secreto, universal e periódico, além daquele da alternância de poder. De modo geral, garante a participação dos filiados nos processos de tomada de decisão dos partidos dos quais fazem parte.
- Prevê-se que os balanços financeiros e as prestações de contas mensais ou anuais dos partidos devem ter a maior publicidade, sendo publicadas na internet.
- Impede que partidos políticos dirigidos por Comissões Provisórias, escolhidas pelos dirigentes, não eleitas pelos filiados, registrem candidaturas para pleitos eleitorais dentro das respectivas circunscrições.
- Prevê a responsabilidade civil, administrativa e eleitoral dos partidos, pela conduta de seus agentes, nos casos de movimentação de recursos paralelos à contabilidade legal, da utilização de bens e recursos derivados de infração penal ou fontes de recurso vedadas (como, atualmente, doações de pessoas jurídicas), entre outros. São sanções cabíveis a multa e a suspensão do funcionamento do diretório do partido político e da filiação do agente responsável.
- Determina, ainda, a adesão a boas práticas de integridade, como a instituição de um comitê de ética e a criação de um canal de denúncias.

Problemas que pretende solucionar
- Compatível com o cenário internacional, pretende-se aproximar o tratamento dado aos partidos políticos àquele dado a outras pessoas jurídicas. Nesse sentido, busca-se submetê-lo à Lei de Acesso à Informação e, analogamente, a algumas das regras previstas na Lei Anticorrupção. Considerando que são recursos públicos que financiam grande

- parte das atividades partidárias, nada mais correto que exigir a devida transparência em seus balanços financeiros.
- Os resultados do Ranking de Transparência Partidária, elaborado pelo Movimento Transparência Partidária, já sinalizam a necessidade de reformas urgentes. Estruturado em torno de 4 eixos – Contabilidade, Dirigentes e Filiados, Procedimentos e Estrutura Partidária –, essa avaliação da transparência dos partidos brasileiros obteve péssimos resultados: nenhum partido teve nota maior que 3, em uma escala de 0 a 10[1].
- No contexto em que os partidos políticos são as instituições com menor confiança do público[2], fortalecer a democracia interna e reduzir o poder dos "caciques", muitos deles envolvidos em esquemas de corrupção, é fundamental para recuperar a sua credibilidade. O caminho não será diminuir a importância dos partidos, mas criar mecanismos de controle de filiados e da sociedade.
- Há um flagrante abuso no uso de Comissões Provisórias pelos partidos políticos, já que estas se tornaram instrumentos para que os dirigentes partidários consigam impor sua vontade. Hoje, mais de metade dos diretórios regionais dos 10 maiores partidos é comandado por comissões provisórias[3].

ANTEPROJETO DE LEI

Altera a Lei n. 9.096, de 19 de setembro de 1995, a Lei n. 9.504, de 30 de setembro de 1997, e a Lei n. 12.527, de 18 de novembro de 2011, a fim de estabelecer a responsabilização dos partidos políticos por atos de corrupção, promover transparência, ampliar a democracia partidária, e dá outras providências.

O **PRESIDENTE DA REPÚBLICA** faço saber que o Congresso Nacional decreta e eu sanciono a seguinte lei:

Art. 1º. Os artigos 3º, 4º, 7º, 10, 14, 15, 30, 32, 35 e 39 da Lei n. 9.096, de 19 de setembro de 1995, passam a vigorar com as seguintes alterações:

"**Art. 3º.** É assegurada, ao partido político, autonomia para definir sua estrutura interna, organização e funcionamento, observados os princípios orientadores da Constituição Federal e do Estado Democrático de Direito.

Art. 4º. [...]

§1º. É assegurada aos filiados igualdade de condições para concorrer a cargos de direção nos órgãos de nível nacional, estadual, distrital e municipal.

---

1 MOVIMENTO TRANSPARÊNCIA PARTIDÁRIA. *Ranking* de Transparência Partidária. São Paulo, mar. 2018. Disponível em: <http://www.transparenciapartidaria.org/>. Acesso em: 13 mar. 2018.

2 Pesquisa do Índice de Confiança Social (IBOPE) afirma que, em 2017, apenas 17% dos brasileiros confiam nos partidos políticos. Disponível em: <http://177.47.5.246/noticias-e-pesquisas/confianca-no-presidente-governo-federal-e-congresso-nacional-e-a-menor-em-9-anos/>. Acesso em: 6 mar. 2018.

3 O GLOBO. **Partidos abusam de comissões provisórias em diretórios regionais.** Rio de Janeiro, 12 fev. 2017. Disponível em: <https://oglobo.globo.com/brasil/partidos-abusam-de-comissoes-provisorias-em-diretorios-regionais-20912730>. Acesso em: 6 mar. 2018.

§2º. O estatuto do partido estabelecerá regras sobre eleições internas para os cargos de direção nos órgãos de nível nacional, estadual, distrital e municipal, observando os princípios democráticos do voto direto, secreto, universal e periódico e da alternância.

Art. 10. As alterações programáticas ou estatutárias, devidamente aprovadas em assembleia e após registradas no Ofício Civil competente, devem ser encaminhadas, para o mesmo fim, ao Tribunal Superior Eleitoral.

[...]

Art. 14. Observadas as disposições constitucionais e as desta Lei, o partido é livre para fixar, em seu programa, seus objetivos políticos e estabelecer, em seu estatuto, sua estrutura interna, organização e funcionamento, devendo garantir a democracia interna, transparência nas deliberações e publicidade das prestações de contas, bem como das decisões tomadas pelas instâncias deliberativas de âmbito nacional, estadual, distrital, municipal e zonal.

Art. 15. [...]

   VI – condições e forma de escolha de seus candidatos a cargos e funções eletivas, com garantia de ampla e efetiva participação dos filiados;

[...]

   IX – procedimentos democráticos a serem seguidos para alterações do programa e do estatuto, que observem a participação efetiva de seus filiados, diretamente ou por meios representativos;

   X – previsão de que a maioria dos filiados da respectiva base federada possa convocar a realização de congressos, plenárias, assembleias e afins;

   XI – estabelecimento de canal de denúncia e de proteção ao denunciante a ser utilizado por seus filiados.

Art. 30

[...]

Parágrafo único. O partido político, por meio de seus órgãos nacionais, deve manter publicada e atualizada, na internet, em formato de dados abertos, a escrituração contábil de todos os seus órgãos e entidades vinculadas, cabendo à Justiça Eleitoral determinar a padronização desses balanços.

[...]

Art. 32. O partido está obrigado a enviar à Justiça Eleitoral, anualmente, e a publicar em sítio próprio da internet o balanço contábil do exercício findo ou a publicação da declaração de ausência de movimentação de recursos, até o dia 30 de abril do ano seguinte.

[...]

§2º. (Revogado)

[...]

§6°. O partido deverá comunicar aos filiados, por meio hábil, a disponibilização na internet do balancete ou publicação de que trata o *caput*.

Art. 35. [...]

[...]

§2°. É facultado a qualquer cidadão, até quinze dias após a publicação dos balanços financeiros e prestações de contas mensais ou anuais dos partidos políticos, solicitar abertura de investigação para apuração de eventual ato que viole as prescrições legais ou estatutárias a que, em matéria financeira, os partidos e seus filiados estejam sujeitos.

Art. 2°. A Lei n. 9.096, de 19 de setembro de 1995, passa a vigorar acrescida do seguinte título III-A:

TÍTULO III-A
DA RESPONSABILIDADE DOS PARTIDOS POLÍTICOS

Art. 44-A. Os partidos políticos são responsáveis, nas esferas civil, administrativa e eleitoral, pelas condutas de seus agentes, descritas no art. 5° da Lei n. 12.846, de 1° de agosto de 2013, praticadas em seu interesse ou benefício, e por:

   I – manter ou movimentar qualquer tipo de recurso ou valor paralelamente à contabilidade exigida pela lei;

   II – ocultar ou dissimular a natureza, origem, localização, disposição, movimentação ou propriedade de bens, direitos ou valores provenientes, direta ou indiretamente, de infração penal, ou de fontes de recursos vedadas pela legislação eleitoral;

   III – utilizar bens, direitos ou valores provenientes de infração penal, ou de fontes de recursos vedadas pela legislação eleitoral.

Parágrafo único. A responsabilidade referida neste artigo, no âmbito dos partidos políticos, cabe ao órgão partidário municipal, estadual ou nacional que tiver dado causa ao ilícito.

Art. 44-B. A responsabilidade dos partidos políticos não exclui a dos agentes que tenham incorrido ou colaborado na prática dos atos lesivos previstos no artigo 44-A nem de qualquer outra pessoa, física ou jurídica, que, de qualquer modo, tenha contribuído para sua realização.

Art. 44-C. Subsiste a responsabilidade dos partidos políticos na hipótese de fusão ou incorporação.

§1°. Na hipótese prevista no *caput* deste artigo, o partido sucessor permanecerá responsável, podendo prosseguir contra ele o processo e ser-lhe aplicada a devida sanção. §2°. Em caso de fusão ou incorporação, a responsabilidade do partido sucessor implica, exclusivamente, o pagamento de multa e a reparação do dano causado, até o limite do patrimônio transferido, salvo na hipótese de simulação ou fraude.

§3º. A limitação prevista no parágrafo anterior não beneficia o agente responsável pela prática do ilícito.

Art. 44-D. A condenação pela prática dos atos previstos no artigo 44-A sujeita os partidos políticos ao pagamento de multa, no montante de 5% a 30% da respectiva cota nos repasses do fundo partidário, relativa ao exercício no qual ocorreu a ilicitude, cujo valor será descontado dos repasses do ano seguinte ao da condenação, sem prejuízo das sanções pela desaprovação das contas.

§1º. Se o ilícito ocorrer ao longo de mais de um exercício, as multas serão aplicadas independentemente em relação a cada um deles, e seus valores serão somados.

§2º. A multa não exclui a obrigação de reparação integral do dano causado pela prática do ilícito.

§3º. Se os atos lesivos tiverem extrema gravidade, para a qual a multa, a despeito de fixada em grau máximo, for considerada insuficiente, a Justiça Eleitoral poderá determinar a suspensão do funcionamento do diretório do partido político na circunscrição eleitoral em que foram praticados, e da filiação do agente partidário responsável, pelo prazo de um a cinco anos.

§4º. Na hipótese do parágrafo anterior, o Ministério Público Eleitoral poderá requerer ao Tribunal Superior Eleitoral a suspensão das atividades da agremiação partidária se as condutas forem de responsabilidade do diretório nacional, por prazo que não poderá exceder cinco anos.

Art. 44-E. Para a aplicação das sanções previstas no art. 44-D, a Justiça Eleitoral considerará:

I – a consumação ou não do ato lesivo e a vantagem efetivamente auferida pelo partido político;

II – a cooperação do partido político, aportando provas em qualquer fase do processo, para a apuração da infração e a identificação dos responsáveis;

III – a existência de mecanismos e procedimentos internos de integridade, auditoria e incentivo à denúncia de irregularidades e a aplicação efetiva de códigos de ética e de conduta no âmbito dos partidos políticos, que deverão constar de seus estatutos.

Art. 44-F. A ação, de competência da Justiça Eleitoral, cujo objeto for a responsabilização dos partidos políticos pela prática dos atos lesivos descritos no artigo 44-A, será proposta pelo Ministério Público Eleitoral e processada pelo rito do artigo 22, da Lei Complementar n. 64, de 18 de maio de 1990.

Parágrafo único. Para o fim de instruir a ação de que trata este artigo, o Ministério Público Eleitoral poderá instaurar procedimento investigatório, que deverá ser concluído no prazo de 180 (cento e oitenta) dias, admitida justificadamente sua prorrogação, podendo ouvir testemunhas, requisitar documentos e requerer as medidas judiciais necessárias para a investigação, inclusive as de natureza cautelar, nos termos da legislação processual civil.

Art. 3º. O artigo 1º da Lei n. 12.527, de 18 de novembro de 2011, passa a vigorar com a seguinte redação:

Art. 1º. [...]

III – os partidos políticos.

Art. 4º. O art. 10 da Lei n. 9.504, de 30 de setembro de 1997, passa a vigorar com a seguinte redação:

Art. 10. [...]

§6º. É vedado aos partidos políticos dirigidos por Comissão Provisória o registro de candidaturas para pleitos eleitorais na respectiva circunscrição, bem como participar de coligações proporcionais ou majoritárias, devendo seu tempo de rádio e televisão ser distribuído igualitariamente entre os demais.

Art. 5º. Os recursos públicos destinados aos partidos políticos via Fundo Partidário, Fundo Especial de Financiamento de Campanha e o tempo de propaganda eleitoral gratuita em rádio e televisão serão reservados aos partidos que adotarem as seguintes práticas de governança e transparência:

 I – Publicação da contabilidade interna do partido e das entidades a ele diretamente vinculadas, atualizada mensalmente e disponível na principal página de internet do partido;

 II – Publicação das receitas e despesas dos partidos, com indicação expressa de origem e destino dos recursos, atualizada mensalmente e disponível na principal página de internet do partido;

 a) a identificação da origem e do destino dos recursos será feita por meio da publicação do nome da pessoa física ou jurídica acompanhado, conforme o caso, do respectivo número de CPF ou CNPJ;

 b) as indicações de pessoa jurídica serão acompanhadas de respectivo número e descrição de CNAE.

 III – Publicação permanente na principal página de internet do partido dos requisitos e procedimentos para filiações e da lista completa e mensalmente atualizada de filiados, com indicação expressa do nome completo, CPF, data de filiação e histórico de funções partidárias e cargos públicos ocupados, com indicação dos respectivos períodos;

 IV – Instituição de comitê de ética do partido, com abrangência nacional e ao menos 5 (cinco) integrantes, assegurada a qualquer filiado a possibilidade de compô-lo e de apresentar a ele denúncias e reclamações;

 V – os partidos deverão manter publicadas em sua principal página de internet a identificação completa dos membros do seu comitê de ética, bem como de suas regras de funcionamento, composição e decisão.

Art. 6º. Todas as informações expressas nos incisos I a V do art. 4º deverão ser publicadas em formato aberto e não proprietário, como planilhas e texto, de modo a facilitar a análise das informações e possibilitar o acesso automatizado por sistemas externos estruturados e legíveis por máquina.

Art. 7º. Esta Lei entra em vigor 60 (sessenta) dias após a data de sua publicação.

Brasília, xx de xxxx de 2018.

JUSTIFICATIVA

Os partidos políticos são essenciais à democracia representativa e assumem a missão de ser a ponte entre Estado e sociedade, com o dever de potencializar a participação cidadã em democracias de larga escala.

O cenário brasileiro atual de descrença nas instituições políticas mostra a necessidade de fortalecermos os partidos na direção de maiores práticas de transparência e prestação de contas. No Brasil, os partidos são financiados com dinheiro público por meio do Fundo Partidário e do Fundo Especial de Financiamento de Campanha e, na prática, são o único canal de acesso dos indivíduos à representação política. Porém, os instrumentos que existem para controlar o uso que fazem dos recursos públicos são insuficientes. É preciso renovar e revigorar os partidos enquanto instâncias de acesso à vida político-institucional do país e, ao mesmo tempo, submetê-los a práticas mais robustas de prestação de contas. Para tanto, a Justiça Eleitoral deve ser fortalecida, e, ao mesmo tempo, devem ser assegurados aos cidadãos mecanismos para controlar e fiscalizar ativamente os partidos (filiados, eleitores, imprensa e sociedade civil organizada).

Este Projeto de Lei valoriza os direitos fundamentais de acesso à informação e participação política, sem comprometer a autonomia dos partidos. Não apenas submete os partidos políticos à Lei de Acesso a Informação, mas também os instiga a publicar seus dados financeiros e tornar conhecidos seus doadores de campanhas. A proposta é facilitar e promover a transparência ativa e passiva dos partidos e o acesso facilitado por parte dos cidadãos a informações pertinentes à sua vida institucional e financeira.

As informações relativas ao financiamento partidário devem sempre ser públicas, observados princípios de transparência ativa e passiva internacionalmente consagrados, a fim de que a sociedade possa colaborar com os órgãos de controle oficias para denunciar eventuais desvios ou abusos. Com isso, os cidadãos são incentivados a perceber os partidos como instituições necessárias, sem as quais o sistema político não pode funcionar corretamente. A proposta contribui, assim, para o necessário processo de recuperação da confiança entre cidadania e partidos políticos.

Da mesma maneira, as normas propostas neste anteprojeto têm a finalidade de adequar aos partidos políticos – considerando-se a peculiaridade de sua organização e estrutura –, as disposições relativas às pessoas jurídicas contidas na Lei n. 12.846, de 1º de agosto de 2013, de modo que, tanto quanto possível, as regras da Lei Anticorrupção também sejam aplicáveis às agremiações partidárias, tendo em vista o potencial que essas organizações possuem de também consumar atos lesivos contra a administração pública.

As legislações de outros países que preveem a responsabilização dos partidos por atos infracionais, inclusive no âmbito criminal, como ocorre na Espanha e na França, revelam que a tendência no direito comparado é conferir aos partidos políticos o mesmo tratamento que se atribui às demais pessoas jurídicas, uma vez que se reconhece em todo o mundo que a disputa pelo poder político pode gerar desvios graves nas ações dessas organizações. A proposta feita neste anteprojeto caminha nessa direção e, sem deixar de considerar as especificidades dos partidos políticos e sua relevante missão constitucional na democracia representativa, procura criar um sistema de responsabilização eficaz para impedir que se desviem do seu propósito ou, ao menos, reprima com vigor eventuais desvios ou atos de corrupção consumados para beneficiá-los nas disputas eleitorais ou no exercício de sua atividade política.

Embora não regule os acordos de leniência previstos na Lei Anticorrupção, para o esclarecimento dos fatos, o projeto procura estimular a cooperação dos agentes partidários que se tenham valido da estrutura dessas entidades para a consumação dos atos lesivos contra a administração pública. Desse modo, respeita-se a realidade específica dessas agremiações sem afastar a possibilidade de cooperação dos seus agentes para o esclarecimento da atividade de investigação.

Ademais, além dos aspectos de transparência partidária e de responsabilização por eventuais atos de corrupção, este projeto de lei visa aumentar os mecanismos democráticos na estrutura interna dos partidos. Os mesmos partidos que promovem a democracia no seu dia a dia são os primeiros a frustrá-la no âmbito de seus processos internos. Não é raro o caso de líderes partidários que se perpetuam no poder e de partidos que não possuam mecanismos transparentes e democráticos de eleição dos seus cargos de direção.

O problema da ausência de democracia interna nos partidos políticos não é algo recente. Em 1911, o sociólogo Robert Michels já descrevia o fenômeno como "A lei de ferro da oligarquia". Os partidos políticos, mesmo os mais comprometidos com os princípios democráticos, tendem a se tornar dominados por um pequeno grupo de líderes. A teoria de Michels continua sendo uma referência para se tratar das questões ligadas à organização partidária. Seus indicadores continuam servindo de referência para os estudos desse tema: o elitismo das lideranças partidárias, a propensão à manipulação das massas e sua tendência à apatia e à centralização irreversível.

Contudo, os estudos mais recentes frequentemente reinterpretam tais pressupostos em sentidos diversos, estimulando o debate para a busca de soluções não inexoráveis. Hoje, a questão da representação na democracia contemporânea demanda um desempenho dos partidos políticos que não se esgota no resultado eleitoral nem mesmo na participação de seus membros na organização interna do partido. É exigido um comportamento partidário que associe o êxito eleitoral à participação política de seus membros, articulada com a de outros setores da sociedade, como condição de uma democracia efetiva. A construção da modernidade democrática requer a democratização das instituições partidárias que depende, fundamentalmente, do modo como é administrado o conflito, na relação entre setores internos do partido entre si e deles com o público, no parlamento e no governo.

O cenário partidário no Brasil é especialmente marcado por intensa fragmentação, fragilidade, baixa inteligibilidade da disputa eleitoral e elevada volatilidade eleitoral. Isso tem significado que, ao longo dos recentes anos de democracia, os avanços em direção à consolidação do sistema partidário foram bastante modestos. Ainda podemos avançar consideravelmente no fortalecimento do sistema partidário.

Este projeto visa definir práticas para fortalecer a democracia interna nos partidos políticos no Brasil. Posto isso, é preciso dizer que não há qualquer risco colocado à autonomia dos partidos. O que se pretende é estabelecer regras mínimas de boa governança para os partidos, aumentando sua democracia interna e a transparência dos gastos e doações recebidas. Busca-se estabelecer mecanismos mais democráticos para as decisões tomadas pelos órgãos de direção em todos os níveis, no sentido de se evitar favoritismos indevidos nas disputas internas.

Este projeto de lei colaciona elementos do Projeto de Lei n. 8288, de 2017, do Deputado Roberto de Lucena (PV/SP), do Projeto de Lei n. 3945, de 2015, do Deputado Daniel Vilela (PMDB/GO), e utiliza elementos da proposta de Projeto de Lei do Movimento Transparência Partidária (http://www.transparenciapartidaria.org).

16 CRIAÇÃO DO TETO DE DOAÇÃO E AUTOFINANCIAMENTO ELEITORAL E EXTINÇÃO DO "FUNDÃO"

Parte significativa dos escândalos de corrupção descobertos nos últimos anos tinha como um de seus objetivos obter recursos para financiar ilicitamente as campanhas eleitorais de políticos brasileiros. Da mesma forma, doações eleitorais – como se viu abundantemente nos escândalos do "Mensalão" e Lava Jato – são focos de origem de grandes esquemas de corrupção que se ramificam em diferentes áreas da administração pública e cartéis privados. Ainda que existam dificuldades de regulamentar o ingresso de recursos públicos e privados no universo de campanhas eleitorais, partimos da premissa de que é essencial para a nossa democracia que as campanhas tenham recursos suficientes para estabelecer o diálogo de ideias com a sociedade sem que exista presença abusiva, ilegal ou desequilibrada de recursos financeiros. Aprimorar a legislação brasileira sobre financiamento eleitoral é, portanto, um passo essencial no combate à corrupção, e esta proposta caminha nessa direção, fazendo esforços para limitar o poder do dinheiro na política.

Principais pontos da proposta

- Estabelece como teto para as doações oriundas de pessoas físicas o limite de 10% dos rendimentos brutos auferidos no ano anterior à eleição (como é atualmente), limitados, para cada candidato, a 10% do teto de gastos de cargo pretendido.
- Prevê um teto para o valor que um candidato poderá doar para sua própria campanha eleitoral – 7% do limite de gastos estabelecido pela lei no caso de candidatos proporcionais e 200 mil reais para os candidatos majoritários.
- Extingue o chamado "Fundão" – Fundo Especial de Financiamento de Campanhas.
- Prevê um mínimo de recursos que os partidos deverão investir no financiamento das campanhas de mulheres.

Problemas que pretende solucionar

- O limite atual para doações (10% da renda), sem uma limitação por candidato, possibilita que determinado doador com posses exerça excessiva influência em um ou mais candidatos. Detentores de grandes fortunas podem financiar os custos quase integrais de candidatos, se for sua vontade, assim como faziam as empresas, cuja possibilidade de doar foi proibida pelo Supremo. A regra instituída limita a influência de doadores, já que poderão direcionar o máximo de 10% dos recursos permitidos para o cargo em questão.
- Um dos vetos do Presidente Temer à Lei n. 13.488 de 2017 criou situação de insegurança jurídica com relação ao autofinanciamento. Esta proposta introduz limites rígidos que impedem que um candidato rico tenha vantagem desproporcional sobre seus adversários.

- O "Fundão", que deve totalizar 1,75 bilhão de reais, além de gerar como compensação a perda de investimentos em educação, saúde e segurança pública[4], gerará um fortalecimento da burocracia partidária, a qual controlará ainda mais recursos a serem distribuídos para os candidatos preferenciais. O "Fundão" já vem tendo sua constitucionalidade questionada perante o STF (ADI n. 5.795).

- A Lei n. 13.165 de 2015 previu um limite máximo para o financiamento de candidatas pelos partidos em 15% do valor recebido pelo fundo partidário. Trata-se de previsão sem sentido e já declarada inconstitucional pelo STF (ADI n. 5.617), até porque a lei eleitoral exige um percentual mínimo de 30% de candidatas na nominata dos partidos. Ela agrava a já preocupante desigualdade de gênero na política.

- É importante ressaltar que muitos especialistas consideram que a redução de custos de campanha e a ampliação do acesso a cargos públicos passa por uma reforma política que reformule o sistema proporcional brasileiro. Uma das propostas que avança nessa direção é um dos pontos da iniciativa conhecida como "Reforma Política Democrática", a qual defende a adoção de um sistema proporcional de dois turnos.

- Contudo, vários especialistas também reconhecem que há outros sistemas defensáveis que igualmente constituiriam avanços em relação ao modelo atual, no tocante à redução dos incentivos para a corrupção. Além disso, essa se trata de uma discussão complexa por ter efeitos não apenas no controle da corrupção, mas em vários outros aspectos estruturais da democracia brasileira. Assim, ao mesmo tempo em se aponta a necessidade de avançar sobre esse tema, a presente iniciativa se absteve de formular proposta específica sobre esse assunto.

---

4   ESTADÃO. **Saúde e Educação perdem R$ 472 milhões para campanhas**. São Paulo, 8 jan. 2018. Disponível em: <http://politica.estadao.com.br/noticias/geral,saude-e-educacao-perdem-r-472-mi-para-campanhas,70002142094>. Acesso em: 16 de jan. 2018.

ANTEPROJETO DE LEI

Altera a Lei n. 9.504, de 30 de setembro de 1997, e a Lei n. 13.165, de 29 de setembro de 2015, quanto ao financiamento de campanhas eleitorais.

O **PRESIDENTE DA REPÚBLICA** faço saber que o Congresso Nacional decreta e eu sanciono a seguinte lei:

Art. 1º. Esta Lei modifica a Lei n. 9.504, de 30 de setembro de 1997, e a Lei n. 13.165, de 29 de setembro de 2015.

Art. 2º. A Lei n. 9.504, de 30 de setembro de 1997, passa a vigorar com as seguintes alterações:

"**Art. 23.** [...]

§1º. As doações e contribuições de que trata este artigo ficam limitadas a 10% (dez por cento) dos rendimentos brutos auferidos pelo doador no ano anterior à eleição, limitados a 10% (dez por cento) do teto de gastos, para cada candidato;

§2º. Os candidatos a cargos com eleição proporcional poderão utilizar recursos próprios em sua campanha, até o montante de 7% (sete por cento) do limite de gastos estabelecido nesta Lei para o respectivo cargo, enquanto os candidatos a cargos majoritários poderão utilizar recursos próprios em sua campanha até o limite de R$ 200.000,00 (duzentos mil reais)." (NR)

Art. 3º. Ficam revogados os arts. 16-C, 16-D e 23, §7º, da Lei n. 9.504, de 30 de setembro de 1997.

Art. 4º. A Lei n. 13.165, de 29 de setembro de 2015, passa a vigorar com a seguinte alteração:

"**Art. 9º.** Com respeito ao montante do Fundo Partidário destinado ao financiamento das campanhas eleitorais, incluindo os recursos a que se refere o inciso V do art. 44 da Lei n. 9.096, de 19 de setembro de 1995, os partidos deverão reservar, em contas bancárias específicas para esse fim, valor proporcional ao número de candidatos, nunca inferior a 30% (trinta por cento), para aplicação em suas campanhas eleitorais." (NR)

Art. 5º. Fica revogado o art. 3. da Lei n. 13.487, de 6 de outubro de 2017.

Art. 6º. Esta Lei entra em vigor na data de sua publicação.

Brasília, xx de xxxx de 2018.

JUSTIFICATIVA

O sistema de financiamento de campanhas eleitorais passou por grandes transformações no Brasil nos últimos anos. Até setembro de 2015, doações a candidatos e partidos por pessoas jurídicas eram permitidas. Contudo, o Supremo Tribunal Federal, em julgamento da ADI n. 4.650, declarou inconstitucionais os dispositivos legais que permitiam as contribuições de pessoas jurídicas a campanhas eleitorais. Logo em seguida, foi sancionada a Lei n. 13.165/15, que confirmou a decisão tomada pelo STF. Embora a recente mudança signifique um aprimoramento no modelo de financiamento de campanhas brasileiro, ainda há espaço para ajustes. Nesse sentido, este projeto de lei propõe a alteração das Leis n. 9.504/97 e n. 13.165/15, com o objetivo de corrigir incongruências do sistema de financiamento de campanhas eleitorais.

De início, sugere-se uma limitação adicional às doações de recursos por pessoas físicas. Além dos 10% dos rendimentos brutos, um doador não poderá financiar mais que 10% do valor máximo que uma campanha poderá arrecadar. Assim, evita-se que um candidato seja completamente financiado apenas por um indivíduo, o que certamente limitaria sua desejável independência.

Fazendo referência ao teto de gastos por campanha – que varia de acordo com o cargo pretendido –, limita-se o valor que uma pessoa física poderá doar por candidato. Para além disso, mantém-se a limitação em relação ao valor global que um indivíduo poderá doar.

A restrição a fontes de financiamento não pode vir desacompanhada de um senso de realidade. As campanhas eleitorais demandam recursos – por mais que medidas recentes tenham sido tomadas para reduzir os seus custos. A proscrição da doação por pessoas jurídicas e a pretendida limitação dos recursos públicos a serem destinados a campanhas eleitorais criam um vácuo. Caso não se ofereçam alternativas legítimas e legais para que se financiem as campanhas eleitorais, há risco de que se proliferem práticas irregularidades, como o "caixa 2", que ameaçam a integridades dos pleitos eleitorais e a própria democracia.

Além disso, o veto do Presidente Temer à parte da Lei n. 13.488/17 também criou incerteza quanto à possibilidade de autofinanciamento. Enquanto alguns argumentam que essa possibilidade deixou de existir sob a nova regulamentação, outros afirmam que não há mais quaisquer limites para candidatos doarem recursos às suas próprias campanhas. Optou-se aqui por privilegiar a opção legislativa realizada pela Câmara dos Deputados, que impôs limites fixos para todos os cargos.

Em seguida, propõe-se que seja extinto o Fundo Especial de Financiamento de Campanha (FEFC), criado em outubro de 2017 pela Lei n. 13.487. Objeto da ADI n. 5.795, ajuizada pelo Partido Social Liberal – PSL, com fundamento no art. 17, §3º, CF[5], o Fundo receberá R$ 1,75 bilhão (um bilhão setecentos e cinquenta milhões de reais) em 2018. O FEFC foi instituído como meio de preencher a lacuna causada pela interrupção dos

---

5   Consulta processual. STF. Disponível em: <http://www.stf.jus.br/portal/peticaoInicial/verPeticaoInicial.asp?base=ADIN&s1=fundo%20especial%20de%20financiamento%20de%20campanha&processo=5795>. Acesso em: 16 jan. 2018.

recursos provenientes de pessoas jurídicas para as campanhas eleitorais e vem sendo alvo de críticas. A mais recente delas diz respeito ao *trade off* decorrente da criação do Fundo, que seria responsável pela retirada de cerca de R$ 472 milhões (quatrocentos e setenta e dois milhões de reais) originalmente destinados por parlamentares à saúde e educação este ano[6], já que o dinheiro das emendas de bancadas será transferido para gastos com campanhas eleitorais no ano de 2018. Além das verbas de saúde e educação, R$ 828 milhões (oitocentos e vinte e oito milhões de reais) foram retirados de áreas como segurança pública, infraestrutura e obras contra a seca e agricultura. A Ministra Rosa Weber, relatora da ADI n. 5.795, decidiu levar o caso para o plenário da Corte, não havendo, ainda, data para o julgamento.

Além disso, o Fundo Especial de Financiamento de Campanha pode fortalecer a burocracia partidária, em especial o poder de líderes. Enquanto as doações de recursos por pessoas físicas são mais pulverizadas e tendem a significar uma identificação entre a ideologia e propostas defendidas pelo candidato e o eleitor que realiza as doações, os recursos distribuídos a partir dos fundos Partidário e Especial de Financiamento de Campanha são alocados pelos líderes partidários entre candidatos e diretórios de acordo com critérios próprios e são pouco transparentes.

Como consequência, o poder de decisão de quem recebe mais ou menos recursos para financiar sua campanha tende a fortalecer essas figuras, em detrimento de uma dinâmica mais horizontal e igualitária dentro dos partidos e do patrocínio direto, por meio de doações, a candidatos cujas propostas sejam capazes de convencer a população. Dessa maneira, entende-se que o referido Fundo não representa a melhor opção legislativa para lidar com a falta de recursos destinados ao financiamento de campanhas eleitorais, motivo pelo qual sua revogação se torna imperativa.

Em último lugar, este projeto de lei determina que os partidos reservem, ao menos, 30% (trinta por cento) do montante do Fundo Partidário para o financiamento das campanhas eleitorais de candidatas, aumentando o mínimo de 5% (cinco por cento) previamente estabelecido e pondo fim ao limite de 15% (quinze por cento). Busca-se, assim, consagrar o entendimento do Supremo Tribunal Federal, que julgou inconstitucionais esses parâmetros na ADI n. 5.617.

Ajuizada pelo então procurador-geral da República, Rodrigo Janot, argumentava-se que "a fixação de limite máximo do montante do fundo partidário a ser reservado para campanhas de mulheres, na norma atacada, todavia, não apenas viola o princípio da igualdade como, ainda mais grave, inverte o sistema de cotas eleitorais" e "deixa de proteger suficientemente o pluralismo político, a cidadania e o princípio democrático e falha na busca do objetivo fundamental de construir uma sociedade livre, justa e solidária, além de ferir os princípios da eficiência, da finalidade e da autonomia dos partidos políticos, conforme estabelece a Constituição Federal"[7].

---

[6] FRAZÃO, F. Saúde e Educação perdem R$ 472 milhões para campanhas. **Estadão**, 8 jan. 2018. Disponível em: <http://politica.estadao.com.br/noticias/geral,saude-e-educacao-perdem-r-472-mi-para-campanhas,70002142094>. Acesso em: 16 jan. 2018.

[7] "Limite para repasse do Fundo Partidário a candidatas é objeto de ADI." **Notícias STF**. Disponível em: <http://www.stf.jus.br/portal/cms/verNoticiaDetalhe.asp?idConteudo=328463>. Acesso em: 16 jan. 2018.

Janot ainda argumenta, em sede da ADI, que, apesar das recentes alterações na legislação eleitoral, persiste o grave déficit de representatividade política das mulheres no Brasil. Embora componham maioria do eleitorado brasileiro (52,25%)[8], apenas 21% dos candidatos nas eleições de 2012 e 2014 eram do sexo feminino[9]. A sub-representação feminina não se limita, no entanto, às candidaturas, uma vez que o número de mulheres eleitas é ainda menor. Segundo levantamento da União Interparlamentar, que reúne parlamentos de 170 países e 11 membros associados, em agosto de 2016, a proporção de mulheres na Câmara dos Deputados era de apenas 9,9%, enquanto no Senado era de 16%[10]. Esses números fazem do Brasil um dos países com menos participação proporcional de mulheres no Legislativo, atrás de nações com menos consolidação democrática, abertura política e cultural e condição socioeconômica, como Etiópia (38,8%), Burundi (36,4%), Lesoto (25,0%), Azerbaijão (16,9%), Turquia (14,9%) e Myanmar (12,7%)[11].

Enquanto a média global de participação feminina no parlamento, levando em consideração as duas Casas Legislativas, é de 22,8%, no Brasil, esse índice é de apenas 17,9%. Essa proporção, que em muito destoa do restante do continente americano (27,6%) e da Europa (25,6), mais se aproxima daquela verificada nos países árabes (17,5%)[12]. Além disso, o cenário atual não parece estar se transformando com a rapidez desejada. Em 1998, por exemplo, no âmbito federal, havia 29 mulheres na Câmara dos Deputados; em 2010, 45 mulheres foram eleitas deputadas, representando um aumento pouco considerável para um intervalo tão longo[13]. Já a nível municipal, nas eleições de 2016, considerando apenas as capitais dos estados, somente Boa Vista (RR) elegeu uma mulher prefeita.

Também é relevante destacar que as candidatas ainda se encontram em situação de maior dependência financeira dos recursos destinados às campanhas eleitorais do que os candidatos. Como mostra uma pesquisa realizada em 2015, conduzida por Peixoto, Goulart e Silva[14], o fator feminino reduz drasticamente as chances de uma candidata ser eleita quando a variável recursos despendidos em campanhas eleitorais é introduzido. Analisado em conjunto com outro dado, este torna-se ainda mais grave. Apesar do que dispõe o art. 44, V, da Lei n. 9.096/95, que destina 5% dos recursos que os partidos recebem do Fundo Partidário para programas de promoção e de difusão de mulheres na política[15], a destinação dos recursos determinados pela lei não é efetivamente cumprida

---

8 Dados da "Estatística do eleitorado – por sexo e faixa etária", pesquisa para jul. 2016. Segundo esses dados, o Brasil possuía 146.470.911 eleitores, dos quais 69.840.840 eram homens (47,68%) e 76.534.848, mulheres (52,25%). Disponível em <http://zip.net/bftrHx>. Acesso em: 14 de out 2016.

9 Disponível em: <http://zip.net/brtmp3>. Acesso em 14 out. 2016.

10 Disponível em: <www.ipu.org/wmn-e/classif.htm>. Acesso em: 14 out. 2016.

11 Dados de 2015. Inter-Parliamentary Union. *Women in parliament in 2015*: the year in review, p. 5. Disponível em: <http://zip.net/bdtskQ>. Acesso em 14 out. 2016.

12 Disponível em: <www.ipu.org/wmn-e/world.htm>. Acesso em: 14 out. 2016.

13 Idem, p. 17.

14 PEIXOTO, V. M.; GOULART, N. L. M.; DA SILVA, G. T. "Cotas e mulheres nas eleições legislativas de 2014". **Política & Sociedade**, v. 15, n 32, jan.-abr. 2016, p. 126.

15 Art. 44. V. Na criação e manutenção de programas de promoção e difusão da participação política das mulheres conforme percentual que será fixado pelo órgão nacional de direção partidária, observado o mínimo de 5% (cinco por cento) do total." Disponível em: <http://www.planalto.gov.br/ccivil_03_ato2007-2010/2009/lei/l12034.htm>. Acesso em: 12 jan. 2018.

pelos partidos. Em 2012, o grau de observância da exigência do mencionado artigo pelos partidos que informaram essa destinação foi de 72,73%, enquanto em 2015 esse número foi de apenas 42,86%. Não obstante, quando analisada a totalidade dos partidos, a taxa de inadimplemento é ainda maior. Em 2010, por exemplo, o percentual de adimplemento foi inferior a 20%, comparado a cerca de 50% em 2012, deixando patente a falta de comprometimento dos partidos com a promoção da participação feminina na política. Como resultado, foi perdido o equivalente a R$ 28.518.975,71 (vinte e oito milhões, quinhentos e dezoito mil, novecentos e setenta e cinco reais e setenta e um centavos), que deveriam ser investidos em programas de participação das mulheres na política, ao longo de seis anos em que a redação da Lei n. 12.034/09 disciplinava tal exigência.

Por fim, atualmente, o art. 10, §3º, da Lei n. 9.504/97 estabelece que os partidos ou coligações devem perfazer um mínimo de 30% do total de vagas preenchidas por eles com candidaturas de cada um dos sexos, a fim de reduzir a desproporção entre candidatos e candidatas. Assim, dado que a baixa alocação de recursos foi uma das razões do mau desempenho das cotas acima mencionadas, propõe-se, em consonância com o posicionamento do Ministério Público Federal, na ADI n. 5.617, acolhido pelo STF, que o montante do Fundo Partidário que deve ser reservado para o financiamento de campanhas eleitorais de candidatas seja equiparado em proporção ao número de candidaturas femininas que cada partido deverá obrigatoriamente apresentar, a fim de atender ao princípio da proporcionalidade.

Uma nota final se faz necessária. Os efeitos de qualquer reforma sobre regras de financiamento eleitoral são limitados em função do sistema político-eleitoral brasileiro. A discussão sobre reforma política no Brasil vem sendo adiada repetidamente. Terá, sem dúvida alguma, um profundo impacto na luta contra a corrupção, já que é, entre outras, a forma mais adequada de se reduzirem os custos das campanhas eleitorais e aumentar a integridade dos pleitos realizados. Precisa, no entanto, ser discutida também a partir de outras perspectivas, como o fortalecimento da democracia, a garantia da representação de minorias e a reforma do sistema partidário. Por essa razão, optou-se por não incluir, neste pacote, propostas de reforma política mais amplas, o que em nada compromete a certeza de que este é um debate urgente para o Brasil.

17 LEI ELEITORAL MAIS EFETIVA

A Justiça Eleitoral é o principal instrumento para garantir a lisura das eleições, momento ápice do processo democrático. Acontece que, por conta de algumas lacunas na legislação, atualmente, existem diversos impedimentos ao exercício da atividade fiscalizatória, por parte do Ministério Público Eleitoral, das contas de campanha, o que se pretende suprir.

Principais pontos da proposta
- A Certidão de Quitação Eleitoral, importante para a garantia de processos eleitorais íntegros, passa a ser concedida apenas para os candidatos e candidatas que tiverem suas contas aprovadas pela Justiça Eleitoral.
- Aumenta-se o prazo para que o Ministério Público Estadual represente à Justiça Eleitoral para investigar eventuais violações à legislação eleitoral.
- Propõe-se que a condenação de candidatos por abuso de poder econômico resulte em sanções – a suspensão do repasse do Fundo Partidário – também para os partidos políticos e coligações aos quais fazia parte.
- Possibilita-se o ajuizamento da Ação Civil Pública de cunho eleitoral, bem como a instauração de inquérito civil público, instrumento essencial para a realização de investigações formais.
- Detalha, por fim, as hipóteses de cabimento da Ação de Impugnação do Mandato Eletivo (Aime), finalmente regulamentando um instrumento que só encontrava previsão genérica na Constituição Federal.

Problemas que pretende solucionar
- Atualmente, a reprovação das contas de um candidato não produz maiores efeitos quanto à sua habilidade de concorrer novamente em eleições futuras.
- O prazo atual para a apresentação de requerimentos para investigação pelo MPE é de apenas 15 dias após a diplomação, o que torna inviável, na prática, o desenvolvimento de atividades investigatórias prévias necessárias para identificar irregularidades nas contas de campanha. Esse prazo insuficiente é, inclusive, alvo de questionamentos sobre sua constitucionalidade perante o STF[16].
- O julgamento das contas de campanha é, atualmente, um processo marcado por formalismos e baixa perspectiva de impacto. Os julgamentos são insuficientes para fiscalizar adequadamente o cumprimento das regras eleitorais, como também oferecem argumentos defensivos – na forma da aprovação formal das contas – para políticos que posteriormente se veem envolvidos em escândalos de corrupção.
- A responsabilização dos partidos por eventuais irregularidades cometidas pelos candidatos obrigará os partidos a se envolverem ativamente nas campanhas de seus candidatos para garantir a lisura de suas contas e o respeito à legislação eleitoral.

16 ADINs n. 4.532 e 4.352.

ANTEPROJETO DE LEI

Altera a Lei n. 9.504, de 30 de setembro de 1997, a Lei n. 4.737, de 15 de julho de 1965, e a Lei Complementar n. 64, de 18 de maio de 1990, para promover maior efetividade às disposições concernentes às eleições.

O **PRESIDENTE DA REPÚBLICA** faço saber que o Congresso Nacional decreta e eu sanciono a seguinte lei complementar:

Art. 1º. Esta lei complementar modifica a Lei n. 9.504, de 30 de setembro de 1997, a Lei n. 4.737, de 15 de julho de 1965, e a Lei Complementar n. 64, de 18 de maio de 1990.

Art. 2º. A Lei n. 9.504, de 30 de setembro de 1997, passa a vigorar com as seguintes alterações:

"**Art. 10-A.** O descumprimento do disposto no art. 10, §3º, por meio de fraude, implicará na suspensão do repasse de novas cotas do Fundo Partidário, pelo período de 6 (seis) a 24 (vinte e quatro) meses, de acordo com a gravidade e eventual reincidência da prática.

Parágrafo único. O emprego de artifício ou ardil para atender aos requisitos da cota de gênero, constante no art. 10, §3º, configura fraude, apta a fundamentar Ação de Impugnação de Mandato Eletivo ou Ação de Investigação Judicial Eleitoral, em face dos candidatos que se beneficiaram da referida fraude."

"**Art. 11.** [...]

§7º. A certidão de quitação eleitoral abrangerá exclusivamente a plenitude do gozo dos direitos políticos, o regular exercício do voto, o atendimento a convocações da Justiça Eleitoral para auxiliar os trabalhos relativos ao pleito, a inexistência de multas aplicadas, em caráter definitivo, pela Justiça Eleitoral, e não remitidas, e a aprovação de contas de campanha eleitoral, nos termos do art. 30, I. (NR)

[...]

§15º. Para fins de expedição da certidão de que trata o §7º, não se considerarão quites aqueles que:

I – tiverem as contas desaprovadas pela Justiça Eleitoral, nos termos do art. 30, III;

II – tiverem declaradas não prestadas as contas pela Justiça Eleitoral, nos termos do art. 30, IV;

III – tiverem as contas aprovadas com ressalvas e não corrigirem as falhas detectadas pela Justiça Eleitoral, nos termos do art. 30, II."

"**Art. 25.** [...]

Parágrafo único. A sanção de suspensão do repasse de novas quotas do Fundo Partidário, por desaprovação total ou parcial da prestação de contas do candidato, deverá ser aplicada de forma proporcional e razoável, pelo período de 1 (um) mês a 12 (doze) meses, ou por meio do desconto, do valor a ser repassado, na importância apontada como irregular, não podendo ser aplicada a sanção de suspensão, caso a prestação de contas não seja julgada, pelo juízo ou tribunal competente, após 5 (cinco) anos de sua apresentação.

§1º. A sanção de suspensão do repasse de novas cotas do Fundo Partidário, por desaprovação total ou parcial da prestação de contas do candidato, deverá ser aplicada ao partido ou a todos os partidos que fizerem parte da coligação que o apoiou.

§2º. A sanção será proporcional e razoável, podendo durar de 1 (um) mês a 12 (doze) meses, ou ser aplicada por meio do desconto, do valor a ser repassado, na importância apontada como irregular.

§3º. Caso se entenda razoável, a sanção poderá ser restringida ao diretório correspondente ao candidato cuja conta tiver sido desaprovada total ou parcialmente.

§4º. Caso a prestação de contas não seja julgada pelo juízo ou tribunal competente até 5 (cinco) anos após sua apresentação, a sanção de suspensão não poderá ser aplicada." (NR)

"**Art. 30.** [...]

§1º-A. A decisão que julgar as contas dos candidatos não eleitos será publicada em até 1 (um) ano após o primeiro turno das eleições." (NR)

"**Art. 30-A.** O Ministério Público Eleitoral e qualquer partido político ou coligação poderá representar à Justiça Eleitoral relatando fatos e indicando provas, e pedir a abertura de investigação judicial para apurar condutas em desacordo com as normas desta Lei, relativas à arrecadação e gastos de recursos.

[...]

§4º. O prazo para representação à Justiça Eleitoral, contado a partir da data do julgamento das contas de campanha, será de até:

    I – 15 (quinze) dias para os partidos políticos e coligações;

    II – 180 (cento e oitenta) dias para o Ministério Público Eleitoral." (NR)

"**Art. 78.** [...]

§1º. Verificada qualquer das hipóteses dos §§4º e 5º do art. 73 desta Lei, o partido a que pertencer o candidato condenado ficará suspenso da participação no fundo partidário.

§2º. A sanção será proporcional e razoável, podendo durar de 1 (um) mês a 12 (doze) meses.

§3º. Caso se entenda razoável, a sanção poderá ser restringida ao diretório correspondente ao candidato condenado."

"**Art. 105-A.** Os procedimentos previstos na Lei n. 7.347, de 24 de julho de 1985, são aplicáveis em matéria eleitoral, desde que fora do período eleitoral.

Parágrafo único. O Inquérito Civil Público, previsto no art. 8º, §1º, da Lei n. 7.347, de 24 de julho de 1985, poderá ser instaurado independentemente do período eleitoral." (NR)

Art. 3º. A Lei n. 4.737 de 15 de julho de 1965, passa a vigorar com a seguinte alteração:

"Art. 215-A. O candidato que tiver cometido abuso de poder político ou econômico, corrupção ou fraude com vistas à obtenção do mandato, poderá ser alvo de Ação de Impugnação de Mandato Eletivo, cujo procedimento será o mesmo da Ação de Investigação Judicial Eleitoral, previsto na Lei Complementar n. 64/90." (NR)

Art. 4º. A Lei Complementar n. 64, de 18 de maio de 1990, passa a vigorar com a seguinte alteração:

"Art. 22. Qualquer partido político, coligação, candidato ou Ministério Público Eleitoral poderá representar à Justiça Eleitoral, diretamente ao Corregedor-Geral ou Regional, relatando fatos e indicando provas, indícios e circunstâncias e pedir abertura de investigação judicial para apurar uso indevido, desvio ou abuso do poder econômico ou do poder de autoridade, utilização indevida de veículos ou meios de comunicação social, ou fraude ao cumprimento da cota de gênero, em benefício de candidato ou de partido político, obedecido o seguinte rito:" (NR)

Art. 5º. Esta Lei Complementar entra em vigor na data de sua publicação.

Brasília, xx de xxxx de 2018.

JUSTIFICATIVA

Este Projeto de Lei Complementar tem como objetivo tornar mais eficiente a legislação eleitoral. Em grande parte, esse esforço coletivo deve-se à demanda por um combate mais efetivo à corrupção eleitoral. Grandes operações, desenvolvidas em parceria entre a Polícia Federal e o Ministério Público, demonstraram as profundas raízes de esquemas de corrupção no Estado brasileiro, e os processos eleitorais encontram-se ao centro de muitos desses esquemas. Paradoxalmente, a maioria dos políticos cujas campanhas mostraram-se financiadas por "Caixa 2" teve suas contas aprovadas pela Justiça Eleitoral.

Demonstrada patentemente a ineficácia da Justiça Eleitoral em sua missão de prevenir e reprimir a fraude e o abuso econômico, são necessárias amplas reformas para tornar seus procedimentos e fornecer ao Ministério Público Eleitoral os instrumentos necessários a garantir o *enforcement* da legislação eleitoral. Nesse sentido, prevê-se: a racionalização de prazos, a atribuição de instrumentos de *enforcement* às disposições já existentes, a previsão de sanções que atinjam não somente os candidatos, mas também os partidos e as coligações, entre outras, a fim de possibilitar que as regras do jogo eleitoral sejam mais eficazes.

A primeira das alterações propostas por este Projeto de Lei Complementar diz respeito à cota de gênero atualmente prevista pelo art. 10, §3º, da Lei n. 9.504/97. O dispositivo em questão estabelece que os partidos ou coligações devem preencher um mínimo de 30% do número de vagas resultantes das regras do artigo com candidaturas de um dos sexos, a fim de reduzir a desproporção entre candidatos e candidatas. Contudo, em eleições recentes, essa regra foi alvo de fraude por parte de partidos políticos, os quais criavam candidaturas "laranjas" com o objetivo de burlar a cota de gênero prevista por Lei, apresentando mulheres que não tinham sequer intenção de concorrer a cargos públicos e, assim, não praticavam os necessários atos de campanha. Como prova disso, essas candidatas recebiam poucos ou nenhum voto. Foi esse o caso – aparentemente a regra, e não exceção – objeto do Recurso Eleitoral n. 370-54.2016.6.26.0173, julgado pelo TRE-SP em agosto de 2017, quando cassou o diploma de três vereadores e o registro de 22 candidatos de uma coligação pela prática de fraude à cota de gênero.

Ainda, de acordo com dados levantados pelo Tribunal Superior Eleitoral – TSE, em 2016, aproximadamente 9% das candidaturas femininas não receberam nenhum voto nas eleições, e, em 2014, o descumprimento da cota de gênero foi verificado em 11 dos 32 partidos analisados[17], dados trazidos pelo memorial de *amicus curiae* promovido pela Cidadania, Estudo, Pesquisa, Informação e Ação – Cepia em conjunto com a Escola de Direito do Rio de Janeiro da Fundação Getulio Vargas na ADIn n. 5.617[18], o que demonstra que esse é um problema atual e de considerável relevância[19].

Este, por sua vez, somente atua para agravar um cenário que já é por si só inquietante: o Brasil é um dos países com menos mulheres na política. Embora componham maioria do eleitorado brasileiro (52,25%)[20], apenas 21% dos candidatos nas eleições de 2012 e 2014 eram do sexo feminino[21]. A sub-representação feminina não se limita, no entanto, às candidaturas, já que o número de mulheres eleitas é ainda menor. Segundo levantamento da União Interparlamentar, que reúne parlamentos de 170 países e 11 membros associados, em agosto de 2016 a proporção de mulheres na Câmara dos Deputados era de apenas 9,9%, enquanto no Senado era de 16%[22]. Esses números fazem do Brasil um dos países com menos participação proporcional de mulheres no Legislativo, atrás de nações com menos consolidação democrática, abertura política e cultural e condição socioeconômica, como Etiópia (38,8%), Burundi (36,4%), Lesoto (25,0%), Azerbaijão (16,9%), Turquia (14,9%) e Myanmar (12,7%)[23].

Enquanto a média global de participação feminina no Parlamento, considerando as duas Casas Legislativas, é de 22,8%, no Brasil, esse índice é de apenas 17,9%. Essa proporção, que em muito destoa do restante do continente americano (27,6%) e da Europa (25,6), mais se aproxima daquela verificada nos países árabes (17,5%)[24]. Além disso, o cenário atual não parece estar se transformando com a rapidez desejada. Em 1998, por exemplo, no âmbito federal, havia 29 mulheres na Câmara dos Deputados; em 2010, 45 mulheres foram eleitas deputadas, representando um aumento pouco considerável

---

17 Disponível em: <http://www.tse.jus.br/eleições/estatisticas/estatisticas-eleitorais-2016/candidaturas>. Acesso em: 9 mai. 2017.
18 Disponível em: <http://bibliotecadigital.fgv.br/dspace/handle/10438/18922>. Acesso em: 11 jan. 2018.
19 Disponível em: <http://www.tse.jus.br/eleições/estatisticas/estatisticas-eleitorais-2016/candidaturas>. Acesso em: 16 maio 2017.
20 Dados da "Estatística do eleitorado – por sexo e faixa etária", pesquisa para jul. 2016. Segundo esses dados, o Brasil possui 146.470.911 eleitores, dos quais 69.840.840 eram homens (47,68%) e 76.534.848, mulheres (52,25%). Disponível em: <http://zip.net/bftrHx>. Acesso em: 14 out 2016.
21 Disponível em: <http://zip.net/brtmp3>. Acesso em: 14 out. 2016.
22 Disponível em: <www.ipu.org/wmn-e/classif.htm>. Acesso em: 14 out. 2016.
23 Dados de 2015. Inter-Parliamentary Union. **Women in parliament in 2015: the year in review**, p. 5. Disponível em: <http://zip.net/bdtskQ>. Acesso em: 14 out. 2016.
24 Disponível em: <www.ipu.org/wmn-e/world.htm>. Acesso em: 14 out. 2016.

para um intervalo tão longo[25]. Já em nível municipal, nas eleições de 2016, considerando apenas as capitais dos estados, somente Boa Vista (RR) elegeu uma mulher prefeita.

Por último, é relevante destacar que as candidatas ainda se encontram em situação de maior dependência financeira dos recursos destinados às campanhas eleitorais do que os candidatos. Como mostra uma pesquisa realizada em 2015, conduzida por Peixoto, Goulart e Silva[26], o fator feminino reduz drasticamente as chances de uma candidata ser eleita quando a variável recursos despendidos em campanhas eleitorais é introduzido. Analisado em conjunto com outro dado, este torna-se ainda mais grave. Apesar do que dispõe o art. 44, V, da Lei n. 9.096/95, que destina 5% dos recursos que os partidos recebem do Fundo Partidário para programas de promoção e de difusão de mulheres na política[27], a destinação dos recursos determinados pela lei não é efetivamente cumprida pelos partidos. Em 2012, o grau de observância da exigência do mencionado artigo pelos partidos que informaram essa destinação foi de 72,73%, enquanto em 2015 esse número foi de apenas 42,86%. Não obstante, quando analisada a totalidade dos partidos, a taxa de inadimplemento é ainda maior. Em 2010, por exemplo, o percentual de adimplemento foi inferior a 20%, comparado a cerca de 50% em 2012, deixando patente a falta de comprometimento dos partidos com a promoção da participação feminina na política. Como resultado, foi perdido o equivalente a R$ 28.518.975,71 (vinte e oito milhões, quinhentos e dezoito mil, novecentos e setenta e cinco reais e setenta e um centavos), que deveriam ser investidos em programas de participação das mulheres na política, ao longo de seis anos em que a redação da Lei n° 12.034/09 disciplinava tal exigência.

Frente ao exposto, propõe-se que a ocorrência de fraude aos requisitos da cota de gênero enseje sanção não apenas aos candidatos por ela responsáveis, mas também aos partidos a que pertençam, como meio de gerar incentivos para que coíbam esse tipo de prática. Nesse sentido, prevê-se a suspensão do repasse de novas cotas do Fundo Partidário pelo período de 6 (seis) a 24 (vinte e quatro) meses, de acordo com a gravidade e a eventual reincidência da prática. Além disso, este PLC propõe que possam ser objeto de Ação de Investigação Judicial Eleitoral – Aije e Ação de Impugnação de Mandato Eletivo – Aime os casos em que haja indícios de fraude ao cumprimento da cota de gênero. Além de trazer mais precisão quanto aos instrumentos legais de *enforcement* disponíveis à Justiça Eleitoral nos casos de fraude à cota de gênero, essa previsão busca promover a melhor apuração dos fatos e o efetivo cumprimento da legislação eleitoral, possibilitando que candidatos e partidos que violem esta regra sejam, de fato, punidos.

A segunda mudança trazida por este PLC trata do julgamento das contas de campanha e da certidão de quitação eleitoral. Atualmente, a rejeição daquelas não impede a emissão desta, o que resulta em um problema no caso de candidatos eleitos cujas contas tenham sido desaprovadas ou aprovadas com ressalvas e não tiverem sido corrigidas as falhas indicadas. Em 2016, a título de exemplo, embora apenas 11% dos candidatos eleitos nas eleições para a Câmara Municipal de Salvador tenham tido suas contas in-

---

25 Idem, p. 17.

26 PEIXOTO, V. M.; GOULART, N. L. M.; DA SILVA, G. T. "Cotas e mulheres nas eleições legislativas de 2014". **Política & Sociedade**, v. 15, n 32, jan.-abr. 2016, p. 126.

27 Art. 44. V. Na criação e manutenção de programas de promoção e difusão da participação política das mulheres conforme percentual que será fixado pelo órgão nacional de direção partidária, observado o mínimo de 5% (cinco por cento) do total." Disponível em: <http://www.planalto.gov.br/ccivil_03_ato2007-2010/2009/lei/l12034.htm>. Acesso em: 12 jan. 2018.

tegralmente aprovadas, todos os demais eleitos puderam participar da cerimônia de diplomação[28]. Essa situação, no entanto, poderia ser facilmente evitada com a vinculação da concessão da certidão de quitação eleitoral à aprovação das contas de campanha, razão pela qual se propõe que não sejam considerados quites os candidatos cujas contas i) tiverem sido desaprovadas; ii) não tiverem sido prestadas à justiça eleitoral; ou iii) tiverem sido aprovadas com ressalvas, mas não corrigirem as falhas detectadas.

Em terceiro lugar, é sugerida a determinação de um prazo para julgamento das contas de candidatos não eleitos. A regra atual prevê apenas o prazo em que devem ser julgadas as contas de políticos que tiverem ganhado as eleições sem, contudo, fazer menção aos candidatos derrotados. A consequência prática dessa lacuna é o julgamento muitas vezes tardio das contas de campanha em diversas fases da diplomação. A previsão de julgamento das contas de candidatos não eleitos na última eleição era de mais de um ano, enquanto as contas de candidatos eleitos tinham sido apreciadas em menos de três meses após as eleições[29]. Assim, torna-se necessária a racionalização do prazo para que candidatos não eleitos tenham suas contas julgadas e se possa, enfim, aferir a retidão de seus gastos e arrecadação em campanha. Contudo, sendo prioritária a apreciação das contas dos candidatos eleitos, sugere-se que as contas dos não eleitos sejam julgadas em até 12 (doze) meses – prazo que possibilita que sejam também julgados eventuais recursos daqueles –, contados da data do primeiro turno das eleições.

Em seguida, este PLC propõe uma alteração ao prazo destinado à representação à Justiça Eleitoral a fim de que sejam apuradas condutas em desacordo com a Lei n. 9.504/97 e estende a possibilidade de representação ao MPE. O art. 30-A, como se encontra atualmente redigido, vincula o prazo de representação à data da diplomação, o que não faz sentido quando a representação é em face de um candidato não eleito. Nesse sentido, sugere-se que o referido prazo seja atrelado à data de julgamento das contas de campanha do candidato. Além disso, o prazo atual – 15 dias após a diplomação – é muito exíguo para apurações mais consistentes, agravando a impunidade de candidatos que tenham cometido ilícitos em suas campanhas.

A constitucionalidade do art. 30-A está, inclusive, sendo alvo de questionamento diante do STF nas ADIns n. 4.532[30] e 4.352[31]. Segundo a PGR, o referido prazo seria insuficiente, impedindo o controle efetivo do financiamento das campanhas políticas e desvirtuando o propósito que levou a inclusão de tal artigo na Lei n. 9.504/97. Assim, este PLC alteraria o mencionado dispositivo, estabelecendo um prazo de 180 (cento e oitenta) dias para a representação pelo Ministério Público Eleitoral – não mencionado na redação anterior – e mantendo o prazo de 15 (quinze) dias para os partidos políticos e as coligações. Aquele prazo, pensado à semelhança

---

[28] TRE-BA. "TRE-BA conclui julgamento das contas de campanha dos eleitos em Salvador". Disponível em: <http://www.tre-ba.jus.br/imprensa/noticias-tre-ba/2016/Dezembro/tre-ba-disponibiliza-resultados-dos-julgamentos-das-contas-de-campanha-dos-eleitos-em-salvador>. Acesso em: 11 jan. 2018.

[29] Redação. "Candidatos não eleitos em 2016 devem ficar atentos para a prestação de contas, alerta o TRE-TO." **Conexão Tocantins**. Disponível em: <http://conexaoto.com.br/2017/01/11/candidatos-nao-eleitos-em-2016-devem-ficar-atentos-para-a-prestacao-de-contas-alerta-o-tre-to>. Acesso em: 11 jan. 2018.

[30] Notícias STF. "Prazo de 15 dias para controle de contas de campanhas políticas é questionado no STF". Disponível em: <http://www.stf.jus.br/portal/cms/verNoticiaDetalhe.asp?idConteudo=168898>. Acesso em: 11 jan. 2018.

[31] Notícias STF. "PDT questiona no STF minirreforma eleitoral sancionada em 2009". Disponível em: <http://www.stf.jus.br/portal/cms/verNoticiaDetalhe.asp?idConteudo=117365>. Acesso em: 11 jan. 2018.

do prazo pacificado pela jurisprudência concedido em ações eleitorais contra doadores de campanha, permitiria que o MPE tivesse tempo suficiente para reunir provas e fundamentar adequadamente a representação à Justiça Eleitoral, enquanto este evitaria que partidos e coligações se valessem da representação como uma forma de terceiro turno das eleições[32].

Em quinto lugar, propõe-se que, em casos de condenação de candidatos por abuso de poder econômico, seus respectivos partidos e coligações sofram sanções. A repressão a partidos já é prevista pelo art. 25, p.u. da Lei n. 9.504/97, mas se restringe à hipótese de desaprovação total ou parcial da prestação de contas dos candidatos[33]. A medida proposta – a suspensão do repasse de novas cotas do fundo partidário – serviria, assim, para gerar incentivo aos partidos e coligações para que se engajassem efetivamente nas campanhas e coibissem quaisquer atividades ilícitas que pudessem acarretar a condenação de seus candidatos. Entende-se necessária a inclusão das coligações no rol daqueles afetados pelas condutas dos candidatos, porque, somente em um sistema em que todas as partes se importam com as ações daqueles que os representam, haverá controle interno e retidão. Todavia, as sanções não devem tomar proporções exageradas, devendo ater-se à racionalidade que pauta sua aplicação. Dessa maneira, sugere-se, aqui, também que, a depender do caso concreto, a sanção possa ser restringida ao diretório do candidato, em vez de promover um ônus desnecessário para o partido em todo território nacional.

Em sexto lugar, uma interpretação equivocada do atual art. 105-A da Lei n. 9.504/97 vem impedindo a aplicação, em matéria eleitoral, dos procedimentos previstos na Lei n. 7.347/85, a lei da ação civil pública[34]. A consequência disso é o impedimento não somente da ação civil pública de cunho eleitoral, mas também da instauração de Inquérito Civil Público, sem o qual não é possível uma investigação formal. A redação do referido artigo foi, inclusive, questionada na ADIn n. 4.352 pelo PDT, para o qual este seria "direta a ofensa ao inc. III do art. 129 da Constituição". Portanto, este PLC propõe que o art. 105-A seja alterado a fim de permitir que os procedimentos previstos na Lei n. 7.347/85 sejam aplicáveis em matéria eleitoral, desde que fora do período eleitoral, momento em que a demanda pela Justiça Eleitoral cresce, devendo dirigir sua atenção à questões mais prioritárias[35]. A exceção a essa ressalva seria o Inquérito Civil Público, que, dada sua relevância, não precisaria ficar restrito ao mencionado período, podendo ser também instaurado durante o período eleitoral.

Por fim, este PLC propõe que as hipóteses que autorizam a proposição do Aime estejam previstas na a Lei n. 4.737/65 – o Código Eleitoral, as quais se encontram definidas apenas na Constituição Federal (art. 14, §§10 e 11), e seus procedimentos, na Lei Complementar n. 64/90 (arts. 3º a 16). Assim, sua inclusão no Código Eleitoral visa trazer mais clareza na aplicação do instituto, visto que não há menção a ele no Código que trata da própria matéria a que concerne.

---

32 BATINI, S.. "Alterações pontuais na Lei das Eleições podem auxiliar no combate ao caixa dois". In: FALCÃO, J. (Org.) 1. ed. Rio de Janeiro: Civilização Brasileira, 2015. p. 127-31.

33 PONTES, F. TSE manda PT, PMDB e mais 5 partidos devolverem mais de R$ 7 milhões ao erário. **EBC Agência Brasil**. Disponível em: <http://agenciabrasil.ebc.com.br/politica/noticia/2017-04/tse-manda-pt-pmdb-e-mais-5-partidos-devolverem-milhoes-aos-cofres-publicos>. Acesso em: 11 jan. 2018.

34 BONILHA, J. C. M. "Ministério Público e a investigação eleitoral." **Estadão**. Disponível em: <http://politica.estadao.com.br/blogs/fausto-macedo/ministerio-publico-e-a-investigacao-eleitoral/>. Acesso em: 11 jan. 2018.

35 BATINI, Silvana. Op. cit. p. 131-2.

18 EXTINÇÃO DA COMPETÊNCIA CRIMINAL DA JUSTIÇA ELEITORAL

Juízes e cortes eleitorais devem julgar apenas questões estritamente relacionadas às eleições, como o registro de candidaturas e partidos políticos. Afinal, a Justiça Eleitoral tem garantias e estrutura adequadas para lidar com essas questões. É por esse motivo que se propõe a extinção da competência criminal da Justiça Eleitoral, deixando a responsabilidade de julgar casos de crimes eleitorais para a Justiça Federal.

Principais pontos da proposta
- Põe fim à competência criminal da Justiça Eleitoral, restringindo sua atuação aos conflitos de natureza eleitoral.
- Atribui à Justiça Federal a competência para julgar os casos de crimes eleitorais.

Problemas que pretende solucionar
- A Justiça Eleitoral está sobrecarregada. A competência não penal da Justiça Eleitoral é grande e complexa o suficiente para que cortes e juízes eleitorais ainda tenham que se preocupar com questões criminais. O problema agrava-se devido à necessidade excepcional de celeridade dos processos eleitorais.
- Desnecessária especialização da jurisdição. Em diversas ocasiões, o STF já decidiu que os crimes eleitorais ofendem bens jurídicos análogos a outros crimes e que, portanto, não configurariam modalidade de crime político. Além disso, a inexistência de uma teoria geral do crime eleitoral, ao lado da semelhança de seus aspectos constitutivos aos crimes comuns, corrobora o argumento de que aquele não deveria ser de competência exclusiva da justiça eleitoral.
- Em decorrência de regras processuais de alteração de competência, em casos de conexão ou continência, crimes comuns, quando ligados a crimes eleitorais, acabam sendo julgados pela Justiça Eleitoral, o que agrava ainda mais sua sobrecarga.
- Falta de vocação e aparelhamento da Justiça Eleitoral para enfrentar o julgamento de crimes comuns, o que resulta em uma redução na eficiência do judiciário.
- Parcial inconstitucionalidade da competência criminal da Justiça Eleitoral, quanto à composição dos TREs e do TSE. Embora a Constituição preveja a participação de advogados não togados na composição desses órgãos, a jurisdição criminal exige a plenitude das garantias e deveres da magistratura, ausentes, na essência, para os juízes-advogados. Estes não são dotados, por exemplo, das garantias relacionadas à vitaliciedade.

PROPOSTA DE EMENDA À CONSTITUIÇÃO

Altera os arts. 96, 108 e 109 da Constituição Federal, e a Lei n. 4.737, de 15 de julho de 1965, retirando a competência criminal da Justiça Eleitoral.

As Mesas da Câmara dos Deputados e do Senado Federal, nos termos do § 3º do art. 60 da Constituição Federal, promulgam a seguinte Emenda ao texto constitucional:

Art. 1º. Os arts. 96, 108 e 109 da Constituição Federal, de 5 de outubro de 1988, passam a vigorar com as seguintes alterações:

"Art. 96. [...]

III – aos Tribunais de Justiça julgar os juízes estaduais e do Distrito Federal e Territórios, bem como os membros do Ministério Público, nos crimes comuns e de responsabilidade.

Art. 108. [...]

I – [...]

a) os juízes federais da área de sua jurisdição, incluídos os da Justiça Militar e da Justiça do Trabalho, nos crimes comuns e de responsabilidade, e os membros do Ministério Público da União.

Art. 109. [...]

IV – os crimes políticos e as infrações penais praticadas em detrimento de bens, serviços ou interesse da União ou de suas entidades autárquicas ou empresas públicas, excluídas as contravenções e ressalvada a competência da Justiça Militar." (NR)

Art. 2º. Esta Emenda Constitucional entra em vigor na data de sua publicação.

Brasília, xx de xxxx de 2018.

ANTEPROJETO DE LEI

Altera a Lei n. 4.737, de 15 de julho de 1965, e o Decreto-Lei n. 3.689, de 3 de outubro de 1941, retirando a competência criminal da Justiça Eleitoral.

O **PRESIDENTE DA REPÚBLICA** faço saber que o Congresso Nacional decreta e eu sanciono a seguinte lei:

Art. 1º. Esta lei modifica a Lei n. 4.737, de 15 de julho de 1965, e o Decreto-Lei n. 3.689, de 3 de outubro de 1941.

Art. 2º. Ficam revogados o art. 22, I, d, o art. 29, I, d, e o art. 35, II, da Lei n. 4.737, de 15 de julho de 1965, e o art. 78, IV, do Decreto-Lei n. 3.689, de 3 de outubro de 1941.

Art. 3º. Esta Lei entra em vigor na data de sua publicação.

Brasília, xx de xxxx de 2018.

JUSTIFICATIVA

A Proposta de Emenda Constitucional em questão tem por objetivo pôr fim à competência criminal da justiça eleitoral, restringindo sua atuação aos conflitos de natureza eleitoral. No atual cenário, as cortes e os juízes eleitorais ficam encarregados, além desses conflitos, de tratar de crimes eleitorais. Contudo, propõe-se aqui que estes sejam remetidos à justiça comum federal. Os motivos que sustentam esse posicionamento serão explicitados a seguir.

Em primeiro lugar, partindo-se da premissa de que crimes eleitorais são crimes comuns, não haveria por que se especializar a jurisdição[36]. Em diversas ocasiões, o STF já decidiu que os crimes eleitorais ofendem bens jurídicos análogos a outros crimes e que, portanto, não configurariam modalidade de crime político. Além disso, a inexistência de uma teoria geral do crime eleitoral, ao lado da semelhança de seus aspectos constitutivos aos crimes comuns – tipicidade objetiva, subjetiva, ilicitude e excludentes, conformação da culpabilidade, cálculo de prescrição e outros fatores de extinção da punibilidade –, corrobora o argumento de que aqueles não deveriam ser de competência exclusiva da justiça eleitoral.

Em segundo lugar, a competência não penal da Justiça Eleitoral é grande e complexa o suficiente para que as cortes e juízes eleitorais ainda tenham que se preocupar com questões criminais. O problema agrava-se devido à necessidade de celeridade dos processos eleitorais, por sua natureza. Por consequência, o julgamento de processos criminais é relegado para outro momento, em vista da urgência do enfrentamento das lides eleitorais.

Em terceiro lugar, o Código de Processo Penal, quando prescreve sobre alterações da competência decorrentes das regras de conexão e continência, estabelece uma via atrativa da justiça eleitoral incompatível com a realidade atual. Pela regra vigente, crimes comuns, quando conexos a crimes eleitorais, devem ser julgados pela Justiça Eleitoral, sobrecarregando-a. Além disso, a Justiça Eleitoral não está vocacionada e muito menos aparelhada a enfrentar o julgamento de crimes comuns, o que resulta em uma redução na eficiência do judiciário.

Por fim, a competência criminal da justiça eleitoral padece de parcial inconstitucionalidade, quanto à composição dos TREs e do TSE. Por definição constitucional, a composição das cortes deve contar com advogados não togados, com o propósito de garantir pluralidade aos juízos que se operam sobre a soberania popular. Todavia, a jurisdição criminal exige a plenitude das garantias e deveres da magistratura, ausentes, na essência, nos juízes-advogados, não por falta de preparo técnico destes, mas por uma questão de parâmetros constitucionais para o aperfeiçoamento de juízos criminais, dada sua peculiaridade.

Juízes-advogados não estão submetidos ao quadro axiológico de prerrogativas e deveres da magistratura, isto é, a vetores que compõem o quadro de legitimidade da jurisdição, como a independência, a vitaliciedade, a inamovibilidade e a imparcialidade. A jurisdição criminal exige independência substancial e material, além de imparcialidade ostensiva e notória, atributos ausentes em juízes que exercem advocacia concomitantemente à judicatura. Em suma, a agilidade para buscar as soluções pacíficas e mais justas aos conflitos eleitorais deve ser o objetivo central e principal da justiça eleitoral, e a competência criminal não deve fazer parte deste objetivo.

---

36 BATINI, S. Competência criminal da Justiça Eleitoral – é tempo de pensar em mudanças. **Revista Justiça Eleitoral em Debate**. Rio de Janeiro, v. 5. n. 4. out.-dez. 2015. Disponível em: <http://www.tre-rj.jus.br/eje/gecoi_arquivos/arq_106514.pdf>. Acesso em: 11 jan. 2018.

19 ESTENDE OS DEVERES DA LEI DE LAVAGEM DE DINHEIRO PARA PARTIDOS POLÍTICOS

Investigações recentes mostram que alguns partidos políticos vêm recebendo recursos de origens ilícitas e utilizando-os em campanhas eleitorais indiscriminadamente. Esse esquema, além de possibilitar a introdução de recursos originados na corrupção e em outras atividades criminosas na economia formal, corrompe o resultado das eleições e abala a própria democracia. Exigir mais transparência e responsabilidade por parte dos partidos políticos na administração das doações eleitorais é necessário, portanto, para fortalecer a própria democracia.

Principais pontos da proposta

- Impõe aos partidos políticos obrigações a que estão sujeitos bancos e instituições financeiras em relação ao combate à lavagem de dinheiro. São deveres relacionados à identificação e ao registro de doadores e à comunicação de operações financeiras.
- Determina que o órgão regulador das agremiações e partidos políticos, no cumprimento desses deveres, será o Tribunal Superior Eleitoral.

Problemas que pretende solucionar

- O Poder Judiciário vem investigando diversos casos de lavagem de dinheiro realizada dentro de partidos políticos ou agremiações partidárias por meio de caixa-dois ou doações oficiais e não oficiais.
- A medida visa aprimorar o combate à lavagem de dinheiro envolvendo partidos políticos, visto que suas atividades podem servir para ocultar, dissimular e utilizar recursos financeiros advindos de práticas criminosas.
- Sobretudo durante o período eleitoral, os partidos políticos recebem grande volume de recursos provenientes de doações e fundo partidário, o que fornece um cenário propício para a lavagem de dinheiro. A mistura de dinheiro de origem pública com recursos ilícitos é especialmente preocupante.

ANTEPROJETO DE LEI

> Altera a Lei n. 9.613, de 3 de março de 1998, que dispõe sobre os crimes de "lavagem" ou ocultação de bens, direitos e valores

O **PRESIDENTE DA REPÚBLICA** faço saber que o Congresso Nacional decreta e eu sanciono a seguinte lei complementar:

Art. 1º. Esta Lei altera a Lei n. 9.613, de 3 de março de 1998, para aumentar o rol de entidades sujeitas aos mecanismos de controle de lavagem de dinheiro.

Art. 2º. A Lei n. 9.613, de 3 de março de 1998, passa a vigorar com os seguintes acréscimos:

CAPÍTULO V
DAS PESSOAS SUJEITAS AO MECANISMO DE CONTROLE

"**Art. 9º** [...]

Parágrafo único [...]

XX – Os partidos políticos registrados perante o Tribunal Superior Eleitoral."

"**Art. 10.** [...]

§ 4º. O órgão regulador dos partidos políticos, referidos no inciso XX do art. 9º, será o Tribunal Superior Eleitoral."

Art. 3º. Esta Lei entrará em vigor na data de sua publicação.

Brasília, xx de xxxx de 2018.

JUSTIFICATIVA

Muito se debate em criar um tipo penal que trate de especificamente de um crime de "lavagem de dinheiro eleitoral". Esse tema foi particularmente destacado em março de 2015, quando o Governo Federal, Ministério Público Federal e Juízes Federais endereçaram diversas propostas que visaram aprimorar o combate à corrupção, em especial, como resposta aos fatos investigados pela "Operação Lava Jato".

Diversos são os projetos de lei que tratam da elaboração de uma norma específica criminalizando essa "forma especial" de lavagem de dinheiro envolvendo partidos e agremiações partidárias.

Perante a Câmara dos Deputados, destacam-se os Projetos de Lei (PL): PL n. 855/15, proposto pelo Poder Executivo em 10.03.15; PL n. 2815/15, apresentado em 27.08.15 pelo Exmo. Deputado Carlos Sampaio; o PL n. 3915/15, apresentado pelo Exmo. Deputado Índio da Costa em 10.12.15; e, da mesma maneira, o PL n. 3997/15, apresentado em 15.12.2015 pelo Exmo. Miro Teixeira.

Dentro das Dez Medidas Contra a Corrupção defendidas pelo Ministério Público Federal, que deram origem ao PL n. 4850/16, destaca-se a oitava medida, que trata da criação de um crime específico de lavagem de recursos eleitorais de maneira ilícita ou não contabilizados.

Em paralelo, a lavagem de dinheiro realizada dentro de partidos políticos ou agremiações partidárias por meio de "caixa 2" ou doações oficiais e não oficiais é uma situação que está sendo julgada por diversas instâncias do Poder Judiciário, em especial em casos oriundos da chamada Operação Lava Jato.

Por exemplo, em março de 2017, o Supremo Tribunal Federal aceitou denúncia contra o Senador Valdir Raupp, acusado de lavar dinheiro por meio de doações oficiais e contabilizadas de campanha. O voto do relator, Ministro Edson Fachin, evidencia a necessidade de análise mais cautelosa sobre as origens dos fundos contabilizados nas campanhas:

Ademais, os indícios assentam que o recebimento dos valores espúrios teria se dado de forma dissimulada, por intermédio de duas doações eleitorais oficiais realizadas pela empreiteira a terceiro (Diretório Estadual do PMDB de Rondônia), nos valores de R$ 300.000,00 (trezentos mil reais) e R$ 200.000,00 (duzentos mil reais), e, posteriormente, repassadas pela agremiação partidária ao parlamentar, fato para o qual também teriam contribuído Maria Cléia e Pedro Rocha. Desse modo, concluo que os elementos colhidos durante a investigação também indicam a possibilidade do cometimento do delito de lavagem de dinheiro, correspondente à ocultação e dissimulação da origem dos valores desviados de contratos da Petrobras, mediante a utilização de mecanismos para dificultar a identificação do denunciado Valdir Raupp como destinatário final das quantias supostamente destinadas à sua campanha (Voto do Ministro Edson Fachin, p.14-15. Inquérito 3982/DF – 2ª Turma, DJe 05.06.2017).

Isso evidencia que: (i) por meio da Operação Lava Jato, verificou-se que as atividades desenvolvidas pelos partidos ou agremiações políticas muitas vezes podem servir para ocultar, dissimular e utilizar recursos financeiros advindos de práticas criminosas, os chamados crimes precedentes à lavagem de dinheiro; e (ii) a criação de um tipo penal específico para atos de lavagem de dinheiro ocorridos dentro de partidos não deve ser tratada como prioritária, já que, após a reforma na Lei n. 9.613/98, por meio da Lei n. 12.683, de 9 de julho de 2012, a ocultação, dissimulação e utilização de recurso econômico proveniente de qualquer infração penal pode dar ensejo à responsabilização criminal pelo crime de lavagem.

Também deve ser considerado que os partidos políticos, principalmente durante os períodos eleitorais, recebem, em um curto período de tempo, um grande volume financeiro, tanto advindo de doações quanto do Fundo Partidário. Nas eleições de 2014, somados aos valores do Fundo Partidário, circularam mais de R$ 1,138 bilhão de janeiro a setembro de 2014 nas contas de campanhas eleitorais, representando uma oportunidade para se praticar atos de lavagem de dinheiro.

Outro problema é que a atual sistemática permite a realização de doações à agremiações e partidos políticos, mas, na verdade, ocultam pagamentos ou transações que possuem destinatários certos dentro da organização partidária, o que contraria o conceito de real beneficiário de transações que vem sendo amplamente recomendado por organismos internacionais.

Recomendações de organismos internacionais

Desde o final do século passado, órgãos internacionais responsáveis pelo combate à lavagem de dinheiro, como o Grupo de Ação Financeira contra a lavagem de dinheiro (Gafi), ligado à Organização para Desenvolvimento Econômico (OCDE), emitem resoluções que tratam, principalmente, da imposição à setores-chave da economia do dever de fiscalização para o combate à lavagem de dinheiro (chamados de *gatekeepers*) como instituições financeiras, corretoras de valores mobiliários, empresas que comercializam metais preciosos ou obras de arte ou bens de alto luxo, entre muitos outros.

O problema do uso de recursos oriundos de atos de corrupção para o financiamento de partidos políticos ou campanhas já foi objeto de Recomendação da Comissão de Ministros dos Estados Membros da União Europeia. A recomendação n° 4 de 2003 trata de regras comuns contra atos de corrupção que visam ao financiamento de partidos políticos e campanhas eleitorais. A resolução cria princípios gerais para doações que, por um lado, compartilhem a adoção de regras para se evitar conflitos de interesses e garantir a transparência de doações e, por outro lado, evitem a discriminação das atividades político partidárias e garantam a independência dos partidos políticos. Quanto às doações realizadas por entes privados – nacionais ou estrangeiros –, além da previsão de tetos de doação, recomenda que sejam devidamente registradas contabilmente e, principalmente, divulgadas a todos os sócios e/ou acionistas. Por derradeiro, há previsão de recomendações quanto à transparência das doações, principalmente para seu registro contábil e a supervisão na fiscalização tanto dos partidos e agremiações quando das campanhas por meio de órgãos independentes.

Gatekeepers no Brasil

As imposições legais para os setores responsáveis pelo combate à lavagem de dinheiro no Brasil, listados no art. 9° da Lei n. 9.613, de 8 de março de 1993, normalmente implicam deveres de: (i) registro de operações; (ii) comunicações de operações suspeitas ao Conselho de Atividades Financeiras (Coaf); (iii) atenção para descobrir o real beneficiário da uma operação; e, principalmente, a (iv) implementação de uma política de lavagem de dinheiro, com o treinamento de seus funcionários para detectar operações potencialmente suspeitas. Paralelamente, também deve ser adotado um procedimento especial para o controle de transações que envolvam pessoas politicamente expostas, políticos ou funcionários públicos de alto escalão ou pessoas próximas a eles, como familiares além de indivíduos e, por fim, entes e indivíduos que possam estar relacionados ao financiamento ao terrorismo.

Caso uma política de lavagem de dinheiro não seja colocada em prática ou não seja eficaz, as pessoas físicas e jurídicas submetidas ao combate à lavagem de dinheiro podem ser penalizadas com pesadas multas ou, até mesmo, ter suas atividades suspensas, não excluindo a responsabilidade criminal de qualquer indivíduo que tenha concorrido para o crime de lavagem de dinheiro.

Os riscos envolvendo cada uma das atividades descritas no art. 9º da Lei n. 9.613, de 8 de março de 1993, são distintos. Existem normas específicas que tratam das medidas a serem adotadas para cada tipo de atividade realizada pelo *gatekeeper*. De acordo com a sistemática brasileira, ou tais normas são emanadas pelo órgão regulador ou fiscalizador da atividade (por exemplo, o Banco Central é responsável por emanar a normas que tratam do combate a lavagem de dinheiro para todas entidades sob sua fiscalização), ou pelo COAF quando da ausência de órgão fiscalizador.

Dessa maneira, ao se propor a adoção de mecanismos de controle de lavagem de dinheiro a agremiações e partidos políticos, é crucial a busca de um órgão que entenda sobre as atividades partidárias e já realize fiscalização de tal atividade.

Participação da Justiça Eleitoral

Como já destacado, a inclusão dos agremiações e partidos políticos no rol previsto no art. 9º da Lei n. 9.613/1998 faz com que essas entidades sejam obrigadas a se cadastrar e manter seu cadastro atualizado no órgão fiscalizador e, na falta deste, no Coaf, na forma e condições por eles estabelecidas, nos termos do art. 10 da mesma Lei. Assim, sugerimos que a Justiça Eleitoral, em especial o Tribunal Superior Eleitoral, torne-se o órgão regulador ao qual os partidos políticos estariam submetidos e, consequentemente, apto a emanar as normas de combate à lavagem de dinheiro para eles.

O Tribunal Superior Eleitoral e a Justiça Eleitoral possuem a experiência necessária para emanar tais normas, já que, atualmente, são responsáveis pela análise e fiscalização dos balanços contábeis dos partidos e pela aprovação das contas de campanhas eleitorais. Ou seja, tais órgãos conhecem previamente como se dá o financiamento dos partidos (fundo partidário e doações) e como tais recursos devem ser alocados, tendo conhecimento prévio sobre os riscos de lavagem de dinheiro relacionados à tais atividades.

Por exemplo, o Tribunal Superior Eleitoral e a Justiça Eleitoral são órgãos aptos a criar rígidos controles de doações, com a adoção de políticas *Know Your Sponsor (KYS)* – conheça seu doador – por parte das agremiações e partidos políticos, devendo-se obter um registro cadastral das pessoas físicas e jurídicas que realizarem doações e criar uma lista de doações tidas como suspeitas, que devem ser imediatamente noticiadas às autoridades competentes. A exemplo das pessoas politicamente expostas, deve-se dar especial atenção aos recursos advindos pessoas físicas e jurídicas[37] que possuam qualquer relação com o setor público brasileiro, como funcionários públicos, concessionários e de serviços públicos e empresas que prestem qualquer tipo de serviço para a administração pública. Nessa última hipótese, seria necessária a aprovação de alguma autoridade pública para que a doação ocorra. Por fim, possuem *expertise* para criarem mecanismos que busquem identificar quem são os reais beneficiários de doações e recursos alocados nas agremiações e partidos políticos.

---

[37] É importante destacar que doações realizadas por pessoas jurídicas estão atualmente suspensas em razão do julgamento da ADIN 4650 pelo Supremo Tribunal Federal.

Conclusão

A presente sugestão de alteração normativa busca a implementação de uma rígida política de combate à lavagem de dinheiro a ser adotada por agremiações e partidos políticos.

Não se busca a criação de novos tipos penais ou incremento de sanções criminais para atos de lavagem de dinheiro realizados por meio de agremiações ou partidos políticos, pois tal situação já se encontra contemplada legalmente.

Como no setor privado, o partido ou agremiação que não adotar políticas de combate à lavagem e dinheiro de maneira consistente poderá ser sancionado com pesadas multas, suspensão dos repasses do fundo partidário e, em casos extremos, suspensão ou cassação de seu registro ou a expulsão de filiados.

Portanto, como mostra a experiência internacional e nacional, não adianta apenas sancionar criminalmente a lavagem de dinheiro envolvendo doações a partidos políticos. A implementação de políticas de combate à lavagem de dinheiro pelos partidos e agremiações políticos é o instrumento mais eficaz para identificar e auxiliar as investigações dessa infração e de outros ilícitos conexos, ainda mais quando elaborada por órgão que detenha prévio conhecimento dos riscos envolvendo as transações relacionadas às suas atividades de financiamento.

20 CRIMINALIZAÇÃO DO "CAIXA 2" ELEITORAL

A estrita delimitação das fontes lícitas para o financiamento eleitoral tem utilidade marginal se não houver a efetiva fiscalização das contas dos partidos, bem como a eventual punição daqueles (partidos políticos e indivíduos) sobre quem se revele o descumprimento de normas eleitorais. A prática do "Caixa 2" é frequente na política brasileira e esteve presente em inúmeros casos de corrupção descobertos pela Operação Lava Jato. Ao contrário do que afirmam muitos políticos acusados, a prática é grave e coloca em risco a democracia por corromper as perspectivas políticas, desequilibrar o pleito e deslegitimar os pleitos eleitorais.

Principais pontos da proposta

- Institui a responsabilidade administrativa, civil e eleitoral para partidos políticos envolvidos com "Caixa 2" – incluindo condutas como arrecadar, receber, manter, movimentar recursos, estimáveis em dinheiro, paralelamente à contabilidade exigida pela legislação eleitoral; utilizar, para fins eleitorais, recursos provenientes de infração penal; ocultar ou dissimular a natureza ou origem de bens, direitos e valores provenientes, direta ou indiretamente, de infração penal ou fontes vedadas pela legislação.

- Estabelece como sanções aplicáveis aos partidos multa no valor de 10% a 40% do valor de repasses do fundo partidário, suspensão do funcionamento do diretório do partido pelo prazo de 2 a 4 anos e até cancelamento do registro da agremiação partidária. Prevê, à semelhança da Lei Anticorrupção, que seja considerada na dosimetria do valor da multa a existência de mecanismos e procedimentos internos de integridade, auditoria, incentivo à denúncia de irregularidades e aplicação efetiva dos códigos de ética e conduta.

- Criminaliza o "Caixa 2" – "arrecadar, receber, manter, movimentar ou utilizar qualquer valor, recurso, bens ou serviços estimáveis em dinheiro, paralelamente à contabilidade exigida pela legislação eleitoral" –, prevendo pena de reclusão de 2 a 5 anos para envolvidos.

- Autoriza o Ministério Público Eleitoral a estabelecer procedimentos preparatórios – inquéritos – para a apuração dessas condutas.

Problemas que pretende solucionar

- Na contramão do grande prejuízo que traz o "Caixa 2" à lisura e à legitimidade das eleições no país, já foram ensaiadas diversas tentativas de se anistiar a prática dessa irregularidade, inclusive quando da tramitação das Dez Medidas Contra a Corrupção[38]. A proposta ora apresentada colocaria pá de cal a essa discussão, cimentando o reconhecimento da reprovabilidade do "Caixa 2", que passa a ser crime e ilícito administrativo e eleitoral para os partidos.

---

38 EL PAIS. **Congresso articula de novo anistia a caixa 2 em reação à segunda lista de Janot.** Brasília, 10 mar. 2017. Disponível em: <https://brasil.elpais.com/brasil/2017/03/08/politica/1489008077_216116.html>. Acesso em: 7 mar. 2018.

- A criminalização do "Caixa 2" aumenta os custos desse tipo de prática, que é, com frequência, a motivação para o estabelecimento de grandes esquemas de corrupção.

ANTEPROJETO DE LEI

Altera a Lei n. 9.096, de 19 de setembro de 1995, a fim de prever a responsabilização dos partidos políticos por atos de corrupção e similares; acrescenta os arts. 32-A e 32-B à Lei n. 9.504, de 30 de setembro de 1997, para tornar crime o "Caixa 2", e altera a redação do art. 105-A da mesma lei.

O **PRESIDENTE DA REPÚBLICA** faço saber que o Congresso Nacional decreta e eu sanciono a seguinte lei:

Art. 1º. A Lei n. 9.096, de 19 de setembro de 1995, passa a vigorar acrescida, em seu Título III, dos seguintes artigos:

"**Art. 49-A.** Os partidos políticos serão responsabilizados no âmbito administrativo, civil e eleitoral, pelas condutas descritas na Lei n. 12.846, de 1º de agosto de 2013, praticadas em seu interesse ou benefício, exclusivo ou não, e também por:

I – arrecadar, receber, manter, movimentar ou utilizar qualquer recurso, valor, bens ou serviços estimáveis em dinheiro, paralelamente à contabilidade exigida pela legislação eleitoral;

II – ocultar ou dissimular a natureza, origem, localização, disposição, movimentação ou propriedade de bens, direitos ou valores provenientes, direta ou indiretamente, de infração penal, de fontes de recursos vedadas pela legislação eleitoral ou que não tenham sido contabilizados na forma exigida pela legislação;

III – utilizar, para fins eleitorais, bens, direitos ou valores provenientes de infração penal, de fontes de recursos vedadas pela legislação eleitoral ou que não tenham sido contabilizados na forma exigida pela legislação.

§ 1º. A responsabilização dos partidos políticos não exclui a responsabilidade individual dos integrantes de seus órgãos de direção ou de qualquer pessoa, física ou jurídica, que tenha colaborado para os atos ilícitos nem impede a responsabilização civil, criminal ou eleitoral em decorrência dos mesmos atos.

§ 2º. A responsabilidade, no âmbito dos partidos políticos, será da direção municipal, estadual ou nacional, a depender da circunscrição eleitoral afetada pelas irregularidades.

§ 3º. Em caso de fusão ou incorporação dos partidos políticos, o novo partido ou o incorporante permanecerá responsável, podendo prosseguir contra ele o processo e ser aplicada a ele a sanção fixada. A alteração do nome dos partidos políticos ou da composição de seus corpos diretivos não elide a responsabilidade."

"**Art. 49-B.** As sanções aplicáveis aos partidos políticos, do âmbito da circunscrição eleitoral onde houve a irregularidade, são as seguintes:

I – multa no valor de 10% a 40% do valor dos repasses do fundo partidário, relativos ao exercício no qual ocorreu a ilicitude, a serem descontados dos novos repasses do ano seguinte ou anos seguintes ao da condenação, sem prejuízo das sanções pela desaprovação das contas;

II – se o ilícito ocorrer ao longo de mais de um exercício, os valores serão somados;

III – o valor da multa não deve ser inferior ao da vantagem auferida.

§1º. O juiz ou tribunal eleitoral poderá determinar, cautelarmente, a suspensão dos repasses do fundo partidário no valor equivalente ao valor mínimo da multa prevista.

§2º. Para a dosimetria do valor da multa, o juiz ou tribunal eleitoral considerará, entre outros itens, o prejuízo causado pelo ato ilícito à administração pública, ao sistema representativo, à lisura e à legitimidade dos pleitos eleitorais e à igualdade entre candidatos, além de levar em conta:

I – a cooperação do partido político, aportando provas em qualquer fase do processo, para a apuração da infração e a identificação dos responsáveis;

II – a existência de mecanismos e procedimentos internos de integridade, auditoria e incentivo à denúncia de irregularidades e a aplicação efetiva de códigos de ética e de conduta no âmbito dos partidos políticos, que deverão constar de seus estatutos.

§3º. O pagamento da multa não elide a responsabilidade do partido político em ressarcir integralmente o dano causado à administração pública.

§4º. Se as irregularidades tiverem grave dimensão, para a qual a multa, embora fixada em valor máximo, for considerada insuficiente, o juiz ou tribunal eleitoral poderá determinar a suspensão do funcionamento do diretório do partido na circunscrição onde foram praticadas as irregularidades, pelo prazo de 2 (dois) a 4 (quatro) anos.

§5º. No caso do parágrafo anterior, o Ministério Público Eleitoral poderá requerer ao TSE o cancelamento do registro da agremiação partidária, se as condutas forem de responsabilidade de seu diretório nacional."

"**Art. 49-C.** O processo e o julgamento da responsabilidade dos partidos políticos, nos termos dos arts. 49-A e 49-B, incumbem à Justiça Eleitoral, seguindo o rito do art. 22 da Lei Complementar n. 64, de 18 de maio de 1990.

§1º. Cabe ao Ministério Público Eleitoral a legitimidade para promover, perante a Justiça Eleitoral, a ação de responsabilização dos partidos políticos.

§2º. O Ministério Público Eleitoral poderá instaurar procedimento apuratório, para os fins do §1º, que não excederá o prazo de 180 dias, admitida justificadamente a prorrogação, podendo ouvir testemunhas, requisitar documentos e requerer as medidas judiciais necessárias para a investigação, inclusive as de natureza cautelar, nos termos da legislação processual civil.

§3º. No âmbito dos tribunais, o processo será instruído pelo juiz ou ministro corregedor."

Art. 2º A Lei n. 9.504, de 30 de setembro de 1997, passa a vigorar acrescida dos arts. 32-A e 32-B a seguir:

"**Art. 32-A.** Arrecadar, receber, manter, movimentar ou utilizar qualquer recurso, valor, bens ou serviços estimáveis em dinheiro, paralelamente à contabilidade exigida pela legislação eleitoral.

Pena: reclusão de 2 (dois) a 5 (cinco) anos.

§1º. Incorre nas penas deste artigo quem doar, contribuir ou fornecer recursos, valores, bens ou serviços nas circunstâncias nele estabelecidas.

§2º. Incorrem nas penas deste artigo os candidatos e os integrantes dos órgãos de direção dos partidos políticos e das coligações.

§3º. A pena será aumentada em 1/3 (um terço) a 2/3 (dois terços), no caso de algum agente público ou político concorrer, de qualquer modo, para a prática criminosa.".

Art. 3º. O art. 105-A da Lei n. 9.504, de 30 de setembro de 1997, passa a vigorar com a seguinte redação:

"**Art. 105-A.** [...]

Parágrafo único. Para apuração de condutas ilícitas descritas nesta lei, o Ministério Público Eleitoral poderá instaurar procedimentos preparatórios e prazo máximo inicial de noventa dias, nos termos de regulamentação a ser baixada pelo Procurador-Geral Eleitoral." (NR)

Art. 4º. O art. 15 da Lei n. 9.096, de 19 de setembro de 1995, passa a vigorar acrescido dos seguintes incisos X e XI:

Art. 15. [...]

X – previsão de mecanismos e procedimentos internos de integridade que inclua medidas de vigilância e controle, auditoria e incentivo à denúncia de irregularidades;

XI – código de ética e conduta de seus filiados.

Art. 5º. Esta lei entra em vigor na data de sua publicação.

Brasília, xx de xxxx de 2018.

JUSTIFICATIVA

A contínua evolução da legislação brasileira relativa ao enfrentamento do fenômeno da corrupção, como dá exemplo a Lei n. 12.846, de 1º de agosto de 2013, demonstra a necessidade de fortalecimento de mecanismos também na seara eleitoral, já que nela se desenvolvem importantes embates ligados à realização de valores democráticos. Além disso, trata-se de ambiente no qual, diante da relação de proximidade – em si mesma, neutra – entre partidos políticos e a administração pública e dos altos custos das campanhas eleitorais, situações de ilicitude devem ser prevenidas e remediadas com boa carga de efetividade.

O objetivo da proposição é estender às agremiações partidárias exigências feitas hodiernamente para quaisquer pessoas jurídicas. Secundariamente, pretende-se evitar que, por lacuna legal, ilícitos praticados noutras áreas e com finalidades diversas sejam, como estratégia de exclusão ou minoração das sanções, atribuídas às disputas eleitorais.

Assim, se a referida lei trouxe a responsabilidade objetiva – não criminal – das pessoas jurídicas por atos contra a administração pública, é conveniente que também os partidos políticos (pessoas jurídicas), que manejam recursos públicos e privados, insiram-se no campo dessa responsabilização. Desse modo, os arts. 49-A, 49-B e 49-C, propostos para a Lei Orgânica dos Partidos Políticos, Lei n. 9.096/1995, trazem o cerne da Lei n. 12.846/2013. Normas relativas a procedimentos, bem como a sanções, tiveram previsão autônoma, considerada a natureza peculiar dos partidos políticos. É por essa razão que não se propõe a pura e simples aplicação daquela lei aos partidos e se afastam medidas como acordos de leniência ou regras sobre processo que não dizem respeito às realidades da Justiça Eleitoral e do Ministério Público Eleitoral.

O art. 49-A proposto prevê a responsabilidade dos partidos políticos pelos atos ilícitos descritos no art. 5º da Lei n. 12.846/2013 e, também, por condutas de "Caixa 2", "lavagem de capitais" e utilização de doações de fontes vedadas. Traz um roteiro para a aplicação das sanções, limitadas, a princípio, à esfera partidária responsável pela prática dos atos irregulares.

O art. 49-B descreve a extensão e o modo de cálculo das sanções propostas, sendo mister destacar que o percentual de 10% a 40% jamais inviabilizaria a sobrevivência dos partidos políticos.

O art. 49-C trata da legitimação e do rito processual das ações a serem levadas à Justiça Eleitoral. Enfatize-se que a proposta inova nas causas que permitem a propositura de ação de cancelamento de registro de partido político, somando-se às causas já previstas no art. 28 da Lei n. 9.096/95.

Propõe-se, também, a alteração da Lei das Eleições, Lei n. 9.504/1997, para tipificar como crime a conduta do "Caixa 2" – art. 32-A – e a variante eleitoral da "lavagem de dinheiro", art. 32-B. São situações que apresentam "dignidade penal", em razão de sua grande repercussão no processo eleitoral *lato sensu*, nas disputas eleitorais, que podem ser desequilibradas por essas práticas, pois criam desigualdade entre os partidos e os candidatos, em decorrência de irregularidades na arrecadação de recursos. Além disso, há insuficiência das sanções extrapenais, como a rejeição das contas de candidatos ou partidos e mesmo a cassação do diploma que, por definição, só alcança candidatos eleitos. A lisura, ou não, do caminho até o pleito pode influenciar seu resultado final, que interessa a toda a coletividade. Daí a necessidade da tutela penal de bens jurídicos relevantes, pelos quais serão legitimados os diplomados para o exercício de cargos eletivos.

Ainda que o ordenamento brasileiro vigente possua lei específica quanto ao crime de lavagem de dinheiro (Lei n. 9.613/98), a tipificação especializada da conduta – natureza eleitoral – mostra-se necessária por inúmeros motivos, pois o preceito primário é composto por diversas elementares que não constam da lei já existente, a exemplo da prática dos núcleos do tipo – ocultar ou dissimular – para fins eleitorais, bem como das fontes dos recursos vedadas pela legislação eleitoral ou que não tenham sido contabilizados na forma exigida pela legislação. Tais aspectos não compõem as elementares dos tipos previstos na Lei n. 9.613/98, que trata dos delitos de "lavagem de capitais". Ademais, a competência para o processamento e julgamento dessas hipóteses deve ser da Justiça Eleitoral, e não da Justiça Comum, porquanto a proposta cria tipo penal especializado.

A quantidade de pena prevista para a conduta eleitoral de "lavagem" corresponde às penas da Lei n. 12.683, de 9 de julho de 2012, especialmente para evitar que ilícitos de idêntica gravidade recebam sanções díspares.

Por fim, propõe-se a inclusão de um parágrafo único no art. 105-A da referida lei, para regulamentar o procedimento preparatório de alçada do Ministério Público Eleitoral, deixando claras a importância e a necessidade de um instrumento investigatório também nesse campo, por meio do qual deverão ser reunidos os elementos necessários à propositura de uma ação, evitando-se, também com isso, ajuizamento de demandas desprovidas de substrato mínimo.

V

RESPONSABILIZAÇÃO DE AGENTES PÚBLICOS

21 REDUÇÃO DO FORO PRIVILEGIADO

Quando o foro por prerrogativa de função foi inserido na Constituição de 1988, não se poderia imaginar que, passados trinta anos, quase metade dos deputados e senadores estaria envolvida em inquéritos ou ações penais perante o Supremo[1]. A demora e a dificuldade para levar adiante tantos processos, agravada pelo avanço da Lava Jato sobre centenas de parlamentares federais, mudou a forma como se vê o foro – originalmente idealizado como escudo do representante eleito contra o uso do Judiciário como instrumento da política.

A recente decisão do STF[2] restringindo as hipóteses de foro para deputados e senadores não foi capaz de promover a mudança necessária no país. Com o endosso constitucional, "o foro proliferou-se em legislações diversas e se tornou símbolo da desigualdade"[3]. Mas o problema extrapola a esfera do Supremo e de parlamentares federais. Como se viu, aproximadamente 55 mil servidores e agentes públicos passaram a receber tratamento processual diferenciado ao longo dos últimos anos[4].

Esta proposta, de modo semelhante à Proposta de Emenda à Constituição n. 10, de 2013, já aprovada pelo Senado, incidirá sobre a quase totalidade de hipóteses, limitando o foro a dezesseis funções.

Principais pontos da proposta

- Restringe o benefício do foro privilegiado no STF, quanto aos crimes comuns, para apenas 16 autoridades – contra mais de 860 autoridades, atualmente.
- Elimina as hipóteses de foro por prerrogativa de função no STJ quanto ao processamento e julgamento de crimes comuns praticados por autoridades públicas.
- Põe fim ao foro por prerrogativa de função dos prefeitos nos Tribunais de Justiça.
- Preserva o foro privilegiado nos casos de crimes de responsabilidade.
- Proíbe que os estados estabeleçam hipóteses de foro por prerrogativa de função em suas constituições e que o Congresso Nacional institua novas hipóteses de foro privilegiado por meio de PECs – tornando cláusula pétrea a vedação da instituição desse tipo de benefício.

Problemas que pretende solucionar

- Atualmente, o foro por prerrogativa de função beneficia aproximadamente 55 mil autoridades no Brasil[5], em decorrência de previsões da Constituição Federal e das

---

[1] Segundo a *Revista Congresso em Foco*, em julho de 217, quase a metade do Legislativo federal era alvo de investigação no Supremo Tribunal Federal. Naquele momento, eram 404 inquéritos e ações penais abertos contra deputados, dos quais 77 eram motivados por indícios de crimes de corrupção. Disponível em: <http://congressoemfoco.uol.com.br/noticias/crimes-de-corrupcao-sao-os-principais-motivos-de-inqueritos-e-acoes-penais-contra-deputados-no-stf/>. Acesso em: 13 maio 2018.

[2] Questão de Ordem na AP 937, decidida em 3 maio 2018.

[3] MOHALLEM, M. F. Menos Foro, Mais Pressão sobre o Supremo. **Revista Piauí**, 2 maio 2018. Disponível em: <http://piaui.folha.uol.com.br/menos-foro-mais-pressao-sobre-o-supremo/>. Acesso em: 13 maio 2018.

[4] CAVALCANTE FILHO, J. T.; LIMA, F. R. **Foro, Prerrogativa e Privilégio (Parte 1): Quais e quantas autoridades têm foro no Brasil?** Brasília: Núcleo de Estudos e Pesquisas/CONLEG/Senado, abr. 2017 (Texto para Discussão no 233). Disponível em: <www.senado.leg.br/estudos>. Acesso em? 13 maio 2018.

[5] CAVALCANTE FILHO, J. T.; LIMA, F. R. **Foro, Prerrogativa e Privilégio (Parte I): quais e quantas autoridades têm foro no Brasil?** Brasília: Núcleo de Estudos e Pesquisas/CONLEG/Senado, abr. 2017.

constituições estaduais. É um número completamente desarrazoado que sinaliza como houve uma expansão descontrolada desse benefício para além do que exige sua função precípua.

- A realidade atual impõe que os tribunais (STF, STJ, TRFs e TJs) acompanhem a investigação, processem e julguem milhares de casos de crimes comuns praticados por autoridades. A realização dessa função, incompatível com suas estruturas e métodos de funcionamento, abarrota os tribunais, especialmente os superiores, impedindo que se foquem em processos de maior repercussão, como seria sua vocação natural. A título de exemplo, lembra-se que o STF gastou mais de 200 horas para julgar a AP 470 – o "Mensalão". Considerando o volume de investigações e processos oriundos da Operação Lava Jato já no STF, resolver essa questão se torna ainda mais urgente.

- A distância dos tribunais em relação ao local dos fatos burocratiza as investigações e a ação penal; a exigência de que os ministros (ou desembargadores) autorizem a realização de cada diligência torna o processo investigatório lento e põe em risco a obtenção das provas necessárias. O fato de o Supremo Tribunal Federal ter proferido sentença condenatória em ação penal de sua competência pela primeira vez apenas em 2010 é prova cabal da inadequação do modelo.

PROPOSTA DE EMENDA À CONSTITUIÇÃO

Altera os arts. 5º, 37, 96, 102, 105, 108 e 125 da Constituição Federal para restringir as hipóteses de foro especial por prerrogativa de função.

As **MESAS DA CÂMARA DOS DEPUTADOS E DO SENADO FEDERAL**, nos termos do § 3º do art. 60 da Constituição Federal, promulgam a seguinte Emenda ao texto constitucional:

Art. 1º Os arts. 5º, 37, 96, 102, 105, 108 e 125 da Constituição Federal passam a vigorar com a seguinte redação:

"**Art. 5º** [...]

LXXIX – É vedada a instituição de foro especial por prerrogativa de função;

[...]" (NR)

"**Art. 37º** [...]

§13 Todo agente público, inclusive agentes políticos, sujeitam-se às sanções por improbidade administrativa, e a respectiva ação não se sujeita a foro especial por prerrogativa de função exigido para as infrações penais comuns e crimes de responsabilidade. [...]" (NR)

"**Art. 96.** [...]

III – aos Tribunais de Justiça julgar, nos crimes de responsabilidade, os juízes estaduais e do Distrito Federal e Territórios, bem como os membros do Ministério Público". (NR)

"Art. 102. [...]

I – [...]

b) nas infrações penais comuns praticadas pelo Presidente da República, Vice-Presidente, Presidente da Câmara dos Deputados, Presidente do Senado Federal, por seus próprios Ministros e pelo Procurador-Geral da República;

c) nos crimes de responsabilidade, os Ministros de Estado e os Comandantes da Marinha, do Exército e da Aeronáutica, ressalvado o disposto no art. 52, I, os membros dos Tribunais Superiores, os do Tribunal de Contas da União e os chefes de missão diplomática de caráter permanente;

d) o *habeas corpus*, sendo paciente qualquer das pessoas referidas na alínea "b" anterior; o mandado de segurança e o *habeas data* contra atos do Presidente da República, das Mesas da Câmara dos Deputados e do Senado Federal, do Tribunal de Contas da União, do Procurador-Geral da República e do próprio Supremo Tribunal Federal; [...]" (NR)

"Art. 105. [...]

I – [...]

a) nos crimes de responsabilidade, os desembargadores dos Tribunais de Justiça dos Estados e do Distrito Federal, os membros dos Tribunais de Contas dos Estados e do Distrito Federal, os dos Tribunais Regionais Federais, dos Tribunais Regionais Eleitorais e do Trabalho, os membros dos Conselhos ou Tribunais de Contas dos Municípios e os do Ministério Público da União que oficiem perante tribunais;

[...]

c) os *habeas corpus* nos casos em que o coator for tribunal sujeito à sua jurisdição; [...]" (NR)

"Art. 108. [...]

I – [...]

a) nos crimes de responsabilidade, os juízes federais da área de sua jurisdição, incluídos os da Justiça Militar e da Justiça do Trabalho, e os membros do Ministério Público da União; [...]" (NR)

"Art. 125. [...]

§1º A competência dos tribunais será definida na Constituição do Estado, sendo vedado o estabelecimento de foro especial por prerrogativa de função para crimes comuns, e a lei de organização judiciária será de iniciativa do Tribunal de Justiça. [...]" (NR)

Art. 2º. Revogam-se o inciso X do art. 29 e o § 1º do art. 53 da Constituição Federal.

Art. 3º. Esta Emenda Constitucional entra em vigor na data de sua publicação.

Brasília, X de XXXX de 201X.

TABELA COMPARATIVA

TEXTO ATUAL	PROPOSTA DE EMENDA CONSTITUCIONAL
Não há.	**Art. 5º** [...] **LXXIX** – É vedada a instituição de foro especial por prerrogativa de função; [...] (NR)
Art. 29. [...] **X** – julgamento do Prefeito perante o Tribunal de Justiça;	**Art. 29.** [...] **X** – Revogado. [...] (NR)
Não há correspondente	**Art. 37.** [...] §13 Todo agente público, inclusive agentes políticos, sujeitam-se às sanções por improbidade administrativa, e a respectiva ação não se sujeita a foro especial por prerrogativa de função exigido para as infrações penais comuns e crimes de responsabilidade." [...] (NR)
Art. 53. [...] §1º. Os Deputados e Senadores, desde a expedição do diploma, serão submetidos a julgamento perante o Supremo Tribunal Federal.	**Art. 53.** [...] § 1º. Revogado. [...] (NR)
Art. 96. [...] III – aos Tribunais de Justiça julgar os juízes estaduais e do Distrito Federal e Territórios, bem como os membros do Ministério Público, nos crimes comuns e de responsabilidade, ressalvada a competência da Justiça Eleitoral.	**Art. 96.** [...] III – aos Tribunais de Justiça julgar, nos crimes de responsabilidade, os juízes estaduais e do Distrito Federal e Territórios, bem como os membros do Ministério Público." [...] (NR)
Art. 102. [...] I – [...] b) nas infrações penais comuns, o Presidente da República, o Vice-Presidente, os membros do Congresso Nacional, seus próprios Ministros e o Procurador-Geral da República; c) nas infrações penais comuns e nos crimes de responsabilidade, os Ministros de Estado e os Comandantes da Marinha, do Exército e da Aeronáutica, ressalvado o disposto no art. 52, I, os membros dos Tribunais Superiores, os do Tribunal de Contas da União e os chefes de missão diplomática de caráter permanente; (Redação dada pela Emenda Constitucional n. 23, de 1999)	**Art. 102.** [...] I – [...] b) nas infrações penais comuns praticadas pelo Presidente da República, Vice-Presidente, Presidente da Câmara dos Deputados, Presidente do Senado Federal, por seus próprios Ministros e pelo Procurador-Geral da República; c) nos crimes de responsabilidade, os Ministros de Estado e os Comandantes da Marinha, do Exército e da Aeronáutica, ressalvado o disposto no art. 52, I, os membros dos Tribunais Superiores, os do Tribunal de Contas da União e os chefes de missão diplomática de caráter permanente;

d) o *habeas corpus*, sendo paciente qualquer das pessoas referidas nas alíneas anteriores; o mandado de segurança e o *habeas data* contra atos do Presidente da República, das Mesas da Câmara dos Deputados e do Senado Federal, do Tribunal de Contas da União, do Procurador-Geral da República e do próprio Supremo Tribunal Federal; [...]	d) o *habeas corpus*, sendo paciente qualquer das pessoas referidas na alínea "b" anterior; o mandado de segurança e o *habeas data* contra atos do Presidente da República, das Mesas da Câmara dos Deputados e do Senado Federal, do Tribunal de Contas da União, do Procurador-Geral da República e do próprio Supremo Tribunal Federal; [...] (NR)
Art. 105. [...] I – [...] a) nos crimes comuns, os Governadores dos Estados e do Distrito Federal, e, nestes e nos de responsabilidade, os desembargadores dos Tribunais de Justiça dos Estados e do Distrito Federal, os membros dos Tribunais de Contas dos Estados e do Distrito Federal, os dos Tribunais Regionais Federais, dos Tribunais Regionais Eleitorais e do Trabalho, os membros dos Conselhos ou Tribunais de Contas dos Municípios e os do Ministério Público da União que oficiem perante tribunais; [...] c) os *habeas corpus*, quando o coator ou paciente for qualquer das pessoas mencionadas na alínea "a" ou quando o coator for tribunal sujeito à sua jurisdição, Ministro de Estado ou Comandante da Marinha, do Exército ou da Aeronáutica, ressalvada a competência da Justiça Eleitoral (Redação dada pela Emenda Constitucional nº 23, de 1999); [...]	**Art. 105.** [...] I – [...] a) nos crimes de responsabilidade, os desembargadores dos Tribunais de Justiça dos Estados e do Distrito Federal, os membros dos Tribunais de Contas dos Estados e do Distrito Federal, os dos Tribunais Regionais Federais, dos Tribunais Regionais Eleitorais e do Trabalho, os membros dos Conselhos ou Tribunais de Contas dos Municípios e os do Ministério Público da União que oficiem perante tribunais; [...] c) os *habeas corpus* nos casos em que o coator for tribunal sujeito à sua jurisdição; [...] (NR)
Art. 108 [...] I – [...] a) os juízes federais da área de sua jurisdição, incluídos os da Justiça Militar e da Justiça do Trabalho, nos crimes comuns e de responsabilidade, e os membros do Ministério Público da União, ressalvada a competência da Justiça Eleitoral; [...]	**Art. 108** [...] I – [...] a) nos crimes de responsabilidade, os juízes federais da área de sua jurisdição, incluídos os da Justiça Militar e da Justiça do Trabalho, e os membros do Ministério Público da União; [...] (NR)
Art. 125. [...] §1º. A competência dos tribunais será definida na Constituição do Estado, sendo a lei de organização judiciária de iniciativa do Tribunal de Justiça. [...]	**Art. 125.** [...] §1º. A competência dos tribunais será definida na Constituição do Estado, sendo vedado o estabelecimento de foro especial por prerrogativa de função para crimes comuns, e a lei de organização judiciária será de iniciativa do Tribunal de Justiça. [...] (NR)

JUSTIFICATIVA

O foro por prerrogativa de função é um benefício atribuído aos agentes públicos e políticos a pretexto de proteger o exercício de suas funções e garantir a estabilidade política. Na prática, contudo, devido ao grande número de autoridades por ele beneficiadas, ao perfil das Instituições e ao assoberbamento dos tribunais, o foro diferenciado é, no Brasil, salvo raríssimas exceções, uma das principais vias para a impunidade.

Eis o principal motivo pelo qual o foro, por prerrogativa de função, tornou-se popularmente conhecido em nosso país como "foro privilegiado", e não é por outra razão que há inúmeras PECs propostas, tanto no Senado como na Câmara de Deputados, voltadas à sua extinção ou drástica redução. A solução adotada neste anteprojeto está em harmonia com a maioria desses projetos e suas justificativas, reconhecendo a pertinência da iniciativa e da avaliação de diversos parlamentares nesse ponto.

No Brasil, o foro por prerrogativa de função é conferido às autoridades na Constituição Federal e, de acordo com as balizas e limites por ela previstos, nas constituições estaduais e na Lei Orgânica do Distrito Federal.

Segundo levantamento efetuado por João Trindade Cavalcante Filho e Frederico Retes Lima[6], consultores legislativos do Senado Federal, o foro especial para processamento e julgamento de crimes comuns foi atribuído a 38.429 autoridades (federais, estaduais, distritais e municipais), pela Constituição Federal, e a 16.547 autoridades (estaduais, distritais e municipais), exclusivamente pelas constituições estaduais.

De acordo com o referido levantamento, portanto, há cerca de 55 mil autoridades com foro especial no ordenamento brasileiro. A estabilidade política ou mesmo econômica do país não depende da maioria dessas pessoas, mostrando-se o tratamento diferenciado incompatível com os princípios constitucionais republicano e de isonomia. Os crimes comuns praticados por tais autoridades, ao contrário do que ocorre com todos os demais cidadãos brasileiros, somente podem ser investigados, processados e julgados pelo Supremo Tribunal Federal, pelo Superior Tribunal de Justiça, pelos Tribunais Regionais Federais e pelos Tribunais de Justiça.

A presente proposta tem por objetivo restringir em mais de 99,9% o foro privilegiado para processamento e julgamento de crimes comuns. Se atualmente há cerca de 55 mil pessoas detentoras de foro por prerrogativa de função no Brasil, esta proposta visa restringir esse universo a apenas 16 autoridades: o Presidente da República, o Vice-Presidente, o Presidente da Câmara Federal, o Presidente do Senado Federal, seus próprios Ministros e o Procurador-Geral da República.

Uma vez aprovada a presente medida, somente as seguintes autoridades permaneceriam com foro diferenciado, no caso perante o Supremo Tribunal Federal, para processamento e julgamento de crimes comuns no Brasil: i) os chefes dos Poderes Executivo, Legislativo

---

6   CAVALCANTE FILHO, J. T. LIMA, F. R. **Foro, Prerrogativa e Privilégio** (Parte 1): quais e quantas autoridades têm foro no Brasil? Brasília: Núcleo de Estudos e Pesquisas/CONLEG/Senado, abr. 2017 (Texto para Discussão no 233). Disponível em: <www.senado.leg.br/estudos>. Acesso em: 27 abr. 2017.

e Judiciário; ii) as autoridades responsáveis por suceder o Presidente da República no exercício do cargo, em caso de impedimento ou vacância, nos termos do art. 80 da Constituição da República; iii) os 11 ministros do Supremo Tribunal Federal, responsáveis por julgar os crimes comuns praticados pelas autoridades já citadas; e iv) o Procurador-Geral da República, que, na condição de Chefe do Ministério Público Brasileiro, é a autoridade responsável por investigar e formular a acusação criminal das mencionadas autoridades perante o Supremo Tribunal Federal.

Antes de adentrar nos principais motivos que justificam essa drástica redução do número de autoridades detentoras de foro privilegiado no Brasil, que serão delineados logo abaixo, é importante ressalvar dois pontos. O primeiro é que a presente medida não se propõe a excluir o julgamento dos crimes de responsabilidade pelos Tribunais, pois seu objetivo é reduzir a impunidade relacionada à prática de crimes. Crimes de responsabilidade, apesar de o nome poder induzir a erro, não são crimes, mas infrações político-administrativas cujas penas não são sanções criminais. Não há, além disso, um histórico recente – ao menos que seja notório – de relevantes crimes de responsabilidade que tenham deixado de ser punidos nos tribunais superiores. O segundo é que a presente medida não se opõe, mas vai ao encontro do entendimento do Ministro Luís Roberto Barroso exposto no julgamento da Questão de Ordem da Ação Penal n. 937, em que é relator.

O voto proferido pelo Ministro Barroso nesse julgamento, consolida duas principais teses que restringem consideravelmente a extensão do foro por prerrogativa de função no Brasil: i) "o foro por prerrogativa de função aplica-se apenas aos crimes cometidos durante o exercício do cargo e relacionados às funções desempenhadas"; e ii) "após o final da instrução processual, com publicação de despacho para apresentação de alegações finais, a competência não será mais afetada em razão de o agente público vir a ocupar outro cargo ou deixar de ocupar o cargo, qualquer que seja o motivo". Seu voto foi acompanhado pela maioria absoluta dos demais ministros do STF e as teses foram adotadas em 3 de maio de 2018. Desde então, diversos processos de autoridades já têm sido remetidos à primeira instância.

Conforme exposto pelo Ministro Barroso, a prerrogativa de foro deve servir ao papel constitucional de garantir o livre exercício das funções, e jamais para assegurar impunidade. Mais que isso, conforme bem aduziu o Ministro Barroso, o entendimento atual acerca da abrangência do foro por prerrogativa de função "não realiza adequadamente princípios constitucionais estruturantes, como igualdade e república, por impedir, em grande número de casos, a responsabilização de agentes públicos por crimes de naturezas diversas" e impede que o STF se dedique a sua principal vocação, como corte constitucional, a qual certamente não está centrada na análise de casos penais.

Adotando-se essas teses expostas na Questão de Ordem da Ação Penal n. 937 – que sintetizam a melhor interpretação constitucional, extraída pelo Ministro Barroso, que se pode dar ao texto constitucional ora vigente –, estima-se que cerca de 90% dos atuais casos penais submetidos ao STF serão baixados para a primeira instância, o que já será um gigantesco avanço no sentido do enfrentamento da impunidade.

A presente proposta de Emenda Constitucional não servirá, portanto, para infirmar esse novo entendimento do STF, consolidado em 3 de maio de 2018 (até mesmo por que partilha dos mesmos fundamentos), mas para, por meio da alteração do texto constitucional, minimizar ainda mais as hipóteses de foro privilegiado no Brasil.

A primeira razão a justificar a ampla diminuição do número de autoridades com foro especial no Brasil está no fato de que, hoje, o tempo necessário para que os Tribunais – STF, STJ, Tribunais Regionais Federais ou Tribunais de Justiça – acompanhem a investigação, processem e julguem, em tempo razoável e adequado, todos os crimes comuns praticados por autoridades detentoras de foro privilegiado no Brasil é manifestamente incompatível com o exercício de suas demais e mais relevantes competências.

De fato, em nosso país, onde a descoberta de indícios da participação de agentes políticos e públicos de alto escalão em crimes comuns está longe de ser um evento isolado ou excepcional e onde os Tribunais estão assoberbados com dezenas de milhares de ações pendentes de julgamento, o foro por prerrogativa de função torna-se um grande empecilho à investigação, ao processamento e julgamento dos crimes praticados pelas pessoas por ele beneficiadas.

O foro por prerrogativa de função se converte, nesse cenário, em privilégio manifestamente incompatível com o regime republicano, uma espécie de funil que impede o julgamento dos crimes praticados pelas maiores autoridades do país em tempo adequado, muitas vezes antes do próprio decurso dos respectivos prazos prescricionais. As autoridades hoje protegidas da Justiça pelo foro, em razão das relevantes funções desempenhadas, deveriam ser as primeiras a ter sua responsabilidade analisada, inclusive para a devida preservação da gestão proba da coisa pública.

Os tribunais superiores já se encontram abarrotados de outros processos e competências, e não possuem a menor vocação estrutural para julgar ações penais originárias. Especificamente no que diz respeito ao Supremo Tribunal Federal, o Brasil é o único lugar do mundo em que o Tribunal Constitucional, além de ter a complexa tarefa de exercer o controle de constitucionalidade, acumula incontáveis competências diversas, incluindo competências recursais ordinárias e extraordinárias e competências cíveis e penais originárias, o que culmina por asfixiar a eficiência da Corte Suprema.

Basta comparar o número de decisões finais tomadas pelo Supremo Tribunal Federal em 2016, 97.750[7], com o número médio de casos julgados pela Suprema Corte norte-americana, 80 processos por ano. A situação é ainda mais complicada pelo número reduzido de membros (apenas onze), muito embora a simples majoração do número de membros certamente não resolveria o problema ora analisado.

Em síntese, no caso do Supremo Tribunal Federal, a questão está em decidir se o escasso tempo de que os onze ministros do Supremo Tribunal Federal dispõem para o exercício de suas funções jurisdicionais é mais bem utilizado, em prol de toda população brasileira, quando dedicado à guarda da Constituição ou quando empregado para o

---

7   Disponível em: <http://www.stf.jus.br/portal/cms/verTexto.asp?servico=estatistica&pagina=decisoesinicio>. Acesso em 2 dez. 2017.

julgamento de ações penais em decorrência de crimes comuns praticados por mais de 860 autoridades.

Com efeito, desde a promulgação da Constituição Federal de 1988, o STF é responsável por julgar originariamente os crimes comuns praticados pelo Presidente e Vice-Presidente da República, por 28 Ministros de Estado, pelos Comandantes do Exército, da Marinha e da Aeronáutica, por 81 Senadores, 513 Deputados Federais, 11 Ministros do STF, 27 Ministros do TST, 15 Ministros do STM, 7 Ministros do TSE, 33 Ministros do STJ, 9 Ministros do TCU, pelo Procurador-Geral da República e por 139 Chefes de Missão Diplomática de caráter permanente[8].

É importante que se considere, ainda, o enorme tempo necessário para a instrução e o julgamento dessas ações penais originárias, sem desconsiderar, ainda, que muito tempo é gasto durante a fase de investigação, antes da propositura da ação penal.

A título de exemplificação, é oportuno relembrar alguns números relacionados com o processamento e julgamento da Ação Penal n. 470, conhecida como "Mensalão", pelo STF. Nessa ação penal, cuja denúncia foi proposta em abril de 2006, 38 réus figuraram no polo passivo, entre os quais 3 ex-ministros de Estado e 11 parlamentares. A instrução dessa ação ocorreu entre 2006 e 2012, período em que foram ouvidas mais de 600 testemunhas e produzidos documentos que totalizaram mais de 60 mil páginas. O julgamento, iniciado em agosto de 2012 e estendido por 4 meses e meio, ocupou a pauta do plenário do STF por 53 sessões, distribuídas em 204 horas de julgamento, e praticamente inviabilizou o julgamento pelo STF de qualquer outra ação relevante no segundo semestre de 2012.

Se apenas o julgamento de uma ação penal ocupou praticamente todas as sessões de julgamento do Supremo Tribunal Federal por um semestre, a pergunta que devemos fazer é: quantos anos serão necessários para que o Supremo Tribunal Federal instrua e julgue as mais de 100 ações penais que hoje nele tramitam[9] caso não haja sensível diminuição no número de autoridades com foro privilegiado?

É verdade que o "Caso Mensalão" tramitou no STF ao mesmo tempo que as ações penais originárias deveriam ser julgadas pelo plenário da Corte, e quando, posteriormente, o STF promoveu mudança em seu regimento interno, alterando a competência para julgamento das ações penais para suas Turmas. Mas, ainda assim, não obstante a dobra da capacidade de instrução, processamento e julgamento de ações penais originárias pelo STF, mediante afetação da competência para suas duas Turmas, é manifesta a incapacidade de compatibilização do tempo necessário para o exercício dessa competência – típica de juízes de primeira instância – com o exercício de todas as suas demais atribuições, ainda mais se se considerar que muitos dos mais de 430 inquéritos[10] que

---

[8] CAVALCANTE FILHO, J. T. & LIMA, F. R. Foro, Prerrogativa e Privilégio (Parte 1): Quais e quantas autoridades têm foro no Brasil? Brasília: Núcleo de Estudos e Pesquisas/ CONLEG/Senado Op. cit. 2017.

[9] Número de 23.05.2017 fornecido pela Assessoria de Gestão Estratégica do STF e apresentado pelo Ministro Roberto Barroso no voto que apresentou, na condição de Relator, na Questão de Ordem na Ação Penal n. 937-RJ.

[10] Número de 23.05.2017 fornecido pela Assessoria de Gestão Estratégica do STF e apresentado pelo Ministro Roberto Barroso no voto que apresentou, na condição de Relator, na Questão de Ordem na Ação Penal n. 937-RJ.

hoje tramitam perante o STF resultarão em novas ações penais, e esses números poderão, ainda, ser consideravelmente maximizados nos próximos anos em decorrência do desenvolvimento de grandes operações, que recentemente passaram a ser realizadas também nessa instância.

Considerem-se, por exemplo, alguns números da Operação Lava Jato junto ao STF[11]. Apenas no âmbito desse caso, em cerca de 3 anos, até 17 de setembro de 2017, foram: i) instaurados 185 inquéritos contra 603 investigados; ii) propostas 35 denúncias contra 95 acusados; iii) celebrados 120 acordos de colaboração premiada, que contemplam a notícia da prática de crimes por centenas de parlamentares federais.

A manifesta impossibilidade de viabilizar o processamento e julgamento de ações penais originárias pelo STF, de um grande número de autoridades com prerrogativa de foro, é idêntica – ou ainda mais evidente – quando se considera a realidade do Superior Tribunal de Justiça, competente para julgar os crimes comuns praticados por mais de 2.700 autoridades de todo Brasil, dos Tribunais Regionais Federais e dos Tribunais de Justiça.

Não se deve desconsiderar, ainda, que a distância normalmente existente entre os Tribunais Superiores e o local de ocorrência dos fatos, muitas vezes situado a milhares de quilômetros, resulta em severas dificuldades operacionais para as investigações ou instrução das ações penais, o que acaba por burocratizar a apuração penal, culminando, na maioria das vezes, na impossibilidade de esclarecimento dos fatos, no esquecimento e na prescrição.

Os efeitos da falta de vocação estrutural das Cortes Superiores para processar ações penais é visível. Prova disso é que, em 2007, a Associação dos Magistrados Brasileiros (AMB)[12] divulgou pesquisa revelando que, de 1988 até maio de 2007, nenhuma autoridade havia sido condenada no STF nas 130 ações protocoladas. No STJ, por sua vez, houve condenação em apenas cinco de um total de 483 processos. Se considerados esses números em conjunto com os do STF, o percentual de casos em que houve punição até 2007 é de menos de um por cento.

A Corte Suprema demorou 120 anos para proferir a primeira condenação na sua competência penal originária[13]. De fato, a primeira ação penal julgada procedente foi assim decidida no dia 13 de maio de 2010, quando o deputado federal do Ceará José Gerardo de Oliveira Arruda Filho foi condenado a 2 anos e 2 meses de detenção na AP nº 409 por ter desviado R$ 500.000,00 de um convênio federal firmado na época em que exercia o cargo de Prefeito na cidade de Caucaia[14]. A pena privativa de liberdade foi substituída por restritiva de direitos.

---

11 Disponível em: <http://www.mpf.mp.br/para-o-cidadao/caso-lava-jato/atuacao-no-stj-e-no-stf/resultados-stf/a-lava-jato-em-numeros-stf>. Acesso em: 20 nov. 2017.

12 No estudo da Associação dos Magistrados Brasileira chamado "Juízes Contra a Corrupção". Disponível em: <http://www.oas.org/juridico/PDFs/mesicic4_bra_stf.pdf>. Acesso em: 2 dez. 2017.

13 O Supremo Tribunal Federal foi criado pela Constituição Provisória promulgada após a proclamação da República por meio do decreto 510, de 22/06/1890.

14 AP 409, Relator(a): Min. Ayres Britto, Tribunal Pleno, julgado em 13/05/2010, DJe-120 divulg 30-06-2010 public 01-07-2010 ement vol-02408-01 PP-00011.

Até o início do julgamento da AP nº 470, em agosto de 2012, a Corte Suprema do país registrava apenas quatro condenações criminais, nenhuma com trânsito em julgado, e onze absolvições. A primeira vez em que o Supremo Tribunal Federal determinou a execução da pena imposta pela Corte em condenação transitada em julgado, expedindo mandado de prisão, deu-se em 26 de junho de 2013, 16 anos após o oferecimento da denúncia e quase três anos depois da condenação do réu Natan Donadon, ex-parlamentar.

Some-se que, na fase de inquérito, enquanto na primeira instância a polícia ou o Ministério Público realiza diligências sucessivas, no Supremo cada diligência é, via de regra, analisada pelo Ministro, que tem a prerrogativa da presidência do inquérito[15]. A demora ordinária para a análise e decisão, sucessivamente em uma série de medidas do encadeamento de diligências em que a investigação se desenvolve, acaba protelando a investigação e propiciando o desaparecimento de informações e provas pela ação do tempo, além do aumento da probabilidade da prescrição.

Por todo o exposto, é possível afirmar que o foro por prerrogativa de função foi e ainda é, no Brasil, uma importante ferramenta a serviço da impunidade, cujo reflexo primário é a descrença generalizada da população em relação à eficiência do processo penal e à própria capacidade do Poder Judiciário de promover a justiça, cenário que demanda mudanças para restabelecer a crença da população nas Instituições.

Além disso, é digno de nota o fato de o Brasil estar na contramão da maioria das democracias consolidadas do mundo, no que se refere ao tema. A amplitude do instituto da competência por prerrogativa de função no Brasil não encontra paralelo no Direito Comparado[16]. Conforme destacado pelo Ministro do Supremo Tribunal Federal Roberto Barroso, no voto que apresentou, na condição de Relator, na Questão de Ordem na Ação Penal n. 937-RJ: "[...] não há, no Direito Comparado, nenhuma democracia consolidada que consagre a prerrogativa de foro com abrangência comparável à brasileira. No Reino Unido, na Alemanha, nos Estados Unidos e no Canadá, a prerrogativa de função sequer existe. Entre os países com foro privilegiado, a maioria o institui para um rol reduzido de autoridades. Na Itália, a prerrogativa de foro aplica-se somente ao Presidente da República. Na França, o foro especial é instituído apenas para os membros do governo (os Ministros e secretários de Estado). Em Portugal, são três as autoridades que detêm foro privilegiado: o Presidente da República, o Presidente da Assembleia da República e o Primeiro-Ministro".

Vê-se, assim, que, entre os diversos ordenamentos jurídicos, a Constituição brasileira é certamente a que possui o espectro mais amplo de autoridades possuidoras de foro por prerrogativa de função. Não por coincidência, as condenações dessas autoridades são tímidas ou quase inexistentes.

A proposta feita restringe o foro especial apenas para crimes comuns praticados por 16 autoridades, sejam funcionais ou não. Na linha da jurisprudência atual do Supremo

---

[15] Veja-se, por exemplo, a análise feita no artigo "Sistema acusatório na investigação e foro especial do STF", disponível em: <https://www.jota.info/colunas/pelo-mp/sistema-acusatorio-na-investigacao-e-foro-especial-do-stf-17102017>. Acesso em: 22 jan. 2018.

[16] Apenas a Constituição da Espanha (art. 71, 4) e da Venezuela (art. 215, 1º e 2º) estendem a todos os membros do Congresso Nacional tal prerrogativa, como observou o Ministro Sepúlveda Pertence no Inquérito 687 (Questão de Ordem).

Tribunal Federal, a competência é mantida apenas enquanto durar o exercício da função, buscando manter a estabilidade no exercício das mais relevantes funções públicas por poucos agentes. Em virtude da restrição da prerrogativa de foro a 16 pessoas, o que é já é uma mudança bastante significativa e positiva em relação ao cenário atual, não houve preocupação em distinguir crimes funcionais e não funcionais. Além disso, não se vê, em um histórico recente, relevantes crimes não funcionais praticados pelas mencionadas 16 autoridades e submetidos ao julgamento do Supremo Tribunal Federal.

A proposta apresentada, assim, pretende restringir o foro por prerrogativa de função, hoje um privilégio injustificável de dezenas de milhares de autoridades, aos crimes comuns praticados por 16 das mais altas autoridades do país. Crimes de responsabilidade e crimes comuns não funcionais não foram excluídos da competência dos tribunais para evitar discussões e eventuais empecilhos à aprovação da proposta, decorrentes de reformas que aparentemente não gerariam resultados práticos muito relevantes considerando-se a história recente. A preocupação central foi resolver uma distorção que tem produzido resultados danosos e concretos aferíveis, sem prejuízo de postergar, para outro momento, discussões mais refinadas sobre questões secundárias.

Para assegurar a estabilidade da restrição do número de autoridades com foro por prerrogativa de função no Brasil, a presente medida também propõe uma redação alternativa ao art. 125, §1º, da Constituição, vedando que os Poderes Constituintes derivados dos Estados estabeleçam foro especial por prerrogativa de função para crimes comuns nas Constituições Estaduais, e prevê a inclusão de um novo inciso no art. 5º, da Constituição, também vedando, inclusive ao Congresso Nacional, na condição de Poder Constituinte reformador, a instituição de nova hipóteses de foro especial por prerrogativa de função.

Do mesmo modo, cumpre observar que a PEC 62/2013 inspirou a redação do §13 do art. 37, que busca encerrar discussões judiciais acerca do foro para ações de improbidade. Dado o espírito da proposta global de evitar impunidade de agentes públicos por meio de seu processamento em tribunais sobrecarregados, a nova regra assenta que agentes políticos, como todo agente público, sujeitam-se às sanções dos atos de improbidade que praticaram, e que não há foro privilegiado para improbidade administrativa.

Por fim, o próprio Congresso Nacional tem inúmeras iniciativas para acabar com o foro por prerrogativa de função ou restringi-lo drasticamente, como, no Senado Federal, as PECs 81/2007, 109/2011, 10/2012, 10/2013 e 18/2014, e, na Câmara dos Deputados, as PECs 470/2005, 130/2007, 168/2007, 312/2013 e 427/2014.

Entre todas essas PECs, é importante destacar a de número 10/2013, do Senado Federal, cujos dispositivos não apenas foram espelhados, em larga medida, na presente proposta como também já está em avançado estágio de tramitação. Com efeito, em 31/05/17, a PEC n. 10/2013 foi aprovada em segundo turno no Senado Federal e encaminhada, em 06/06/2017, à Câmara dos Deputados para exame e votação.

Além disso, é interessante notar, nas justificativas das PECs, a consciência existente no Congresso de que já passou da hora de se derrubar a prerrogativa de foro, que gera impunidade. Em um projeto de lei sobre prescrição em crimes de detentores de prerrogativa de foro (PL 7390/2010), o Deputado Carlos Sampaio afirma que "a prerrogativa de foro, no país, nunca cumpriu seu verdadeiro objetivo, qual seja, o de preservar a dignidade da função pública. O que vemos, na prática, são agentes políticos utilizando-se desse instituto como instrumento a impedir a punição de atos criminosos que eles próprios praticam". O Deputado José Fernando Aparecido de Oliveira, por sua vez, assevera (na PEC 168/2007) que, "[l]onge de constituir prerrogativa impessoal outorgada ao cargo, como define a doutrina, o foro privilegiado tem sido um instrumento de franca impunidade [...]".

Trinta Senadores subscrevem a PEC 109/2011, na qual se afirma que o foro privilegiado vem "propiciando impunidade". Ainda segundo eles, "[n]ão existe uma justificativa ética para mantermos o foro privilegiado, esta é a grande verdade. Ele vem inviabilizando qualquer condenação, a prerrogativa de função se tornou um instrumento que evita punições". Na PEC 81/2007, vários então Senadores afirmaram que o foro privilegiado é um "privilégio odioso" que tem "contribuído pra o sentimento de impunidade".

A nota comum dessas propostas normativas pretéritas é acabar com prerrogativa de foro para crimes comuns de todas ou quase todas as autoridades. Quando o foro privilegiado para crimes comuns não é totalmente extinto, a ressalva se dá em relação ao atual art. 102, I, "b". Tão profusa é a previsão de foro por prerrogativa de função na Constituição que as propostas, em evidente lapso, não raro extinguem o foro por prerrogativa, mas deixam de mencionar algumas regras que o preveem, como o art. 29 ou o art. 96 da Constituição.

Este anteprojeto buscou alinhar-se com a maioria das propostas e seus fundamentos. O princípio adotado é de que *se* deve existir prerrogativa de foro, ela deve estar restrita a poucas autoridades. De fato, restringiu-se o foro por prerrogativa de função em mais de 99,9%, de cerca de 55 mil casos, para apenas 16 pessoas (Presidente e Vice-Presidente da República, Presidentes da Câmara Federal e do Senado Federal, Ministros do STF e Procurador-Geral da República).

22 AUTORIZAÇÃO DA PRISÃO PREVENTIVA DE PARLAMENTARES

Deputados e Senadores precisam ser responsabilizados por suas ações quando há comprovado envolvimento com atividades ilícitas. Para garantir não apenas a responsabilização, mas também a coleta de provas e a interrupção dessas ilicitudes, pode ser necessária a decretação da prisão provisória de parlamentares. Sujeitar essa prisão à confirmação pelo Congresso coloca em risco o prosseguimento de investigações e processos, favorecendo a impunidade, razão pela qual pretende-se eliminar essa exigência.

Principais pontos da proposta

- Altera as regras de imunidade dos parlamentares, autorizando a prisão provisória de senadores e deputados, mesmo em casos nos quais não há flagrante.
- Põe fim à exigência de que a respectiva casa do Congresso autorize a continuidade da prisão provisória.
- Determina que a respectiva casa do Congresso deverá receber a decisão e poderá realizar o acompanhamento do processo para preservar os direitos e prerrogativas do parlamentar.

Problemas que pretende solucionar

- A não possibilidade de que se apliquem outras espécies de prisão provisória, como a prisão preventiva e a temporária, retira importantes instrumentos que podem ser necessários para garantir a instrução probatória e a própria interrupção da conduta delitiva. Considerando os amplos poderes e a larga influência manejada por parlamentares, isso se torna um problema ainda mais grave.
- Como a corrupção e os tipos penais correlatos não são considerados inafiançáveis, em tese, hoje, é impossível decretar a prisão mesmo na hipótese de parlamentares se encontrarem em situação de flagrante delito.
- Como a prisão em flagrante deve ser convertida em prisão preventiva (ou relaxada) e a prisão preventiva não é uma das espécies a que estão sujeitos os parlamentares, a possibilidade de aplicação mesmo da prisão em flagrante em crimes inafiançáveis se torna ainda mais limitada.
- Sujeitar a manutenção da prisão à confirmação pelo Congresso sujeita uma decisão judicial a interferência política, podendo, inclusive, causar enorme desgaste político para o Congresso como um todo.
- A criminalidade perpetrada por alguns parlamentares, que se valem de seus mandatos para cometer ilícitos lesivos ao erário, é de difícil punibilidade devido a prerrogativas como a imunidade parlamentar.

PROPOSTA DE EMENDA À CONSTITUIÇÃO

Altera o §2º do art. 53 da Constituição Federal, que trata da imunidade parlamentar prisional.

Art. 1º. O §3º, do art. 53 da Constituição Federal, modificado pela Emenda Constitucional n. 35, de 2001, passa a vigorar com a seguinte redação:

Art. 53 [...]

§1º. [...]

§2º. Desde a expedição do diploma, a prisão provisória dos membros do Congresso Nacional será informada dentro de vinte e quatro horas à Casa respectiva, para a qual será remetida a decisão ou o auto de prisão em flagrante respectivo, para conhecimento e devido acompanhamento, visando observar a preservação dos direitos e prerrogativas do parlamentar não atingidos pela constrição, ficando vedada a execução da prisão no próprio recinto congressional.

Brasília, xx de xxxx de 2018.

JUSTIFICATIVA

Introdução: prerrogativas e imunidades como fatores de impunidade

Na atualidade, uma das preocupações das democracias modernas diz respeito ao que se vem denominando criminalidade de poder (ou delitos qualificados criminologicamente como *crimes of the powerful*[17]). Sobre esse tipo de criminalidade, **são oportunas as lições de Luigi Ferrajoli**[18]:

La criminalidad que hoy más amenaza a los derechos, la democracia, la paz y el futuro mismo de nuestro planeta es actualmente la criminalidad del poder, un fenômeno ya no marginal ni excepcional como la criminalidad tradicional, sino inserto em El funcionamiento normal de la sociedad. Distinguiré, esquemáticamente, dos formas de criminalidad del poder, unidas por su caráter organizado: a) la de los de tipo econômico y mafioso; b) la de los crímenes de los poderes, bien de los grandes poderes econômicos, o de los poderes públicos.

Em face das limitações que nos são impostas pelas restrições próprias da presente justificativa, interessa-nos apenas o último tipo, que é a criminalidade perpetrada especialmente pelos parlamentares, que se valem de seus mandatos para cometer ilícitos lesivos ao erário, quebrando o compromisso que deveriam ter com o direito e se esquecendo de que o cumprimento dos padrões éticos pelos políticos é fundamental como maneira de gerar confiança na Constituição e no próprio Estado Democrático de Direito[19].

---

17 Cf. SÁNCHEZ, J. S. A expansão do Direito Penal. Aspectos da política criminal nas sociedades pós-industriais. 2. ed. São Paulo: RT, p. 99.
18 FERRAJOLI, L. Principia iuris. Teoría del derecho y la democracia. 2. Teoria de La democracia. Madri: Trotta, 2011, p. 352.
19 GISBERT, R. B. Corrupción política y derecho. Revista Brasileira de Ciências Criminais – RBCCrim, ano 19, v. 89, mar.-abr. 2011, p. 395.

Não se pretende, com tal abordagem, demonizar a figura dos parlamentares, pois, como afirma Eugênio Raúl Zaffaroni[20], não "pensamos que todos os políticos são pessoas malignas, que estimulam o caminho dos massacres. Esse juízo somente conduz à antipolítica, que nada mais é que a antessala das ditaduras". Além disso, é inequívoca a importância do parlamento para a democracia, pois o Legislativo acaba servindo como suporte para a estabilidade do sistema político, passando, exatamente por isso, a ser reconhecido pelos outros Poderes e também pela população. Com efeito, mesmo que os embates no Congresso Nacional (na Câmara e no Senado) ainda perturbem governantes e juízes, a democracia brasileira não admite mais dúvidas sobre a importância do Legislativo e, portanto, dos parlamentares para a evolução e aprimoramento do Estado Democrático de Direito.

Contudo, voltando à questão do envolvimento de parlamentares em ilícitos criminais, a questão é extremamente grave e, infelizmente, cada vez mais crescente no Brasil. Com efeito, em relação aos parlamentares federais, para exemplificar, é oportuno citar aqui uma interessante divulgação da 7ª edição da Revista Congresso em Foco[21], que, após pesquisa realizada entre 13 de junho a 14 de agosto de 2013, noticiou que, de cada dez parlamentares, quatro respondem no Supremo Tribunal Federal (STF) por suspeita de participação em crimes variados (corrupção, tráfico, homicídio etc.), ou seja, 224 deputados e senadores respondem a 542 inquéritos e ações penais.

Conforme consta da matéria, existem Estados cuja bancada tem mais da metade de seus integrantes sob suspeita, como ocorre com os estados do Acre, Alagoas, Amazonas, Mato Grosso, Mato Grosso do Sul, Rondônia e Roraima. Inclusive, em relação ao estado do Mato Grosso, apurou-se que 91% (noventa e um por cento) dos parlamentares aguardam julgamento de ações ou inquéritos no STF, o que vem sobrecarregando aquela Corte.

Com relação aos parlamentares estaduais, não dispomos de dados seguros sobre o volume de processos criminais envolvendo-os em todo o território brasileiro. Porém, pelas notícias de escândalos de corrupção que diariamente são divulgadas, possivelmente o percentual não destoará muito dos parlamentares federais e até mesmo poderia ser maior caso todos os escândalos fossem realmente objeto de processos criminais, o que, infelizmente, não ocorre em vista de sérios obstáculos que acabam sendo combustíveis para a impunidade.

Realmente, conforme já destacado, diversos fatores contribuem para a impunidade dos agentes políticos em relação aos atos de corrupção. Embora seja uma tarefa que não possa ser enfrentada aqui, podemos citar, a título de exemplo, os seguintes fatores[22]: 1) a

---

20 ZAFFARONI, E. R. A palavra dos mortos: Conferências de Criminologia Cautelar. São Paulo: Saraiva, 2012, p. 471.

21 Disponível em: <<http://congressoemfoco.uol.com.br/noticias/numero-de-parlamentares-investigados-bate-recorde/>>. Acesso em: 25 jul. 2014.

22 Mais especificamente sobre crimes de "colarinho branco", nos quais podemos enquadrar os delitos de corrupção, Alessandro Baratta (In: Criminologia crítica e crítica do direito penal: introdução à sociologia do direito penal. Tradução de Juarez Cirino dos Santos. 2. ed. Rio de Janeiro: Freitas Bastos: Instituto Carioca de Criminologia, 1999, p. 102) destaca três fatores: "Trata-se, como se sabe, de fatores que são de natureza social (o prestígio dos autores das infrações, o escasso efeito estigmatizante das sanções aplicadas, a ausência de um estereótipo que oriente as agências oficiais na perseguição das infrações, como existe, ao contrário, para as infrações típicas dos estratos mais desfavorecidos), ou de natureza jurídico-formal (a competência de comissões especiais, ao lado da competência de órgãos ordinários, para certas formas de infrações, em certas sociedades), ou, ainda, de natureza econômica (a possibilidade de recorrer a advogados de renomado prestígio ou de exercer pressões sobre os denunciantes etc.)".

aceitação de algumas condutas ilícitas dos agentes públicos como normal (p. ex.: uso de bens públicos, como automóveis); 2) a insuficiência de legislação material e processual; 3) a falta de uma decidida vontade política dos Poderes públicos para prevenir, controlar e castigar tais práticas delitivas; 4) a existência de imunidades parlamentares de cunho exagerado; 5) o foro por prerrogativa de função; 6) o caráter de clandestinidade dos atos de corrupção[23]; 7) a não capacitação dos agentes responsáveis pelo controle e combate da corrupção; 8) o fraco combate à lavagem de capitais obtidos por meios ilícitos[24]; etc.

Desse modo, para a preservação da integridade e imagem do parlamento e dos parlamentares, é preciso revisitar certas prerrogativas e refletir sobre elas, pois, nos tempos atuais, de normalidade, a manutenção dessas prerrogativas pode prejudicar seriamente a democracia. Nessa senda, são oportunas as observações de Daniel Innerarity:

> A democracia pode prejudicar seriamente a democracia não apenas porque mediante os procedimentos democráticos podem aceder ao poder aqueles que estão interessados em destruí-la, mas também num sentido menos evidente: porque certos procedimentos democráticos, caso não estejam articulados de forma correta, podem prejudicar a qualidade democrática[25].

Como já observado, nós nos limitaremos a apenas um desses obstáculos: a imunidade parlamentar processual em relação à prisão, que atualmente é um procedimento democrático não articulado na Constituição Federal de maneira correta, prejudicando seriamente a democracia brasileira.

A imunidade parlamentar prisional e suas razões retóricas e dogmáticas: um convite à impunidade da criminalidade de poder

As imunidades parlamentares são parte integrante do que os constitucionalistas denominam estatuto dos congressistas[26]. Atualmente previstas no art. 53 da Constituição Federal, configuram um conjunto de garantias conferidas aos membros do Congresso Nacional, bem como aos membros das diferentes casas legislativas das entidades federativas, tendo por fundamento e objetivo assegurar o livre exercício da atividade parlamentar.

---

23 "A corrupção é uma espécie de criminalidade oculta. Seu *modus faciendi* tem a marca da clandestinidade e do sigilo. As transações ilícitas exigem a absoluta discrição dos protagonistas. São realizadas à sorrelfa. Ninguém fala, ninguém vê, ninguém escuta: essa é a regra. Corrupto e corruptor não querem publicidade. Muito menos investigações dos auditores fiscais da Receita Federal, do Tribunal de Contas e do Ministério Público. Os acertos, por mais espúrios e arriscados que sejam, são protegidos por um manto do silêncio. Isso torna impossível o dimensionamento dos delitos praticados em nível nacional e internacional. As estatísticas apresentadas até hoje baseiam-se em dados estimativos que não correspondem à realidade. Dados são extraídos de repartições públicas ou coletados nos meios de comunicação. Existe um profundo abismo entre a criminalidade aparente (captada pelos órgãos de controle social) e a criminalidade real (atos concretos de improbidade). O desencontro de informações impede que se tenha uma noção exata da escalada da corrupção em nível nacional e internacional" (SARMENTO, George. Improbidade Administrativa. Porto Alegre: Síntese, 2002, p. 28-9).

24 O crime de lavagem de capitais, que configura uma modalidade de conduta ilícita, pela qual se tenta tornar lícito o produto do crime e que tem estreita relação de conexão com a corrupção, atualmente representa uma preocupação mundial, começando finalmente a merecer a atenção dos órgãos de repressão no Brasil, notadamente em vista de seu crescimento vertiginoso. Aliás, estimativas indicam que o montante de dinheiro movimentado de maneira ilícita no Brasil entre 1996 a 2004 chega a 122 bilhões de dólares, tendo o número de pessoas processadas entre 2000 e 2005 crescido mais de 20 vezes (Confira matéria '"Laranja' exporta bilhões", Revista Veja, ed. 1936, ano 38, n. 51, 21 dez. 2005, p. 132).

25 INNERARITY, D. A política em tempos de indignação: a frustração popular e os riscos para a democracia. Rio de Janeiro: Leya, 2017, p. 174.

26 TAVARES, A. R. Curso de Direito Constitucional. 8. ed. São Paulo: Saraiva, 2010, p. 1238-42.

Do modo como hoje conhecemos, pode-se dizer que a imunidade parlamentar tem suas origens no processo revolucionário francês, conforme observa Eloy Garcia[27], sendo considerada pela doutrina constitucionalista tradicional uma prerrogativa estabelecida "menos em favor do congressista que da instituição parlamentar como garantia de sua independência perante outros poderes constitucionais"[28].

Dessa maneira, a imunidade parlamentar é uma garantia político-institucional que visa resguardar a independência e o livre funcionamento do poder legislativo da possível ingerência de outros poderes, bem como de eventual ataque por parte de particulares por meio de ajuizamento de ações civis e penais utilizadas de maneira desvirtuada, com o objetivo de inibir o regular desempenho das funções dos parlamentares. Logo, o instituto nasceu com a finalidade de impedir que o arbítrio obste a atividade parlamentar.

Nessa senda, alguns autores, como Carlos Maximiliano[29], consideram que o que está em jogo em relação às imunidades parlamentares é o interesse público, e não o particular, ou seja, do parlamentar individualmente considerado. Logo, como destaca Carl Schmitt[30], não se trata de um direito individual do deputado, mas de um direito do parlamento como totalidade, por esse motivo irrenunciável.

No Brasil, a imunidade parlamentar foi consagrada praticamente em todas as constituições, e sua previsão é quase a mesma desde 1824, ressalvando-se apenas duas alterações que sofreu em 1937 e pela EC 1, de 1969. Transportando-a para os dias atuais, atualmente encontra previsão no art. 53 da Constituição Federal.

Conforme a referida previsão, pode-se dividir as imunidades em duas dimensões: a) material ou inviolabilidade (absoluta), que consagra a inviolabilidade dos membros do Congresso Nacional, das Assembleias Legislativas Estaduais, da Câmara Legislativa Federal e das Câmaras Legislativas Municipais, por suas opiniões, palavras e votos (art. 53, *caput*, c/c os arts. 27, §1º, 32, §3º e 29, inc. VIII, todos da CF), tendo, portanto, natureza substantiva, excluindo a responsabilidade penal; b) formal, relativa ou processual, a gerar o estado de relativa incoercibilidade pessoal dos membros do Poder Legislativo Federal, Estadual e Distrital (*freedom from arrest*)[31], pelo que só eles poderão sofrer prisão provisória (processual ou cautelar) em uma única hipótese: situação de flagrância em crime inafiançável (art. 53, §2º, c/c os arts. 27, §1º, e 32, §3º, todos da Constituição Federal), permanecendo tal prerrogativa enquanto perdurar o mandato.

---

27 GARCÍA, Eloy. Imunidad parlamentaria y Estado de partidos. Madri: Tecnos, 2000, p. 21. Trata-se de uma questão divergente, havendo parte da doutrina que busca suas origens no direito medieval inglês. Porém, parecem mais acertados os que consideram sua origem na Revolução Francesa, no final do século XVIII, como prerrogativa do parlamento moderno e do sistema representativo. Com efeito, "a imunidade parlamentar pressupõe sistema representativo e democracia para se desenvolver", sendo, portanto, "incompatível com o sistema político medieval" (PIOVESAN, F.; GONÇALVES, G. F. L. A imunidade parlamentar no Estado Democrático de Direito. Doutrinas Essenciais de Direito Constitucional. v. 4. São Paulo: RT, p. 183, maio 2011).

28 SILVA, J. A. Curso de Direito Constitucional positivo. São Paulo: Malheiros, 36. ed., 2000, p. 537.

29 MAXIMILIANO, C. Comentários à Constituição brasileira. v. II. Rio de Janeiro: Freitas Bastos, 4. ed., 1948, p. 55.

30 SCHMITT, C. Teoría de la Constitución. Tradução Francisco Ayala. Madri: Alianza Universidad Textos, 3 reimpr., 2001, p. 304. No mesmo sentido: TAVARES, André Ramos. Curso de Direito Constitucional. 8. ed. São Paulo: Saraiva, 2010, p. 1238.

31 Os vereadores estão excluídos, conforme entendimento já explicitado pelo STF: "Condição de vereador que garante ao paciente tratamento diferenciado relativamente aos demais corréus. Os edis, ao contrário do que ocorre com os membros do Congresso Nacional e os deputados estaduais, não gozam da denominada incoercibilidade pessoal relativa (*freedom from arrest*), ainda que algumas Constituições estaduais lhes assegurem prerrogativa de foro. *Habeas corpus* conhecido em parte e denegado na parte conhecida" (STF: HC 94.059, Rel. Min. Ricardo Lewandowski, Primeira Turma, julgado em 6.5.2008, DJe 107, divulgado em 12.6.2008, publicado em 13.6.2008, Ement. Vol. 02323-05, p. 871, LEXSTF v. 30, n. 360, 2008, p. 415-433).

É importante destacar que também se inserem no contexto da imunidade formal, relativa a direitos processuais, o foro por prerrogativa de função (CF, art. 53, §1º) e a possibilidade de sustar o andamento de eventual ação penal por meio de voto da maioria dos membros da respectiva casa (CF, art. 53, §§3º e 4º). Porém, interessa para a presente justificativa, como já destacado, a imunidade processual relativa à prisão provisória, que pode ser nominada de imunidade prisional.

Antes de prosseguir com a imunidade prisional, destacamos a necessidade da manutenção da imunidade material, pois seu esvaziamento ou eliminação poderia realmente colocar em xeque o livre desempenho da atividade parlamentar, em especial quando o integrante do Parlamento manifesta suas opiniões, que podem eventualmente ser críticas em relação aos demais poderes, inclusive em relação ao Poder Judiciário.

Nessa linha, são acertadas as observações de Alberto Zacharias Toron[32]:

> [...] é muito simplista a ideia de que, porque a magistratura conquistou um alto grau de independência frente ao Executivo, a função jurisdicional, magicamente, como assinala Zagrebelsky, "tenha vestido os panos da imparcialidade, da neutralidade e da justiça". Uma vez "libertados", os juízes passaram a "ler as leis" e a interpretá-las segundo suas idiossincrasias pessoais e políticas e, não raro, reclamam-se exigências de garantias contra os abusos da própria magistratura. Ora, se essa realidade representa um perigo para o cidadão comum, o que dizer de um político no exercício do mandato cujas posições, opiniões, discursos e declarações à imprensa podem despertar a maior indignação e incompreensão do público em geral e, muito comumente, da parte dos próprios juízes, sobretudo quando o alvo da crítica são eles? Daí Konrad Hesse advertir que a inviolabilidade assegura o deputado de investidas que poderiam prejudicar suas tarefas constitucionais e, em particular, "contra atos do poder judiciário".

A mesma conclusão, porém, não pode ser admitida em relação à imunidade parlamentar prisional, pois, da maneira como se encontra disciplinada na Constituição Federal, não passa de uma verdadeira cláusula de imunização da criminalidade, uma vez que é assegurada para qualquer tipo de crime, mesmo aqueles que não guardem qualquer relação com a atividade dos parlamentares.

Sobre a imunidade prisional, houve um excesso na previsão constitucional, compreensível em vista do contexto histórico que antecedeu a Constituição Federal de 1988, no qual era de suma importância para evitar perseguições políticas e ilegalidade perpetradas contra os parlamentares pelo então regime vigente. Porém, não há justificativa plausível para a manutenção de tal tipo de imunidade em um Estado de legalidade, como o atual, em especial diante da autonomia e independência do Judiciário.

Para melhor visualização do problema, é oportuno trazer à colação a previsão contida no §2º do art. 53 da Constituição Federal, que assim dispõe: "Desde a expedição do diploma,

---
[32] TORON, A. Z. Inviolabilidade Penal dos Vereadores. São Paulo: Saraiva, 2004, p. 236.

os membros do Congresso Nacional não poderão ser presos, salvo em flagrante de crime inafiançável. Nesse caso, os autos serão remetidos dentro de vinte e quatro horas à Casa respectiva, para que, pelo voto da maioria de seus membros, resolva sobre a prisão".

A interpretação que prevalece em relação a tal regra é que a imunidade se refere tão somente às denominadas prisões provisórias, também conhecidas na doutrina e jurisprudência como prisões cautelares ou processuais, que, no atual sistema processual penal pátrio, são três: prisão em flagrante, prisão temporária e prisão preventiva. Portanto, hoje já não há qualquer restrição em relação à prisão decorrente de sentença condenatória executável[33].

Voltando para as prisões provisórias, é importante salientar que a natureza de tais medidas é cautelar. Logo, possuem o objetivo de assegurar o resultado do processo principal e só podem ser decretadas quando presentes dois requisitos fundamentais: 1º) o *fumus comissi delicti*, ou seja, a existência de elementos a respeito da autoria e materialidade do crime praticado; 2º) o *periculum libertatis*, isto é, o perigo que representa a liberdade do réu para a saúde das investigações ou do processo principal.

Assim, por exemplo, se determinado investigado ou réu em processo criminal estiver ameaçando testemunhas, não havendo outra medida menos drástica, caso o crime seja doloso e tenha uma pena em abstrato superior a quatro anos, o juiz poderá decretar a prisão preventiva para assegurar a instrução criminal, como se percebe pela combinação dos artigos 312, *caput*, e 313, *caput* e inciso I, ambos do Código de Processo Penal.

Das três espécies, por razões óbvias, apenas o flagrante dispensa uma decisão judicial. Contudo, como se verá mais adiante, seu controle jurisdicional é imediato. As outras duas espécies somente podem ocorrer mediante prévia decisão judicial, devidamente fundamentada.

A primeira espécie que reclama decretação, a prisão preventiva, é uma das mais utilizadas na prática. Nesse ponto, é importante destacar os fundamentos que a legitimam. Segundo o art. 312 do Código de Processo Penal, ela pode ser decretada para garantia da ordem pública, da ordem econômica, por conveniência da instrução criminal ou para assegurar a aplicação da lei penal.

Não se questiona a natureza cautelar quando a prisão preventiva é decretada, por exemplo, para assegurar a conveniência da instrução criminal e a aplicação da lei penal, uma vez que é clara a referibilidade com o processo principal. Assim, na hipótese de o investigado ou réu estar destruindo provas ou prejudicando o regular andamento da instrução, é possível a decretação da custódia cautelar valendo-se do primeiro fundamento. Também é legítima, valendo agora o segundo fundamento, quando há elementos que indiquem que o investigado ou réu está tentando fugir da aplicação da lei penal, como quando toma medidas no sentido de se ocultar no exterior.

Porém, os outros dois fundamentos (perigo para a ordem pública e perigo para a ordem econômica) não são endoprocessuais, ou seja, não guardam referibilidade com o processo principal. Ainda que, nessas hipóteses, não se trate de medida estritamente

---

33   Entre outros: LIMA, R. B. Manual de Processo Penal. Niterói: Impetus, 2011, p. 1209.

cautelar, terá legitimidade em situações como a do risco de reiteração de prática de crimes, previstas no Código Processual Penal Modelo para a Ibero-América[34], o que, inclusive, é aceito pela jurisprudência do STF.

Voltando aos tipos de prisões provisórias, quanto à prisão temporária, ela está prevista na Lei n. 7.960/1989, possuindo, como destacado, também uma natureza cautelar, exigindo-se, para sua legitimidade, a presença dos dois requisitos acima referidos. Porém, diferentemente da preventiva, que tem incidência na fase investigativa e durante o processo criminal, a prisão temporária só tem incidência na fase pré-processual (investigativa), sendo, portanto, destinada a assegurar a eficácia das investigações dos delitos relacionados no art. 1º, inciso III, da citada lei (podendo ser também incluídos na relação os delitos previstos na Lei n. 8.072/90, conhecida como Lei dos Crimes Hediondos).

Encerrando essas breves observações, é fundamental acentuar que, no modelo atual de Estado Democrático de Direito, as prisões provisórias só podem ser decretadas quando demonstrada a necessidade e desde que não existam outras medidas menos drásticas aos direitos fundamentais, pois isso é uma decorrência inerente ao princípio da presunção de inocência.

Realmente, a prisão provisória não é a regra, mas exceção, que encontra consagração na própria Constituição Federal, como se pode extrair de seu art. 5º, inc. LXI, que dispõe que ninguém será preso senão em flagrante delito ou por ordem escrita e fundamentada de autoridade judiciária competente.

E nem poderia ser diferente, não havendo que se falar em incompatibilidade com o princípio da presunção de inocência, pois, em um modelo de Estado Democrático de Direito, o Estado também possui deveres de proteção em relação a eventuais ataques por parte de particulares à pessoa humana ou a determinados bens jurídicos que reclamam proteção penal.

Realmente, em certos casos extremos, não haverá alternativa ao Estado senão restringir cautelarmente a liberdade do agressor, pois, como destaca Rogerio Schietti Machado Cruz[35]:

> Inserem-se nesse preceito constitucional outros mandamentos endereçados ao Estado, que podem, eventualmente, resultar na restrição das liberdades públicas, em nome de outros bens e interesses também protegidos pelo poder estatal, por igualmente interessarem à comunidade.
>
> Entre esses direitos sobressai o direito à segurança, colocado ao lado do direito à liberdade logo no *caput* do artigo 5º da Carta Magna, o que implica afirmar que o Estado está obrigado a assegurar tanto a liberdade do indivíduo contra ingerências abusivas do próprio Estado e de terceiros, quanto a segurança de toda e qualquer pessoa contra ataques de terceiros – inclusive do acusado – mediante a correspondente e necessária ação coativa (*potestas coercendi*) ou punitiva (*ius puniendi*).

---

[34] No mesmo sentido: MORAES, M. Z. Presunção de Inocência e Processo Penal Brasileiro: análise de sua estrutura normativa para a elaboração legislativa e para a decisão judicial. Rio de Janeiro: Lumen Juris, 2010.

[35] CRUZ, R. S. M. Prisão Cautelar: Dramas, Princípios e Alternativas. 2. ed. Rio de Janeiro: Lumen Juris, 2011, p. 64-5.

Não obstante a legitimidade dos mencionados tipos de prisões provisórias no nosso sistema, em relação aos parlamentares, como foi demonstrado, a Constituição Federal, em uma interpretação literal, só permite a incidência da prisão em flagrante delito de crime inafiançável, como, aliás, já decidiu o STF[36]. Ainda assim, mesmo havendo tal tipo de prisão, a casa respectiva poderá deliberar, por votação da maioria, pela manutenção ou não da prisão, pouco importando a natureza do crime cometido. Aliás, recentemente, esse posicionamento foi reforçado pela decisão proferida pelo Ministro Marco Aurélio no Terceiro Ag. Reg. Na Ação Cautelar nº 4.327 Distrito Federal, no qual figura como agravante o Senador Aécio Neves, e é oportuno transcrever o seguinte trecho da decisão:

> A imunidade não inviabiliza a persecução criminal, tampouco impede a prisão, mas, sim, estabelece limites rígidos a serem observados visando a plena atividade parlamentar. Limita a possibilidade de supressão do exercício do direito de ir e vir, viabilizando-a apenas quando verificado flagrante de crime inafiançável.

Não obstante, o referido entendimento vem encontrando certa divergência no próprio STF, como se pode notar pela decisão do Ministro Edson Fachin na Ação Cautelar nº 4.329, quando se posicionou favoravelmente à prisão cautelar do Deputado Federal Rodrigo Rocha Loures[37]:

> Todavia, embora considere, como mencionado, imprescindível a decretação de sua prisão preventiva para a garantia da ordem pública e preservação da instrução criminal, reconheço que o disposto no art. 53, §2, da Constituição da República, ao dispor que "desde a expedição do diploma, os membros do Congresso Nacional não poderão ser presos, salvo em flagrante de crime inafiançável..." impõe, ao menos em sede de juízo monocrático, por ora, necessidade de contenção quanto às possibilidades hermenêuticas da superação de sua literalidade, ainda que compreenda possível esta superação.
>
> Com efeito, não se desconhece os dois precedentes desta Suprema Corte em que se compreendeu possível, a despeito do disposto no art. 53, §2°, da Constituição da República, a decretação de prisão preventiva de parlamentares. O primeiro, HC 89.417, Primeira Turma, Rel. Ministra Cármen Lúcia, Dj 15.12.2006, compreendia a peculiaridade de 23 dos 24 integrantes da Assembleia Legislativa de uma unidade da federação estarem indiciados e envolvidos nos fatos apurados.
>
> O segundo, mais recente, da Segunda Turma, tratou do referendo da AC 4.039 (Dje de 13.05.2016), oportunidade em que o saudoso Ministro Teori Zavascki decretou a prisão preventiva de um Senador da República por considerar presente situação de flagrante delito de crime inafiançável, o que, em princípio, não se choca com a literalidade do art. 53, §2°, da CR. No caso presente, ainda que individualmente não

---

36 STF, Pleno, Inq. 510-DF, Celso de Mello, DJU de 19.04.1991, p. 4581.
37 Disponível em: <http://s.conjur.com.br/dl/prisao-loures.pdf>. Acesso em: 2 ago. 2017.

considere ser a interpretação literal o melhor caminho hermenêutico para a compreensão da regra extraível do art. 53, §2°, da CR – como, aliás, manifestei-me ao votar no referendo da AC 4.070 –, entendo que o *locus* adequado a essa consideração é o da colegialidade do Pleno.

Naquela oportunidade, assim me manifestei:

Como se sabe, as medidas cautelares penais são pautadas pelo binômio necessidade e adequação. Constatada a necessidade para a salvaguarda dos interesses processuais, no caso, para a garantia da ordem pública e conveniência da instrução criminal, é o gradiente da adequação que balizará o Judiciário ao definir, dentro as cautelares previstas em lei, qual a mais apropriada para a preservação dos interesses processuais.

Quiçá fosse o momento para uma discussão mais ampla a respeito do alcance da imunidade parlamentar prevista no art. 53, §2°, da Constituição, para que enfrentássemos o tema da possibilidade da decretação da própria prisão preventiva. Esta Suprema Corte tem jurisprudência tradicional e sólida, iluminada pelo princípio republicano, apontando a direção da necessidade de se interpretarem restritivamente as regras que preveem prerrogativas de todas as ordens.

Cito como exemplo a interpretação que prevalece sobre a inviolabilidade prevista no art. 53, *caput*, da CR/88, a qual, a despeito dos termos genéticos da dicção textual ('são invioláveis [...] por quaisquer de suas opiniões, palavras e votos'), só é reconhecida em relação às manifestações *in officio* e *propter officium* (v. g. Inq 1.400-20, Rel. Min. Celso de Mello, Pleno, DJU 10.10.2003).

A previsão de foro por prerrogativa de função, igualmente, tem recebido compreensão restritiva, também com fundamento no princípio republicano (vg. ADI 2.587, Rei Min. Maurício Corrêa, Pleno, j: 01.12.2004).

Hoje, após o advento da Lei n. 12.403/2011 (que alterou o Código de Processo Penal na parte relativa às prisões provisórias), o problema se agrava ainda mais, pois praticamente se criou uma imunidade absoluta para os parlamentares em relação aos crimes, inclusive de corrupção.

Primeiramente, cabe observar que, com a minirreforma imprimida pela Lei n. 12.403/2011, são inafiançáveis os seguintes delitos: racismo, tortura, tráfico ilícito de entorpecentes e drogas afins, terrorismo, crimes definidos como hediondos e os crimes cometidos por grupos armados, civis ou militares, contra a ordem constitucional e o Estado Democrático (CPP, art. 323).

Como é fácil perceber, para exemplificar, os delitos de corrupção, cujas variadas formas estão previstas principalmente nos arts. 312 a 326 e nos arts. 359-A a 359-H, todos do Código Penal, bem como em leis especiais, como a Lei de Licitações (Lei n. 8.666/1993), não se enquadram no rol dos crimes inafiançáveis. Logo, pela literalidade do dispositivo constitucional, seria impossível a prisão de parlamentar em flagrante delito em casos de corrupção.

Assim, imaginemos um exemplo no qual um deputado federal é flagrado recebendo propina para votar pela aprovação de determinado projeto de lei. Mesmo diante de uma conduta que trai a confiança daqueles que lhe confiaram o voto, que viola os princípios basilares que regem o atuar público no Estado Democrático de Direito, que é desvirtuada e incompatível com a democracia, a prisão jamais poderá ser efetivada, diferentemente do que poderia ocorrer caso o agente corrupto fosse, por exemplo, um servidor público de baixo escalão.

Foi esse entendimento mais restritivo que levou o STF a inovar no já citado precedente relativo à prisão do então Senador Delcídio do Amaral, cuja prisão só foi possível em vista de o STF entender que o referido Senador estava em situação de flagrante de crimes permanentes (art. 2º, §1º da Lei n. 12.850/2013 e art. 355 do Código Penal), acrescentando o caráter inafiançável de tais crimes em razão do disposto no art. 324, inciso IV, do Código de Processo Penal, que caracteriza como inafiançável o crime quando presentes os requisitos que autorizam a prisão preventiva. Essa decisão gerou fortes críticas em diversos setores da doutrina[38].

Ao se considerar o entendimento prevalente a respeito do que pode ser considerado crime inafiançável, ainda que alguns tipos de crimes de corrupção pública sejam, no futuro, considerados hediondos (como quer o PL 3760/2004), a prisão provisória será praticamente inócua em relação aos parlamentares, mesmo que sua manutenção seja extremamente necessária para as investigações ou para a instrução criminal, a não ser que se valha aqui da interpretação dada pelo STF no precedente relativo ao caso do Senador Delcídio do Amaral, o que, como vimos, é controverso.

A conclusão acima é extraída da atual sistemática das prisões provisórias. Pela nova redação do art. 310 do Código de Processo Penal, ao receber o auto de prisão em flagrante, o juiz terá as seguintes alternativas: a) relaxar a prisão; b) converter a prisão em flagrante em preventiva; c) conceder liberdade provisória, com ou sem fiança.

Se se invocar a literalidade da regra constitucional a respeito da imunidade prisional dos parlamentares, é fácil concluir que é impossível a conversão da prisão em flagrante em preventiva, pois tal tipo de prisão foi vedado pela Constituição Federal. Logo, não restará outro caminho ao juiz a não ser relaxar a prisão (se for ilegal) ou conceder liberdade provisória ou outra medida alternativa à prisão (caso seja legal).

Como se nota, fica praticamente impossibilitada a prisão provisória, pois o flagrante, na sua nova roupagem, tem uma vida brevíssima, sendo até por isso considerado por alguns autores medida pré-cautelar[39]. Portanto, sua natureza é precária, pois, em até 24

---

[38] LACERDA, F. H. I. Prisão do senador Delcídio Amaral materializa estado de exceção. Disponível em: <http://www.conjur.com.br/2015-nov-26/fernando-lacerda-prisao-delcidio-elegia-estado-direito>. Acesso em: 2 ago. 2017. BAHIA, A. G. M. F.; SILVA, D. B.; OLIVEIRA, M. A. C. Disponível em: <http://emporiododireito.com.br/o-caso-delcidio-imunidades-parlamentares-e-principio-da-separacao-de-poderes-no-estado-democratico-de-direito-breves-comentarios-a-partir-da-decisao-do-stf-na-acao-cautelar-n-4039-por-alexandre/>. Acesso em: 1º ago. 2017.

[39] Nesse sentido, ver LOPES JR., A. O Novo Regime Jurídico da Prisão Processual, Liberdade Provisória e Medidas Cautelares Diversas. Rio de Janeiro: Lumen Juris, 2011, p. 30.

horas após a efetivação da prisão, deverá o auto ser encaminhado ao juiz competente, para que decida em igual período, conforme vem entendendo a maior parte da doutrina.

Assim, não haverá nem mesmo necessidade de o parlamento se submeter ao desgaste de deliberar sobre a manutenção ou não da prisão em flagrante por crime inafiançável, como previsto na segunda parte do §2º do art. 53 da CF, já que ela, como se viu, tornou-se impossível.

Aliás, para reforçar o entendimento de que a imunidade prisional acaba consagrando impunidade, cabe lembrar um caso emblemático em que foi aplicada a segunda parte do §2º do art. 53 da CF. Trata-se do caso do ex-Deputado Estadual do Rio de Janeiro Álvaro Lins, que, em 2008, foi preso em flagrante delito pela polícia federal, por variados delitos, entre eles tipos criminais de corrupção e lavagem de dinheiro. Como foi amplamente divulgado na época, um dia depois da prisão, a Assembleia Legislativa do Rio de Janeiro, valendo-se do permissivo constitucional, revogou a prisão, por votação de ampla maioria dos deputados (40 a 15)[40].

Essa imunidade acaba funcionando como um escudo para a continuidade da prática de crimes, para ameaçar testemunhas e destruir evidências. Inclusive, a possibilidade prevista na segunda parte do §2º do art. 53 da CF pode gerar perplexidade ainda maior, como se pode observar em mais um episódio de corrupção envolvendo parlamentares. Trata-se do já citado caso debatido no HC 89.417-8 – Rondônia (decorrente do caso batizado de "Operação Dominó"), julgado pela Primeira Turma do STF em 22/08/2006, tendo como relatora a ministra Carmen Lúcia.

No citado caso, o presidente da Assembleia Legislativa de Rondônia foi preso em flagrante delito, após prisão decretada pela ministra do STJ, Eliana Calmon, em vista da Representação n. 349-RO. Destaque-se que o motivo de o caso ter sido apreciado pelo STJ decorreu de possível envolvimento de desembargadores e conselheiros do Tribunal de Contas do Estado de Rondônia, atraindo a competência para a referida corte. Também é importante considerar que a prisão em flagrante foi decretada de maneira inusitada, visto que a ministra considerou haver uma situação de flagrância.

Diante da prisão, foi impetrado *habeas corpus* perante o STF, oportunidade em que o impetrante, entre outros argumentos, alegou que não foi observado o §2º do art. 53 da CF, inclusive quanto à sua segunda parte. Porém, a Primeira Turma do STF acabou, por maioria[41], denegando a ordem, diante de uma situação inusitada, pois, dos 24 deputados estaduais, 23 estavam indiciados em diversos inquéritos, o que foi considerado pela Ministra relatora do HC 89.417-8, Cármen Lúcia, razão para afastar a citada regra constitucional, pois não poderia ser considerada para o caso de maneira isolada.

---

40 Disponível em: <http://g1.globo.com/Noticias/Rio/0,,MUL584534-5606,00-ALERJ+APROVA+ DECRETO +QUE+MANDA+SOLTAR +ALVARO+LINS.html>. Acesso em: 25 jul. 2017.

41 Votaram com a relatora os Ministros Carlos Ayres Brito e Sepúlveda Pertence. Votaram contra os Ministros Ricardo Lewandowski e Marco Aurélio Mello, tendo ambos fundamentado os votos no art. 53, §2º, da CF, que só admite a prisão em flagrante de crime inafiançável, o que não ocorreu no caso em tela. Inclusive, o ministro Lewandowski destacou que a medida não passou, na verdade, de uma verdadeira prisão preventiva, que, para ele, seria inconstitucional.

É interessante transcrever parte do voto da Ministra relatora:

> Tal é o que me parece ocorrer no caso ora apreciado. O que se põe, constitucionalmente, na norma do art. 53, §§2º e 3º, c/c o art. 27, §1º, da Constituição da República, há de se atender aos princípios constitucionais, fundamentalmente, a) ao da República, que garante a igualdade de todos e a moralidade das instituições estatais; b) ao da democracia, que garante que as liberdades públicas, individuais e políticas (aí incluída a do cidadão que escolhe o seu representante) não podem jamais deixar de ser respeitadas, especialmente pelos que criam o direito e o aplicam, sob pena de se esfacelarem as instituições e a confiança da sociedade no direito e a descrença na justiça que por ele se pretende realizar.
>
> Daí à barbárie é um pulo. Perigoso pulo, porque se o direito é ineficiente, a desconfiança da sociedade costuma lembrar a justiça pelas próprias mãos, que é a não justiça, mas a força a garantir apenas os mais fortes. Se as instituições já não são públicas, se os agentes já não representam o povo, pouco sobra que o direito possa fazer.
>
> Deve ser acentuado, entretanto, que a) o princípio da imunidade parlamentar permanece íntegro e de aplicação obrigatória no sistema constitucional para garantir a autonomia das instituições e a garantia dos cidadãos que proveem os seus cargos pela eleição dos seus representantes. Cuida-se de princípio essencial para assegurar a normalidade do Estado de Direito; b) a sua não incidência, na espécie, pelo menos na forma pretendida pelo Impetrante, deve-se a condição especial e excepcional, em que a sua aplicação gera a afronta a todos os princípios e regras constitucionais que se interligam para garantir a integridade e a unidade do sistema constitucional, quer porque acolher a regra, em sua singeleza, significa tornar um brasileiro insujeito a qualquer processamento judicial, faça o que fizer, quer porque dar aplicação direta e isolada à norma antes mencionada ao caso significa negar aplicação aos princípios fundantes do ordenamento; c) o caso apresentado nos autos é situação anormal, excepcional e não cogitada, ao que parece, em qualquer circunstância pelo constituinte.
>
> Não se imagina que um órgão legislativo, atuando numa situação de absoluta normalidade institucional do País e num período de democracia praticada, possa ter 23 dos 24 de seus membros sujeitos a inquéritos e processos, levados adiante pelos órgãos policiais e pelo Ministério Público; d) à excepcionalidade do quadro, há de corresponder a excepcionalidade da forma de interpretar e aplicar os princípios e regras do sistema constitucional, não permitindo que, para prestigiar uma regra – mais ainda, de exceção e de proibição e aplicada a pessoas para que atuem em benefício da sociedade –, se transmute pelo seu isolamento de todas as outras do sistema e, assim, produza efeitos opostos aos quais se dá e para o que foi criada e compreendida no ordenamento.

Portanto, é patente que a imunidade prisional pode gerar impunidade, pois, ainda que a prisão provisória se faça necessária para a conservação do processo ou para assegurar a aplicação da lei penal, não haverá como ser decretada e prevalecer a restrição constitucional, transformando o que deveria ser uma garantia para o parlamento em um verdadeiro privilégio, um escudo para práticas ilícitas, o que é incompatível com a Democracia, com a República e com o Estado Democrático de Direito.

O referido problema não foi ainda percebido pelos operadores jurídicos e pela coletividade em geral ou, ainda que percebido, não foi digno de atenção até o momento da prisão do Senador do PT Delcídio do Amaral, bem como do episódio envolvendo o pedido de prisão do Senador Aécio Neves.

Realmente, era quase nula a referência ao tema da imunidade prisional na doutrina processual penal, limitando-se os doutrinadores, em linhas gerais, a invocar o art. 53 da Constituição Federal para arrematar a possibilidade apenas da prisão em flagrante de crimes inafiançáveis[42] em relação aos parlamentares (excluindo aqui apenas os vereadores). Alguns sequer chegam a mencionar a exceção, voltando seus olhos mais aos "criminosos do andar de baixo", como se os delitos praticados pelos poderosos fosse uma fantasia, o que contraria os dados existentes.

Tal imunidade merece ser revista, notadamente diante de alguns delitos que atingem interesses da coletividade, como os crimes de corrupção, que contribuem para o comprometimento dos objetivos do Estado Democrático de Direito cristalizados no art. 3º da Constituição Federal. Recomenda-se, assim, a necessidade de eliminação da imunidade prisional do nosso sistema, pois, além de ser terreno fértil para a impunidade, outros fundamentos podem ser invocados para sua completa inadmissibilidade, conforme veremos no próximo ponto.

A insustentabilidade da imunidade parlamentar prisional no Estado Democrático de Direito

Como se sabe, a atual Constituição Federal qualifica o Estado brasileiro como "Democrático" e de "Direito" (art. 1º, *caput*), tendo como fundamentos: a soberania (art. 1º, I, da CF), a cidadania (art. 1º, II, da CF), a dignidade da pessoa humana (art. 1º, I e III, da CF), os valores sociais do trabalho e da livre iniciativa (art. 1º, IV, da CF) e o pluralismo político (art. 1º, V, da CF), e seu objetivo é a construção de "uma sociedade livre, justa e solidária" (art. 3º, I, da CF), orientando suas relações pela "prevalência dos direitos humanos" (art. 4º, II, da CF), "defesa da paz" (art. 4º, VI, da CF) e "solução pacífica dos conflitos" (art. 4º, VII, da CF).

Assim, as ideias matrizes que inauguram a Constituição da República servem de orientação para a formação da ordem jurídica brasileira, sendo inexorável a conclusão de que a tutela dos direitos humanos acaba sendo a principal missão do Estado, uma vez que, com essa diretriz, torna-se possível assegurar uma sociedade livre, justa e igualitária que tenha por meta não apenas a previsão desses direitos, mas, também, sua concretiza-

---

42 TOURINHO FILHO, F. C. Processo Penal. v. 3. 33. ed. São Paulo: Saraiva, 2011, p. 494. Na mesma linha: GOMES, Luiz Flávio. Imunidades parlamentares: nova disciplina jurídica da inviolabilidade penal, das imunidades e das prerrogativas parlamentares (EC 35/01). In: GOMES, L. F. Juizados criminais federais, seus reflexos nos juizados estaduais e outros temas. São Paulo: RT, 2002, p. 106.

ção, tornando-os palpáveis, para que a Constituição Federal, assim, não seja considerada uma mera "folha de papel"[43].

Porém, não se desconhece que, até chegarmos ao estágio atual, passamos por uma lenta evolução no desenvolvimento do Estado Moderno[44], que sucedeu o Estado absolutista, no qual não existiam direitos fundamentais, muito menos com a força normativa que atualmente ostentam.

O Estado Democrático de Direito hodierno representa o aprofundamento e a superação da fórmula que engloba o Estado Liberal e o Estado Social, elevando a outro nível as conquistas das democracias liberais e sociais, passando, pois, para uma democracia substancial que possibilita e assegura uma participação e equidade social[45], sendo fundamental, também nesse ponto, uma nova postura do Judiciário, notadamente quando se verificar a omissão por parte do Executivo e do Legislativo na concretização dos direitos fundamentais, os quais, para Paulo Bonavides[46], configuram o "oxigênio das Constituições".

Nesse passo, é lapidar a seguinte observação de Lenio Luiz Streck:

> [...] por isso, é possível sustentar que, no Estado Democrático de Direito, em face do caráter compromissário dos textos constitucionais e da noção de força normativa da Constituição, ocorre, por vezes, um sensível deslocamento do centro de decisões do Legislativo e do Executivo para o plano da jurisdição constitucional. Isto porque, se com o advento do Estado Social e o papel fortemente intervencionista do Estado o foco de poder/tensão passou para o Poder Executivo, no Estado Democrático de Direito há (ou deveria haver) uma modificação desse perfil. Inércia do Poder Executivo e falta de atuação do Poder Legislativo podem ser supridas pela atuação do Poder Judiciário, justamente mediante a utilização dos mecanismos jurídicos previstos na Constituição que estabeleceu o Estado Democrático de Direito[47].

Se não for assim, haverá sério comprometimento da igualdade substancial e, consequentemente, da observância do princípio da dignidade da pessoa humana, um dos fundamentos do Estado Democrático de Direito.

Assim, é inexorável concluir que estamos diante de outra realidade, diversa dos Estados

---

43 A expressão é de Ferdinand Lassalle, inserta na sua obra clássica *A Essência da Constituição*. É interessante, nesse ponto, a transcrição da seguinte passagem do autor: "Quando podemos dizer que uma constituição escrita é boa e duradoura? A resposta é clara e parte logicamente de quanto temos exposto: 'Quando essa constituição escrita corresponder à constituição real e tiver suas raízes nos fatores do poder que regem o país. Onde a constituição escrita não corresponder à real, irrompe inevitavelmente um conflito que é impossível evitar e no qual, mais dia, menos dia, a constituição escrita, a folha de papel, sucumbirá necessariamente, perante a constituição real, às verdadeiras forças vitais do país'" (A Essência da Constituição, 4. ed., Rio de Janeiro: Lumen Juris, 1998, p. 47).

44 Conforme destaca Luís Roberto Barroso, "o Estado Moderno surge no século XVI, ao final da Idade Média, sobre as ruínas do Feudalismo e fundado no direito divino dos reis. Na passagem do Estado Absolutista para o Estado Liberal, o Direito incorpora o Jusnaturalismo racionalista dos séculos XVII e XVIII, matéria-prima das Revoluções Francesa e Americana. O Direito Moderno, em suas categorias principais, consolida-se no século XIX, já arrebatado pela onda positivista, com *status* e ambição de Ciência" (Fundamentos Teóricos e Filosóficos do Novo Direito Constitucional Brasileiro (Pós-Modernidade, Teoria Crítica e Pós-Positivismo). In: GRAU, E. R.; CUNHA, S. S. (Coords.). Estudos de Direito Constitucional em homenagem a José Afonso da Silva. São Paulo: Malheiros, 2003, p. 31).

45 Nesse sentido, ver GOULART, M. P. Ministério Público e democracia: teoria e práxis. São Paulo: LED Editora de Direito, 1998, p. 49.

46 Curso de Direito Constitucional. 16. ed. São Paulo: Malheiros, 2005, p. 375.

47 STRECK, L. L. Jurisdição Constitucional e Hermenêutica. 2. ed. Rio de Janeiro: Forense, 2004, p. 19-20.

absolutistas e regimes de exceção, nos quais as imunidades surgiram como garantia do parlamento contra as arbitrariedades de um monarca e de regimes totalitários, contra investidas antidemocráticas, que não admitem contestação, inclusive prendendo quem ousava fazer oposição, o que justificava plenamente as imunidades parlamentares, inclusive a prisional.

Nos dias atuais, ao lado de uma imprensa cada vez mais livre e vigilante, temos também a consagração de um Judiciário independente, de um Ministério Público atuante e independente, de uma polícia ocupada por profissionais concursados, submetida ao controle pelo Ministério Público. São instituições fundamentais em um Estado Democrático de Direito para o afastamento do arbítrio por parte de qualquer poder em relação aos demais poderes e aos particulares.

Com efeito, em uma democracia, a submissão de uma pessoa a um processo criminal e seu eventual encarceramento, inclusive provisório, submetem-se ao devido processo legal e aos princípios dele decorrentes, como o da presunção de inocência.

Logo, conforme já observamos, se ainda há espaço para a denominada imunidade material, fundamental para a garantia da palavra no parlamento, inclusive na defesa das minorias, havendo, portanto, estrita relação com o exercício das funções dos parlamentares, na atual conjuntura do cenário brasileiro hodierno não há como sustentar a legitimidade da imunidade prisional, pois, como dito, a realidade é outra em relação aos tempos remotos que a justificaram[48], reclamando uma nova interpretação.

Nessa senda, é oportuno lembrar as palavras de Cláudio Souto, que, no começo dos anos 1960, observava: "[...] não é impossível que as imunidades parlamentares venham a desaparecer, quando e se as realidades sociais dos países se modifiquem de tal modo que o amadurecimento dos povos, e especialmente seu amadurecimento político, torne desnecessário e, pois, inconveniente, o privilégio"[49].

É necessário o desaparecimento da imunidade prisional, pois esta se transformou, nos dias atuais, em inadmissível privilégio, convertendo-se, em alguns casos, em sinônimo de impunidade de parlamentares que a utilizam como escudo protetivo para práticas ilícitas, e não para defesa do parlamento.

Ainda que seja possível um processo criminal em face de um parlamentar, esse processo pode ser comprometido na sua eficácia caso não sejam adotadas medidas cautelares para assegurar seu resultado, como as prisões provisórias em casos extremos e graves.

A impossibilidade da segregação cautelar, hoje, gera o risco severo de institucionalização da corrupção. Como destaca João Maurício Adeodato[50]:

---

[48] No mesmo sentido vem a conclusão de Flávia Piovesan e Guilherme Figueiredo Leite Gonçalves (A imunidade parlamentar no Estado Democrático de Direito. Doutrinas Essenciais de Direito Constitucional. v. 4. São Paulo: RT, maio 2011, p. 183), que arrematam: "Cabe inicialmente observar que, no Estado Democrático de Direito, afasta-se o risco do arbítrio e das ameaças indevidas dos demais poderes no âmbito do Legislativo. Se este era o motivo a justificar a existência da imunidade processual, ausente tal pressuposto, carece de justificativa a manutenção do instituto".

[49] As imunidades parlamentares. Apud TORON, A. Z. Inviolabilidade Penal dos Vereadores. São Paulo: Saraiva, 2004, p. 231.

[50] Ética e Retórica. Para uma teoria da dogmática jurídica. 5. ed. São Paulo: Saraiva, 2012, p. 63.

Mesmo que a corrupção não aparente poder ser de todo eliminada, como não o é nos países desenvolvidos, ela não deve aparecer em público sem ser devidamente punida, do ponto de vista da legitimação do sistema estatal. Nos países periféricos, a corrupção pode não apenas deixar de ser punida, como também assumir papel social compensatório e se tornar elemento significativo nos procedimentos decisórios de grupos inteiros. Quer dizer, pode institucionalizar-se.

A manutenção da imunidade prisional para os parlamentares no atual momento da nossa história acaba configurando verdadeiro abrigo para criminosos, que usam de tal prerrogativa para sabotar investigações criminais e instruções processuais em curso, subtraindo do Poder Judiciário, de maneira absoluta, medidas cautelares que, por sua natureza, são ínsitas e imprescindíveis ao pleno exercício da jurisdição.

Enfim, permitir a imunidade parlamentar prisional em tais casos é tornar o Estado débil frente à criminalidade de poder e, paradoxalmente, forte frente à criminalidade de rua, sendo clara a violação nesse prisma ao princípio da isonomia, pois "o discrímen estabelecido conduz a efeitos contrapostos ou de qualquer modo dissonantes dos interesses prestigiados constitucionalmente"[51].

---

51 MELLO, C. A. B. Conteúdo jurídico do princípio da igualdade. 3. ed. São Paulo: Malheiros, 1993, p. 47-8.

23 CRIMINALIZAÇÃO DO ENRIQUECIMENTO ILÍCITO DE AGENTES PÚBLICOS

O enriquecimento ilícito acontece quando o patrimônio atual do agente público é incompatível com sua renda e patrimônio pretéritos. A criminalização em relação a servidores públicos se justifica porque se espera deles maior comprometimento com a ética e a transparência. Por isso, e tendo em mente que o enriquecimento ilícito aparece muitas vezes associado ao crime de corrupção, que nem sempre é possível comprovar, convenções internacionais da ONU e da OEA recomendam sua criminalização.

Principais pontos da proposta
- Criminaliza o recebimento e a posse, entre outras condutas correlatas, de bens direitos e valores cujo valor não seja compatível com o rendimento auferido pelos agentes públicos por meios lícitos.
- Prevê como pena para essa conduta a reclusão de 3 a 8 anos, além do confisco dos bens.
- A atribuição fraudulenta da propriedade ou da posse a terceiros ("laranjas") é causa de aumento da pena.

Problemas que pretende solucionar
- Com frequência, investigações sobre corrupção comprovam que o servidor público tem um patrimônio incompatível com os rendimentos lícitos – enriquecimento ilícito –, mas não logra identificar quem transferiu a riqueza ou qual foi o ato de corrupção praticado, o que pode inviabilizar uma acusação pelo crime de corrupção.
- Nesses casos, será possível, respeitando os direitos individuais e garantias processuais, punir o agente público que apresentar comportamento incompatível com sua função. Apesar da sua tipicidade autônoma, nos casos em que for constatado que o enriquecimento é apenas um dos elementos ou resultado de crimes mais graves, apenas estes serão punidos.
- Atualmente, o enriquecimento ilícito é punido apenas como ato de improbidade administrativa (art. 9, Lei n. 8.429 de 1992), o que ocasiona sanções insuficientes para a gravidade do ato.

ANTEPROJETO DE LEI

Acrescenta o art. 312-A ao Decreto-Lei n. 2.848, de 7 de dezembro de 1940, Código Penal, para tornar crime o enriquecimento ilícito de agentes públicos.

O **PRESIDENTE DA REPÚBLICA** faço saber que o Congresso Nacional decreta e eu sanciono a seguinte lei:

Art. 1º O Decreto-Lei nº 2.848, de 7 de dezembro de 1940, Código Penal, passa a vigorar acrescido do seguinte art. 312-A:

"Enriquecimento ilícito

Art. 312-A. Adquirir, vender, emprestar, alugar, receber, ceder, possuir, utilizar ou usufruir, de maneira não eventual, bens, direitos ou valores cujo valor seja incompatível com os rendimentos auferidos pelo funcionário público em razão de seu cargo, emprego, função pública ou mandato eletivo, ou por outro meio lícito.

Pena – reclusão de 3 (três) a 8 (oito anos) e confisco dos bens, se o fato não constituir elemento de crime mais grave.

§1º. Incide nas mesmas penas o funcionário público que tenha dívida extinta ou amortizada por terceiro em montante incompatível com os rendimentos auferidos em razão de cargo, emprego, função pública ou mandato eletivo ou por outro meio lícito.

§2º. As penas previstas no *caput* e no §1º serão aumentadas de metade a dois terços se a propriedade ou a posse dos bens e valores for atribuída fraudulentamente a terceiras pessoas."

Art. 2º. Esta Lei entra em vigor noventa dias após sua publicação.

Brasília, X de XXXX de 2018.

JUSTIFICATIVA

Inicialmente, vale destacar que a redação do tipo penal acima é praticamente idêntica àquela proposta no âmbito das Dez Medidas Contra a Corrupção (PL n. 4850/2016). Tal projeto foi discutido em Comissão Especial da Câmara dos Deputados, em que foram ouvidos mais de cem especialistas. A criminalização do enriquecimento ilícito foi aprovada de maneira unânime, com pequenos ajustes na redação, pelos trinta deputados de diferentes partidos que compunham a Comissão. Desse modo, a redação ora apresentada, com pequenas mudanças de redação, prestigia o trabalho do Congresso Nacional.

Com relação ao texto original do artigo, tem-se que, com exceção da pena (originalmente de um a cinco anos e, hoje, de dois a cinco anos) e da conduta de possuir, ele corresponde em grande medida àquele que consta no parecer da Comissão Temporária de Estudo da Reforma do Código Penal (Relator Senador Pedro Taques). A pena de 3 a 8 anos é a mesma pena desse crime proposta pelo Projeto de Lei n. 5.586/2005, oferecido pela Controladoria-Geral da União.

O enriquecimento ilícito de funcionário público decorre comumente da prática de corrupção e crimes ou atos de improbidade conexos. No entanto, pela própria natureza e meio de execução, é muito difícil punir o crime de corrupção, salvo quando uma das partes revela sua existência, o que normalmente não acontece.

A tipificação do enriquecimento ilícito, portanto, exsurge em um contexto das chamadas "emergências investigativas" (*Ermittlungsnotstand*)[52], em que as circunstâncias dos fatos apurados bloqueiam o avanço das investigações de infrações penais, no caso as praticadas contra a Administração Pública.

Ao mesmo tempo, tem-se que a superação desses impasses persecutórios, por óbvio, não pode ou deve ocorrer a qualquer custo. Se, por um lado, requer-se a existência de instrumental jurídico-penal apropriado, tutelando valores constitucionalmente consagrados de maneira não insuficiente – como a probidade administrativa –, por outro lado, deve-se atentar para que não sejam anulados direitos individuais e princípios penais e processuais penais de sede constitucional.

E não são. É justamente por sua compatibilidade plena com a proteção dos direitos humanos, o devido processo legal e os princípios e valores democráticos que a Convenção das Nações Unidas contra a Corrupção (2007), da qual o Brasil é signatário, exorta os Estados-Partes a tipificar em seus ordenamentos jurídicos o crime de enriquecimento ilícito, definido como o incremento significativo do patrimônio de um funcionário público por ingressos que não podem ser razoavelmente justificados por ele. Do mesmo modo, a Convenção Interamericana Contra a Corrupção (1996) prevê, entre vários instrumentos de combate à corrupção, a criminalização do enriquecimento ilícito dos servidores públicos.

Argentina e Índia foram os primeiros países a criminalizar o enriquecimento ilícito, já em 1964. Em 2010, mais de 40 países já o consideravam crime. Não obstante, no Brasil, o enriquecimento ilícito é punido apenas como ato de improbidade administrativa, nos termos do art. 9º da Lei n. 8.429/92[53], situação que não é desejável, já que implica insuficiência de instrumentos de repressão para conduta de tamanha gravidade.

Embora relacionado a outros crimes, o enriquecimento ilícito deve ser autonomamente desvalorizado, por se tratar de conduta de funcionário, de quem se espera, mais do

---

52 A expressão *Ermittlungsnotstand* é referida pelos alemães como "a necessidade de esclarecimento dos fatos, indicando uma situação de impasse, bloqueio da investigação, com a consequente impossibilidade de elucidar judicialmente os delitos e os autores, o que sinalizaria um fenômeno empírico de disfunção do sistema penal, reclamando de algum modo a utilização de instrumentos idôneos a melhorar a eficácia no esclarecimento de delitos graves" (RIVA, C. R. Il premio per la collaborazione processuale. Minalo: Giuffrè, 2002. p. 415-6. In: PEREIRA, F. V. Delação premiada: legitimidade e procedimento. 2. ed. Curitiba: Juruá, 2013. p.57).

53 Art. 9º Constitui ato de improbidade administrativa importando enriquecimento ilícito auferir qualquer tipo de vantagem patrimonial indevida em razão do exercício de cargo, mandato, função, emprego ou atividade nas entidades mencionadas no art. 1º desta lei, e notadamente: [...]

  VII – adquirir, para si ou para outrem, no exercício de mandato, cargo, emprego ou função pública, bens de qualquer natureza cujo valor seja desproporcional à evolução do patrimônio ou à renda do agente público; [...].

que do cidadão comum, um comprometimento mais significativo com a lei. Há aqui um desvalor quanto à discrepância patrimonial, não raramente oculta ou disfarçada, de um agente público sujeito a regras de escrutínio, transparência e lisura.

Essa desvalorização autônoma encontra na proposta, ainda, expressa subsidiariedade. Sempre que o enriquecimento ilícito constituir elemento ou resultado de um crime mais grave, somente este será punido.

Além disso, deve-se observar que o crime de enriquecimento ilícito não promove a inversão do ônus da prova quanto ao caráter ilícito da renda. O que acontece é que quando, no exame de um dado caso concreto, após investigados os fatos e ouvido o servidor, não há outra explicação para a discrepância encontrada entre rendas lícitas e ativos devidamente comprovada, acolhe-se a conclusão de que a renda é ilícita como única explicação para a referida discrepância.

Em outras palavras, com base na experiência comum por todos compartilhada, se a acusação prova a existência de renda discrepante do patrimônio acumulado e, além disso, nem uma investigação cuidadosa nem o investigado apresentam a existência provável de fontes lícitas, pode-se concluir que se trata de renda ilícita.

Se a investigação ou o acusado forem capazes de suscitar dúvida razoável quanto à ilicitude da renda, será, evidentemente, caso de absolvição. O ônus da prova de todos os elementos do crime de enriquecimento ilícito é da acusação, de modo que não há nenhuma exigência de produção de prova pelo réu, que não é obrigado a depor nem a produzir provas, protegendo-se seu direito ao silêncio e seus consectários.

Além da previsão da figura simples do enriquecimento ilícito, o projeto traz uma causa de aumento de pena para as situações nas quais o servidor público se utilize de pessoas interpostas para esconder o enriquecimento ilícito. A finalidade é desestimular essa prática, que dificulta a investigação e a responsabilização.

24 LEI DE ABUSO DE AUTORIDADE

Garantir que autoridades públicas sejam efetivamente responsabilizadas pelos excessos e abusos cometidos no exercício de seus cargos é essencial para fomentar uma cultura de respeito à lei. A atribuição de poderes especiais a determinadas funções públicas pressupõe, afinal, que elas sejam exercidas dentro dos limites do Estado Democrático de Direito. Todavia, os limites devem ser claros e não impedir o adequado exercício da função, sob pena de emergir o problema oposto: a ineficiência. Possibilitar a responsabilização destes agentes, sem, entretanto, interferir ou impedir o exercício de suas funções é o objetivo desta proposta.

Principais pontos da proposta

- Inclui como possíveis sujeitos ativos dos crimes de abuso de autoridade: membros do Poder Executivo, Legislativo e Judiciário; membros do Ministério Público; membros do Tribunal de Contas; agentes da Administração Pública, servidores públicos, civis ou militares, ou a eles equiparados.

- Prevê como possíveis sanções, além da prisão e multa, o dever de indenizar o dano causado pelo crime; a perda do cargo, mandato ou função pública; a inabilitação para o exercício de cargo, mandato ou função pública por prazo de 1 a 5 anos; e penas restritivas de direito, incluindo a suspensão do exercício do cargo, mandato ou função pública e a proibição de exercer função de natureza policial ou militar em prazo de 1 a 3 anos.

- Estabelece a responsabilização de agentes públicos quando estes cometerem atos em que evidenciem excesso de poder ou desvio de finalidade. Cria, para isso, diversos tipos penais, como privar alguém de liberdade em desconformidade com as hipóteses legais para constranger o réu ou investigado; dar início ou proceder à persecução penal, civil ou administrativa, sem justa causa fundamentada, contra quem se sabe inocente; e utilizar-se de cargo ou função pública ou invocar a condição de agente público para não cumprir obrigação legal a todos imposta ou para obter vantagem ou privilégio indevidos; entre outros. Neste último caso, criminaliza-se a prática da "carteirada", do "sabe com quem está falando?", muito comum na sociedade brasileira.

Problemas que pretende solucionar

- A Lei de Abuso de Autoridade (Lei n. 4.898, de 9 de dezembro de 1965) é antiga e tem dois problemas estruturais: 1) os tipos penais estão defasados e precisam ser atualizados; 2) as penas são baixas e garantem prescrição e impunidade. Assim, os tipos penais são reformulados e as penas, aumentadas.

- Além disso, a reforma dessa legislação deve ser feita com cautela para não obstruir o exercício regular e legítimo da função pública ou permitir que seja usada por pessoas poderosas para ameaçar as autoridades que as investigam. Assim, o projeto proposto evita a criminalização da hermenêutica e estabelece que a acusação de alguém pelos crimes incumbe a uma instituição imparcial, ressalvada a possibilidade de ação penal privada subsidiária da pública, nos termos do Código de Processo Penal.

ANTEPROJETO DE LEI

Define os crimes de abuso de autoridade, revoga a Lei n. 4.898, de 9 de dezembro de 1965, e dispositivos do Código Penal.

O **PRESIDENTE DA REPÚBLICA** faço saber que o Congresso Nacional decreta e eu sanciono a seguinte lei:

CAPÍTULO I

DISPOSIÇÕES GERAIS

Art. 1º. Esta lei define os crimes de abuso de autoridade, cometidos por membro de Poder ou agente da Administração Pública, servidor público ou não, da União, Estados, Distrito Federal e Municípios, que, no exercício de suas funções, ou a pretexto de exercê-las, abusa do poder que lhe foi conferido.

§1º. As condutas descritas nesta Lei constituem crime de abuso de autoridade quando praticadas pelo agente com a finalidade específica de prejudicar outrem, beneficiar a si próprio ou a terceiro, ou, ainda, por mero capricho ou satisfação pessoal.

§2º. A divergência na interpretação da Lei ou na avaliação de fatos e provas não configura, por si só, abuso de autoridade.

CAPÍTULO II

DOS SUJEITOS DO CRIME

Art. 2º. São sujeitos ativos dos crimes previstos nesta Lei:

I – membros do Poder Executivo;

II – membros do Poder Legislativo;

III – membros do Poder Judiciário;

IV – membros do Ministério Público;

V – membros do Tribunal de Contas;

VI – agentes da Administração Pública, servidores públicos, civis ou militares, ou a eles equiparados.

Parágrafo único. Quem, mesmo não sendo agente público, concorre para o crime incide nas penas a este cominadas, na medida de sua culpabilidade.

CAPÍTULO III

DA AÇÃO PENAL

Art. 3º. Os crimes previstos nesta Lei são de ação penal pública incondicionada, admitindo ação penal privada subsidiária da pública nos termos do Código de Processo Penal.

CAPÍTULO IV

DOS EFEITOS DA CONDENAÇÃO E DAS PENAS RESTRITIVAS DE DIREITOS

SEÇÃO I

Dos Efeitos da Condenação

Art. 4º. São efeitos da condenação:

I – a obrigação de indenizar o dano causado pelo crime, fixando o Juiz na sentença o valor mínimo para sua reparação, considerando os prejuízos sofridos pelo ofendido;

II – a perda do cargo, mandato ou função pública;

III – a inabilitação para o exercício de cargo, mandato ou função pública, pelo período de 1 (um) a 5 (cinco) anos.

§1º. Os efeitos previstos nos incisos II e III, incidentes quando for aplicada pena privativa de liberdade por tempo igual ou superior a um ano, não são automáticos e devem ser declarados motivadamente na sentença.

§2º. Na fixação do valor mínimo previsto no inciso I, o juiz observará o contraditório e a ampla defesa, bem como a existência de prévio requerimento a respeito.

SEÇÃO II

Das Penas Restritivas de Direito

Art. 5º. Para os crimes previstos nesta lei, são admitidas as seguintes penas restritivas de direitos, além das previstas no Código Penal:

I – suspensão do exercício do cargo, mandato ou função pelo prazo de 1 (um) a 6 (seis) meses, com perda dos vencimentos e vantagens;

II – proibição de exercer funções de natureza policial ou militar no distrito da culpa, pelo prazo de 1 (um) a 3 (três) anos.

CAPÍTULO V

DAS SANÇÕES DE NATUREZA CIVIL E ADMINISTRATIVA

Art. 6º. A responsabilização das pessoas referidas no art. 2º, pelos crimes previstos nesta Lei, não as isenta das sanções de natureza civil e administrativa porventura cabíveis em decorrência dos mesmos fatos.

Parágrafo único. A notícia de crime previsto nesta lei, se descrever falta funcional, será informada por quem a receber à autoridade disciplinar competente para apuração.

Art. 7º. As responsabilidades civil e administrativa são independentes da criminal, não se podendo questionar mais sobre a existência do fato, ou sobre quem seja o seu autor, quando essas questões se acharem decididas no juízo criminal.

Art. 8º. Não se questionará sobre a existência de estado de necessidade, de legítima defesa, de estrito cumprimento de dever legal ou de exercício regular de direito, além das hipóteses previstas no parágrafo único do art. 1º, se sua existência ou inexistência se encontrar decidida de modo definitivo no juízo criminal.

CAPÍTULO VI
DOS CRIMES E DAS PENAS

Art. 9º. Decretar medida de privação da liberdade em manifesta desconformidade com as hipóteses legais e com a deliberada intenção de constranger o réu ou investigado:

Pena – detenção de 1 (um) a 5 (cinco) anos e multa.

Parágrafo único. Incorre nas mesmas penas quem:

I – pleiteia medida de privação de liberdade, manifestamente fora das hipóteses legais, com a intenção deliberada de constranger o réu ou o investigado indevidamente no curso de investigação ou processo judicial;

II – recolhe alguém à carceragem policial, ou a estabelecimento destinado à execução de pena privativa de liberdade ou de medida de segurança, fora da situação de flagrante delito ou sem ordem escrita de autoridade judiciária, salvo nos casos de transgressão militar ou crime propriamente militar, definidos em lei, ou de condenado ou internado fugitivo;

III – deixa de decidir, injustificadamente, no prazo legal, quando competente para fazê-lo, sobre a concessão ou não ao preso de liberdade provisória, com ou sem o pagamento de fiança, ou de relaxamento de prisão;

IV – prolonga indevidamente a execução de pena privativa de liberdade, de prisão temporária ou preventiva, ou de medida de segurança, deixando de executar o alvará de soltura logo após recebido ou de promover a soltura do preso quando esgotado o prazo judicial ou legal.

Art. 10. Deixar injustificadamente de comunicar prisão em flagrante à autoridade judiciária, ao Ministério Público e à defesa, no prazo legal;

Pena – detenção de 6 (seis) meses a 2 (dois) anos e multa.

Parágrafo único. Incorre nas mesmas penas quem, injustificadamente:

I – deixa de comunicar, no prazo legal, a execução de prisão temporária ou preventiva à autoridade judiciária que a decretou;

II – deixa de comunicar, no prazo legal, a prisão de qualquer pessoa e o local onde se encontra, à sua família ou à pessoa por ele indicada;

III – deixa de entregar ao preso, no prazo legal, a nota de culpa, assinada pela autoridade, com o motivo da prisão, o nome do condutor e o das testemunhas;

IV – efetua ou cumpre diligência policial em afronta à decisão judicial que a determinou;

V – deixa de informar ao preso, no ato da prisão, seu direito de ter advogado, de falar pessoalmente com ele, bem como o de ficar calado.

Art. 11. Constranger o preso ou detento, mediante violência ou grave ameaça, ou depois de lhe ter reduzido, por qualquer meio, a capacidade de resistência, a:

I – exibir-se, ou ter seu corpo ou parte dele exibido, à curiosidade pública;

II – submeter-se a situação vexatória ou a constrangimento não autorizado em lei;

III – produzir prova contra si mesmo ou contra terceiros;

IV – participar de ato de divulgação de informações aos meios de comunicação social ou ser filmado com essa finalidade, salvo quando a autoridade judicial decidir, de modo fundamentado, que o ato é importante para a identificação de novos crimes ou vítimas ou reconhecer outro relevante interesse público.

Pena – detenção de 1 (um) a 5 (cinco) anos e multa.

Parágrafo único. Não configura crime a regular condução do preso em ambiente ou via privada ou pública para a execução de medidas judiciais ou atos autorizados em lei, bem como a realização de fotografia ou filmagem com o intuito de produzir prova em investigação criminal ou processo penal ou de documentar as condições do estabelecimento penal.

Art. 12. Constranger alguém, mediante violência ou grave ameaça, a depor sobre fatos que possam incriminá-lo:

Pena – detenção de 1 (um) a 5 (cinco) anos e multa, se o fato não constitui crime mais grave.

§1º. Incorre nas mesmas penas quem constrange a depor, mediante violência ou grave ameaça, pessoa que, em razão de função, ministério, ofício ou profissão, deva guardar segredo.

§2º. Não configura crime advertir testemunha ou colaborador sobre as consequências da falsidade do depoimento, ainda que surjam, mais tarde, provas do envolvimento daquela nos crimes.

Art. 13. Deixar de identificar-se ao preso o responsável pela prisão ou identificar-se falsamente.

Pena – detenção de 6 (seis) meses a 2 (dois) anos e multa.

Parágrafo único. Incorre nas mesmas penas o responsável pelo interrogatório que deixa de identificar-se ao preso, salvo quando dispensado por lei, ou se identifica falsamente.

Art. 14. Submeter o preso ao uso de algema ou outro objeto que lhe tolha a locomoção sem justa causa.

Pena – detenção de 6 (seis) meses a 2 (dois) anos e multa.

Art. 15. Submeter o preso a interrogatório policial durante o período de repouso noturno, salvo se o interrogatório for necessário para proteger bem jurídico relevante contra risco de dano iminente, ou se o preso foi capturado em flagrante delito ou, devidamente assistido, consentir em prestar declarações.

Pena – detenção de 6 (seis) meses a 2 (dois) anos e multa.

Art. 16. Impedir ou retardar injustificadamente o envio de pleito de preso à autoridade judiciária competente para o conhecimento da legalidade de sua prisão ou das circunstâncias de sua custódia.

Pena – detenção de 6 (seis) meses a 2 (dois) anos e multa.

Parágrafo único. Incorre nas mesmas penas o magistrado que, ciente do impedimento ou da demora, havendo pedido da defesa ou do Ministério Público, deixa de tomar as providências tendentes a saná-los ou, não sendo competente para decidir sobre a questão, deixa de enviar o pedido à autoridade judiciária que o seja.

Art. 17. Impedir, sem justa causa, que o preso se entreviste com seu advogado.

Pena – detenção de 6 (seis) meses a 2 (dois) anos e multa.

Parágrafo único. Nas mesmas penas incorre quem, sem justa causa, impede o réu ou o investigado de se comunicar com seu advogado durante audiência judicial, depoimento ou diligência em procedimento investigatório.

Art. 18. Constranger preso com o intuito de obter vantagem ou favorecimento sexual.

Pena – detenção de 1 (um) ano a 5 (cinco) anos e multa, se o fato não constitui crime mais grave.

Art. 19. Manter presos de ambos os sexos na mesma cela ou em um espaço de confinamento congênere.

Pena – detenção de 2 (dois) ano a 6 (seis) anos e multa.

Parágrafo único. Incorre nas mesmas penas quem mantém, na mesma cela ou em um espaço de confinamento congênere, criança ou adolescente junto a maiores de idade.

Art. 20. Invadir, entrar ou permanecer em casa alheia ou em suas dependências, sem autorização expressa ou tácita de quem de direito, sem autorização judicial e fora das condições estabelecidas em lei.

Pena – detenção de 6 (seis) meses a 3 (três) anos e multa.

§1º. Incorre nas mesmas penas quem, sob as mesmas circunstâncias do *caput*:

I – constrange alguém, mediante violência ou grave ameaça, a franquear o acesso a sua casa ou dependências;

II – executa mandado de busca e apreensão em casa alheia ou suas dependências em afronta à decisão judicial que a autorizou.

§2º. Não constitui crime a entrada ou permanência em casa alheia ou em suas dependências a qualquer hora do dia ou da noite, em caso de flagrante delito ou desastre, ou para prestar socorro, ou, durante o dia, por determinação judicial.

Art. 21. Praticar ou mandar praticar violência física ou moral contra pessoa, no exercício da função ou a pretexto de exercê-la, fora das hipóteses legais.

Pena – detenção de 6 (seis) meses a 2 (dois) anos e multa, se o fato não constitui crime mais grave.

Art. 22. Inovar artificiosamente, no curso de diligência, investigação ou processo, o estado de lugar, coisa ou pessoa, com o fim de responsabilizar alguém ou agravar sua responsabilidade.

Pena – detenção de 1 (um) a 4 (quatro) anos e multa.

§1º. Incorre nas mesmas penas quem:

I – pratica a conduta com o intuito de eximir a si ou a outrem de responsabilidade por excesso praticado no curso de diligência;

II – constrange, sob violência ou grave ameaça, o funcionário de instituição hospitalar, pública ou particular, a admitir para tratamento pessoa cujo óbito tenha ocorrido, com o fim de alterar local ou momento de crime, prejudicando sua apuração;

III – retarda ou omite socorro a pessoa ferida em razão de sua atuação, se o fato não configurar crime mais grave.

§2º. Na hipótese do inciso III do parágrafo anterior, a pena é aumentada na metade, se da omissão resulta lesão corporal de natureza grave, e é triplicada se resulta morte e se o fato não configura crime mais grave.

§3º· Se a conduta se destina a produzir efeito em processo penal, ainda que não iniciado, as penas aplicam-se em dobro.

Art. 23. Requisitar instauração ou instaurar procedimento investigatório de infração penal ou administrativa em desfavor de quem se sabe inocente.

Pena – detenção de 6 (seis) meses a 2 (dois) anos e multa.

Art. 24. Divulgar gravação ou trecho de gravação que não tenha relação com a prova que se pretende produzir e se encontra coberto pelo segredo de justiça, com fim específico de expor desnecessariamente a intimidade ou a vida privada do investigado ou acusado, ou ferir sua honra ou imagem.

Pena – detenção de 6 (seis) meses a 3 (três) anos e multa.

Art. 25. Prestar informação que se sabe falsa sobre procedimento ou processo judicial ou administrativo.

Pena – detenção de 6 (seis) meses a 2 (dois) anos e multa, se o fato não constitui crime mais grave.

Art. 26. Dar início ou proceder à persecução penal, civil ou administrativa, sem justa causa fundamentada, contra quem se sabe inocente.

Pena – detenção de 1 (um) a 4 (quatro) anos e multa.

Art. 27. Procrastinar processo ou procedimento judicial, legislativo ou administrativo, sem motivo justificado, para prejudicar outrem, beneficiar a si próprio ou a terceiro, ou, ainda, por mero capricho ou satisfação pessoal, quando o prazo para a conclusão do procedimento exceder o dobro daquele fixado em lei ou norma infralegal.

Pena – detenção de 6 (seis) meses a 2 (dois) anos e multa.

Parágrafo único. Incorre nas mesmas penas quem, tendo assento em órgão colegiado judicial ou administrativo, para prejudicar outrem, beneficiar a si próprio ou a terceiro, ou, ainda, por mero capricho ou satisfação pessoal:

I – excede, injustificadamente, o dobro do prazo legal ou regimental para exame de processo de que tenha requerido vista;

II – exerce o direito de obter vista do processo com o intuito de procrastinar seu andamento ou retardar o julgamento.

Art. 28. Negar ao defensor, sem justa causa, acesso aos autos de investigação preliminar, ao termo circunstanciado, ao inquérito ou a qualquer outro procedimento investigatório de infração penal, civil ou administrativa, ressalvadas as diligências cujo sigilo seja necessário.

Pena – detenção de 3 (três) meses a 1 (um) ano e multa.

Parágrafo único. Incorre nas mesmas penas quem decreta sigilo dos autos, fora das hipóteses legais, com o fim deliberado de causar dano ao réu ou ao investigado.

Pena – detenção de 3 (três) a 6 (seis) meses e multa.

Art. 29. Coibir ou por qualquer meio impedir, sem justa causa, a reunião, associação ou agrupamento pacífico de pessoas para fins legítimos.

Pena – detenção de 3 (três) meses a 6 (seis) meses e multa.

Art. 30. Exceder-se o agente público, mediante violência ou grave ameaça e sem justa causa, no cumprimento de ordem legal, de mandado de prisão ou de mandado de busca e apreensão.

Pena – detenção de 6 (seis) meses a 2 (dois) anos e multa.

Art. 31. Exigir informação ou determinar a realização ou omissão de conduta, sem previsão legal ou regulamentar, de modo deliberadamente vexatório ou por motivo de raça, cor, etnia, religião, origem geográfica, gênero ou orientação sexual.

Pena – detenção de 3 (três) meses a 1 (um) ano e multa.

Art. 32. Utilizar-se de cargo ou função pública ou invocar a condição de agente público para se eximir indevidamente de cumprir obrigação legal a todos imposta ou para obter vantagem ou privilégio indevidos.

Pena – detenção de 3 (três) meses a 1 (um) ano e multa.

Art. 33. Antecipar o responsável pelas investigações, por meio de comunicação, incluindo rede social, atribuição de culpa, antes de concluídas as apurações e formalizada a acusação.

Pena – detenção de 6 (seis) meses a 2 (dois) anos e multa.

Parágrafo único. Não caracteriza ilícito a divulgação de fato, informação e prova, bem como de conclusões provisórias constantes em requerimentos ou decisões judiciais, de caráter público.

CAPÍTULO VII
DO PROCEDIMENTO

Art. 34. O processo e julgamento dos delitos previstos nesta Lei obedecerá ao procedimento comum, estabelecido no Decreto-Lei n. 3.689, de 3 de outubro de 1941, Código de Processo Penal, e na Lei n. 9.099, de 26 de setembro de 1995 – Lei dos Juizados Especiais.

Parágrafo único. A propositura da ação penal não impede a instauração da ação civil de reparação e do processo administrativo disciplinar nem suspende o andamento destes se já tiverem sido instaurados.

CAPÍTULO VIII
DAS DISPOSIÇÕES FINAIS

Art. 35. As penas desta Lei são aplicadas sem prejuízo das correspondentes à violência ou à grave ameaça.

Art. 36. Para os fins desta lei:

I – considera-se presa a pessoa privada de sua liberdade por ato de agente público no exercício de sua função ou a pretexto de exercê-la;

II – assemelha-se a preso a criança ou adolescente privado de sua liberdade por ato de agente público no exercício de sua função ou a pretexto de exercê-la;

III – os atos administrativos incluem os de natureza fazendária.

Art. 37. As penas desta Lei são aumentadas em um terço até a metade se o crime for cometido contra criança, adolescente, pessoa idosa, com deficiência ou em situação de vulnerabilidade, ou por motivo de preconceito de raça, cor, etnia, religião, origem geográfica, gênero ou orientação sexual.

Art. 38. Revogam-se o §2º do artigo 150 e os artigos 322 e 350, seu parágrafo único e incisos, do Decreto-Lei n. 2.848, de 7 de dezembro de 1940 (Código Penal), e a Lei n. 4.898, de 9 de dezembro de 1965.

Art. 39. Esta Lei entra em vigor 60 (sessenta) dias após sua publicação.

Brasília, X de XXXX de 201X.

JUSTIFICATIVA

A presente sugestão de Projeto de Lei visa atualizar a legislação em vigor que define os crimes de abuso de autoridade. Tem por base projeto desenvolvido sob liderança do Procurador-Geral da República, com participação de integrantes de entidades representativas do Judiciário, e, posteriormente, apresentado pelo Senador Randolfe Rodrigues no Senado Federal, muito embora tenham sido feitas importantes alterações.

Ocorre abuso de autoridade quando o agente público exerce a competência que lhe foi conferido com excesso de poder (o agente atua além de sua competência legal) ou desvio de finalidade (atua com o objetivo distinto daquele para o qual foi conferido). É, portanto, sempre ato doloso.

Com base nessa premissa, procurou-se tipificar as condutas praticadas com abuso de autoridade pelos agentes públicos.

O anteprojeto prevê que sejam sujeitos ativos do crime de abuso de autoridades os membros de Poder, do Ministério Público e dos tribunais de contas e agentes da Administração Pública, servidores públicos, civis ou militares ou a eles equiparados.

O sujeito passivo do abuso de autoridade não é só o cidadão, mas também a Administração Pública. O interesse em reprimir a conduta abusiva transcende a esfera individual do cidadão. Por isso, sugere-se a adoção da ação penal pública incondicionada, para a persecução dos crimes de abuso de autoridade, bem como a admissão da ação privada subsidiária, nos termos do Código de Processo Penal.

Como efeito da condenação, sugere-se tornar certa a obrigação de indenizar o dano causado pelo crime, fixando o Juiz na sentença o valor mínimo para sua reparação; a perda do cargo, mandato ou função pública; e a inabilitação para o exercício de cargo, mandato ou função pública.

Admite-se a substituição da pena privativa de liberdade por privativa de direitos, nos termos do Código Penal, além da suspensão do exercício do cargo, mandato ou função, sem vencimentos, e a proibição de exercer função de natureza policial.

A punição pelo crime de abuso de autoridade não isenta o agente público de responder pelas consequências disciplinares e civis de seu ato. Por isso, a autoridade disciplinar deve ser comunicada do fato para a devida apuração.

Propõe-se a tipificação da prisão ilegal, do prolongamento ou manutenção indevida da prisão ou da execução da pena e da violação dos direitos do preso.

De modo inovador, propõe-se, ainda, tipificar a conduta de constranger o preso com o intuito de obter favor ou vantagem sexual, expor ou exibir aos meios de comunicação ou produzir provas contra si mesmo. Outrossim, tipifica o uso indevido de algemas.

Sugere-se a tipificação do constrangimento de alguém a prestar depoimento quando não for obrigado, da submissão do preso a interrogatório durante o repouso noturno e da manutenção de presos de sexos opostos no mesmo ambiente prisional.

O exercício do direito de defesa também mereceu atenção no anteprojeto, que sugere tipificar o embaraço ao exercício do direito de petição do preso, ou de entrevistar-se com seu advogado, ou de o réu comunicar-se com seu defensor durante a investigação criminal ou a instrução processual. Tipificaram-se condutas que ofendam à inviolabilidade do domicílio, inclusive mediante cumprimento de mandado judicial em afronta à ordem que o autorizou, bem como a prestação de informações falsas com a finalidade de prejudicar o investigado ou a parte, e a recusa em dar acesso aos autos ao defensor ou decretar abusivamente sigilo dos autos para obstar o acesso do advogado.

A fraude processual com o objetivo de incriminar ou agravar a situação do investigado ou réu, ou de isentar ou atenuar a responsabilidade do agente público que tenha cometido abuso de autoridade, também deve passar a ser crime.

Sugere-se que também sejam tipificados o exercício abusivo do poder de dar início à persecução penal contra quem se sabe inocente, o excesso de prazo injustificado para a conclusão da investigação ou da fiscalização, ou sua prorrogação abusiva, com a finalidade de causar constrangimento.

Impedir abusivamente o exercício do direito de reunião ou de manifestação, ou exceder-se no cumprimento de ordem legal ou mandado judicial, sem justa causa, também devem ser tipificados, bem como a exigência de informação ou conduta, sem previsão legal ou regulamentar, de modo vexatório ou discriminatório. Veda-se, assim, a condenável prática de *racial profiling*, inclusive abordagens policiais com base na cor da pele.

Por fim, no âmbito da tipificação penal, destaca-se a inclusão de 2 novos crimes: o primeiro deles, a famosa "carteirada", que é a utilização do cargo ou função para se eximir do cumprimento de obrigação legal ou para obter vantagem ou privilégio.

O segundo é o uso abusivo dos meios de comunicação ou redes sociais pela autoridade encarregada da investigação que antecipa a atribuição de culpa, antes de concluída a investigação e formalizada a acusação.

O anteprojeto não proíbe a divulgação da investigação, permitindo que seu encarregado preste contas do que foi feito e por que o foi, como mecanismo de indispensável transparência. Contudo, na divulgação de uma investigação pública, quem a conduz não deve antecipar acusações ou adiantar conclusões sobre a culpa do suspeito antes da conclusão da investigação, porquanto o quebra-cabeça ainda não foi montado, não se sabe qual imagem aparecerá ao final e é grande o risco de se cometerem injustiças e leviandades e causar prejuízos, não só ao indivíduo, mas também ao interesse público. Durante a apuração, valendo a publicidade como regra geral, fatos e provas podem ser divulgados de modo objetivo, para atender ao interesse público na informação sobre ilícitos graves praticados. É cabível, ainda nessa fase, a reprodução de conclusões provisórias emitidas pelo juiz ou em manifestações nos autos, como aquelas que tratam da prisão ou busca e apreensão. Só no fim da investigação, quando é feita acusação formal pelo Ministério Público, caberá reproduzir a avaliação, ainda que não definitiva, que indica a provável autoria do crime, sendo sua divulgação de grande interesse da sociedade.

É importante ressaltar que o anteprojeto procurou evitar a tipificação da hermenêutica, uma vez que não se confunde com abuso de autoridade a aplicação da lei pelo agente público e a avaliação de fatos e provas, no exercício de sua independência funcional, com as quais não se concorda ou não se conforma, desde que sejam feitas de modo fundamentado.

A divergência na interpretação da lei ou na avaliação dos fatos e das provas deve ser resolvida com os recursos processuais cabíveis, e não com a criminalização da hermenêutica ou com atentado às garantias constitucionais próprias dos agentes políticos, cláusulas pétreas e pilares do Estado Democrático de Direito.

Evitou-se engessar o juiz ou o membro do Ministério Público, desamarrando-o da necessidade de adotar interpretação de acordo com a jurisprudência atual, ainda que minoritária. Optou-se por manter a permissão para inovar. A capacidade de inovar é que evitou que ainda hoje estivéssemos aplicando os mesmos conceitos e soluções jurídicas do século XIX. As garantias e os direitos reconhecidos pelos tribunais ao longo das últimas décadas e que tiveram seu início em decisões inéditas, desbravadoras ou pioneiras de juízes de primeiro grau, não existiriam se lhes fosse castrada a possibilidade de inovar. Pode-se, é claro, evoluir para um sistema de precedentes, mas seria inadequado fazer isso por meio do direito criminal.

Também se evitou colocar camisa de força na autoridade, obrigando-a a adotar apenas a modalidade literal de interpretação da lei. A interpretação gramatical é apenas um dos métodos internacionalmente consagrados de hermenêutica e nem é a melhor ou mais festejada. Ao seu lado temos, ainda, a interpretação lógica, a interpretação sistemática, a interpretação histórica, a interpretação sociológica, a interpretação teleológica e a interpretação axiológica. Ao lado da interpretação literal, temos ainda a interpretação restritiva (aplicável, em geral, às exceções à norma) e a interpretação extensiva.

Se tivéssemos adotado norma penal que punisse qualquer outra interpretação da lei que não a literal, a declaração incidental da inconstitucionalidade da lei, modalidade de controle difuso, por exemplo, estaria vedada. Voltaríamos aos tempos em que juízes eram condenados por abuso de autoridade por se recusarem a aplicar uma lei ofensiva à Constituição, com a desvantagem de não termos mais Rui Barbosa para defendê-los, como fizera outrora.

Por fim, registre-se que se evitou a técnica da elaboração de tipos penais abertos, verdadeiros curingas hermenêuticos, de conteúdo vago e impreciso, que poderiam encontrar preenchimento naquilo que o interessado quisesse, o que causaria enorme insegurança jurídica e faria com que as autoridades brasileiras temessem aplicar a lei, sobretudo contra poderosos.

O presente texto busca aprimorar o conteúdo de tão importante instrumento legal que visa combater abusos praticados por agente públicos, sem, contudo, embaraçar a atividade da administração pública, por meio de seus agentes.

Nesse sentido, vários novos tipos penais são criados, com o enfoque em tutelar as pessoas, especialmente marginalizadas, que, inocentes ou culpadas, enfrentam a face mais dura de uma justiça criminal que é, muitas vezes, leniente com o poderoso e rígida com a população sem recursos ou poder.

Além disso, várias penas são ampliadas em relação àquelas hoje aplicáveis, por terem sido consideradas muito lenientes. Quanto à violação de domicílio, por exemplo, as penas atuais variam de um 1 a 3 meses, acrescida em 1/3 quando praticada por funcionário público (art. 150, do Código Penal). A proposta prevê pena de 6 meses a 3 anos. Ainda, em todos os casos, as novas penas se somam àquelas correspondentes à violência ou grave ameaça, conforme ressalva expressa contida no art. 41.

25 EXTINÇÃO DA APOSENTADORIA COMPULSÓRIA COMO PENA

Ao longo dos últimos anos, a sociedade tem se insurgido recorrentemente contra a aplicação da sanção de aposentadoria compulsória remunerada a juízes envolvidos com irregularidades ou crimes. Trata-se de premiação para os condenados, aos olhos do público. Esta proposta pretende eliminar essa hipótese de sanção e dar maior celeridade aos processos que investigam e punem membros do Judiciário e do Ministério Público.

Principais pontos da proposta
- Proíbe a aplicação da sanção de aposentadoria ou disponibilidade, com ou sem subsídios ou proventos proporcionais ao tempo de serviço.
- Possibilita que a pena de perda do cargo ou cassação da aposentadoria seja aplicada diretamente em sede de ações penais ou ações de improbidade administrativa, sem a necessidade de ajuizamento de ação cível posterior com esse fim específico. Passa a ser suficiente o trânsito em julgado da ação penal ou de improbidade administrativa, prevendo como pena a perda do cargo ou a cassação da aposentadoria.
- No caso de demissão como sanção disciplinar, permite que o CNJ e o CNMP autorizem o Procurador-Geral da República a ajuizar ação cível para garantir a perda do cargo ou cassar a aposentadoria de membros do Judiciário ou do Ministério Público. Nos casos de decisão administrativa, portanto, permanece sendo necessária ação judicial, o que resguarda a garantia constitucional de vitaliciedade, uma importante proteção para a independência do exercício da função judicial e ministerial.

Problemas que pretende solucionar
- A sanção "aposentadoria compulsória remunerada" é alvo de grandes críticas da sociedade que a percebe como mais um dos privilégios do Judiciário e mais um sinal da impunidade dos poderosos. Eliminá-la, além de uma questão de justiça, representará um ganho de legitimidade para essas instituições.
- Os gastos com o pagamento de aposentadorias compulsórias de juízes condenados superam 16 milhões de reais por ano, o que apenas agrava a percepção negativa desse sistema "punitivo". Além disso, verificou-se que a maioria dos casos processados no CNJ não foi posteriormente levada ao Judiciário para o processamento de eventuais crimes correlatos e imposição de sanções efetivas[54].
- Atualmente, as jurisprudências do STF e STJ exigem que, mesmo no caso de condenações em ações penais ou de improbidade administrativa, é necessário o ajuizamento de uma ação cível separada para se efetivar a demissão de membro do

---
54 UOL. **Brasil gasta 16,4 milhões ao ano com aposentadorias de juízes condenados pelo CNJ.** São Paulo, 5 dez. 2016. Disponível em: <https://noticias.uol.com.br/politica/ultimas-noticias/2016/12/05/brasil-gasta-r-164-mi-ao-ano-com-aposentadorias-de-juizes-condenados-pelo-cnj.htm>. Acesso em: 7 mar. 2018.

Judiciário ou do Ministério Público. E, mesmo nesses casos, a demissão só ocorrerá após o trânsito em julgado. É preciso mudar as leis para que o tempo necessário para o trâmite completo de duas ações não gere tamanha demora e, consequentemente, percepção de impunidade.

PROPOSTA DE EMENDA À CONSTITUIÇÃO

> Insere incisos no §4º do artigo 103-B e no §2º do artigo 130-A da Constituição Federal, para conferir ao Conselho Nacional de Justiça e ao Conselho Nacional do Ministério Público a atribuição de autorizar a propositura de ação para perda de cargo de, respectivamente, magistrado e membro do Ministério Público.

As **MESAS DA CÂMARA DOS DEPUTADOS E DO SENADO FEDERAL** promulgam a seguinte emenda ao texto constitucional:

Art. 1º. Altera-se o inciso III do §4º do artigo 103-B da Constituição Federal, que passa a vigorar com a seguinte redação:

> "III – receber e conhecer das reclamações contra membros ou órgãos do Poder Judiciário, inclusive contra seus serviços auxiliares, serventias e órgãos prestadores de serviços notariais e de registro que atuem por delegação do poder público ou oficializados, sem prejuízo da competência disciplinar e correicional dos tribunais, podendo avocar processos disciplinares em curso e determinar a remoção e aplicar outras sanções administrativas, assegurada a ampla defesa e vedando-se a aplicação de pena de disponibilidade ou de aposentadoria, com ou sem subsídios ou proventos proporcionais ao tempo de serviço;"

Art. 2º. Inserem-se os incisos VIII e IX no §4º e os §§8º e 9º do artigo 103-B da Constituição Federal, com a seguinte redação:

> "VIII – autorizar, por dois terços de seus membros, que o Procurador-Geral da República ajuíze perante a Justiça Federal ação cível de perda de cargo contra magistrado vitalício de qualquer ramo do Poder Judiciário, nos processos do inciso III, nos casos previstos em lei complementar de iniciativa privativa do Supremo Tribunal Federal, assegurada ampla defesa;
>
> IX – autorizar, por dois terços de seus membros, que o Procurador-Geral da República ajuíze ação para cassar aposentadoria ou disponibilidade de magistrado, nos casos de falta punível com demissão previstos na lei citada no inciso anterior, praticada quando no exercício do cargo ou função, assegurando ampla defesa.

§8º. A autorização prevista nos incisos VIII e IX do §4º deste artigo não constitui condição para propositura de ação penal ou improbidade contra magistrado ou para a aplicação de sanções diretamente nessas ações independentemente da propositura de ação cível, entre as quais a perda de cargo ou cassação de disponibilidade ou aposentadoria.

§9º. A propositura da ação prevista nos incisos VIII e IX, sem prejuízo da possibilidade de afastamento cautelar por ordem judicial, acarretará o afastamento do magistrado de suas funções."

Art. 3º. Altera-se o inciso III do §2º do artigo 130-A da Constituição Federal, que passa a vigorar com a seguinte redação:

"**III** – receber e conhecer as reclamações contra membros ou órgãos do Ministério Público da União ou dos Estados, inclusive contra seus serviços auxiliares, sem prejuízo da competência disciplinar e correicional da instituição, podendo avocar processos disciplinares em curso, determinar a remoção e aplicar outras sanções administrativas, assegurando ampla defesa e vedando a aplicação de pena de disponibilidade ou de aposentadoria, com ou sem subsídios ou proventos proporcionais ao tempo de serviço;"

Art. 4º. Inserem-se os incisos VI e VII no §2º e o §§parágrafos 6º e 7º do artigo 130-A da Constituição Federal, com a seguinte redação:

"**VI** – autorizar, por dois terços de seus membros, que o Procurador-Geral da República ajuíze perante a Justiça Federal ação de perda de cargo contra membro vitalício de qualquer ramo do Ministério Público, nos processos do inciso III, nos casos previstos em lei complementar de iniciativa privativa do Procurador-Geral da República, assegurada ampla defesa;

VII – autorizar, por dois terços de seus membros, que o Procurador-Geral da República ajuíze ação para cassar aposentadoria ou disponibilidade de membro do Ministério Público, nos casos de falta punível com demissão previstos na lei citada no inciso anterior, praticada quando no exercício do cargo ou função, assegurada ampla defesa.

§6º. A autorização prevista nos incisos VI e VII do §2º deste artigo não constitui condição para propositura de ação penal ou improbidade contra membro do Ministério Público ou para a aplicação de sanções diretamente nessas ações e independentemente da propositura de ação cível, entre as quais a perda de cargo ou cassação de disponibilidade ou aposentadoria.

§7º. A propositura da ação prevista nos incisos VI e VII, sem prejuízo da possibilidade de afastamento cautelar por ordem judicial, acarretará o afastamento do membro do Ministério Público de suas funções."

Art. 5º. Enquanto não entrarem em vigor as leis complementares citadas nos artigos 2º e 4º desta emenda, aplicam-se os casos previstos no artigo 240 da Lei Complementar n. 75, de 20 de maio de 1993, para magistrado e membro do Ministério Público de qualquer ramo.

Art. 6º. Esta Emenda Constitucional entra em vigor na data de sua publicação.

Brasília, X de XXXX de 201X.

JUSTIFICATIVA

Esta proposta extingue a aposentadoria compulsória como penalidade administrativa para casos de infrações disciplinares envolvendo magistrados e abre a possibilidade para a aplicação de pena de demissão em seara administrativa no caso de infrações graves, como corrupção, ficando a efetivação da demissão condicionada, por força da cláusula de vitaliciedade, ao encerramento de ação judicial para sua efetivação.

Continua sendo possível a perda do cargo em ação cível decorrente de ação criminal ou de improbidade, sendo, portanto, ampliada a possibilidade de demissão para hipóteses diferentes da prática de crime ou de ato de improbidade, com as resguardas necessárias pertinentes à proteção da independência no exercício da função jurisdicional. Além disso, a proposta permite a demissão em ações de improbidade e criminais, independentemente do trâmite de uma sucessiva ação cível, necessária segundo alguns entendimentos.

O mesmo regime, por paralelismo constitucional, é estabelecido para membros do Ministério Público, embora, em relação a estes, já esteja prevista, hoje, a possibilidade de demissão em ação cível decorrente da aplicação administrativa de tal penalidade. Contudo, quanto ao Ministério Público, a previsão clara de demissão aplicada diretamente em ações de improbidade e criminais também significa um avanço.

A aposentadoria compulsória como pena

De fato, nos últimos anos, a sociedade e os meios de comunicação passaram a enfatizar a discussão em torno da sanção máxima aplicada no âmbito administrativo aos juízes – a aposentadoria compulsória. Convém observar que o regime disciplinar dos membros do Poder Judiciário é unificado, com previsão na Constituição e na Lei Orgânica da Magistratura Nacional (LOMAN, Lei Complementar n. 35/1979).

Isso permitiu que o Conselho Nacional de Justiça editasse a Resolução n. 135, de 13 de julho de 2011[55], para o fim de dispor sobre a "uniformização de normas relativas ao procedimento administrativo disciplinar aplicável aos magistrados, acerca do rito e das penalidades". Nos termos do art. 3º da aludida Resolução n. 135, as sanções aplicadas aos magistrados são as seguintes:

> **Art. 3º.** São penas disciplinares aplicáveis aos magistrados da Justiça Federal, da Justiça do Trabalho, da Justiça Eleitoral, da Justiça Militar, da Justiça dos Estados e do Distrito Federal e Territórios:
>
> **I** – advertência;
>
> **II** – censura;
>
> **III** – remoção compulsória;
>
> **IV** – disponibilidade;

---

55 Questionada nos autos da Ação Direta de Inconstitucionalidade n. 4.638, muito embora deferida medida liminar para conferir interpretação conforme a Constituição a alguns dispositivos, a essência do ato normativo foi mantida.

V – aposentadoria compulsória;

VI – demissão.

Entretanto, na forma do art. 23, §3º, da mesma Resolução, a pena de demissão apenas pode ser aplicada no âmbito administrativo aos juízes não vitalícios:

> **Art. 23.** O processo disciplinar contra juiz não vitalício será instaurado dentro do biênio previsto no art. 95, I, da Constituição Federal, mediante indicação do Corregedor ao Tribunal respectivo, seguindo, no que lhe for aplicável, o disposto nesta Resolução.
>
> [...]§ 3º. Ao juiz não vitalício será aplicada pena de demissão em caso de:
>
> I – falta que derive da violação às proibições contidas na Constituição Federal e nas leis;
>
> II – manifesta negligência no cumprimento dos deveres do cargo;
>
> III – procedimento incompatível com a dignidade, a honra e o decoro de suas funções;
>
> IV – capacidade de trabalho escassa ou insuficiente;
>
> V – proceder funcional incompatível com o bom desempenho das atividades do Poder Judiciário.

Nessa medida, aos juízes vitalícios apenas se admite como sanção máxima, no âmbito administrativo, a aposentadoria compulsória. Essa pena encontra-se prevista no art. 56 da Lei Orgânica da Magistratura Nacional, cujas disposições foram reproduzidas no art. 7º da Resolução CNJ n. 135 que assim estabelece:

> **Art. 56.** O Conselho Nacional da Magistratura poderá determinar a aposentadoria, com vencimentos proporcionais ao tempo de serviço, do magistrado:
>
> I – manifestamente negligente no cumprimento dos deveres do cargo;
>
> II – de procedimento incompatível com a dignidade, a honra e o decoro de suas funções;
>
> III – de escassa ou insuficiente capacidade de trabalho ou cujo proceder funcional seja incompatível com o bom desempenho das atividades do Poder Judiciário.

Com os anos, a sociedade e os meios de comunicação passaram a questionar a legitimidade da aposentadoria compulsória como pena. Não é incomum ouvir-se dizer que ela configura, na verdade, uma premiação ao magistrado, já que, mesmo afastado do exercício de suas funções, será remunerado pelos cofres públicos com valor proporcional aos vencimentos recebidos enquanto laborava, algo considerado por muitos um indevido privilégio e um manifesto abuso.

Icônica é reportagem do Portal UOL, publicada em 5/12/2016, na qual se questionavam os gastos do Erário com as punições de aposentadoria compulsória. Segundo os dados publicados, àquela altura, os 48 punidos custavam aos cofres públicos R$ 16,4 milhões anuais.

Um dos fatos constados pela reportagem, ainda, referia-se à ausência de processo judicial, na justiça comum, para a apuração do fato sob o viés da persecução criminal ou da improbidade administrativa, por exemplo – que poderia implicar perda dos valores hauridos com a aposentadoria compulsória. Verificou-se que, com a decisão do CNJ pela aplicação da sanção máxima, o caso "caía no esquecimento", a ensejar o pagamento de magistrados punidos por anos a fio.

Se felizmente, de um lado, o Poder Judiciário e o Ministério Público contam com integrantes honrados e íntegros em sua maioria, de outro lado, uma pequena parcela se desvia. Nos casos extremos, nosso sistema falha em não prever a pena de demissão para magistrados (prevista para membros do Ministério Público), ainda que, como corretamente deve ser, sujeita à ação cível própria para os membros vitalícios, a fim de proteger a importante independência do exercício da função jurisdicional, justamente o fundamento do estabelecimento, pela Constituição, da garantia de vitaliciedade.

A vitaliciedade e a ação civil de perda de cargo

A Constituição Federal estabelece que os membros da Magistratura e do Ministério Público vitalícios somente podem perder o cargo por sentença judicial transitada em julgado[56]. Os membros vitalícios apenas podem perder o cargo em situações excepcionais, em geral decorrentes da prática de atos tipificados em lei como crime ou como improbidade administrativa, ou, ainda, daqueles previstos em lei com pena de demissão.

No caso da aplicação de penalidade administrativa de demissão, esta só terá efeito após o julgamento de ação civil de perda de cargo, por conta da garantia da vitaliciedade. Assim, no caso do Ministério Público, em que existe previsão legal da pena de demissão – ao contrário da Loman –, após decisão do CNMP, que determina a aplica a sanção de demissão, o caso é remetido ao Procurador-Geral para que promova ação civil de perda do cargo, a fim de efetivá-la. Dada a vitaliciedade, é bastante razoável a necessidade de ajuizamento de ação civil nessa hipótese de pena administrativa.

Há, contudo, um complicador, que é o entendimento de que, mesmo em casos de ações penais e de improbidade, seria necessário o ajuizamento da ação civil de perda de cargo após o julgamento das primeiras. Seria, então, necessário o ajuizamento de duas ações: a primeira, naturalmente, penal ou de improbidade, para a condenação pelo fato; e a segunda, civil, para a perda do cargo, a ser ajuizada após o trânsito em julgado daquela.

Nessa medida, ao contrário do que sucede com os demais agentes públicos, a perda do cargo público não decorre diretamente da condenação criminal, tal qual previsto no art. 92 do Código Penal, de modo automático para condenações à pena privativa de liberdade superior a quatro anos ou, se igual ou superior a um ano, quando o crime tiver

---

56 Art. 95. Os juízes gozam das seguintes garantias: I – vitaliciedade, que, no primeiro grau, só será adquirida após dois anos de exercício, dependendo a perda do cargo, nesse período, de deliberação do tribunal a que o juiz estiver vinculado e, nos demais casos, de sentença judicial transitada em julgado; [...] Art. 128. [...] §5º. Leis complementares da União e dos Estados, cuja iniciativa é facultada aos respectivos Procuradores-Gerais, estabelecerão a organização, as atribuições e o estatuto de cada Ministério Público, observadas, relativamente a seus membros: [...] I – as seguintes garantias: a) vitaliciedade, após dois anos de exercício, não podendo perder o cargo senão por sentença judicial transitada em julgado.

sido praticado com abuso de poder ou violação de dever para com a Administração Pública. Também não decorreria diretamente da Lei de Improbidade (Lei n. 8.429/92), diferentemente do que acontece em relação aos demais agentes públicos. Para os magistrados e membros do Ministério Público, há que se ajuizar ação civil com essa finalidade específica.

Essa sistemática tem a sua validade amplamente reconhecida pelo Supremo Tribunal Federal[57] e pelo Superior Tribunal de Justiça[58].

A garantia da vitaliciedade na extensão em que está firmada hoje consolidou-se no pós-Constituição de 1988 como rescaldo e reação ao período da Ditadura Militar, quando juízes e membros do Ministério Público de atuação tida por contrária ao regime eram demitidos até imotivadamente. A resposta aos abusos cometidos veio com a instituição da referida garantia aos membros do Poder Judiciário e do Ministério Público.

Passadas décadas desde então – embora conte apenas 29 anos, o período democrático inaugurado em 1988 já é o mais longo da história brasileira –, muitas garantias e

---

[57] EMENTA: CONSELHO NACIONAL DO MINISTÉRIO PÚBLICO. ÓRGÃO CONSTITUCIONAL DE PERFIL ESTRITAMENTE ADMINISTRATIVO. CONSEQUENTE IMPOSSIBILIDADE JURÍDICA DE IMPOR, AOS INTEGRANTES DO MINISTÉRIO PÚBLICO DA UNIÃO E DOS ESTADOS-MEMBROS, QUE GOZAM DO PREDICAMENTO CONSTITUCIONAL DA VITALICIEDADE (CF, art. 128, § 5º, inciso I, "a"), A SANÇÃO DE PERDA DO CARGO. A VITALICIEDADE COMO GARANTIA DE INDEPENDÊNCIA FUNCIONAL ASSEGURADA AO MEMBRO DO MINISTÉRIO PÚBLICO. PROTEÇÃO CONSTITUCIONAL QUE IMPEDE A APLICAÇÃO, AO REPRESENTANTE VITALÍCIO DO MINISTÉRIO PÚBLICO, DA SANÇÃO DISCIPLINAR DE PERDA DO CARGO, POSSÍVEL, UNICAMENTE, "por sentença judicial transitada em julgado" (CF, art. 128, § 5º, inciso I, "a"). RELEVÂNCIA JURÍDICA DA PRETENSÃO MANDAMENTAL QUE SUSTENTA A INVIABILIDADE DE O CNMP, AGINDO "*ULTRA VIRES*", APLICAR PENA DE DEMISSÃO A MEMBRO DO MINISTÉRIO PÚBLICO AMPARADO PELA GARANTIA DA VITALICIEDADE, AINDA QUE VENHA A CONVERTER, DESDE LOGO, A SANÇÃO DEMISSÓRIA EM SUSPENSÃO FUNCIONAL. PLAUSIBILIDADE JURÍDICA DA POSTULAÇÃO MANDAMENTAL, QUE TAMBÉM SE APOIA EM OUTRO FUNDAMENTO RELEVANTE (ALEGADA PRESCRIÇÃO DA PRETENSÃO PUNITIVA EM SEDE DISCIPLINAR). OCORRÊNCIA CUMULATIVA DO "*periculum in mora*". CARÁTER ALIMENTAR DO SUBSÍDIO DEVIDO AOS MEMBROS DO MINISTÉRIO PÚBLICO E DO ESTIPÊNDIO FUNCIONAL DOS SERVIDORES PÚBLICOS EM GERAL. PRECEDENTES. MEDIDA CAUTELAR DEFERIDA. (STF, MS n. 61.523-DF, Rel. Min. Celso de Mello)

[58] RECURSO ESPECIAL. PENAL E PROCESSUAL PENAL. CRIME DE CORRUPÇÃO PASSIVA. MEMBRO DO MINISTÉRIO PÚBLICO ESTADUAL. CONDENAÇÃO. PRETENDIDA ABSOLVIÇÃO. REEXAME DO CONJUNTO FÁTICO-PROBATÓRIO. IMPOSSIBILIDADE. SÚMULA Nº 7 DO STJ. INTERCEPTAÇÃO TELEFÔNICA DETERMINADA EM OUTRO PROCESSO. PROVA EMPRESTADA. ALEGADA NULIDADE, POR NÃO TER SIDO TRANSLADADA A INTEGRALIDADE DOS AUTOS RESPECTIVOS. QUESTÃO IRRELEVANTE. DENÚNCIA E CONDENAÇÃO LASTREADAS EM PROVAS OUTRAS. FIXAÇÃO DA PENA-BASE ACIMA DO MÍNIMO LEGAL. DESVALOR DA CULPABILIDADE. FUNDAMENTO IDÔNEO. PENA DE PERDA DO CARGO DE PROMOTOR DE JUSTIÇA. INCIDÊNCIA DA LEI Nº 8.625/93. NECESSIDADE DE AJUIZAMENTO DE AÇÃO CIVIL PELO PROCURADOR-GERAL DE JUSTIÇA, DEPOIS DE AUTORIZADO PELO COLÉGIO DE PROCURADORES. RECURSO ESPECIAL PARCIALMENTE PROVIDO. 1. O acórdão condenatório entendeu suficientemente demonstrada a existência de provas de autoria e materialidade para a condenação do Recorrente. Infirmar tais fundamentos com o escopo de absolvê-lo, por insuficiência probatória, inclusive com aplicação do princípio *in dubio pro reo*, é inviável no âmbito desta Corte Superior de Justiça, na medida em que implicaria o reexame de todo o conjunto fático-probatório, o que atrai o óbice da Súmula n. 7 desta Corte. 2. A denúncia foi oferecida com base em procedimento investigatório conduzido no âmbito do próprio Ministério Público Estadual, que foi instruído com depoimentos e documentos outros, absolutamente idôneos, além da prova emprestada, consistente em interceptações telefônicas efetuadas em outro processo. Também não há nos fundamentos do acórdão condenatório nenhuma menção acerca da prova emprestada. 3. Nesse cenário, é irrelevante a controvérsia jurídica suscitada em torno da eventual nulidade por ausência de juntada de todos os elementos colhidos nos autos em que se determinou a escuta telefônica, uma vez que não repercute no acervo probatório que ensejou o processo, desde a denúncia até a condenação. 4. Vale como circunstância judicial desfavorável, a ensejar maior grau de reprovabilidade da conduta, o fato de o crime de corrupção passiva ter sido praticado por Promotor de Justiça, em ato diretamente vinculado às suas específicas atribuições (promessa de que pediria arquivamento de inquéritos policiais que apurariam homicídios), as quais são distintas e incomuns, se equiparadas aos demais servidores públicos *lato sensu*. 5. Assim, o fundamento considerado pelo Tribunal de origem para justificar o desvalor da culpabilidade não se confunde com os elementos inerentes ao próprio tipo penal, devendo, portanto, ser mantida a majoração da pena-base. 6. A teor do art. 38, §1º, inciso I, e §2º da Lei n. 8.625/93, a perda do cargo de membro do Ministério Público somente pode ocorrer após o trânsito em julgado de ação civil proposta para esse fim. E, ainda, essa ação somente pode ser ajuizada pelo Procurador-Geral de Justiça, quando previamente autorizado pelo Colégio de Procuradores, o que constitui condição de procedibilidade, juntamente com o trânsito em julgado da sentença penal condenatória. 7. Em se tratando de normas legais de mesma hierarquia, pelo fato de a Lei Orgânica Nacional do Ministério Público prever regras específicas e diferenciadas das do Código Penal para a perda de cargo, em atenção ao princípio da especialidade – *lex specialis derogat generali* –, deve prevalecer o que dispõe a referida lei orgânica. 8. Recurso especial parcialmente provido, tão somente para afastar a determinação de perda de cargo exarada no acórdão recorrido. (REsp 1251621/AM, Rel. Ministra Laurita Vaz, Quinta Turma, julgado em 16/10/2014, DJe 12/11/2014)

benefícios conferidos aos membros dos Poderes, também do Judiciário, passaram a ser questionadas. É nesse contexto que se insere, para o presente estudo, a necessidade de reflexão quanto ao assunto em discussão.

Esta proposta entende que a ação civil só se justifica quando se trata de penalidade de demissão aplicada no âmbito administrativo, mas não quando aplicada no âmbito de ação criminal ou de improbidade.

À toda evidência, a sistemática conferida, embora importantíssima para resguardar a independência na atuação, dificulta, sobremodo, que a perda do cargo venha a se efetivar, consabido o tempo de tramitação de uma ação judicial no país até que a decisão se torne imutável; imagine-se, então, o tempo necessário para que duas ações tramitem, uma subsequente à outra, e transitem em julgado.

O próprio CNMP, mormente por não se vislumbrar como isso pudesse comprometer o núcleo essencial da garantia do vitaliciamento, passou a compreender que o ajuizamento da ação civil de perda do cargo possa se dar em momento anterior ao do trânsito em julgado da sentença penal condenatória.

Com efeito, nos termos definidos pelo CNMP, o ajuizamento da ação de perda do cargo poderia ser feito sempre que se estivesse diante de um crime grave e desde que já houvesse o transcurso da instrução processual na ação penal em curso, de maneira a se poder aquilatar assim, com a segurança necessária, a robustez das provas colhidas em relação ao acusado.

A construção desse entendimento se deu com substrato em decisão proferida pela Ministra Cármen Lúcia, do Supremo Tribunal Federal, que, ao apreciar pedido de liminar nos autos do Mandado de Segurança nº 30338-DF[59] – que combatia decisão do CNMP –, consignou bastar ao Colégio de Procuradores de Justiça, para a decisão quanto ao ajuizamento da ação de perda do cargo, a conclusão da fase instrutória da ação penal, a partir do que poderiam haurir os elementos necessários à sua decisão.

O ajuizamento da ação civil de perda do cargo nessas condições pode agilizar, sobremaneira, a perda do cargo, garantindo-se, todavia, que a demissão do agente político ao final somente pudesse ocorrer em caso de procedência da ação penal primeiramente proposta, com o devido trânsito em julgado.

---

59 [...] 7. Depreende-se dos fundamentos postos no ato questionado que o condicionamento determinado para o exame da autorização necessária ao ajuizamento da ação civil de perda do cargo (trânsito em julgado das ações penais) mostra-se destituído de razões suficientes, pelo menos neste exame prefacial, para o que se propõe (suprir aquele exame com elementos aptos a formação do convencimento do Órgão Especial do Colégio de Procuradores de Justiça). [...] 8. Tem-se, portanto, que, além de a matéria já ter sido objeto de apreciação por órgão disciplinar do Ministério Público fluminense (devendo-se presumir, assim, pela existência de elementos suficientes para a realização do juízo administrativo exigido, seja ele negativo ou positivo), bastaria a conclusão da fase instrutória na esfera penal para a obtenção dos elementos necessários à atuação do Colégio de Procuradores. Exigir-se o esgotamento de todas as instâncias recursais na notoriamente sobrecarregada Justiça brasileira significa assumir a ocorrência da prescrição e, consequentemente, da impunidade administrativa, especialmente considerando-se que a decisão do Órgão Especial do Colégio de Procuradores impede a aplicação das penalidades de censura e suspensão por noventa (90) dias, propostas por comissão disciplinar e impostas ao investigado, conforme decidido pelo Tribunal de Justiça do Rio de Janeiro em mandado de segurança que ali tramitou (n. 2009.004.01066), sob o fundamento de que tais sanções não são acumuláveis com a penalidade de demissão (perda de cargo). 9. Não é exagero, então, concluir que o sobrestamento determinado pelo Órgão Especial de Procuradores de Justiça do Rio de Janeiro atentaria contra o princípio da moralidade, exigindo-se, assim, a atuação do Conselho Nacional do Ministério Público, tal como se deu.

Embora o entendimento do CNMP seja uma evolução, trata-se de entendimento jurídico sujeito a questionamentos, o que pode conduzir à anulação da ação civil proposta antes do fim da ação criminal ou de improbidade, fazendo com que a demissão demore mais tempo ainda para se efetivar. Além disso, o que a ação civil busca assegurar, que é uma oportunidade para defesa perante o Poder Judiciário, é o que a ação penal e a ação de improbidade já proporcionam. Uma vez encerradas, com a aplicação de demissão, é de se questionar, inclusive, qual seria o objeto de discussão da ação civil, ou seja, qual a extensão da cognição, uma vez que já há trânsito em julgado quanto à existência do fato, à autoria e à sua consequência jurídica. Uma nova ação civil pode ser vista como um instrumento protelatório, que fará com que o Estado continue a arcar com despesas de remuneração de agente que já teve sua demissão determinada pela mesma Justiça que reexamina o caso.

Proposta feita

A presente proposta extingue a aposentadoria compulsória como pena no âmbito do Judiciário e impede seu estabelecimento, quer no Judiciário, quer no Ministério Público. Dado o paralelismo constitucional das duas instituições, o tratamento conferido a essas carreiras de Estado foi uniforme. Feita a extinção da aposentadoria como pena, é preciso, desde logo, estabelecer as hipóteses em que a sanção de demissão é aplicável para a magistratura, já que hoje há lacuna normativa sobre isso, sob pena de não se dispor de nenhum tipo de sanção que tenha severidade correspondente às infrações disciplinares mais graves, como a corrupção.

Assim, propõe-se aqui que os regimes da magistratura e do Ministério Público, tanto da esfera estadual e distrital como da federal, sejam fixados por lei de iniciativa das mais altas autoridades da República nessas instituições: o Supremo Tribunal Federal e o Procurador-Geral da República.

A fim de evitar indesejável lapso antes de essas leis complementares serem promulgadas, propõe-se que, enquanto não entrarem em vigor, siga-se a tipificação prevista na Lei Orgânica Nacional do Ministério Público da União, que traz razoável sistematização da matéria, já incorporada a nosso ordenamento jurídico, mas, no momento, de alcance limitado somente a esse ramo ministerial. Trata-se de legislação vigente há cerca de 25 anos e com incidência sobre membros do Ministério Público que, como os magistrados, também gozam de vitaliciedade, o que evita qualquer discussão sobre o esvaziamento dessa garantia constitucional.

Um efeito benéfico dessa solução é a uniformização, ainda que provisória, das hipóteses da sanção mais extrema: a perda do cargo. Hoje, se por acaso dois promotores de Ministério Públicos diferentes, junto com um juiz, praticarem o mesmo ato, em conjunto, estarão sujeitos a três legislações diferentes que podem, assim, prever penas diferentes, o que é inadequado.

Quanto aos membros do Ministério Público, a uniformização será permanente, uma vez que é atribuída ao Procurador-Geral da República a iniciativa sobre lei complementar para tratar das hipóteses de demissão em relação a suas carreiras, o que converge com o tratamento dado por outro anteprojeto de lei independente desta iniciativa da FGV e Transparência Internacional, que propõe a unificação do regime disciplinar dos Ministérios Públicos, também mediante lei de iniciativa do Procurador-Geral da República.

A proposta deixa expresso ainda que a ação cível de perda de cargo decorrente da aplicação da demissão na esfera administrativa não deve ser confundida com a ação penal e a ação de improbidade administrativa. Evita-se, assim, interpretação inadequada da emenda constitucional ora aqui proposta, que limitaria indesejavelmente essas ações, seja quanto à sua legitimidade, seja sobre seu cabimento.

Outro grande avanço da proposta é pacificar que, no caso de perda de cargo determinada pelo Poder Judiciário em ações criminais ou de improbidade, tal sanção não fica sujeita a nova ação civil, que, como exposto acima, entende-se despropositada.

Por fim, propõe-se que ação civil decorrente da aplicação administrativa da pena de demissão seja sempre proposta perante a Justiça Federal, ainda que contra integrantes do Judiciário ou Ministério Público estadual, tendo em vista que decorre de autorizações de órgãos da União (Conselho Nacional de Justiça e Conselho Nacional do Ministério Público). Atribui-se a legitimidade ao Procurador-Geral da República, tendo em vista sua posição institucional que o leva, inclusive, a integrar, como presidente ou ouvinte nato, ambos os conselhos.

Além disso, em ações civis para perda do cargo decorrentes de decisão dos Conselhos Nacionais, é comum a discussão sobre eventuais vícios na autorização dada pelo Conselho. Sabendo-se que as discussões judiciais contra decisões desses conselhos devem ocorrer na Justiça Federal, trata-se da jurisdição apropriada para cuidar da matéria. De fato, careceria de legitimidade discutir preliminar de nulidade de autorização de Conselho na Justiça estadual.

Acredita-se que o avanço do regime disciplinar dos magistrados, incluindo os membros do Ministério Público, precisa, necessariamente, passar pela extinção da aposentadoria compulsória como sanção, pois sua existência tem prestado desserviço ao país e à sociedade civil, que responde com desprestígio aos órgãos de controle. Também se mostra imperiosa a inclusão da pena de demissão, por meio do ajuizamento de ação própria por respeito à garantia da vitaliciedade, não sendo mais razoável a inexistência de tal pena máxima para os casos de especial gravidade, como a corrupção. E, por fim, é imperioso que a pena de perda do cargo aplicada pelo Judiciário, no âmbito de ação criminal ou de improbidade, tenha eficácia imediata, impendentemente de ação civil.

26 UNIFICAÇÃO DO REGIME DISCIPLINAR DO MP

Membros do Ministério Público são investidos de importantes funções e poderes para o exercício de suas diversas atribuições. Naturalmente, o contrapeso dos poderes é um sistema de accountability eficiente. Contudo, a existência de distintos regimes disciplinares para o Ministério Público de cada Estado e da União não apenas gera injustiças (punições diferentes para o mesmo tipo de infração disciplinar), mas também dificulta uma atuação disciplinar eficiente do Conselho Nacional do Ministério Público.

Principais pontos da proposta

- Submete os Ministérios Públicos da União e dos Estados a um regime disciplinar único, nos termos de lei complementar específica, de iniciativa privativa do Procurador-Geral da República. Determina a aplicação do regime disciplinar do Ministério Público da União aos membros do Ministério Público, até que seja editada a lei complementar que institui o regime disciplinar único.

- Prevê a possibilidade de aplicação de diversas sanções, como advertência, censura, suspensão, cassação de aposentadoria e demissão. Regulamenta e unifica prazos prescricionais, além de prever regras para o inquérito administrativo e sobre o processo administrativo disciplinar que antecedem a aplicação de eventuais sanções.

Problemas que pretende solucionar

- As normas disciplinares aplicáveis aos membros do Ministério Público, atualmente, encontram-se esparsas nas leis orgânicas dos Ministérios Públicos estaduais, na Lei n. 8.625/1993 – Lei Orgânica Nacional dos Ministérios Públicos dos Estados (Lompe) – e na Lei Complementar n. 75/1993 – Lei Orgânica do Ministério Público da União (Lompu).

- Em decorrência disso, há um tratamento completamente diverso de situações idênticas por diferentes ramos do Ministério Público. A título exemplificativo, pode ser citado o caso da infração disciplinar consubstanciada no exercício de atividade político-partidária pelo membro do Ministério Público. Enquanto na Lei Complementar n. 75/1993 tal conduta sujeita o infrator à penalidade administrativa de suspensão de quarenta e cinco a noventa dias, com prazo prescricional de dois anos, na Lei Orgânica do Ministério Público do Ceará essa mesma conduta sujeita o membro à penalidade de demissão, com prazo prescricional de cinco anos.

- Isso tudo dificulta a criação de procedimentos e rotinas eficientes, bem como a distribuição equitativa da justiça disciplinar, no âmbito do órgão de controle externo do MP.

PROPOSTA DE EMENDA À CONSTITUIÇÃO

Unifica o regime disciplinar do Ministério Público da União e dos Estados.

As **MESAS DA CÂMARA FEDERAL E DO SENADO FEDERAL** promulgam a seguinte emenda, que entrará em vigor na data de sua publicação:

Art. 1º. O artigo 128 da Constituição Federal passa a vigorar com a seguinte redação:

"Art. 128. [...]

§7º. Os Ministérios Públicos da União e dos Estados submeter-se-ão a regime disciplinar único, nos termos de lei complementar específica, de iniciativa privativa do Procurador-Geral da República.

§8º. Até que seja editada a lei complementar a que se refere o §7º do art. 128 da Constituição Federal, aplicar-se-á a todos os membros do Ministério Público o regime disciplinar do Ministério Público da União."

Brasília, XX de XXXX de XXXX.

ANTEPROJETO DE LEI COMPLEMENTAR

Dispõe sobre o regime disciplinar único dos membros do Ministério Público.

SEÇÃO I

Das penalidades e de sua aplicação

Art. 1º. Os membros do Ministério Público são passíveis das seguintes sanções:

I – advertência;

II – censura;

III – suspensão;

IV – cassação de aposentadoria ou de disponibilidade;

V – demissão.

Art. 2º. A pena de advertência será aplicada no caso de negligência no exercício da função ou descumprimento de dever funcional de menor gravidade.

Art. 3º. A pena de censura será aplicada ao infrator que, já punido com advertência, praticar nova infração disciplinar que o torne passível da mesma pena ou se a gravidade da infração justificar a aplicação imediata da pena de censura.

Art. 4º. A pena de suspensão, de 10 (dez) até 90 (noventa) dias, será aplicada nos seguintes casos:

I – ao infrator que praticar nova infração disciplinar punida com censura;

II – revelação de assunto de caráter sigiloso que conheça em razão do cargo ou função, comprometendo a dignidade de suas funções ou da Justiça;

III – exercício de atividade empresarial ou participação em sociedade comercial ou industrial, exceto como cotista, sem poderes de gerência, ou acionista;

IV – acúmulo ilegal de cargo, função ou emprego público;

V – exercício, ainda que em disponibilidade, de qualquer outra função pública, salvo de magistério;

VI – exercício de atividade político-partidária, ressalvada a filiação e as exceções previstas em lei;

VII – incontinência pública e escandalosa que comprometa a dignidade do Ministério Público;

VIII – recebimento, a qualquer título e sob qualquer pretexto, de honorários advocatícios, percentagens e custas processuais, se tal já não consagrar, por si só, caso de improbidade administrativa;

IX – lesões aos cofres públicos ou dilapidação de bens confiados à sua guarda ou responsabilidade, nas hipóteses em que não ficar configurado, por si só, caso de improbidade administrativa;

X – condenação por decisão transitada em julgado pela prática de crime doloso que não se enquadre em hipótese passível de demissão;

XI – inobservância de outras vedações impostas pela legislação institucional.

Parágrafo único. A suspensão importa, enquanto durar, na perda dos vencimentos e das vantagens pecuniárias inerentes ao exercício do cargo.

Art. 5º. A disponibilidade por interesse público de membro do Ministério Público fundar-se-á em decisão por voto da maioria absoluta dos integrantes do Conselho Superior, acarretando perda de sua classificação.

§1º. Os subsídios percebidos pelo membro do Ministério Público em disponibilidade serão proporcionais ao tempo de serviço, tendo como patamar mínimo o percentual de 50% (cinquenta por cento).

§2º. O Conselho Superior, após decorrido um ano da decretação da disponibilidade, examinará, de ofício, a eventual cessação do motivo que a tenha determinado.

§3º. Na hipótese de cessação do motivo, o membro do Ministério Público ficará à disposição do Procurador-Geral.

§4º. A disponibilidade será mantida caso permaneça o motivo determinante, devendo ser renovado o exame pelo Conselho Superior, anualmente, até o limite de 5 (cinco) anos.

§5º. O membro do Ministério Público em disponibilidade continuará sujeito às vedações constitucionais.

Art. 6º. Poderá ser reconhecida a existência de interesse público determinador da disponibilidade, entre outras, nas seguintes hipóteses:

I – grave e reiterada inobservância dos deveres inerentes ao cargo;

II – prática de ato do qual decorra desprestígio significativo do Ministério Público;

III – capacidade de trabalho reduzida, produtividade escassa, atuação funcional comprometedora ou demonstração superveniente de insuficientes conhecimentos jurídicos;

V – reincidência em falta anteriormente punida com suspensão.

Parágrafo único. A disponibilidade não será determinada quando a remoção por interesse público se evidencie a solução mais adequada à espécie.

Art. 7º. As penas de advertência e de censura serão aplicadas, em 10 (dez) dias, pelo Procurador-Geral de Justiça, reservadamente e por escrito.

Art. 8º. A pena de demissão será aplicada nos seguintes casos:

I – exercício da advocacia;

II – abandono do cargo pela interrupção injustificada do exercício das funções por mais de 30 (trinta) dias consecutivos;

III – condenação definitiva por crime doloso incompatível com o exercício do cargo, após decisão transitada em julgado;

IV – atos de improbidade administrativa, nos termos do artigo 37, §4º, da Constituição Federal.

§1º. Na ocorrência das infrações praticadas por membro vitalício do Ministério Público prevista neste artigo, o Procurador-Geral, em face da decisão do CNMP, do Conselho Superior ou do órgão recursal, sob pena de crime de responsabilidade, proporá, no prazo de 30 (trinta) dias, perante o Tribunal de Justiça, a ação cível destinada à decretação da perda do cargo.

§2º. A mesma ação será proposta para cassação da aposentadoria ou da disponibilidade, nos casos de falta punível com demissão, praticada quando o membro inativo do Ministério Público se achava em exercício.

§3º. Quando a penalidade for aplicada pelo CNMP, a propositura da ação independe de autorização do Conselho Superior ou do Colégio de Procuradores.

§4º. A atribuição prevista nos §§1º e 2º, a cargo do Procurador-Geral, aplica-se a todas ações civis públicas que possam resultar na perda do cargo do membro vitalício do Ministério Público, cassação de aposentadoria e disponibilidade, qualquer que seja o foro competente para o respectivo processo e julgamento.

§5º. Para fins deste artigo, consideram-se incompatíveis com o exercício do cargo os crimes dolosos contra o patrimônio, a administração e a fé públicas, os que lesem os cofres públicos, dilapidem o patrimônio público ou bens confiados à guarda do Ministério Público, e os previstos no artigo 5º, inciso XLIII, da Constituição Federal.

§6º. Além das hipóteses previstas no parágrafo anterior, são considerados incompatíveis com o exercício do cargo os crimes cuja prática, no caso concreto, seja assim considerada na deliberação do CNMP, do Conselho Superior ou do órgão recursal que autorizar a propositura da ação civil.

§7º. Na aludida decisão, desde logo, o CNMP, o Conselho Superior ou o órgão recursal se pronunciará sobre a conveniência do afastamento do membro do Ministério Público de seu órgão de execução até o trânsito em julgado da decisão, permanecendo à disposição do Procurador-Geral, nesse período.

Art. 9º. A cassação de aposentadoria ou de disponibilidade será aplicada nos casos de falta punível com demissão, praticada quando no exercício do cargo ou de função.

§1º. O Procurador-Geral de Justiça, em face da decisão do Conselho Nacional do Ministério Público, do Conselho Superior ou do órgão recursal, sob pena de crime de responsabilidade, proporá, perante o Tribunal de Justiça, a ação cível destinada à decretação da cassação de aposentadoria ou de disponibilidade.

§2º. Quando a penalidade for aplicada pelo CNMP, a propositura da ação independerá de autorização do Conselho Superior ou do Colégio de Procuradores.

Art. 10. Considera-se reincidência a prática de nova infração dentro do prazo de 5 (cinco) anos após o infrator ser notificado do ato que lhe tenha imposto, definitivamente, sanção disciplinar.

Art. 11. Na aplicação das sanções disciplinares, serão considerados os antecedentes do infrator, a natureza, a quantidade e a gravidade das infrações, as circunstâncias em que foram praticadas e os danos que delas resultaram ao serviço ou à dignidade do Ministério Público ou da Justiça.

Art. 12. Deverão constar dos assentamentos funcionais do membro do Ministério Público todas as penas que lhe forem impostas.

Art. 13. Extinguir-se-á, pela prescrição, a punibilidade administrativa da falta:

I – punível com advertência, em 2 (dois) anos;

II – punível com censura, em 3 (três) anos;

III – punível com suspensão, em 4 (quatro) anos;

IV – punível com demissão ou cassação de aposentadoria ou de disponibilidade, em 5 (cinco) anos.

§1º. Quando a infração disciplinar constituir, também, infração penal, o prazo prescricional será o mesmo da lei penal.

§2º. O prazo prescricional contar-se-á da data da ocorrência dos fatos.

§3º. O curso da prescrição interrompe-se:

I – pela portaria de instauração do processo administrativo-disciplinar;

II – pela decisão recorrível do Conselho Superior;

III – pela decisão transitada em julgado.

Art. 14. A prescrição da execução da pena imposta dar-se-á nos mesmos prazos do artigo 13 desta Lei, interrompendo-se seu curso:

I – pelo início do cumprimento da pena;

II – pela citação para a ação civil de perda de cargo ou para cassação de aposentadoria ou disponibilidade.

SEÇÃO II

Das normas procedimentais

Art. 15. Qualquer Órgão da Administração Superior, sempre que tiver conhecimento de irregularidades ou faltas funcionais praticadas por membros do Ministério Público, deverá, de ofício, tomar as medidas necessárias para sua apuração.

Art. 16. Qualquer pessoa ou autoridade poderá reclamar a apuração de responsabilidade de membro do Ministério Público, mediante representação escrita e dirigida à Corregedoria-Geral do Ministério Público.

§1º. A reclamação para apuração de responsabilidade disciplinar deverá conter a descrição dos fatos, a identificação do membro do Ministério Público, a qualificação e a assinatura do reclamante, sob pena de indeferimento liminar.

§2º. Diante da gravidade, relevância ou verossimilhança dos fatos noticiados, poderá o Corregedor-Geral, por decisão fundamentada, considerar suprida a ausência de qualificação e, de ofício, prosseguir na apuração.

§3º. Em caso de arquivamento da representação prevista no *caput* deste artigo, que deverá ser fundamentado, o representante poderá obter certidão de inteiro teor da decisão que o determinar.

§4º. A reclamação de que trata este artigo também poderá ser realizada oralmente, com a presença do reclamante, ocasião em que a Corregedoria-Geral tomará por termo a representação e zelará por sua adequada formalização.

Art. 17. As decisões nos procedimentos administrativos serão motivadas, em sessão pública, sendo as disciplinares tomadas pelo voto da maioria absoluta de seus membros e publicadas por extrato, podendo o órgão julgador limitar a presença, em determinados atos, às próprias partes e a seus advogados, ou somente a estes, em casos nos quais a preservação do direito à intimidade do interessado no sigilo não prejudique o direito público à informação.

SEÇÃO III

Do Inquérito Administrativo (ou Sindicância)

Art. 18. O inquérito administrativo (ou sindicância), de natureza inquisitorial e de caráter reservado, poderá ser instaurado pelo Corregedor-Geral do Ministério Público, de ofício ou por provocação do Procurador-Geral, do Conselho Superior ou órgão recursal, mediante ato administrativo, em que designará seu presidente, entre os integrantes da Corregedoria-Geral do Ministério Público, de classe igual ou superior ao investigado, e indicará os motivos de sua instauração.

Art. 19. Na instrução do inquérito (sindicância), será ouvido o investigado, bem como serão requeridas quaisquer outras diligências necessárias à apuração da ocorrência.

Art. 20. O prazo para a conclusão do inquérito e a apresentação do relatório final é 30 (trinta) dias, prorrogável, no máximo, por igual período.

Art. 21. Instruído o inquérito, o investigado será intimado formalmente e terá vista dos respectivos autos, no prazo de 5 (cinco) dias, para se manifestar.

Art. 22. Apresentado parecer conclusivo pela presidência do inquérito, o Corregedor-Geral do Ministério Público deverá fundamentadamente concluir pelo arquivamento ou pela instauração de processo administrativo.

Parágrafo único. Os autos serão conclusos ao Corregedor-Geral, que decidirá no prazo de 10 (dez) dias.

Art. 23. Em caso de arquivamento, o Corregedor-Geral do Ministério Público obrigatoriamente deverá submeter sua decisão à deliberação do Conselho Superior, que poderá determinar a realização de novas diligências, se o considerar insuficientemente instruído; devolvê-lo ao Corregedor-Geral para que seja instaurado o competente processo administrativo-disciplinar; ou homologar, de maneira fundamentada, seu arquivamento.

SEÇÃO IV
Do Processo Administrativo Disciplinar

Art. 24. O processo administrativo disciplinar, de caráter público, é imprescindível à aplicação de qualquer penalidade administrativa, devendo observar, entre outros, o devido processo legal, o contraditório e a ampla defesa.

Parágrafo único. O processo administrativo disciplinar será instaurado por decisão do Corregedor-Geral do Ministério Público, por provocação do Procurador-Geral ou por deliberação absoluta da maior absoluta do Conselho Superior.

Art. 25. O Corregedor-Geral indicará e o Procurador-Geral designará a autoridade processante, membro do Ministério Público vitalício, igual ou superior à do acusado, preferencialmente entre os integrantes da Corregedoria-Geral, que não poderá ser a autoridade que presidiu o inquérito, expedindo portaria de instauração, que deverá conter a narração e a descrição das faltas imputadas e suas circunstâncias, além da qualificação do acusado, o rol de testemunhas, de, no máximo, 8 (oito), e o prazo para conclusão dos trabalhos, que não poderá exceder, salvo motivo de força maior, 90 (noventa) dias, contados da data da citação do acusado.

Art. 26. A autoridade processante, quando necessário, poderá ser dispensada do exercício de suas funções no Ministério Público pelo Procurador-Geral, ouvido o Conselho Superior, e fica obrigada a oficiar no processo administrativo-disciplinar se o órgão julgador eventualmente determinar a realização de novas diligências.

Art. 27. A citação será pessoal, com entrega de cópia da portaria, notificando-se o acusado da data e horário para seu interrogatório, bem como de que poderá constituir advogado.

Parágrafo único. Ao acusado será garantido integral acesso a todas as peças do inquérito administrativo e/ou do processo administrativo.

Art. 28. Se o acusado estiver em lugar incerto ou se ocultar-se, dificultando a citação pessoal, esta será realizada por edital, publicado uma vez no órgão oficial, com prazo de 15 (quinze) dias, contado da data da sua publicação.

Parágrafo único. As condições previstas no *caput* deverão constar de certidão com fé pública, que narre as circunstâncias encontradas e, no mínimo, 3 (três) diligências efetivadas em datas diversas.

Art. 29. Efetivada a citação, o processo administrativo-disciplinar não se suspenderá pela superveniência de férias ou de licença da autoridade processante, salvo licença-saúde que impossibilite a sua continuidade.

Art. 30. Na audiência de interrogatório, o acusado poderá indicar seu defensor.

Parágrafo único. Se o acusado não indicar defensor, a autoridade processante designar-lhe-á advogado dativo.

Art. 31. Não comparecendo o acusado, a autoridade processante decretar-lhe-á à revelia, nomeando-lhe advogado dativo.

Parágrafo único. Comparecendo o acusado, a qualquer tempo, a autoridade processante poderá proceder ao seu interrogatório.

Art. 32. O acusado, por si ou por seu defensor, constituído ou nomeado, no prazo de 5 (cinco) dias, contado da audiência designada para o interrogatório, poderá apresentar defesa prévia, juntar prova documental, requerer diligências e arrolar até 8 (oito) testemunhas.

Art. 33. Findo o prazo do artigo anterior, a autoridade processante designará audiência para inquirição das testemunhas arroladas na portaria e na defesa prévia.

Art. 34. Se as testemunhas de defesa não forem encontradas, e o acusado, no prazo de 3 (três) dias, contado da respectiva intimação e antes da audiência, não indicar outras em substituição, prosseguir-se-á nos demais termos do processo.

Art. 35. Se as testemunhas arroladas na portaria não forem localizadas e a autoridade processante não as substituir no prazo previsto no artigo anterior, o processo prosseguirá nos demais termos.

Art. 36. É permitido à defesa técnica inquirir as testemunhas por intermédio da autoridade processante, e esta poderá indeferir as perguntas impertinentes, consignando--as, se assim for requerido.

Art. 37. Não sendo possível concluir a instrução na mesma audiência, a autoridade processante marcará a continuação para outro dia.

Art. 38. Durante o processo, a autoridade processante poderá ordenar qualquer diligência que seja requerida ou que julgue necessária ao esclarecimento do fato, assim como indeferir, fundamentadamente, as provas que entender desnecessárias ou requeridas com intenção manifestamente protelatória.

Art. 39. Constará dos autos a cópia do assentamento funcional do acusado.

Art. 40. Encerrada a instrução, o acusado poderá requerer novas diligências em até 48 (quarenta e oito) horas, e, findo esse prazo, o processo irá concluso à autoridade processante.

Art. 41. A autoridade processante, no prazo de 10 (dez) dias, elaborará o relatório conclusivo, no qual especificará, quando cabível, as disposições legais transgredidas e as sanções aplicáveis, devendo propor, também, quaisquer outras providências que lhe parecerem necessárias.

Art. 42. Após a apresentação do relatório conclusivo, o acusado será intimado para, em 10 (dez) dias, apresentar defesa escrita.

Parágrafo único. Havendo mais de um acusado, com procuradores diferentes, seus prazos para defesa serão comuns e contados em dobro.

Art. 43. Apresentada ou não a defesa escrita e recebido o processo, o Conselho Superior ou o órgão recursal, nas hipóteses de suspensão, demissão ou cassação da aposentadoria, decidirá na forma do seu regimento interno no prazo de 30 (trinta) dias, prorrogáveis por igual período, ficando o Procurador-Geral vinculado a essa decisão, aplicando a pena ou propondo pena cabível.

§1º. As diligências que se fizerem necessárias serão realizadas dentro do prazo mencionado no *caput* deste artigo.

§2º. O Corregedor-Geral prestará todas as informações necessárias relativas às apurações das infrações e funcionará como defensor dos interesses do Ministério Público nos procedimentos disciplinares submetidos à apreciação do Conselho Superior ou do órgão recursal.

§3º. No caso de decidir pela improcedência da portaria ou reconhecer a existência de circunstância legal que exclua a aplicação da pena disciplinar, o órgão colegiado determinará o arquivamento do processo.

§4º. Reconhecida a procedência da portaria e julgados todos os recursos administrativos cabíveis, o órgão colegiado encaminhará o processo ao Procurador-Geral para, no prazo de 5 (cinco) dias, tomar as medidas previstas na arte final do *caput* deste artigo.

§5º. No caso de aplicação de pena de demissão ou de cassação de aposentadoria ou disponibilidade, o Conselho Superior encaminhará o processo ao Procurador-Geral para o ajuizamento da competente ação civil.

§6º. Verificada a existência de crime de ação pública ou outro ilícito, o órgão colegiado remeterá cópia dos autos ao Procurador-Geral para as providências cabíveis.

SEÇÃO V
Do Afastamento Preventivo

Art. 44. O Conselho Superior, de ofício, ou por provocação do Procurador-Geral ou do Corregedor-Geral, poderá, mediante decisão motivada, por maioria absoluta, determinar o afastamento preventivo do acusado das suas funções por até 90 (noventa) dias, prorrogáveis por igual período, desde que sua permanência em exercício seja reputada inconveniente à realização do processo administrativo disciplinar ou prejudicial à apuração dos fatos.

§1º. Em caráter excepcional, o afastamento poderá, ainda, ser determinado pelo Procurador-Geral, submetendo o ato à homologação do Conselho Superior na primeira sessão subsequente.

§2º. A decisão do Conselho Superior que negar o afastamento ou não homologar o ato do Procurador-Geral se sujeita a reexame pelo órgão recursal.

Art. 45. O afastamento preventivo do acusado não poderá ocorrer quando ao fato imputado corresponderem somente as penas de advertência ou censura.

Art. 46. O membro do Ministério Público que for afastado preventivamente terá direito à:

I – contagem do tempo de serviço relativo ao período em que tenha estado afastado preventivamente, quando do processo não tiver resultado a aplicação de pena disciplinar ou se esta tiver sido limitada à advertência ou à censura;

II – contagem, como tempo de serviço, do período de afastamento que exceder o prazo da suspensão disciplinar aplicada;

III – percepção dos vencimentos e vantagens, como se estivesse em exercício.

Art. 47. Se o membro do Ministério Público suspenso preventivamente for punido com suspensão, computar-se-á o tempo do afastamento preventivo para integrar o da pena, procedendo-se aos necessários ajustes no tempo de serviço e nos vencimentos e vantagens.

SEÇÃO VI

Dos Recursos

Art. 48. Caberá recurso para o Conselho Superior da determinação de afastamento preventivo, quando tal não tiver resultado de proposição sua.

Art. 49. Caberá recurso para o órgão recursal:

I – pelo acusado:

a) das decisões do Conselho Superior que aplicarem sanção disciplinar;

b) das decisões do Conselho Superior que determinarem o afastamento preventivo do membro do Ministério Público.

II – pelo Corregedor-Geral, das decisões proferidas pelo Conselho Superior, quando houver decaimento da Corregedoria-Geral.

Art. 50. São irrecorríveis as decisões que determinarem a instauração de inquérito administrativo (sindicância) proposto pelo Conselho Superior e/ou pelo Corregedor-Geral, bem como as decisões do Conselho Superior que homologarem o arquivamento de inquérito administrativo proposto pelo Corregedor-Geral.

Art. 51. Todos os recursos têm efeito suspensivo.

Art. 52. O prazo para a interposição de qualquer recurso, com a apresentação das respectivas razões, é de 10 (dez) dias, contado da notificação do acusado e de seu defensor.

Art. 53. O órgão recursal deverá apreciar os recursos no prazo de 30 (trinta) dias, prorrogável por igual período se houver justo motivo.

Art. 54. Antes da interposição do recurso cabível, havendo omissão, obscuridade ou contradição do acórdão, poderão ser opostos embargos de declaração, no prazo de 5 (cinco) dias, sem efeito suspensivo, que deverão ser dirigidos ao relator.

§1º. O relator poderá recusar os embargos se, de modo fundamentado, entendê-los protelatórios.

§2º. Caso entenda processá-los, poderá o relator conferir-lhes efeito suspensivo da decisão a ser aclarada e deverá incluí-los em pauta na primeira sessão do Colegiado que decidirá a questão.

§3º. Superada a omissão, a obscuridade ou a contradição pelo Colegiado, serão notificados a Corregedoria-Geral, o acusado e seu defensor.

Art. 55. Cabe, em qualquer tempo, a revisão do processo de que resultar a imposição de penalidade administrativa:

I – quando se aduzirem fatos ou circunstâncias suscetíveis de provar inocência ou de justificar a imposição de sanção mais branda;

II – quando a sanção tiver se fundado em prova falsa e/ou comprovadamente ilícita.

Art. 56. O pedido de revisão será dirigido ao Procurador-Geral, pelo próprio interessado ou seu procurador, ou, se falecido ou interdito, por seu cônjuge, atingidos, exceto se for o caso de aplicar-se penalidade mais branda, procedendo-se as respectivas anotações no assentamento funcional.

Art. 57. A revisão será processada pelo órgão recursal na forma de seu regimento interno.

Parágrafo único. A petição será apensa ao processo administrativo-disciplinar.

Art. 58. Se o órgão recursal decidir fundamentadamente pela improcedência do pedido de revisão, os autos serão arquivados.

Art. 59. Julgada procedente a revisão, será tornada sem efeito a sanção aplicada, com o restabelecimento, em sua plenitude, dos direitos por ela atingidos, exceto se for o caso de aplicar-se penalidade mais branda, procedendo-se as respectivas anotações no assentamento funcional.

SEÇÃO VII

Da Reabilitação

Art. 60. O membro do Ministério Público que tiver sido punido disciplinarmente com advertência, multa ou censura poderá obter, do órgão recursal, o cancelamento das respectivas notas dos assentamentos funcionais, decorridos 5 (cinco) anos da sanção aplicada, desde que, nesse período, não tenha sofrido outra punição disciplinar.

Art. 61. Aplicam-se subsidiariamente ao processo disciplinar as normas do Código de Processo Penal e da Lei n. 9.784/1999.

SEÇÃO VIII

Disposições Transitórias

Art. 62. No âmbito do Ministério Público dos Estados, o órgão recursal é o Órgão Especial do Colégio de Procuradores ou o próprio Colégio de Procuradores, na forma prevista na Lei Orgânica de cada Ministério Público.

Art. 63. No âmbito do Ministério Público da União, o órgão recursal é a Câmara Recursal, composta por 3 (três) Procuradores de cada ramo que não integram o Conselho Superior, indicados pelos respectivos Procuradores-Gerais, e presidida pelo Procurador-Geral da República.

Art. 64. Esta lei entra em vigor na data de sua publicação.

Brasília, XX de XXXX de XXXX.

JUSTIFICATIVA

O regime jurídico disciplinar dos membros da Magistratura e do Ministério Público é matéria de indiscutível relevância para a sociedade e para o aprimoramento dessas instituições, encontrando sempre espaço em discussões em torno da violação de preceitos éticos e do combate à corrupção no país.

Tendo em vista a notória envergadura das funções desempenhadas por esses agentes públicos, a sociedade requer deles, naturalmente, rigor ético acima da média e efetiva punição àqueles que violam os deveres funcionais do cargo.

Quanto ao regime disciplinar dos integrantes do Poder Judiciário, uma das maiores dificuldades reside na sanção máxima a ser aplicada no âmbito administrativo aos juízes, a aposentadoria compulsória, tratada em outro projeto desta iniciativa da Fundação Getulio Vargas e Transparência Internacional.

Já quanto ao regime disciplinar dos membros do Ministério Público, que não têm a limitação de sanção do Poder Judiciário, a ausência de uniformização nacional do seu regime – cada ramo é regido por lei própria – dificulta o exercício do controle punitivo, bem como a percepção pela sociedade do resultado efetivo desse controle.

Dificuldades advindas do atual regime disciplinar dos membros da Magistratura e do Ministério Público

Apesar de guardarem suas peculiaridades, os regimes disciplinares atinentes ao Poder Judiciário e ao Ministério Público têm diversos pontos de convergência, fruto da simetria estabelecida entre as carreiras no âmbito das garantias e prerrogativas.

Entre estas está o vitaliciamento, garantia adquirida após dois anos de efetivo exercício, com a aprovação dos órgãos de administração.

Os membros vitalícios apenas podem perder o cargo em situações excepcionais, em geral decorrentes da prática de atos tipificados em lei como crime ou como improbidade administrativa, ou, ainda, daqueles que correspondam às vedações constitucionais para esses agentes públicos, como o exercício de outro cargo ou função públicos, salvo de magistério, o recebimento de custas ou a participação em processo ou de auxílios ou contribuições, ressalvadas as exceções legais, e o exercício de atividade político-partidária ou da advocacia (art. 95, parágrafo único, da Constituição da República).

Para tanto, porém, é necessário o prévio ajuizamento de ação civil destinada à decretação da perda do cargo, que não pode se dar no âmbito administrativo. E aqui reside um dos pontos complicadores da efetivação dessa sanção, já que, em particular aos casos com repercussão criminal, é necessário o ajuizamento de duas ações: a primeira, naturalmente, penal, para a condenação pelo fato; e a segunda, civil, para a perda do cargo, a ser ajuizada após o trânsito em julgado daquela.

Nessa medida, ao contrário do que sucede com os demais agentes públicos, a perda do cargo público não decorre diretamente da condenação criminal, tal qual previsto no art. 92 do Código Penal, de modo automático para condenações à pena privativa de liberdade superior a quatro anos ou, se igual ou superior a um ano, quando o crime tiver sido praticado com abuso de poder ou violação de dever para com a Administração Pública. Para os magistrados e membros do Ministério Público, há que se ajuizar ação civil com essa finalidade específica.

Essa sistemática tem a sua validade amplamente reconhecida pelo Supremo Tribunal Federal[60] e pelo Superior Tribunal de Justiça[61].

---

[60] Ementa: conselho nacional do ministério público. Órgão constitucional de perfil estritamente administrativo. Consequente impossibilidade jurídica de impor, aos integrantes do ministério público da união e dos estados-membros, que gozam do predicamento constitucional da vitaliciedade (cf, art. 128, § 5º, inciso i, "a"), a sanção de perda do cargo. A vitaliciedade como garantia de independência funcional assegurada ao membro do ministério público. Proteção constitucional que impede a aplicação, ao representante vitalício do ministério público, da sanção disciplinar de perda do cargo, possível, unicamente, "por sentença judicial transitada em julgado" (cf, art. 128, § 5º, inciso i, "a"). Relevância jurídica da pretensão mandamental que sustenta a inviabilidade de o cnmp, agindo "*ultra vires*", aplicar pena de demissão a membro do ministério público amparado pela garantia da vitaliciedade, ainda que venha a converter, desde logo, a sanção demissória em suspensão funcional. Plausibilidade jurídica da postulação mandamental, que também se apoia em outro fundamento relevante (alegada prescrição da pretensão punitiva em sede disciplinar). Ocorrência cumulativa do "periculum in mora". Caráter alimentar do subsídio devido aos membros do ministério público e do estipêndio funcional dos servidores públicos em geral. Precedentes. Medida cautelar deferida. (Stf, ms n. 61.523-Df, rel. Min. Celso de mello)

[61] Recurso especial. Penal e processual penal. Crime de corrupção passiva. Membro do ministério público estadual. Condenação. Pretendida absolvição. Reexame do conjunto fático-probatório. Impossibilidade. Súmula n. 7 Do stj. Interceptação telefônica determinada em outro processo. Prova emprestada. Alegada nulidade, por não ter sido transladada a integralidade dos autos respectivos. Questão irrelevante. Denúncia e condenação lastreadas em provas outras. Fixação da pena-base acima do mínimo legal. Desvalor da culpabilidade. Fundamento idôneo. Pena de perda do cargo de promotor de justiça. Incidência da lei nº 8.625/93. Necessidade de ajuizamento de ação civil pelo procurador-geral de justiça, depois de autorizado pelo colégio de procuradores. Recurso especial parcialmente provido. 1. O acórdão condenatório entendeu suficientemente demonstrada a existência de provas de autoria e materialidade para a condenação do recorrente. Infirmar tais fundamentos com o escopo de absolvê-lo, por insuficiência probatória, inclusive com aplicação do princípio *in dubio pro reo*, é inviável no âmbito desta corte superior de justiça, na medida em que implicaria o reexame de todo o conjunto fático-probatório, o que atrai o óbice da súmula n. 7 Desta corte. 2. A denúncia foi oferecida com base em procedimento investigatório conduzido no âmbito do próprio ministério público estadual, que foi instruído com depoimentos e documentos outros, absolutamente idôneos, além da prova emprestada, consistente em interceptações telefônicas efetuadas em outro processo. Também não há nos fundamentos do acórdão condenatório nenhuma menção acerca da prova emprestada. 3. Nesse cenário, é irrelevante a controvérsia jurídica suscitada em torno da eventual nulidade por ausência de juntada de todos os elementos colhidos nos autos em que se determinou a escuta telefônica, uma vez que não repercute no acervo probatório que ensejou o processo, desde a denúncia, até a condenação. 4. Vale como circunstância judicial desfavorável, a ensejar maior grau de reprovabilidade da conduta, o fato de o crime de corrupção passiva ter sido praticado por promotor de justiça, em ato diretamente vinculado às suas específicas atribuições (promessa de que pediria arquivamento de inquéritos policiais que apurariam homicídios), as quais são distintas e incomuns, se equiparadas aos demais servidores públicos lato sensu. 5. Assim, o fundamento considerado pelo Tribunal de origem para justificar o desvalor da culpabilidade não se confunde com os elementos inerentes ao próprio tipo penal, devendo, portanto, ser mantida a majoração da pena-base. 6. A teor do art. 38, § 1º, inciso I, e § 2º da Lei nº 8.625/93, a perda do cargo de membro do Ministério Público somente pode ocorrer após o trânsito em julgado de ação civil proposta para esse fim. E, ainda, essa ação somente pode ser ajuizada pelo Procurador-Geral de Justiça, quando previamente autorizado pelo Colégio de Procuradores, o que constitui condição de procedibilidade, juntamente com o trânsito em julgado da sentença penal condenatória. 7. Em se tratando de normas legais de mesma hierarquia, pelo fato de a Lei Orgânica Nacional do Ministério Público prever regras específicas e diferenciadas das do Código Penal para a perda do cargo, em atenção ao princípio da especialidade – *lex specialis derogat generali* –, deve prevalecer o que dispõe a referida lei orgânica. 8. Recurso especial parcialmente provido, tão somente para afastar a determinação de perda de cargo exarada no acórdão recorrido. (REsp 1251621/AM, Rel. Ministra Laurita Vaz, Quinta Turma, julgado em 16/10/2014, DJe 12/11/2014)

A garantia da vitaliciedade na extensão em que firmada hoje consolidou-se no pós-Constituição de 1988 como rescaldo e reação ao período da Ditadura Militar, quando juízes e membros do Ministério Público de atuação tida por contrária ao regime eram demitidos até imotivadamente. A resposta aos abusos cometidos veio com a instituição da referida garantia aos membros do Poder Judiciário e do Ministério Público.

Passadas décadas desde então – embora conte apenas 29 anos, o período democrático inaugurado em 1988 já é o mais longo da história brasileira –, muitas garantias e benefícios conferidos aos membros dos Poderes, também do Judiciário, passaram a ser questionadas. É nesse contexto que se insere, para o presente estudo, a necessidade de reflexão quanto ao assunto em discussão.

À toda evidência, a sistemática conferida, embora importantíssima para resguardar a independência na atuação, dificulta, sobremodo, que a perda do cargo venha a se efetivar, consabido o tempo de tramitação de uma ação judicial no país até que a decisão se torne imutável; imagine-se, então, o tempo necessário para que duas ações tramitem, uma subsequente à outra, e transitem em julgado.

Nessa linha de pensamento, e mormente por não se vislumbrar como isso pudesse comprometer o núcleo essencial da garantia do vitaliciamento, defende-se a adoção de uma compreensão que já foi adotada pelo CNMP: a de que o ajuizamento da ação civil de perda do cargo possa se dar em momento anterior ao do trânsito em julgado da sentença penal condenatória.

Com efeito, nos termos definidos pelo CNMP, o ajuizamento da ação de perda do cargo poderia ser feito sempre que se estiver diante de um crime grave e desde que já houvesse o transcurso da instrução processual na ação penal em curso, de maneira a se poder aquilatar assim, com a segurança necessária, a robustez das provas colhidas em relação ao acusado.

A construção desse entendimento se deu com substrato em decisão proferida pela Ministra Cármen Lúcia, do Supremo Tribunal Federal, que, ao apreciar pedido de liminar nos autos do Mandado de Segurança nº 30338-DF[62] – que combatia decisão do CNMP –, consignou bastar ao Colégio de Procuradores de Justiça, para a decisão quanto ao ajuizamento da ação de perda do cargo a *conclusão da fase instrutória da ação penal*, a partir do que poderia haurir os elementos necessários à sua decisão.

---

[62] [...] 7. Depreende-se dos fundamentos postos no ato questionado que o condicionamento determinado para o exame da autorização necessária ao ajuizamento da ação civil de perda do cargo (trânsito em julgado das ações penais) mostra-se destituído de razões suficientes, pelo menos neste exame prefacial, para o que se propõe (suprir aquele exame com elementos aptos à formação do convencimento do Órgão Especial do Colégio de Procuradores de Justiça). [...]8. Tem-se, portanto, que, além de a matéria já ter sido objeto de apreciação por órgão disciplinar do Ministério Público fluminense (devendo-se presumir, assim, pela existência de elementos suficientes para a realização do juízo administrativo exigido, seja ele negativo ou positivo), bastaria a conclusão da fase instrutória na esfera penal para a obtenção dos elementos necessários à atuação do Colégio de Procuradores. Exigir-se o esgotamento de todas as instâncias recursais na notoriamente sobrecarregada Justiça brasileira significa assumir a ocorrência da prescrição e, consequentemente, da impunidade administrativa, especialmente considerando-se que a decisão do Órgão Especial do Colégio de Procuradores impede a aplicação das penalidades de censura e suspensão por noventa (90) dias, propostas por comissão disciplinar e impostas ao investigado, conforme decidido pelo Tribunal de Justiça do Rio de Janeiro em mandado de segurança que ali tramitou (n. 2009.004.01066), sob o fundamento de que tais sanções não são acumuláveis com a penalidade de demissão (perda de cargo). 9. Não é exagero, então, concluir que o sobrestamento determinado pelo Órgão Especial de Procuradores de Justiça do Rio de Janeiro atentaria contra o princípio da moralidade, exigindo-se, assim, a atuação do Conselho Nacional do Ministério Público, tal como se deu.

O ajuizamento da ação civil de perda do cargo nessas condições agilizaria, sobremaneira, a providência alvitrada, garantindo-se, todavia, que a demissão do agente político ao final somente pudesse ocorrer em caso de procedência da ação penal primeiramente proposta, com o devido trânsito em julgado.

Outra questão importante diz respeito à impossibilidade de aplicação direta da sanção administrativa de demissão – quanto esta não decorrer de condenação criminal -, ao membro vitalício.

Como já se disse, a Constituição Federal estabelece que os membros da Magistratura e do Ministério Público vitalícios somente podem perder o cargo por sentença judicial transitada em julgado[63].

Assim, quando, por exemplo, o CNMP condena o membro do Ministério Público à penalidade de demissão, a medida administrativa a ser adotada é o encaminhamento dos autos ao Procurador-Geral respectivo para que este ajuíze a ação cível para perda do cargo.

Essa sistemática gerou a discussão, no âmbito do CNMP, a respeito da obrigatoriedade ou não de o Procurador-Geral ajuizar a ação para a perda do cargo, e atualmente prevalece o entendimento de que a decisão do Conselho vincula aquele a promovê-la. É importante que assim seja, porque o contrário possibilitaria que o chefe administrativo do Ministério Público contrariasse o entendimento do órgão constitucional, nem sempre pela melhor motivação jurídica.

Quanto ao Conselho Nacional de Justiça, essa discussão nem mesmo tem lugar, uma vez que a sanção máxima aplicada tem sido a aposentaria compulsória, o que se pretende mudar com outra proposta feita separadamente, nesta iniciativa da FGV e da Transparência Internacional.

Particularidades do regime disciplinar do Ministério Público

O regime disciplinar dos membros do Poder Judiciário é unificado, com previsão na Constituição e na Lei Orgânica da Magistratura Nacional (LOMAN, Lei Complementar n. 35/1979).

Isso permitiu que o Conselho Nacional de Justiça editasse a Resolução nº 135, de 13 de julho de 2011, com o fim de dispor sobre a "uniformização de normas relativas ao procedimento administrativo disciplinar aplicável aos magistrados, acerca do rito e das penalidades".

Questionada nos autos da Ação Direta de Inconstitucionalidade n. 4.638, muito embora deferida medida liminar para conferir interpretação conforme a Constituição a alguns dispositivos, a essência do ato normativo foi mantida.

É indene de dúvidas o quanto a existência de um regime disciplinar único favorece o exercício do poder punitivo pela Administração Pública em relação aos magistrados: a clareza quanto às infrações e sanções disciplinares, bem como quanto aos prazos

---

[63] Art. 95. Os juízes gozam das seguintes garantias: I – vitaliciedade, que, no primeiro grau, só será adquirida após dois anos de exercício, dependendo a perda do cargo, nesse período, de deliberação do tribunal a que o juiz estiver vinculado, e, nos demais casos, de sentença judicial transitada em julgado; [...]Art. 128. [...] §5º. Leis complementares da União e dos Estados, cuja iniciativa é facultada aos respectivos Procuradores-Gerais, estabelecerão a organização, as atribuições e o estatuto de cada Ministério Público, observadas, relativamente a seus membros: [...] I – as seguintes garantias: a) vitaliciedade, após dois anos de exercício, não podendo perder o cargosenão por sentença judicial transitada em julgado.

prescricionais da pretensão punitiva administrativa, facilita a condução dos processos administrativos disciplinares.

Todavia, as normas disciplinares aplicáveis aos membros do Ministério Público, atualmente, encontram-se esparsas nas leis orgânicas dos Ministérios Públicos estaduais, na Lei n. 8.625/1993 – Lei Orgânica Nacional dos Ministérios Públicos dos estados (Lompe) – e na Lei Complementar n. 75/1993 – Lei Orgânica do Ministério Público da União (Lompu).

Uma consequência direta disso é a ocorrência de tratamento inteiramente diverso de situações idênticas por diferentes ramos do Ministério Público. A título exemplificativo, pode ser citado o caso da infração disciplinar consubstanciada no exercício de atividade político-partidária pelo membro do Ministério Público. Embora constitua vedação de notória envergadura no ordenamento jurídico, já que de sede constitucional[64], a sua prática tem consequências inteiramente distintas entre os MPs: na Lei Complementar nº 75/1993, tal conduta sujeita o infrator à penalidade administrativa de suspensão de quarenta e cinco a noventa dias, com prazo prescricional de dois anos; já na Lei Orgânica do Ministério Público do Ceará, esta mesma conduta sujeita o membro à penalidade de demissão, com prazo prescricional de cinco anos, por exemplo.

A dispersão da matéria disciplinar leva, evidentemente, à diversidade de previsões normativas, não só em relação às infrações e penalidades cabíveis, como também às regras de prescrição e ao procedimento a ser observado. Essa realidade jurídica não concorre para a atuação uniforme das instâncias disciplinares, o que a faz figurar como uma das maiores dificuldades práticas do exercício do poder punitivo pela Administração Pública em relação aos membros do Ministério Público.

Tal dificuldade recai em particular no exercício do controle externo, a cargo do CNMP. Ao contrário do que sucedeu com o CNJ, não foi possível ao CNMP editar um ato normativo para a sistematização da legislação disciplinar dos membros do Ministério Público, face à diversidade normativa aqui referida.

Nesse viés, a adoção de um regime jurídico único pode contribuir para o aperfeiçoamento do regime disciplinar dos membros do MP, e diversas iniciativas já foram tomadas nesse sentido.

No âmbito do próprio CNMP houve debate em torno da possibilidade de edição de um ato normativo nos moldes do que ora se comenta, e a conclusão foi de que tal matéria estaria a cargo do Congresso Nacional, porque de sede legislativa.

No Parlamento, por sua vez, a PEC n. 505/2010, já referida, passou a contemplar também disposições a propósito do regime disciplinar do Ministério Público, e a ela foi apensada a PEC n. 291/2013, a qual diz diretamente com a matéria.

O intuito desta proposta é obrigar que lei complementar, de iniciativa reservada ao Procurador-Geral da República, estabeleça o regime disciplinar único dos membros de

---

64 Art. 128. [...] §5º. Leis complementares da União e dos Estados, cuja iniciativa é facultada aos respectivos Procuradores-Gerais, estabelecerão a organização, as atribuições e o estatuto de cada Ministério Público, observadas, relativamente a seus membros: [...] II – as seguintes vedações: [...] e) exercer atividade político-partidária.

todos os ramos do Ministério Público brasileiro. Em razão da autonomia funcional e administrativa dos Ministérios Públicos consagrada na Constituição, é necessário que tal lei esteja amparada em regra constitucional que a autorize, razão pela qual é sugerida também uma Proposta de Emenda à Constituição com o mesmo objetivo.

Essa ideia vai ao encontro da compreensão do Supremo Tribunal Federal quanto à existência de uma unidade orgânica entre esses ramos, o que inclusive justificou o reconhecimento no PGR da atribuição para dirimir conflitos de atribuições entre membros de ramos distintos do Ministério Público[65].

Incorporou-se um dispositivo inspirado no texto da PEC n. 291/2013: a previsão de que, enquanto não editada a lei complementar mencionada, seja aplicado a todos os membros do Ministério Público brasileiro o regime disciplinar dos membros do MPU, disposto na Lei Complementar n. 75/1993.

O ideal seria que essa situação fosse absolutamente provisória, já se adotando providências para que uma nova lei fosse aprovada com o propósito de unificar o regime disciplinar do MP brasileiro.

A minuta de projeto de lei complementar ora oferecida é fruto da experiência haurida pela equipe da Corregedoria Nacional do Conselho Nacional do Ministério Público – do que resulta um olhar nacional do tema. É importante ressaltar que a Corregedoria Nacional avançou também em práticas, independentemente da lei, para tornar mais efetivos os procedimentos disciplinares.

Merece menção, nesse aspecto, a criação, no CNMP, do Sistema Nacional de Informações de Natureza Disciplinar, a cargo da Corregedoria Nacional. Sua instituição ocorreu pela Resolução n. 136, de 26 de janeiro de 2016. A experiência foi tão frutífera que, em proposta separada, no âmbito desta iniciativa da FGV e da Transparência Internacional, sua adoção é sugerida ao Conselho Nacional de Justiça.

---

[65] Ementa: CONSTITUCIONAL. CONFLITO DE ATRIBUIÇÕES ENTRE MINISTÉRIOS PÚBLICOS. MINISTÉRIO PÚBLICO FEDERAL E MINISTÉRIO PÚBLICO DO ESTADO DO PARANÁ. LEGITIMIDADE DO MINISTÉRIO PÚBLICO PARA PROMOVER A TUTELA COLETIVA DE DIREITOS INDIVIDUAIS HOMOGÊNEOS DOTADOS DE RELEVÂNCIA SOCIAL. POSSIBILIDADE DE ATUAÇÃO DO PARQUET EM FAVOR DE MUTUÁRIOS EM CONTRATOS DE FINANCIAMENTO PELO SISTEMA FINANCEIRO DE HABITAÇÃO. QUESTÃO PRELIMINAR. ALCANCE DO ARTIGO 102, INCISO I, ALÍNEA F DA CONSTITUIÇÃO DA REPÚBLICA. DISPOSITIVO DIRECIONADO PARA ATRIBUIR COMPETÊNCIA ORIGINÁRIA AO STF EM CASOS DE CONFLITO FEDERATIVO. REVISITAÇÃO DA JURISPRUDÊNCIA ASSENTADA PELA CORTE (ACO 1.109/SP E PET 3.528/BA). MERO CONFLITO DE ATRIBUIÇÕES QUANTO À ATUAÇÃO ENTRE DIFERENTES ÓRGÃOS MINISTERIAIS DA FEDERAÇÃO. SITUAÇÃO INSTITUCIONAL E NORMATIVA INCAPAZ DE COMPROMETER O PACTO FEDERATIVO AFASTA A REGRA QUE ATRIBUI COMPETÊNCIA ORIGINÁRIA AO STF. NÃO CONHECIMENTO DA AÇÃO CÍVEL ORIGINÁRIA E REMESSA DOS AUTOS AO PROCURADOR-GERAL DA REPÚBLICA (PGR) – (PRECEDENTE FIXADO PELA ACO 1.394/RN). 1. In casu: (i) cuida-se de conflito negativo de atribuições entre diferentes órgãos do ministério público para se definir a legitimidade para a instauração de Inquérito Civil em investigação de possível superfaturamento na construção de conjuntos habitacionais no Município de Umuarama/PR; e (ii) há suspeita de que construtoras obtiveram, por intermédio da Caixa Econômica Federal, verbas do Sistema Financeiro de Habitação, em valor superior ao necessário para a construção dos conjuntos habitacionais, excesso esse que teria sido repassado aos mutuários da CEF. 2. Em sede preliminar, o tema enseja revisitação da jurisprudência assentada por esta Corte (ACO 1.109/SP e, especificamente, PET 3.528/BA), para não conhecer da presente Ação Cível Originária (ACO). Nesses precedentes, firmou-se o entendimento no sentido de que a simples existência de conflito de atribuições entre Ministérios Públicos vinculados a entes federativos diversos não é apta, per si, para promover a configuração de típico conflito federativo, nos termos da alínea f do Inciso I do art. 102 da Constituição da República Federativa do Brasil de 1988 (CRFB/1988). O caso dos autos remete, consectariamente, a mero conflito de atribuições entre órgãos ministeriais vinculados a diferentes entes federativos. 3. Em conclusão, essa situação institucional e normativa é incapaz de comprometer o pacto federativo e, por essa razão, afasta a regra que, em tese, atribui competência originária ao STF. Ademais, em consonância com o entendimento firmado por este Tribunal no julgamento da ACO 1.394/RN, o caso é de não conhecimento da ação cível originária, com a respectiva remessa dos autos ao Procurador-Geral da República para a oportuna resolução do conflito de atribuições. (ACO 924, Relator(a): Min. LUIZ FUX, Tribunal Pleno, julgado em 19/05/2016, ACÓRDÃO ELETRÔNICO DJe-204 DIVULG 23-09-2016 PUBLIC 26-09-2016)

27 CRIA O SISTEMA CORREICIONAL ELETRÔNICO NO CNJ

A efetividade do Sistema Correicional do Poder Judiciário é frequentemente questionada. A responsabilização de magistrados que cometem irregularidades é essencial para contrabalancear o poder que exercem e garantir a probidade e integridade dos tribunais brasileiros como um todo. Buscando centralizar as informações sobre os procedimentos disciplinares instaurados em face de magistrados por todo o Brasil, esta proposta pretende reunir em um *software* informações sobre todos os procedimentos disciplinares contra membros do Poder Judiciário.

Isso permitirá que o órgão de controle externo, o Conselho Nacional de Justiça, possa exercer de modo mais adequado e eficiente a supervisão de tais procedimentos. Com o Sistema, que aproveita a experiência de sucesso do Conselho Nacional do Ministério Público, espera-se que haja um aumento da eficiência do controle disciplinar, bem como da quantidade de processos instaurados e de sanções aplicadas no CNJ.

Principais pontos da proposta

- Institui o Sistema Nacional de Informações de Natureza Disciplinar no âmbito do Conselho Nacional de Justiça, o qual compreenderá informações sobre todos os procedimentos de natureza disciplinar e correlatos instaurados em desfavor de membros do Poder Judiciário no país.

- O Sistema será gerenciado por um aplicativo informatizado desenvolvido e disponibilizado pelo Conselho Nacional de Justiça, assegurando às unidades do Poder Judiciário brasileiro sigilo e segurança dos dados, bem como compartilhamento, entre a Corregedoria Nacional e as demais Corregedorias, dos registros para fins de controle e estatísticos.

- Determina que a Corregedoria-Geral de cada Tribunal de Justiça e a do Conselho de Justiça Federal deverão zelar pela correta inserção dos dados no Sistema Nacional de Informações de Natureza Disciplinar, bem como instar os demais órgãos internos ou subordinados a manter atualizado o Sistema.

- Além disso, determina-se que as Corregedorias deverão cadastrar, no prazo de 60 dias após a disponibilização do Sistema, todos os procedimentos disciplinares que já estejam em tramitação.

- Estabelece, ainda, que a Corregedoria Nacional de Justiça publicará, anualmente, estatística, por unidade do Poder Judiciário, dos dados relativos aos processos e procedimentos correicionais, conferindo maior transparência à atuação disciplinar no âmbito do Judiciário.

Problemas que pretende solucionar
- A norma mitigará o retardo injustificado do exercício do controle disciplinar pela Corregedoria local. Com o Sistema, permite-se o acompanhamento diário pela Corregedoria Nacional do trâmite de todos os procedimentos disciplinares em curso no país, o que favorece que, naqueles casos, seja formulado ao Plenário do CNJ pedido de avocação dos autos para julgamento por esse órgão ou, ainda, de revisão da decisão proferida naquela instância.

PROJETO DE RESOLUÇÃO DO CNJ

> Dispõe sobre o Sistema Nacional de Informações de Natureza Disciplinar no âmbito do Conselho Nacional de Justiça e dá outras providências.

O **CONSELHO NACIONAL DE JUSTIÇA,** no exercício da competência fixada no art. 103-B, §4º da Constituição Federal:

CONSIDERANDO que a Constituição Federal, notadamente em seu art. 37, *caput*, consagrou a eficiência como um dos princípios reitores da Administração Pública;

CONSIDERANDO o disposto no seu regimento interno, que atribui competência ao Corregedor Nacional de Justiça para "promover a criação de mecanismos e meios para a coleta de dados necessários ao bom desempenho das atividades da Corregedoria Nacional de Justiça", bem como "promover, constituir e manter bancos de dados [...] visando ao diagnóstico e à adoção de providências para a efetividade fiscalizatória e correicional, disponibilizando seus resultados aos órgãos judiciais ou administrativos a quem couber o seu conhecimento", respeitado o sigilo legal;

CONSIDERANDO que se constatou, para que a Corregedoria Nacional pudesse cumprir do modo mais eficiente seu mister constitucional e regimental, a necessidade de acompanhamento específico das informações atinentes aos feitos de natureza disciplinar nas diversas Unidades do Poder Judiciário;

RESOLVE:

Art. 1º. Fica instituído o Sistema Nacional de Informações de Natureza Disciplinar no âmbito do Conselho Nacional de Justiça.

Art. 2º. O Sistema Nacional de Informações de Natureza Disciplinar compreenderá informações sobre todos os procedimentos de natureza disciplinar e correlatos instaurados em desfavor de membros do Poder Judiciário no país.

Parágrafo único. Para os fins desta Resolução, considera-se procedimento de natureza disciplinar e correlatos tanto os procedimentos nominados nas respectivas legislações de regência (processo administrativo disciplinar, sindicância, inquérito administrativo etc.) quanto os chamados procedimentos investigatórios prévios (representações, expediente administrativo, pedido de providências, apuração sumária, protocolados, expedientes, reclamação disciplinar, pedido de explicações etc.), independentemente de se deles puderem resultar ou não punição administrativa disciplinar.

Art. 3º. O Sistema Nacional de Informações de Natureza Disciplinar compreenderá informações funcionais dos membros relacionadas aos processos e procedimentos disciplinares, destinando-se ao registro, entre outros, dos seguintes dados:

I – Classe do procedimento disciplinar instaurado (procedimento administrativo disciplinar, sindicância, inquérito administrativo, procedimento investigatório prévio etc.);

II – Número de registro na origem;

III – Data da instauração/autuação;

IV – Prazo legal para conclusão do procedimento;

V – Capitulação da possível infração disciplinar;

VI – Prazo prescricional;

VII – Nome completo do membro investigado;

VIII – Fase decisória e recursal, compreendendo decisão (absolvição, condenação e prescrição) e eventuais recursos interpostos até decisão final com trânsito em julgado.

Art. 4º. O Sistema Nacional de Informações de Natureza Disciplinar será gerenciado por aplicativo informatizado desenvolvido e disponibilizado pelo Conselho Nacional de Justiça, assegurando às unidades do Poder Judiciário brasileiro:

I – sigilo e segurança dos dados;

II – compartilhamento, entre Corregedoria-Geral e Corregedoria Nacional, dos registros para fins de controle e estatísticos.

§1º. O Sistema Informatizado de que trata o presente artigo será administrado pela Corregedoria Nacional de Justiça, em conjunto com as Corregedorias-Gerais dos Tribunais de Justiça e a Corregedoria-Geral do Conselho de Justiça Federal.

§2º. O órgão da Administração Superior de cada Poder Judiciário que praticar os atos sujeitos a registro será responsável por inseri-los no sistema.

§3º. Competirá ao CNJ assegurar as condições de treinamento mínimo e suporte para que as unidades do Poder Judiciário possam operar satisfatoriamente o sistema.

Art. 5º. Caberá à Corregedoria-Geral de cada Tribunal de Justiça e do Conselho de Justiça Federal, independentemente do disposto no §2º do artigo 4º, zelar pela correta inserção dos dados no Sistema Nacional de Informações de Natureza Disciplinar, bem como instar os demais órgãos internos ou subordinados a manter o Sistema atualizado.

Art. 6º. A Corregedoria-Geral de cada Tribunal de Justiça e do Conselho de Justiça Federal deverá cadastrar, no prazo de 60 dias após a disponibilização do sistema de que trata a presente Resolução, todos os procedimentos elencados no art. 2º desta Resolução que estiverem em tramitação.

Art. 7º. A Corregedoria Nacional de Justiça publicará anualmente estatística, por unidade do Poder Judiciário, dos dados relativos aos processos e procedimentos previstos nesta Resolução.

Art. 8º. Esta Resolução entra em vigor na data de sua publicação.

Brasília, X de XXXX de 201X.

JUSTIFICATIVA

Esta proposta transplanta para o CNJ uma experiência de sucesso desenvolvida no CNMP. O Sistema Nacional de Informações de Natureza Disciplinar foi criado no CNMP, estando a cargo da Corregedoria Nacional. Sua instituição ocorreu pela Resolução n. 136, de 26 de janeiro de 2016.

Conforme previsto neste ato normativo, o sistema compreende informações de todos os procedimentos de natureza disciplinar e correlatos instaurados contra membros das unidades do Ministério Público, e nele devem ser alimentados dados relativos à numeração de registro na origem, data da instauração, prazo para conclusão, capitulação legal da infração disciplinar, prazo prescricional, nome do investigado e as decisões e eventuais recursos interpostos.

Com ele se permite o acompanhamento diário pela Corregedoria Nacional do trâmite de todos os procedimentos disciplinares em curso no país, o que favorece que, nos casos em que se verifique retardo injustificado do exercício do controle pela Corregedoria local, possa ser formulado ao Plenário do CNMP pedido de avocação dos autos para julgamento por esse órgão ou, ainda, em se tratando de constatação de punição desarrazoada aplicada na origem, de revisão da decisão proferida naquela instância, na forma do art. 130-A, §2º, III e IV, respectivamente, da Constituição[66].

Uma consequência prática da implementação desse sistema foi um aumento significativo do número de casos disciplinares que passaram a tramitar no CNMP e, como corolário, de sanções aplicadas. É o que se verifica no Relatório de Gestão 2015-2017 da Corregedoria Nacional do Ministério Público.

A leitura dos números daquele relatório conduz à conclusão inequívoca de um importante aumento na quantidade de processos instaurados e de sanções aplicadas nos últimos dois anos, precisamente após a entrada em vigor da resolução que instituiu o Sistema Nacional de Informações de Natureza Disciplinar.

Sem embargo, de outras medidas de gestão adotadas, é certo afirmar que o sistema contribuiu sobremaneira para o aprimoramento do exercício do controle disciplinar pelo CNMP. Prova disso é que, após sua implementação, houve oito procedimentos de avocação de processos com tramitação insatisfatória nas Corregedorias-Gerais de origem, expediente que, antes, havia sido aplicado pelo Conselho, em toda a sua história, uma única vez.

Sugere-se, assim, a adoção de semelhante providência pelo CNJ, respeitadas as peculiaridades, dado que os resultados auferidos são capazes de demonstrar os benefícios da ferramenta.

---

[66] Art. 130-A. O Conselho Nacional do Ministério Público compõe-se de catorze membros nomeados pelo Presidente da República, depois de aprovada a escolha pela maioria absoluta do Senado Federal, para um mandato de dois anos, admitida uma recondução, sendo: [...]§ 2º. Compete ao Conselho Nacional do Ministério Público o controle da atuação administrativa e financeira do Ministério Público e do cumprimento dos deveres funcionais de seus membros, cabendo-lhe: [...]III – receber e conhecer as reclamações contra membros ou órgãos do Ministério Público da União ou dos Estados, inclusive contra seus serviços auxiliares, sem prejuízo da competência disciplinar e correicional da instituição, podendo avocar processos disciplinares em curso, determinar a remoção, a disponibilidade ou a aposentadoria com subsídios ou proventos proporcionais ao tempo de serviço e aplicar outras sanções administrativas, assegurando ampla defesa [...]; IV – rever, de ofício ou mediante provocação, os processos disciplinares de membros do Ministério Público da União ou dos Estados julgados há menos de um ano;

VI

INVESTIDURA E INDEPENDÊNCIA DOS AGENTES PÚBLICOS

28 CRITÉRIOS DE SELEÇÃO DOS MINISTROS E CONSELHEIROS DOS TRIBUNAIS DE CONTAS

Os tribunais de contas deveriam ser importantes instrumentos de controle externo sobre a administração pública, exercendo o papel de combater a corrupção, fiscalizar as receitas e despesas dos entes públicos e julgar as contas dos governantes. Em vez disso, esses tribunais sofrem com uma excessiva politização e foram, em larga medida, cooptados, por meio das nomeações de seus ministros e conselheiros, pelos próprios agentes que deveriam fiscalizar. Esta proposta pretende devolver a independência e autonomia aos tribunais de contas, garantindo-lhes os instrumentos para exercer sua função efetivamente.

Principais pontos da proposta
- Estabelece como requisito para a nomeação dos ministros e conselheiros dos tribunais de contas a ausência de condenação em decisão transitada em julgado ou proferida por órgão judicial colegiado, além de formação em nível superior em áreas de competência afetas, como Direito, Economia e Contabilidade.
- Atribui ao CNJ a competência para fiscalização do cumprimento dos deveres funcionais dos ministros do TCU e de conselheiros dos TCEs. Um membro do CNJ passa a ser indicado pelo TCU, garantindo sua representação naquele órgão.
- Atribui a competência ao TCU para organizar o Sistema Nacional de Tribunais de Contas, com vistas a organizar o funcionamento do controle externo nas diversas instâncias e fixar as prioridades no combate à corrupção e promoção da transparência no país como um todo.
- Detalha a composição dos Tribunais de Contas Estaduais, eliminando a discricionariedade atual, que permite a indicação pelos governadores e assembleias legislativas. Todos os conselheiros passam a ser eleitos pelas classes de auditores de controle externo, membros do Ministério Público de Contas, auditores substitutos de conselheiros e conselhos profissionais.
- Reconhece-se formalmente o pertencimento do Ministério Público de Contas ao Ministério Público, atribuindo-lhe as respectivas garantias e deveres, incluindo a sujeição à competência correcional do CNMP.

Problemas que pretende solucionar
- Escândalos que afetam a credibilidade dos tribunais de contas são frequentes, e, recentemente, o envolvimento de 6 dos 7 conselheiros do TCE-RJ com um esquema de corrupção chocou o país[67].

---

[67] UOL. **PF prende 5 dos 7 conselheiros do TCE-RJ e leva presidente da ALERJ para depor.** Rio de Janeiro, 29 mar. 2017. Disponível em: <https://noticias.uol.com.br/politica/ultimas-noticias/2017/03/29/pf-prende-5-dos-7-conselheiros-do-tce-rj-e-leva-presidente-da-alerj-para-depor.htm>. Acesso em: 8 mar. 2018.

- É alto o número de conselheiros de tribunais de contas que já haviam ocupado anteriormente cargos eletivos ou de destaque na administração (80%), sugerindo proximidade com os grupos políticos locais, sem considerar aqueles com vínculos familiares aos políticos locais (31%). Não surpreende, portanto, que 23% dos conselheiros sejam alvos de processos na Justiça ou já tenham sofrido punição[68].

PROPOSTA DE EMENDA À CONSTITUIÇÃO

Altera a forma de composição dos Tribunais de Contas; submete os membros do Ministério Público de Contas ao Conselho Nacional do Ministério Público – CNMP – e os Conselheiros e Ministros dos Tribunais de Contas ao Conselho Nacional de Justiça – CNJ e dá outras providências.

As Mesas da Câmara dos Deputados e do Senado Federal, nos termos do §3º do art. 60 da Constituição Federal, promulgam a seguinte emenda ao texto constitucional:

Art. 1º. O Art. 73 da Constituição Federal passa a vigorar com nova redação aos incisos II e IV do §1º e acrescido dos §§5º, 6º e 7º, nos seguintes termos:

"Art. 73 [...]

§1º [...]

II – idoneidade moral e reputação ilibada, sendo vedada a escolha de quem tenha sido condenado, em decisão transitada em julgado ou proferida por órgão judicial colegiado, pelos crimes e atos que tornem o cidadão inelegível para cargos públicos, conforme definido na lei complementar a que se refere o §9º do art. 14 desta Constituição Federal;

[...]

IV – mais de dez anos de exercício de função ou de efetiva atividade profissional que exija formação em nível superior em área de conhecimento mencionada no inciso anterior.

[...]

§5º. As normas gerais pertinentes a organização, fiscalização, competências, funcionamento e processo dos Tribunais de Contas devem observar o disposto nesta seção e o fixado em lei complementar de iniciativa do Tribunal de Contas da União.

§6º. Ao Tribunal de Contas da União caberá o planejamento, o estabelecimento de políticas e a organização de Sistema Nacional dos Tribunais de Contas, estabelecendo como prioridades o combate à corrupção, a transparência, o estímulo à qualidade do gasto público, ao controle social e à atualização constante de instrumentos e mecanismos de controle externo da administração pública visando à sua eficácia, eficiência, efetividade e economicidade.

§7º. Sem prejuízo da competência disciplinar e correicional dos Tribunais de Contas, a fiscalização dos deveres funcionais dos Ministros, Auditores substitutos de Minis-

---

68 TRANSPARÊNCIA BRASIL. **Quem são os conselheiros dos Tribunais de Contas?** Disponível em: <https://www.transparencia.org.br/downloads/publicacoes/TBrasil%20-%20Tribunais%20de%20Contas%202016.pdf>. Acesso em: 8 mar. 2018.

tro, Conselheiros e Auditores substitutos de Conselheiro fica a cargo do Conselho Nacional de Justiça, cabendo-lhe, nesse mister, as competências fixadas no art. 103-B, §4º, incisos III, IV e V, desta Constituição."

Art. 2º. O Art. 103-B da Constituição Federal passa a vigorar com a seguinte redação, acrescido do inciso XIV:

"**Art. 103-B.** O Conselho Nacional de Justiça compõe-se de dezesseis membros com mais de 35 (trinta e cinco) e menos de 66 (sessenta e seis) anos de idade, com mandato de dois anos, admitida uma recondução, sendo:

[...]

XIV – um Ministro ou Conselheiro de Tribunal de Contas, indicado pelo Tribunal de Contas da União, na forma da lei."

Art. 3º. O Art. 75 da Constituição Federal passa a vigorar com a seguinte redação:

"**Art. 75.** Os Tribunais de Contas dos Estados, do Distrito Federal, dos Municípios e de Município, onde houver, serão integrados por 7 (sete) Conselheiros, que satisfaçam aos requisitos prescritos no art. 73, §1º desta Constituição, sendo nomeados pelo respectivo Chefe do Poder Executivo, respeitada a seguinte ordem:

- 1 (um) eleito pela classe dentre os Auditores de Controle Externo do Tribunal que tenham sido nomeados em decorrência de concurso público há pelo menos 10 anos;
- 1 (um) eleito pela classe entre os membros vitalícios do Ministério Público de Contas;
- 1 (um) eleito, alternadamente, pelos conselhos profissionais das ciências previstas no art. 73, §1º, III, para mandato de quatro anos;
- 4 (quatro) eleitos pela classe entre os Auditores Substitutos de Conselheiro vitalícios.

Parágrafo único. As Constituições estaduais disporão sobre os respectivos Tribunais de Contas, observado o disposto no art. 71 desta Constituição Federal."

Art. 4º. O Art. 130 da Constituição Federal passa a vigorar acrescido dos seguintes parágrafos:

"§1º. Ao Ministério Público de Contas, no exercício de suas atribuições, relacionadas à jurisdição de contas, aplicam-se as disposições desta seção.

§2º O Ministério Público de Contas, instituição essencial à jurisdição de contas, elaborará sua proposta orçamentária nos limites fixados na lei de diretrizes orçamentárias;

§3º. Sem prejuízo da competência disciplinar e correicional do Ministério Público de Contas, os Procuradores de Contas ficam sujeitos ao controle externo do Conselho Nacional do Ministério Público, cabendo-lhe, neste mister, as competências fixadas no art. 130-A, §2º, desta Constituição."

Art. 5º. O Art. 130-A da Constituição Federal passa a vigorar com a seguinte redação, acrescido do inciso VII:

"**Art. 130-A.** O Conselho Nacional do Ministério Público compõe-se de quinze membros nomeados pelo Presidente da República, depois de aprovada a escolha pela maioria absoluta do Senado Federal, para um mandato de dois anos, admitida uma recondução, sendo:

[...]

VII – um membro do Ministério Público de Contas indicado pelos respectivos Ministérios Públicos, na forma da lei."

Art. 6º. A lei complementar referida no §5º do Art. 73 da Constituição Federal, entre outras finalidades, fixará:

- Normas gerais relativas ao processo de contas públicas, com as seguintes garantias:
- devido processo legal;
- contraditório e ampla defesa;
- procedimento extraordinário de uniformização da jurisdição de contas, de iniciativa de qualquer Conselheiro ou membro do Ministério Público de Contas de qualquer Tribunal de Contas, a ser processado autonomamente e em abstrato pelo Tribunal de Contas da União, em casos de repercussão geral, diante de decisão exarada por Tribunal de Contas que, aparentemente, contrarie dispositivo da Constituição Federal ou de lei nacional; e
- imposição uniforme de sanções administrativas.
- Os requisitos para o exercício do cargo de auditor de controle externo, bem como suas garantias e vedações;
- A instituição e manutenção de Portal Nacional de Transparência dos Tribunais de Contas, gerido pelo Tribunal de Contas da União com apoio dos demais Tribunais de Contas;
- Normas gerais sobre as atribuições do cargo e o concurso público de provas e títulos para auditor substituto de ministro, auditor substituto de conselheiro e auditor de controle externo;
- A separação entre as atividades deliberativa e de fiscalização e instrução, coordenadas por um Diretor-Geral eleito entre os auditores de controle externo;
- procedimentos para cada uma das competências constitucionais e legais dos Tribunais de Contas, recursos, trânsito em julgado e efeitos da decisão condenatória.

Art. 7º. O Ato das Disposições Constitucionais Transitórias passa a vigorar acrescido dos seguintes artigos:

"**Art. 98.** As vagas que surgirem nos Tribunais de Contas dos Estados, do Distrito Federal, dos Municípios e de Município, onde houver, serão preenchidas com a observância da ordem fixada no art. 75 da Constituição Federal.

Parágrafo único. Para os fins previstos no *caput*, consideram-se preenchidas as vagas que estejam ocupadas por Auditor Substituto de Conselheiro ou membro do Ministério Público de Contas, nomeados, de acordo com a ordem constitucional então vigente, para as vagas destinadas às respectivas categorias".

"**Art. 99.** A previsão orçamentária para o Ministério Público de Contas será fixada no primeiro exercício subsequente à da promulgação desta emenda e, não o sendo, corresponderá à média das despesas efetivamente realizadas pelo órgão nos últimos 5 (cinco) anos".

Art. 8º. Esta emenda entra em vigor na data de sua publicação.

Brasília, X de XXXX de 201X.

JUSTIFICATIVA

A presente proposta, com pequenas alterações, reproduz o texto da PEC n. 329/2013, em trâmite na Câmara dos Deputados, aproveitando-se trabalho em curso no Poder Legislativo. O relator da proposta, ao votar por sua admissibilidade, registrou o seguinte:

Esta semana, a sociedade foi surpreendida com uma notícia inacreditável: cinco dos sete conselheiros do TCE do Rio de Janeiro foram presos, acusados de cobrar propina para ignorar irregularidades em obras e no sistema de transporte. As prisões aconteceram em decorrência da delação premiada de outro conselheiro. Ou seja, dos sete conselheiros do Tribunal, seis são acusados de participar do esquema de corrupção!

De acordo com levantamento realizado pela organização Transparência Brasil, de cada dez conselheiros, dois são alvos de processos na Justiça ou nos próprios Tribunais de Contas e 1,5 é parente de algum político local. Segundo eles:

"Principais órgãos auxiliares do Poder Legislativo na fiscalização dos recursos públicos, os Tribunais de Contas são desenhados para não funcionar. Dois terços dos integrantes são nomeados pelo Legislativo e um terço pelo Executivo; eles costumam ser indicados justamente para neutralizar o papel fiscalizatório desses órgãos – e, de quebra, para agradar a correligionários, parentes e aliados.

A forte politização dos Tribunais de Contas é facilitada pela maneira leniente como a Constituição de 1988 trata as pré-qualificações desses agentes (Arts. 71-75). As exigências se restringem a aspectos formais (ter entre 35 e 70 anos de idade e dez anos de experiência profissional correlata) e a questões de difícil verificação, como 'idoneidade moral', 'reputação ilibada' e 'notórios conhecimentos jurídicos, contábeis, econômicos e financeiros ou de administração pública'.

A indicação política é a regra na escolha de conselheiros, o que faz com que as votações nas Assembleias, nas Câmaras e no Congresso sejam jogos de cartas marcadas – em geral tratados com naturalidade pelos políticos.".

Fica claro que o modelo atual de composição desses tribunais está falido! O aumento dos requisitos para aqueles que pretendem se tornar membro dos tribunais de contas tornará a escolha mais técnica e com certeza contribuirá para mudar essa realidade.

A proposta realiza inúmeros avanços em prol de uma atuação mais técnica da Corte de Contas. As alterações feitas na PEC, bastante pontuais, foram as seguintes:

a) a ampliação da competência do CNJ no tocante aos Tribunais de Contas, que se encontrava restrita, no texto original, ao art. 103-B, §4°, inciso III. Na lógica da proposta, não há por que o CNJ não atuar, por exemplo, para representar ao Ministério Público no caso de crimes (inciso IV) e rever processos disciplinares (inciso V). Assim, expandiu-se a competência para englobar tais atividades. Ressalte-se que, dada a atividade judicante dos Ministros, Conselheiros e seus substitutos, é de toda apropriada a revisão disciplinar de eventuais infrações pelo mesmo órgão externo que examina condutas de membros do Poder Judiciário. Além disso, deve-se observar que o próprio CNJ passa a ter, por integrante, um Ministro ou Conselheiro indicado pelo TCU;

b) quanto ao Ministério Público de Contas, retirou-se a indicação de número mínimo de membros, o que depende de uma análise de demanda, entendendo-se que não é pertinente sua previsão no âmbito da Constituição;

c) expandiu-se a atribuição do CNMP sobre os membros do Ministério Público de Contas. Como o §1º proposto a título de acréscimo ao art. 130 assegura aos MPs de Contas outras prerrogativas dos Ministérios Públicos, passa a caber, em relação a ele, o exercício pleno do controle externo por parte do CNMP. Essa alteração está, inclusive, em harmonia com argumentos colocados na justificativa original da PEC. Deve-se observar, neste ponto, que o próprio CNMP passa a ter por integrante um membro do MP de Contas.

Por fim, é pertinente transcrever a justificativa que acompanhou a propositura da PEC, tomada como razão para seu endosso no âmbito desta iniciativa da FGV e da Transparência Internacional Brasil:

"Recentemente, vem ganhando corpo dentro e fora dos Tribunais de Contas uma massa crítica de agentes públicos que vivem o dia a dia dessas instituições e, invariavelmente, concluem no sentido do esgotamento do modelo atual. O fenômeno desse *esgotamento*" foi referenciado, por exemplo, pelo presidente nacional da OAB., Dr. Ophir Cavalcante, em evento destinado a marcar o Dia Mundial de Combate à Corrupção, ocorrido na capital federal em 2011.

Rigorosamente, em tese, o modelo de controle externo vigente no Brasil, se fosse verdadeiramente implementado, seria plenamente adequado às finalidades de um controle moderno e ágil. Melhor até mesmo do que a maior parte dos modelos europeus ou o modelo americano. O problema é que a regra constitucional de conformação desses tribunais não é respeitada, principalmente pelos poderes legislativos estaduais.

Aproximadamente 25% dos membros dos Tribunais de Contas estaduais não possuem a formação adequada para exercer a função. Mas o problema mais grave, porém, é o estreito vínculo mantido e cultivado entre muitos dos membros nomeados para essas Cortes e as forças políticas responsáveis pelas suas nomeações.

Um estudo elaborado pelo Instituto Ethos, intitulado *Sistema de Integridade nos Estados Brasileiros*, identifica na falta de independência dos colegiados dos Tribunais de Contas elemento de comprometimento da boa governança nos Estados brasileiros.

De acordo com recentes matérias jornalísticas publicadas em grandes veículos de comunicação do país, cerca de 15% dos Conselheiros brasileiros são investigados por crimes ou atos de improbidade[69].

O grito que veio das ruas, em junho deste ano de 2013, reverbera basicamente os efeitos da péssima governança que marca como regra a administração pública brasileira. Temas como saúde e educação são apreciados sistematicamente pelos Tribunais de

---

69 Disponível em: <http://oglobo.globo.com/pais/nos-estados-15-dos-conselheiros-de-tces-ja-sofreram- acoes-do-mp-10090042#ixzz2flyY5yLN>.

Contas, mas as ruas não têm lembrado de cobrar dos Tribunais de Contas sua parcela de responsabilidade pelas deficiências da Administração pública brasileira. O transporte, a concessão de rodovias e a segurança pública normalmente também são objeto do controle externo exercido pelo Tribunal de Contas. As diretrizes institucionais impulsionadoras do controle exercido pelos Tribunais de Contas, nesse caso, não são diferentes daquelas que os movem no controle dos temas da saúde e da educação. Noventa e nove por cento dos temas bradados pelas multidões nas ruas do país têm conexão direta com a atividade dos Tribunais de Contas. *Se há problemas, portanto, essas Cortes devem ser chamadas à responsabilidade.*

Entre as propostas trazidas por esta PEC, têm-se:

Uniformização de jurisprudência pelo TCU: A proposta preconiza nova obrigação ao TCU, a ser operacionalizada por meio de *procedimento extraordinaríssimo*, que poderá ser manejado pelo Ministério Público de Contas ou por ministros/conselheiros, destinada apenas aos casos de repercussão geral, para fins de *uniformização de jurisprudência* relacionada à aplicação de lei federal ou da Constituição Federal. Com esse instrumento, pretende-se acabar com as interpretações localizadas que têm diminuído muito a eficácia, por exemplo, da LRF e da LDB, estimulado interpretações muito distintas pelos diversos Tribunais de Contas, criando insegurança para outros órgãos como o próprio Ministério Público estadual e fomentado interpretações que facilitem o descumprimento de limites de pessoal (estas interpretações em alguns casos têm comprometido a própria autonomia funcional do MP nas atuações que representem embates com o TC) e com o Poder Executivo, permitindo o descumprimento de índices constitucionais (saúde e educação).

Vagas do executivo, do legislativo e concurso público para conselheiro: A manutenção de tais vagas vinculadas não representaria a inovação reclamada pela sociedade em relação aos Tribunais de Contas, *que tem se manifestado no sentido de que é necessário afastar dessas Cortes a influência político-partidária*. A ideia mais difundida entre os que preconizam modificações nos Tribunais de Contas é a da adoção do concurso público direto para o cargo de conselheiro. Tal ideia, contudo, enfrenta sempre o argumento dos que lhe são contrários, de que é inviável preencher vagas de tribunal por meio de concurso público. Assim o dizem referindo-se aos TJs, TRFs, STJ, STF etc. A proposta preconiza então o modelo do Poder Judiciário, em que o ingresso na carreira se dá por concurso para o cargo de juiz substituto e, por promoção na carreira, chega-se ao tribunal. No caso, o ingresso na carreira da magistratura de contas ocorreria no cargo de Auditor Substituto de Conselheiro (nomenclatura existente na Constituição), que poderia passar a ser chamado, por exemplo, de "Conselheiro Substituto". O modelo permite que se continue sustentando o discurso do concurso para os TCs perante os movimentos sociais, já que preconiza o mesmo mecanismo adotado atualmente para o judiciário.

Mandato de conselheiro: Nesta proposta, previu-se a ideia de mandato apenas para representantes dos conselhos profissionais, que farão as vezes de representantes da sociedade. Serão em quatro – Direito, Administração, Contabilidade, Economia –, o que torna factível a possibilidade de representantes desses Conselhos integrarem o Tribunal de Contas, *em vaga rotativa* a ser preenchida a cada quatro anos.

Submissão dos conselheiros/ministros ao CNJ e dos procuradores do Ministério Público de Contas ao CNMP: Quanto ao Ministério Público de Contas, transcrevemos, a seguir, parte da manifestação da Excelsa Corte na ADI 789/DF, pontificada pela pena do Ministro Néri da Silveira:

> [...] No âmbito do Poder Legislativo e, particularmente, no que respeita à fiscalização contábil, financeira e orçamentária, atividade inserida no capítulo do Poder Legislativo e desempenhada pelo Tribunal de Contas, como órgão auxiliar do Congresso Nacional, para controle externo das contas de todos os Poderes, não pode causar, portanto, estranheza alguma que exista, do mesmo modo, função de Ministério Público, com atribuições perfeitamente delimitadas, previstas na Constituição, e que se realizam, funcionalmente, com autonomia. *Com efeito, o órgão do MP, junto ao Tribunal de Contas, não está hierarquicamente subordinado ao Presidente dessa Corte, pois há de ter faixa de autonomia funcional, consoante é da natureza do ofício ministerial em referência, e, destarte, decorre da sua própria essência, como função de Ministério Público.* Se é certo que a Constituição, de explícito, não lhe garante, por exemplo, a competência para iniciar leis de seu interesse, tal como faz no art. 127, §§2º e 3º, o último quanto à "proposta orçamentária" do Ministério Público, e no § 2º, relativamente "à criação e extinção de cargos e serviços auxiliares", *não cabe deixar de reconhecer que a independência funcional é ínsita à atividade do Ministério Público, e não se há de desfigurar, também, quando exercida junto ao Tribunal de Contas.*
>
> De outra parte, a Constituição, ao dispor sobre o Ministério Público, não previu, no que se refere à "unidade", que, nesta, se compreendessem todas as funções a ele atribuíveis, mas apenas aquelas funções que se desenvolvem junto ao Poder Judiciário, porque é deste plano, especificamente, que cuidam os parágrafos do art. 127, na sua generalidade. Quando a Constituição preceitua, no art. 127, que "o Ministério Público é instituição permanente, essencial à 'função jurisdicional' do Estado", está dispondo, tão só, sobre o Ministério Público junto ao Poder Judiciário, o que não lhe esgota o campo de atuação. *Consoante se aludiu, inicialmente, as três carreiras, que se enquadram no Capítulo IV do Título IV, da Lei Magna, como funções essenciais à Justiça, não se podem entender como voltadas exclusivamente ao domínio do Poder Judiciário, mas dizem, também, com interesses da Justiça em planos situados, de igual modo, nos dois outros Poderes.*
>
> Ora, se assim é, o Ministério público junto ao Tribunal de Contas não é Ministério Público que se possa situar no mesmo quadro do Ministério Público ordinário, pela especificidade de suas atribuições. É Ministério Público especial, não compreendido, assim, no Ministério Público ordinário. Releva, aqui, conotar que as contas dos Ministérios

Públicos, federal e estaduais, são examinadas, como as dos demais órgãos, pelo Ministério Público junto ao Tribunal de Contas competente. *Bastante, todavia, seria para confirmar essa conclusão o disposto no art. 130, da Constituição, que outra justificativa não teria senão a de afirmar a especialidade e autonomia desse Ministério Público em relação ao Ministério Público ordinário, em determinando que se aplicam aos membros do Ministério Público, junto aos Tribunais de Contas, as disposições dessa Seção do Ministério Público ordinário pertinentes a direitos, vedações e forma de investidura Desse modo, dá-se, aí, uma especificação das prerrogativas e garantias do Ministério Público ordinário que a Constituição, explicitamente, quis conferir ao Ministério Público junto ao Tribunal de Contas, cujo exercício de MP se desenvolve no âmbito demarcado à competência dessas Cortes não integrantes do Poder Judiciário.* (grifos não constantes do original).

É o que bem colocou também o eminente Ministro Octávio Gallotti, ao relatar a ADI nº 160-4/TO: *detêm os membros do Ministério Público especializado "a plena independência de atuação perante os poderes do Estado, a começar pela Corte junto à qual oficiam (Constituição, artigos 130 e 75)."*

Não se pode esquecer, ainda, que o Ministério Público de Contas está disposto no Capítulo IV (das funções essenciais à justiça), Seção I (do Ministério Público), juntamente com o Ministério Público da União, dos Estados e com o Conselho Nacional do Ministério Público. *O constituinte pátrio, ao tratar do Ministério Público de Contas, reconhecendo-o como instituição atuante junto aos Tribunais de Contas, e não como órgão integrante dos Tribunais de Contas, regulamentou-o na seção do Ministério Público e fora da que trata da Fiscalização Contábil, Financeira e Orçamentária (em que está presente a regulação dos Tribunais de Contas).* São pertinentes, neste particular, as observações do eminente Ministro Carlos Ayres Britto, em palestra proferida no VII Congresso Nacional do Ministério Público de Contas, em Brasília – DF, em 2004, cujo tema foi "o regime jurídico do Ministério Público de Contas":

> A linguagem mudou, já não se disse que o Ministério Público figurava ao lado das auditorias financeiras e orçamentárias e demais órgãos auxiliares, do Tribunal de Contas da União. A dicção constitucional não foi essa, foi a seguinte, sendo dois alternadamente dentre Auditores e membros do Ministério Público junto ao Tribunal. Essa locução adverbial, junto, foi repetida no artigo 130, debaixo da seguinte legenda: aos membros do Ministério Público, já no capítulo próprio do Poder Judiciário e na seção voltada para o Ministério Público. Aos membros do Ministério Público junto aos Tribunais de Contas, a locução adverbial, junto à, foi repetida, aplicam-se às disposições dessa seção pertinentes a direitos, vedações e formas de investidura. Curioso, na Constituição anterior não se falava de membros, se falava da instituição em si, Ministério Público, agora com imediatidade não se fala da instituição Ministério Público, e sim de membros do Ministério Público. *Isso me*

parece ter relevo, ter importância interpretativa, de monta. Quando a Constituição disse junto à, quis resolver um impasse surgido com a legenda da Constituição anterior, porque se está junto é porque não está dentro, está ao lado, numa linguagem bem coloquial, ali no oitão da casa, mas não no interior dela, junto à, por duas vezes. E ao falar de membros, me parece que deixou claro, também, que quem é membro de uma instituição não pode ser membro da outra, só pode ser membro da própria instituição a que se vincula, gramaticalmente. A nova linguagem, membros do Ministério Público, dissipando a dúvida, membro do Ministério Público é membro do Tribunal de Contas? Eu respondo que não, até porque os membros do Tribunal de Contas da União são assim literalmente grafados no artigo 102, inciso I, letra c, da Constituição Federal, a propósito da competência judicante do Supremo Tribunal Federal, da competência originária. Então, membros do Tribunal de Contas constitui uma realidade normativa, membros do Ministério Público de Contas, outra realidade normativa. Junto à ou junto ao, não pode ser dentro de. Se o Ministério Público de Contas está fora do Ministério Público tradicional, também está fora do próprio Tribunal de Contas, em que esse Ministério Público atua ou oficia.

Essa mudança de linguagem me pareceu sintomática a nos desafiar para uma nova tese, reformular uma tese. Existe mesmo um Ministério Público de Contas, ou Especial, atuando não junto aos órgãos jurisdicionais, mas junto às Cortes ou Casas de Contas. Assim como o Ministério Público usual desempenha uma função essencial à jurisdição, o Ministério Público de Contas desempenha uma função essencial ao controle externo. (grifou-se)

A Constituição Federal, ao instituir o CNMP na seção do Ministério Público, impõe que todo o Ministério Público (da União, dos Estados e de Contas) está submetido a ele. O art. 130-A, da Carta Magna, conquanto em alguns momentos refira-se a Ministério Público da União e dos Estados, utiliza em vários outros dispositivos a expressão "Ministério Público", aludindo-se à Instituição como um todo, e não apenas aos da União e dos Estados (art. 130-A, §2º, I e V, §3º, I, da CF/88).

A Constituição Federal não traz normas antagônicas, e a interpretação deve ser depreendida de um conjunto de dispositivos, de maneira completa, harmônica e em conformidade com a Constituição. Nas palavras do Ministro Carlos Ayres Britto, *"importa para o intérprete é ler nas linhas e entrelinhas, não só desse ou daquele dispositivo em separado, como também imerso no corpo de toda a lei ou de todo o código jurídico de que faça parte o preceito interpretado"*[70]. Destarte, entender que o Ministério Público de Contas está submetido ao CNMP é reconhecer a verdadeira norma que se revela sistemicamente posta no Texto Magno.

---

70 Processo Administrativo do TSE/PB. Vida pregressa e condição de elegibilidade. Ministro Carlos Ayres Britto. Disponível em: <agencia.tse.gov.br>. Acesso em: 16 jun. 2008.

Mas a leitura sistemática do texto constitucional deve impor também ao legislador a observância de diretrizes de *racionalidade administrativa* na conformação orgânica do aparelho estatal. Um dos vetores de racionalização, sem dúvida, é imposto pelo *princípio da economicidade*.

Os Procuradores do Ministério Público de Contas, por disposição constitucional, submetem-se ao mesmo regramento disciplinar dos demais membros do Ministério Público. Seria mais proveitoso à sociedade sujeitá-los todos, portanto, à fiscalização de um mesmo órgão de controle superior, o CNMP.

Alcançar-se-ia, assim, justificáveis benefícios, observando ainda os postulados da *economicidade* para o erário e a *celeridade* no desenvolvimento das atividades de controle, utilizando-se da *expertise* de um Conselho já implantado e devidamente estruturado. O artigo 130 não existe de modo isolado na Constituição Federal, mas é parte de um todo amplo, integral e globalizante, devendo ser lido em cotejo com outros dispositivos constitucionais, a exemplo dos artigos 127, 128, I e II. Quando muito, pode-se vislumbrar o acréscimo de uma nova cadeira ao CNMP, destinada a representante do MPC.

Mas, além do princípio da economicidade, impõe-se reconhecer ainda o *princípio da excepcionalidade* a reger a instituição dos chamados *conselhões*, pois estes traduzem a ideia de instituições superiores, com funções especializadíssimas de controle, o que não recomenda, em hipótese alguma, sua banalização, sob pena de se adentrar ao incômodo circuito vicioso, lembrado na sátira do poeta romano Juvenal: "Quem fiscaliza o fiscalizador?[71]".

Magistrados de contas e Procuradores de contas podem perfeitamente ter sua atuação submetida aos Conselhos atualmente existentes, CNJ e CNMP, respectivamente, eventualmente com pequenos ajustes na composição destes.

A proximidade entre as Cortes de Contas nas quais atua o MPC e o aparelho judiciário é, ademais, muito maior do que se costuma imaginar comumente. Tal fato é demonstrado por Carlos Ayres Britto, em magistral artigo publicado na Revista Diálogo Jurídico:

> [...] começo por dizer que o Tribunal de Contas da União não é órgão do Congresso Nacional, não é órgão do Poder Legislativo. Quem assim me autoriza a falar é a Constituição Federal, com todas as letras do seu art. 44, *litteris*: "O Poder Legislativo é exercido pelo Congresso Nacional, que se compõe da Câmara dos Deputados e do Senado Federal" (negrito à parte). Logo, o Parlamento brasileiro não se compõe do Tribunal de Contas da União. Da sua estrutura orgânica ou formal deixa de fazer parte a Corte Federal de Contas e o mesmo é de se dizer para a dualidade Poder Legislativo/Tribunal de Contas, no âmbito das demais pessoas estatais de base territorial e natureza federada.
>
> Não que a função de julgamento de contas seja desconhecida das Casas Legislativas[72]. Mas é que os julgamentos legislativos se dão

---

71 *Quis custodiet ipsos custodes?*

72 A Constituição de 1988 deixa claro que é da competência exclusiva do Congresso Nacional "julgar anualmente as contas prestadas pelo Presidente da República e apreciar os relatórios sobre a execução dos planos de governo" (inciso X do art. 49).

por um critério subjetivo de conveniência e oportunidade, critério esse que é forma discricionária de avaliar fatos e pessoas. Ao contrário, pois, dos julgamentos a cargo dos Tribunais de Contas, que só podem obedecer a parâmetros de ordem técnico-jurídica; isto é, parâmetros de subsunção de fatos e pessoas à objetividade das normas constitucionais e legais.

A referência organizativo-operacional que a Lei Maior erige para os Tribunais de Contas não reside no Poder Legislativo, mas no Poder Judiciário. Esta é a razão pela qual o art. 73 da Carta de Outubro confere ao Tribunal de Contas da União, "no que couber", as mesmas atribuições que o art. 96 outorga aos tribunais judiciários. Devendo-se entender o fraseado "no que couber" como equivalente semântico da locução *mutatis mutandis*; ou seja, respeitadas as peculiaridades de organização e funcionamento das duas categorias de instituições públicas (a categoria do Tribunal de Contas da União e a categoria dos órgãos que a Lei Maior da República eleva à dignidade de um tribunal judiciário).

Mas não se esgota nas atribuições dos tribunais judiciários o parâmetro que a Lei das Leis estabelece para o Tribunal de Contas da União, *mutatis mutandis*. É que *os ministros do Superior Tribunal de Justiça também compareçam como referencial (em igualdade de condições, averbe-se) para "garantias, prerrogativas, impedimentos, vencimentos e vantagens" dos ministros do TCU*, tudo conforme os expressos dizeres do §3º do art. Constitucional de nº 73"[73]. (Grifou-se de forma distinta no original)

A tese da submissão dos membros dos Tribunais de Contas ao CNJ foi suscitada pela primeira vez, possivelmente, por uma representante do próprio CNJ em evento ocorrido no Tribunal de Contas do Estado do Paraná[74]:

> A Senhora Morgana Richa: [...] Passo então à finalização mencionando um pouco em relação ao eventual controle de Tribunais de Contas. Tenho um pouco de dúvida e vou jogar uma pitada de sal apenas aqui nessa troca de ideias, em relação à criação de muitos órgãos no Brasil. Penso que precisamos de órgãos que deem efetividade, que deem qualificação ao funcionamento. Criar por criar, é algo que talvez entre em mais um, como dizia o Ministro Gilmar, "não adianta mais do mesmo, precisamos de diferenciais". E o CNJ teve de fato esse papel transformador, essa modificação e me parece que dentro do próprio sistema, tenho dúvidas se não comportaria esse controle de ser exercido pelo próprio Conselho Nacional

---

[73] BRITTO, C. A. O Regime Constitucional dos Tribunais de Contas. **Revista Diálogo Jurídico**, Salvador, CAJ – Centro de Atualização Jurídica, v. I, n. 9 dez. 2001. Disponível em: <www.direitopublico.com.br>. Acesso em: 20 jun. 2012.

[74] Conforme notas taquigráficas colhidas no 1º Encontro Sul-Sudeste dos Tribunais de Contas, ocorrido no município de Curitiba em 29/09/2011. A palestrante é Juíza do Trabalho e ex-conselheira do Conselho Nacional de Justiça.

de Justiça. Então fui dar uma olhada na questão dos Tribunais de Contas, e aquilo que já tinha uma ideia um pouco delineada me pareceu muito claro. Os Tribunais de Contas, falávamos há pouco, tem uma natureza híbrida, alguns dizem que está no legislativo, outros dizem que não, tem até um texto do Ministro Ayres Britto que é muito interessante sobre essa matéria, que me pareceu muito coerente. Mas o fato é que os Tribunais de Contas, os Conselheiros estão submetidos à Loman, são tribunais administrativos, não exercem função jurisdicional, tampouco o CNJ exerce, o CNJ é um Tribunal exclusivamente administrativo, e é um Tribunal de governo do sistema. Por que não essa absorção ser feita dentro do próprio sistema de justiça? Por que não pensar nos tribunais de contas dentro do sistema de justiça? Parece-me que eles estão muito mais assemelhados ao sistema de justiça do que ao próprio legislativo. Se fosse para um enquadramento que tivesse mais encaixe, mais um contorno, talvez com menos arestas, vamos assim dizer, no sistema de justiça a similitude, a meu ver, seria indubitavelmente maior. Por sua vez, é claro que dependeria de uma reflexão mais aprofundada, de uma PEC, de uma modificação constitucional e de um contorno adequado. Mas eu não vejo impossibilidade nem tampouco em trazer tribunais de contas para o sistema de justiça, ou levar o Conselho Nacional de Justiça para um controle de tribunais que prestem uma jurisdição, seja ela em nível judicial ou administrativo, como disse é o próprio caso do CNJ. É um órgão que pertence ao Poder Judiciário, julga, julga matérias administrativas, a seara não tem nenhuma atuação jurisdicional, e que tem esse perfil já, essa dinâmica, essa experiência bastante acentuada e acredito que teria uma contribuição muito grande para prestar.

Eventuais ilações sobre a inviabilidade dos procuradores que atuam junto aos Tribunais de Contas se submeterem ao controle do CNMP, porque não teriam uma função jurisdicional, mas administrativa, não se sustentam minimamente.

Os Conselhos de Controle Superior são instituições predominantemente administrativas, vocacionadas ao controle das funções administrativas do Poder Judiciário e do Ministério Público (funções atípicas), e não ao controle da jurisdição propriamente dita (função típica). Evidentemente, por essa atuação de Controle Superior se almeja, sob a batuta do *princípio da eficiência*, aprimorar o exercício das funções típicas. Nada, porém, justifica que as mesmas funções atípicas das Cortes de Contas (função administrativa) não possam ser submetidas ao mesmo órgão de controle, que, afinal, não intervirá na prestação da jurisdição especial de contas.

Uma decisão recente do próprio CNMP sepultou definitivamente qualquer dúvida sobre a submissão dos procuradores do MPC àquele Conselho[75]:

---

[75] DOU, nº 156. 14 de agosto de 2013.

CONSULTA Nº 0.00.000.000843/2013-39 RELATORA: TAÍS SCHILLING FERRAZ

REQUERENTE: ASSOCIAÇÃO NACIONAL DO MINISTÉRIO PÚBLICO DE CONTAS – AMPCON

EMENTA. MINISTÉRIO PÚBLICO JUNTO AOS TRIBUNAIS DE CONTAS. CONSULTA. CONTROLE EXTERNO PELO CONSELHO NACIONAL DO MINISTÉRIO PÚBLICO. NATUREZA JURÍDICA. FUNÇÕES INSTITUCIONAIS. GARANTIAS E VEDAÇÕES DOS MEMBROS. AUTONOMIA FUNCIONAL JÁ RECONHECIDA. AUTONOMIA ADMINISTRATIVA E FINANCEIRA EM PROCESSO DE CONSOLIDAÇÃO. CONSULTA RESPONDIDA POSITIVAMENTE.

Considerando que as funções institucionais reservadas ao Ministério Público de Contas – MPC identificam-se plenamente às previstas no art. 127 da Constituição Federal, e que seus membros foram contemplados com as mesmas garantias e vedações relativas aos membros das demais unidades e ramos do Ministério Público (CF, art. 130), impõe-se reconhecer ao MPC a natureza jurídica de órgão do Ministério Público brasileiro.

A característica extrajudicial da atuação do MPC não o desnatura, apenas o identifica como órgão extremamente especializado. Outros ramos do MP brasileiro são especializados e todos exercem atribuição extrajudicial ao lado das funções perante o Poder Judiciário.

A já reconhecida autonomia funcional dos membros do MPC, em sucessivos precedentes do Supremo Tribunal Federal deve ser acompanhada da gradual aquisição da autonomia administrativa e financeira das unidades, de forma a ter garantido o pleno e independente exercício de sua missão constitucional.

A carência da plena autonomia administrativa e financeira não é óbice ao reconhecimento da natureza jurídica ministerial do MPC, antes é fator determinante da necessidade do exercício, por este Conselho Nacional, de uma de suas funções institucionais (CF, art. 130-A, §2º, I), zelando "pela autonomia funcional e administrativa do Ministério Público, podendo expedir atos regulamentares no âmbito de sua competência ou recomendar providências". Esta atual carência é consequência de um histórico de vinculação, a ser superado, e não pode ser trazida como a causa para negar-se ao MPC a condição de órgão do MP brasileiro. Conclusão diferente levaria ao questionamento da natureza jurídica do MP Eleitoral, que, como amplamente sabido, além de não figurar no art. 128 da Constituição Federal, não dispõe de estrutura, sequer de um quadro permanente de membros.

Situação de gradual aquisição de autonomia já vivenciada pelos demais órgãos do Ministério Público que, historicamente, dependeram, em maior ou menor medida, das estruturas dos tribunais e nunca tiveram, por essa razão, sua condição de Ministério Público questionada.

Consulta respondida positivamente para reconhecer ao Ministério Público de Contas a natureza jurídica de órgão do Ministério Público brasileiro e, em consequência, a competência do CNMP para zelar pelo cumprimento dos deveres funcionais dos respectivos membros e pela garantia da autonomia administrativa e financeira das unidades, controlando os atos já praticados de forma independente em seu âmbito, e adotando medidas tendentes a consolidar a parcela de autonomia de que ainda carecem tais órgãos.

ACÓRDÃO

Vistos, relatados e discutidos os autos, acordam os Conselheiros do Plenário do Conselho Nacional do Ministério Público, por unanimidade, em conhecer e dar provimento à consulta, nos termos do voto da relatora.

TAÍS SCHILLING FERRAZ – Relatora

A previsão em norma constitucional confirmará aquilo que por interpretação o CNMP já reconheceu.

Em relação à submissão dos Ministros e Conselheiros ao CNJ, trata-se de previsão com guarida inclusive no princípio da economicidade. Não faz sentido algum criar um novo órgão público, com toda a sorte de implicações financeiras que isso significa, para fiscalizar menos de 300 magistrados de contas. Ressaltamos, oportunamente, que o CNJ, por sua vez, fiscaliza 15 mil juízes.

29 TRANSPARÊNCIA NA SELEÇÃO DE MINISTROS DO STF

A Suprema Corte brasileira ganhou importância e destaque especial na estrutura do Estado brasileiro ao longo das últimas décadas. Dessa forma, a seleção dos ministros que a integram pelo Presidente da República tornou-se objeto de debates na sociedade. As propostas feitas visam fortalecer o caráter democrático desse processo de escolha, incrementando a transparência e participação da sociedade. Além disso, pretende-se introduzir um período de quarentena para a nomeação de pessoas que ocuparam determinados cargos, a fim de garantir maior isenção no desempenho de funções públicas que estão entre as mais relevantes do país.

Principais pontos da proposta

- Propõe que a escolha dos Ministros do Supremo Tribunal Federal será feita pelo Presidente da República, o qual terá o prazo de 15 dias após a vacância do cargo para tornar pública uma lista contendo o nome de até 5 possíveis ocupantes do cargo, acompanhada dos seus currículos.
- Determina que, 30 dias após a divulgação dos nomes dos cinco possíveis ocupantes, o Presidente da República deverá realizar sua escolha, entre aqueles nomes, e comunicá-la ao Presidente do Senado Federal.
- Veda a indicação de quem tenha, nos quatro anos anteriores, ocupado mandato eletivo federal ou cargo de Procurador-Geral da República, Advogado-Geral da União ou Ministro de Estado.
- Torna os Ministros do Supremo Tribunal Federal inelegíveis para qualquer cargo eletivo, até quatro anos após deixarem o tribunal, prazo em que também ficam impedidos de ocupar cargo na administração pública e de exercer a advocacia.

Problemas que pretende solucionar

- O período entre a indicação e a aprovação pelo Senado de um Ministro do Supremo, em um episódio recente, foi de 15 dias, intervalo excessivamente curto para que a sociedade analisasse seu histórico e houvesse um debate de qualidade sobre a escolha. O projeto amplia a transparência, o escrutínio e a participação social no processo de escolha de Ministros do STF, possibilitando que a sociedade e a imprensa façam uma análise detalhada da pessoa escolhida e de seu histórico acadêmico e profissional.
- Além disso, a nomeação para o STF de indicados que ocuparam, pouco tempo antes, altos cargos políticos aumenta as chances de influência política no exercício da função pública, quer do cargo anterior, quer do cargo de Ministro do Supremo.
- Além disso, a quarentena após o exercício da função de ministro do Supremo é, na mesma linha, uma garantia de maior isenção no exercício da função judicante. A participação na vida pública de autoridades que tiveram sua atuação profissional

reconhecida pode ser positiva para a democracia. Contudo, dadas as particularidades da função judicante e a visibilidade da Corte Suprema, que está no ápice de um Poder, a quarentena de 4 anos mitiga a preocupação de que decisões pudessem ser influenciadas pela busca de apoio popular, protegendo-se a credibilidade do Judiciário.

PROPOSTA DE EMENDA À CONSTITUIÇÃO

As Mesas da Câmara dos Deputados e do Senado Federal, nos termos do §4º do art. 60 da Constituição Federal, promulgam a seguinte emenda ao texto constitucional:

Art. 1º. O art. 101 da Constituição passa a vigorar com a seguinte redação:

Art. 101. O Supremo Tribunal Federal compõe-se de onze Ministros, escolhidos entre cidadãos com mais de 35 (trinta e cinco) e menos de 65 (sessenta e cinco) anos de idade, de notável saber jurídico e reputação ilibada.

§1º. A escolha dos Ministros do Supremo Tribunal Federal será feita pelo Presidente da República, que terá o prazo de 15 (quinze) dias após a vacância do cargo para tornar pública uma lista contendo o nome de até 5 (cinco) possíveis ocupantes do cargo, acompanhada dos seus currículos.

§2º. Em até 30 dias após a divulgação dos nomes de que trata o §1º, o Presidente da República deverá realizar sua escolha, entre aqueles nomes, e comunicá-la ao Presidente do Senado Federal.

§3º. Os Ministros do Supremo Tribunal Federal serão nomeados pelo Presidente da República, depois de aprovada a escolha pela maioria absoluta do Senado Federal.

§4º. É vedada a indicação de quem tenha, nos quatro anos anteriores, ocupado mandato eletivo federal ou cargo de Procurador-Geral da República, Advogado-Geral da União ou Ministro de Estado.

§5º. Os Ministros do Supremo Tribunal Federal são inelegíveis para qualquer cargo eletivo, até quatro anos após deixarem o tribunal, prazo em que também ficam impedidos de ocupar cargo na administração pública e de exercer a advocacia.

Art. 2º. Esta emenda entra em vigor na data de sua publicação.

Brasília, X de XXXX de 201X.

JUSTIFICATIVA

Esta proposta tem por objetivo ampliar o escrutínio e a participação social no processo de escolha de Ministros do Supremo Tribunal Federal, bem como criar um ambiente mais favorável à imparcialidade por meio de restrições à atividade prévia e posterior ao exercício do cargo naquela Corte.

A relevância do papel daquele Tribunal ficou mais clara do que nunca nos últimos anos, com o julgamento de casos como o "Mensalão" e aqueles relacionados à Operação Lava Jato. Surgiu, a partir disso, e com olhos postos no combate à corrupção, uma demanda social pelo aperfeiçoamento do processo de escolha dos integrantes da Corte.

Há muitas propostas hoje em discussão que foram examinadas na elaboração desta, inclusive em tramitação perante o Congresso – merecendo destaque a PEC n. 44, de 2012, e os debates em torno dela e da Emenda Substitutiva n. 2.

Parte das propostas prevê a indicação para cadeiras do Supremo por parte de diferentes carreiras, que fariam listas indicando nomes para a escolha pelo Presidente da República. Outras preveem alternativas, como a criação de um colegiado composto de Presidentes dos Tribunais e ocupantes de outros cargos proeminentes, que faria a indicação de uma lista de nomes que restringiria a seleção do Ministro por parte do presidente.

Contudo, há dúvidas sobre se haveria eventual acréscimo de legitimidade a partir de tais procedimentos, que estão longe de maior consenso e não se amoldam, em geral, às práticas internacionais. Por isso, a presente proposta, propositalmente, circunscreveu-se àquilo que se reputou mais importante: promover maior transparência e participação da sociedade no processo de escolha dos Ministros e estabelecer restrições prévias e posteriores ao exercício do cargo que favoreçam a imparcialidade do julgador.

Convém observar que a Constituição Federal de 1988 prevê bom critério ao exigir que a escolha dos Ministros do Supremo Tribunal Federal seja feita entre cidadãos de notável saber jurídico e reputação ilibada. O problema é que, por serem tais conceitos (notável saber jurídico e reputação ilibada) indeterminados, é possível que ocorra desvio de finalidade de difícil controle na escolha dos Ministros. Por isso, é apropriada a criação de mecanismos que contribuam para o escrutínio público sobre a observância dos requisitos.

Note-se que as indicações realizadas pelos Presidentes da República provavelmente consideram a orientação política do indicado, o que, por si só, não acarreta prejuízo à imparcialidade do Ministro, já que, uma vez nomeado, não haverá qualquer relação de subordinação entre ele e aqueles que participaram da sua nomeação.

A pluralidade de ideias e de correntes políticas no Supremo Tribunal Federal será garantida pela alternância do Chefe do Poder Executivo, principal responsável pelas indicações.

É o adequado funcionamento do Estado Democrático, com a renovação constante dos representantes do povo no exercício do Poder Executivo Federal, que assegurará uma composição heterogênea do STF, capaz de proteger a Constituição e refletir os valores da sociedade.

Contudo, como dito acima, é necessário garantir que a escolha respeite os critérios já previstos na Constituição Federal, e, para tanto, está sendo proposta maior transparência no processo de seleção dos futuros Ministros.

Consta na proposta ora apresentada a obrigatoriedade de o Presidente da República divulgar uma lista com até 5 (cinco) nomes cogitados para ocupar o cargo, bem como o currículo de tais cidadãos.

Desse modo, espera-se que a sociedade debata sobre os nomes cogitados para ocuparem o cargo, bem como sobre sua qualificação profissional, podendo ativamente manifestar seu apoio ou repúdio.

Outro aspecto da proposta é a proibição da indicação de quem, nos quatro anos anteriores, tenha ocupado mandato eletivo federal ou cargo de Procurador Geral da República, Advogado-Geral da União ou Ministro de Estado. Tal vedação é necessária para proporcionar maior imparcialidade dos futuros membros da Suprema Corte, mitigando a possibilidade de maior influência política em suas decisões.

Ainda, propõe-se a exigência de "quarentena" para os futuros Ministros, proibindo que exerçam cargo eletivo, cargo na administração pública ou a advocacia durante os 4 anos que se seguirem ao término do mandato.

Mais uma vez, busca-se, com tal proibição, propiciar um ambiente mais favorável à imparcialidade dos Ministros, dificultando que futuros cargos ou contratos de representação possam influenciar sua atuação.

30 ALTERA A COMPOSIÇÃO DA JUSTIÇA ELEITORAL

Hoje, nada impede um juiz-advogado de tribunais eleitorais de julgar causas envolvendo candidatos, partidos e coligações que representou em eleições recentes. Esta medida pretende impedir que esses juízes-advogados julguem casos de ex-clientes no prazo de 10 anos. Além disso, as cortes eleitorais são compostas em sua maioria por magistrados oriundos da Justiça Estadual, em detrimento daqueles que integram a Justiça Federal. O equilíbrio entre esses ramos na composição dos tribunais eleitorais beneficia a imparcialidade do julgamento.

Principais pontos da proposta

- Altera a composição e o processo de escolha dos juízes dos TREs, prevendo que esses tribunais serão compostos igualmente por magistrados oriundos da Justiça Estadual e da Justiça Federal.

- Inclui a Ordem dos Advogados do Brasil no processo de escolha dos juízes dos TREs e do TSE com a criação de listas sêxtuplas a partir das quais serão escolhidas as listas tríplices.

- Determina como causa de impedimento a representação de candidatos, partidos e coligações por juízes-advogados do Tribunal Superior Eleitoral e dos Tribunais Regionais Eleitorais nos últimos 5 pleitos.

Problemas que pretende solucionar

- Falta de equilíbrio entre as magistraturas estadual e federal nos TREs. Atualmente, os TREs são compostos por 7 juízes, dos quais apenas 1 tem origem no judiciário federal. Os demais juízes têm origem estadual, sendo indicados pelos Tribunais de Justiça. Magistrados estaduais são mais próximos dos conflitos políticos locais e sujeitos ao exercício de influência das lideranças sobre as quais frequentemente se deve julgar.

- Não participação da principal entidade de representação da classe advocatícia no processo de escolha de juízes-advogados nas cortes eleitorais. A alteração tem o objetivo de aplicar na Justiça Eleitoral a regra mediante a qual a OAB deve participar da escolha dos membros da advocacia que compõem os tribunais judiciários, a exemplo do que a Constituição prevê no caso dos Tribunais Regionais Federais (TRFs) e dos Tribunais de Justiça dos Estados e do Distrito Federal e Territórios.

- Parcialidade de juízes. O envolvimento de juízes-advogados do TSE e dos TREs como advogados em períodos recentes pode indicar proximidade, afinidade, bem como tendência a tomar parte pelos candidatos, partidos políticos ou coligações objeto de investigação eleitoral.

PROPOSTA DE EMENDA À CONSTITUIÇÃO

> Altera os arts. 119 e 120 da Constituição Federal, modificando a composição do Tribunal Superior Eleitoral e dos Tribunais Regionais Eleitorais.

As Mesas da Câmara dos Deputados e do Senado Federal, nos termos do §3º do art. 60 da Constituição Federal, promulgam a seguinte Emenda ao texto constitucional:

Art. 1º. Os arts. 119 e 120 da Constituição Federal, de 5 de outubro de 1988, passa a vigorar com a seguinte alteração:

"Art. 119. [...]

II – por nomeação, do Presidente da República, de dois juízes entre advogados de notável saber jurídico e idoneidade moral, indicados em lista tríplice, para cada vaga, pelo Supremo Tribunal Federal, a partir de lista sêxtupla formulada pela Ordem dos Advogados do Brasil.

"Art. 120. [...]

§1º. [...]

I – mediante eleição, pelo voto secreto:

a) de dois juízes entre os desembargadores do Tribunal de Justiça;

b) de um juiz entre juízes de direito e federais, escolhidos pelos respectivos tribunais, alternadamente;

II – de dois juízes do Tribunal Regional Federal com sede na capital do estado ou no Distrito Federal, ou, não havendo, de juízes federais, escolhidos, em qualquer caso, pelo Tribunal Regional Federal respectivo;

III – por nomeação, pelo Presidente da República, de um juiz entre advogados de notável saber jurídico e idoneidade moral, indicados em lista tríplice, pelo respectivo Tribunal Regional Federal, a partir de lista sêxtupla formulada pela Ordem dos Advogados do Brasil.

IV – por nomeação, pelo Presidente da República, de um juiz entre advogados de notável saber jurídico e idoneidade moral, indicados em lista tríplice, pelo respectivo Tribunal de Justiça, a partir de lista sêxtupla formulada pela Ordem dos Advogados do Brasil.

§2º. O Tribunal Regional Eleitoral elegerá seu Presidente e Vice-Presidente entre os membros da magistratura estadual e federal, alternadamente.". (NR)

Art. 2º. Esta Emenda Constitucional entra em vigor na data de sua publicação.

Brasília, xx de xxxx de 2018.

ANTEPROJETO DE LEI

Altera a Lei n. 4.737, de 15 de julho de 1965, modificando as causas de impedimento de juízes e a composição do Tribunal Superior Eleitoral e dos Tribunais Regionais Eleitorais.

O **PRESIDENTE DA REPÚBLICA** faço saber que o Congresso Nacional decreta e eu sanciono a seguinte Lei:

Art. 1º. Esta Lei modifica a Lei n. 4.737, de 15 de julho de 1965.

Art. 2º. A Lei n. 4.737, de 15 de julho de 1965, passa a vigorar com a seguinte alteração:

"Art. 16. [...]

II – por nomeação, do Presidente da República, de dois juízes entre advogados de notável saber jurídico e idoneidade moral, indicados em lista tríplice, para cada vaga, pelo Supremo Tribunal Federal, a partir de lista sêxtupla formulada pela Ordem dos Advogados do Brasil. (NR)

Art. 20. [...]

Parágrafo único. Será ilegítima a suspeição quando o excipiente a provocar ou, depois de manifestada a causa, praticar ato que importe aceitação do arguido.

§1º. Será ilegítima a suspeição quando o excipiente a provocar ou, depois de manifestada a causa, praticar ato que importe aceitação do arguido.

§2º. A representação de partidos, coligações e candidatos envolvidos como réus, autores ou interessados nos últimos 5 pleitos por advogados-juízes que compuserem o Tribunal Regional Eleitoral ou o Tribunal Superior Eleitoral também poderá ser motivo de impedimento." (NR)

"**Art. 25.** Os Tribunais Regionais Eleitorais compor-se-ão:

I – mediante eleição, pelo voto secreto:
  a) de dois juízes entre os desembargadores do Tribunal de Justiça;
  b) de um juiz entre juízes de direito e federais, escolhidos pelos tribunais respectivos, alternadamente;

II – de dois juízes do Tribunal Regional Federal com sede na capital do estado ou no Distrito Federal, ou, não havendo, de juízes federais, escolhidos, em qualquer caso, pelo Tribunal Regional Federal respectivo;

III – por nomeação, pelo Presidente da República, de um juiz entre advogados de notável saber jurídico e idoneidade moral, indicados em lista tríplice, pelo respectivo Tribunal Regional Federal, a partir de lista sêxtupla formulada pela Ordem dos Advogados do Brasil.

IV – por nomeação, pelo Presidente da República, de um juiz entre advogados de notável saber jurídico e idoneidade moral, indicados em lista tríplice, pelo respectivo Tribunal de Justiça, a partir de lista sêxtupla formulada pela Ordem dos Advogados do Brasil. (NR)

"**Art. 26.** O Tribunal Regional Eleitoral elegerá seu Presidente e Vice-Presidente entre os membros da magistratura estadual e federal, alternadamente." (NR)

Parágrafo único. O papel de Corregedor Regional da Justiça Eleitoral será desempenhado pelo magistrado selecionado de acordo com o critério constante no art. 25, I, 'b'." (NR)

Art. 3º Esta Lei entra em vigor na data de sua publicação.

Brasília, xx de xxxx de 2018.

JUSTIFICATIVA

Este Projeto de Lei e esta Proposta de Emenda Constitucional visam a um objetivo comum: promover mudanças na justiça eleitoral. Enquanto a PEC apenas se propõe a alterar a composição dos Tribunais Regionais Eleitorais, delineada originalmente pela Constituição Federal, o PL dispõe sobre a composição dos TREs e as causas de impedimento de juízes nos Tribunais Regionais Eleitorais e no Tribunal Superior Eleitoral, como será detalhado abaixo. Com as alterações propostas, busca-se, por meio da mudança do *design* institucional, estabelecer maior equilíbrio entre as magistraturas estadual e federal nos TREs.

Atualmente, o art. 120, CF, determina que os TREs devem ser compostos por 7 (sete) juízes, dos quais apenas 1 (um) de origem no judiciário federal. Os demais juízes de carreira que integram os TREs têm origem estadual, sendo indicados pelos Tribunais de Justiça. Contudo, esse desenho institucional e desigual gera uma desproporcionalidade na composição dos TREs, com maior participação dos magistrados estaduais, mais próximos dos conflitos políticos locais e sujeitos ao exercício de influência das lideranças sobre as quais frequentemente têm que se julgar. Nesse sentido, a PEC e o PL em questão visam à promoção de uma composição mais paritária entre as Justiças Estadual e Federal, capaz de aumentar a isonomia e reduzir a mencionada influência política. Essa é pretensão que já havia sido manifestada por meio da PEC n. 31/2013.

Em resumo, prevê i) a redução de uma vaga para juízes de direito escolhidos pelo Tribunal de Justiça; ii) a alternância de uma das vagas entre um juiz de direito e um de origem federal, a serem escolhidos por seus tribunais respectivos; iii) o aumento de uma vaga para juízes provenientes do Tribunal Regional Federal com sede na capital do estado ou no Distrito Federal; iv) a segmentação entre as 2 vagas já destinadas a juízes-advogados, nomeados pelo Presidente da República, a partir de listas tríplices desenvolvidas pelos Tribunais de Justiça e Tribunais Regionais Federais respectivos; v) e a inclusão da Ordem dos Advogados do Brasil no processo de escolha dos juízes dos TREs e do TSE com a criação de listas sêxtuplas a partir das quais serão escolhidas as listas tríplices.

Essa última mudança já foi, inclusive, objeto da PEC n. 31/2013, que propunha que a OAB contribuísse para o processo de escolha dos juízes-advogados ao pré-selecionar os nomes a serem escolhidos pelo TRF respectivo. Já a PEC n. 79/2011 sugeria alteração semelhante ao texto constitucional, ao prever que a OAB fosse responsável por oferecer lista sêxtupla no processo de escolha de juízes-advogados para o Tribunal Superior Eleitoral. A alteração tem o objetivo de aplicar na Justiça Eleitoral a regra mediante a qual a OAB deve participar da escolha dos membros da advocacia que compõem os tribunais judiciários, a exemplo do que a Constituição prevê no caso dos Tribunais Regionais Federais (TRFs) e dos Tribunais de Justiça dos Estados e do Distrito Federal e Territórios – art. 94 da CF. A proposta, assim, inclui uma entidade da sociedade civil no processo que divide a responsabilidade e o poder de elaborar a lista de advogados indicados ao TREs, democratizando a escolha dos membros da Justiça Eleitoral.

Por fim, o PL também propõe a representação de candidatos, partidos e coligações por juízes-advogados do Tribunal Superior Eleitoral e dos Tribunais Regionais Eleitorais nos últimos 5 (cinco) pleitos como causa de impedimento. A medida tem como finalidade aumentar a legitimidade das decisões das cortes eleitorais, ao reduzir a parcialidade de seus juízes, dado que o envolvimento desses membros como advogados em períodos recentes pode indicar proximidade, afinidade, bem como tendência a tomar parte pelos candidatos, partidos políticos ou coligações objeto de investigação eleitoral.

Existem diversas propostas atualmente em trâmite no Congresso Nacional que preveem o fim da participação dos advogados nas cortes eleitorais – a PEC n. 26/2015 e PEC n. 52/2013 – sob a justificativa de um inevitável e inescapável conflito de interesse. Não subscrevemos a essa lógica, e reconhece-se a importância da diversidade na composição dos órgãos de cúpula do Judiciário. É necessário, entretanto, o estabelecimento de determinadas salvaguardas que impeçam o surgimento de conflitos que prejudiquem a prestação eficiente e imparcial da função jurisdicional.

No mais, o modelo de composição mista das cortes eleitorais, com a presença de advogados, partiu de uma visão da justiça eleitoral em que predominava a função administrativa e normativa das eleições. Contudo, a intensa judicialização dos conflitos eleitorais, bem como o aumento da competência dos tribunais eleitorais para interferir nas eleições, tornam cada vez maior a demanda por legitimidade das decisões e necessária a imparcialidade daqueles que decidem. Ainda assim, nada impede que, no sistema atual, o juiz-advogado seja relator do julgamento de uma causa eleitoral que envolva um ex-cliente seu ou de seu escritório, embora a circunstância afete flagrantemente a percepção pública de imparcialidade do magistrado, dado que advogados têm conhecimento de segredos daqueles para os quais advogam.

A relação entre advogado e cliente depende de confiança e, muitas vezes, impõe o afastamento de juízos críticos por parte daqueles. Como afirma a Procuradora Regional da República, Silvana Batini, em artigo escrito para a coluna *Supra* do portal eletrônico *Jota*: "O advogado não deveria poder se tornar juiz daquele sobre quem reuniu informações tão privilegiadas. São circunstâncias incompatíveis com uma magistratura que necessita, para sua credibilidade, da imparcialidade ostensiva como valor. Suas decisões, por mais justas que possam vir a ser em sua substância, carregarão sempre um risco quanto à sua legitimidade e até mesmo adesão pública". Assim, a representação por juízes-advogados de candidatos, partidos e coligações nos últimos 5 (cinco) pleitos deveria se tornar causa de impedimento de juízes no Tribunal Superior Eleitoral e nos Tribunais Regionais Eleitorais.

31 PROCESSO SELETIVO PARA CARGOS EM COMISSÃO

O concurso público é a regra para o ingresso de funcionários públicos. O provimento de cargos por indicação é, portanto, a exceção, destinada especificamente aos cargos em comissão. Ocorre que a multiplicação dos cargos em comissão – já são quase 100 mil apenas na União, por exemplo – impõe a necessidade de que se estabeleçam critérios mínimos para a seleção dos ocupantes desses cargos que, frequentemente, são de direção e alta responsabilidade.

Principais pontos da proposta
- Determina a realização de processo seletivo público como precedente necessário para o provimento de cargos em comissão e funções confiança.
- Exige, como condição para nomeação em cargo público em comissão, nível de escolaridade compatível com a complexidade e atribuições do cargo, tornando obrigatório o nível superior para os cargos de direção e chefia.
- Aplica-se a todos os cargos em comissão da administração pública federal, incluindo os três poderes.

Problemas que pretende solucionar
- Atualmente, a União conta com aproximadamente 100 mil cargos comissionados e funções de confiança e gratificação[76]. Isso não inclui os Poderes Legislativo e Judiciário. Fica evidente, portanto, a existência de um amplo contingente de funcionários públicos que não passaram por qualquer processo seletivo – ainda que mais simples que um concurso público – para integrar a administração pública.
- São recorrentes os casos de indicados para cargos em comissão completamente subqualificados[77]. Costumam ser instâncias de nomeações políticas que maculam a administração pública aos olhos da sociedade e que representam, na realidade, a minoria dos casos. A implementação de alguns filtros na entrada desses cargos é, portanto, medida salutar.

---

76 Correio Braziliense. **Número de comissionados e cargos de confiança aumentam no Governo Temer.** Brasília, 31 jul. 2017. Disponível em: <http://www.correiobraziliense.com.br/app/noticia/economia/2017/07/31/internas_economia,613942/numero-de-comissionados-e-cargos-de-confianca-aumentam-no-governo-teme.shtml>. Acesso em: 11 mar. 2018.

77 G1. **Jovem de 19 anos administra contratos de R$ 473 milhões no Ministério do Trabalho.** Brasília, 9 mar. 2018. Disponível em: <https://g1.globo.com/politica/noticia/jovem-de-19-anos-administra-contratos-de-r-473-milhoes-no-ministerio-do-trabalho.ghtml>. Acesso em: 11 mar. 2018.

ANTEPROJETO DE LEI

> Regulamenta o inciso V do art. 37 da Constituição, para prever condições de preenchimento dos cargos em comissão na administração pública federal.

O **PRESIDENTE DA REPÚBLICA** faço saber que o Congresso Nacional decreta e eu sanciono a seguinte lei:

Art. 1º. Esta Lei regulamenta o inciso V do art. 37 da Constituição, para prever as condições de preenchimento dos cargos em comissão na administração pública federal.

§1º. Aplica-se o disposto nesta Lei aos cargos em comissão da administração direta, autárquica e fundacional dos Poderes Legislativo, Executivo e Judiciário, do Ministério Público da União e do Tribunal de Contas da União.

Art. 2º. Como condição para a nomeação em cargo público em comissão, ressalvadas as situações constituídas, será exigido o nível de escolaridade compatível com a complexidade e as atribuições do cargo, sendo obrigatório o nível superior para os de direção ou chefia.

§1º. Será condição também para nomeação demonstrar qualificação profissional do nomeado para o adequado desempenho das funções do cargo em comissão.

§2º. Aplica-se o disposto neste artigo aos servidores exclusivamente comissionados.

Art. 3º. O provimento dos cargos em comissão e funções de confiança será precedido de processo seletivo público, com base nos conhecimentos técnicos, nas capacidades e nas habilidades específicas dos candidatos.

Art. 4º. É nula a investidura em cargo em comissão realizada em desrespeito a esta Lei.

Art. 5º. Esta Lei entra em vigor na data de sua publicação.

Brasília, xx de xxxx de 2018.

JUSTIFICATIVA

Este Projeto de Lei visa regulamentar o art. 37, V, CF, a fim de estabelecer as condições de preenchimento dos cargos em comissão na administração pública federal. Serviram como base para a redação deste texto a PEC n. 110/2015, o PLS n. 257/2014 e a Ação Direta de Inconstitucionalidade por Omissão (ADO) n. 44, proposta pela OAB perante o STF.

A investidura em cargos em comissão, previstos no art. 37, II, CF, deve observar a impessoalidade, moralidade, publicidade e eficiência, princípios constitucionais que regem a administração pública. Seu uso indiscriminado violaria, ainda, o princípio da isonomia (art. 5º, *caput*, CF), na medida em que a Constituição Federal optou pela aprovação em concurso como procedimento padrão para a investidura em cargo público, com o objetivo de promover o tratamento igualitário no ingresso em carreiras públicas.

Embora seja importante a existência de cargos que atraiam por tempo limitado profissionais reconhecidos no mercado que não integrem, contudo, carreiras públicas, a ocupação desses cargos sem qualquer critério viola os princípios da administração pública supramencionados. O problema se agrava quando o recurso aos cargos em comissão se destina a atender a finalidades exclusivamente políticas, em detrimento da adequação do perfil e da capacidade técnica para o exercício da função. Essa é, inclusive, uma das grandes fontes de corrupção, como concluiu a CPMI dos Correios em 2005, caso que originou o chamado "Mensalão".

Nesse sentido, o presente Projeto de Lei propõe como condição para a nomeação em cargo público em comissão, ressalvadas as situações constituídas, o nível de escolaridade compatível com a complexidade e as atribuições do cargo, sendo obrigatório o nível superior para os de direção ou chefia. Também propõe a necessidade de demonstração da qualificação profissional do nomeado para o adequado desempenho das funções do cargo em comissão. Assim, a exigência de padrões mínimos de qualificação profissional para o exercício de cargos públicos continuaria em harmonia com os princípios administrativos da moralidade e da eficiência.

Por fim, este Projeto de Lei prevê que o provimento dos cargos em comissão e funções de confiança seja precedido de processo seletivo público, com base em conhecimentos técnicos, capacidades e habilidades específicas dos candidatos. Com isso, pretende-se que o gestor público possa selecionar pessoas de fora do serviço público para ocupar cargos em comissão de modo transparente, por meio de processo que valorize a competência e a meritocracia, aumentando a eficiência na administração pública e reduzindo a influência político-partidária no serviço público.

32 FICHA LIMPA PARA SERVIDORES PÚBLICOS

As exigências para que um indivíduo se torne servidor público podem e devem ser efetivamente mais altas em virtude do papel que passarão a exercer na sociedade. Nesse sentido, é salutar que seja elevada a barreira mínima para ingresso no serviço público para impedir que pessoas inidôneas representem a administração pública. A proposta, embora mais restrita em abrangência do que a incidência para o contexto eleitoral, pode contribuir para a integridade da administração pública.

Principais pontos da proposta

- Determina que não poderão ocupar cargos, funções e empregos públicos os indivíduos que se encontrarem em situação de inelegibilidade em virtude de condenação ou punição por crimes contra a administração pública.
- Propõe, portanto, a aplicação do filtro previsto pela Lei da Ficha Limpa (Lei Complementar n. 135 de 2010), proibindo, por exemplo, qualquer um que tenha sido condenado por crime contra a administração pública, com decisão transitada em julgado ou proferida por órgão judicial colegiado.

Problemas que pretende solucionar

- Indivíduos já considerados inadequados para possuir mandatos eletivos podem se tornar funcionários públicos. A medida equipara essa limitação, já considerada amplamente adequada e cuja ideia partiu da sociedade, uniformizando as exigências para o ingresso na Administração Pública. Para os casos de servidores, não incidem todas as hipóteses eleitorais da Lei Ficha Limpa, e sim os casos em que houver condenação por crimes contra a administração pública.

PROPOSTA DE EMENDA À CONSTITUIÇÃO

> Modifica o inc. I do art. 37 da Constituição Federal para vedar o acesso de pessoas inelegíveis a funções de confiança, empregos e cargos públicos efetivos ou em comissão na administração pública direta e indireta.

As Mesas da Câmara dos Deputados e do Senado Federal, nos termos do §3º do art. 60 da Constituição Federal, promulgam a seguinte Emenda ao texto constitucional:

Art. 1º. O inciso I do artigo 37 da Constituição Federal passa a ter a seguinte redação:

"**Art. 37.** [...]

I – os cargos, empregos e funções públicas são acessíveis aos brasileiros que preencham os requisitos estabelecidos em lei, assim como aos estrangeiros, na forma da lei, sendo vedado, na administração pública direta e indireta, o acesso a funções de confiança, a emprego e a cargo efetivo ou em comissão de pessoa que esteja em situação de inelegibilidade em razão de condenação por crimes contra a administração pública, na forma da lei.".

Art. 2º. Esta Emenda Constitucional entra em vigor na data da sua publicação.

Brasília, xx de xxxx de 2018.

JUSTIFICATIVA

Com o intuito de defender o princípio constitucional da moralidade na administração pública, é necessário impedir o ingresso de pessoas inidôneas na estrutura estatal. Assim, para que possam exercer funções na administração pública, sem ferir o princípio da moralidade, burocratas e políticos, devem apresentar a condição mínima de elegibilidade.

Se a defesa da coisa pública constitui razão para suprir o direito político de pessoas condenadas ou punidas de se candidatarem em eleições, como fez a Lei Complementar n. 135/2010, não há por que não expandir essa supressão aos demais ocupantes do aparelho estatal. Ainda que seja uma medida insuficiente na defesa da integridade e no combate à corrupção, proibir o acesso de pessoas inelegíveis com condenações judiciais em razão de crimes contra a Administração Pública fortalecerá o princípio da moralidade ao impor o pré-requisito mínimo de elegibilidade para poder ingressar em função de confiança, emprego e cargo público efetivos ou em comissão.

33 APERFEIÇOAMENTO DO CONSELHO ADMINISTRATIVO DE DEFESA ECONÔMICA

O Conselho Administrativo de Defesa Econômica (CADE) é o principal responsável pelo combate à formação de carteis e outras práticas que ofendem a livre concorrência. Fortalecê-lo institucionalmente é essencial para garantir que suas instâncias investigadoras e julgadoras continuem atuando na luta contra os abusos do poder econômico.

Principais pontos da proposta

- O mandato do Presidente e dos Conselheiros do CADE continua sendo de 4 (quatro) anos, não coincidentes, vedada a recondução. Porém, acrescenta-se um intervalo mínimo de seis meses entre o começo dos mandatos para evitar uma transição brusca.

- O mandato do Superintendente-Geral do CADE passa a ser de 4 anos, sem possibilidade de recondução, de forma a retirar a perspectiva de renovação do mandato como vulnerabilidade a pressões políticas e a permitir um planejamento de longo prazo mais eficaz.

- Substitui a base de cálculo das multas eventualmente aplicadas. Deixa de ser o faturamento no ramo de atividade econômica em que houve a infração e passa a ser o faturamento bruto de toda a empresa, com objetivo de trazer maior objetividade e segurança jurídica na fixação da multa.

- Amplia prazos prescricionais.

Problemas que pretende solucionar

- As medidas ampliam as condições para que haja um mercado competitivo no Brasil.

- As mudanças possibilitam maior autonomia aos membros do CADE assegurando a tutela dos direitos difusos da concorrência de forma técnica e imparcial.

- Há, atualmente, grande incerteza na fixação das multas em decorrência de critérios pouco objetivos, como "ramo de atividade empresarial", o que resulta na aplicação inconsistente da lei.

ANTEPROJETO DE LEI

> Altera a Lei n. 12.529, de 30 de novembro de 2011, para dispor o mandato dos membros do Tribunal do Conselho Administrativo de Defesa Econômica, do Superintendente-Geral e Economista-Chefe e dá outras providências.

O **PRESIDENTE DA REPÚBLICA** faço saber que o Congresso Nacional decreta e eu sanciono a seguinte lei:

Art. 1º. Esta lei modifica a Lei n. 12.529, de 30 de novembro de 2011.

Art. 2º. A Lei n. 12.529, de 30 de novembro de 2011, passa a vigorar com as seguintes alterações:

Art. 6º. [...]

§1º. O mandato do Presidente e dos Conselheiros é de 4 (quatro) anos, não coincidentes, com intervalo mínimo de seis meses, vedada a recondução. (NR)

[...]

§6º. O início da fluência do prazo do mandato será imediatamente após o término do mandato anterior, independentemente da data de indicação, nomeação ou posse do membro do Tribunal.

§7º. O Poder Executivo expedirá regras transitórias para garantir o sistema de mandatos não coincidentes, com intervalo mínimo de seis meses.

§8º. A regulamentação a que se refere o §7º deste artigo poderá prever mandatos inferiores a 4 (quatro) anos.

Art. 12. [...]

§2º. O Superintendente-Geral terá mandato de 4 (quatro) anos, vedada a recondução. (NR)

[...] **Art. 18.** O Economista-Chefe será nomeado pelo Presidente da República, depois de aprovado pelo Senado Federal, entre cidadãos brasileiros com mais de 30 (trinta) anos de idade, de notório conhecimento econômico e reputação ilibada.

[...] §3º. O Economista-Chefe terá mandato de 4 (quatro) anos, permitida sua recondução para um único período.

Art. 37. [...]

I – no caso de pessoas jurídicas que desempenhem atividade econômica, multa de 0,1% (um por cento) até o limite de 20% (vinte por cento) do valor do faturamento bruto total da pessoa jurídica, grupo ou conglomerado obtido no exercício precedente mais próximo à condenação, cujas demonstrações financeiras já estejam finalizadas;

II – no caso das demais pessoas físicas ou jurídicas ou não sendo possível utilizar-se o critério do valor do faturamento bruto, a multa será entre R$ 50.000,00 (cinquenta mil reais) e R$ 2.000.000.000,00 (dois bilhões de reais); (NR)

[...] § 2º. (revogado)

Art. 45. [...]

IX – o papel de líder ou de instigador do infrator;

X – a duração da infração;

XI – a efetiva reparação dos danos causados a terceiros em razão da infração.

§1º. As multas poderão ser parceladas ou reduzidas por decisão do Tribunal quando constatado, por provas objetivas, que sua aplicação compromete a viabilidade econômica da pessoa jurídica.

§2º. O mero prejuízo contábil não será causa para redução da multa quando não ficar demonstrado que sua aplicação não compromete o valor de parcela relevante de seus ativos.

§3º. A aplicação do inciso XI e dos §§1º e 2º deste artigo depende da regulamentação pelo Cade, por meio de Resolução.

Art. 47. [...]

§1º. O prazo prescricional para a ação do *caput* deste artigo será contado da ciência inequívoca da infração à ordem econômica.

§2º. Presume-se a ciência inequívoca da infração à ordem econômica pela publicação da decisão do Tribunal do Cade, referente ao julgamento do processo administrativo, no Diário Oficial da União.

§3º. A instauração de procedimento para apuração da infração contra a ordem econômica pela Superintendência-Geral suspende o prazo prescricional para ajuizamento das ações de que tratam o *caput* deste artigo.

§4º. Se a infração à ordem econômica tiver mais de um autor, todos responderão solidariamente pela reparação dos danos, exceto o Signatário do Acordo de Leniência previsto no art. 86 desta Lei n. 12.529, de 2011, cuja responsabilidade civil é limitada aos danos individuais homogêneos causados e circunscrita aos seus próprios clientes e/ou fornecedores diretos e/ou indiretos.

§5º. Não se aplica a repetição do indébito por valor em dobro prevista no parágrafo único art. 42 do Código de Defesa do Consumidor ao signatário do Acordo de Leniência previsto no art. 86 desta Lei n. 12.529, de 2011.

Art. 113.A. Os ocupantes de cargos com mandato no Cade só poderão ser nomeados para outros cargos com mandato no Cade após decurso de período correspondente à duração do mandato original.

§1º. O disposto no *caput* não se aplica às reconduções previstas nesta Lei.

Art. 3º. Esta Lei entra em vigor na data de sua publicação.

Brasília, xx de xxxx de 2018.

JUSTIFICATIVA

Mandatos não coincidentes para membros do Tribunal

Em que pese o art. 113 da Lei n. 12.529/2011 ter visado à implementação de mandatos não coincidentes para os membros do Tribunal do Cade, observa-se, na prática, que a falta de previsão expressa de que o prazo de quatro anos do mandato contar-se-ia do término do mandato anterior, e não da posse do novo membro, comprometeu a efetividade da norma. Em 2015, quatro conselheiros[78] indicados pela mesma Presidenta da República tomaram posse entre 9 de julho e 16 de setembro.

O sistema de mandatos não coincidentes visa evitar que o chefe do Poder Executivo realize indicações em bloco, comprometendo, assim, a autonomia e estabilidade do colegiado. A renovação da maioria do Tribunal de uma vez também compromete a previsibilidade e segurança jurídica das decisões.

Mandato Superintendente-Geral

A autonomia política do Cade é instrumentalizada, entre outras garantias, por mandatos fixos de seus dirigentes. Ao contrário dos membros do Tribunal, para o Superintendente-Geral esse mandato é de dois anos, permitida a recondução pelo mesmo período.

O mandato mais curto e a previsão de recondução acabam por mitigar a independência do Superintendente-Geral, por isso a ampliação do mandato para quatro anos, vedada a recondução.

Mandato Economista-Chefe

À Procuradoria Federal, junto ao Cade, para além da representação judicial da autarquia, compete prestar consultoria e assessoramento jurídico. Na mesma linha, cumpre ao Departamento de Estudos Econômicos a elaboração de estudos e pareceres econômicos. No entanto, ao contrário do Procurador-Chefe, o Economista-Chefe não dispõe de mandato, sendo de livre exoneração pelo Presidente do Tribunal e Superintendente-Geral.

A previsão de mandato para o Economista-Chefe também contribui para o fortalecimento institucional do Cade ao garantir maior independência ao departamento e, consequentemente, maior tecnicidade e cientificidade.

Sanções por infração à ordem econômica
Limite para aplicação da pena de multa

A redação atual do inciso I do art. 37 da Lei n. 12.529/2011 prevê para *empresas* multa de 0,1% a 20% do faturamento no *ramo de atividade* no *ano anterior à instauração do processo administrativo*.

---

[78] Alexandre Cordeiro Macedo: posse em 09/07/2015. João Paulo de Resende: posse em 15/07/2015. Paulo Burnier da Silveira: posse em 17/07/2015. Cristiane Alkmin Junqueira Schmidt: posse em 16/09/2015. Disponível em: <http://www.cade.gov.br/acesso-a-informacao/institucional/acesso-ainformacao/institucional/contatos-tribunal>. Acesso em: 10 out. 2017.

A substituição de *empresas* por *pessoas jurídicas que desempenham atividade econômica* se justifica, primeiro, em razão da atecnicidade da expressão atual frente ao Código Civil; segundo, porque permitirá a aplicação do dispositivo a outras pessoas jurídicas que efetivamente auferem faturamento, mas não se caracterizam como sociedades empresárias, como é o caso das sociedades cooperativas e sociedades simples. Garante-se, assim, isonomia entre todos os agentes econômicos no limite da multa que lhes pode ser imposta. Não se trata, ademais, de um cenário mais gravoso para aqueles que possuem faturamento, mas não são sociedades empresárias. Pelo contrário, destaque-se que o dispositivo alternativo ao inciso I tem limite de dois bilhões de reais, de modo que 20% do faturamento será, na maioria dos casos, inferior a tal valor. Nesse contexto, o limite máximo da multa com base no critério de faturamento acaba por se revestir de uma garantia de manutenção da atividade econômica que desempenham, já que traz implícita uma ponderação acerca do porte do agente econômico.

Já a substituição de *faturamento bruto no ramo de atividade* por *faturamento bruto* é desejável porque o ramo de atividade não é um conceito jurídico ou econômico determinado, o que retira objetividade e segurança jurídica na fixação do teto da multa. O Cade buscou enumerar, por meio de Resolução, os ramos de atividade. Essa regulamentação, contudo, é falha e reiteradamente desconsiderada para limitar a multa ao faturamento no mercado relevante em que ocorreu a infração. Com isso, nos casos em que as condutas duraram mais de um ano, tem-se um cenário de subpunição, o que pode gerar um incentivo perverso ligado à percepção de que a infração à ordem econômica compensa financeiramente. Destaque-se que os limites para aplicação de multas em outras importantes jurisdições, como União Europeia, França, Reino Unido e Alemanha, também têm como parâmetro o faturamento total dos infratores, e não o faturamento com recortes, seja para ramo de atividades, produto e/ou dimensão geográfica.

Critérios de dosimetria

Na esteira das melhores práticas internacionais, especificamente na linha dos guias de aplicação de multa da Comissão Europeia, da França, do Reino Unido e da Alemanha, inclui-se nos critérios a serem necessariamente observados na aplicação de sanção pelo Cade (i) o tempo de duração da conduta; (ii) a caracterização do infrator como líder ou instigador da conduta; e (iii) a existência de efetiva reparação de danos causados a terceiros.

Já a revogação do inciso VII, que trata da situação econômica do infrator, tem como objetivo retirar a capacidade de pagamento do infrator como critério intrínseco à quantificação da multa, sendo relevante, se for o caso, para reduzir a parcela exigível. Com isso, busca-se que argumentações genéricas de situação econômica deficitária não sejam suficientes para diminuir a penalidade sem que seja feita uma efetiva análise econômica-financeira do infrator. Mais uma vez, essa alteração está em linha com as melhores práticas internacionais.

Incentivo às ações de reparação de danos sem prejuízo da política de Acordos de Leniência

No Brasil, ao contrário dos Estados Unidos, onde as ações de reparação de danos concorrenciais correspondem a 90% do *enforcement* antitruste, as ações civis de indenização são bastante incipientes, praticamente insignificantes. A cultura das ações de reparação de danos, aliadas à atuação da autoridade antitruste, contribuirá para a dissuasão dos agentes no cometimento de infrações à ordem econômica.

Para tanto, é importante a previsão de prazos prescricionais mais favoráveis aos autores das ações de reparação, especialmente quanto à interrupção do prazo prescricional pela investigação administrativa da infração. Atuam, nesse sentido, a legislação dos Estados Unidos (suspensão do prazo prescricional durante *government enforcement proceeding*) e a Diretriz da Comissão Europeia (*Directive on Antitrsut Damages Actions* – 2014).

Todavia, o fortalecimento das ações de reparação aumenta a exposição dos beneficiários dos Acordos de Leniência, na medida em que são infratores confessos e, portanto, "alvos" mais fáceis das ações. É preciso, portanto, equilibrar os incentivos às ações de reparação de danos concorrenciais com a preservação da política de Acordo de Leniência, instrumento investigativo indispensável ao Cade, principalmente nos casos de cartéis. Nesse contexto, justifica-se a limitação da responsabilidade dos beneficiários dos Acordos de Leniência por meio do não ressarcimento em dobro por danos concorrenciais e pela não responsabilidade solidária com os autores da conduta anticompetitiva.

34 LEI ORGÂNICA DA CGU

A Controladoria-Geral da União é um dos principais órgãos de prevenção e repressão à corrupção da Administração Pública Federal. É responsável por fiscalizar o emprego de bilhões de reais em recursos da União e estimular o comportamento íntegro de milhares de funcionários públicos. Várias operações da Polícia e Ministério Público contra a corrupção contam, hoje, com a participação do órgão, responsável, ainda, pela aplicação de sanções da Lei Anticorrupção e celebração de certos tipos de acordo de leniência. Reafirmar sua independência e autonomia é essencial no combate à corrupção.

Principais pontos da proposta

- Prevê a competência da CGU para assistir direta e imediatamente o Presidente da República nas questões relacionadas à defesa do patrimônio público, ao controle interno, à auditoria pública, à correição, à prevenção e ao combate à corrupção, às atividades de ouvidoria e ao incremento da transparência.

- Autoriza a CGU a instaurar, originariamente, procedimento, sindicância e processos administrativos ou avocar PADs, PARs e outros processos que entender cabíveis para corrigir seu andamento.

- Prevê a competência do Ministro Chefe da CGU para propor medidas administrativas e legislativas, decidir sobre representações e denúncias que receber, realizar inspeções e celebrar acordos de leniência nas hipóteses previstas na Lei.

- Estabelece a estrutura da CGU e delineia a competência de cada um dos seus órgãos principais: a Secretaria Federal de Controle Interno, a Corregedoria-Geral da União, a Ouvidoria-Geral da União e a Secretaria de Transparência e Prevenção da Corrupção.

- Cria o Fundo Federal de Combate à Corrupção para financiar ações e programas do Poder Executivo Federal na prevenção, fiscalização e repressão de ilícitos que provoquem prejuízo ao erário público ou gerem enriquecimento ilícito de servidores públicos federais.

Problemas que pretende solucionar

- Apesar de ter sido inicialmente criada em 2003, a Controladoria-Geral da União não tem uma lei orgânica, uma legislação própria e específica. As disposições sobre sua competência costumam ficar na legislação que dispõe de maneira geral sobre a organização da Presidência da República e dos ministérios. Em consequência disso, há grande instabilidade e mudanças frequentes, muitas vezes por meio de Medidas Provisórias.

- Por exemplo, foi a Medida Provisória n. 726, de 2016, que transformou a estrutura da CGU e a renomeou como Ministério da Transparência, Fiscalização e Controladoria-Geral da União. Posteriormente convertida na Lei n. 13.341 de 2016, essa norma prevê a competência da CGU de maneira confusa e esparsa.

ANTEPROJETO DE LEI

Organiza e regulamenta a atuação da Controladoria-Geral da União e dá outras providências.

CAPÍTULO I
DA NATUREZA E COMPETÊNCIA

Art. 1º. A Controladoria-Geral da União, órgão de natureza permanente vinculado à Presidência da República, será organizada e atuará na forma desta Lei.

Art. 2º. À Controladoria-Geral da União compete assistir direta e imediatamente ao Presidente da República no desempenho de suas atribuições quanto aos assuntos e providências que, no âmbito do Poder Executivo, sejam atinentes à defesa do patrimônio público, ao controle interno, à auditoria pública, à correição, à prevenção e ao combate à corrupção, às atividades de ouvidoria e ao incremento da transparência da gestão no âmbito da administração pública federal.

Art. 3º. À Controladoria-Geral da União, no exercício de sua competência, cabe dar o devido andamento às representações ou denúncias fundamentadas que receber, relativas a lesão ou ameaça de lesão ao patrimônio público, velando por seu integral deslinde.

§1º. À Controladoria-Geral da União, por seu titular, sempre que constatar omissão da autoridade competente, cumpre requisitar a instauração de sindicância, procedimentos e processos administrativos outros, e avocar aqueles já em curso em órgão ou entidade da Administração Pública Federal, para lhes corrigir o andamento, inclusive promovendo a aplicação da penalidade administrativa cabível.

§2º. Cumpre à Controladoria-Geral da União, na hipótese do §1º, instaurar sindicância ou processo administrativo, ou, conforme o caso, representar o Presidente da República para apurar a omissão das autoridades responsáveis.

§3º. Incluem-se entre os procedimentos e processos administrativos de instauração e avocação facultadas à Controladoria-Geral da União:

I – processos administrativos de cunho disciplinar, inclusive aqueles objeto do Título V da Lei n. 8.112, de 11 de dezembro de 1990, e do Capítulo V da Lei n. 8.429, de 2 de junho de 1992;

II – processos administrativos de responsabilização de pessoas jurídicas objeto da Lei n. 12.846, de 1º de agosto de 2013;

III – processos a respeito de infrações administrativas a normas de licitações e contratos da Administração Pública Federal; e

IV – quaisquer outros processos administrativos a serem desenvolvidos, ou já em curso, em órgão ou entidade da Administração Pública Federal, desde que relacionados a lesão ou ameaça de lesão ao patrimônio público.

§4º. A Controladoria-Geral da União encaminhará à Advocacia-Geral da União os casos que configurem improbidade administrativa e todos quantos recomendem a indisponibilidade de bens, o ressarcimento ao erário e outras providências a cargo daquele órgão, bem como provocará, se for o caso, a atuação do Tribunal de Contas da União, da Secretaria da Receita Federal do Brasil, do Departamento de Polícia Federal, do Ministério Público ou qualquer outro órgão que entender necessário, inclusive quanto a representações ou denúncias que se afigurarem manifestamente caluniosas.

§5º. Por meio de auxílio mútuo, a Controladoria-Geral da União apoiará o controle externo no exercício de sua missão institucional.

CAPÍTULO II
DA ORGANIZAÇÃO

Art. 4º. A Controladoria-Geral da União tem como titular o Ministro de Estado Chefe da Controladoria-Geral da União, a quem incumbe, especialmente:

I – decidir, preliminarmente, sobre as representações ou denúncias fundamentadas que receber, indicando as providências cabíveis;

II – instaurar os procedimentos e processos administrativos a seu cargo, constituindo as respectivas comissões, bem como requisitar a instauração daqueles que venham sendo injustificadamente retardados pela autoridade responsável;

III – acompanhar procedimentos e processos administrativos em curso em órgãos ou entidades da Administração Pública Federal;

IV – realizar inspeções e avocar procedimentos e processos em curso na Administração Pública Federal, para exame de sua regularidade, propondo a adoção de providências ou a correção de falhas;

V – efetivar ou promover a declaração da nulidade de procedimento ou processo administrativo, bem como, se for o caso, a imediata e regular apuração dos fatos envolvidos nos autos e na nulidade declarada;

VI – requisitar procedimentos e processos administrativos já arquivados por autoridade da Administração Pública Federal;

VII – requisitar a órgão ou entidade da Administração Pública Federal ou, quando for o caso, propor ao Presidente da República que sejam solicitados as informações e os documentos necessários a trabalhos da Controladoria-Geral da União;

VIII – requisitar aos órgãos e às entidades federais os servidores e empregados necessários à constituição das comissões objeto do inciso II, e de outras análogas, bem como qualquer servidor ou empregado indispensável à instrução do processo;

IX – propor medidas legislativas ou administrativas e sugerir ações necessárias a evitar a repetição de irregularidades constatadas;

X – receber as reclamações relativas à prestação de serviços públicos em geral e promover a apuração do exercício negligente de cargo, emprego ou função na Administração Pública Federal, quando não houver disposição legal que atribua competências específicas a outros órgãos;

XI – celebrar, em conjunto com o Advogado-Geral da União, os acordos de leniência nas hipóteses previstas na Lei n. 12.846, de 2013, em que o acordo seja de sua competência; e

XII – desempenhar outras atribuições previstas em lei ou de que o incumba o Presidente da República.

§1º. Deverão ser prontamente atendidas as requisições de pessoal, inclusive de técnicos, pelo Ministro de Estado Chefe da Controladoria-Geral da União, que serão irrecusáveis.

§2º. Os órgãos e as entidades da administração pública federal estão obrigados a atender, no prazo indicado, às demais requisições e solicitações do Ministro de Estado Chefe da Controladoria-Geral da União, bem como a lhe comunicar a instauração de sindicância, ou outro processo administrativo, e o respectivo resultado.

Art. 5º. A estrutura básica da Controladoria-Geral da União compreende:

I – Órgãos de assistência direta e imediata ao Ministro de Estado Chefe da Controladoria-Geral da União:
   a) Gabinete;
   b) Assessoria de Assuntos Internacionais;
   c) Assessoria de Comunicação Social;
   d) Assessoria Jurídica;
   e) Assessoria Parlamentar; e
   f) Secretaria-Executiva;

II – Órgãos específicos singulares:
   a) Secretaria Federal de Controle Interno;
   b) Corregedoria-Geral da União;
   c) Ouvidoria-Geral da União; e
   d) Secretaria de Transparência e Prevenção da Corrupção;

III – Unidades descentralizadas: Controladorias Regionais da União nos Estados; e

IV – Órgãos colegiados:
   a) Conselho de Transparência Pública e Combate à Corrupção; e
   b) Comissões de coordenação com o objetivo de fomentar a integração e uniformizar entendimentos dos órgãos e unidades do Poder Executivo Federal em matéria de controle interno, correição, ouvidoria e prevenção à corrupção.

V – Órgãos vinculados:
   a) Assessorias de controle interno, corregedorias e ouvidorias em cada Ministério e nos órgãos que componham a sua estrutura; e

b) Unidades de auditoria interna, correição e ouvidoria dos órgãos e entidades da Administração Indireta, incluindo empresas públicas e sociedades de economia mista.

Parágrafo único. A vinculação a que se refere o inciso V deste artigo restringe-se à supervisão técnica e orientação normativa da Controladoria-Geral da União.

CAPÍTULO III
DAS COMPETÊNCIAS DOS ÓRGÃOS ESPECÍFICOS SINGULARES

Art. 6º. À Secretaria Federal de Controle Interno compete:

I – exercer as atividades de órgão central do Sistema de Controle Interno do Poder Executivo federal, nos termos do Título V da Lei n. 10.180, de 6 de fevereiro de 2001;

II – avaliar o desempenho e supervisionar a consolidação dos planos de trabalho das unidades de auditoria interna das entidades da administração pública federal indireta;

III – verificar a observância dos limites e das condições para realização de operações de crédito e inscrição em restos a pagar;

IV – verificar o cumprimento das determinações contidas na Lei Complementar n. 101, de 2000;

V – avaliar o cumprimento das metas estabelecidas no plano plurianual e na lei de diretrizes orçamentárias;

VI – avaliar a execução dos orçamentos da União;

VII – fiscalizar e avaliar a execução dos programas de governo, inclusive ações descentralizadas realizadas à conta de recursos oriundos dos orçamentos da União, quanto ao nível de execução das metas e dos objetivos estabelecidos e à qualidade do gerenciamento;

VIII – fornecer informações sobre a situação físico-financeira dos projetos e das atividades constantes dos orçamentos da União;

IX – realizar auditorias sobre a gestão dos recursos públicos federais sob a responsabilidade de órgãos e entidades públicos e privados e sobre a aplicação de subvenções e renúncia de receitas;

X – realizar atividades de auditoria interna e fiscalização nos sistemas contábil, financeiro, orçamentário, de pessoal, de recursos externos e demais sistemas administrativos e operacionais de órgãos e entidades sob sua jurisdição e propor melhorias e aprimoramentos na gestão de riscos e nos controles internos da gestão;

XI – determinar a instauração de tomadas de contas especiais e promover seu registro para fins de acompanhamento;

XII – planejar, coordenar, supervisionar e realizar auditorias e fiscalizações e atuar em conjunto com outros órgãos na defesa do patrimônio público; e

XIII – desenvolver outras atividades que o Ministro de Estado Chefe da Controladoria-Geral da União lhe atribua.

Art. 7º. À Corregedoria-Geral da União compete:

I – exercer as atividades de órgão central do Sistema de Correição do Poder Executivo federal;

II – supervisionar a efetividade da aplicação das leis de responsabilização administrativa de servidores, empregados públicos e entes privados;

III – fomentar, coordenar e formular a implementação e o desenvolvimento da atividade correcional no âmbito do Poder Executivo federal;

IV – instruir procedimentos disciplinares e de responsabilização administrativa de entes privados, com recomendação de adoção das medidas ou sanções pertinentes;

V – verificar a regularidade dos procedimentos disciplinares e de responsabilização administrativa de entes privados instaurados no âmbito do Poder Executivo federal;

VI – determinar a instauração ou instaurar procedimentos disciplinares ou de responsabilização administrativa de entes privados, de ofício ou em razão de representações e denúncias contra servidores, empregados públicos e entes privados;

VII – propor a avocação e revisar, quando necessário, procedimentos disciplinares ou de responsabilização administrativa de entes privados conduzidos por órgãos ou entidades do Poder Executivo federal; e

VIII – desenvolver outras atividades que o Ministro de Estado Chefe da Controladoria-Geral da União lhe atribua.

Art. 8º. À Ouvidoria-Geral da União compete:

I – realizar a coordenação técnica das atividades de ouvidoria no Poder Executivo federal e sugerir a expedição de atos normativos e de orientações;

II – receber e analisar denúncias, reclamações, solicitações, elogios, sugestões e pedidos de acesso à informação direcionados à Controladoria-Geral da União e encaminhá-los, conforme a matéria, ao órgão ou à entidade competente;

III – assistir o Ministro de Estado Chefe da Controladoria-Geral da União na deliberação dos recursos previstos na Lei n. 12.527, de 18 de novembro de 2011;

IV – receber e analisar as manifestações referentes a serviços públicos prestados pelos órgãos e entidades do Poder Executivo federal, propor e monitorar a adoção de medidas para a correção e a prevenção de falhas e omissões na prestação desses serviços;

V – desenvolver outras atividades que o Ministro de Estado Chefe da Controladoria-Geral da União lhe atribua.

Art. 9º. À Secretaria de Transparência e Prevenção da Corrupção compete:

I – formular, coordenar, fomentar e apoiar a implementação de planos, programas, projetos e normas voltados à prevenção da corrupção e à promoção da transparência, do acesso à informação, da conduta ética, da integridade e do controle social na Administração Pública federal, no setor privado e na sua relação com o setor público;

II – promover a articulação com órgãos, entidades e organismos nacionais e internacionais que atuem no campo da prevenção da corrupção, de promoção da transparência, do acesso à informação, da conduta ética, da integridade e do controle social;

III – participar em fóruns ou organismos nacionais e internacionais relacionados ao enfretamento e à prevenção da corrupção, à promoção da transparência, do acesso à informação, da conduta ética, da integridade e do controle social;

IV – gerenciar, acompanhar e avaliar os programas de cooperação internacional e os compromissos assumidos pela União nas convenções internacionais relacionados aos assuntos de sua competência;

V – promover e monitorar a implementação e o cumprimento da Lei n. 12.527, de 2011, em articulação com as demais unidades da Controladoria-Geral da União; e

VI – desenvolver outras atividades que o Ministro de Estado Chefe da Controladoria-Geral da União lhe atribua.

CAPÍTULO IV
DO FUNDO FEDERAL DE COMBATE À CORRUPÇÃO

Art. 10. Fica instituído o Fundo Federal de Combate à Corrupção – FFCC, vinculado à Controladoria-Geral da União, destinado a financiar ações e programas do Poder Executivo federal, com a finalidade de prevenir, fiscalizar e reprimir a prática de ilícitos que causem prejuízo ao erário federal ou gerem enriquecimento ilícito de servidores e empregados públicos federais ou das pessoas jurídicas relacionadas no parágrafo único do art. 1º da Lei n. 12.846, de 1º de agosto de 2013, bem como realizar campanhas educacionais e de conscientização acerca dos efeitos da corrupção.

Parágrafo único. O Fundo Federal de Combate à Corrupção será regulamentado pelo Poder Executivo no prazo de 90 (noventa) dias.

Art. 11. Constituem receitas do Fundo Federal de Combate à Corrupção:

I – o valor das multas administrativas aplicadas pela Controladoria-Geral da União, com base na Lei n. 8.666, de 21 de junho de 1993, ou outras normas de licitações e contratos;

II – 20% (vinte por cento) do valor das multas administrativas aplicadas pelos órgãos e entidades do Poder Executivo Federal, com base na Lei n. 8.666, de 21 de junho de 1993, ou outras normas de licitações e contratos;

III – o valor das multas administrativas aplicadas pela Controladoria-Geral da União, com base na Lei n. 12.846, de 2013;

IV – 20% (vinte por cento) do valor das multas administrativas aplicadas pelos órgãos e entidades do Poder Executivo Federal, com base na Lei n. 12.846, de 2013;

V – as transferências orçamentárias provenientes de outras entidades públicas nacionais ou internacionais;

VI – as provenientes de dotações constantes dos orçamentos da União;

VII – doações privadas eventualmente recebidas.

Art. 12. Os recursos a que se refere o art. 11 serão centralizados em conta especial mantida no Banco do Brasil S.A., em Brasília, DF, denominada "Controladoria-Geral da União – FFCC – Fundo", os quais ficarão à disposição da Controladoria-Geral da União, responsável pela gestão e administração dos recursos.

§1º. As instituições financeiras deverão comunicar à Controladoria-Geral da União, no prazo de 15 (quinze) dias, os depósitos realizados a crédito do Fundo, com a especificação da origem.

§2º. Fica autorizada a aplicação financeira das disponibilidades do Fundo em operações ativas, de modo a preservá-las contra eventual perda do poder aquisitivo da moeda, e os juros e os rendimentos obtidos constituirão receita do Fundo.

§3º. O saldo credor do Fundo, apurado em balanço no término de cada exercício financeiro, será transferido para o exercício seguinte, a seu crédito.

Art. 13. A Controladoria-Geral da União publicará no Portal da Transparência do Governo Federal relatório semestral acerca da aplicação dos recursos que compõem o Fundo.

Art. 14. Qualquer cidadão ou associação privada poderá apresentar à Controladoria-Geral da União projetos relativos às finalidades previstas para o Fundo descritas no art. 10 desta Lei.

CAPÍTULO V
DAS DISPOSIÇÕES FINAIS

Art. 15. Nenhum processo, documento ou informação poderá ser sonegado à Controladoria-Geral da União, no desempenho das atribuições inerentes às suas competências.

§1º. Ressalvadas as hipóteses de sigilo judicial, quando a documentação ou informação a que se refere o *caput* envolver assuntos de caráter sigiloso, de origem constitucional ou legal, deverá ser dispensado tratamento especial de manuseio, de acordo com o estabelecido em regulamento próprio.

§2º. Os servidores e empregados públicos em exercício na Controladoria-Geral da União deverão guardar sigilo sobre dados e informações pertinentes aos assuntos a que tiverem acesso em decorrência do exercício de suas funções, utilizando-os, exclusivamente, para a elaboração de pareceres, relatórios e certificados destinados à autoridade competente, sob pena de responsabilidade administrativa, civil e penal.

§3º. As disposições constantes do §2º deste artigo não se aplicam quando os dados e informações, mediante autorização prévia do superior hierárquico, forem utilizados para elaboração de estudos, monografias e trabalhos de cunho científico ou acadêmico.

Art. 16. O agente público ou privado, quando for responsável pelo desempenho de ações, guarda ou gerenciamento de bens públicos, que, por ação ou omissão, causar embaraço, constrangimento ou obstáculo à atuação da Controladoria-Geral da União, no desempenho de suas funções institucionais, ficará sujeito à pena de responsabilidade administrativa, civil e penal.

Art. 17. Extinguem-se as Secretarias de Controle Interno da Casa Civil da Presidência da República, do Ministério da Defesa e do Ministério das Relações Exteriores a partir da data de publicação desta Lei.

Parágrafo único. Ficam remanejados para a Controladoria-Geral da União os cargos em comissão de qualquer espécie que se encontravam alocados aos órgãos mencionados no *caput*.

Art. 18. Fica criada no âmbito de cada Ministério um órgão de assessoria especial de controle interno, subordinado diretamente ao Ministro de Estado correspondente, observado o disposto no art. 32 da Lei n. 10.180, de 2001.

Art. 19. A composição dos Comitês de Auditoria Estatutários previstos nos arts. 24 e 25 da Lei n. 13.303, de 30 de junho de 2016, contará obrigatoriamente com a presença de um representante da Controladoria-Geral da União.

Art. 20. Revogam-se as disposições em contrário, em especial os §§1º a 3º do art. 22 da Lei n. 10.180, de 6 de fevereiro de 2001, e os arts. 66 a 68 da Lei n. 13.502, de 1º de novembro de 2017.

Art. 21. Esta Lei entra em vigor na data de sua publicação.

Brasília, xx de xxxx de 2018.

JUSTIFICATIVA

Breve histórico

A Controladoria-Geral DA União (CGU) foi instituída, com essa denominação e com as funções básicas e áreas de atuação hoje consolidadas, em 2003, pela Medida Provisória n. 103, posteriormente convertida na Lei n. 10.683, de 28 de maio, que dispôs sobre a organização da Presidência da República e dos Ministérios (hoje revogada pela MP 782, convertida na Lei n. 13.502, de 2017).

Nos termos da Lei n. 10.683/2003, passou a ser da competência da CGU "assistir direta e imediatamente ao Presidente da República no desempenho de suas atribuições quanto aos assuntos e providências que, no âmbito do Poder Executivo, sejam atinentes à defesa do patrimônio público, ao controle interno, à auditoria pública, à correição, à prevenção e ao combate à corrupção, às atividades de ouvidoria e ao incremento da transparência da gestão no âmbito da administração pública federal", conjunto de funções mantido, em suas linhas gerais, pela referida Lei n. 13.502/2017, que transformou a CGU em Ministério da Transparência e Controladoria-Geral da União.

Em suas origens mais remotas, a CGU tem seus antecedentes institucionais na antiga Secretaria de Controle Interno, que integrava a estrutura do Ministério da Fazenda, e, posteriormente, na Corregedoria-Geral da União, criada em 2002, que incorporou a Secretaria de Controle a uma nova estrutura que passaria a incumbir-se, também, da função de correição, no âmbito do Poder Executivo Federal. Como se percebe, as origens institucionais da CGU enraízam-se nas funções de Controle Interno, previstas na Constituição da República, em seu artigo 74.

Em 2001, com a Lei n. 10.180, de 6 de fevereiro, organiza-se, no âmbito do Poder Executivo federal, o Sistema de Controle Interno previsto no referido dispositivo constitucional, atribuindo-se à Secretaria Federal de Controle Interno o papel de Órgão Central do Sistema e definindo, como Órgãos Setoriais, as unidades de controle dos Ministérios das Relações Exteriores, da Defesa, da Advocacia Geral da União (AGU) e da Casa Civil – as denominadas Cisets.

Desse modo, e nos expressos termos da referida lei, a área de atuação do órgão central do Sistema abrangeria todos os órgãos do Poder Executivo Federal, excetuados essas quatro áreas, que teriam unidades de controle próprias.

Conforme se observa, o feixe de funções a cargo desse Sistema e, portanto, do seu Órgão Central, embora amplo, não ultrapassava, até então, os limites daquilo que, à época, constituía o conceito de "Controle Interno", positivado, sobretudo, na Constituição Federal. As demais funções que hoje integram o objeto da atuação da CGU somente começaram a ser associadas a essa função original (de "Controle" em sentido estrito), a partir da criação da Corregedoria-Geral da União, em 2002, consolidando-se e completando-se no ano seguinte, com a institucionalização da CGU.

Funções como correição, ouvidoria, promoção da transparência, integridade institucional, prevenção e combate à corrupção, hoje incorporadas à linguagem usual no trato das questões de controle e controladoria no setor público, simplesmente não eram objeto de cogitação em períodos anteriores ao final da década de 1990 e início dos anos 2000.

A recuperação desse retrospecto é indispensável à devida compreensão da evolução desse órgão público hoje conhecido nacional e internacionalmente como CGU, sobretudo quando se pretende apresentar ao debate uma proposta de aperfeiçoamento e fortalecimento de sua institucionalidade.

Ampliação do conceito de Controle Interno e seu papel na Prevenção e no Combate à Corrupção

A instituição que constitui objeto da presente proposta de aprimoramento – a CGU – encontra-se hoje, em realidade, organizada oficialmente (Lei n. 13.502/2017) sob a forma de Ministério e atualmente se denomina "Ministério da Transparência e Controladoria-Geral da União", depois de ter passado, ainda, por outras alterações e denominações que aqui não se faz necessário historiar, mas que bem evidenciam o risco de seu tratamento legal como "mais um ministério, igual a qualquer outro" e, assim, descartável em momentos de "ajustes fiscais" e bandeiras de "redução do número de pastas", justificados sempre pelo discurso do "Estado mínimo".

Apesar de tais idas e vindas, não houve modificação de relevo quanto ao conjunto de funções a cargo do órgão. Tampouco ocorreram maiores mudanças em sua estrutura interna, que continuou a contar com quatro áreas em nível de Secretarias, cada uma delas responsável por uma das quatro grandes funções que se reuniram a partir de 2003, completando-se em 2005:

a) Controle Interno (*stricto sensu*);
b) Correição;
c) Ouvidoria; e
d) Transparência, Integridade e Prevenção da Corrupção.

Acima delas, há uma Secretaria Executiva e, no topo da hierarquia, o Ministro de Estado (cuja denominação também variou ao longo dos anos, mas sempre foi mantido como tal).

Diversos atos normativos publicados nos últimos anos, versando sobre transparência, integridade, responsabilização administrativa e controle social, atribuíram à CGU, por sua vez, novas competências que fortaleceram e consolidaram ainda mais sua identidade como órgão de referência em matéria de controle interno, correição, ouvidoria e prevenção à corrupção, tanto em âmbito federal quanto nacional. À guisa de exemplos, vale mencionar:

a. Lei n. 12.527, de 18 de novembro de 2011, conhecida como "Lei de Acesso à Informação", cuja ampla e bem-sucedida implementação, sobretudo na esfera federal, se deu sob a coordenação da CGU;
b. Decreto n. 7.724, de 16 de maio de 2012, que regulamenta a Lei n. 12.527/2011, atribuindo à CGU a função de monitorar o cumprimento da nova política de acesso à informação e fomentar a cultura da transparência na administração pública;
c. Lei n. 12.813, de 16 de maio de 2013, que, ao regular as situações de conflito de interesses no âmbito do Poder Executivo Federal e as formas de sua prevenção, conferiu à CGU funções de fiscalização e avaliação de tais situações;

d. Lei n. 12.846, de 1º de agosto de 2013, conhecida como Lei Anticorrupção, que atribuiu à CGU competência exclusiva para apurar ilícitos contra a Administração Pública Estrangeira e concorrente para os ilícitos contra a Administração Federal; além de competência exclusiva para celebrar acordos de leniência no âmbito do Executivo Federal, bem como nos casos que envolvam a Administração Pública Estrangeira;

e. Decreto n. 8.420, de 18 de março de 2015, que regulamenta a Lei n. 12.846/2013, prevendo, por exemplo, que a CGU é o órgão responsável por expedir orientações, normas e procedimentos sobre a avaliação dos programas de integridade das pessoas jurídicas envolvidas em ilícitos (além da aferição que a CGU já promovia de tais programas, para fins de concessão do Selo Pró-Ética, anteriormente à Lei n. 12.846);

f. Lei n. 13.303, de 30 de junho de 2016, também chamada de "Lei das Estatais", que estabelece a transparência como um dos pilares do novo regime jurídico das empresas estatais, o que se reflete, por exemplo, na garantia dada, em favor dos órgãos de controle, de acesso irrestrito aos documentos e às informações necessárias à realização dos trabalhos, inclusive a documentos classificados como sigilosos;

g. Lei n. 13.640, de 26 de junho de 2017, que coloca a atividade de ouvidoria como essencial para a política de participação, proteção e defesa dos direitos do usuário dos serviços públicos da administração pública; e

h. Decreto n. 9.203, de 22 de novembro de 2017, que dispõe sobre a política de governança da administração pública federal e estabelece que a CGU é o órgão responsável para definir os procedimentos necessários à estruturação, à execução e ao monitoramento dos programas de integridade dos órgãos e das entidades da administração pública federal.

i. A isso se somam, ainda, inúmeros decretos e outros atos administrativos que atribuíram à CGU novas responsabilidades que vão desde o controle do nepotismo até a montagem e manutenção de Portais e Cadastros que hoje garantem publicidade efetiva às despesas públicas diretas dos órgãos e entidades federais, às transferências de recursos para Estados, Municípios e ONGs, aos Convênios e demais termos de parceria, às remunerações individuais de todos os servidores e agentes públicos do Executivo Federal, bem como a publicação das penalidades impostas a agentes públicos, empresas e entidades sem fins lucrativos envolvidas em irregularidades.

É fácil perceber, assim, a contínua ampliação do campo de atuação da CGU, o que reflete, em grande medida, a expansão do próprio instrumental utilizado – tanto em nível global quanto nacional – seja para a aprimoramento do controle – de legalidade e de resultados –, seja para o acompanhamento e a avaliação dos programas de governo e das políticas públicas, seja para a prevenção e o combate à corrupção e a busca pela integridade nos setores público e privado.

Todavia, é imperioso que se tenha clareza sobre o fato de que, por mais que se tenha ampliado ou se ampliem as funções e responsabilidades da instituição CGU (e qualquer que seja sua denominação e posição na hierarquia do Poder Executivo), não se deve compreendê-la nem pretender tratá-la como a (única) "agência anticorrupção" brasileira.

São muito variados os desenhos institucionais adotados nos diversos países para o enfrentamento da corrupção, havendo mesmo modelos de "agência única" – que reúnem até funções de investigação que aqui cabem à polícia ou ao Ministério Público. Este, por óbvio, não é nem poderia ser o nosso modelo.

O modelo brasileiro decorre diretamente da própria Constituição (não só da atual, mas de toda a nossa tradição), na qual estão previstos, a partir da Organização dos Poderes, os mecanismos básicos de controle jurisdicional e de controle parlamentar dos atos do Executivo: o primeiro para os fins do que aqui interessa, a ser provocado pelo Ministério Público perante o Poder Judiciário, e o segundo a ser efetivado pelo Congresso Nacional com o auxílio do Tribunal de Contas, ambos, de um modo ou de outro, funcionando como "Controles Externos", além da atribuição das funções investigativas criminais à autoridade policial (no caso, à Polícia Federal).

Integra ainda o nosso modelo, e com raízes também na Constituição, o Sistema de Controle Interno, hoje, à mercê de sua evolução, encabeçado na esfera federal pela CGU.

É a CGU, assim, peça essencial no aparelho estatal de controle (de natureza interna, do Poder Executivo) e, por isso mesmo – e, sobretudo, a partir da ampliação do conceito e do instrumental do Controle (*lato sensu*) –, peça igualmente essencial do aparato institucional brasileiro de enfrentamento da corrupção.

Isso não quer dizer, porém, que nosso modelo institucional anticorrupção se resuma a essas quatro instituições – Ministério Público, TCU, CGU e Polícia Federal – nem, tampouco, que tal enfrentamento seja a função única de qualquer delas.

Ao contrário. Elas são, sem dúvida, as peças centrais desse que se pode denominar "modelo multiagências", mas se completam, necessariamente, com outras participações igualmente indispensáveis do que são exemplos destacados: o COAF, a Advocacia-Geral da União (AGU), a Receita Federal, o Banco Central, a CVM e o Cade, para ficar apenas nos principais.

Decorrência imediata dessa constatação é a necessidade imperiosa de coordenação, articulação e parceria entre os mencionados órgãos e entidades – o que, lamentavelmente, nem sempre se tem observado, sobretudo nos últimos anos.

Todavia, cada uma das mencionadas instituições e órgãos cumpre também outras funções, conforme dito, sem relação direta com o enfrentamento da corrupção ou, mesmo, com o controle (interno ou externo).

Como se observa, portanto, existem grandes diferenças entre o modelo brasileiro – de multiagências – e o desenho institucional adotado em outros países, sendo recomendável cercar-se de certa cautela ao se referir à ideia de uma "agência anticorrupção" no Brasil e, em especial, de advogar-se para ela características institucionais de "autonomia" e "independência" em relação ao Poder Executivo.

Natureza interna vs. independência

Decorre do acima exposto que, ao tratar de uma proposta de aprimoramento e fortalecimento da CGU, deve-se ter presente sua natureza de Órgão de Controle Interno do Executivo Federal – mais precisamente, Órgão Central desse sistema.

Se a existência de tal função e de tal sistema se encontra prevista, de maneira mandatória, na própria Constituição, não há o que questionar: ressalvada a hipótese de emenda à Carta Magna para alterar os arts. 70 e 74, há de existir um órgão central de Controle Interno. E, salvo a hipótese de romper a bem-sucedida integração que se construiu nos últimos anos entre as funções de "Controle" *stricto sensu* e as de Correição, Ouvidoria, Transparência e Prevenção da Corrupção – o que, de modo algum, parece desejável –, não haveria como deixar a CGU de integrar, de algum modo, o Poder Executivo – seja como Ministério, Agência ou outra espécie de órgão ou entidade.

Vista a questão de outro prisma, parece não haver dúvida sobre a relevância e indispensabilidade, para qualquer organização – pública ou privada – da função do Controle Interno, tenha ele maior ou menor amplitude em seu escopo e seja identificado com essa ou outra denominação – auditoria geral, corregedoria, auditoria interna, setor de *compliance*, gerenciamento de riscos etc.

Daí resulta que não há razão nem possibilidade de pretender transformar a CGU em uma instituição independente ou autônoma em relação ao Poder Executivo, o que equivaleria a transformá-la em mais um órgão de Controle Externo, além do Ministério Público e do TCU.

Afastada essa hipótese, restaria cogitar soluções, por assim dizer, intermediárias, do tipo Agências (autarquias especiais), Autarquias comuns, Órgãos Autônomos etc. Nenhuma dessas soluções, todavia, apresenta vantagens que superem as desvantagens, comparativamente à posição de órgão de primeira linha, dirigido por Ministro de Estado.

De um lado, porque a condição de Ministro se afigura requisito indispensável para que o titular do órgão com tais competências – fiscalização, auditoria, detecção de irregularidades, processamento e aplicação de punições, entre outras – possa, de fato, exercê-las inclusive em face de seus pares ou agentes púbicos da confiança, por eles escolhidos e a eles subordinados. É desnecessário lembrar que, frequentemente, surgirão situações capazes de gerar real constrangimento. Se o titular da Controladoria não contar com o mesmo *status* e a mesma hierarquia que o dirigente da área objeto do questionamento ou da sanção, isso se tornará, certamente, inviável ou, pelo menos, muito mais difícil.

De outro lado, porque as pretendidas vantagens almejadas com a adoção do modelo de Agência ou de Órgão Autônomo – permanência na função por prazo certo assegurado por um mandato ou garantia de recursos orçamentários – costumam se revelar mais aparentes que reais. Nos momentos de crise ou meras dificuldades orçamentárias, o que se observa é que todas as categorias de órgãos e entidades públicas – exceção feita apenas às que geram receitas próprias – são atingidas pelas medidas de ajustes, cortes, contingenciamentos etc. A permanência no cargo pelo prazo do mandato, por sua vez, pouco significa sem o *status* proporcionado pelo grau hierárquico e pelo respaldo político garantido pelo Chefe do Poder, menos ainda quando somado à restrição de recursos financeiros e humanos.

Na realidade, o que determinará o grau de autonomia e de desenvoltura na atuação do dirigente de um órgão de controle e combate à corrupção situado dentro de um dos Poderes (no caso, o Executivo), será, mais que tudo, a credibilidade que possa construir perante a sociedade, a opinião pública, a própria Administração Pública e os órgãos parceiros externos; as alianças que for capaz de articular no âmbito interno da Administração e, externamente, tanto no setor público quanto no setor privado e na sociedade civil; o respeito (recíproco) que impuser perante seus pares e o próprio Chefe do Poder; tudo isso combinado com o grau de transparência dada a todas as suas ações, de modo a manter, até onde possível, suas atividades e iniciativas expostas ao escrutínio público.

Esses os principais antídotos contra eventuais intenções de interferência em seu trabalho.

Por todas essas razões, o anteprojeto ora apresentado mantém a condição de Ministro de Estado para o dirigente máximo da Controladoria-Geral da União. Como tal, ele será livremente nomeado pelo Presidente da República, podendo, de igual modo, ser por ele exonerado, nos termos do art. 84, I, CF.

A escolha se submete apenas ao que dispõe o art. 87 da Carta. Se é certo que outros requisitos, mais objetivos e rigorosos, devem (e precisam, urgentemente) ser estabelecidos para a escolha de ministros, não é este anteprojeto de lei o instrumento e o lugar adequado. Tal providência deve ser encaminhada, com prioridade e urgência, mediante Proposta de Emenda Constitucional que imponha, entre outras condições, requisitos equivalentes ao que se exige para a ocupação de cargos eletivos, em sua maioria de importância incomparavelmente menor que o cargo de Ministro de Estado.

Ao optar por manter a condição de Ministro de Estado para o Chefe da CGU pelas razões acima expostas, não se propõe, todavia, a permanência do órgão como Ministério. Antes, sugere-se seu reposicionamento na estrutura da Presidência da República, tal como se encontrava durante a vigência da Lei n. 10.683, de 2003. Essa posição estrutural diferenciada dos demais ministérios no organograma da Administração Federal tem relevante significado, não apenas simbólico, mas também por assegurar determinadas prerrogativas administrativas de ordem prática aos que a detêm. De resto, a situação se assemelha, guardadas as devidas proporções, ao que se recomenda para a localização do setor de *compliance* ou seu equivalente, nas organizações empresariais, privadas ou estatais.

Outros aspectos que necessitam de alteração na organização atual

A par dos aspectos atinentes à posição estrutural-hierárquica mais adequada ao órgão incumbido das funções relacionadas ao Controle Interno em seu sentido ampliado (*lato sensu*) e com especial destaque ao enfrentamento da corrupção, alguns outros pontos da atual organização da CGU e do Sistema por ela encabeçado merecem ser alterados ou aprimorados.

(4.1) Um deles tem a ver com a já referida exclusão de alguns setores da Administração Federal do âmbito de atuação do Órgão Central do Sistema (à época, Secretaria Federal de Controle Interno; hoje, CGU). Trata-se do disposto nos §§1º e 2º do art. 22 da Lei n. 10.180, de 2001, que emprestou regime diferenciado aos Ministérios das Relações

Exteriores, da Defesa, da Advocacia Geral da União (AGU) e da Casa Civil, vedando ao Órgão Central o exercício de sua função constitucional naquelas quatro importantes áreas do Poder Executivo.

Em cada uma delas, foi mantida uma Unidade de Controle própria, integrando a estrutura da pasta, exceção feita à AGU, que é atendida pela Unidade Setorial da Casa Civil, juntamente com os demais órgãos que integram a Presidência da República (inclusive a CGU, o que representava notória inversão da lógica e da hierarquia: o Órgão Central do Sistema submeter-se à fiscalização e auditoria pelo Órgão Setorial!).

Propõe-se aqui a eliminação desse tratamento diferenciado e excludente, que limita gravemente o âmbito de atuação da CGU em matéria de Controle, deixando à margem de todos os avanços conquistados nessa área setores relevantíssimos da Administração Federal, sem esquecer, ainda, que a unidade da Casa Civil abrange todas as Secretarias ligadas à Presidência, entre as quais se encontram ou se encontraram em algum momento as de Aviação Civil, Portos, Governo, Direitos Humanos, Igualdade Racial, Aquicultura e Pesca e Comunicação Social, entre outras.

Assim, prevê o anteprojeto a extinção daquelas Unidades de Controle Setoriais, remanejando-se para o Órgão Central os cargos ali existentes.

(4.2) Diferentemente dos ministérios com Secretarias de Controle próprias, os demais se ressentem da insuficiência do apoio com que contam nessa matéria, até mesmo para fazer cumprir, internamente, as orientações e recomendações do Órgão Central, porquanto dispõem, para isso, de apenas um Assessor – o Assessor Especial de Controle Interno (Aeci).

O presente anteprojeto cria, em cada pasta ministerial, uma Assessoria Especial de Controle Interno, diretamente subordinada ao respectivo Ministro. A escolha e nomeação do seu dirigente observará o disposto no art. 32 e parágrafos da Lei n. 10.180, de 2001.

(4.3) A insuficiência de recursos financeiros é questão recorrente e, na realidade, comum a praticamente todos os órgãos públicos e envolve aspectos que escapam ao objeto de uma lei de organização. Não se há de pretender, portanto, solucioná-lo com este anteprojeto de lei. Todavia, é esta uma oportunidade para sugerir-se a destinação à CGU de uma parcela dos recursos advindos das multas aplicadas às pessoas jurídicas envolvidas em ilícitos capitulados, entre outras normas, na Lei n. 12.846/2013 (Lei Anticorrupção).

Isso é feito na forma da criação do Fundo Federal de Combate à Corrupção, a ser regulamentado em 90 dias por ato do Executivo.

(4.4) A ausência de coordenação entre as diversas instâncias com competência para aplicação de sanções às pessoas físicas ou jurídicas envolvidas em ilícitos relacionados à corrupção e improbidade é dos mais graves problemas hoje em discussão na agenda pública em torno do enfrentamento da corrupção.

Sem pretender solucionar aqui, inteiramente, a tormentosa questão – o que escaparia do escopo do anteprojeto –, propõe-se uma medida capaz de contribuir para a atenuação das dificuldades atuais.

Inclui-se o Advogado Geral da União como participante, juntamente com o Ministro de Estado Chefe da CGU, na celebração dos acordos de leniência atribuídos com exclusividade à CGU pelo art. 16, §10 da Lei n. 12.846.

(4.5) Um obstáculo grave – e frequente – que costuma ser enfrentado pela CGU e seus auditores é a resistência de alguns setores da Administração a fornecer todas as informações exigidas pelo Órgão de Controle e permitir o amplo acesso a determinados documentos, em um e outro caso, sob alegação de proteção ao sigilo legal.

Prevê o anteprojeto, a esse respeito, na mesma linha do que já avançou a Lei n. 13.303/2016 quanto às empresas estatais, a faculdade de acesso irrestrito pela CGU, com transferência da responsabilidade pela guarda do sigilo, nos casos de informação efetivamente protegida por norma legal ou constitucional.

(4.6) O alcance da CGU, como Órgão Central do Sistema, sobre os níveis da Administração Federal mais distantes do centro – as empresas públicas e a sociedades de economia mista – sempre se constituiu grave limitação ao completo alcance dos objetivos constitucionais e legais de controle, prevenção e combate à corrupção.

É certo que as disposições acima referidas relativamente ao acesso às informações alegadamente sigilosas, contidas na Lei das Estatais, deve contribuir para atenuar o problema. Isso, todavia, não basta, uma vez que as dimensões das estruturas e das atividades dessas entidades, a agilidade que lhes deve ser inerente – sobretudo para as que atuam no mercado, em regime concorrencial – e a distância administrativa existente entre elas e os órgãos centrais do Estado impedirão qualquer possibilidade de um acompanhamento mais próximo, inclusive por meio de sistemas eletrônicos, visto que cada uma delas tende a fazer uso de um mais ajustado às suas peculiaridades.

Sendo assim, propõe-se, como modo de aumentar as possibilidades de um acompanhamento ou monitoramento mais consistente, a inclusão de um representante da CGU nos Comitês de Auditoria Estatutários de cada estatal, previstos nos arts. 24 e 25 da mencionada lei.

(4.7) A relação entre o Controle Interno e o Controle Externo, no caso do TCU, constitui questão da mais alta relevância e que está a exigir melhor e mais clara definição. Entendendo que tal relação deve ser, sempre, de respeito recíproco e da maior colaboração possível – e nunca de competição por atribuições ou competências, uma vez que Controle Interno e Controle Externo são, ambos, funções constitucionais, cada qual com seu papel próprio –, propõe-se aqui um dispositivo explicitando esse caráter de auxílio mútuo entre essas duas faces do Controle.

(4.8) Por fim, alguns ajustes são sugeridos em normas já existentes desde a antiga Lei n. 10.683 e também na atual n. 13.502, de modo a atualizar certas competências, em consonância com a legislação mais recente sobre a matéria, bem como para lhe corrigir alguns equívocos ou omissões. São exemplos:

a) a inclusão, entre as espécies de processos e procedimentos de instauração ou avocação possível pela CGU, daqueles previstos na Lei Anticorrupção e na legislação sobre Licitações e Contratos; e

b) a previsão do dever, para a CGU, de provocar a atuação do Ministério Público e da Polícia Federal nos casos de ilícitos de qualquer natureza em que isso for necessário, e não apenas "quando houver indícios de responsabilidade penal", como é determinado hoje no §4º do art. 66 da Lei n. 13.502/2017.

VII

MELHORIA DOS CONTROLES INTERNO E EXTERNO

35 FORTALECIMENTO DO CONTROLE INTERNO

O controle interno na Administração Pública, exercido a âmbito federal no Brasil pela Controladoria-Geral da União, é uma forma de controle da Administração sobre si mesma. Entre suas finalidades estão a detecção e o combate à corrupção na gestão de recursos públicos. Nesse sentido, a presente Proposta de Emenda à Constituição visa fortalecer o controle interno, a fim de torná-lo um instrumento mais eficaz na luta contra a corrupção.

Principais pontos da proposta

- Determina também que as atividades de controle interno sejam desempenhadas por órgãos de natureza permanente e exercidas por servidores organizados em carreiras específicas.
- Estabelece diretrizes para o controle interno, definindo como atividades de controle interno as funções de ouvidoria, controladoria, auditoria governamental e correição.
- Estabelece quem são os servidores que farão as atividades de controle interno: agente público, com nível superior e reputação ilibada.
- Determina a elaboração, pelos órgãos de controle interno, de plano de trabalho anual, com definição de prioridades e resultados almejados, promoção de intercâmbio de informações relevantes e publicação de relatórios periódicos de suas atividades.
- Atribui aos responsáveis pelo controle interno o dever de tornar o Tribunal de Contas ciente quando da constatação de irregularidades ou ilegalidades, sob pena de responsabilidade solidária, e, na hipótese de configuração de crime, prevê o dever de envio de cópia integral do feito apuratório à Polícia e ao Ministério Público.

Problemas que pretende solucionar

- A atividade de Controle Interno ainda não possui clara definição constitucional. Essa ausência de definição é uma das maiores fragilidades do sistema brasileiro de controle interno, colocando sob constante ameaça a própria existência do seu órgão central (a Controladoria-Geral da União).
- Embora seja previsto nos artigos 70 e 74 da Constituição da República, o sistema de controle interno não conta com previsão normativa de alcance nacional, determinando as atividades essenciais que deve contemplar.
- A minuta de PEC inspira-se na PEC 45/2009, em tramitação no Senado Federal, já tendo percorrido parte dos trâmites legislativos necessários à sua aprovação.
- A falta de controle interno e organização dos entes estatais na prevenção e no combate à corrupção em âmbito interno gera condições inadequadas para a prevalência dos princípios constitucionais regentes da Administração Pública.

PROPOSTA DE EMENDA À CONSTITUIÇÃO

SUBEMENDA Nº 1 – CCJ À EMENDA Nº 4 – PLEN
(à PEC nº 45, de 2009)

Dê-se ao art. 1º da Proposta de Emenda à Constituição nº 45, de 2009, a seguinte redação:

Art. 1º O art. 37 da Constituição Federal passa a vigorar acrescido do seguinte inciso, XXIII:

"**Art. 37.** [...]

XXIII – as atividades do sistema de controle interno, previstas no art. 74, essenciais ao funcionamento da administração pública, contemplarão, em especial, as funções de ouvidoria, controladoria, auditoria governamental e correição, serão desempenhadas por órgãos de natureza permanente e exercidas por servidores organizados em carreiras específicas, na forma de lei complementar, e por outros servidores e militares, devidamente habilitados para essas atividades, em exercício nas unidades de controle interno dos Comandos militares." (NR)

JUSTIFICATIVA

A atividade de Controle Interno possui frágil assento constitucional, que não acompanhou as evoluções dessa função desde 1988, acrescentando ações na linha da transparência, da corregedoria e do controle social. Organizar a disciplina constitucional das atividades de controle interno representa um importante passo para tornar a atividade perene e atrelar suas entregas à Sociedade a uma atividade típica de Estado, permanente e organizada.

A heterogeneidade e os distintos graus de maturidade institucional em que se encontram as diversas instituições que promovem o controle interno na administração pública trazem enorme perda de escala por não compartilharem um arcabouço normativo, sistêmico e institucional.

Esta proposta é contemplada pela PEC nº 45/2009, impulsionada pelo Conselho Nacional de Controle Interno – CONACI – e com apoio de outras entidades da área técnica contemplada. Esta proposta prevê inciso adicional ao extenso rol do artigo 37 da Constituição, cujo *caput* explicita os princípios regentes da Administração Pública – legalidade, impessoalidade, moralidade, publicidade e eficiência. O conteúdo ressalta a pertinência de passar a contar nossa Carta Magna com previsão capaz de reforçar o controle interno, assegurando condições mínimas para seu efetivo funcionamento, a favor do interesse público.

A PEC nº 45, apresentada por um senador capixaba em 2009, em legislatura anterior à atual, já percorreu todos os trâmites legislativos naquela Casa Parlamentar, tendo sido desarquivada em 2015 e encontrando-se, atualmente, pronta para deliberação no plenário do Senado, caso assim decida a Presidência, responsável final pela composição da pauta. O texto proposto é o formalmente existente e já submetido ao escrutínio público, tendo passado por comissões, relatorias, objeto de manifestos de entidades, alterações pontuais e extensa tramitação.

ANTEPROJETO DE LEI

> Estabelece diretrizes para as atividades de controle interno dos entes públicos, conforme os artigos 37, 70 e 74 da Constituição Federal.

O **PRESIDENTE DA REPÚBLICA** faço saber que o Congresso Nacional decreta e eu sanciono a seguinte lei:

Art. 1º. O sistema de controle interno, previsto nos artigos 70 e 74 da Constituição Federal, realizará suas atribuições nas áreas de auditoria, ouvidoria, correição e controladoria, tendo em vista a efetividade dos princípios da legalidade, impessoalidade, moralidade, publicidade, eficiência, legitimidade e economicidade.

Art. 2º. Todos os entes da Administração Direta e Indireta do Estado, inclusive pessoas jurídicas controladas pelo Poder Público, no âmbito do Poder Executivo Federal, Estadual, Distrital e Municipal, bem como nos respectivos Poderes Legislativo e Judiciário, além do Ministério Público e na Defensoria Pública, deverão estruturar adequadamente seus próprios sistemas de controle interno, de modo a bem desempenhar suas atividades precípuas, nos termos desta Lei.

Art. 3º. São atividades de auditoria interna:

I – Fiscalizar, nos aspectos contábil, financeiro, orçamentário, operacional e patrimonial, o uso dos recursos públicos, a aplicação das subvenções e a renúncia de receitas;

II – Avaliar o cumprimento das metas previstas no plano plurianual, a execução dos programas de governo e dos orçamentos;

III – Comprovar a legalidade e avaliar os resultados, quanto à eficácia e eficiência, da gestão orçamentária, financeira e patrimonial, inclusive quanto à aplicação de recursos públicos por entidades de direito privado;

IV – Exercer o controle das operações de crédito, avais e garantias, bem como dos direitos e haveres;

V – Apoiar o controle externo no exercício de sua missão institucional;

VI – Realizar e executar plano de auditoria, com periodicidade mínima anual, com base em priorização que considere riscos envolvidos e volume de recursos relacionados;

VII – Monitorar as situações mais relevantes durante sua execução, sempre que possível, relatando imediatamente ocorrências em desconformidade;

VIII – Apresentar relatório circunstanciado de cada análise técnica efetuada, que deverá ser encaminhado à autoridade superior competente.

Art. 4º. São atividades de ouvidoria:

I – Atender a todas as manifestações de cidadãos e assegurar respostas nas condições e prazos exigidos pela legislação;

II – Registrar, encaminhar, monitorar e analisar as manifestações, classificando-as como pedido de informação, reclamação, sugestão, elogio ou denúncia;

III – Elaborar relatório ao dirigente responsável pela instituição, com apresentação dos dados dos atendimentos, providências e recomendações;

IV – Incentivar a participação na gestão pública e divulgar canais institucionais para tanto;

V – Representar perante a instituição em que se insere e promover a defesa do usuário do serviço público, nos termos da Lei n. 13.460/2017;

VI – Produzir estatísticas indicativas do nível de satisfação dos usuários dos serviços públicos prestados, com base nas manifestações recebidas;

VII – Publicar relatórios e estatísticas, inclusive em portal na internet;

VIII – Desempenhar outras atribuições relacionadas com a participação, a promoção e a defesa da cidadania, tendo como base, inclusive, boas práticas internacionais relevantes para orientar seu trabalho.

Art. 5º. São atividades de correição:

I – Verificar a regularidade dos processos conduzidos pelos órgãos e entidades da Administração Pública Direta e Indireta, do correto uso dos recursos públicos e dos atos praticados por agentes públicos;

II – Instaurar processo apuratório, em vista de hipótese fática indevida, e de responsabilização, para confirmação de autoria e imposição de sanções, inclusive nas hipóteses das Leis n. 8.666/93 e 12.846/2013;

III – Realizar inspeções e fiscalizações, segundo critérios fundamentados;

IV – Requisitar quaisquer documentos, inclusive aqueles relacionados ao uso de recursos públicos por entidades privadas, e convocar para esclarecimentos e testemunhos;

V – Desenvolver ações preventivas, inclusive com técnicas de inteligência, a fim de evitar irregularidades e práticas lesivas ao patrimônio público;

VI – Propor medidas com o objetivo de sanear irregularidades técnicas e administrativas e, sempre que necessário, indicar responsabilidades e providências cabíveis;

VII – Encaminhar a documentação pertinente às autoridades competentes, quando comprovada a ocorrência de irregularidade, para a adoção das providências cabíveis;

VIII – Publicar os resultados alcançados, inclusive cada sanção aplicada.

Art. 6º. São atividades de controladoria:

I – Fomentar a transparência pública e contribuir para a aplicação das normas de acesso à informação, conforme a Lei n. 12.527/2011;

II – Administrar portal da transparência na internet, zelando por fácil acesso, abertura dos dados e completude das informações;

III – Acompanhar a execução das políticas públicas de integridade e anticorrupção, avaliando os impactos causados e a qualidade do gasto público;

IV – Avaliar o impacto das políticas de controle interno e anticorrupção, promovendo estudos e pesquisas, analisando e divulgando informações, de modo a contribuir com a gestão;

V – Incentivar a integridade e a ética, por meio de revisão de procedimentos, difusão de boas práticas de integridade, coordenação com a Comissão de Ética Pública da Presidência da República para ações relativas à ética e outras medidas pertinentes;

VI – Fomentar iniciativas de capacitação, qualificação, formação e produção de material informativo e de orientação, nas áreas relacionadas ao controle;

VII – Elaborar e difundir normas técnicas e orientações administrativas para padronização dos procedimentos;

VIII – Apoiar o controle externo e incentivar o controle social.

Art.7º. As atividades diretamente voltadas à finalidade precípua do controle interno serão desempenhadas por agentes públicos devidamente investidos em funções compatíveis, detentores de formação profissional em nível superior, com reputação ilibada e conhecimentos especializados.

Art. 8º. Os órgãos de controle interno elaborarão plano de trabalho anual, com definição de prioridades e resultados almejados, promoverão intercâmbio de informações relevantes e publicarão relatórios periódicos de suas atividades.

Art. 9º. Os responsáveis pelo controle interno, ao constatarem irregularidade ou ilegalidade, darão ciência ao Tribunal de Contas, sob pena de responsabilidade solidária.

Parágrafo único. Caso também possa haver configuração de crime, será remetida cópia integral do feito apuratório à Polícia e ao Ministério Público.

Art. 10. Qualquer cidadão, partido político, associação ou sindicato será parte legítima para denunciar irregularidades ou ilegalidades ao sistema de controle interno.

Art.11. Esta Lei entra em vigor na data da sua publicação.

Brasília, XX de XXXX de 2018.

JUSTIFICATIVA

A prevenção e o combate à corrupção podem ser mais efetivos se houver adequado controle da Administração Pública, por meio de instituições próprias e procedimentos eficientes, segundo parâmetros técnicos nacionais, em sintonia com as melhores referências internacionais.

O sistema de controle interno dos entes públicos no Brasil, previsto nos artigos 70 e 74 da Constituição da República, não conta com previsão normativa, de alcance nacional, das atividades essenciais que deve contemplar, conforme as diretrizes constitucionais em vigor.

A falta de controle interno, sua insuficiente organização ou ineficiente funcionamento propiciam campo aberto às mais diversas irregularidades administrativas e malversações do dinheiro público, sendo imperativo dotar todos os entes estatais de condições adequadas para a prevalência dos princípios constitucionais regentes da Administração Pública, estabelecidos no artigo 37 da Carta de 1988.

Conforme a moldura legal vigente e o entendimento técnico, consolidado conceitualmente, a partir da prática do controle pelos órgãos e agentes responsáveis, tem-se na atualidade a difundida compreensão de que o controle interno envolve no mínimo o desempenho de quatro macrofunções, as quais enfeixam amplo e robusto conjunto de atividades: auditoria, ouvidoria, correição e controladoria, nos termos apregoados pelo Conselho Nacional de Controle Interno CONACI ("Panorama do Controle Interno no Brasil" – Organizadores Gustavo Gonçalves Ungaro e Raphael Rodrigues Soré. Brasília: CONACI, 2014).

No mesmo sentido preconiza a PEC em tramitação no Senado Federal (PEC nº 45/2009), a qual se encontra pronta para deliberação em plenário, intentando inserir prescrição adicional ao artigo 37 da Constituição Federal, cujo texto convém reproduzir:

XXIII – As atividades do sistema de controle interno da União, dos Estados, do Distrito Federal e dos Municípios a que faz referência o art. 74, essenciais ao funcionamento da administração pública, contemplarão em especial as funções de ouvidoria, controladoria, auditoria governamental e correição, e serão desempenhadas por órgãos de natureza permanente, e exercidas por servidores organizados em carreiras específicas na forma da lei.

Diversas leis acometeram, nas últimas décadas, novas atribuições aos órgãos de controle interno, bastando mencionar a Lei de Improbidade Administrativa (n. 8429/92), de Licitações e Contratos (n. 8666/93), de Responsabilidade Fiscal (Lei Complementar n. 101/2000), da Transparência (Lei Complementar n. 131/2009), de Acesso a Informação (n. 12.527/2011), Anticorrupção (n. 12.846/2013), de Parcerias com Entidades Sem Fins Lucrativos (n. 13.019/2014), de Responsabilidade das Estatais (n. 13.303/2016), de Defesa do Usuário do Serviço Público (n. 13.460/2017), entre outras.

A doutrina também realça a necessidade de haver adequada estruturação e funcionamento do controle interno, conforme a abalizada lição da prof. Odete Medauar, em sua conhecida obra *Controle da Administração Pública*, claramente mostrando a conveniência de aperfeiçoamentos e avanços:

Embora tenha ocorrido, no Brasil, melhoria nos controles, ainda é insuficiente. Torna-se mister prosseguir no aprimoramento dos controles, institucionalizados ou não, para que a Administração e seus agentes atendam, de modo efetivo, os verdadeiros interesses e direitos da população, no caminho da moralidade, da legalidade, da eficiência e do correto uso dos recursos públicos (Editora Revista dos Tribunais, 2014, 3. ed., p. 19).

No plano internacional, tratados e convenções reforçam a trilha mais adequada a ser percorrida pelas nações, em rumo bem traçado e iluminado – para reduzir riscos e perigos – sem atalhos nem desvios, de modo a não ser presa fácil da corrupção; e diversas iniciativas buscam impulsionar a integridade, a participação e o adequado controle da gestão pública, bastando mencionar a Parceria para o Governo Aberto (*Open Government Partnership – OGP*, iniciada por Estados Unidos, Reino Unido e Brasil) e as reformas em curso para a consolidação e ampliação da União Europeia, algumas relacionadas a mudanças no controle interno patrocinadas pelo Banco Mundial e abordadas na Comunidade de Práticas de Auditoria Governamental (*Internal Audit Community of Practice – Public Expenditure Management Peer-Assisted Learning – IACOP/PEMPAL*).

É por isso que esta proposta se revela imperiosa, com vistas a bem proteger o patrimônio público e propiciar crescente melhoria da gestão estatal, fortalecer o controle interno da Administração, como efetivo aprimoramento institucional do Estado Democrático de Direito.

36 PROGRAMA DE PREVENÇÃO DA CORRUPÇÃO NA GESTÃO MUNICIPAL

O Brasil tem mais de 5 mil municípios, responsáveis por bilhões de reais gastos em compras públicas e contratações todos os anos. Esta proposta pretende criar instrumentos para prevenir a corrupção no uso de recursos públicos no nível municipal, sem criar, entretanto, estruturas que onerem excessivamente a máquina pública. Esta proposta foi premiada pelo Prêmio JOTA INAC de Combate à Corrupção[1].

Principais pontos da proposta

- Estabelece o Programa de Prevenção da Corrupção na Gestão Municipal, o qual consiste em mecanismo de adesão voluntária para incentivar a adoção, por municípios com menos de 500 mil habitantes, de boas práticas na prevenção e combate à corrupção.
- Entre as boas práticas previstas, estão incluídas a criação de um sistema de controle interno, a publicação de um código de conduta, o estabelecimento de instâncias de auditoria, corregedoria e ouvidoria e a implementação de mecanismos de transparência passiva e ativa.
- O Ministério da Transparência e Controladoria-Geral da União será responsável por avaliar o nível de adesão – existência e efetivo funcionamento daqueles instrumentos – dos municípios aderentes, oferecendo-lhes uma certificação em diferentes níveis.
- Com base nessa certificação, serão oferecidos benefícios aos municípios mais bem avaliados, como a redução das taxas de juros e encargos nos empréstimos concedidos pela União, o acesso a recursos para capacitação de servidores e para o estímulo ao controle social e a promoção oriunda da publicação dos resultados positivos.

Problemas que pretende solucionar

- Lida com a diversidade de municípios brasileiros de maneira competente ao criar um sistema que incentiva a adesão, em vez de prever punições para não aderentes.
- Estabelece critérios objetivos que poderão ser avaliados de maneira célere e sistematizada, sem onerar excessivamente a estrutura do Ministério da Transparência e Controladoria-Geral da União.
- Promove o controle social e estimula a competição entre os municípios, além de estabelecer uma ferramenta de avaliação das gestões de prefeitos e vereadores, útil para que eleitores mensurem o compromisso dos candidatos com o combate à corrupção.

---

1 JOTA. **Como incentivar os municípios a prevenir a corrupção?** Rio de Janeiro, 7 dez. 2016. Disponível em: <https://www.jota.info/especiais/como-incentivar-os-municipios-prevenir-corrupcao-07122016>. Acesso em: 5 mar. 2018.

ANTEPROJETO DE LEI

Estabelece as diretrizes para o Programa de Prevenção da Corrupção na Gestão Municipal

O **PRESIDENTE DA REPÚBLICA** faço saber que o Congresso Nacional decreta e eu sanciono a seguinte lei:

Art. 1º. Esta Lei dispõe sobre as diretrizes do Programa de Prevenção da Corrupção na Gestão Municipal – PPCGM, cujo objetivo é fortalecer as estruturas de controle e prestação de contas nos municípios e, com isso, melhorar a efetividade da implementação das Políticas Sociais pelos entes municipais, nos termos dos arts. 30 e 37 da Constituição Federal de 1988 e do Título V da Lei n. 10.180/2001.

§1º. O Programa de Prevenção da Corrupção na Gestão Municipal – PPCGM é um mecanismo de incentivo à adesão voluntária dos entes municipais a boas práticas reconhecidas internacionalmente de controle e responsabilização da gestão municipal.

§2º. O Programa será gerenciado, no âmbito federal, pelo Ministério da Transparência e Controladoria-Geral da União, e a ele poderão aderir todos os municípios da federação com menos de 500 mil habitantes.

§3º. A certificação dos municípios se dará pela apresentação, bienalmente, dos documentos que comprovem o atendimento dos requisitos previstos no Art. 2, e essa atualização ocorrerá sempre nos meses de junho a agosto do exercício de atualização.

§4º. O Ministério da Transparência e Controladoria-Geral da União disponibilizará na internet, após 30 dias da homologação desta, a lista de certificação dos municípios participantes, com transparência ativa para a cópia dos documentos que permitiram concluir pela certificação.

CAPÍTULO I
DA DESCRIÇÃO DO PROGRAMA

Art. 2º. A certificação concedida pelo Programa se pautará na pontuação conquistada em doze requisitos.

§1º. Cada município, na busca da sua certificação, marcará pontos com base nos quesitos descritos a seguir:

Dimensão	Quesitos	Pontuação Estágio I	Pontuação Estágio II
Intraorganizacional	Controles internos	10	30
	Código de conduta	10	30
	Programa de gestão de riscos	20	60
	Capacitação para a integridade	10	30
	Restrição à cargo comissionado	10	30

Dimensão	Quesitos	Pontuação Estágio I	Pontuação Estágio II
Horizontal	Auditoria governamental	30	90
	Corregedoria	30	90
	Ouvidoria	30	90
Vertical	Transparência passiva	20	60
	Conselhos	20	60
	Transparência ativa	20	60
Diversos	Prestação de contas	40	40
	TOTAL	250	670
	TOTAL GERAL		920

§2º. A pontuação será calculada com base em dois estágios diferentes: o estágio I é a existência do quesito e o estágio II, a demonstração do seu efetivo funcionamento. O detalhamento do encaminhamento dessas informações durante o período de inscrições no Programa, bem como o rito de eventuais contestações, será objeto de normatização própria no âmbito Ministério da Transparência e Controladoria-Geral da União.

§3º. Para efeito da presente Lei, os requisitos são assim descritos:

Quesito	Descrição
Controles internos	Instituição de decreto municipal que formaliza a adoção de princípios de controle interno como segregação de funções, limites de alçada, designação formal com atribuições de responsabilidades e manualização de processos de fiscalização de contratos e de liquidação de despesas, publicado na internet.
Código de conduta	Instituição de decreto municipal que defina um código de conduta para os funcionários do município, com a previsão da restrição de nepotismo, conflito de interesses, política de presentes, brindes e viagens.
Programa de gestão de riscos	Instituição de decreto municipal com a implementação de programa de gestão de riscos, incluindo mapeamento dos principais processos, avaliação da maturidade dos riscos e capacitação dos atores envolvidos.
Capacitação para a integridade	Participação em ou implementação de programa de capacitação dos servidores municipais sobre assuntos afetos ao controle e combate à corrupção, em especial: prevenção da corrupção, gestão de riscos, controles internos, conformidade, ética, controle social, transparência e auditoria governamental.
Restrição à cargo comissionado	Instituição de decreto municipal que impeça a nomeação em cargo comissionado de cidadão punido na esfera penal em segunda instância, punido disciplinarmente ou responsabilizado pelo Tribunal de Contas da União ou Tribunal de Contas Estadual nos últimos 5 anos.

Quesito	Descrição
Auditoria governamental	Instituição de órgão de auditoria Municipal, similar a uma controladoria, definido em Lei, com regramento próprio, servidores concursados e programação anual de auditoria e resultados das ações publicados na internet.
Corregedoria	Instituição de instância responsável por apurar ilícitos administrativos, seja de servidores ou pessoas jurídicas fornecedoras, reguladas, beneficiadas por transferências ou renúncias.
Ouvidoria	Implementação de estrutura de ouvidoria, que processe as demandas e dê retorno ao cidadão das providências em relação as estas, servindo de canal de mediação das questões apresentadas.
Transparência passiva	Implementação dos mecanismos formais de transparência passiva previstos na Lei de Acesso a Informação (Lei n. 12.527/2011) e utilização de aplicativo para celular para o cidadão acessar serviços públicos, avaliar o atendimento recebido, bem como fiscalizar a prestação de serviços, estoques e obras, e fazer denúncias.
Conselhos	Conselhos de controle social relativos a gestão de recursos federais, em especial aqueles do Fundeb, Alimentação Escolar, Bolsa Família e Saúde, constituídos e operantes, observadas as regras de composição e escolha dos membros previstas na normatização, além de adoção de mecanismos participativos no orçamento, como o chamado orçamento participativo.
Transparência ativa	Implementação dos mecanismos formais de transparência ativa previstos na Lei de Acesso a Informação (Lei n. 12.527/2011) e na Lei de Responsabilidade Fiscal (Lei Complementar n. 101/2001), prevendo necessariamente a publicação na internet de receitas, despesas no nível do beneficiário final, relação de servidores, salário, licitações, relação de servidores e empresas punidas, bem como relatórios de execução de obras com fotografias e o possível georreferenciamento dessas.
Prestação de contas	Prestações de contas dos recursos federais transferidos encaminhada no prazo ao concedente, nos termos dos normativos vigentes, em especial quanto a Convênios via Siafi/Subsistema Transferências (Cadastro de Registro de Adimplência), SICONV (Cadastro de Registro de Adimplência) e as transferências fundo a fundo.

§4º. O Ministério da Transparência e Controladoria-Geral da União adotará um formalismo moderado na análise dos quesitos, criando uma instância recursal para avaliação de questionamentos por parte dos municípios e revisando bianualmente os quesitos adotados.

§5º. Após atribuída e homologada a pontuação, o Ministério da Transparência e Controladoria-Geral da União certificará o município em quatro níveis (A, B, C e D), conforme descrito a seguir:

Faixa de pontuação	Nível de certificação
701-920 pontos	A
501-700 pontos	B
201-500 pontos	C
0-200 pontos	D

Art. 3º. No caso de ação de órgão de controle interno ou externo, do Ministério Público ou da Polícia Federal, que detecte graves irregularidades na gestão municipal no período entre uma certificação e outra, a certificação será reduzida em dois níveis, tempestivamente, após deliberação formal e fundamentada do Ministério da Transparência e Controladoria-Geral da União, quando do conhecimento do fato formalmente.

CAPÍTULO II
DOS BENEFÍCIOS DE ADESÃO AO PROGRAMA

Art. 4º. De modo a incentivar a adesão voluntária dos municípios ao Programa, são possíveis os seguintes benefícios ao ente municipal, válidos no período abrangido pela certificação, regulamentados por normativo próprio do Poder ou órgão que se conceder destes:

I – Benefícios de imagem: o Ministério da Transparência e Controladoria-Geral da União dará ampla publicidade à certificação dos municípios, de modo a identificar e valorizar junto aos eleitores as gestões municipais que prestigiem os mecanismos de controle e prestação de contas;

II – Benefícios de operações de crédito: as taxas de juros e encargos de empréstimos e financiamentos concedidos pelo Governo Federal aos municípios poderão ser reduzidas em percentuais correlacionados às faixas de certificação, conforme norma autorizada pela instância máxima do concedente;

III – Benefícios de capacitação: os municípios que aderirem ao Programa terão acesso, com base em seus níveis de certificação, a recursos do Fundo Nacional de Incentivo à Prevenção da Corrupção na Gestão Municipal, a ser criado por lei, para custeio de ações de capacitação de servidores e estímulo ao controle social em âmbito local;

IV – Benefícios fiscalizatórios: os critérios de fiscalização sistemática dos órgãos de controle interno e externo considerarão a certificação na classificação dos municípios auditados;

V – Benefícios de formalidade: o volume de documentos e informações necessárias a prestação de contas dos entes municipais que recebem recursos federais pode ser graduada em virtude da certificação do município, exigindo-se menos documentos daqueles com certificação nível A.

DISPOSIÇÕES FINAIS

Art. 5º. O processo de certificação visa identificar a maturidade dos mecanismos de controle e prestação de contas dos municípios, com vistas a induzir a melhoria dessas estruturas, de modo a prevenir a corrupção, não se traduzindo em atestado de idoneidade dos gestores locais.

§1º. A certificação dos municípios é uma informação pública, aberta à consulta pública no sítio eletrônico do Ministério da Transparência e Controladoria-Geral da União e podendo ser utilizada pela imprensa ou em campanhas eleitorais.

Art. 6º. Esta Lei entra em vigor na data da sua publicação.

Brasília, X de XXXX de 2018.

JUSTIFICATIVA

Considerando-se que no Federalismo de cooperação do Brasil os municípios têm papel relevante na implementação das políticas sociais, voltadas à redução das desigualdades e à promoção do desenvolvimento humano, um arranjo coordenativo como esse proposto tem grande efeito de indução local, com caráter emancipatório, vendo o município como ente gestor que também necessita revestir-se de salvaguardas para desempenhar suas funções constitucionais, diferenciando cada um pelos seus riscos e estimulando a melhoria sistêmica.

O fortalecimento do arranjo municipal, pelo amadurecimento de práticas e instituições de *accountability*, favorece também outras redes que interagem com o município, como o Ministério Público e os órgãos de controle interno e externo federais previstos na Constituição Federal de 1988, bem como a própria ação dos cidadãos no exercício da democracia participativa, fortalecendo a dimensão preventiva na sua base.

Por trabalhar com certificação, e não com *ranking*, a proposição legislativa estimula a competição com vistas ao aperfeiçoamento, atuando de maneira menos agressiva nessa competitividade, e ainda, pelo uso de incentivos, respeita mais a autonomia do ente municipal do que uma estrutura comando e controle, e demanda menos monitoramentos, em especial por se utilizar de quesitos facilmente auditáveis, reduzindo assim os custos de transação, fazendo do controle um meio, e não um fim, focando na implementação das políticas sociais e nos aspectos estruturais que reduzam a corrupção, sem romper a doutrina das finanças públicas de estimular a gestão próximo as populações beneficiárias e sem perder na padronização que for necessária.

Plenamente exequível, não demanda grandes somas de recursos e esforço administrativo considerável por ter a maioria de seus elementos de verificação remota, com a possibilidade de previsão de canais de reclamação e instâncias de recurso das decisões de enquadramento, que mediariam os conflitos naturais que surgirem. O fato de ser complementar a outras ações mitiga os riscos típicos de uma ação de verificação apenas remota, pela possibilidade de integração e comunicação com essas ações de caráter presencial.

Por ser um mecanismo de adesão voluntária a boas práticas, representa um caminho eficaz e menos oneroso de prevenção a corrupção nas políticas sociais, tendo o Governo Federal um papel preponderante na indução dessa prevenção.

37 SISTEMA DE DECLARAÇÃO DE BENS E DIREITOS DOS SERVIDORES PÚBLICOS

Agentes públicos devem estar condicionados a regras específicas de integridade e transparência, compatíveis à função pública que exercem. Acompanhar a evolução patrimonial desses agentes é mecanismo indispensável para detectar o eventual recebimento de vantagem indevida e a prática de atos de corrupção e improbidade.

Principais pontos da proposta

- Prevê que todos os agentes públicos devam apresentar declarações eletrônicas detalhando seus patrimônios, bem como as de seus filhos e cônjuge. No caso de posse de mais de 30% das cotas societárias de empresas, o patrimônio destas também deverá ser informado.
- Cria o Sistema Eletrônico de Registro de Bens e Valores (Sispatri), o qual será responsável por não só por armazenar as declarações, mas também por cruzar os dados e produzir informações relevantes e úteis para o acompanhamento da evolução patrimonial dos agentes públicos.
- Incumbe aos órgãos de controle federal (CGU e TCU) e estaduais (TCEs e controladorias estaduais) a administração do Sispatri.
- Prevê a demissão como pena para a não prestação tempestiva das informações requeridas ou a prestação de informações falsas.

Problemas que pretende solucionar

- O modelo atual de declarações anuais de bens e valores é antiquado e insuficiente, pois não permite a extração de dados e a realização de análises que dependam do cruzamento de dados ou da filtragem de aspectos ou séries temporais específicas. A reunião de todos os dados em sistemas eletrônicos possibilitará o emprego das mais diversas ferramentas da Tecnologia de Informação a serviço da luta contra a corrupção.
- O acompanhamento da evolução patrimonial de agentes públicos é um importante instrumento para se certificar de que esses agentes não estão recebendo vantagens indevidas. Possibilita a detecção rápida de eventuais distorções e oferece as informações necessárias para investigações e auditorias, além de possibilitar a identificação imediata do patrimônio de agentes investigados, o que pode ser necessário no caso da execução de medidas judiciais, como o bloqueio de valores e o sequestro de bens.

ANTEPROJETO DE LEI

>Dispõe sobre a obrigatoriedade de apresentação, pelos agentes públicos, de declaração eletrônica de bens e valores para a posse e o exercício de mandato, cargo, emprego ou função na administração pública direta, indireta ou fundacional e dá outras providências.

O **PRESIDENTE DA REPÚBLICA** faço saber que o Congresso Nacional decreta e eu sanciono a seguinte lei:

Art. 1º. A posse e o exercício de agentes públicos para o desempenho, ainda que transitório ou sem remuneração, por eleição, nomeação, designação, contratação ou qualquer outro meio de investidura ou vínculo, mandatos, cargos, funções ou empregos nos órgãos da administração pública direta, indireta ou fundacional, dos Poderes Executivo, Legislativo e Judiciário, assim como do Ministério Público, na União, Estados, Distrito Federal e Municípios, ficam condicionados à apresentação de declaração eletrônica do seu patrimônio.

Art. 2º. A declaração eletrônica de bens e valores compreenderá móveis, imóveis, semoventes, dinheiro (em moeda nacional ou estrangeira), títulos, ações, investimentos financeiros, participações societárias e qualquer outra espécie de bens e valores patrimoniais, bem como suas obrigações passivas localizados no país ou no exterior, e abrangerá, se existentes, os bens, direitos, valores e obrigações do cônjuge ou companheiro, filhos e outras pessoas que vivam sob a dependência econômica do declarante.

Parágrafo único. Nas situações em que houver a propriedade de empresas, associações, organizações ou similares, o patrimônio destes também deverá constar da declaração eletrônica de bens, desde que o agente público ou as pessoas a ele vinculadas, nos termos do *caput*, sejam detentores de mais de 15% das respectivas cotas societárias.

Art. 3º. A declaração eletrônica de bens e valores deverá ser entregue por meio do Sistema Eletrônico de Registro de Bens e Valores – Sispatri.

Art. 4º. Caberá ao Poder Executivo Federal desenvolver o Sispatri, com recursos de seu próprio orçamento, devendo disponibilizar, sem ônus, seu código-fonte aos órgãos e entidades não pertencentes à Administração Pública Federal encarregados de receber e custodiar as declarações, nos termos do art. 6º desta Lei.

§1º. O Sispatri deverá conter ferramentas de levantamento, cruzamento e tratamento de dados que permitam a produção de informações estratégicas e gerenciais com base nas declarações nele registradas.

§2º. O Sispatri poderá ter funcionalidade que possibilite importar dados da Declaração de Ajuste Anual de Imposto de Renda da Receita Federal, com o objetivo de facilitar o preenchimento e evitar erros e omissões.

§3º. O desenvolvimento e a disponibilização previstos no *caput* deverão ocorrer no prazo de 180 (cento e oitenta) dias contados a partir da publicação desta lei.

Art. 5º A declaração de bens e valores deverá ser atualizada:

I – anualmente, até o dia 31 de maio; e

II – no prazo de 10 (dez) dias da data em que o agente público deixar o vínculo.

Parágrafo único. Os agentes públicos que se encontrarem, a qualquer título, regularmente afastados ou licenciados cumprirão a exigência no prazo de 10 (dez) dias, contados do seu retorno ao serviço.

Art. 6º As declarações eletrônicas de bens e valores entregues por meio do Sispatri serão remetidas aos seguintes órgãos, aos quais cabe sua custódia:

 I – Controladoria-Geral da União, quando se tratar de agente público vinculado ao Poder Executivo Federal, incluindo Ministros de Estado, excetuando-se o ocupante do cargo previsto na alínea a, inciso III, deste artigo;

 II – Órgão central de controle interno respectivo, quando se tratar de agente público vinculado ao Poder Executivo Estadual, do Distrito Federal e dos Municípios com mais de cinquenta mil habitantes, excetuando-se os ocupantes dos cargos previstos na alínea a, inciso IV, deste artigo;

 III – Tribunal de Contas da União, quando se tratar de:
  a) Presidente e Vice-Presidente da República;
  b) agente público vinculado ao Poder Legislativo, incluindo Deputados Federais e Senadores da República;
  c) agente público vinculado ao Poder Judiciário Federal, incluindo membros da Magistratura Federal;
  d) membro ou demais agentes públicos integrantes do Ministério Público Federal.

 IV – Tribunais de Contas Estaduais, quando se tratar de:
  a) Governadores e Prefeitos Municipais;
  b) agente público vinculado ao Poder Legislativo, incluindo Deputados Estaduais e Distritais e Vereadores Municipais;
  c) agente público vinculado ao Poder Judiciário Estadual, incluindo membros da Magistratura Estadual;
  d) membro ou demais agentes públicos integrantes do Ministério Público Estadual
  e) agente público vinculado a Município com menos de cinquenta mil habitantes.

Art. 7º. Os órgãos e entidades previstos no art. 6.º desta Lei poderão firmar acordo de cooperação com outros órgãos e entidades de controle e fiscalização, inclusive responsáveis por investigações policiais, e o Ministério Público, com a finalidade de compartilhar as informações constantes nas declarações referidas no parágrafo anterior.

Parágrafo único. Caberá ao órgão ou entidade que receber as informações previstas no *caput* o estabelecimento de regras que protejam o sigilo das informações fornecidas e as sanções aos agentes responsáveis pelo seu descumprimento, sem prejuízo das já previstas em lei.

Art. 8º. Será punido com a pena de demissão, a bem do serviço público, sem prejuízo de outras sanções cabíveis, o agente público que se recusar a prestar declaração prevista nesta Lei, dentro do prazo determinado, ou que a prestar falsa.

Art. 9º. As declarações previstas nesta Lei e os dados registrados no Sispatri poderão ser utilizados em levantamentos prévios e investigações realizadas pelos órgãos previstos nos arts. 6º e 7º desta Lei, independentemente da instauração de sindicância ou processo administrativo, nos termos do respectivo regulamento, ficando resguardado o caráter sigiloso de tais informações.

Art. 10. Fica revogado o art. 13, IV, da Lei n. 8.429, de 2 de junho de 1992.

Art. 11 Esta Lei entrará em vigor na data de sua publicação

Brasília, X de XXXX de 2018.

JUSTIFICATIVA

O objetivo do Projeto de Lei é aperfeiçoar os instrumentos e normativos de análise da evolução do patrimônio privado de agentes públicos, com o objetivo de coibir o enriquecimento ilícito e combater a corrupção e a lavagem de dinheiro. Ao estabelecer regras gerais para contratações, está justificada a competência legislativa da União (art. 22, incisos XVI e XXVII, da Constituição Federal). Embora a Lei n. 8.730/1993 estabeleça a obrigatoriedade da declaração de bens para empregos e funções nos Poderes Executivo, Legislativo e Judiciário, entendeu-se mais adequado, diante das inúmeras inovações, que essas normatizações fossem criadas por instrumento próprio.

Nesse sentido, foi estabelecida a obrigatoriedade de apresentação, pelos agentes públicos, de uma declaração eletrônica de bens e valores para a posse e o exercício de mandato, cargo, emprego ou função na administração pública direta, indireta ou fundacional a ser entregue por meio de um sistema eletrônico (Sispatri). A declaração eletrônica e o sistema permitirão um acompanhamento sistemático e amplo da evolução patrimonial dos agentes públicos, tendo em conta que os dados serão reportados em um formato pesquisável e que possibilitará o cruzamento de dados e a produção de informações estratégicas. Além disso, será possível utilizar filtros para consultas específicas e visualizar periodicamente a evolução patrimonial de cada agente público. Com efeito, será possível identificar situações de eventual incompatibilidade entre o patrimônio privado de agentes públicos e sua remuneração, aumentando-se as possiblidades de detecção da prática da corrupção e da lavagem de dinheiro

O modelo atual das declarações de bens e valores não possibilita uma análise mais aprofundada de seu conteúdo. As declarações escritas não são feitas em formulários padronizados e, entre outros aspectos, não permitem a extração de dados e a realização de análises com ferramentas de tecnologia da informação. Por sua vez, a utilização da declaração anual de bens apresentada à Receita Federal prevista no art. 13, §4º, da Lei n. 8.429/02, ou a autorização expressa para acesso a esses dados, demonstram-se medidas de difícil operacionalização, além de não permitirem o tratamento, o cruzamento e a produção de informações estratégicas a partir de tais informações.

Por fim, a declaração eletrônica de bens e valores, embora não seja seu objetivo primordial, também permitirá maior monitoramento para a prevenção e detecção de situações de eventual conflito entre interesses públicos e privados que possam comprometer o interesse coletivo ou influenciar, de maneira imprópria, o desempenho da função pública. Além disso, a declaração também possibilitará identificar, de modo mais ágil, o patrimônio a disposição do agente investigado, o que pode ser de extrema utilidade em situações nas quais forem justificáveis medidas judiciais ensejadoras de sequestro de bens e bloqueio de valores.

38 AUDITORIA PATRIMONIAL ALEATÓRIA DE AGENTES PÚBLICOS

A sociedade manifesta justificada preocupação com a evolução patrimonial de pessoas no exercício de funções públicas, particularmente quando se tornam conhecidos os escândalos de corrupção envolvendo o enriquecimento ilícito de agentes públicos. Assim, sortear um determinado número de autoridades e realizar sindicâncias patrimoniais em relação a elas produz dois efeitos positivos nesse sentido: possibilita que se identifiquem irregularidades, as quais dificilmente seriam desvendadas e poderão servir de ponto de partida para investigações mais amplas. Mas a principal vantagem da medida é que desestimulará conduta ilícitas pela mera possibilidade de que sejam sorteados no futuro.

Principais pontos da proposta
- Determina a realização de sorteios anuais, pelo Tribunal de Contas da União, de 65 autoridades públicas, as quais serão sujeitas a uma sindicância patrimonial.
- Esta sindicância se estenderá para membros da família e pessoas jurídicas relacionadas.
- Colaborarão na realização dessas sindicâncias a Receita Federal do Brasil e o Ministério Público Federal
- Estabelece como ato de improbidade administrativa impedir ou dificultar os trabalhos relacionados a esta auditoria patrimonial aleatória.

Problemas que pretende solucionar
- Questionamentos genéricos sobre a evolução patrimonial de políticos e outras autoridades são frequentes na imprensa. Inexiste, entretanto, um mecanismo sistêmico que possibilite a averiguação dessa evolução por meio de sindicâncias detalhadas.
- Inspirada no programa da CGU que realiza fiscalizações aleatórias em municípios com convênios com a União, a realização de sorteios para identificação dos alvos da sindicância, bem como a ampla gama de autoridades que podem ser sorteadas – membros do Executivo, Legislativo, Judiciário e Ministério Público –, elimina questionamentos relacionados a perseguições políticas.
- O caráter aleatório da auditoria tem grande potencial para acelerar a detecção da corrupção e promover a prevenção, criando um ambiente favorável à lisura das autoridades.

ANTEPROJETO DE LEI

Altera a Lei n. 8.730, de 10 de novembro de 1993, que estabelece a declaração de bens e rendas, para estabelecer sindicâncias patrimoniais aleatórias.

O **PRESIDENTE DA REPÚBLICA** faço saber que o Congresso Nacional decreta e eu sanciono a seguinte Lei:

Art. 1º. Renumera-se o parágrafo único do artigo 5º da Lei n. 8.730, de 10 de novembro de 1993, para §1º.

Art. 2º. Inserem-se o artigo 4º-A, os §§2º e 3º no artigo 5º, e o artigo 7º-A na Lei n. 8.730, de 10 de novembro de 1993, com a seguinte redação:

"**Art. 4º-A** Sem prejuízo do disposto no parágrafo 2º do artigo anterior, o Tribunal de Contas da União, em sessão pública anual, sorteará 15 membros da categoria do inciso III, incluindo ministros, secretários e outras autoridades com *status* de Ministro, assim como 50 membros de cada categoria dos incisos IV a VII, do artigo 1º, para serem submetidos a sindicância patrimonial, realizada em conjunto com servidores da Receita Federal e do Ministério Público Federal.

§1º. A sindicância poderá ser estendida para membros da família e pessoas jurídicas relacionadas.

§2º. O disposto no *caput* não afasta o dever do Ministério Público e da corregedoria a que está vinculada autoridade ou servidor de instaurar, respectivamente, os procedimentos previstos no art. 8º, §1º, da Lei n. 7.347, de 24 de julho de 1985, e no art. 14, §3º, da Lei n. 8.429, de 2 de junho de 1992.

§3º. A Fazenda Pública Federal, constatando indícios de incompatibilidade, omissão ou inexatidão em declaração tributária quanto a bens ou fontes de rendas, conforme detalhado nos arts. 1º e 2º desta Lei, comunicará o fato ao Tribunal de Contas da União, ao órgão corregedor pertinente e ao Ministério Público.

§4º. A Fazenda Pública deverá manter sistema de informática adequado para os fins do parágrafo anterior, o qual deverá identificar incompatibilidade, omissão ou inexatidão e comunicar automaticamente o Tribunal de Contas da União, o órgão corregedor pertinente e o Ministério Público."

"**Art. 7º-A** Constitui ato de improbidade não implementar as disposições desta Lei, impedir ou dificultar os trabalhos decorrentes, bem como não atender os ditames da Lei n. 12.527, de 18 de novembro de 2011, no que diz respeito às informações de que trata esta Lei.

Parágrafo único. O Tribunal de Contas da União e os órgãos a que estiverem vinculadas as autoridades relacionadas no art. 1º divulgarão o resultado das sindicâncias referidas no art. 4º-A, mantendo sítio eletrônico com as informações não sigilosas decorrentes da aplicação desta Lei."

Art. 3º. Revogam-se as disposições em contrário.

Art. 4º. Esta lei entra em vigor 60 dias após a data de sua publicação.

Brasília, X de XXXX de 2018.

JUSTIFICATIVA

A presente proposta aprimora o sistema já existente da Lei n. 8.730, de 10 de novembro de 1993, buscando maior efetividade da fiscalização instituída há 25 anos em nosso ordenamento. Não se trata, portanto, de novidade, mas de conferir eficácia e publicidade àquilo que já deveria ter sido implementado.

Além disso, a instituição de um sistema de auditoria aleatória pode servir para a prevenção e a detecção mais rápida de delitos, bem como para maior lisura do próprio processo eleitoral quando se trata de integrantes de cargos eletivos. Deve-se observar, contudo, que a medida é estendida não só para essa categoria, mas também para membros do Poder Judiciário e do Ministério Público.

Nesse sentido, a proposta contribui em larga medida para a maior eficiência da Justiça criminal e cria um ambiente mais favorável à lisura das altas autoridades da República. De fato, sabe-se que, em regra, inicia-se a investigação criminal após a notícia de um crime. Portanto, decorre necessariamente certo tempo para que os fatos venham à tona e comecem a ser apurados. Esse tempo, muitas vezes, leva à prescrição da pretensão punitiva estatal, deixando os criminosos impunes.

O sistema de auditoria aleatória ajuda a evitar os efeitos deletérios do tempo. Sua instituição, por exemplo, pela Controladoria-Geral da União em Municípios, levou à descoberta mais prematura de esquemas delitivos, alguns em pleno funcionamento. Se realizada a auditoria, não é mais necessário aguardar a notícia de crime para só então agir.

Além disso, a auditoria, com base em dados já regularmente informados à própria Administração Pública, tem efeito preventivo benéfico. Reforça também a responsabilidade de órgãos como a Fazenda Pública e o Ministério Público na manutenção do dever de probidade dos agentes públicos em geral.

A existência de auditorias é inclusive recomendada por estudiosos reconhecidos no tema da corrupção, como Matthew Taylor (na obra *Corruption and Democracy in Brazil – The Struggle for Accountability*), embora a ênfase desse autor se dê em relação a membros do Congresso Nacional.

Por fim, a divulgação dos resultados efetiva o princípio constitucional da publicidade da Administração Pública, aumentando as informações disponíveis aos cidadãos e eleitores.

39 GESTÃO DE INFORMAÇÕES PARA DETECÇÃO DE CORRUPÇÃO DE FUNCIONÁRIOS PÚBLICOS

Uma das principais atribuições da Controladoria-Geral da União é acompanhar a evolução patrimonial dos mais de 1 milhão de servidores públicos federais para detectar e investigar instâncias de enriquecimento ilícito. Existem, entretanto, graves barreiras que dificultam o exercício dessa função, como a exigência de ordem judicial para o acesso às informações financeiras de agentes públicos. Esta proposta pretende superar esse obstáculo, facilitando o compartilhamento de dados entre órgãos da União e instituições financeiras e a CGU.

Principais pontos da proposta

- Autoriza o compartilhamento, com a CGU, de dados relativos à situação econômica ou financeira de servidores públicos federais com o objetivo de avaliar a evolução patrimonial destes servidores.

- Inclui, entre esses dados cujo compartilhamento fica autorizado, todas as informações produzidas ou custodiadas por qualquer órgão ou entidade pública, da administração direta ou indireta, empresas públicas, autarquias e fundações, inclusive aquelas informações recebidas e custodiadas pela Secretaria da Receita Federal.

- Autoriza o Banco Central, as instituições financeiras e a CVM a fornecer à CGU as informações e documentos sigilosos que, fundamentadamente, forem necessárias ao exercício das competências do órgão central de controle interno da Administração Federal.

- Torna desnecessária a autorização do Poder Judiciário para o compartilhamento dessas informações com a CGU.

Problemas que pretende solucionar

- A necessidade de autorização judicial para a quebra de sigilo bancário e fiscal é um grave obstáculo à obtenção das informações necessárias à CGU para que esta realize sua atribuição de avaliar a evolução patrimonial dos agentes públicos com vistas à detecção de casos de enriquecimento ilícito.

- A alteração facilita a tarefa de detecção desses casos, pois desburocratiza e simplifica questões de ordem legal associadas ao sigilo dos dados e informações necessários à evidenciação do delito.

ANTEPROJETO DE LEI

> Altera a Lei Complementar n. 5.172, de 25 de outubro de 1966, e a Lei Complementar n. 105, de 10 de janeiro de 2001, para dispor sobre o compartilhamento de informações sigilosas para a avaliação da evolução patrimonial dos servidores públicos federais.

O **PRESIDENTE DA REPÚBLICA** faço saber que o Congresso Nacional decreta e eu sanciono a seguinte lei:

Art. 1º. A Lei n. 5.172, de 25 de outubro de 1966, passa a vigorar com as seguintes alterações:

"Art. 198 [...]

§1º. [...]

III – requisições de bases de dados advindas do órgão central de Controle Interno do Poder Executivo Federal, para efeito exclusivo do cumprimento da competência de avaliação da evolução patrimonial dos servidores públicos federais, na forma do Parágrafo Único do Art. 70 e do Art. 74 da Constituição Federal de 1988.

[...]

§4º. Estão abrangidas pelo disposto no inciso III do §1º todas as informações produzidas ou custodiadas por qualquer órgão ou entidade pública, da administração direta ou indireta, empresas públicas, autarquias e fundações, inclusive aquelas informações recebidas e custodiadas pela Secretaria da Receita Federal.

§5º. Não caracteriza quebra do sigilo fiscal, bancário ou comercial, ou violação do dever de sigilo, o fornecimento de bases de dados na forma do inciso III do §1º, estendendo-se ao órgão central de Controle Interno do Poder Executivo Federal e a seus servidores a responsabilidade pela guarda e pelo tratamento das informações, com as devidas responsabilizações administrativas, civis e penais, na forma da Lei.

§6º. É vedado ao órgão central de Controle Interno o compartilhamento com terceiros das informações constantes das bases de dados referidas no inciso III, §1º, salvo se expressamente autorizado pelos órgãos fornecedores ou custodiantes das bases, ressalvada a comunicação às autoridades competentes da prática de ilícitos penais ou administrativos.

§7º. O órgão central de Controle Interno do Poder Executivo Federal editará normas para assegurar a impessoalidade na identificação de ilícitos a partir da base de dados e que o acesso a informações da base de dados relativas a agentes públicos específicos seja justificado." (NR)

Art. 2º. A Lei Complementar n. 105, de 10 de janeiro de 2001, passa a vigorar com as seguintes alterações:

"Art. 3º. [...]

§1º – (Revogado).

§2º – (Revogado).

Art. 4º. O Banco Central do Brasil, as instituições financeiras e a Comissão de Valores Mobiliários, nas áreas de suas atribuições, fornecerão ao Poder Legislativo Federal e ao órgão central de Controle Interno do Poder Executivo Federal as informações e os documentos sigilosos que, fundamentalmente, forem necessários ao exercício das competências constitucionais e legais do Poder Legislativo Federal e à elucidação de fatos apurados em procedimento investigatório ou objeto de processo administrativo.

[...]

§2º. As solicitações provenientes do Poder Legislativo federal deverão ser previamente aprovadas pelo Plenário da Câmara dos Deputados, do Senado Federal ou de suas respectivas comissões parlamentares de inquérito.

§3º. Não caracteriza quebra do sigilo fiscal, bancário ou comercial, ou violação do dever de sigilo, o fornecimento de informações e documentos sigilosos ao órgão central de Controle Interno do Poder Executivo Federal, estendendo-se ao órgão e a seus servidores a responsabilidade pela guarda e pelo tratamento das informações, com as devidas responsabilizações administrativas, civis e penais, na forma da Lei." (NR)

Art. 3º. Esta Lei entra em vigor na data de sua publicação.

Brasília, X de XXXX de 2018.

JUSTIFICATIVA

A proposta de alteração na legislação busca viabilizar o acesso, pelo órgão central de Controle Interno do Poder Executivo federal, às informações essenciais para o efetivo cumprimento de sua atribuição legal de avaliar, de modo permanente e contínuo, a evolução patrimonial dos agentes públicos, com vistas à detecção de casos de enriquecimento ilícito que, frequentemente, estão associados a práticas de corrupção.

Os resultados verificados na tarefa de detecção do enriquecimento ilícito e na punição dos casos de corrupção a ele relacionados são muito modestos, pois o enfrentamento efetivo do problema esbarra invariavelmente em questões de ordem legal associadas ao sigilo dos dados e informações necessários à evidenciação do ilícito. Em outras palavras, o sigilo serve de escudo para encobrir crimes praticados diuturnamente contra a administração pública, o erário e, em última análise, os contribuintes.

Tal situação é agravada pelo desenvolvimento tecnológico, que facilita o fluxo de capitais e a lavagem de dinheiro, tornando o rastreamento do ilícito contra a administração pública um desafio quase intransponível se os órgãos competentes não puderem cruzar dados e informações protegidos pelo manto do sigiloso. Essa dificuldade se reproduz em igual intensidade quando se analisa a tempestividade dos processos. Investigações que poderiam ser rapidamente concluídas se os órgãos tivessem a informação necessária em tempo hábil acabam se arrastando por anos, facilitando a lavagem de dinheiro e o acobertamento da corrupção. Em suma, o governo retira do próprio governo os meios necessários ao deslinde de crimes e à punição de corruptos.

A corroborar a necessidade de revisão e flexibilização racional dos normativos que instituem os sigilos fiscal, bancário e comercial, há que se considerar que o serviço público federal emprega hoje mais de 1,2 milhão de pessoas, somente entre civis e militares ativos. É absolutamente inexequível qualquer proposta de acompanhamento da evolução patrimonial de tamanho contingente sem o acesso, pelos órgãos de combate à corrupção, às bases de dados protegidas por sigilo.

Mais do que nunca, é preciso que o debate avance e que o país possa definitivamente superar esse entrave legal que há décadas atrapalha e atrasa as iniciativas de combate à corrupção no Brasil. A sociedade clama por um Estado mais eficiente e íntegro, e medidas como o compartilhamento de dados e informações que o governo já detém são essenciais para que se possa minimamente reduzir e controlar o fenômeno da corrupção no país.

Portanto, o projeto cria regras que equilibram a necessidade de otimizar o compartilhamento das informações, sem que isso importe em ofensa a garantias individuais, como a privacidade do cidadão. Para tanto, propõe-se que o sigilo das bases de dados possa ser afastado somente quando solicitado pelo órgão central de Controle Interno do Poder Executivo Federal, o qual passa a ser responsável, em companhia de seus servidores, pela guarda e tratamento das informações, passíveis de responsabilizações administrativas, civis e penais. Ou seja, não se trata propriamente de uma quebra de sigilo, mas apenas de uma transferência de informações entre órgãos, mantendo-se o sigilo.

Note-se que, para fins de cruzamento de dados e identificação de "*redflags*", indicativos de descompasso patrimonial em face da renda, é absolutamente necessária que seja cedida para a Controladoria-Geral a própria base de dados, e não informações específicas sobre determinada(s) pessoa(s). Em razão da amplitude do acesso, propôs-se, a título de salvaguarda, que o órgão de controle edite normas para garantir que o emprego de dados da base atenda ao princípio da impessoalidade, ou seja, a identificação de sinais de ilícitos deve seguir parâmetros objetivos, para que o acesso a informações de agentes públicos específicos seja justificado.

Além disso, como salvaguarda adicional, a proposta proíbe expressamente o compartilhamento das informações por parte do órgão central de Controle Interno do Poder Executivo Federal, salvo quando expressamente autorizado a fazê-lo ou para comunicar a prática de ilícitos penais e administrativos aos órgãos competentes.

40 AUDITORIA ESTATAL SOBRE GOVERNANÇA DE EMPRESAS COM PARTICIPAÇÃO MINORITÁRIA DO ESTADO

Além das empresas estatais e das sociedades de economia mista, o Estado é também acionista em diversas outras empresas, mas como sócio minoritário. Nesses casos, é importante que estejam previstos mecanismos capazes de garantir a adequada administração de recursos que são, em alguma medida, públicos. É por isso que esta proposta exige que empresas com participação do Estado tenham mecanismos de governança e compliance, bem como as empresas estatais.

Principais pontos da proposta
- Atribui aos órgãos de controle interno e externo do respectivo ente da federação a competência de auditar a sociedade empresarial de que não detenham controle acionário as empresas públicas, as sociedades de economia mista e suas subsidiárias quanto às práticas de controle e governança de suas participações acionárias.
- Permite aos órgãos de controle interno e externo que requeiram dessas sociedades empresariais em que há participação societária minoritária do Estado os documentos e as informações diretamente pertinentes àquelas práticas.

Problemas que pretende solucionar
- Há omissão da Lei n. 13.303 quanto à possibilidade de órgãos de controle interno e externo auditarem participações societárias minoritárias de empresas públicas, sociedades de economia mista ou suas subsidiárias, inviabilizando o controle.
- De forma exemplificativa, destaca-se que o Ministério da Transparência e Controladoria-Geral da União já sofreu uma série de restrições em seus trabalhos de auditoria em virtude da recorrente alegação de que tal órgão não tem a prerrogativa de auditar sociedades nas quais as empresas estatais não detenham o controle, ainda que a participação de tais estatais, em conjunto ou isoladamente, seja de 49,99%. São exemplos de sociedades nas quais as empresas estatais da União participam de forma minoritária: BV Financeira (Banco do Brasil), Banco Panamericano (Caixa), JBS (BNDES), Norte Energia (Eletrobras) e Sete Brasil (Petrobras).
- A ausência desses mecanismos de governança e compliance incentiva gestores mal-intencionados. As investigações conduzidas no âmbito da Operação Lava-Jato indicam que essas participações podem, de fato, facilitar a malversação de recursos públicos.

ANTEPROJETO DE LEI

> Dispõe sobre a prerrogativa dos órgãos de controle interno e externo de auditar as participações societárias minoritárias de empresas públicas, sociedades de economia mista ou suas subsidiárias.

O **PRESIDENTE DA REPÚBLICA** faço saber que o Congresso Nacional decreta e eu sanciono a seguinte lei:

Art. 1º. Esta Lei modifica a Lei n. 13.303, de 30 de junho de 2016.

Art. 2º. A Lei n. 13.303, de 30 de junho de 2016, passa a vigorar com as seguintes alterações:

Art. 85. [...]

§4º. Os órgãos de controle interno e externo do respectivo ente da federação são competentes para, a qualquer tempo, auditar as empresas públicas, as sociedades de economia mista e suas subsidiárias, quanto às práticas de controle e governança de suas participações acionárias em sociedade empresarial de que não detenham controle acionário, na forma do §7º do art. 1º da Lei n. 13.303/2016.

§5º. Para o cumprimento do propósito estabelecido no §4º, os órgãos de controle podem fazer requisições de documentos e informações pertinentes diretamente às sociedades empresariais com participação societária de empresas públicas, sociedades de economia mista e suas subsidiárias.

§6º. O disposto nos §§4º e 5º deste artigo não se aplica às participações societárias em que o ente estatal não participe do bloco de controle, não tenha o controle de fato ou não detenha participação superior ou igual a 10% (dez por cento) do capital social da sociedade empresária.

Art. 3º. Esta lei entra em vigor na data de sua publicação.

Brasília, X de XXXX de 2018.

JUSTIFICATIVA

A Lei n. 13.303, de 30 de julho de 2016, e sua posterior regulamentação (Decreto n. 8.945/2016) incorporou ao ordenamento jurídico pátrio uma série de boas práticas atinentes à governança, gestão de riscos e controles internos. De modo especial, no capítulo que trata do controle (arts. 85 a 90), a citada norma reforçou a importância do acompanhamento exercido pelos órgãos de controle interno e externo sobre as empresas estatais, mormente quanto à legitimidade, à economicidade e à eficácia da aplicação de seus recursos, sob o ponto de vista contábil, financeiro, operacional e patrimonial. A título exemplificativo, a nova regulamentação – reforçando o disposto no art. 26 da Lei n. 10.180/2001 – sedimentou que os órgãos de controle deverão ter acesso irrestrito aos documentos e às informações necessários à realização dos trabalhos, inclusive aqueles classificados como sigilosos.

A Lei n. 13.303, contudo, focou nas empresas públicas, nas sociedades de economia mista e nas subsidiárias (empresa estatal cuja maioria das ações com direito a voto pertença direta ou indiretamente a empresa pública ou sociedade de economia mista, de acordo com o Decreto n. 8.945). Quanto às participações em sociedade empresariais em que a empresa pública, a sociedade de economia mista e suas subsidiárias não detenham controle acionário, a Lei foi silente e não tratou da atuação dos órgãos de controle interno e externo.

Essa omissão pode inviabilizar o exercício das atividades de controle que, porventura, tenham como objeto as participações minoritárias detidas por empresa pública, sociedade de economia mista e suas subsidiárias. De maneira exemplificativa, destaca-se que o Ministério da Transparência e Controladoria-Geral da União já sofreu uma série de restrições em seus trabalhos de auditoria, em virtude da recorrente alegação de que tal órgão não tem a prerrogativa de auditar sociedades nas quais as empresas estatais não detenham controle, ainda que a participação de tais estatais, em conjunto ou isoladamente, seja de 49,99%. São exemplos de sociedades nas quais as empresas estatais da União participam minoritariamente: BV Financeira (Banco do Brasil), Banco Panamericano (Caixa), JBS (BNDES), Norte Energia (Eletrobras) e Sete Brasil (Petrobras).

Salienta-se que, muitas vezes, as participações em sociedades empresariais em que a empresa estatal não detenha o controle acionário envolvem empreendimentos de grande relevância nacional, como foi o caso da construção da usina hidrelétrica de Belo Monte (empresa Norte Energia S.A.) e da criação da empresa de afretamento de sondas Sete Brasil Participações S.A. No primeiro caso, o grupo Eletrobras tem participação de 49,98%; no segundo, a Petrobras tem participação de 5%.

A importância estratégica desses dois investimentos para os citados grupos empresariais (e para o Brasil) e os bilhões de recursos públicos aplicados reforçam a necessidade de a legislação prever a atuação dos órgãos de controle interno e externo para garantir que os gestores de tais sociedades busquem maximizar o retorno da estatal investidora, bem como prevenir e detectar casos de fraude e corrupção. Ora, não há dúvida de que, atualmente, a opção pela participação minoritária pode favorecer a atuação de gestores mal-intencionados, tendo em vista que, em tais casos, a atuação do controle é limitada. As investigações conduzidas no âmbito da Operação Lava-Jato indicam que essas participações podem, de fato, facilitar a malversação de recursos públicos.

Todavia, submeter empresas privadas ao modelo e aos parâmetros de controle típicos das entidades da Administração Pública não está em consonância com os princípios fundantes da ordem econômica e social, em especial o art. 170, parágrafo único, da Constituição, que prestigia a livre iniciativa e a propriedade privada e confere ao Estado papel secundário na execução direta de atividades econômicas.

Ademais, é preciso lembrar que a participação das estatais em empresas privadas – que depende de autorização legislativa, nos termos do art. 37, inciso XX, da Constituição – tem como justificativa uma atuação mais eficiente do Estado na busca da satisfação do interesse público que motivou a criação das empresas estatais. Nesse contexto, não faz sentido submeter as empresas privadas que recebem tais investimentos ao mesmo mecanismo de controle a que estão sujeitas as empresas estatais.

Por meio de instrumentos de governança e controle proporcionais à relevância, à materialidade e aos riscos do negócio do qual são partícipes, as próprias empresas estatais, por meio de seus órgãos societários e seus administradores, cumprindo seus deveres de diligência, podem cuidar do interesse público.

Nessa linha, defende-se que os órgãos de controle interno e externo façam uma espécie de controle de segunda ordem das empresas com participação minoritária das empresas estatais. Com isso, tanto a CGU quanto o TCU, no âmbito federal, poderiam fiscalizar as práticas de controle e governança adotadas pelas empresas públicas, sociedades de economia mista ou suas subsidiárias sobre suas participações em sociedade empresarial de que não detenham o controle acionário. Em outras palavras, os órgãos de controle atuariam na fiscalização do cumprimento adequado do §7º do art. 1º da Lei n 13.303/2016.

Nesse contexto, a legislação proposta inova ao tornar clara a competência dos órgãos de controle para fiscalizar o atendimento ao novo estatuto das empresas estatais.

VIII

MEDIDAS ANTICORRUPÇÃO NO SETOR PRIVADO

41 REGULAMENTAÇÃO DO *LOBBY*

O lobby é uma forma legítima de atuação dos mais variados setores da sociedade – sindicatos, empresas, ONGs – junto ao poder público. A falta de regulamentação dessa atividade, entretanto, gera graves problemas, especialmente considerando-se os desafios éticos dessa interação. Por isso, propõe-se a regulamentação do lobby, para conferir a essa atividade a transparência e a probidade necessárias e garantir a lisura das interações desses atores com autoridades públicas.

Principais pontos da proposta

- Define o lobby e determina medidas específicas de órgãos públicos sobre os quais recai a atividade, bem como estabelece regras para entes privados que buscam a interação com processos de tomada de decisão.
- Prevê o registro público das interações entre agentes de relações governamentais e autoridades por meio de um formulário eletrônico de agendamento de audiências.
- Determina que agentes de relações governamentais farão o credenciamento perante o órgão ou entidade responsável pelo controle de sua atuação. O cadastro será público.
- Estabelece quarentena de 24 meses para quem tiver exercido cargo público eletivo, efetivo ou em comissão, ou emprego permanente de exercer a atividade de lobby relacionada com as atribuições previamente exercidas. Proíbe o credenciamento de quem tenha sido condenado por corrupção ou improbidade administrativa.
- Prevê a obrigação de que agentes de relações governamentais elaborem um relatório anual descrevendo suas atividades, a natureza das matérias de seu interesse e seus rendimentos no exercício desta atividade. Pessoas jurídicas também deverão elaborar relatório anual específico.
- Estabelece rol de punições para quem atuar em desacordo com este regulamento, incluindo: advertência, multa, suspensão do registro e inabilitação para o exercício da atividade de agentes de relações governamentais.
- Propõe que seja dado igual espaço e oportunidade a partes que representem interesses conflitantes na formulação de política pública e propostas legislativas.

Problemas que pretende solucionar

- São bem documentadas as inúmeras instâncias em que a falta de regulamentação do lobby gera conflitos de interesse e condutas que cruzam a fronteira da ilegalidade e improbidade[2]. A falta de transparência impede que o público compreenda quais interesses influenciam a tomada de decisões e fomenta a corrupção.

---
2   EPOCA. **Lobby** sem lei. Disponível em: <http://lobby.epoca.globo.com/>. Acesso em: 11 mar. 2018.

ANTEPROJETO DE LEI

> Disciplina a atividade de *lobby* no âmbito dos órgãos e entidades dos Poderes da União, dos Estados, do Distrito Federal e dos Municípios, e dos órgãos e entidades da Administração Pública, nos processos de tomada de decisão, e dá outras providências.

O **PRESIDENTE DA REPÚBLICA** faço saber que o Congresso Nacional decreta e eu sanciono a seguinte lei:

Art. 1º. Esta Lei disciplina a atividade de *lobby* e dispõe sobre os procedimentos a serem observados pela União, Estados, Distrito Federal e Municípios, com o fim de garantir transparência e acesso aos processos de tomada de decisão de natureza pública.

Parágrafo único. Subordinam-se ao regime desta Lei:

I – os órgãos públicos integrantes da administração direta dos Poderes Executivo, Legislativo, incluindo as Cortes de Contas, Judiciário e do Ministério Público;

II – as autarquias, as fundações públicas, as empresas públicas, as sociedades de economia mista, as empresas privadas no exercício de função pública e demais entidades controladas direta ou indiretamente pela União, Estados, Distrito Federal e Municípios.

Art. 2º. O exercício da atividade disciplinada nesta Lei orientar-se-á por princípios éticos e morais e, especialmente, pelos seguintes princípios:

I – legalidade, ética, moralidade e probidade administrativa;

II – transparência e publicidade dos atos;

III – prestação de contas;

IV – garantia de tratamento isonômico aos diferentes grupos e opiniões;

V – garantia do direito a livre associação para fins lícitos e de representação coletiva por entidades expressamente autorizadas;

VI – garantia de livre manifestação de pensamento e participação;

VII – garantia de acesso às dependências dos órgãos e às autoridades públicas, durante o horário de expediente e respeitadas as regras de funcionamento do órgão ou entidade e demais restrições estabelecidas em lei ou regulamento;

VIII – garantia do direito de petição ao Poder Público;

IX – liberdade de acesso à informação, salvo nos casos de sigilo legal.

Parágrafo único. Os órgãos, entidades e autoridades administrativas ou legislativas deverão ser informados por aqueles que exerçam atividade de *lobby* ou de representação de interesses sobre os interesses que representam e sobre as pessoas físicas, jurídicas e os grupos de pressão ou de interesse por eles representados.

Art. 3º. São garantidas aos agentes de relações governamentais as prerrogativas necessárias para a realização das atividades a que se refere ao inciso II do art. 4º, bem como apresentar às autoridades administrativas:

I – análises de impacto de decisão administrativa, regulamentar ou legislativa;

II – estudos, notas técnicas, pareceres e similares, com vistas à instrução de processo decisório;

III – sugestões de emendas, substitutivos, requerimentos e demais documentos no âmbito do processo decisório administrativo; e

IV – sugestão de requerimento de realização ou de participação em audiências públicas.

Art. 4º. Para os fins do disposto nesta Lei, considera-se:

I – interação: todas as comunicações realizadas presencial ou remotamente, de formato físico ou eletrônico, incluindo falar em audiências, reuniões, ofícios, e-mails, mensagens eletrônicas e todos os outros formatos de interação realizados entre agentes de representação não eleitoral e agentes públicos e políticos com o intuito de influenciar o processo de tomada de decisão de autoridade pública e a alteração de políticas públicas, planos e programas governamentais em fase de formulação, deliberação, implementação e avaliação ou para evitar que tais decisões ocorram.

II – atividade de *lobby*: toda ação lícita de defesa de interesse que possui como objetivo final a tomada de uma decisão de autoridade pública.

III – agente de relações governamentais:
   a) o indivíduo que exerce atividades de *lobby* por interesse próprio ou em favor de pessoa física ou jurídica, grupo de pressão ou de interesse;
   b) o indivíduo, empregado, dirigente ou representante de pessoa jurídica, com ou sem fins lucrativos, que exerce atividade de *lobby* ou de representação de interesses em favor do empregador ou sociedade, ou que atua em seu nome;
   c) a pessoa jurídica, constituída de fato ou de direito, bem como seus empregados, dirigentes e representantes, que exerce atividades de *lobby* ou de representação de interesses em favor de pessoa física ou jurídica ou grupo de pressão ou de interesse, ainda que seu objeto social não contemple essas atividades de maneira expressa; e
   d) o agente público que tenha por atribuição precípua o exercício da atividade de *lobby* ou representação de interesses junto aos órgãos do Poder Legislativo.

IV – autoridade administrativa, o agente público ou político da Administração Pública dos Poderes Executivo, Legislativo e Judiciário, do Ministério Público da União ou do Tribunal de Contas da União, responsável por tomada de decisão administrativa, legislativa ou regulamentar.

V – decisão administrativa ou regulamentar de toda e qualquer deliberação ou decisão de agente público ou político, que envolva:
   a) apreciação, proposição, consideração, elaboração, edição, promulgação, adoção, alteração ou rescisão de regulamento ou norma de caráter administrativo;
   b) realização de procedimento licitatório e celebração, alteração ou prorrogação de contrato administrativo;

c) celebração, alteração ou prorrogação de convênios, contratos de repasse, acordos de cooperação e termos de parceria;

d) realização de despesa pública ou sua modificação;

e) formulação, desenvolvimento ou modificação de linha de atuação ou diretriz de política pública, ou sua aprovação ou rejeição;

f) outorga de concessões, licenças, permissões ou qualquer tipo de autorização que envolva a outorga ou exploração de serviço ou uso de bem público;

g) apreciação, revisão, reavaliação, aprovação ou rejeição de ato ou julgamento administrativo;

h) indicação, escolha, designação ou nomeação de indivíduo para exercer cargo, emprego ou função pública, no âmbito do respectivo órgão, entidade ou poder responsável pela decisão ou em entidade vinculada, ou junto à autoridade que detenha a competência para a nomeação ou indicação;

i) concessão de benefício, doação, cessão de direitos, auxílio, prêmio, incentivo fiscal, empréstimo ou qualquer meio de vantagem que dependa de decisão discricionária da autoridade administrativa ou quando o ato de concessão não obedecer a cláusulas uniformes;

j) a intermediação de solicitação de audiência entre autoridade administrativa ou legislativa e terceiros.

VI – decisão legislativa, toda e qualquer deliberação de órgão ou autoridade legislativa que envolva apreciação, proposição, alteração, modificação, revogação, votação, aprovação, sanção ou rejeição de qualquer ato normativo;

VII – grupo de pressão ou de interesse, qualquer grupo de pessoas físicas ou jurídicas reunidas, de fato ou de direito, com objetivos e interesses comuns relacionados a decisões administrativas, regulamentares ou legislativas.

Art. 5º. Não será considerada atividade de *lobby* ou de representação de interesse não eleitoral, para os fins do disposto nesta Lei:

I – a atuação de indivíduos, sem pagamento ou remuneração por qualquer pessoa física ou jurídica e em caráter esporádico, com o propósito de influenciar decisão administrativa ou legislativa em seu interesse pessoal ou coletivo;

II – o requerimento por indivíduos ou por entidades associativas ou de defesa de direitos que os representem, quanto à aplicação ou interpretação de direitos individuais e coletivos;

III – o acompanhamento de sessões públicas de discussão e deliberação no âmbito do Poder Legislativo, ou em órgãos colegiados do Poder Executivo ou Judiciário, do Ministério Público ou do Tribunal de Contas;

IV – o comparecimento em decorrência de convite público para expressar opinião técnica ou prestar esclarecimentos solicitados por autoridade pública, desde que a pessoa convidada não esteja participando de processo de decisão política na qualidade de agente de relações governamentais;

V – o envio de informações ou documentos às autoridades legislativas ou administrativas em resposta a essas autoridades ou cumprimento de solicitação ou determinação delas;

VI – a solicitação de informações, nos termos da Lei, com vistas a subsidiar ou instruir ação judicial ou requerimento administrativo, ou com vistas ao exercício de direito legalmente previsto;

VII – o exercício de suas atribuições legais e funcionais por agentes públicos ou políticos, ressalvado o disposto na alínea "d" do inciso III, art. 3º desta Lei.

Art. 6º. Os registros da interação entre agentes de relações governamentais e autoridades administrativas no bojo dos processos de decisão administrativa ou legislativa será assegurado mediante a criação de um formulário de agendamento de audiências *online*, assegurado o acesso público das solicitações e seu deferimento.

§1º. O formulário de agendamento de audiências *online* deverá requerer as seguintes informações:

I – a identificação do agente público ou político com quem deseja interagir;

II – a identificação do agente de relações governamentais;

III – a identificação de quem está sendo representado, caso se trate de terceiros;

IV – a data e hora em que pretende ser ouvido e, quando for o caso, as razões da urgência;

V – o interesse a ser defendido; e

VI – a identificação de acompanhantes, se houver, e seu interesse no assunto.

§2º. O serviço de informações ao cidadão do órgão e/ou entidade do Poder Público de que trata o art. 9º, I, da Lei n. 12.527, de 2011, deverá assegurar o acesso ao formulário e prover a divulgação das informações coletadas ao público, observado o disposto no art. 18.

§3º. A criação do formulário de agendamento de audiências *online* e a divulgação de suas informações deverá atender às diretrizes estabelecidas no art. 3º da Lei n. 12.527, de 2011.

Art. 7º. A divulgação das informações referentes ao formulário de agendamento de audiências *online* estará à cargo do portal do Governo Eletrônico do respectivo ente e dos sítios oficiais na internet dos serviços de informação ao cidadão dos órgãos e entidades, atendendo aos seguintes requisitos, entre outros:

I – conter ferramenta de pesquisa de conteúdo que permita o acesso à informação de maneira objetiva, transparente, clara e em linguagem de fácil compreensão;

II – possibilitar gravação de relatórios em diversos formatos eletrônicos, inclusive abertos e não proprietários, como planilhas e texto, de modo a facilitar a análise das informações;

III – possibilitar acesso automatizado por sistemas externos em formatos abertos, estruturados e legíveis por máquina;

IV – divulgar em detalhes os formatos utilizados para estruturação da informação;

V – garantir autenticidade e integridade das informações disponíveis para acesso;

VI – indicar instruções que permitam ao requerente comunicar-se, por via eletrônica ou telefônica, com o órgão ou entidade; e

VII – garantir a acessibilidade de conteúdo para pessoas com deficiência.

Parágrafo único. Os Municípios com população de até 10.000 (dez mil) habitantes ficam dispensados da divulgação obrigatória na internet a que se refere o §2º do art. 6º, bem como da obrigação de que trata o art. 19.

Art. 8º. Para assegurar o direito de solicitação de interação com o agente público ou político diretamente responsável pela decisão administrativa, os órgãos e entidades públicas deverão divulgar, em seus sítios oficiais na internet, relação das autoridades e respectivas competências legais ou regulamentares que serão atualizadas pela autoridade responsável anualmente ou sempre que houver mudanças significativas.

§1º. A relação de que trata o *caput* contém, no mínimo, as seguintes informações:

I – competências dos órgãos e entidades públicas;

II – estrutura organizacional dos órgãos e entidades públicas;

III – temas sobre os quais o órgão ou entidade pública decide;

IV – quem são os agentes públicos e políticos responsáveis pela tomada de decisão;

V – endereços físicos, horários de funcionamento, telefones e endereços eletrônicos dos tomadores de decisão.

Art. 9º. A postulação de direito individual ou coletivo, inclusive extrajudicial, mediante a atuação de advogado constituído nos termos da Lei n. 8.906, de 4 de julho de 1994, quando não envolver atividade privativa de advogado, observará o disposto nesta Lei, no que couber.

Art. 10. A participação de representantes de interesses em processo de decisão sujeitos ao disposto nesta Lei deverá observar as seguintes normas de conduta:

I – prestar esclarecimentos, apresentar fatos, dados, argumentos e sugestões de maneira atualizada, verídica e íntegra, tanto a tomadores de decisão como a outros partícipes do processo de decisão política;

II – formalizar solicitação de agendamento de audiência com o tomador de decisão, declinando quem solicita, a quem representa, o assunto a ser tratado e o nome de quem será ouvido;

III – apresentar-se perante o tomador de decisão ou outros interessados em nome apenas daquele a que legitimamente represente;

IV – preservar o direito de expressão daqueles de quem divirja.

Art. 11. O agente de relações governamentais deverá credenciar-se perante o órgão ou entidade responsável pelo controle de sua atuação, no âmbito do Poder Legislativo ou Judiciário, ou da Administração Pública direta ou indireta do Poder Executivo.

§1º. O agente de relações governamentais credenciado tem a responsabilidade perante o órgão ou entidade em que atue por todas as informações ou opiniões prestadas ou emitidas espontaneamente ou quando solicitadas.

§2º. Será indeferido o credenciamento de agente de relações governamentais que exerça ou tenha exercido, nos 24 meses anteriores ao requerimento, cargo público efetivo.

§3º. Caberá ao órgão ou entidade competente, na forma do regulamento, expedir credenciais, no prazo de até dez dias após seu requerimento, que deverão ser renovadas anualmente, a fim de que os agentes de relações governamentais tenham acesso às dependências dos órgãos públicos.

§4º. As decisões acerca do deferimento ou indeferimento de requerimento de credenciamento serão motivadas e publicadas na internet na forma do art. 19.

§5º Na ocasião da primeira interação entre agente de relações governamentais e autoridade administrativa, aquele não pode ser impedido de exercer atividades de *lobby*, mesmo que sem credenciamento, hipótese na qual se compromete a realizar o respectivo credenciamento em até dez dias, sob pena de inabilitação.

§6º. O agente de relações governamentais credenciado, ao se dirigir a agente público, deixará registrado a pessoa física, pessoa jurídica ou grupo de pressão ou de interesse que representa.

§7º. É obrigatória a participação dos indivíduos registrados como agente de relações governamentais, no prazo de cento e oitenta dias a contar do deferimento do credenciamento, às suas expensas, em curso de formação específico, do qual constarão como conteúdos mínimos as normas constitucionais e regimentais aplicáveis ao relacionamento com o Poder Público, noções de ética e de métodos de prestação de contas.

§8º. O requisito de que trata o §5º poderá ser dispensado mediante comprovação da conclusão, com aproveitamento, em cursos de pós-graduação *lato sensu* cujos conteúdos atendam aos requisitos nele estabelecidos.

§9º. Aplica-se o disposto no *caput* deste artigo, em igualdade de condições, às pessoas jurídicas de direito público e privado, e aos representantes de órgãos ou entidades da administração direta e indireta, bem como às entidades de classe de grau superior, de empregados e empregadores, autarquias profissionais e outras instituições de âmbito nacional da sociedade civil, no exercício de atividades de *lobby* junto aos órgãos do Poder Legislativo.

Art. 12. Sob pena de descredenciamento, o agente de relações governamentais deverá encaminhar ao órgão de controle interno do órgão onde atue, até o dia 31 de janeiro de cada ano, relatório discriminando, relativamente ao exercício findo em 31 de dezembro do ano anterior:

    I – sua lista de clientes com interesses no órgão onde atue;

    II – suas atividades realizadas no período em referido órgão;

    III – natureza das matérias de seu interesse;

    IV – os valores recebidos e gastos realizados no exercício anterior relativos à sua atuação junto a órgãos e entidades da Administração Pública, em especial pagamentos a pessoas físicas ou jurídicas, a qualquer título, cujo valor ultrapasse R$ 5.000,00 (cinco mil reais).

§1º. Constarão do relatório de que trata o *caput*:

I – a indicação do contratante e demais interessados nos serviços, as proposições cuja aprovação ou rejeição sejam intentadas ou a matéria cuja discussão tenha sido solicitada, ou o objeto da sua atuação, quando se tratar de contrato ou ato administrativo similar;

II – as despesas efetuadas pelo declarante e seus representados com publicidade, elaboração de textos, publicação de livros, contratação de consultoria, realização de eventos, inclusive sociais, e outras atividades tendentes a influir no processo legislativo, ainda que realizadas fora da sede dos órgãos legislativos.

§2º. Em se tratando de pessoas jurídicas, incluindo entidades sem fins lucrativos de caráter associativo, devem ser fornecidos, por meio do relatório de que trata o *caput*, dados sobre sua constituição, sócios ou titulares, número de filiados, quando couber, e a relação de pessoas que lhes prestam serviços, com ou sem vínculo empregatício, além das respectivas fontes de receita, discriminando toda e qualquer doação ou legado recebido no exercício cujo valor ultrapasse R$ 10.000,00 (dez mil reais).

§3º. Os órgãos de controle do exercício da atividade de *lobby* ou de representação de interesses deverão publicar na internet os relatórios apresentados pelos agentes de relações governamentais, no formato do art. 19.

§4º. A renovação do registro será indeferida nas hipóteses contempladas pelo art. 13 desta Lei, ou no caso de não ter sido apresentado o relatório de que trata o *caput*, bem como na hipótese de o agente de relações governamentais ter sido condenado por ato de corrupção, tráfico de influência, concussão, advocacia administrativa ou improbidade administrativa, enquanto durarem os efeitos da condenação, bem como em outras hipóteses legais.

§5º. A omissão ou falsidade das informações prestadas, bem como a recusa em apresentá-las, importará no não credenciamento, ou na sua não renovação, sem prejuízo, quando for o caso, da aplicação das penalidades previstas no art. 15 e do encaminhamento das peças e elementos pertinentes ao Ministério Público para as providências cabíveis.

§6º. As pessoas referidas neste artigo deverão preservar, pelo período de cinco anos após a apresentação da prestação de contas, todos os documentos comprobatórios da realização das despesas referidas no §1º e disponibilizá-las ao órgão competente, sempre que solicitado.

§7º. O cadastramento deverá ser atualizado no prazo máximo de trinta dias contados da ocorrência de fatos que ensejem alteração das informações prestadas à Administração Pública.

§8º. Ficam dispensados do disposto neste artigo os órgãos e entidades da Administração direta, autárquica e fundacional e os agentes de relações governamentais a eles vinculados.

§9º. Poderão ser submetidos a cadastramento simplificado, conforme regulamento a ser editado no âmbito de cada Poder ou órgão competente:

   I – a pessoa jurídica que desempenhe atividades de *lobby* ou de representação de interesses e que se enquadre nos critérios de micro e pequena empresa estabelecidos no art. 3º da Lei Complementar n. 123, de 14 de dezembro de 2006;

   II – o agente de relações governamentais empregado por pessoa jurídica sem fins lucrativos, desde que o exercício daquela atividade fique adstrita aos interesses do empregador.

Art. 13. É vedado às pessoas físicas e jurídicas credenciadas para o exercício de atividades de *lobby* ou de representação de interesses:

   I – provocar, direta ou indiretamente, apresentação de proposição legislativa com o propósito de ser contratado para influenciar sua aprovação ou rejeição pelo Poder Legislativo;

   II – atuar, mediante atividade remunerada, com o objetivo de influenciar decisão judicial, exceto se na condição de advogado;

   III – prejudicar ou perturbar reunião, sessão ou audiência de interesse público;

   IV – receber prêmio, percentual, bonificação ou comissão a título de honorários de êxito ou cotalícios, relativos ao exercício das atividades de representação de interesses sujeitas ao disposto nesta Lei.

Parágrafo único. A infração ao disposto neste artigo acarretará a suspensão do credenciamento, pelo prazo de até três anos, sem prejuízo da apuração de responsabilidade criminal.

Art. 14. Será negado o credenciamento de agente de relações governamentais que:

   I – tiver sido condenado por ato de corrupção ou improbidade administrativa, enquanto durarem os efeitos da condenação;

   II – estiver sujeito a impedimento do exercício de atividade de representação de interesses, enquanto durar a incompatibilidade; ou

   III – tiver sido inabilitado ou tido o registro cassado nos termos do disposto nesta Lei.

Parágrafo único. O indivíduo que tiver ocupado cargo eletivo, efetivo ou em comissão, ou emprego permanente, no âmbito dos Poderes, suas autarquias, fundações, empresas públicas e sociedades de economia mista, ficará impedido, pelo prazo de 24 meses contados do seu desligamento, de exercer atividade remunerada de *lobby* ou de representação de interesse.

Art. 15. O agente de relações governamentais que atuar com credencial irregular, sem credencial, com credencial falsa ou que, mesmo tendo credenciamento regular, atuar em desacordo com o disposto nesta Lei, será punido de acordo com a gravidade da infração, sendo aplicáveis as seguintes sanções, isoladas ou cumulativamente, sem prejuízo da apuração de eventual responsabilidade civil e criminal ou por ato de improbidade administrativa:

I – advertência;

II – multa;

III – suspensão do registro de agente de relações governamentais pelo prazo mínimo de um ano e máximo de três anos; ou

IV – inabilitação para o exercício da atividade de agente de relações governamentais pelo prazo mínimo de três anos e máximo de dez anos.

§1º. Os regulamentos específicos de cada Poder poderão dispor sobre hipóteses de concessão de prazo para a regularização do credenciamento pelo agente de relações governamentais.

§2º. Os procedimentos para apuração da responsabilidade e aplicação das sanções previstas no *caput* deste artigo serão estabelecidos pelos regulamentos específicos de cada Poder.

§3º. As decisões acerca dos procedimentos para apuração da responsabilidade serão publicadas no formato do art. 19.

Art. 16. Para os fins do disposto nesta Lei, classificam-se as infrações de que trata o art. 15 em:

I – leves: aquelas em que o infrator seja beneficiado por circunstância atenuante;

II – graves: aquelas em que for verificada uma circunstância agravante;

III – gravíssimas: aquelas em que seja verificada a existência de 2 (duas) ou mais circunstâncias agravantes.

§1º. A advertência será aplicada nas hipóteses de infrações consideradas leves, ficando o infrator notificado a fazer cessar a irregularidade, sob pena de imposição de outras sanções previstas em lei.

§2º. A multa simples será aplicada quando o infrator incorrer na prática de infrações leves ou graves e nas hipóteses em que, advertido por irregularidades que tenham sido praticadas, deixar de saná-las no prazo assinalado, devendo seu valor variar entre R$ 1.000,00 (mil reais) e R$ 100.000,00 (cem mil reais).

§3º. Nas infrações para as quais não haja sanção específica prevista em lei, os órgãos de controle e registro privilegiarão a aplicação de multa simples.

Art. 17. As pessoas físicas e jurídicas credenciadas para os fins desta Lei poderão solicitar participação, junto aos órgãos e entidades dos Poderes Legislativo, Executivo e Judiciário, do Tribunal de Contas e do Ministério Público, quando ocorrerem reuniões de audiência pública que tratem de tema relacionado aos interesses que representam.

Parágrafo único. Quando da realização de audiência pública, esta contemplará, sempre que possível, a participação de convidados com posições a favor e contra a matéria em discussão, que representem tanto o setor privado quanto a sociedade civil.

Art. 18. Observado o que dispuserem os regimentos internos das Casas legislativas, quando couber, a autoridade responsável pela elaboração, discussão ou relatoria de proposta de ato legislativo ou normativo em órgão dos Poderes Executivo ou Legislativo deverá propiciar, ressalvados os casos de urgência, desde que o requeiram tempestivamente, igualdade de oportunidades às partes que representem interesses conflitantes.

Parágrafo único. A consulta referida no *caput* ocorrerá preferencialmente em audiência conjunta, cabendo à autoridade responsável definir quanto à sua conveniência e oportunidade.

Art. 19. Fica criado no âmbito do Poder Legislativo federal o Cadastro Nacional de Relacionamento Governamental – CNRG, que reunirá e dará publicidade aos dados de agentes de relações governamentais e às interações havidas entre estes e autoridades administrativas dos Poderes Executivo, Legislativo e Judiciário de todas as esferas de governo com base nesta Lei.

§1º. Os órgãos e entidades públicas responsáveis pelo controle da atuação do agente de relações governamentais deverão informar e manter atualizados, no CNRG, os dados relativos às suas credenciais solicitadas e concedidas, bem como das solicitações e deferimento de interações.

§2º. O CNRG conterá, entre outras, as seguintes informações acerca das interações requeridas:

   I – a identificação do agente público ou político com quem houve interação;

   II – a identificação do agente de representação;

   II – a identificação de quem está sendo representado, caso se trate de terceiros;

   III – data, hora e formato da interação;

   IV – o interesse defendido;

   V – a identificação de acompanhantes, se houver, e seu interesse no assunto; e

   VI – cópia dos documentos recebidos no bojo da interação, se for o caso.

§3º. O CNRG indexará interações requeridas por temática, nas quais constará a identificação dos projetos legislativos existentes acerca do objeto da interação.

§4º. Constará do CNRG, ainda, um cadastro de credenciados, que conterá dados de identificação e o contato da pessoa física ou jurídica em questão, se for o caso, relação de agentes de relações governamentais trabalhando em nome da organização, órgãos ou entidades nas quais tenha requerido credenciamento para atuação, bem como interações havidas entre agente de relações governamentais e eventuais sanções ao agente aplicadas.

§5º. O cadastro será público e acessível, em formato de dados abertos, pela rede mundial de computadores.

§6º. O cadastro atenderá os requisitos dos incisos listados no art. 7º.

Art. 20. Constitui ato de improbidade, sujeito às sanções referidas no art. 13, I, da Lei n. 8.429, de 2 de junho de 1992, a percepção, por autoridade administrativa, de qualquer vantagem, doação, benefício, cortesia, brinde ou presente com valor econômico, inclusive passagens aéreas, custos de hospedagem, refeições, entre outros, que possam desvirtuar o acesso isonômico aos agentes públicos e políticos e o princípio do contraditório.

Parágrafo único. Aplica-se o *caput* deste artigo ao agente de relações governamentais que induza à prática do ato de improbidade, ou para ele concorra, ou dele se beneficie, de qualquer maneira direta ou indireta.

Art. 21. As eventuais denúncias poderão ser encaminhadas às Ouvidorias dos órgãos e entidades públicas ao qual os agentes públicos e políticos estejam vinculados.

Art. 22. A Lei n. 12.813, de 16 de maio de 2013, passa a vigorar com as seguintes alterações

"**Art. 1º.** As situações que configurem conflito de interesses envolvendo ocupantes de cargo ou emprego no âmbito dos Poderes da União, dos Estados do Distrito Federal e dos Municípios, os requisitos e restrições a ocupantes de cargo ou emprego que tenham acesso a informações privilegiadas, os impedimentos posteriores ao exercício do cargo ou emprego e as competências para fiscalização, avaliação e prevenção de conflitos de interesses, regulam-se pelo disposto nesta Lei.

Art. 2º [...]

    I – detentor de cargo eletivo, eleito por mandatos transitórios, como os Chefes de Poder Executivo e membros do Poder Legislativo;

    II – de Ministro de Estado e Secretários de Governos e Municípios;

    III – de natureza especial ou equivalentes;

    IV – de Presidente, Vice-Presidente e Diretor, ou equivalentes, de autarquias, fundações públicas, empresas públicas ou sociedades de economia mista; e

    V – do Grupo-Direção e Assessoramento Superiores – DAS, níveis 6 e 5 ou equivalentes.

[...]

Art. 4º. Os indivíduos mencionados no art. 2º devem agir de modo a prevenir ou impedir possível conflito de interesses e resguardar informação privilegiada.

§1º. No caso de dúvidas sobre como prevenir ou impedir situações que configurem conflito de interesses, o agente público deverá consultar a Comissão de Ética Pública à qual está subordinado, cuja competência, se inexistente, transfere-se para a autoridade máxima do órgão ao qual o agente está subordinado.

[...]

Art. 5º. Configura conflito de interesses no exercício de cargo público:

[...]

Art. 6º. Configura conflito de interesses após o exercício de cargo público:

[...]

    II – no período de 24 (vinte e quatro) meses, contado da data da dispensa, exoneração, destituição, demissão ou aposentadoria, salvo quando expressamente autorizado, conforme o caso, pela Comissão de Ética Pública à qual o agente esteja subordinado ou, na sua inexistência, ao chefe órgão ao qual esteja subordinado;

[...]

Art. 8º. Sem prejuízo de suas competências institucionais, compete à Comissão de Ética Pública, instituída no âmbito do órgão ao qual o agente público esteja subordinado, e ao seu órgão de controle interno, conforme o caso:

Parágrafo único. A Comissão de Ética Pública atuará nos casos que envolvam os agentes públicos mencionados nos incisos I a V do art. 2º, e o órgão de controle interno do órgão, nos casos que envolvam os demais agentes, observado o disposto em regulamento.

Art. 9º [...]

  I – enviar à Comissão de Ética Pública ou ao órgão de controle interno, conforme o caso, anualmente, declaração com informações sobre situação patrimonial, participações societárias, atividades econômicas ou profissionais e indicação sobre a existência de cônjuge, companheiro ou parente, por consanguinidade ou afinidade, em linha reta ou colateral, até o terceiro grau, no exercício de atividades que possam suscitar conflito de interesses;

[...]

Parágrafo único. As unidades de recursos humanos, ao receber a comunicação de exercício de atividade privada ou de recebimento de propostas de trabalho, contrato ou negócio no setor privado, deverão informar ao servidor e ao seu órgão de controle interno as situações que suscitem potencial conflito de interesses entre a atividade pública e a atividade privada do agente.

Art. 10. As disposições contidas nos arts. 4º e 5º e no inciso I do art. 6º estendem-se a todos os agentes públicos.

Art. 11. Os agentes públicos mencionados nos incisos I a V do art. 2º deverão, ainda, divulgar diariamente, por meio da internet, sua agenda de compromissos públicos e, posteriormente ao compromisso, os documentos recebidos no bojo da interação." (NR)

Art. 23. Esta Lei entra em vigor em cento e oitenta dias a contar da data de sua publicação.

Brasília, xx de xxxx de 2018.

JUSTIFICATIVA

O *lobby* é um meio legítimo de atuação dos mais variados setores da sociedade – sindicatos, empresas, ONGs – junto ao Poder Público. A falta de regulamentação dessa atividade, entretanto, gera graves problemas, especialmente considerando-se os desafios éticos dessa interação. Por isso, propõe-se a regulamentação do *lobby*, para conferir a essa atividade a transparência e a probidade necessárias e garantir a lisura das interações desses atores com autoridades públicas.

São bem documentadas as inúmeras instâncias em que a falta de regulamentação do *lobby* gera conflitos de interesse e condutas que cruzam a fronteira da ilegalidade e improbidade. A falta de transparência impede que o público compreenda quais interesses influenciam a tomada de decisões e fomenta a corrupção.

São os principais pontos desta proposta:

- Definir o *lobby* e determinar medidas específicas de órgãos públicos sobre os quais recai a atividade, bem como estabelecer regras para entes privados que buscam a interação com processos de tomada de decisão.
- Prever o registro público das interações entre agentes de relações governamentais e autoridades por meio de um formulário eletrônico de agendamento de audiências.
- Determinar que agentes de relações governamentais farão o credenciamento perante o órgão ou entidade responsável pelo controle de sua atuação. O cadastro será público.
- Estabelecer quarentena de 24 meses para quem tiver exercido cargo público eletivo, efetivo ou em comissão, ou emprego permanente de exercer a atividade de *lobby* relacionada com as atribuições previamente exercidas. Proíbe o credenciamento de quem tenha sido condenado por corrupção ou improbidade administrativa.
- Prever a obrigação de que agentes de relações governamentais elaborem um relatório anual descrevendo suas atividades, a natureza das matérias de seu interesse e seus rendimentos no exercício desta atividade. Pessoas jurídicas também deverão elaborar relatório anual específico.
- Estabelecer rol de punições para quem atuar em desacordo com este regulamento, incluindo: advertência, multa, suspensão do registro e inabilitação para o exercício da atividade de agentes de relações governamentais.
- Propor que seja dado igual espaço e oportunidade a partes que representem interesses conflitantes na formulação de política pública e propostas legislativas.

42 EXIGÊNCIA DE COMPLIANCE EM GRANDES LICITAÇÕES

A Lei Anticorrupção já criou alguns incentivos para que pessoas jurídicas estabeleçam programas de compliance internos. Grandes contratos são, com frequência, alvos prioritários de esquemas de corrupção. A exigência de um programa de compliance efetivo para que as empresas participem de licitações envolvendo grandes contratos tem o potencial de mitigar desvios de recursos públicos. Além disso, trata-se de um importante passo adicional para tornar esse tipo de instrumento, importante no combate à corrupção, ainda mais disseminado, fomentando uma boa prática no setor privado, com potencial de mudança de cultura em organizações.

Principais pontos da proposta

- Cria a obrigação de que pessoas jurídicas que participam de contratações públicas de grande vulto tenham programas de integridade efetivos.
- A comprovação da existência de um programa de integridade efetivo será realizada por meio da certificação por parte de pessoa jurídica acreditada pelo poder público para desempenhar essa função. Será o Ministério da Transparência e Controladoria-Geral da União o órgão responsável por essa acreditação.
- Propõe-se que a regulamentação federal será aplicável aos estados e municípios, caso estes não adotem regulamentações próprias no prazo de 1 ano.
- São considerados contratos de grande vulto aqueles que alcançarem valores superiores a 30 milhões de reais.

Problemas que pretende solucionar

- A ausência de sistemas de controle internos e de compliance cria ambientes mais favoráveis para o estabelecimento de amplos esquemas de corrupção, como aqueles descobertos pela Operação Lava Jato.
- A Administração Pública é a maior consumidora em inúmeros setores da economia. Exigir um grau de cultivo da integridade mais elevado para que empresas contratem com ela é um importante indutor de práticas éticas no setor privado.

ANTEPROJETO DE LEI

Altera a Lei n. 12.846, de 1º de agosto de 2013, para acrescentar disposições que tornam obrigatória a exigência de programa de integridade para a contratação com a Administração Pública em geral.

O **PRESIDENTE DA REPÚBLICA** faço saber que o Congresso Nacional decreta e eu sanciono a alteração à Lei n. 12.846, de 1º de agosto de 2013, a saber:

Art. 1º. Fica acrescido o art. 2º-A a Lei n. 12.846, de 1º de agosto de 2013:

"**Art. 2-A.** Os editais para contratações de bens, obras e serviços de grande vulto, bem como os de concessões e arrendamentos de valor equivalente, firmados com a Administração Pública direta, indireta e fundacional, nos âmbitos federal, estadual e municipal, deverão exigir das pessoas jurídicas participantes programas de integridade efetivos.

§1º. A comprovação da existência de programa de integridade efetivo para contratações de bens, obras e serviços de grande vulto, bem como os de concessões e arrendamentos de valor equivalente, deverá ser feita mediante certificação de pessoa jurídica acreditada pelo Poder Público.

§2º. Aplica-se o disposto no *caput* aos casos de dispensa e inexigibilidade de licitação.

§3º. Um regulamento disporá sobre os critérios de acreditação e certificação, garantindo prazo suficiente para a adequação das empresas a novas exigências.

§4º. O Poder Executivo da União, Estados e Municípios empreenderão esforços para estabelecer os critérios de que trata o parágrafo anterior de modo uniforme.

§5º. A definição de contratações de grande vulto e a data de entrada em vigor da exigência prevista no *caput* serão definidas em regulamento do Poder Executivo.

§6º. Nos âmbitos estadual e municipal, o patamar que definirá a contratação de grande vulto não poderá ser superior àquele definido em âmbito federal, e, no âmbito municipal, tal patamar não poderá superior ao estadual.

§7º. Decorrido um ano sem que o Estado ou Município emita o regulamento de que trata o §3º, ser-lhe-á aplicável o regulamento federal."

Art. 2º. Esta Lei entra em vigor na data de sua publicação.

Brasília, XX de XXXX de 2018.

ANTEPROJETO DE DECRETO PRESIDENCIAL

> Regulamenta o artigo 2º-A da Lei n. 12.846, de 1º de agosto de 2013, que dispõe sobre a responsabilização administrativa de pessoas jurídicas pela prática de atos contra a administração pública, nacional ou estrangeira, e dá outras providências.

O **PRESIDENTE DA REPÚBLICA**, no uso da atribuição que lhe confere o art. 84, *caput*, inciso IV, da Constituição, e tendo em vista o disposto na Lei n. 12.846, de 1º de agosto de 2013

DECRETA:

Art. 1º. Os editais de licitação para contratações de compras, obras e serviços, para concessões, arrendamentos, bem como os casos de dispensa e inexigibilidade de licitação, em valores superiores aos indicados no art. 4º, deverão exigir a certificação de programas de integridade efetivos.

Parágrafo único. Nos casos de dispensa e inexigibilidade de licitação em valores superiores aos indicados no art. 4º, somente poderão ser contratadas empresas com certificação, salvo se o contratante comprovar, no respectivo processo, mediante consulta comprovada no cadastro do Ministério da Fiscalização, Transparência e Controladoria Geral da União, o desinteresse das empresas certificadas em relação ao objeto a ser contratado.

Art. 2º. O Ministério da Fiscalização, Transparência e Controladoria-Geral da União definirá, por meio de ato normativo interno, as normas técnicas sobre a caracterização da efetividade dos programas de integridade que poderão ser utilizadas para fins da obtenção de certificação.

§1º. O Ministério da Fiscalização, Transparência e Controladoria-Geral da União acreditará e fiscalizará pessoas jurídicas certificadoras de programas de integridade.

§2º. No caso de normas técnicas que atendam às exigências das normas referidas no *caput* e que possuam entidade acreditadora própria no Brasil, o Ministério da Fiscalização, Transparência e Controladoria-Geral da União reconhecerá as entidades certificadoras por ela acreditadas e fiscalizará sua atividade acreditadora.

§3º. O Ministério da Fiscalização, Transparência e Controladoria-Geral da União manterá um cadastro das empresas certificadas, classificado por data de validade do certificado, ramo de atividade, objeto social e território de atuação.

§4º. O Ministério da Fiscalização, Transparência e Controladoria-Geral da União poderá firmar acordos com os órgãos de controle interno estaduais e municipais para fins de adesão ao credenciamento federal.

Art. 3º. O Ministério da Fiscalização, Transparência e Controladoria-Geral da União definirá, por meio de ato normativo interno, regras de independência a serem observadas na relação entre pessoa jurídica certificadora e a empresa ou organização para a qual venha a emitir certificação.

Parágrafo único. A pessoa jurídica certificadora não poderá prestar nem ter prestado assessoria acerca do programa de integridade da organização para a qual venha emitir o certificado de conformidade.

Art. 4º. A exigência prevista no art. 1º entrará em vigor nos seguintes prazos:

I – em 9 (nove) meses para contratações, concessões e arrendamentos acima de R$ 100.000.000,00 (cem milhões de reais);

II – em 12 (doze) meses para contratações, concessões e arrendamentos acima de R$ 60.000.000,00 (sessenta milhões de reais); e

III – em 18 (dezoito) meses para contratações, concessões e arrendamentos em valores acima de R$ 30.000.000,00 (trinta milhões de reais).

Art. 5º. Este Decreto entra em vigor na data de sua publicação.

Brasília, XX de XXXX de 2018.

JUSTIFICATIVA

O objetivo deste projeto é introduzir, na legislação anticorrupção brasileira, a exigência de programa de integridade certificado por entidade externa independente para a participação em contratações públicas de grande vulto.

A Lei n. 12.846/2013, ao mesmo tempo que estabeleceu a responsabilização objetiva da pessoa jurídica, nos âmbitos administrativo e civil, por atos de corrupção e outros atos lesivos praticados em seu interesse ou benefício, reconheceu expressamente que a existência de mecanismos e procedimentos de integridade, auditoria e incentivo à denúncia, bem como a aplicação efetiva de códigos de ética e de conduta, deve ser considerada fator mitigador na aplicação das sanções. Com isso, a legislação anticorrupção brasileira alinhou-se às principais legislações anticorrupção internacionais, que têm no reconhecimento de programas de *compliance* uma de suas principais características.

Ao claramente reconhecer que efetivos programas de *compliance* conferem benefício na definição da sanção aplicada, a Lei Anticorrupção buscou também diferenciar empresas que nada fazem para prevenir a ocorrência de atos lesivos cometidos em seu interesse ou benefício daquelas empresas efetivamente engajadas e comprometidas a evitar que seus empregados ou terceiros cometam uma violação.

O reconhecimento de programas de *compliance* na Lei Anticorrupção, combinado com a intensificação da atividade de investigação de práticas de corrupção por parte das autoridades públicas brasileiras nos últimos anos, tem servido para incentivar um número cada vez maior de empresas a adotar e implementar medidas de prevenção da corrupção e de promoção da ética e integridade corporativas. Isso tem sido feito para reduzir as chances de que uma violação ocorra – pela qual a empresa pode ser responsabilizada objetivamente – e para que, na eventualidade de uma violação – ainda que não autorizada pela administração da empresa –, as sanções potencialmente aplicáveis possam ser diminuídas.

Todavia, não se pode deixar de observar que ainda existe um grande número de empresas que pouco ou nada fez para implementar medidas de prevenção ou cujos programas de *compliance* ainda se mostram incipientes ou pouco estruturados e efetivos. Isso inclui empresas contratadas pela Administração Pública.

Do ponto de vista da Administração Pública, estabelecer como requisito, em contratações públicas, que as empresas contratadas possuam programa de *compliance* efetivo constituiria importante medida para a prevenção de riscos de corrupção ou outras violações no contexto de tais contratações.

Tal medida serviria também para incentivar que um número maior de empresas adote boas práticas de *compliance* em suas organizações, atingindo particularmente aquelas que possuam ou tenham interesse em possuir grandes contratos com a Administração Pública – e, portanto, apresentam maior risco de corrupção. Ao estimular que tais empresas implementem programas de *compliance*, há também um importante potencial multiplicador em suas cadeias de fornecedores, além de potencial de servir como catalisador de mudanças culturais em uma área altamente sensível e tradicionalmente impactada pela prática sistêmica de corrupção em contratações públicas.

Por esse motivo, a introdução, na legislação anticorrupção brasileira, de exigência de programa de integridade para a participação em contratações públicas de grande vulto constitui medida importante na prevenção e combate à corrupção em nosso país.

Considerando que a Lei n. 8.666/93 não contém nenhuma referência a requisitos de *compliance* para a celebração de contratos públicos ou a participação em procedimentos licitatórios públicos, a inclusão de tal requisito por meio de lei é importante para conferir melhor efetividade à medida, evitando questionamentos caso a exigência fosse feita diretamente pelo ente ou empresa contratante.

A competência da União para legislar sobre o tema encontra respaldo no inciso XXVII do art. 22 da Constituição Federal, que estabelece que compete privativamente à União legislar sobre normas gerais de licitação e contratação, em todas as modalidades, para as administrações públicas diretas, autárquicas e fundacionais da União, Estados, Distrito Federal e Municípios.

Considerando que o tema já foi objeto de estudos e trabalhos realizados no contexto da Ação nº 5 de 2016 da ENCCLA – Estratégia Nacional de Combate à Corrupção e à Lavagem de Dinheiro, este projeto se apoia nas minutas de alteração à Lei n. 12.846/2013 e de Decreto regulamentador elaborado no âmbito da Enccla, agregando algumas sugestões de alteração[3]. A ENCCLA é a principal rede brasileira de articulação de órgãos e entes públicos contra a lavagem e a corrupção, reunindo cerca de 80 órgãos e entidades com atuação representativa na matéria.

Com o objetivo de dar maior efetividade à norma que exige a existência de programas de *compliance* em contratações públicas, é importante que haja requisitos bem definidos a respeito dos parâmetros de avaliação dos programas de *compliance* e que seja possível avaliar, de maneira objetiva, se determinada empresa cumpre ou não com tal requisito.

---

[3] A proposta foi aprovada no âmbito da Enccla.

Para tanto, a solução proposta é utilizar normas técnicas de programas de *compliance* que permitam que sua implementação, no âmbito de uma pessoa jurídica, possa ser certificada e que tal atividade de certificação seja feita por uma entidade certificadora independente e especializada.

A adoção de normas técnicas certificáveis e a exigência de obtenção de certificação externa para a demonstração da existência de programa de *compliance* mostram-se interessantes por alguns aspectos principais:

normas técnicas claras e objetivas permitem maior objetividade a respeito dos requisitos necessários para a obtenção de certificação. Com isso, reduz-se a possibilidade de interpretação subjetiva a respeito dos elementos que um programa de *compliance* deve apresentar para ser considerado adequado. Tal característica é importante particularmente no contexto de uma exigência a ser implantada no contexto de procedimentos licitatórios, minimizando questionamentos e disputas entre empresas participantes de um certame público ou com o órgão licitante.

a verificação da adequação do programa de *compliance* por parte de uma entidade certificadora externa, independente e especializada confere maior credibilidade ao processo. A certificação de programa de *compliance* efetivo é tarefa complexa, que exige mais que mera verificação documental, envolvendo atividade de auditoria e verificação (inclusive *in loco*), com abordagem e expertise multidisciplinares.

confiar em procedimentos de autoavaliação ou em declaração emitida por parte da própria empresa no sentido de que possuir um programa de *compliance* efetivo não seria suficiente para atingir o objetivo almejado.

estabelecer que a avaliação do programa de *compliance* seria feita pelo próprio órgão contratante apresenta desafios importantes de implementação. Além da necessidade de possuir recursos capacitados a realizar tal tarefa no âmbito dos órgãos contratantes, haveria também o inconveniente de que cada órgão contratante teria de realizar a avaliação, com consequente ineficiência (tanto para a Administração Pública quanto para a empresa) e riscos de inconsistência de avaliação. Poderia também haver risco de conflito de interesse em se estabelecer que a avaliação seja feita pelo próprio órgão contratante (ainda que por outras áreas que não a área demandante da contratação). Haveria também o risco de que as decisões por parte do órgão (seja no sentido de aceitar ou não um programa de *compliance* como efetivo) fossem objeto de alongadas discussões e disputas entre os licitantes[4].

Assim, é adequado o modelo apresentado no âmbito da Ação nº 5 de 2016 da Enccla, no sentido de que a verificação da existência de um programa de *compliance* efetivo seja objeto de certificação por entidade certificadora independente, devidamente reconhecida pelo Poder Público.

---

4 O modelo de avaliação do programa de *compliance* pelo órgão licitante foi adotado pela Lei n. 7.753/2017 do Estado do Rio de Janeiro. A referida lei foi publicada no dia 18 de outubro de 2017 (com vigência em 30 dias após tal data) e estabeleceu a obrigatoriedade de adoção de programa de integridade para pessoas jurídicas que celebrem contratos com a administração pública, direta, indireta e fundacional, do Estado do Rio de Janeiro, em valores superiores a R$ 1.500.000,00 (um milhão e quinhentos mil reais) para obras e serviços de engenharia e R$ 650.000,00 (seiscentos e cinquenta mil reais) para compras e serviços. De acordo com a Lei (art. 11), caberá ao Gestor de Contrato (ou ao Fiscal de Contrato, se não houver a função de Gestor do Contrato), no âmbito da administração pública, "fiscalizar a implantação do Programa de Integridade, garantindo a aplicabilidade da Lei". A esse respeito, a Lei menciona que a comprovação se dará "através de prova documental emitida pela empresa, comprovando a implantação do Programa de Integridade".

A proposta da Enccla contempla que os critérios de acreditação e certificação serão fixados por ato normativo interno do Ministério da Fiscalização, Transparência e Controladoria Geral da União. Tal abordagem é adequada, e é importante, contudo, que tal ato normativo seja publicado rapidamente, com o objetivo de permitir que as empresas interessadas possam iniciar prontamente as providências para a obtenção da certificação.

Além disso, a respeito do processo de reconhecimento de entidades certificadoras, vale destacar que as normas técnicas existentes (desenvolvidas no âmbito de organizações privadas) possuem entidades acreditadoras próprias e definidas. Assim, o ideal seria que o Ministério da Fiscalização, Transparência e Controladoria Geral da União avaliasse a norma técnica e suas entidades acreditadoras, em conjunto, para que, uma vez que determinada norma técnica fosse aceita, a atividade acreditadora exercida pela acreditadora oficial da norma técnica também fosse reconhecida. Isso não impediria que o Ministério da Fiscalização, Transparência e Controladoria Geral da União exercesse fiscalização sobre a atividade da entidade acreditadora. Contudo, estabelecer que o Ministério da Fiscalização, Transparência e Controladoria Geral da União exerceria, ele próprio, atividade de acreditação de entidades certificadoras de determinada norma técnica com acreditadora própria poderia gerar indesejada sobreposição de papéis.

No caso da ISO 37001[5], por exemplo, o processo de acreditação de entidades certificadoras é feito pelo Instituto Nacional de Metrologia, Qualidade e Tecnologia – INMETRO, autarquia federal vinculada ao Ministério do Desenvolvimento, Indústria e Comércio Exterior – MDIC. Em vez de estabelecer que cabe ao Ministério da Fiscalização, Transparência e Controladoria Geral da União acreditar entidades certificadoras, tarefa já realizada pelo Inmetro, propõe-se que o Ministério da Fiscalização, Transparência e Controladoria Geral da União, ao decidir aceitar a ISO 37001 como norma técnica aceita para fins de cumprimento da exigência para participação em contratações públicas, deva reconhecer e fiscalizar a atividade acreditadora desempenhada pelo Inmetro. Mesmo que fosse estabelecido na alteração à Lei n. 12.846/2013 que o Ministério da Fiscalização, Transparência e Controladoria Geral da União seria responsável por acreditar entidades certificadoras para fins de participação em contratações públicas, determinada entidade acreditada pelo Ministério da Fiscalização, Transparência e Controladoria Geral da União, mas não pelo Inmetro, não poderia (pelas regras da ISO 37001) emitir certificados ISO 37001.

Outro aspecto relevante da lei diz respeito ao patamar mínimo de valor da licitação para a exigência de que a empresa licitante possua um programa de integridade certificado. Embora seja desejável que todas as empresas participantes de qualquer tipo de contratação pública (independentemente do valor) possua programa de *compliance* efetivo, a implementação de tal exigência em contratações públicas, de maneira ampla e geral, poderia apresentar importantes desafios e efeitos indesejados.

---

5 Entre as principais normas técnicas existentes, destaca-se a ISO 37001 sobre "Sistemas de Gestão Antissuborno", norma desenvolvida e publicada no âmbito da International Organization for Standardization – ISO, organização não governamental independente que congrega mais de 160 órgãos nacionais de normatização, incluindo a ABNT (Associação Brasileira de Normas Técnicas, entidade privada sem fins lucrativos). No caso da ISO 37001, vale destacar que o processo de desenvolvimento e construção da norma envolveu a partipação de representantes da iniciativa privada, além de entidades externas, incluindo o Grupo de Trabalho da OCDE (Organização para a Cooperação e Desenvolvimento Econômico) sobre Suborno em Transações Comerciais Internacionais e a Transparência Internacional.

Primeiramente, considerando a importância de que a existência de um programa de *compliance* efetivo seja certificada por entidade independente, de modo a conferir maior eficácia ao requisito, o estabelecimento da exigência para qualquer tipo de contratação pública, independentemente do porte da contratação, poderia resultar em situações em que não houvesse nenhuma empresa com programa de *compliance* certificado apta ou interessada em participação da contratação. Poderia também ocorrer que um grande número de empresas buscasse certificação, gerando nível de demanda que não poderia ser atendido (com a qualidade e credibilidade que o processo de certificação exige) pelas entidades certificadoras atuantes no mercado.

Além disso, enquanto empresas participantes de contratações de maior vulto possuem condições equivalentes de implementar programas de *compliance* e buscar certificação, os custos envolvidos nesse processo podem ser inviáveis para empresas de menor porte, causando indesejadas distorções no mercado e prejudicando a competitividade dos procedimentos licitatórios. Ao se estabelecer que a exigência seria aplicável apenas em contratações de maior vulto, tal efeito seria minimizado. Evita-se, também, um efeito indesejado de burocratização da atividade econômica, especialmente aquela do micro e pequeno empresário.

Por esse motivo, é adequada a abordagem segundo a qual a exigência de programa de *compliance* certificado deve ser aplicável apenas em contratações acima de determinado valor.

Na proposta de Decreto regulamentador elaborada no âmbito da Ação nº 5 de 2016 da Enccla, a sugestão de valor para definição de contratação de maior vulto foi de R$ 30.000.000 (trinta milhões de reais). Optou-se por manter o valor, até em deferência para com o fórum de entidades que o estabeleceu, mas, para minimizar os riscos de que as dificuldades tratadas acima ocorram, especialmente no contexto do estabelecimento inicial da exigência, estabeleceram-se prazos diferenciados para a vigência do requerimento. Isso traz maior segurança à implementação da nova norma, reduz as chances de que, em determinados certames, não haja empresas aptas (ou apenas uma ou poucas), bem como os riscos de que um número muito grande de empresas busque certificação de programa de *compliance* ao mesmo tempo, inviabilizando o atendimento.

Por fim, é importante que a nova regra entre em vigor após prazo razoável para permitir que empresas interessadas em participação em contratos com a Administração Pública possam implementar programas de *compliance* e obter a respectiva certificação, e para que as empresas certificadoras possam se estruturar e assimilar as normas inerentes.

Além da implementação em si do programa de *compliance*, em todos os seus requisitos, demandar tempo para que possa ser realizada, adequadamente, a certificação de programa de *compliance* exige que o programa já esteja implementado e que sejam verificadas evidências de sua efetiva aplicação, por meio de processo de auditoria. A atividade de certificação não envolve apenas verificação documental, mas também auditoria para determinar se, de fato, as políticas, os procedimentos e controles desenvolvidos como parte do programa de *compliance* foram corretamente implementados e estão sendo, de fato, aplicados pela empresa a ser certificada.

Vale destacar também que, com a entrada em vigor da norma, é possível que um grande número de empresas busque certificação, podendo haver dificuldade de atendimento de demanda por parte de entidades certificadoras.

A proposta apresentada no âmbito da Enccla contemplou o prazo de 180 dias para entrada em vigor da norma. De fato, o prazo de 180 dias pode ser curto para permitir que todas as empresas interessadas obtenham a certificação. Propõe-se, assim, um prazo mais alongado com o objetivo de minimizar eventuais situações em que poucas empresas (ou, eventualmente, nenhuma) possam participar em determinado procedimento licitatório por não possuir programa de *compliance* certificado.

Seguem tabelas que comparam o texto da lei e do decreto federal propostos no âmbito da Enccla e aqueles oferecidos acima, no âmbito desta iniciativa da FGV e Transparência Internacional.

Texto original da Proposta – Ação nº 5 de 2016 da Enccla	Texto com sugestões de alteração	Comentários
Art. 1º. Fica acrescido o art. 2º-A a Lei N. 12.846, de 1º de agosto de 2013:	Art. 1º. Fica acrescido o art. 2º-A à Lei n. 12.846, de 1º de agosto de 2013:	
"Art. 2-A. Os editais para contratações de bens, obras e serviços de grande vulto, bem como os de concessões e arrendamentos de valor equivalente, firmados com a Administração Pública, deverão exigir das pessoas jurídicas participantes programas de integridade efetivos.	"Art. 2-A. Os editais para contratações de bens, obras e serviços de grande vulto, bem como os de concessões e arrendamentos de valor equivalente, firmados com a Administração Pública direta, indireta e fundacional, nos âmbitos federal, estadual e municipal, deverão exigir das pessoas jurídicas participantes programas de integridade efetivos.	Sugere-se esclarecer expressamente que a norma se aplica a todas as esferas da Administração Pública (incluindo Administração Pública indireta e fundacional).
§1º. A comprovação da efetividade do programa de integridade deverá ser feita mediante certificação de empresa acreditada pelo poder público.	§1º. A comprovação da existência de programa de integridade efetivo para contratações de bens, obras e serviços de grande vulto, bem como os de concessões e arrendamentos de valor equivalente, deverá ser feita mediante certificação de pessoa jurídica acreditada pelo Poder Público.	Sugerem-se pequenas alterações de redação.
§2º. Aplica-se o disposto no *caput* aos casos de dispensa e inexigibilidade de licitação.	§2º. Aplica-se o disposto no *caput* aos casos de dispensa e inexigibilidade de licitação.	
§3º. Regulamento disporá sobre os critérios de acreditação, certificação e sobre a definição de contratações de grande vulto.	§3º. Um regulamento disporá sobre os critérios de acreditação e certificação, garantindo prazo suficiente para a adequação das empresas a novas exigências.	Sempre que houver mudanças nas exigências, é necessário haver tempo hábil para adequações, sob pena de mudanças possam ser instrumento para restrição da competitividade e, até mesmo, direcionamento de certames.

	§4º. O Poder Executivo da União, Estados e Municípios empreenderão esforços para estabelecer os critérios de que trata o parágrafo anterior de modo uniforme.	Dada a preocupação simultânea com a desburocratização, é altamente recomendável que os critérios nacionais sejam uniformes.
	§5º. A definição de contratações de grande vulto e a data de entrada em vigor da exigência prevista no caput serão definidas em regulamento do Poder Executivo.	Considerando que a lei entra em vigor na data de sua publicação, sugere-se incluir referência no sentido de que o regulamento também disporá sobre a data de início de vigência da exigência prevista no *caput* do artigo.
	§6º. Nos âmbitos estadual e municipal, o patamar que definirá a contratação de grande vulto não poderá ser superior àquele definido em âmbito federal, e, no âmbito municipal, tal patamar não poderá ser superior ao estadual.	
	§7º. Decorrido um ano sem que o Estado ou Município emita o regulamento de que trata o §3º, ser-lhe-á aplicável o regulamento federal.	
Art. 2º. Esta Lei entra em vigor na data de sua publicação.	Art. 2º. Esta Lei entra em vigor na data de sua publicação.	

Texto original da Proposta – Ação nº 5 de 2016 da ENCCLA	Texto com sugestões de alteração	Comentários
Art. 1º. Os editais de licitação para contratações de compras, obras e serviços, para concessões, arrendamentos, bem como os casos de dispensa e inexigibilidade de licitação, em valores superiores a R$ 30.000.000,00 (trinta milhões de reais), deverão exigir a certificação de programas de integridade efetivos.	Art. 1º. Os editais de licitação para contratações de compras, obras e serviços, para concessões, arrendamentos, bem como os casos de dispensa e inexigibilidade de licitação, em valores superiores aos indicados no art. 4º, deverão exigir a certificação de programas de integridade efetivos.	Conforme indicado nos comentários acima, sugere-se o estabelecimento inicial de valor idêntico, mas com exigências diferenciadas de prazos para diferentes patamares, a fim de garantir que as empresas possuam tempo hábil para a certificação.
Parágrafo único. Nos casos de dispensa e inexigibilidade de licitação somente poderão ser contratadas empresas com certificação, salvo se o contratante comprovar no respectivo processo, mediante consulta comprovada no cadastro do Ministério da Fiscalização, Transparência e Controladoria Geral da União, o desinteresse das empresas certificadas em relação ao objeto a ser contratado.	Parágrafo único. Nos casos de dispensa e inexigibilidade de licitação em valores superiores aos indicados no art. 4º, somente poderão ser contratadas empresas com certificação, salvo se o contratante comprovar no respectivo processo, mediante consulta comprovada no cadastro do Ministério da Fiscalização, Transparência e Controladoria-Geral da União, o desinteresse das empresas certificadas em relação ao objeto a ser contratado.	

Art. 2º. O Ministério da Fiscalização, Transparência e Controladoria Geral da União acreditará e fiscalizará pessoas jurídicas certificadoras de programas de integridade.	Art. 2º. O Ministério da Fiscalização, Transparência e Controladoria-Geral da União definirá, por meio de ato normativo interno, as normas técnicas sobre a caracterização da efetividade dos programas de integridade que poderão ser utilizadas para fins da obtenção de certificação.	Conforme indicado acima, entende-se que o Ministério da Fiscalização, Transparência e CGU deve definir as normas técnicas certificáveis que poderão ser utilizadas para os fins da nova exigência.
§1º. Os critérios de acreditação e certificação serão fixados por ato normativo interno do Ministério da Fiscalização, Transparência e Controladoria Geral da União.	§1º. O Ministério da Fiscalização, Transparência e Controladoria-Geral da União acreditará e fiscalizará pessoas jurídicas certificadoras de programas de integridade.	Foram implementadas sugestões no parágrafo primeiro e sugere-se a inclusão de um novo parágrafo segundo para tratar de acreditação e certificação.
	§ 2º. No caso de normas técnicas que atendam às exigências das normas referidas no *caput* e que possuam entidade acreditadora própria no Brasil, o Ministério da Fiscalização, Transparência e Controladoria-Geral da União reconhecerá as entidades certificadoras por ela acreditadas e fiscalizará sua atividade acreditadora.	Em especial, no novo §2º, indica-se que, se houver entidade acreditadora própria para determinada norma técnica que seja adotada, a atividade do Ministério da Fiscalização, Transparência e CGU deve ser de fiscalização das atividades de tal entidade acreditadora.
§2º. O Ministério da Fiscalização, Transparência e Controladoria Geral da União manterá um cadastro das empresas certificadas, classificado por data de validade do certificado, ramo de atividade, objeto social e território de atuação.	§3º. O Ministério da Fiscalização, Transparência e Controladoria-Geral da União manterá um cadastro das empresas certificadas, classificado por data de validade do certificado, ramo de atividade, objeto social e território de atuação.	
§3º. O Ministério da Fiscalização, Transparência e Controladoria Geral da União poderá firmar acordos com os órgãos de controle interno estaduais e municipais para fins de adesão ao credenciamento federal.	§4º. O Ministério da Fiscalização, Transparência e Controladoria-Geral da União poderá firmar acordos com os órgãos de controle interno estaduais e municipais para fins de adesão ao credenciamento federal.	
Art. 3º. As empresas certificadoras não poderão prestar qualquer outro tipo de serviço ou manter contratos com a empresa ou grupo de empresas no período que compreende o início do processo de certificação e o final do prazo de validade do certificado.	Art. 3º. O Ministério da Fiscalização, Transparência e Controladoria-Geral da União definirá, por meio de ato normativo interno, regras de independência a serem observadas na relação entre pessoa jurídica certificadora e a empresa ou organização para a qual emita certificação.	O tema demanda tratamento mais detalhado e dinâmico para abarcar situações de conflito de interesses e possíveis mecanismos de burla, razões que recomendam disciplina pela CGU.
Parágrafo único. A empresa certificadora não poderá prestar nem ter prestado assessoria acerca do programa de integridade da organização para a qual venha emitir o certificado de conformidade.	Parágrafo único. A pessoa jurídica certificadora não poderá prestar nem ter prestado assessoria acerca do programa de integridade da organização para a qual emita o certificado de conformidade.	

	Art. 4º. A exigência prevista no art. 1º entrará em vigor nos seguintes prazos:	
	I – Em 9 (nove) meses para contratações, concessões e arrendamentos acima de R$ 100.000.000,00 (cem milhões de reais);	
	II – Em 12 (doze) meses para contratações, concessões e arrendamentos acima de R$ 60.000.000,00 (sessenta milhões de reais); e	
	III – Em 18 (dezoito) meses para contratações, concessões e arrendamentos em valores acima de R$ 30.000.000,00 (trinta milhões de reais).	
Art. 4º. Este Decreto entra em vigor no prazo de 180 (cento e oitenta dias) da data de sua publicação.	Art. 5º. Este Decreto entra em vigor na data de sua publicação.	

43 INCENTIVO A PROGRAMAS DE INTEGRIDADE NA LEI ANTICORRUPÇÃO

A existência de robustos programas de integridade nas empresas é essencial para que se previna o envolvimento dessas empresas e de seus funcionários com atos de corrupção. Contudo, a lógica empresarial é econômica. Tais programas são adotados quando seu custo é menor que o benefício. O incentivo ao compliance se dá não apenas por meio da aplicação de sanções significativas para atos de corrupção, tais quais aquelas previstas na Lei Anticorrupção, como também por meio da redução dessas sanções quando a empresa comprovar que adotou as precauções possíveis para evitar a prática ilícita. Para incentivar a adoção de programas de compliance, é ampliada a gama de sanções e se aumenta o desconto econômico dado para empresas que tenham programas efetivos.

Principais pontos da proposta

- Prevê como possível sanção administrativa para pessoas jurídicas condenadas por atos lesivos contra a administração pública, no âmbito da Lei Anticorrupção, a declaração de inidoneidade e a consequente proibição de contratar com o poder público pelo prazo de 3 a 5 anos.

- Cria a possibilidade de aplicação de novas sanções judiciais a pessoas jurídicas responsáveis por atos lesivos contra a administração pública: a declaração de inidoneidade e a consequente proibição de contratar com o poder público no prazo de 3 a 5 anos; a proibição de obter parcelamento de tributos federais; e o cancelamento de incentivos fiscais ou subsídios públicos.

- Determina que a existência de um programa de integridade efetivo – efetividade que será julgada a partir de parâmetros previstos pela União em decreto – poderá levar à redução da multa e do prazo da declaração de inidoneidade, quando a sanção for aplicável na esfera tanto administrativa, quanto judicial. A redução chega a 50%, caso o ato lesivo seja identificado e comunicado às autoridades pela empresa antes de ser descoberto pelo poder público. A empresa deverá, nesse caso, investigar o ato e disponibilizar as provas, bem como comprovar o bom funcionamento do programa de integridade e a adoção de medidas de remediação.

- Propõe que, mesmo nos casos em que não tiver sido detectado ou impedido o ato lesivo, haverá redução de 25% das sanções judiciais ou administrativas aplicáveis à empresa (multa e inidoneidade), caso fique comprovado que a existência dos mecanismos de controle e integridade, no nível exigido pela lei, não teria sido capaz de impedir ou detectar o ato lesivo.

Problemas que pretende solucionar

- Aumentam-se os custos dos crimes cometidos por pessoas jurídicas ao se incluir no rol de possíveis sanções a proibição de contratar com o poder público – especialmente grave para empresas que dependem de sua relação com a administração pública –, a proibição de se obter parcelamento de tributos federais e o cancelamento de incentivos fiscais ou subsídios públicos, esta última considerada uma das sanções mais efetivas pela OCDE[6].

- Aumentam-se também os incentivos para que as empresas estabeleçam programas de compliance em suas estruturas internas. Os parâmetros atualmente adotados no âmbito da administração federal (Decreto n. 8.420/2015) não proporcionam incentivos adequados para que as empresas invistam em programas de integridade, pois a diferença no valor da multa administrativa para uma empresa que tenha um programa de compliance altamente efetivo é muito pequena.

- O estabelecimento de claros parâmetros para a avaliação de programas de compliance será utilizado para possibilitar e balizar a avaliação da efetividade desses programas nos casos concretos. Assim, dificulta-se o emprego de programas estabelecidos apenas formalmente, ou "no papel", simplesmente para obter benefícios. Oferecem-se também claras diretivas para as empresas interessadas em estabelecer programas de integridade efetivos.

ANTEPROJETO DE LEI

Altera dispositivos da Lei n. 12.846, de 1º de agosto de 2013, para estimular as empresas à adoção de programas de integridade

O **PRESIDENTE DA REPÚBLICA** faço saber que o Congresso Nacional decreta e eu sanciono a seguinte lei:

Art. 1º. O art. 6º da Lei n. 12.846, de 1º de agosto de 2013, passa a vigorar com a seguinte redação:

"**Art. 6º.** [...]

I – multa, no valor de 0,1% (um décimo por cento) a 20% (vinte por cento) do faturamento bruto do último exercício anterior ao da instauração do processo administrativo, excluídos os tributos;

II – publicação extraordinária da decisão condenatória; e

III – declaração de inidoneidade e proibição de contratar com o Poder Público pelo prazo mínimo de 3 (três) e máximo de 5 (cinco) anos;

[...]"

Art. 2º. O art. 7º da Lei n. 12.846, de 1º de agosto de 2013, passa a vigorar com a seguinte redação:

§1º. Os parâmetros de avaliação de mecanismos e procedimentos previstos no inciso VIII do *caput* serão estabelecidos em regulamento do Poder Executivo Federal.

§2º. A existência de um programa de integridade efetivo poderá reduzir a multa e o prazo da declaração de inidoneidade e proibição de contratar em até 1/2 (um meio),

---

6　ORGANISATION FOR ECONOMIC CO-OPERATION AND DEVELOPMENT. **Brazil: Phase 3 Report on Implementing the OECD Anti-Bribery Convention.** Outubro 2014, p. 26. Disponível em: <http://www.oedc.org/daf/anti-bribery/Brazil- Phase-3- Report-EN.pdf>. Acesso em: 26 jan.2016.

quando o ato lesivo tiver sido detectado pela empresa antes de sua identificação em investigação do Poder Público, tendo havido, ainda, a comunicação espontânea pela empresa à administração pública nacional ou estrangeira ou ao Ministério Público, antes da instauração de procedimento investigatório ou sancionador, com a investigação do ato e a disponibilização de todas as informações e provas pertinentes, tendo a empresa comprovado que o funcionamento do programa de integridade ao tempo do fato atendia aos padrões desta lei e da sua regulamentação, bem como adotado, em consequência, medidas de remediação e melhoria do programa de integridade.

§3º. A existência de um programa de integridade poderá reduzir a multa e o prazo da declaração de inidoneidade e proibição de contratar em até 1/4 (um quarto), ainda que o ato lesivo não tenha sido detectado ou impedido, quando as evidências demonstrarem que mecanismos adequados de controle e integridade não seriam capazes de impedir ou detectar o ato lesivo e, simultaneamente, ficar comprovado que o funcionamento do programa de integridade, ao tempo do fato, atendia aos padrões desta lei e da sua regulamentação."

Art. 3º. O art. 19 da Lei n. 12.846, de 1º de agosto de 2013, passa a vigorar com a seguinte redação:

"**Art. 19.** [...]

  V – declaração de inidoneidade e proibição de contratar com o Poder Público pelo prazo mínimo de 3 (três) e máximo de 5 (cinco) anos;

  VI – proibição de obter parcelamento de tributos federais por elas devidos;

  VII – cancelamento de incentivos fiscais ou subsídios públicos.

[...]

§4º. A existência de mecanismos e procedimentos internos de integridade, auditoria e incentivo à denúncia de irregularidades e a aplicação efetiva de códigos de ética e de conduta no âmbito da pessoa jurídica serão considerados no momento da aplicação das sanções.

§5º. A existência de um programa de integridade efetivo poderá reduzir a multa aplicada na hipótese do art. 20 e o prazo da declaração de inidoneidade e proibição de contratar em até 1/2 (um meio), quando o ato lesivo tiver sido detectado pela empresa antes de sua identificação em investigação do Poder Público, tendo havido, ainda, a comunicação espontânea pela empresa à administração pública nacional ou estrangeira ou ao Ministério Público, antes da instauração de procedimento investigatório ou sancionador, com a investigação do ato e a disponibilização de todas as informações e provas pertinentes, tendo a empresa comprovado que o funcionamento do programa de integridade ao tempo do fato atendia aos padrões desta Lei e da sua regulamentação, bem como adotado, em consequência, medidas de remediação e melhoria do programa de integridade.

§6º. A existência de um programa de integridade poderá reduzir a multa aplicada na hipótese do art. 20 e o prazo da declaração de inidoneidade e proibição de contratar em até 1/4 (um quarto), ainda que o ato lesivo não tenha sido detectado ou impedido, quando as evidências demonstrarem que mecanismos adequados de controle e integridade não seriam capazes de impedir ou detectar o ato lesivo e, simultaneamente, ficar comprovado que o funcionamento do programa de integridade, ao tempo do fato, atendia aos padrões desta lei e da sua regulamentação."

Art. 4º Esta Lei entra em vigor 180 (cento e oitenta) dias após a sua publicação.

Brasília, X de XXXX de 2018.

JUSTIFICATIVA

Este projeto de lei pretende dar mais efetividade à lei anticorrupção, pelo incremento das sanções aplicáveis às pessoas jurídicas em razão da prática de atos lesivos contra a administração pública nacional e estrangeira, bem como pelo aumento dos benefícios para aquelas que implementarem programas efetivos de integridade. Os programas de integridade inserem-se no âmbito do *compliance*, um dos instrumentos das modernas legislações anticorrupção que faz com que o setor privado colabore com o Estado na prevenção e no enfrentamento da corrupção.

Desde os estudos de Bentham[7], sabe-se que o modo de uma legislação estimular um comportamento é por meio da coerção (física ou moral) e da remuneração. As penas são a ameaça de um mal, que pode desestimular o agente da prática do ato ilícito. Sabe-se que as penas mais temidas pelas empresas que negociam com o setor público são justamente a declaração de inidoneidade e a proibição de contratar. A inclusão dessas sanções na Lei n. 12.846/2013 faz com que se aumente o custo do crime. Essa é a justificativa, também, para a inclusão da proibição de obter benefícios fiscais e creditícios, para a qual se utilizou o parâmetro da lei do Cade. A Organização para a Cooperação e o Desenvolvimento Econômico (OCDE) criticou a lei brasileira no Relatório de Avaliação da Fase 3, relativo ao cumprimento da Convenção sobre o Combate da Corrupção de Funcionários Públicos Estrangeiros em Transações Comerciais, por não prever essa sanção, considerada a mais efetiva pela comunidade empresarial em muitos dos relatórios de avaliação de outros países[8]. O projeto, portanto, prevê a possibilidade de aplicação da pena de inidoneidade e proibição de contratar com o Poder Público, tanto para o processo administrativo como para o processo judicial.

Todavia, é a fim de estimular as empresas brasileiras à adoção de uma cultura ética de negócios, em que a corrupção, em qualquer de suas facetas, não seja aceita, que se preveem menores punições para aquelas que possuírem, ao tempo dos fatos, programas efetivos de integridade. Os parâmetros atualmente adotados no âmbito da administração federal (Decreto n. 8.420/2015) não proporcionam incentivos adequados para que as empresas invistam em programas de integridade, pois a diferença no valor da multa administrativa para uma empresa que tenha um programa de *compliance* altamente efetivo é muito pequena (5% menor) em relação à de uma empresa fortemente corruptora que não

---

7 BENTHAM, J. An Introduction to the Principles of Morals and Legislation. Introduction by H. L. HART. New York: Oxford University Press, 1970, p. 312-3.

8 ORGANISATION FOR ECONOMIC CO-OPERATION AND DEVELOPMENT. Brazil: Phase 3 Report on Implementing the OECD Anti-Bribery Convention. October 2014, p. 26. Disponível em: <http://www.oedc.org/daf/anti-bribery/Brazil-Phase-3-Report-EN.pdf>. Acesso em: 26 jan. 2016.

invista em *compliance*. Se ambas fizerem acordos de leniência, que possibilita a redução da multa em até 2/3, essa diferença, considerando-se o investimento em *compliance*, fica próxima de zero[9].

Em razão disso, o projeto acrescenta dois parágrafos ao art. 7º da Lei n. 12.846/2013, permitindo a redução da multa administrativa e do prazo da declaração de inidoneidade e proibição de contratar. Essa redução será de até 1/2 para as empresas cujo programa de integridade tenha detectado o ato lesivo, havendo também a comunicação espontânea dessa ilicitude à administração pública ou ao Ministério Público antes da instauração do procedimento investigatório ou sancionador.

Quando a empresa não tiver detectado o ato lesivo, apesar da existência de programa de integridade, a multa e o prazo da declaração de inidoneidade e proibição de contratar poderão ser reduzidos em até 1/4, quando houver um programa de integridade, ainda que o ato lesivo não tenha sido detectado, quando as evidências demonstrarem que mecanismos adequados de controle e integridade não seriam capazes de impedir ou detectar o ato lesivo e, simultaneamente, ficar comprovado o funcionamento do programa que atenda aos padrões desta lei e da sua regulamentação.

O objetivo do projeto é estimular as empresas brasileiras à adoção do *compliance*, como um meio de mudança de cultura empresarial. Mesmo nos Estados Unidos, onde os programas de integridade são utilizados há muitos anos, entende-se que a falha em impedir ou detectar um ato lesivo não significa, necessariamente, que o programa de integridade não seja, de modo geral, efetivo (Veja-se o §8B2.1. (a), da 2014 Chapter 8 of the United States Sentencing Commission). A adoção de medidas de remediação e o aperfeiçoamento do programa de integridade também serão considerados para a concessão do benefício de redução da multa administrativa.

Para possibilitar o efeito redutor, eliminou-se a exigência de que a multa não possa ser inferior à vantagem auferida, no inciso I do art. 6º da Lei. A multa (que é sanção) não se confunde com o ressarcimento do dano, que será sempre devido, em sua integralidade. A multa, portanto, será devida de maneira complementar ao ressarcimento do dano. Este, o ressarcimento, jamais poderá ser inferior à vantagem havida ou ao dano causado; a multa, ao contrário, poderá ter valor menor, porque se acresce ao valor do ressarcimento (assim também é na legislação norte-americana: prevalece o que for maior, para a base do cálculo da multa, o valor do dano causado ou da vantagem havida com a conduta lesiva, aplicando-se, então, os fatores multiplicadores e os redutores (veja-se o §8C2.4. (a), da 2014 Chapter 8 of the United States Sentencing Commission).

O projeto também estende os efeitos do *compliance* à esfera de responsabilização judicial, pela alteração do art. 19 da lei anticorrupção, de modo similar à responsabilização administrativa. A OCDE, no mesmo relatório de avaliação, observou que a limitação do impacto do *compliance* à esfera administrativa diminuiria consideravelmente o incentivo para as empresas adotarem e implementarem esses programas.

---

9 DE CARLI, Carla Veríssimo. Anticorrupção e Compliance: a incapacidade da Lei 12.846/2013 para motivar as empresas brasileiras à adoção de programas e medidas de compliance. Tese (Doutorado) – Universidade Federal do Rio Grande do Sul e Universidade de Salamanca (em cotutela). Porto Alegre, 2016.

Na proposta do anteprojeto, para a redução máxima das sanções (1/2), é necessário que o programa tenha sido capaz de detectar o ato lesivo e que a empresa tenha comunicado esse fato espontaneamente, à autoridade administrativa ou ao Ministério Público, antes da instauração de procedimento administrativo ou investigatório, demonstrando sua disposição para colaborar. O art. 19 também prevê um benefício menor, de 1/4 da redução das sanções, no caso do programa que, apesar de efetivo, não logrou detectar a ocorrência do ato lesivo. A adoção de medidas de remediação do dano, pela empresa, bem como o aperfeiçoamento do programa de integridade, são elementos que poderão indicar que o *compliance* era efetivo, nesse caso.

Não é toda situação de não conformidade que implica inefetividade do programa de integridade. O projeto permite, então, que a autoridade administrativa e o juiz façam essa avaliação no caso concreto, no momento de determinar a multa devida. Dessa maneira, os programas de *compliance* "de papel", feitos para funcionar como um seguro contra a responsabilização, não terão aptidão para trazer os benefícios previstos no projeto de lei.

A comunicação espontânea ao Ministério Público se justifica, no âmbito da lei, em razão de sua atribuição para a propositura da ação civil pública que buscará a aplicação das sanções cíveis, no processo judicial (art. 19 da Lei n. 12.846/2013), bem como pela atribuição residual para a imposição das sanções administrativas, no caso de omissão da autoridade administrativa (art. 20 da Lei n. 12.846/2013).

Por fim, estabeleceu-se um prazo de 180 dias para a entrada em vigor das alterações legislativas, a fim de que as empresas possam adequar seus programas de modo a fazer jus aos benefícios da lei, antes que sejam aplicadas as sanções mais amplas.

44 CLAWBACK: DEVOLUÇÃO DOS BÔNUS E INCENTIVOS PELOS EXECUTIVOS

Executivos, com frequência, recebem uma remuneração adicional com base nos resultados financeiros que atingem, a qual toma diferentes formas de incentivo, como os bônus. A ideia desta proposta é possibilitar que esses incentivos financeiros sejam restituídos às empresas quando houver evidência de que os executivos participaram de atos ilícitos para alcançar aqueles resultados. Assim, elimina-se mais uma hipótese de enriquecimento ilícito e se reduz o incentivo à conduta ilícita.

Principais pontos da proposta

- Possibilita que a pessoa jurídica recupere incentivos financeiros (bônus, gratificações, participações nos lucros etc.) pagos a executivos, quando verificado que participaram de algum dos atos ilícitos previstos no art. 5º da Lei Anticorrupção. Já é uma prática internacional reconhecida, sendo encontrada em ordenamentos jurídicos pelo mundo, com destaque para os Estados Unidos.

- São requisitos para a aplicação desse instrumento: (i) sua previsão expressa em políticas internas, acordos coletivos ou contratos; (ii) a participação dos executivos, por ação ou omissão, culposa ou dolosa, em atos lesivos à administração pública; (iii) a realização de processo interno, com respeito à ampla defesa e ao devido processo legal, em que fique comprovada aquela participação.

- Exige que se dê ampla publicidade na hipótese de a cláusula não ser aplicada, nos casos em que estejam presentes os requisitos para tanto.

- Determina que a existência e a aplicação efetiva dessa cláusula pela empresa serão um dos elementos a ser considerados na dosimetria de multas previstas na Lei Anticorrupção, assim como já é existência de programa de integridade (art. 7, VIII). Cria-se, assim, um incentivo para que as empresas incluam essas cláusulas em seus contratos.

Problemas que pretende solucionar

- Bônus são frequentemente identificados como incentivos à corrupção, especialmente quando não atrelados a políticas anticorrupção e na ausência de programas de integridade robustos[10]. Sem prejudicar essa modalidade de política remuneratória, esta proposta se alinha com recomendações de boa governança corporativa ao estabelecer um equilíbrio em que as empresas passam a dispor de um instrumento para recuperar incentivos pagos em razão de atos ilícitos.

- De fato, esses incentivos financeiros, proporcionais aos resultados puramente financeiros alcançados, estão entre os fatores que motivam executivos a adotarem atitudes

---

10 FOLHA DE S. PAULO. **Bônus pagos a executivos estimulam a corrupção, diz conselheiro da Odebrecht.** São Paulo, 30 out. 2017. Disponível em: <http://www1.folha.uol.com.br/poder/2017/10/1931337-bonus-pagos-a-executivos-estimulam-corrupcao-diz-conselheiro-da-odebrecht.shtml>. Acesso em: 4 mar. 2018.

desonestas para fechar negócios. Estabelecer a possibilidade de que serão recuperados reduz os incentivos para a corrupção sem interferir na essência da liberdade de estabelecer essa política remuneratória.

- A par de reduzir incentivos para corrupção, o clawback proporciona uma proteção adicional para as empresas e seus sócios, constituindo um instrumento alternativo para recuperar parte do prejuízo sofrido com os atos ilícitos de seus executivos[11].

ANTEPROJETO DE LEI

Altera dispositivos da Lei n. 12.846/2013 para prever a restituição de incentivos financeiros (*clawback*) devidos ou pagos a dirigentes e administradores, em caso de atos cometidos contra a administração pública.

O **PRESIDENTE DA REPÚBLICA** faço saber que o Congresso Nacional decreta e eu sanciono a seguinte lei:

Art. 1º. A Lei n. 12.846/2013 passa a vigorar com a inclusão do artigo 24-A, com a seguinte redação:

"**Art. 24-A.** A pessoa jurídica poderá recuperar a totalidade dos bônus, gratificações, participações nos lucros e qualquer outro meio de incentivo financeiro adicional à remuneração-base, que tenham sido pagos aos seus dirigentes, administradores e demais pessoas referidas no §3º do art. 1º, com ou sem vínculo empregatício, sempre que:

I – houver previsão em políticas internas, em acordos coletivos ou em contratos celebrados com as pessoas mencionadas no *caput* deste artigo, de que o direito ao recebimento dos incentivos financeiros adicionais à remuneração-base está condicionado ao não envolvimento de seus beneficiários nos atos previstos no art. 5º desta Lei;

II – ficar caracterizada a participação das pessoas referidas no *caput*, por ação ou omissão, de caráter culposo ou doloso, em quaisquer dos atos previstos no art. 5º desta Lei; e

III – comprovar-se que a pessoa jurídica realizou procedimentos administrativos internos apropriados para a apuração do envolvimento das pessoas referidas no *caput* nos atos previstos no art. 5º desta Lei, com base em regulamentos e políticas internas que assegurem a ampla defesa e o contraditório.

§1º. Os incentivos passíveis de recuperação são todos aqueles que tiveram origem no exercício social em que houve a participação de seus beneficiários nos atos previstos no art. 5º desta Lei, limitados aos três exercícios sociais que antecedem o início de tal apuração.

---

11 O banco norte-americano Wells Fargo recentemente recuperou mais de 100 milhões de dólares de dois executivos envolvidos em fraudes, por meio da cláusula de Clawback. **Wells Fargo to claw back $75 million from 2 former executives.** New York Times, 10 abr. 2017. Disponível em: <https://www.nytimes.com/2017/04/10/business/wells-fargo-pay-executives-accounts-scandal.html>. Acesso em: 4 mar. 2017.

§2º. Na ausência da previsão a que se refere o inciso I deste artigo, a pessoa jurídica poderá recuperar os valores que não teriam sido pagos sem a prática dos atos previstos no art. 5º desta Lei.

§3º. A previsão referida no inciso I deste artigo poderá ser pactuada em qualquer momento da relação contratual, não se presumindo tal como vício de consentimento ou alteração lesiva aos contratos de trabalho ou demais contratos então vigentes.

§4º. A restituição de incentivos financeiros poderá se dar por meio de compensações envolvendo incentivos financeiros futuros, caso os envolvidos **não t**iverem sido desligados de suas atividades.

§5º. Exceto nos casos em que houver coautoria, colaboração, conivência, atuação conjunta ou ciência sobre a prática dos atos previstos no art. 5º desta Lei, a responsabilidade das pessoas mencionadas no *caput* será individual e não solidária.

§6º. O pagamento do incentivo em qualquer exercício ou a aprovação das contas dos administradores não prejudicará o direito à recuperação dos valores pagos, nos termos desta Lei.

§7º. As pessoas jurídicas que incluírem a cláusula de recuperação de incentivos no contrato com as pessoas referidas no "caput" e, tomando ciência da prática dos atos previstos no art. 5º desta Lei, decidirem não a executar e não perseguir a restituição de incentivos financeiros indevidos, deverão dar publicidade dessa decisão aos sócios ou acionistas da pessoa jurídica, mediante deliberação do órgão competente, que deverá ser levada a registro no órgão competente.

§8º. Prescreverá em 5 (cinco) anos, contados do encerramento exercício social em que houve a participação de seus beneficiários em atos contra a administração pública, o direito de as pessoas jurídicas cobrarem a devolução dos incentivos passíveis de recuperação nos termos deste artigo 24-A.

§9º. A sanção prevista neste artigo não substitui nem prejudica o direito da pessoa jurídica de promover ação de indenização contra seus dirigentes, administradores e demais pessoas referidas no §3º do art. 1º da Lei n. 12.846/2013, incluindo ação de responsabilidade civil contra o administrador para requerer a restituição de remuneração paga em excesso, com base no disposto no art. 159 da Lei n. 6.404/76.

§ 10. A existência e efetiva aplicação de cláusula de recuperação de incentivos nos contratos com dirigentes, administradores e demais pessoas referidas no §3º do art. 1º da Lei n. 12.846/2013 deverá ser ponderada na determinação da multa decorrente desta Lei."

Art. 2º. Esta Lei entra em vigor 180 (cento e oitenta) dias após sua publicação.

Brasília, X de XXXX de 2018.

ALTERAÇÃO DO CÓDIGO BRASILEIRO DE GOVERNANÇA CORPORATIVA – COMPANHIAS ABERTAS

Proposta de alteração ao Código Brasileiro de Governança Corporativa – Companhias Abertas com o objetivo de prever a possibilidade de cláusula de restituição de incentivos financeiros (*clawback*) nos contratos celebrados com os executivos das companhias abertas.

O item 2.7 (Remuneração dos Conselheiros de Administração) passa a vigorar com a seguinte redação:

Princípio

A remuneração dos membros do conselho de administração deve estar alinhada aos objetivos estratégicos da companhia com foco em sua perenidade e na criação de valor no longo prazo.

Fundamento

A remuneração adequada dos membros do conselho de administração favorece o alinhamento de objetivos. A remuneração com base em objetivos de curto prazo estimula conflitos de interesses. Tendo em vista seu papel primordial de estabelecer os objetivos estratégicos da companhia, implementados pela diretoria, a remuneração de seus membros deve distinguir-se da remuneração dos diretores relativamente a incentivos, métricas e prazos.

Prática recomendada

2.7.1 A remuneração dos membros do conselho de administração deve ser proporcional às atribuições, responsabilidades e demanda de tempo. Não deve haver remuneração com base em participação em reuniões, e a remuneração variável dos conselheiros, se houver, não deve ser atrelada a resultados de curto prazo.

2.7.2. Recomenda-se que os contratos firmados com membros do conselho de administração incluam cláusula de recuperação de incentivos (*clawback*) nos termos do art. 24-A da Lei n. 12.846/2013, permitindo à pessoa jurídica recuperar a totalidade dos bônus, gratificações, participações nos lucros e qualquer outro meio de incentivo financeiro adicional à remuneração-base, pago aos conselheiros, com ou sem vínculo empregatício, sempre que caracterizada a participação de tais conselheiros, por ação ou omissão, em quaisquer dos atos previstos no art. 5º da Lei n. 12.846/2013.

2.7.3. A companhia que incluir cláusula de recuperação de incentivos (*clawback*) em suas políticas internas ou no contrato com seus conselheiros e, tomando ciência da prática dos atos previstos no art. 5º da Lei n. 12.846/2013, decidir não executá-la e não perseguir a restituição de incentivos financeiros indevidos, deverá levar tal decisão ao conhecimento dos seus sócios ou acionistas, mediante deliberação do órgão competente, e deverá dar publicidade dessa decisão.

Orientações

Apesar de o regime informacional referente à remuneração dos membros do conselho de administração ser amplamente tratado pela regulamentação em vigor, a permitir a verificação da adoção do princípio e da prática recomendada, a diretoria deverá complementar as informações exigidas no Formulário de Referência, fornecendo outras informações relevantes que forem necessárias. A companhia que não adotar a prática de governança corporativa aqui descrita em todos os seus aspectos deve esclarecer o porquê.

Nesse sentido, em relação às práticas dispostas nos itens 2.7.1 e 2.7.2, caso a remuneração de um dos membros do conselho de administração seja distinta da remuneração dos demais membros por alguma razão não prevista neste documento, a companhia deverá divulgar qual a razão para tanto. Adicionalmente, caso a remuneração dos membros do conselho baseie-se em participação em reuniões ou esteja atrelada a resultados de curto prazo, a companhia deverá esclarecer por que adota essa prática. Por fim, a empresa deverá esclarecer caso (a) não possua cláusula de *clawback* nos contratos firmados com seus dirigentes, administradores e demais pessoas referidas no §3º do art. 1º da Lei n. 12.846/2013 (incluindo membros do conselho de administração e de outros órgãos estatutários ou não, se existentes); ou (b) possua, a razão pela qual optou por não executar a cláusula em situação cabível.

O item 3.4 Remuneração da Diretoria passa a vigorar com a seguinte redação:

Princípio

A remuneração dos membros da diretoria deve estar alinhada aos objetivos estratégicos da companhia, com foco em sua perenidade e na criação de valor no longo prazo.

Fundamento

A remuneração da diretoria é uma ferramenta efetiva de atração, motivação e retenção dos diretores. Se estruturada de maneira justa e compatível com as funções e os riscos inerentes a cada cargo, proporciona o alinhamento de seus interesses com os interesses de longo prazo da companhia.

Práticas recomendadas

3.4.1. A remuneração da diretoria deve ser fixada por meio de uma política de remuneração aprovada pelo conselho de administração e de um procedimento formal e transparente que considere os custos e os riscos envolvidos.

3.4.2. A remuneração da diretoria deve estar vinculada a resultados, com metas de médio e longo prazos relacionadas de maneira clara e objetiva à geração de valor econômico para a companhia no longo prazo.

3.4.3. A estrutura de incentivos deve estar alinhada aos limites de risco definidos pelo conselho de administração e vedar que uma mesma pessoa controle o processo decisório e sua respectiva fiscalização. Ninguém deve deliberar sobre sua própria remuneração.

3.4.4. Recomenda-se que os contratos firmados com membros da diretoria incluam cláusula de recuperação de incentivos (*clawback*) nos termos do art. 24-A da Lei n. 12.846/2013, permitindo à pessoa jurídica recuperar a totalidade dos bônus, gratificações, participações nos lucros e qualquer outro meio de incentivo financeiro adicional à remuneração-base, pago aos diretores, com ou sem vínculo empregatício, sempre que caracterizada a participação de tais diretores, por ação ou omissão, em quaisquer dos atos previstos no art. 5º da Lei n. 12.846/2013.

3.4.5. A companhia que incluir cláusula de recuperação de incentivos (*clawback*) em suas políticas internas ou no contrato com seus diretores e, tomando ciência da prática dos atos previstos no art. 5º da Lei n. 12.846/2013, decidir não executá-la e não perseguir a restituição de incentivos financeiros indevidos, deverá levar tal decisão ao conhecimento dos seus sócios ou acionistas, mediante deliberação do órgão competente, e deverá dar publicidade dessa decisão.

Orientação

Para permitir a verificação da adoção do princípio e das práticas recomendadas, a companhia deve complementar as informações exigidas no Formulário de Referência acerca das políticas e práticas de remuneração, fornecendo outras informações relevantes que forem necessárias, incluindo a explicação do porquê de eventual não adoção do princípio ou de determinada prática.

ALTERAÇÃO DO FORMULÁRIO 29-A DA INSTRUÇÃO NORMATIVA 480 / CVM

Proposta de alteração ao Anexo 29-A da Instrução Normativa 480 emitida pela CVM, com o objetivo de prever cláusula de restituição de incentivos financeiros (*clawback*) nos contratos celebrados com os executivos das companhias abertas.

O **item 15** passa a vigorar com a seguinte redação:

15. Em relação ao princípio 2.7: "A remuneração dos membros do conselho de administração deve estar alinhada aos objetivos estratégicos da companhia com foco em sua perenidade e na criação de valor no longo prazo".

   a) Informar se o emissor segue a seguinte prática recomendada: "A remuneração dos membros do conselho de administração deve ser proporcional às atribuições, responsabilidades e demanda de tempo. Não deve haver remuneração com base em participação em reuniões, e a remuneração variável dos conselheiros, se houver, não deve ser atrelada a resultados de curto prazo".

   b) Informar se o emissor segue a seguinte prática recomendada: "Recomenda-se que os contratos firmados com membros do conselho de administração incluam cláusula de recuperação de incentivos (*clawback*) nos termos do art. 24-A da Lei n. 12.846/2013, permitindo à pessoa jurídica recuperar a totalidade dos bônus, gratificações, participações nos lucros e qualquer outro meio de incentivo financeiro adicional à remuneração-base, pago aos conselheiros, com ou sem vínculo empregatício, sempre que caracterizada a participação de tais conselheiros, por ação ou omissão, em quaisquer dos atos previstos no art. 5º da Lei n. 12.846/2013".

c) no caso da não adoção da prática recomendada ou da sua adoção de maneira parcial, apresentar, em linha com as orientações do Código, as razões que justificam[12]:
  i. a eventual existência de remuneração de conselheiro distinta da remuneração dos demais membros;
  ii. que a remuneração dos membros do conselho baseie-se em participação em reuniões ou esteja atrelada a resultados de curto prazo;
  iii. a inexistência de cláusula de recuperação de incentivos (*clawback*) nos contratos firmados ou, quando existente, a razão pela qual optou pela sua não execução quando cabível.

O item 21 passa a vigorar com a seguinte redação:

21. Em relação ao princípio 3.4: "A remuneração dos membros da diretoria deve estar alinhada aos objetivos estratégicos da companhia, com foco em sua perenidade e na criação de valor no longo prazo":
  i. informar se o emissor segue as seguintes práticas recomendadas:
     1. "A remuneração da diretoria deve ser fixada por meio de uma política de remuneração aprovada pelo conselho de administração e de um procedimento formal e transparente que considere os custos e os riscos envolvidos[13]."
     2. "A remuneração da diretoria deve estar vinculada a resultados, com metas de médio e longo prazos relacionadas de maneira clara e objetiva à geração de valor econômico para a companhia no longo prazo."
     3. "A estrutura de incentivos deve estar alinhada aos limites de risco definidos pelo conselho de administração e vedar que uma mesma pessoa controle o processo decisório e sua respectiva fiscalização. Ninguém deve deliberar sobre sua própria remuneração."
     4. "Recomenda-se que os contratos firmados com membros da diretoria incluam cláusula de recuperação de incentivos (*clawback*) nos termos do art. 24-A da Lei n. 12.846/2013, permitindo à pessoa jurídica recuperar a totalidade dos bônus, gratificações, participações nos lucros e qualquer outro meio de incentivo financeiro adicional à remuneração-base, pago aos conselheiros, com ou sem vínculo empregatício, sempre que caracterizada a participação de tais conselheiros, por ação ou omissão, em quaisquer dos atos previstos no art. 5º da Lei n. 12.846/2013."
  i. no caso da não adoção das práticas recomendadas ou da sua adoção de maneira parcial, apresentar, em linha com as orientações do Código, a justificativa do emissor sobre o assunto.
  ii. no caso da indicação da adoção das práticas, informar, em linha com as orientações do Código, o motivo pelo qual o emissor entende que está aderente às práticas recomendadas[14].

---

12 Os comentários dos emissores podem incluir remissão a informações prestadas no formulário de referência, desde que seja indicada data da entrega da versão do formulário de referência que serve de base para os comentários.

13 O Código Brasileiro de Governança Corporativa – Companhias Abertas prevê que as políticas corporativas por ele recomendadas podem estar reunidas no todo ou em parte em um único documento.

14 Os comentários dos emissores podem incluir remissão a informações prestadas no formulário de referência, desde que seja indicada data da entrega da versão do formulário de referência que serve de base para os comentários.

JUSTIFICATIVA

A possibilidade de *clawback*, ou recuperação de incentivo financeiro dos Executivos que tenha como base um ato fraudulento, não é novidade. Já existe nos Estados Unidos, e o Brasil possui iniciativas que demonstram preocupações nesse mesmo sentido. Nessa direção, propõe-se a introdução do *clawback* no ordenamento jurídico brasileiro, mediante alteração da Lei n. 12.846/13, e que sejam realizadas alterações no Código de Governança Corporativa para Companhias Abertas e, por consequência, no Anexo 29-A da Instrução Normativa 480/2009 da Comissão de Valores Mobiliários (CVM)[15].

A instrução normativa 480/2009 da CVM e a Resolução n. 3.921/2010 do Banco Central[16], ainda que, no caso desta última, somente em relação às instituições financeiras, mostram uma preocupação dos órgãos reguladores quanto à necessidade de transparência quanto à remuneração de seus executivos. No mesmo sentido, o Regulamento do Novo Mercado, vigente desde 2018[17], inclui esse mesmo requisito para empresas de capital aberto com maior sofisticação no âmbito da governança corporativa. A transparência quanto à remuneração dos executivos é parte também do Código de Melhores Práticas de Governança Corporativa emitido pelo Instituto Brasileiro de Governança Corporativa (IBGC)[18].

A possibilidade *clawback* está presente em discussões atuais no Brasil, tendo sido, inclusive, mencionada no relatório final da "CPI BNDES" (datado de fevereiro de 2016), resultado da Comissão Parlamentar de Inquérito destinada a investigar supostas irregularidades envolvendo o Banco Nacional de Desenvolvimento Econômico e Social, ocorridas entre 2003 e 2015, relacionadas à concessão de empréstimos suspeitos e prejudiciais ao interesse público[19]:

Na indústria bancária também é recomendado o uso das chamadas *clawback provisions*, cláusulas contratuais incluídas em contratos de empregados de instituições financeiras que asseguram ao empregador a possibilidade de limitar bônus, gratificações ou outras espécies remuneratórias em caso de mudanças drásticas no rumo dos negócios. Se um produto adquirido tem bom desempenho por dois anos, mas após esse período – mesmo muitos anos depois – passa a produzir prejuízos ou variações patrimoniais negativas, a firma tem o direito de revogar ou mesmo retomar, total ou parcialmente, bônus pagos anteriormente. Inibe-se, dessa maneira, o risco de que operações com potencial de gerar altos retornos no curto prazo, mas insustentáveis em horizonte mais amplo, sejam aprovadas pelos administradores de bancos.

Na parte de recomendações desse mesmo relatório, afirmou-se que "mecanismos de remuneração devem ser sensíveis ao horizonte temporal dos riscos assumidos em de-

---

15 Disponível em: <http://www.cvm.gov.br/export/sites/cvm/legislacao/instrucoes/anexos/400/inst480consolid.pdf>.
16 Disponível em: http://www.bcb.gov.br/pre/normativos/busca/downloadNormativo.asp?arquivo=/Lists/Normativos/Attachments/49511/Res_3921_v1_0.pdf>.
17 Disponível em: http://www.bmfbovespa.com.br/lumis/portal/file/fileDownload.jsp?fileId=8AA8D0975ECA76A9015EE47401334D3B.
18 Disponível em: http://www.ibgc.org.br/userfiles/files/2014/files/CMPGPT.pdf.
19 Disponível em: <http://www.camara.gov.br/proposicoesWeb/prop_mostrarintegra?codteor=1437498>. Acesso em: 3 dez. 17.

corrência de determinada operação. Essa é uma das orientações do Comitê de Estabilidade Financeira da Basileia[20] (*Financial Stability Board*, ou FSB), referendada pelo Fundo Monetário Internacional[21]. É preciso evitar que executivos aprovem operações de longo prazo pensando apenas em resultados imediatos, ainda que, em longo prazo, a contratação possa ser prejudicial para a instituição financeira em que trabalham".

Nos Estados Unidos, a lei Sarbanes Oxley (SOx)[22], desde 2002, traz a possibilidade de recuperar incentivos financeiros pagos a *Chief Executive Officers* e *Chief Financial Officers* que tivessem ativamente contribuído para mascarar os resultados de uma empresa, enquanto a Dodd Frank[23], de 2010, ampliou as possibilidades de recuperação de valores aos demais cargos e incluiu a desnecessidade de comprovação quanto ao dolo ou envolvimento ativo por parte deles.

Estudos sobre o anúncio da adoção de *clawback* realizados por empresas abertas nos Estados Unidos[24] demonstram estatísticas de reação favorável do mercado à implementação desse tipo de ferramenta.

Conforme pesquisa realizada nos Estados Unidos, após a entrada em vigor do Dodd Frank, "[...] aproximadamente 73% das cem maiores empresas ranqueadas pela Fortune possuíam cláusulas de *clawback* em 2009, contra 18% em 2006"[25].

Além disso, a referida cláusula tem sido muito utilizada lá em decorrência da violação de padrões éticos das companhias[26].

Entendemos que há possibilidade de expandir o conceito de *clawback* já reconhecido no mercado financeiro brasileiro a outras indústrias, como já é feito nos Estados Unidos.

O modelo proposto baseia-se no instituto norte-americano, mas busca aperfeiçoá-lo. Nos Estados Unidos, o executivo deve devolver o bônus se for feita retificação das demonstrações financeiras, sem necessidade de prova de ação ou omissão, ou, mesmo, de atos de corrupção[27]. Contudo, tal modelo fica restrito a empresas com demonstrações financeiras

---

20 Veja-se o documento publicado no seguinte endereço eletrônico: <http://www.financialstabilityboard.org/wp-content/uploads/r_0904b.pdf>.

21 De acordo com o Fundo Monetário Internacional, bancos em que a remuneração de executivos depende em maior medida no desempenho de longo prazo apresentam menores níveis de assunção de risco. Veja-se: <http://www.imf.org/external/pubs/ft/survey/so/2014/POL100114B.htm>, onde se lê: "A remuneração variável deve ser diferida no tempo e incluir cláusulas *clawback*, que são cláusulas contratuais que podem forçar administradores a devolver bônus passados em determinados casos, por exemplo, quando suas decisões causem perdas no longo prazo" (tradução livre do inglês).

22 Disponível em: <https://www.sec.gov/about/laws/soa2002.pdf>.

23 Disponível em: <http://www.cftc.gov/idc/groups/public/@swaps/documents/file/hr4173_enrolledbill.pdf>.

24 Babenko, Ilona and Bennett, Benjamin e Bizjak, John M. e Coles, Jeffrey L. "Clawback Provisions" (14 jul. 2017). Disponível em: <https://ssrn.com/abstract=2023292> ou <http://dx.doi.org/10.2139/ssrn.2023292>, item 6.2, p. 31-3.

25 No original, *in verbis*: "*A recent study by Equilar, a proxy research firm, found that approximately 73% of Fortune 100 companies had clawback policies as of 2009, compared to 18% of those companies in 2006*". Ver SHARP, S. Whose Money is it Anyway? Why Dodd Frank Mandatory Compensation Clawbacks Are Bad Public Policy. The Georgetown Journal of Law and Public Policy, Washington, v. 10, n. 321, p. 321-41, Winter 2012.

26 "*As one would expect, most clawbacks are triggered by ethical or financial misconduct. In 2010, 81.3% of Fortune 100 clawback policies included provisions allowing for the recovery of compensation in the event of a financial restatement. Moreover, 78% of clawback policies have provisions allowing companies to recoup pay in the event that an executive behaves unethically.*" FOCUS on Research: Clawbacks Are Here to Stay. C-SuiteInsight, Redwood City, v. 01, Issue 4, 2011. p. 40-3. Disponível em: <http://www.equilar.com/pdf/c-suite/CSuiteInsight_vol1_issue04.pdf>. Acesso em: 30 set. 2015.

27 No original, *in verbis*: "*Among other things, Dodd–Frank requires publicly-traded firms to adopt policies that compel the recovery of certain payments made to executives on the basis of financial results that turn out to be false and require a restatement. In particular, a firm that is required to restate its financial results must recover certain incentive-based compensation paid to an executive that exceeds the amount he would have received under the restated results*". Ver FRIED, J. M.; SHILON, N., Excess-Pay Clawbacks (March 28, 2011). Journal of Corporation Law, Vol. 36, p. 722-51, 2011. Disponível em: <https://ssrn.com/abstract=1798185>.

publicadas e auditadas. Além disso, a punição de todos os executivos pela conduta de um deles não só pode ser interpretada como injusta, mas também gera um efeito rebote, já que a revelação do ato passa a ser desinteressante para uma grande quantidade de pessoas influentes dentro da empresa. O modelo proposto evita esses pontos negativos e, como medida de incentivo, traz a possibilidade de redução de pena da Lei Anticorrupção para empresas que adotam sistemas de *clawback*.

No caso da Lei n. 12.846/2015, a expansão do *clawback* traz uma nova roupagem a essa ferramenta, atrelada a atos praticados contra a administração pública, com o objetivo de evitar que executivos cometam atos dessa natureza visando a incentivos financeiros pessoais a que fariam jus regularmente, se os resultados da pessoa jurídica tivessem como base atos lícitos.

Nesse sentido, a ideia é trazer responsabilização à tomada de decisão do executivo, fazendo com que seja possível recuperar incentivos financeiros alcançados com base em resultados contaminados por atos ilícitos praticados contra a administração pública.

Essa proposta busca trazer uma sanção ao Executivo, espelhando para a seara particular a conduta já penalizada quando o agente público comete ato de improbidade. Vejamos:

A improbidade administrativa caracterizar-se-ia por ação ou omissão dolosa do agente público, ou de quem de qualquer forma concorresse para a realização da conduta, com a nota imprescindível da deslealdade, desonestidade ou falta de caráter, que visse a acarretar enriquecimento ilícito, lesão ao patrimônio das pessoas jurídicas mencionadas no art. 1º da LIA, ou ainda, que violasse os princípios da Administração Pública, nos termos previstos nos artigos 9º, 10 e 11 da citada lei[28].

No caso, o agente seria o executivo que, por ação ou omissão, e com violação de seus deveres fiduciários da Lei n. 6.404/76, e visando acarretar enriquecimento ilícito, pratica os atos previstos no artigo 5º da Lei n. 12.846/13.

Propõe-se que, no ordenamento jurídico brasileiro – ao contrário do que foi introduzido pela Dodd Frank –, mantenha-se a necessidade de comprovação do vínculo entre o ato contra a administração pública que teve impacto nos resultados e gerou incentivos financeiros ao executivo e a ação ou omissão por parte do executivo beneficiado.

Assim, o executivo que, por meio de ação ou omissão, culposa ou dolosa, tiver participação na conduta ilícita (contra a administração pública) que impactou nos resultados e acarretou incentivo financeiro a ele, poderá ter esses valores recuperados pela pessoa jurídica, obedecendo aos princípios do devido processo legal.

A proposta é que a pessoa jurídica não necessite se socorrer de medida contenciosa (judiciária ou arbitral) para que exista a recuperação dos valores pagos nos anos em que os resultados foram majorados pelo ato ilícito, em relação aos responsáveis pelo ato que receberam tais recursos. Há necessidade, todavia, de um processo interno, com base em respectiva política formal, que, de maneira diligente, proba e fundamentada, traga tanta agilidade para essa ferramenta quanto seja segura e respeite os direitos ao contraditório e à ampla defesa.

---

28 NEIVA, J. A. L. Improbidade Administrativa. 2. ed. Niterói: Impetus, 2006, p. 125.

Não se entende que seja possível delimitar um processo interno único a ser seguido pelas pessoas jurídicas. Elas podem se munir dos recursos que julgarem mais adequados para determinar o cálculo dos valores a serem recuperados e o método de recuperação dos valores (pagamento por parte do executivo).

Entende-se que o meio pelo qual as companhias implementarão as restituições de incentivos financeiros deverá observar o contexto fático de cada caso, sobretudo se os executivos serão ou não afastados de suas atividades, o que poderá implicar ausência de remuneração-base mensal e impedir o ajuste por meio de compensações periódicas a serem previamente estabelecidas com o executivo.

Por fim, foi incluído um período de *vacatio legis*, de modo a permitir que as pessoas jurídicas de direito privado possam se adequar à nova lei, passando a estabelecer políticas de *clawback*, o que, sob a égide da nova legislação, pode inclusive mitigar eventual multa decorrente de violação da Lei n. 12.846/2013.

45 RESPONSABILIDADE DAS EMPRESAS POR CORRUPÇÃO PRIVADA

A corrupção não acontece apenas entre atores privados e agentes públicos. Ela pode ocorrer também entre atores exclusivamente privados – quando uma empresa paga propina para o funcionário da sua concorrente a fim de que ele desvie sua clientela. Nesses casos, a ordem econômica e a livre concorrência são comprometidas. Embora existam recomendações internacionais[29] para a punição de quem pratica corrupção privada, não existe previsão nesse sentido no direito brasileiro. Responsabilizar as pessoas jurídicas, em geral as principais beneficiadas pela corrupção privada, é, portanto, essencial para dissuadir esse tipo de comportamento.

Principais pontos da proposta

- Institui a responsabilidade civil e administrativa de pessoas jurídicas por corrupção privada, definida como "oferecer, prometer, entregar ou pagar, direta ou indiretamente, a sócio, dirigente, administrador, empregado ou representante de pessoa jurídica de direito privado, vantagem indevida para a prática dos atos listados no §3º e seus incisos deste artigo, bem como para realizar ou omitir ato relativo às suas atribuições funcionais". Entre os atos listados no §3º estão a combinação de preços e dificultar a entrada de novas empresas no mercado.
- Caracteriza os atos de corrupção privada como infrações à ordem econômica, definindo-os no bojo da Lei n. 12.529 de 2011.
- Estabelece como elemento a ser considerado na dosimetria das sanções previstas para praticantes de corrupção privada a existência de um programa de integridade dentro das pessoas jurídicas, à semelhança das propostas apresentadas nestas Novas Medidas em relação à Lei Anticorrupção.

Problemas que pretende solucionar

- A corrupção privada gera graves efeitos para toda a economia, podendo ocasionar, por exemplo, aumento de preços, perda da eficiência comercial e aumento artificial do poder de mercado. De modo geral, prejudica a livre concorrência e ofende os direitos do consumidor.
- A responsabilização civil e administrativa de pessoas jurídicas por corrupção privada cobre uma importante lacuna no ordenamento brasileiro. A Lei Anticorrupção prevê a responsabilidade apenas nos casos de atos contra a administração pública, e a Lei do CADE trata, principalmente, dos aspectos ligados ao combate à formação de cartéis. Agora, propõe-se a ampliação do sistema para incluir a previsão de punição para pessoas jurídicas por corrupção privada, além de (mais) incentivos para que estabeleçam programas de integridade.

---

[29] Por exemplo, a Convenção da ONU contra a Corrupção (art. 12).

ANTEPROJETO DE LEI

Altera a Lei n. 12.529, de 30 de novembro de 2011, dispondo sobre a responsabilização civil e administrativa de pessoas jurídicas por corrupção privada.

O **PRESIDENTE DA REPÚBLICA** faço saber que o Congresso Nacional decreta e eu sanciono a seguinte lei:

Art. 1º. Os arts. 36 e 45 da Lei n. 12.529, de 30 de novembro de 2011, passam a vigorar com os seguintes acréscimos:

"**Art. 36.** [...]

§4º. Também caracteriza a prática de infração à ordem econômica oferecer, prometer, entregar ou pagar, direta ou indiretamente, a sócio, dirigente, administrador, empregado ou representante de pessoa jurídica de direito privado, vantagem indevida para a prática dos atos listados no §3º e seus incisos deste artigo, bem como para realizar ou omitir ato relativo às suas atribuições funcionais, como:

I – desviar clientela para concorrente;

II – facilitar a obtenção de acordo ou contrato comercial; ou

III – conceder descontos em vendas ou aumentar preços de compras." (NR)

"**Art. 45.** [...]

Parágrafo único. As sanções relacionadas à prática de infração à ordem econômica prevista no §4º do art. 36 desta Lei levarão em consideração os fatores acima e:

I – a existência de um programa de integridade efetivo voltado a prevenir as infrações previstas no §4º do art. 36 desta Lei poderá reduzir a multa e o prazo de sanções em até 1/2 (um meio), quando o ato lesivo tiver sido detectado pela empresa antes de sua identificação em investigação do Poder Público, tendo havido, ainda, a comunicação espontânea pela empresa à administração pública nacional ou estrangeira ou ao Ministério Público, antes da instauração de procedimento investigatório ou sancionador, com a investigação do ato e a disponibilização de todas as informações e provas pertinentes, tendo a empresa comprovado que o funcionamento do programa de integridade ao tempo do fato atendia aos padrões da Lei n. 12.846, de 1º de agosto de 2013, e da sua regulamentação, bem como adotado, em consequência, medidas de remediação e melhoria do programa de integridade.

II – a existência de um programa de integridade voltado a prevenir as infrações previstas no §4º do art. 36 desta Lei poderá reduzir a multa e o prazo de sanções em até 1/4 (um quarto), ainda que o ato lesivo não tenha sido detectado ou impedido, quando as evidências demonstrarem que mecanismos adequados de controle e integridade não seriam capazes de impedir ou detectar o ato lesivo, e, simultaneamente, ficar comprovado que o funcionamento do programa de integridade, ao tempo do fato, atendia aos padrões da Lei n. 12.846, de 1º de agosto de 2013, e da sua regulamentação." (NR)

Art. 2º. Esta lei entra em vigor no prazo de 180 (cento e oitenta) dias da sua publicação.

Brasília, xx de xxxx de 2018.

JUSTIFICATIVA

O Brasil é signatário da Convenção das Nações Unidas contra a Corrupção, promulgada por meio do Decreto n. 5.687, de 31 de janeiro de 2006. O texto da Convenção traz a seguinte redação em seu artigo 21, que trata sobre "suborno no setor privado":

Cada Estado Parte considerará a possibilidade de adotar medidas legislativas e de outras índoles que sejam necessárias para qualificar como delito, quando cometido intencionalmente no curso de atividades econômicas, financeiras ou comerciais:

a) A promessa, o oferecimento ou a concessão, de forma direta ou indireta, a uma pessoa que dirija uma entidade do setor privado ou cumpra qualquer função nela, de um benefício indevido que redunde em seu próprio proveito ou no de outra pessoa, com o fim de que, faltando ao dever inerente às suas funções, atue ou se abstenha de atuar;

b) A solicitação ou aceitação, de forma direta ou indireta, por uma pessoa que dirija uma entidade do setor privado ou cumpra qualquer função nela, de um benefício indevido que redunde em seu próprio proveito ou no de outra pessoa, com o fim de que, faltando ao dever inerente às suas funções, atue ou se abstenha de atuar.

Muito embora a redação da Convenção apresente mera recomendação, sem qualquer vinculação obrigacional aos países signatários, diversos países com os quais o Brasil possui importantes relações comerciais implementaram em suas legislações nacionais a criminalização da corrupção privada.

Quanto a esse ponto específico, cumpre ressaltar que, de modo distinto do arcabouço jurídico brasileiro, jurisdições como o Reino Unido, que criminalizaram a conduta de corrupção privada, também admitem a criminalização de pessoas jurídicas, não havendo a necessidade de imposição de sanções administrativas às empresas envolvidas.

Seguindo a linha sugerida pela Convenção, bem como as recentes alterações legislativas relativas à legislação anticorrupção brasileira, o Poder Legislativo federal, titular da competência para legislar sobre questões atinentes ao direito penal, vem estudando diversas sugestões de alterações legislativas relativas à criminalização da conduta de corrupção privada (ou comercial), seja por meio de modificação de leis esparsas[30], do código penal vigente[31] ou de anteprojeto do novo código penal[32]. Nessa iniciativa da FGV e Transparência Internacional, há proposta de criminalização da corrupção privada.

Muito embora tal esforço seja louvável, a mera criminalização da conduta (i. e., responsabilização apenas das pessoas físicas envolvidas) fugiria da tendência legislativa inaugurada pela Lei n. 12.846/2013, de responsabilização, também, das pessoas jurídicas, bem como deixaria de criar um incentivo para a cooperação das empresas a fim de evitar tais práticas.

---

30 Projeto de Lei n. 3.163/2015; e Projeto de Lei n. 5.895/2016.
31 Projeto de Lei do Senado n. 455/2016.
32 Projeto de Lei do Senado n. 236/2012.

De fato, a inexistência de responsabilização administrativa da pessoa jurídica deixa de criar incentivos para a criação de "mecanismos e procedimentos internos de integridade, auditoria e incentivo à denúncia de irregularidades", importantes ferramentas de controle integrantes de programas de integridade trazidas pela legislação anticorrupção. A utilização de tais mecanismos – ou de outros à sua semelhança – serviria como meio para prevenir a ocorrência de atos de corrupção também no âmbito privado, contribuindo também para a promoção de uma cultura de ética e integridade corporativa plena. Com relação a esse ponto, a tomada de medidas efetivas pela pessoa jurídica para a prevenção de atos de corrupção privada, como a instituição de um programa de integridade robusto, foi tomada no projeto como um fator mitigador na aplicação de sanções.

Não se pode ainda ignorar os efeitos da conduta. É importante destacar que o Conselho Europeu, por meio de sua Decisão Quadro 2003/568/JAI, reconheceu, ao fixar que seus Estados-Membros devessem tomar as medidas necessárias para garantir que a corrupção no setor privado seja considerada infração penal, os efeitos deletérios desses atos no funcionamento do mercado, afirmando que "a corrupção [nos setores público ou privado] constitui uma ameaça para uma sociedade cumpridora da lei, podendo conduzir a distorções da concorrência em relação à aquisição de bens ou serviços comerciais e prejudicar um são desenvolvimento económico".

É necessário, portanto, reconhecer que os efeitos decorrentes da prática de atos de corrupção privada, ao contrário do que um olhar mais descuidado levaria a crer, extrapolam os limites do patrimônio do sujeito corrompido e do corruptor, podendo gerar efeitos mais amplos, como aumento de preços, perda de eficiência comercial, aumento artificial e desarrazoado de poder de mercado, entre outros, que, em última análise, ofendem a lealdade na concorrência.

Ainda, a despeito de serem os atos de corrupção privada praticados por pessoas físicas – como não poderia deixar de ser, – bem como nos atos praticados contra a Administração Pública, eles são usualmente praticados no interesse ou em benefício de pessoas jurídicas, sendo essas, inclusive, as principais favorecidas no polo ativo da ação corrupta.

Dessa feita, tendo em vista a relevância da questão e a necessidade de que a responsabilização de pessoas jurídicas pela prática de atos de corrupção privada seja positivada pelo ordenamento jurídico brasileiro, apresenta-se proposta de alterações à Lei n. 12.529/2011, fazendo incluir a caracterização de atos de corrupção privada como passíveis de enquadramento como infrações à ordem econômica.

Adicionalmente, reconhecendo a relevância da implementação e do desenvolvimento de mecanismos de integridade nas pessoas jurídicas de direito privado, sugeriu-se a inclusão de texto indicando que as sanções pecuniárias aplicáveis às pessoas jurídicas pela prática de ato de corrupção privada poderão ser reduzidas, caso seja comprovado que a pessoa jurídica possua e aplique um programa de integridade, utilizando-se como referência os parâmetros estabelecidos no artigo 42 do Decreto n. 8.420/2015.

Ademais, a Lei n. 12.529/2011, que estrutura o Sistema Brasileiro da Defesa da Concorrência e dispõe sobre a prevenção e repressão das infrações contra a ordem econômica, traz expressamente em seu bojo normativo a previsão, em seu artigo 47, de que:

> Art. 47. *Os prejudicados*, por si ou pelos legitimados referidos no art. 82 da Lei n. 8.078, de 11 de setembro de 1990, *poderão ingressar em juízo para*, em defesa de seus interesses individuais ou individuais homogêneos, *obter* a cessação de práticas que constituam infração da ordem econômica, bem como *o recebimento de indenização por perdas e danos sofridos*, independentemente do inquérito ou processo administrativo, que não será suspenso em virtude do ajuizamento de ação [grifamos].

Ou seja, com a alteração legislativa aqui sugerida, estará garantido também o direito de ação daqueles prejudicados pela conduta indevida praticada.

Por fim, foi incluído um período de *vacatio legis*, de modo a permitir que as pessoas jurídicas de direito privado possam adequar não somente práticas comerciais atualmente praticadas (e. g., atividades promocionais), que, sob a égide da nova legislação, poderiam ser consideradas ilegais, mas também implementar ou adequar programas de *compliance* para mitigar os riscos de violação.

46 CRIMINALIZAÇÃO DA CORRUPÇÃO PRIVADA

Em paralelo à responsabilização de pessoas jurídicas por corrupção privada, pretende-se também criar instrumentos para responsabilizar criminalmente os indivíduos envolvidos com essas práticas, em conformidade com recomendações internacionais[33]. Assim como existem os tipos penais de corrupção ativa e passiva, previstos no Código Penal, para punir a corrupção pública, cria-se um novo tipo penal, com o objetivo de punir a corrupção privada. A repercussão desse tipo de ato ilícito vai muito além do âmbito das empresas envolvidas. São atos que prejudicam a economia como um todo.

Principais pontos da proposta

- Define como corrupção privada (passiva): "exigir, solicitar ou receber vantagem indevida, como sócio, dirigente, administrador, empregado ou representante de pessoa jurídica de direito privado, para beneficiar a si ou a terceiro, direta ou indiretamente, ou aceitar promessa de tal vantagem, a fim de realizar ou omitir ato em violação dos seus deveres funcionais".
- Define como corrupção privada (ativa): "oferecer, prometer ou entregar, direta ou indiretamente, vantagem indevida a dirigente, administrador, empregado ou representante de pessoa jurídica de direito privado, a fim de realizar ou omitir ato em violação dos deveres funcionais".
- Estabelece como pena para esses crimes a reclusão de 2 a 6 anos, além de multa.

Problemas que pretende solucionar

- A corrupção privada não está tipificada no Brasil, a despeito das recomendações internacionais e da gravidade da conduta. Ao mesmo tempo que o Código Penal reprime o desvio fraudulento ou a apropriação de recursos de uma empresa, silencia em relação a esse comportamento, que lesa igualmente as empresas, mas, para além delas, prejudica os consumidores, a livre concorrência e a ordem econômica.
- Essa lacuna dificulta ou mesmo impede uma resposta penal adequada, no Brasil, em relação a escândalos como a corrupção na Fifa[34]. A proposta possibilita a responsabilização de indivíduos por atos cuja repercussão vai muito além das esferas privadas das empresas e do mundo de negócios. Preenche-se, assim, uma lacuna do Direito Penal brasileiro.
- Ainda que se reconheça o diferente nível de gravidade, propondo-se uma pena menor para a corrupção privada, criminalizar essa conduta ao lado da corrupção (pública) ativa e passiva envia uma forte mensagem sobre o quão repreensível e condenável a sociedade brasileira considera as práticas indevidas e corruptas mesmo nos ambientes privados.

---

[33] Por exemplo, a Convenção da ONU contra a Corrupção (art. 12).
[34] ROVER, T. Caso Fifa, mesmo que comprovado, não pode ser considerado crime no Brasil. **Conjur**, 5 jun. 2015. Disponível em: <https://www.conjur.com.br/2015-jun-05/brasil-fifa-nao-considerado-crime-corrupcao>. Acesso em: 8 maio 2018.

ANTEPROJETO DE LEI

Tipifica a corrupção privada no ordenamento jurídico brasileiro.

O **PRESIDENTE DA REPÚBLICA** faço saber que o Congresso Nacional decreta e eu sanciono a seguinte lei:

Art. 1º. Constitui crime de corrupção privada exigir, solicitar ou receber vantagem indevida, como sócio, dirigente, administrador, empregado ou representante de pessoa jurídica de direito privado, para beneficiar a si ou a terceiro, direta ou indiretamente, ou aceitar promessa de tal vantagem, a fim de realizar ou omitir ato em violação dos seus deveres funcionais.

Pena: reclusão de 2 (dois) a 6 (seis) anos, e multa.

Parágrafo único. Incorre nas mesmas penas quem oferece, promete ou entrega, direta ou indiretamente, vantagem indevida a dirigente, administrador, empregado ou representante de pessoa jurídica de direito privado, a fim de realizar ou omitir ato em violação dos deveres funcionais.

Art. 2º. Esta lei entra em vigor na data de sua publicação.

Brasília, xx de xxxx de 2018.

JUSTIFICATIVA

Contexto e relevância da questão

O Brasil é signatário da Convenção das Nações Unidas contra a Corrupção, promulgada por meio do Decreto n. 5.687, de 31 de janeiro de 2006. O texto da Convenção traz a seguinte redação em seu artigo 21, que trata sobre "suborno no setor privado":

Cada Estado Parte considerará a possibilidade de adotar medidas legislativas e de outras índoles que sejam necessárias para qualificar como delito, quando cometido intencionalmente no curso de atividades econômicas, financeiras ou comerciais:

a) A promessa, o oferecimento ou a concessão, de forma direta ou indireta, a uma pessoa que dirija uma entidade do setor privado ou cumpra qualquer função nela, de um benefício indevido que redunde em seu próprio proveito ou no de outra pessoa, com o fim de que, faltando ao dever inerente às suas funções, atue ou se abstenha de atuar;

b) A solicitação ou aceitação, de forma direta ou indireta, por uma pessoa que dirija uma entidade do setor privado ou cumpra qualquer função nela, de um benefício indevido que redunde em seu próprio proveito ou no de outra pessoa, com o fim de que, faltando ao dever inerente às suas funções, atue ou se abstenha de atuar.

Muito embora a redação da Convenção apresente mera recomendação, sem qualquer vinculação obrigacional aos países signatários, diversos países com os quais o Brasil possui importantes relações comerciais implementaram em suas legislações nacionais a criminalização da corrupção privada, como Reino Unido, China e Rússia.

Com relação aos efeitos da conduta, é importante destacar que o Conselho Europeu, por meio de sua Decisão Quadro 2003/568/JAI reconheceu, ao fixar que seus Estados-Membros devem tomar as medidas necessárias para garantir que sejam consideradas infrações penais a corrupção no setor privado, os efeitos deletérios desses atos no funcionamento do mercado, afirmando que "a corrupção [nos setores público ou privado] constitui uma ameaça para uma sociedade cumpridora da lei, podendo conduzir a distorções da concorrência em relação à aquisição de bens ou serviços comerciais e prejudicar um são desenvolvimento económico".

É necessário, portanto, reconhecer que os efeitos decorrentes da prática de atos de corrupção privada, ao contrário do que um olhar mais descuidado levaria a crer, extrapolam os limites do patrimônio do sujeito corrompido e do corruptor, podendo gerar efeitos mais amplos, como aumento de preços, perda de eficiência comercial, aumento artificial e desarrazoado de poder de mercado, dentre outros, que, em última análise, ofendem a lealdade na concorrência.

Seguindo a linha sugerida pela Convenção, bem como as recentes alterações legislativas relativas à legislação anticorrupção brasileira, o Poder Legislativo federal, titular da competência para legislar sobre questões atinentes ao direito penal, vem estudando diversas sugestões de alterações legislativas relativas à criminalização da conduta de corrupção privada (ou comercial), seja por meio de modificação de leis esparsas[35], do código penal vigente[36] ou de anteprojeto do novo código penal[37].

Há, no momento, ao menos quatro projetos legislativos em trâmite nas duas Casas do Congresso Nacional. Muito embora, de modo geral, a redação das propostas seja relativamente semelhante, os projetos divergem sobre qual seria o bem jurídico protegido e quem seria o titular da iniciativa da promoção da ação penal.

Com relação aos projetos de lei atualmente em trâmite no Congresso Nacional, a presente proposta, quanto à redação do tipo penal e à pena, apoiou-se no substitutivo apresentado ao Projeto de Lei n. 3.163/2015.

Aquele projeto, em que este se apoia, adota o entendimento de que os efeitos prejudiciais decorrentes da prática de atos de corrupção privada ultrapassam os limites do patrimônio de corruptores e corrompidos, estendendo, em última análise, aos interesses dos consumidores e do Estado na manutenção da sanidade da ordem econômica e da livre concorrência. Sendo, portanto, singular e pluriofensivo.

Por isso, o tipo da corrupção ativa dificilmente poderia ser enquadrado nos títulos do Código Penal que indicam limitados bens jurídicos. Dessa maneira, haja vista a incompatibilidade do bem jurídico protegido com o Código Penal ou a legislação atualmente

---
35 Projeto de Lei n. 3.163/2015; e Projeto de Lei n. 5.895/2016.
36 Projeto de Lei do Senado n. 455/2016.
37 Projeto de Lei do Senado n. 236/2012.

em vigor, o mencionado Projeto de Lei sugere o enquadramento da questão em legislação criminal própria, o que é adotado.

Com relação à redação do tipo em si, muito embora se tenha tomado por base a redação apresentada no Substitutivo ao Projeto de Lei n. 3.163/2015, foram realizadas adequações legislativas, de modo a melhor enquadrar a minuta ao ordenamento jurídico brasileiro, bem como à legislação anticorrupção já em vigor. Por exemplo, houve a substituição dos termos "empresa ou instituição privada" por "pessoa jurídica de direito privado" e de "funcionário" por "empregado", de modo a seguir a terminologia utilizada pela Consolidação das Leis do Trabalho[38]. Ainda, com inspiração nas legislações portuguesa[39] e italiana[40], que tipificam a corrupção privada, ressaltou-se, ao fim, a importância de que o ato ou omissão seja cometido em violação a deveres funcionais.

No tipo de corrupção privada ativa, acrescentou-se uma vinculação da vantagem a um ato relativo às atribuições funcionais, paralelamente ao que ocorre no tipo de corrupção pública ativa, previsto no art. 333 do Código Penal.

Quanto à pena de 2 a 6 anos, a mesma do mencionado projeto, é bastante semelhante à pena de crimes contra a economia e as relações de consumo tipificados no art. 4º da Lei n. 8.137/90, punidos com prisão de 2 a 5 anos e multa. Além disso, trata-se da metade da sanção proposta, no âmbito desta iniciativa da FGV e Transparência Internacional, para a corrupção pública, de modo coerente com sua distinta gravidade. Em uma perspectiva de intolerância com a corrupção, a pena mínima impede o benefício da suspensão condicional do processo, considerando que o desincentivo à prática delitiva é uma função do montante da punição com a probabilidade da punição e a dificuldade de se descobrir e comprovar esse tipo de prática ilícita. Ademais, parece adequado que seja o caso de ação penal pública incondicionada.

---

38 Art. 3º. Considera-se empregado toda pessoa física que prestar serviços de natureza não eventual a empregador, sob a dependência deste e mediante salário.

39 "Artigo 8.º [...]

1 – O trabalhador do sector privado que, por si ou, mediante o seu consentimento ou ratificação, por interposta pessoa, solicitar ou aceitar, para si ou para terceiro, sem que lhe seja devida, vantagem patrimonial ou não patrimonial, ou a sua promessa, para um qualquer ato ou omissão que constitua uma violação dos seus deveres funcionais é punido com pena de prisão até cinco anos ou com pena de multa até 600 dias.

2 - Se o ato ou omissão previsto no número anterior for idóneo a causar uma distorção da concorrência ou um prejuízo patrimonial para terceiros, o agente é punido com pena de prisão de um a oito anos." Disponível em: <http://www.pgdlisboa.pt/leis/lei_mostra_articulado.php?nid=2314&tabela=leis&so_miolo> . Acesso em: 2 fev. 2018.

40 Na Itália, em sentido semelhante, o tipo penal exige a violação de obrigações inerentes à atividade ou de fidelidade: «Art. 2635. - (Corruzione tra privati). - Salvo che il fatto costituisca più grave reato, gli amministratori, i direttori generali, i dirigenti preposti alla redazione dei documenti contabili societari, i sindaci e i liquidatori, che, a seguito della dazione o della promessa di denaro o altra utilità, per sè o per altri, compiono od omettono atti, in violazione degli obblighi inerenti al loro ufficio o degli obblighi di fedeltà, cagionando nocumento alla società, sono puniti con la reclusione da uno a tre anni. Si applica la pena della reclusione fino a un anno e sei mesi se il fatto è commesso da chi è sottoposto alla direzione o alla vigilanza di uno dei soggetti indicati al primo comma. Chi dà o promette denaro o altra utilità alle persone indicate nel primo e nel secondo comma è punito con le pene ivi previste. Le pene stabilite nei commi precedenti sono raddoppiate se si tratta di società con titoli quotati in mercati regolamentati italiani o di altri Stati dell'Unione europea o diffusi tra il pubblico in misura rilevante ai sensi dell'articolo 116 del testo unico delle disposizioni in materia di intermediazione finanziaria, di cui al decreto legislativo 24 febbraio 1998, n. 58, e successive modificazioni. Si procede a querela della persona offesa, salvo che dal fatto derivi una distorsione della concorrenza nella acquisizione di beni o servizi.». Disponível em: <http://www.rgs.mef.gov.it/_Documenti/VERSIONE-I/Selezione_normativa/L-/L06-11-2012_n190.pdf>. Acesso em: 2 fev. 2018.

IX

INVESTIGAÇÃO

47 APERFEIÇOAMENTO DA COOPERAÇÃO JURÍDICA INTERNACIONAL

O crime não reconhece as fronteiras nacionais, aproveitando-se delas apenas para evadir da Justiça, esconder dinheiro desviado e exportar intricados esquemas de corrupção. Nesse cenário de criminalidade globalizada, é necessário que investigadores e promotores brasileiros tenham acesso às ferramentas que garantam uma cooperação ágil e eficaz com seus pares estrangeiros.

Principais pontos da proposta

- Estabelece que, em matéria penal, são as autoridades competentes para a cooperação direta a Polícia Federal, na fase de investigação, e a Procuradoria-Geral da República.
- Prevê a possibilidade de cooperação direta entre autoridades brasileiras e estrangeiras para dar cumprimento urgente a medidas cautelares, de natureza patrimonial e pessoal, inclusive para fins probatórios, para deduzir pedidos de tutela de urgência e para empregar meios especiais de obtenção de provas ou realizar técnicas especiais de investigação.
- Permite a realização de comunicações espontâneas entre os órgãos de persecução criminal brasileiros e estrangeiros.
- Prevê a competência do STJ para a homologação de sentença penal condenatória, sendo a Justiça Federal competente para a execução.
- Detalha o trâmite para a transferência de processo penal do/para o Brasil, autorizando a convalidação de atos processuais realizados na jurisdição estrangeira e conferindo a competência à Justiça Federal.

Problemas que pretende solucionar

- A morosidade na tramitação de pedidos de cooperação direta ameaça o sucesso de investigações e processos penais. A necessidade de medidas urgentes é frequente para obter provas, impedir a fuga de investigados e recuperar recursos desviados.
- Reconhecer e validar os atos processuais praticados por jurisdições estrangeiras evita que se perca tempo repetindo procedimentos já realizados.
- Facilita a realização de bloqueios de valores no estrangeiro, a obtenção de provas, a captura de pessoas foragidas e até o rastreamento de vítimas de tráfico de pessoas.

ANTEPROJETO DE LEI

> Regula a cooperação jurídica internacional direta para tutela de urgência e o emprego de meios especiais de obtenção de prova, disciplina a transferência de processos penais e dá outras providências.

O **PRESIDENTE DA REPÚBLICA** faço saber que o Congresso Nacional decreta e eu sanciono a seguinte lei:

Art. 1º. Esta Lei disciplina a cooperação jurídica internacional direta, em matéria criminal, para tutela de urgência e emprego de meios especiais de obtenção de prova, bem como reconhecimento de sentenças penais estrangeiras e transferência de processos penais.

Parágrafo único. Sem prejuízo do disposto nos tratados internacionais dos quais a República Federativa do Brasil seja parte e da legislação processual penal, a cooperação direta compreenderá os pedidos de obtenção de provas, comunicação de atos processuais, indisponibilidade e repatriação de ativos, transferência de procedimentos penais e de execução penal.

Art. 2º. As autoridades competentes para a cooperação direta são:

I – na cooperação ativa:
   a) a Polícia Federal, na fase de investigação;
   b) a Procuradoria-Geral da República.

II – na cooperação passiva, observada a reserva de jurisdição:
   a) a Polícia Federal;
   b) a Procuradoria-Geral da República.

Parágrafo único. A tramitação direta dos pedidos nos casos previstos no *caput* será realizada pelas unidades centrais ou especializadas de cooperação dos órgãos federais competentes.

Art. 3º. É admitida a transmissão direta de pedidos de cooperação internacional em matéria penal entre autoridades competentes no Brasil e no exterior com a finalidade de:

I – deduzir pedido de tutela de urgência no Brasil ou no exterior;

II – dar cumprimento urgente a medidas cautelares, criminais, de natureza pessoal ou patrimonial, inclusive para fins probatórios, deferidas por autoridades competentes brasileiras ou estrangeiras;

III – empregar, com urgência, meios especiais de obtenção de prova ou técnicas especiais para a investigação, a persecução ou a interrupção de crimes em andamento.

§1º. A urgência deverá ser motivada em elementos concretos, como a prisão de foragidos, localização e libertação de vítimas, o bloqueio de ativos no Brasil ou no exterior, a obtenção de provas que sofram risco de perecimento.

§2º. Recebido ou enviado o pedido de cooperação direta, a autoridade competente brasileira remeterá cópia integral, no prazo de 5 (cinco) dias, à autoridade central encarregada, para registro formal.

§3º. A via direta prevista neste artigo poderá ser usada excepcionalmente para a resposta a pedidos urgentes de cooperação jurídica internacional que tenham tramitado por autoridades centrais ou via diplomática, observado o disposto no parágrafo anterior.

§4º. A transmissão direta de pedidos de cooperação jurídica internacional pode ser feita entre autoridades congêneres dos países envolvidos ou por meio de redes de cooperação, ou, ainda, por intermédio da Organização Internacional de Polícia Criminal (Interpol).

§5º. Admite-se a transmissão digital de pedidos de cooperação, assegurando-se medidas de proteção para os dados transmitidos dessa maneira.

§6º. Comunicações espontâneas para fins penais podem transitar diretamente entre órgãos de persecução criminal brasileiros e estrangeiros, independentemente de urgência.

Art. 4º. A autoridade competente brasileira somente poderá se recusar a dar cumprimento a pedidos transmitidos diretamente se estes estiverem em desacordo com os princípios gerais da cooperação jurídica internacional expressos no art. 26 da Lei 13105/2015, com o devido processo legal ou garantias judiciais previstas em convenções de direitos humanos, com o tratado aplicável ou as disposições desta Lei.

Parágrafo único. O investigado ou acusado sempre terá vista, em juízo, dos documentos tramitados de maneira direta, tão logo encerradas as diligências investigativas ou cautelares que possam ser prejudicadas pelo exercício do contraditório.

Art. 5º. Alem das hipóteses previstas no artigo 9º do Código Penal, a sentença penal condenatória definitiva proferida por autoridade judiciária de Estado estrangeiro poderá ser homologada perante o Superior Tribunal de Justiça, para a sujeição do sentenciado à execução penal e aos demais efeitos da condenação.

§1º. Entende-se por sentença definitiva aquela da qual não caiba qualquer recurso ordinário e também aquela proferida em única instância por tribunal superior nos casos de competência penal originária previstos no ordenamento jurídico do Estado do julgamento.

§2º. A homologação poderá ser requerida ao Superior Tribunal de Justiça pelo sentenciado ou pelo Procurador-Geral da República, de ofício ou por representação da vítima, de Estado estrangeiro.

§3º. É competente a Justiça Federal para a execução penal nos casos previstos neste artigo.

§4º. O procedimento de impugnação da decisão estrangeira e o direito do sentenciado ao contraditório deverão ser observados na fase da homologação perante o Superior Tribunal de Justiça.

§5º. Aplica-se o procedimento previsto neste artigo aos pedidos de transferência de condenados para cumprimento de pena no Brasil.

Art. 6º. O processo ou procedimento penal transferido ao Brasil é de competência da Justiça Federal, na forma do artigo 109, inciso X, da Constituição, admitindo-se a convalidação dos atos processuais praticados na jurisdição estrangeira, respeitados os princípios que regem o sistema acusatório, a ampla defesa e o contraditório.

§1º. Uma vez ratificada a acusação pelo Ministério Público Federal, o juiz federal competente intimará o denunciado ou o sentenciado para sua resposta em dez dias.

§2º. O juiz federal competente decidirá em dez dias sobre o aproveitamento dos atos processuais praticados no exterior, inclusive os probatórios.

§3º. Admite-se a transferência de procedimentos criminais por promessa de reciprocidade.

§4º. O pedido de transferência tramitará por meio da autoridade central ou por via diplomática.

Art. 7º. Para julgar a ação penal, compete ao juízo criminal competente apreciar a transferência do processo penal a país estrangeiro, a requerimento do Ministério Público, do suspeito ou réu.

§ 1º. Caberá resposta do Ministério Público ou do suspeito ou réu pelo prazo de dez dias.

§ 2º. A decisão que deferir a transferência do processo penal determina a suspensão do prazo de prescrição e o curso do processo, sem prejuízo das medidas de caráter urgente.

§ 3º. O pedido de transferência tramitará por meio da autoridade central ou por via diplomática.

Art. 8º. Esta lei entra em vigor na data de sua publicação.

Brasília, X de XXXX de 201X.

JUSTIFICATIVA

A tramitação de pedidos de cooperação internacional ainda é morosa, dado o elevado número de intermediários. Esse tempo impacta no curso dos processos judiciais. Em casos urgentes, é necessário criar mecanismos para a tutela de urgência, de modo a permitir respostas rápidas do Estado, especialmente do Judiciário, do Ministério Público e da Polícia Federal, nos casos de crimes em curso.

A possibilidade de tramitação direta de pedidos urgentes atende ao interesse público e não prejudica o papel das autoridades centrais previstas em tratados internacionais, uma vez que estas sempre serão notificadas das remessas diretas urgentes, para formalização posterior dos envios.

Todavia, nos demais casos, sempre será necessária a intermediação da autoridade central. Essa solução reproduz aquela adotada pelo Código de Processo Civil, em relação aos pedidos cíveis de cooperação internacional, que ficam, em regra, sob responsabilidade do Ministério da Justiça para tramitação.

A medida de cooperação direta poderá ser utilizada pela Polícia Federal e pelo MPF em todos os casos criminais em que houver comprovadamente urgência na efetivação da medida, como para a prisão de foragidos, localização e libertação de vítimas, o bloqueio de ativos no Brasil ou no exterior, ou, ainda, para a obtenção de provas que sofram risco de perecimento.

A tramitação dos pedidos será feita por meio das diretorias ou departamentos de cooperação internacional da PGR ou do DPF, com obrigatória comunicação à autoridade central, e apenas nos casos de comprovada urgência.

Tal via será muito útil para o bloqueio de valores no exterior, luta contra a lavagem de dinheiro, obtenção de provas de cibercriminalidade (especialmente pedofilia), captura de pessoas foragidas e rastreamento de vítimas de tráfico de pessoas, por exemplo.

O projeto também disciplina o reconhecimento de sentenças penais estrangeiras, suprindo limitações do art. 9º do Código Penal e preenchendo lacunas do art. 100 da Lei 13.445/2017.

Há, ainda, regras sobre a transferência de processos penais, com permissão expressa para aproveitamento e convalidação de atos processuais e probatórios praticados no exterior, sempre que respeitadas as garantias mínimas do processo penal, internacionalmente reconhecidas.

O projeto é constitucional e modernizará a investigação transnacional de responsabilidade da jurisdição brasileira, além de dar mais eficiência à cooperação internacional, sem prejuízo das garantias da ampla defesa e dos direitos fundamentais da pessoa humana.

48 EQUIPES CONJUNTAS DE INVESTIGAÇÃO

Este projeto de lei dispõe sobre a formação de Equipes Conjuntas de Investigação (ECIs) e persecução para a luta contra o crime organizado, a corrupção, o terrorismo e outros crimes graves de cunho transnacional. Atualmente, a Polícia Federal e o Ministério Público Federal encontram diversas dificuldades se desejam investigar crimes dessa natureza com o auxílio de autoridades internacionais, entre as quais a burocracia, a falta de clareza quanto aos limites de atuação dos referidos órgãos, os elevados custos e o longo prazo de tramitação do pedido de formação de tais equipes, gerando ineficiência na persecução criminal. Assim, este projeto de lei busca solucionar esses problemas com a previsão dos requisitos de constituição e prerrogativas de seus órgãos integrantes.

Principais pontos da proposta
- Prevê a criação e funcionamento de ECIs, forças-tarefas binacionais ou multilaterais destinadas a apurar, no território brasileiro ou estrangeiro, crimes transnacionais graves atribuídos a mais de uma jurisdição.
- Constituídas de comum acordo entre os Estados Partes, com a participação de autoridades nacionais e estrangeiras, as ECIs terão a participação da Polícia Federal e do Ministério Público Federal, isoladamente ou em conjunto, dentro de suas respectivas competências, e de autoridades ou organizações congêneres, segundo o que dispuser o direito do outro ou outros Estados participantes.
- Determina que poderão ser convidados a participar das ECI outros órgãos e entidades federais, estaduais, municipais e do Distrito Federal, assim como organizações internacionais, respeitadas suas respectivas competências.

Problemas que pretende solucionar
- Falta de clareza da legislação, que não traça, hoje, os procedimentos, competências ou responsabilidades do MPF e da Polícia Federal na formação de ECIs em casos de tráfico de pessoas, hipótese prevista pelo art. 5, III, da Lei n. 13.344/2016.
- Burocracia em torno dos pedidos de criação de ECIs. Embora tivesse assinado a Declaração de Brasília sobre a Cooperação Jurídica Internacional Contra a Corrupção, em fevereiro de 2017, assumindo o compromisso de promover a constituição de ECIs, bilaterais ou multilaterais, o Brasil encontrou na burocracia e na complexidade da tramitação dos pedidos um entrave para a criação de ECIs no bojo da Lava Jato. Os longos prazos e elevados custos em torno da formação de ECIs também são problemas que a medida pretende solucionar.
- Ineficiência de investigações segregadas. Poder constituir ECIS para investigar corrupção e formas de crime organizado, inclusive o narcotráfico, o terrorismo e o tráfico de pessoas, é fundamental para uma atuação mais eficiente dos Estados.

IX
INVESTIGAÇÃO

ANTEPROJETO DE LEI

> Dispõe sobre a formação de equipes conjuntas de investigação e persecução para a luta contra o crime organizado, a corrupção, o terrorismo e outros crimes graves de cunho transnacional.

O **PRESIDENTE DA REPÚBLICA** faço saber que o Congresso Nacional decreta e eu sanciono a seguinte lei:

Art. 1º. Esta Lei dispõe sobre a formação de equipes conjuntas de investigação (ECI) no marco da Convenção das Nações Unidas contra o Crime Organizado Transnacional, da Convenção das Nações Unidas contra a Corrupção, da Convenção das Nações Unidas contra o Tráfico Ilícito de Entorpecentes e Substâncias Psicotrópicas e da Convenção Internacional para a Supressão do Financiamento do Terrorismo.

Parágrafo único. Outros crimes podem ser objeto da formação de equipes conjuntas, sempre que sua repressão for prevista em tratados internacionais dos quais a República Federativa do Brasil seja parte.

Art. 2º. As ECI são equipes constituídas de comum acordo entre os Estados Partes, com a participação de autoridades nacionais e estrangeiras, para a investigação e persecução, em território brasileiro ou estrangeiro, por prazo certo, renovável mediante ajuste entre os signatários, de fatos determinados que configurem crimes previstos em tratados internacionais dos quais a República Federativa do Brasil seja parte, com repercussão transnacional, desde que o Brasil tenha, sobre eles, jurisdição territorial ou extraterritorial, observadas as condições estabelecidas pelas normas de direito internacional aplicáveis.

§1º. As ECI terão a participação da Polícia Federal e do Ministério Público Federal, isoladamente ou em conjunto, dentro de suas respectivas competências, e de autoridades ou organizações congêneres, segundo o que dispuser o direito do outro ou outros Estados participantes.

§2º. Poderão ser convidados a participar das ECI, conforme a necessidade, outros órgãos e entidades federais, estaduais, municipais e do Distrito Federal, assim como organizações internacionais, respeitadas suas respectivas competências.

Art. 3º Sem prejuízo do disposto nos tratados internacionais dos quais a República Federativa do Brasil seja parte, a constituição de uma ECI se dará por meio de acordo executivo entre os órgãos participantes dos respectivos Estados com jurisdição, que deverá conter:

    I – a definição precisa do objeto da ECI;

    II – o nome e a qualificação dos participantes de cada instituição, órgão ou entidade, salvo quando puder comprometer a eficácia da investigação ou da persecução penal, caso em que a designação será objeto de troca de notas sigilosa;

    III – a designação do líder da ECI, que deverá recair sobre autoridade competente brasileira quando a ECI realizar suas atividades no território nacional;

IV – data de início e de conclusão dos trabalhos da ECI, bem como o procedimento para sua prorrogação;

V – o modo de comunicação da ECI com as autoridades dos Estados participantes, de terceiros Estados e de organizações internacionais, inclusive para fins de obtenção de informações e provas;

VI – os procedimentos de avaliação dos trabalhos da ECI;

VII – os direitos e deveres dos membros da ECI, observado o direito internacional e o direito interno dos Estados participantes, inclusive quanto a documentação, vistos de entrada, uso de armas e proteção de dados;

VIII – a indicação do meio e das fontes de custeio; e

IX – as sedes nacionais da ECI e o local onde será estabelecida para fins dos seus procedimentos.

§1º. São competentes para a celebração do acordo executivo o Departamento de Polícia Federal e a Procuradoria-Geral da República, ou ambos, conforme o caso.

§2º. Quando a ECI, do lado brasileiro, for composta por membros do Ministério Público Federal e policiais federais, a liderança da equipe será conjunta, mediante coordenação entre procurador da República e delegado da Polícia Federal.

§3º. Não se exige a celebração de tratado para a constituição de equipes conjuntas de investigação, sendo suficiente a tramitação do pedido por intermédio da autoridade central ou pela via diplomática.

Art. 4º. A atividade de coleta de provas no território nacional será realizada de acordo com o direito brasileiro, cabendo ao líder da ECI orientar os demais membros a respeito de seu teor e vigência, bem como coordenar a atuação dos membros estrangeiros em qualquer procedimento.

§1º. A tramitação de informações, documentos e provas entre os Estados participantes da ECI se dará de maneira direta entre os membros do grupo, sem intermediários, devendo ser registrada a cadeia de custódia quando houver remessa de um Estado participante a outro, reconhecendo-se plena validade, no Brasil, a todo o material probatório assim obtido.

§2º. A autoridade central designada por lei, tratado ou ato do Poder Executivo tramitará o pedido para a formação de uma ECI, porém fica dispensada sua intervenção para a tramitação de pedidos adicionais de cooperação, envio de indícios e provas e recuperação de ativos em relação ao objeto da ECI.

§3º. A ECI poderá atuar em qualquer parte do território nacional, requisitando, quando a medida específica não puder ser realizada pela Procuradoria-Geral da República ou pela Polícia Federal, colaboração da Força Nacional de Segurança Pública, dos órgãos de segurança pública estaduais e do Distrito Federal, bem como apoio de outras autoridades.

Art. 5º. As provas colhidas pela ECI, às quais as autoridades dos Estados participantes não puderem ter acesso por outro meio, serão usadas exclusivamente para instruir procedimentos investigatórios e ações penais relacionadas aos fatos descritos no acordo executivo e conexos, salvo novo acordo específico entre todos as autoridades competentes dos Estados participantes, ou para evitar ameaça grave e iminente à segurança pública, devidamente justificada e informada de imediato a todos os demais Estados participantes.

§1º. A recusa à autorização prevista no parágrafo anterior somente pode se dar nos casos de prejuízo à investigação ou ação penal em andamento ou de proibição à cooperação jurídica internacional.

§2º. Quando as provas forem produzidas em território brasileiro, o órgão brasileiro designado como coordenador poderá autorizar sua utilização para a investigação e persecução de infrações penais por outro Estado participante da mesma equipe conjunta de investigação, independentemente de anuência dos demais Estados.

Art. 6º. Concluídos os trabalhos da equipe conjunta de investigação em funcionamento no Brasil, seu coordenador adotará as providências para seu encerramento.

Art. 7º. A transferência do procedimento a outro Estado participante, quando for mais conveniente a persecução penal naquele Estado, se permitido por sua lei interna, poderá ser autorizada pelo Poder Judiciário competente para atuar no caso criminal, por intermédio das autoridades centrais.

Art. 8º. Autoridades e funcionários públicos brasileiros componentes da ECI destacados para atuação no exterior observarão, em sua atuação, os tratados de direitos humanos dos quais sejam parte os Estados participantes da equipe, a legislação local e o acordo constitutivo da ECI.

Art. 9º. Os membros da ECI sujeitam-se à responsabilidade civil e criminal nos termos da legislação do Estado onde atuem.

Parágrafo único. A responsabilidade administrativa será aferida de acordo com a legislação do Estado de origem da autoridade ou funcionário.

Art. 10º. As despesas para a operacionalização das atividades das equipes conjuntas de investigação e persecução no território nacional correrão à conta dos orçamentos dos órgãos brasileiros participantes, admitindo-se financiamento pelo Estado estrangeiro participante ou por organismo internacional, desde que expressamente previsto no acordo executivo.

Art. 11º. Os órgãos integrantes dos Estados membros deverão criar mecanismos periódicos de avaliação e crítica interna sobre a eficiência, desempenho e resultados da Equipe Conjunta de Investigação.

Art. 12º. Esta Lei entra em vigor na data de sua publicação.

Brasília, X de XXXX de 201X.

JUSTIFICATIVA

Equipes conjuntas de investigação e persecução (ECIs), ou *"joint investigation teams"* (JITs), são forças-tarefas binacionais ou multilaterais destinadas a apurar crimes transnacionais graves atribuídos a mais de uma jurisdição.

Internacionalmente, a Convenção das Nações Unidas Contra a Corrupção (UNCAC) encoraja os países a entrarem em acordos para conduzir investigações e persecuções conjuntas internacionais quando diversos países têm jurisdição sobre as ofensas em questão, tendo como um de seus benefícios o compartilhamento facilitado de evidências entre os membros do time.

A União Europeia regulou as ECIs por meio de diferentes instrumentos e já publicou guias e um modelo de acordo para países interessados em instalar essas equipes[1]. Como exemplos de boas práticas no campo da cooperação internacional em matéria de aplicação da lei, a Finlândia é um dos países que se destacam. Desde 2004, o país participou de um total de 28 ECIs, três das quais estabelecidas para investigar ofensas relacionadas à corrupção[2].

Na América Latina, no contexto da Operação Lava Jato, vários países assinaram a Declaração de Brasília sobre a Cooperação Jurídica Internacional Contra a Corrupção, em fevereiro de 2017[3]. Juntos, assumiram o compromisso de promover a constituição de equipes conjuntas de investigação, bilaterais ou multilaterais, que permitam investigações coordenadas sobre o caso Odebrecht e Lava Jato. Todavia, no caso desta última, a criação das ECIs esbarrou na burocracia e complexidade da tramitação dos pedidos.

Constituir ECIs para investigar corrupção e formas de crime organizado, inclusive o narcotráfico, o terrorismo e o tráfico de pessoas, é fundamental para uma atuação mais eficiente dos Estados soberanos na defesa dos interesses mais relevantes da sociedade.

Atualmente, o Brasil pode utilizar as Convenções de Viena (1988), de Palermo (2000) e de Mérida (2003) como base para a constituição de ECIs. Todavia, houve somente uma em funcionamento, entre Brasil e Argentina, para a investigação de crimes de lesa-humanidade, entre 2014 e 2016.

Com a vigor da Lei n. 13.344/2016, passou a ser possível ao MPF e à Polícia Federal formar ECIs para casos de tráfico de pessoas, com base no artigo 5º, III. Contudo, é necessária uma legislação mais clara, porque esse artigo não traça procedimento, competências nem responsabilidades.

Este projeto de lei regula a criação e o funcionamento das ECIs de modo desburocratizado, mas, ao mesmo tempo, com respeito à lei, à diplomacia e aos cuidados

---

1   Disponível em: <https://www.europol.europa.eu/activities-services/joint-investigation-teams>
    http://eurojust.europa.eu/doclibrary/JITs/JITs%20framework/Model%20Agreement%20for%20setting%20up%20a%20Joint%20Investigation%20Team/JIT-2017-MODEL-EN.pdf>.

2   Ver: <https://www.unodc.org/documents/treaties/UNCAC/CountryVisitFinalReports/2011_07_21_Finland_final_country_review_report.pdf>.

3   Ver: <www.mpf.mp.br/pgr/documentos/declaracao-de-brasilia-1.pdf>.

necessários para a preservação da prova. O projeto inspira-se nas melhores práticas internacionais sobre o tema e nas discussões da Estratégia Nacional de Combate à Corrupção e à Lavagem de Dinheiro, especialmente o anteprojeto de Lei aprovado na meta 9 da ENCCLA 2017.

O projeto propõe que a constituição de ECIs dependa da tramitação prévia do pedido de constituição por intermédio das autoridades centrais dos países envolvidos. Além disso, dependerá de acordo específico firmado entre as autoridades competentes para a investigação e a persecução, que, no Brasil, são a Polícia Federal e a Procuradoria-Geral da República, este último órgão de cúpula do MPF. Não se exige, na proposta, a assinatura de tratado para criação de uma ECI, pois isso seria demasiadamente moroso e incompatível com o tempo da investigação.

As ECIs têm várias vantagens na luta contra a delinquência transnacional: reduzem custos, prazos e a burocracia na tramitação de pedidos. Com isso, aumenta-se a eficiência do Ministério Público e da Polícia Federal na produção probatória, na captura de foragidos e na recuperação de ativos. Trata-se de uma ferramenta importante na luta contra delitos graves e contra a lavagem de dinheiro.

49 PEDIDOS DE EXPLICAÇÃO DE RIQUEZA INCOMPATÍVEL

Autoridades públicas devem responder a um nível mais alto de exigência de probidade e integridade. Por isso, na presença de indícios de que elas detêm patrimônio incompatível com sua renda, cabe a elas explicar a origem dessa riqueza, demonstrando cabalmente que aqueles recursos são lícitos. Na ausência dessa justificativa, estarão essas autoridades sujeitas à perda desse patrimônio, o qual, passa-se a presumir, teria origem ilícita. É uma experiência inspirada no Reino Unido.

Principais pontos da proposta
- Determina a criação de um procedimento específico por meio do qual o juiz notifica uma pessoa natural ou jurídica para que ele explique a propriedade, posse ou controle, jurídico ou de fato, sobre bens, direitos e valores de qualquer natureza que sejam incompatíveis com seus rendimentos e capacidade econômica conhecidos.
- São requisitos para a instauração desse procedimento: identificação de bens, direitos ou valores que se pretende questionar, em valor igual ou superior a 100 mil reais; identificação da pessoa natural ou jurídica, cujas explicações se pretende obter; demonstração da incompatibilidade do patrimônio com a renda; e demonstração de que o requerido é uma pessoa politicamente exposta.
- Têm legitimidade ativa para requerer a expedição de notificação para explicação de riqueza incompatível o Ministério Público da União e dos Estados. Poderá o MP instaurar procedimentos prévios para apurar fatos que fundamentem a apresentação desse pedido.
- Prevê que, caso o requerido não se manifeste no prazo ou apresente explicações consideradas falsas ou insuficientes, será declarado que aqueles bens, direitos ou valores são presumidos como provenientes de atividades ilícitas, o que poderá fundamentar ação de extinção de domínio.
- Estabelece que os autos deste procedimento tramitarão em segredo de justiça.

Problemas que pretende solucionar
- Com frequência, os investigadores e promotores encontram situações em que há patente incompatibilidade entre o patrimônio de um indivíduo e sua capacidade econômica. Na ausência, entretanto, de indícios concretos que indiquem prática de crimes, há pouco que podem fazer. Multiplicam-se, assim, as instâncias de enriquecimento ilícito.
- Transferindo o ônus da prova, em situações bastante específicas nas quais já foram mostrados indícios básicos de incompatibilidade, para o notificado resguardam-se seus direitos de ampla defesa e devido processo legal, sem, entretanto, impor a necessidade uma prova, muitas vezes, impossível ao Ministério Público.

ANTEPROJETO DE LEI

Institui no Brasil a notificação para explicar riqueza incompatível com a renda e capacidade econômica do seu detentor.

O **PRESIDENTE DA REPÚBLICA** faço saber que o Congresso Nacional decreta e eu sanciono a seguinte lei:

Art. 1º. O Ministério Público da União, dos Estados e do Distrito Federal poderão requerer que o juiz determine a notificação de pessoa natural ou jurídica para explicar a propriedade, a posse ou o controle, jurídico ou de fato, sobre bens, direitos e valores de qualquer natureza incompatíveis com seus rendimentos e capacidade econômica conhecidos.

Art. 2º. A notificação para explicar riqueza incompatível com a renda e capacidade econômica depende:

I – da identificação dos bens, direitos ou valores em relação aos quais se pretende explicação, com os dados disponíveis sobre sua localização e sobre os responsáveis pela guarda e administração, assim como estimativa fundamentada do montante total, que deve ser igual ou superior a R$ 100.000,00;

II – da identificação da pessoa natural ou jurídica a ser notificada e das razões pelas quais se afirma que ela é proprietária, possuidora ou controladora dos bens, direitos e valores em relação aos quais se pretende explicação;

III – da demonstração da incompatibilidade dos bens, direitos ou valores em relação aos quais se pretende explicação com a renda e capacidade econômica conhecidas da pessoa a ser notificada (o requerido), conforme registros em órgãos públicos ou em entidades privadas; e

IV – da demonstração de que o requerido é pessoa politicamente exposta, nos termos desta Lei, e de que ele não declarou os bens, direitos e valores em questão em sua declaração de bens e interesses, ou que há suspeita razoável de que ele, ou uma pessoa ligada a ele, está ou esteve envolvido em crimes ou outras atividades ilícitas, praticados no Brasil ou no exterior, que geram enriquecimento indevido.

§1º. A suspeita razoável de que trata o inciso IV do *caput* deste artigo requer a apresentação de elementos de convicção que permitam inferir, ainda que em análise preliminar, quem seja o requerido autor, partícipe ou beneficiário, direto ou indireto, inclusive por herança, de crimes ou atividades ilícitas que geram enriquecimento indevido, ou que o requerido tenha atuado ou sido utilizado para garantir o produto ou o proveito de crime ou atividade ilícita praticados por terceiro, ainda que não exista justa causa para o ajuizamento de ação penal, processo judicial ou procedimento investigatório a respeito dos fatos.

§ 2º. A suspeita razoável de que tratam o inciso IV do *caput* e o §1º deste artigo não requer demonstração de que exista ligação entre o crime ou atividade ilícita e a propriedade, a posse ou o controle do requerido sobre os bens, direitos e valores em relação aos quais se pretende explicação.

§ 3º. A comunicação do Conselho de Controle de Atividades Financeiras – COAF de que trata o art. 15 da Lei n. 9.613, de 3 de março de 1998, constitui elemento de convicção suficiente para fundamentar o pedido de notificação se, da sua descrição, constarem informações que permitam divisar os requisitos dos incisos I a IV do *caput* deste artigo.

§ 4º. As pessoas jurídicas cujos administradores, dirigentes, controladores ou sócios majoritários se enquadrem nas hipóteses do inciso IV do *caput* e do §1º deste artigo poderão ser notificadas nos termos desta Lei se, em relação a elas, se aplicarem e forem demonstrados os requisitos dos incisos I a III do *caput*.

§ 5º. Consideram-se pessoas politicamente expostas os agentes públicos que desempenham ou tenham desempenhado, nos últimos cinco anos, no Brasil ou em países, territórios e dependências estrangeiros, cargos, empregos ou funções públicas relevantes, bem como seus representantes, familiares e estreitos colaboradores.

§ 6º. No caso de pessoas politicamente expostas brasileiras, para efeito do § 5º estão abrangidos, inclusive:

I – os detentores de mandatos eletivos dos Poderes Executivo e Legislativo da União;

II – os ocupantes de cargo no Poder Executivo da União:
   a) de Ministro de Estado ou equiparado;
   b) de natureza especial ou equivalente;
   c) de presidente, vice-presidente e diretor, ou equivalentes, de autarquias, fundações públicas, empresas públicas ou sociedades de economia mista;
   d) do Grupo Direção e Assessoramento Superiores – DAS –, nível 6, e equivalentes;

III – os membros do Conselho Nacional de Justiça, do Supremo Tribunal Federal e dos Tribunais Superiores;

IV – os membros do Conselho Nacional do Ministério Público, o Procurador-Geral da República, o Vice-Procurador-Geral da República, o Vice-Procurador-Geral Eleitoral, o Procurador-Geral do Trabalho, o Procurador-Geral da Justiça Militar, os Subprocuradores-Gerais da República e os Procuradores-Gerais de Justiça dos Estados e do Distrito Federal;

V – os membros do Tribunal de Contas da União e o Procurador-Geral do Ministério Público junto ao Tribunal de Contas da União;

VI – os governadores de Estado e do Distrito Federal, e os membros de Tribunal de Justiça, de Assembleia Legislativa e da Câmara Distrital, e de Tribunal ou de Conselho de Contas de Estado, de Municípios e do Distrito Federal;

VII – os Prefeitos e Presidentes de Câmara Municipal de capitais de Estados e de Municípios com mais de 50 mil eleitores; e

VIII – os presidentes e dirigentes nacionais de partidos políticos.

§ 7º. Serão consideradas pessoas politicamente expostas estrangeiras os ocupantes de cargos equivalentes ou similares aos indicados no § 6º, adotando-se como critério geral para a identificação exercer ou ter exercido importantes funções públicas em um país estrangeiro, como chefes de Estado e de governo, políticos de alto nível, altos servidores dos poderes públicos, magistrados ou militares de alto nível, dirigentes de empresas públicas ou de partidos políticos.

§ 8º. Para efeito do § 5º deste artigo, são considerados familiares os parentes, na linha reta, até o primeiro grau, bem como irmãos, cônjuge, companheiro(a) e cunhados.

Art. 3º. Quando os bens, direitos e valores em relação aos quais se pretende explicação estiverem na propriedade, na posse ou sob o controle de mais de uma pessoa, física ou jurídica, todos deverão ser notificados no mesmo procedimento, se em relação a cada um deles se aplicarem os requisitos do artigo 2º desta Lei.

Parágrafo único. Se os bens, direitos e valores em relação aos quais se pretende explicação estiverem na propriedade, na posse ou sob o controle de mais de uma pessoa, mas somente uma ou algumas delas se enquadrarem nos requisitos do artigo 2º desta Lei, apenas estas deverão ser notificadas, limitando-se as explicações exigidas à parcela que lhes cabe.

Art. 4º. A petição inicial com pedido de notificação para explicar riqueza incompatível com a renda e capacidade econômica deverá ser instruída com elementos de convicção que demonstrem os requisitos dos incisos I a IV do *caput* do artigo 2º e será distribuída ao juízo cível do domicílio do requerido ou da situação dos bens, direitos ou valores.

§ 1º. O interesse, a legitimidade e a atribuição da União e do Ministério Público Federal serão determinados pela qualidade da pessoa politicamente exposta ou pela natureza dos crimes ou atividades ilícitas de que tratam o inciso IV do *caput* e o § 1º do artigo 2º desta Lei.

§ 2º. O Ministério Público poderá, observadas as normas que disciplinam sua atuação extrajudicial, instaurar procedimento para a apuração de fatos que fundamentem a apresentação do pedido de notificação.

§ 3º. Nos procedimentos investigatórios de que trata o § 3º, as informações e os dados cujo acesso dependa de autorização judicial serão requeridos ao juízo competente por meio de petição simples que indique os indícios e os objetivos das apurações e esclareça a necessidade do acesso aos dados e informações pretendidos.

§ 4º. Se entender suficientes os fundamentos do requerimento formulado nos termos do § 3º, o juízo competente autorizará o acesso às informações e aos dados, promovendo as medidas necessárias para o cumprimento da decisão, e determinará, na sequência, a entrega das informações do procedimento acessório ao Ministério Público e a baixa dos registros dos autos, observando-se o sigilo sempre que dele depender o sucesso da investigação ou de medidas futuras.

Art. 5º. Recebida a petição inicial nos termos do *caput* do artigo 4º, o juízo competente, se entender, por meio de decisão fundamentada, que estão satisfeitos os requisitos do artigo 2º desta Lei, determinará a notificação do requerido para explicar, no prazo de trinta dias úteis, a incompatibilidade patrimonial indicada pelo Ministério Público.

§ 1º. Se o juízo entender, por meio de decisão fundamentada, que não estão satisfeitos os requisitos desta Lei para o pedido de notificação, a petição inicial será liminarmente indeferida, independentemente de manifestação prévia do interessado, com a baixa dos registros dos autos.

§ 2º. Na hipótese de indeferimento liminar do pedido de notificação, este somente poderá ser renovado mediante a apresentação de novas provas e, havendo conexão, no mesmo juízo, que ficará prevento para o caso.

Art. 6º. Notificado nos termos do artigo 5º, o requerido deverá apresentar resposta por petição escrita, com todos os documentos de que dispuser, explicando a natureza e a extensão dos seus interesses jurídicos ou econômicos sobre os bens, direitos e valores objeto da notificação, com indicação dos meios pelos quais os obteve e esclarecendo, ainda, se for o caso, a localização e os eventuais responsáveis pela detenção e administração de tais bens, direitos e valores.

§ 1º. O requerido, na resposta, deverá informar e comprovar a origem lícita dos recursos eventualmente utilizados para a aquisição dos bens, direitos e valores, além de fornecer todos os dados sobre operações de crédito, doações, heranças, premiações ou outros negócios, onerosos ou gratuitos, que tenham contribuído para tanto.

§ 2º. Se o pedido de notificação abranger mais de um bem, direito ou valor, as explicações do requerido, nos termos do *caput* e do §1º deste artigo, deverão ser específicas para cada um deles.

§ 3º. O requerido poderá se limitar, na resposta, a alegar fundamentadamente e a demonstrar não ser ele proprietário, possuidor ou controlador dos bens, direitos e valores objeto da notificação, eventualmente indicando terceiro que ostente essa condição.

§ 4º O requerido, na sua resposta, poderá impugnar a presença dos demais requisitos do artigo 2º desta Lei, mas não se eximirá, neste caso, de prestar as explicações necessárias a respeito da incompatibilidade patrimonial objeto da notificação.

§ 5º Na decisão que receber a petição inicial e determinar a notificação, nos termos do artigo 5º, o juízo poderá, de ofício ou a requerimento do interessado, indicar que informações ou documentos são necessários, naquele caso, para explicar a incompatibilidade apontada.

Art. 7º O juízo poderá admitir, mediante pleito fundamentado do requerido em sua resposta, a produção de provas e a requisição de documentos e informações que estejam em poder de terceiros.

Parágrafo único. Se as provas admitidas como necessárias pelo juízo, nos termos do *caput* deste artigo, forem consideradas complexas e implicarem retardo significativo na conclusão do procedimento, a notificação será declarada cumprida, com baixa dos registros.

Art. 8º. Apresentada a resposta e encerrada eventual produção de provas, o Ministério Público será intimado para se manifestar sobre as explicações apresentadas, no prazo de cinco dias úteis.

§ 1º. É vedada a juntada de novos documentos pelo Ministério Público nesta fase do procedimento.

§ 2º. Se o Ministério Público, nos termos do *caput* deste artigo, alegarem fundamentadamente a insuficiência ou a improcedência das explicações, o requerido será intimado para se manifestar a esse respeito, no prazo de cinco dias úteis, podendo apresentar documentos e informações complementares.

Art. 9º Encerrados os procedimentos de que tratam os artigos 6º, 7º e 8º desta Lei, os autos serão conclusos ao juiz, que declarará cumprida a notificação, determinando a baixa dos registros.

§ 1º. Se o requerido deixar de se manifestar no prazo de resposta ou se o juiz reconhecer que as explicações do requerido são manifestamente insuficientes, falsas ou improcedentes, será declarado, em decisão fundamentada, que os bens, direitos e valores objeto da notificação são presumidos como provenientes de atividades ilícitas para fins de extinção de domínio.

§ 2º. Havendo dúvida razoável sobre a suficiência, veracidade e procedência das explicações do requerido, o juiz se absterá de analisar detalhadamente os fatos e provas em sua decisão, limitando-se a declarar cumprida a notificação nos termos do *caput* deste artigo.

§ 3º. A carência de registros formais de documentos, bens, direitos ou valores, quando não caracterizar crime segundo os elementos disponíveis no procedimento, será insuficiente, por si só, para a presunção de que trata o § 1º deste artigo.

§ 4º. Se o Ministério Público, na fase do *caput* do artigo 8º, manifestar-se pela suficiência das explicações, o juiz se limitará a declarar cumprida a notificação.

Art. 10. Os autos do procedimento da notificação tramitarão sob segredo de justiça e, uma vez encerrado o procedimento, nos termos do § 1º do artigo 5º, do parágrafo único do artigo 7º ou do artigo 9º desta Lei, poderão ser utilizados como prova em investigação ou em processo judicial cíveis que tenham por objetivo a extinção de domínio dos bens, direitos ou valores a que se referem.

§ 1º. A regra do *caput* deste artigo se aplica aos autos do procedimento judicial acessório de que tratam os §§ 3º e 4º do artigo 4º desta Lei.

§ 2º. Os autos do procedimento de notificação não poderão ser utilizados em investigação criminal ou em ação penal, podendo o juízo, a pedido do requerente ou do Ministério Público, autorizar, para os referidos fins, o compartilhamento de documentos e outras provas produzidos no feito, vedado o aproveitamento de petições, alegações das partes e decisões judiciais.

§ 3º. Com novas provas, poderá ser reapresentado pedido de notificação em relação aos mesmos bens, direitos e valores.

§ 4º. No fim do procedimento e considerando-se a relevância pública de seu resultado, o juiz poderá tornar os autos total ou parcialmente públicos.

Art. 11. Aplicam-se subsidiariamente ao procedimento da notificação a Lei n. 7.347, de 24 de julho de 1985, e o Código de Processo Civil.

Parágrafo único. O procedimento de notificação se limitará aos fins especificados nesta Lei, vedadas a cumulação de pedidos diversos e a tramitação conjunta com processos correlatos.

Art. 12. Esta Lei se aplica a bens, direitos e valores adquiridos a qualquer tempo, mesmo que antes de sua promulgação.

Art. 13. Esta Lei entra em vigor trinta dias após sua publicação, podendo ser aplicada em relação a bens, direitos ou valores obtidos a qualquer tempo.

Brasília, X de XXX de 2018

JUSTIFICATIVA

Este anteprojeto de Lei pretende instituir no Brasil procedimento destinado a exigir que pessoas físicas ou jurídicas que aparentem possuir riqueza incompatível com seus rendimentos e capacidade econômica conhecidos apresentem explicações em juízo. Segue os parâmetros da *Unexplained Wealth Order* (UWO), introduzida no Reino Unido em 2017 e baseada em institutos similares da Austrália, da Colômbia e da Irlanda do Norte.

O procedimento que se pretende introduzir no Brasil, segundo os parâmetros internacionais referidos, destina-se à produção de provas, em juízo cível, acerca de bens que tenham possível origem criminosa, mas em relação aos quais, porém, não existam elementos suficientes para providências de persecução criminal. Em muitos casos, de fato, é possível aos órgãos públicos de controle e persecução penal divisar incompatibilidade da riqueza controlada por determinadas pessoas com seus rendimentos e capacidade econômica lícitos conhecidos, embora seja inviável, mesmo para fins de início de investigação criminal, indicar os eventuais crimes ou atividades ilícitas que teriam originado tal patrimônio incompatível.

Assim, considerando que o controle de riqueza sem origem lícita, em última análise, constitui ofensa à função social da propriedade, estabelece-se um procedimento, que tramitará sob o crivo do Poder Judiciário, para que o detentor ou controlador dessa riqueza seja notificado para explicar a origem de tais bens, direitos e valores.

Para a admissão da notificação, porém, não se prescinde de requisitos mínimos que embasem a suspeita sobre a origem do patrimônio. Além da demonstração da incompatibilidade patrimonial, é preciso que a pessoa a ser notificada seja qualificada como politicamente exposta, nos termos da Lei – a qual, para tanto, segue parâmetros hoje existentes em normativos infralegais brasileiros e em recomendações de organismos internacionais –, e que não tenha declarado tais bens, direitos ou valores em sua declaração de bens e interesses, ou que existam indícios de que tal pessoa esteja envolvida em crimes ou atividades ilícitas que gerem enriquecimento indevido, ainda que sem correlação com os bens, direitos e valores em relação aos quais se pretende explicação (§§ 1º e 2º do art. 2º).

A consequência da ausência de defesa ou da apresentação de resposta manifestamente insuficiente, improcedente ou falsa é a presunção, para fins de extinção de domínio (perdimento civil), de que tais bens sejam oriundos de atividades ilícitas – e assim passíveis de confisco pelo Estado (§1º do art. 9º). Não serve o procedimento de notificação, assim, para a produção de provas destinadas à persecução criminal, embora os documentos e demais elementos nele produzidos possam, com autorização do juízo competente, ser emprestados para instruir procedimento investigatório ou ação penal.

Conforme o anteprojeto, o juízo competente, reconhecendo a plausibilidade das suspeitas de origem ilícita e a incompatibilidade patrimonial, determinará a notificação para que o requerido explique a origem dos seus bens. Nesse procedimento, como não poderia deixar de ser, observam-se os princípios da ampla defesa e do contraditório, permitindo que o requerido demonstre a licitude da sua propriedade.

O anteprojeto ainda evita que irregularidades formais no registro de bens, sem repercussão criminal, ensejem consequências negativas para o notificado (§3º do art. 9º), bem como estabelece parâmetro de prova rigoroso (além de dúvida razoável), idêntico ao de condenações criminais, para que o juízo declare a presunção de proveniência ilícita dos bens por conta de resposta manifestamente infundada do requerido (§2º do art. 9º).

Concluído o procedimento da notificação, com ou sem decisão que estabeleça a presunção de proveniência ilícita dos bens, os autos serão entregues ao requerente, que, se houver elementos, poderá instruir procedimento investigatório ou ação judicial para a extinção de domínio (perdimento civil).

Cuida-se, assim, de instrumento legal que pretende garantir a repressão dos lucros oriundos de crimes e outras atividades ilícitas independentemente da possibilidade de persecução criminal.

Com efeito, para crimes e atividades ilícitas graves que gerem benefícios econômicos, incumbe ao Estado, tanto quanto a punição dos responsáveis, evitar a fruição dos ganhos oriundos do delito, bem como evitar a aplicação do patrimônio decorrente de atividades criminosas ou ilegais na logística necessária para outras infrações. Admitir a fruição dos lucros auferidos com atividades ilícitas afasta a confiança da sociedade na lei, criando modelos negativos de conduta bem-sucedida.

Em longo prazo, a fruição disseminada de lucro auferido com atividades ilícitas afeta a economia (ante as possíveis vantagens concorrenciais ilícitas decorrentes dos ganhos ilícitos) e contamina até mesmo a atividade política, colocando em xeque as fundações de uma sociedade democrática. Ademais, os ganhos decorrentes de atividades criminosas e ilícitas constituem meios importantes para o financiamento de novos delitos, servindo para perpetuar o desrespeito à lei.

Para obstar a fruição de lucros decorrentes de atividades ilícitas, são já conhecidas, no direito comparado e no direito internacional, regras e institutos jurídicos que visam conferir instrumentos específicos compatíveis com a missão: a) meios de confisco, ou perda de bens, dissociados de prévia condenação criminal (*non-conviction based confiscation*); b) investigação patrimonial autônoma, paralela à apuração da conduta típica em si, voltada à identificação de bens possivelmente oriundos de crimes e passíveis de confisco; c) regras materiais e processuais especiais viabilizando, no âmbito da jurisdição civil e independentemente da persecução criminal, o confisco de bens de possível origem criminosa; e d) inversão do ônus da prova, exigindo-se que, em determinadas circunstâncias, o detentor do bem comprove, sob pena de confisco, a origem lícita de seu domínio.

A extinção civil do domínio, da modalidade de confisco civil ou da perda civil de bens insere-se nesse contexto. Constitui mecanismo para a decretação do perdimento de bens, direitos ou valores de origem ilícita no âmbito da jurisdição civil brasileira, em ação independente da apuração e da punição das condutas ilícitas que ensejaram a propriedade ou posse do patrimônio. No direito estrangeiro, os institutos similares à extinção de domínio ora proposta são conceituados como a privação do direito de propriedade, sem qualquer compensação para seu titular, em razão de aquela ter sido usada de maneira contrária às determinações legais do ente soberano. Em um contexto mundial de combate intensivo à lavagem de dinheiro e à fruição dos ganhos econômicos decorrentes de crimes e atividades ilícitas, os organismos internacionais recomendam a implementação, por parte das nações, de legislação que autorize a extinção civil de domínio *in rem*, ou perda civil de bens.

Assim, com o procedimento de notificação para explicar riqueza incompatível com os rendimentos e capacidade econômica, estabelece-se no Brasil um sistema que, em conjunto com a ação de extinção de domínio, permite combate efetivo aos ganhos decorrentes de atividades ilícitas, evitando os mencionados efeitos deletérios da fruição de patrimônio de origem criminosa.

50 MELHORIAS NOS ACORDOS DE LENIÊNCIA NAS LEIS ANTICORRUPÇÃO E DE IMPROBIDADE

O acordo de leniência é um importante instrumento de investigação. Em troca de um tratamento mais benéfico, a empresa confessa os ilícitos, entrega informações e provas sobre novos crimes e outros responsáveis e antecipa o ressarcimento dos danos, ainda que de modo parcial. O acordo promove a maximização da responsabilização de agentes e do ressarcimento aos cofres públicos. Recentemente, contribuíram para a expansão de investigações como a Lava Jato e para o ressarcimento bilionário dos cofres públicos. É necessário, entretanto, que se aprimore sua regulamentação para garantir que as empresas tenham incentivos suficientes para sua celebração e que as autoridades tenham os recursos para negociá-los e garantir seu cumprimento.

Principais pontos da proposta

- Atribui aos órgãos de controle interno de cada um dos entes federativos a competência para celebrar acordos de leniência – e, na sua ausência, ao chefe do respectivo Poder.
- Confere a competência exclusiva para celebrar acordos de leniência ao Ministério Público apenas nos casos em que (i) houver envolvimento de agentes políticos detentores de mandatos eletivos, secretários e ministros, membros do Poder Judiciário, Ministério Público ou tribunais de contas; (ii) houver vinculação da eficácia probatória do acordo com acordos de colaboração premiada (feitos no âmbito criminal), diante da atribuição do MP para estes; e (iii) forem praticados atos lesivos contra a administração pública estrangeira. Nos demais casos, a competência exclusiva é do órgão de controle interno (e, na ausência, do chefe de Poder).
- Confere efeito transversal aos acordos, impedindo que a empresa colaboradora seja colocada em uma situação pior do que aquela que estaria se não tivesse cooperado. Para isso, impede a aplicação de sanções por parte de outros órgãos que não aderirem ao acordo, sem prejuízo da atuação dos órgãos legitimados para a cobrança dos prejuízos e tributos devidos.
- Cria a possibilidade de leniência para a empresa que não seja a primeira a se manifestar sobre o fato, desde que essa mesma empresa agregue informações relacionadas a outras infrações.
- Determina que, quando o gestor da empresa souber de corrupção praticada e não comunicar as autoridades, a pena será dobrada.
- Prevê a figura do monitor independente, indivíduo responsável por fiscalizar o cumprimento, pela empresa, dos termos contidos no acordo de leniência.

- Amplia a possibilidade de benefícios a serem auferidos pela pessoa jurídica em decorrência da assinatura do acordo, que passam a incluir também a isenção das sanções previstas na Lei de Licitações. Institui critérios mais específicos para a gradação desses benefícios.
- Institui a possibilidade de celebração de acordos de leniência no âmbito da Lei de Improbidade Administrativa.

Problemas que pretende solucionar

- Embora acordos de leniência sejam altamente benéficos para a sociedade, raramente são feitos no Brasil. De um lado, a inefetividade do sistema de justiça e a impunidade desestimulam a cooperação com a Justiça, o que é alvo de outras propostas do pacote anticorrupção. De outro lado, a legislação atual tem uma série de brechas que causam uma insegurança jurídica quanto aos benefícios, deixando em aberto a possibilidade de a empresa acabar em situação pior do que estaria se não tivesse colaborado. A presente medida visa solucionar este último problema.
- A proposta resolve, por exemplo, o problema da multiplicidade de balcões em que as empresas envolvidas com a Operação Lava Jato têm precisado negociar – MPF, CGU, TCU, AGU. Isso constitui um obstáculo ao avanço dos acordos e gera um desafio burocrático interminável para as empresas, impedindo sua recuperação e retorno ao mercado.
- Além disso, a possibilidade de as empresas colaboradoras serem punidas mais de uma vez pelas mesmas condutas e de terem as provas, constituídas dentro do âmbito de um acordo, usadas contra elas em outra seara são grandes desincentivos à celebração dos acordos. Esse é outro problema que a proposta objetiva resolver.

ANTEPROJETO DE LEI

Altera a Lei n. 12.846, de 1º de agosto de 2013, e a Lei n. 8.429, de 2 de junho de 1992, para dispor sobre acordos relacionados a atos contra a administração pública, nacional ou estrangeira.

O **PRESIDENTE DA REPÚBLICA** faço saber que o Congresso Nacional decreta e eu sanciono a seguinte lei:

Art. 1º. A Lei n. 12.846, de 1º de agosto de 2013, passa a vigorar com as seguintes alterações:

"**Art. 7º.** [...]

§ 1º. Os parâmetros de avaliação de mecanismos e procedimentos previstos no inciso VIII do *caput* serão estabelecidos em regulamento do Poder Executivo federal.

§ 2º. Os percentuais da multa prevista no art. 6º, I, ou os valores previstos no art. 6º, § 4º, desta lei, poderão ser dobrados quando a administração da pessoa jurídica tomou conhecimento dos atos lesivos praticados por seus prepostos e não os comunicou imediatamente às autoridades competentes." (NR)

CAPÍTULO V
DO ACORDO DE LENIÊNCIA

"**Art. 16.** A União, os Estados, o Distrito Federal e os Municípios poderão, no âmbito de suas competências, por meio de seus órgãos centrais de controle interno, celebrar acordo de leniência com as pessoas jurídicas responsáveis pela prática dos atos previstos nesta Lei que colaborem efetivamente com as investigações e o processo administrativo, de modo que dessa colaboração resulte:

I – a identificação dos demais envolvidos na infração;

II – a obtenção de informações e documentos que comprovem a infração noticiada ou sob investigação;

III – a cooperação da pessoa jurídica com as investigações, em face de sua responsabilidade objetiva;

IV – o comprometimento da pessoa jurídica na implementação ou na melhoria de mecanismos internos de conformidade.

§ 1º. [...]

I – a pessoa jurídica, por petição assinada por representante com poderes específicos para o ato, seja a primeira a se manifestar sobre seu interesse em cooperar para a apuração do ato ilícito;

II – a colaboração permita o avanço célere das investigações sobre fatos de maior gravidade, ou quando, pelo número e relevância das pessoas implicadas, o acordo justificadamente atenda aos critérios de prevenção e repressão de atos de corrupção;

III – a pessoa jurídica cesse completamente seu envolvimento na infração investigada a partir da data de propositura do acordo, salvo se isso prejudicar o sigilo das investigações a serem instauradas em virtude desse acordo ou prejudicar ação controlada, conforme decisão judicial;

IV – a pessoa jurídica admita sua participação no ilícito e coopere plena e permanentemente com as investigações e o processo administrativo e judicial, apresentando toda informação e documentação pertinente aos fatos revelados de que dispuser ou puder obter ou produzir, além de comparecer, sob suas expensas, sempre que solicitada, a todos os atos processuais, até seu encerramento;

V – a pessoa jurídica se comprometa, caso ainda não realizada até o momento da celebração do acordo, a proceder a investigação interna para a apuração de outros delitos da mesma espécie ou correlatos, e para eventual identificação de informações e documentos adicionais, apresentando seu resultado ao final de prazo determinado no acordo;

VI – a pessoa jurídica se comprometa a implementar ou melhorar os mecanismos internos de conformidade, auditoria, incentivo às denúncias de irregularidades e à aplicação efetiva de código de ética e de conduta; e

VII – a pessoa jurídica não tenha outro acordo de leniência rescindido por sua culpa nos últimos três anos.

§ 2º. O acordo de que trata o *caput* poderá prever o monitoramento independente do cumprimento dos incisos III, IV, V e VI acima, observando-se que o monitor:

I – será escolhido pelo órgão público celebrante dentre lista sêxtupla apresentada pela pessoa jurídica de profissionais de reputação ilibada e reconhecida experiência profissional na área de conformidade ou combate à corrupção;

II – poderá ser auxiliado por empresa ou escritório de advocacia especializado em investigações internas, obedecido o processo de escolha previsto no inc. I acima;

III – terá, no interesse exclusivo de suas funções, acesso livre às dependências da pessoa jurídica leniente, podendo acessar todos e quaisquer documentos, bancos de dados e sistemas de comunicação;

IV – prestará contas periodicamente e com exclusividade ao órgão público celebrante;

V – será remunerado exclusivamente pela pessoa jurídica.

§ 3º. A celebração do acordo de leniência isentará a pessoa jurídica das sanções previstas no inciso II do art. 6º e nos incisos II a IV do art. 19, e das sanções pecuniárias e restritivas ao direito de licitar e contratar previstas na Lei n. 8.666, de 21 de junho de 1993, e em outras normas que tratam de licitações e contratos, e reduzirá em até 4/5 (quatro quintos) o valor da multa aplicável, observando-se especialmente para a gradação do benefício:

I – serem ou não os atos ilícitos revelados do conhecimento anterior das autoridades administrativas ou do Ministério Público;

II – a eficácia probatória dos depoimentos, documentos e outras provas de atos ilícitos apresentadas pela pessoa jurídica leniente;

III – a indicação de documentos e outras provas dos atos ilícitos que não estejam em seu poder, com a informação da pessoa que os custodie e/ou do local onde possam ser encontrados;

IV – a qualidade das informações que possibilitem a recuperação de valores desviados e/ou patrimônio oculto de outras pessoas naturais ou jurídicas envolvidas nos atos ilícitos;

V – a existência, a qualidade e a efetividade de programa de conformidade da pessoa jurídica; e

VI – a celeridade na descoberta, investigação e comunicação dos fatos às autoridades.

§ 4º. O acordo de leniência estipulará, por escrito, as condições necessárias para assegurar a efetividade da colaboração e o resultado útil do processo.

§ 5º. Os benefícios previstos no §3º acima serão revogados em caso de rescisão do acordo de leniência por culpa da pessoa jurídica celebrante.

§ 6º. O acordo de leniência não dá quitação dos danos causados nem exime a pessoa física ou jurídica que o celebre da obrigação de reparar integralmente o dano causado.

§ 7º. O eventual pagamento de valores a título de reparação do dano em acordo de leniência não impede que os legitimados proponham ação de reparação de danos, observando-se:

I – eventual compensação dos valores de ressarcimento do dano pagos em decorrência do acordo de leniência; e

II – a garantia do benefício de ordem em relação aos demais responsáveis solidários pelos atos ilícitos.

§ 8º. Os efeitos do acordo de leniência serão estendidos às pessoas jurídicas que integrem o mesmo grupo econômico, de fato e de direito, desde que firmem o acordo em conjunto, respeitadas as condições nele estabelecidas.

§ 9º. A proposta de acordo de leniência se tornará pública após a celebração do respectivo acordo, ou sua homologação, na hipótese do § 14 abaixo, salvo no interesse das investigações e do processo administrativo, ou, ainda, em casos de ações controladas autorizadas judicialmente.

§ 10. Não importará reconhecimento da prática do ato ilícito e não poderá ser usada para quaisquer fins a proposta de acordo de leniência rejeitada, devendo ser entregues à pessoa jurídica proponente os documentos apresentados por esta durante o procedimento de pré-acordo, inclusive relatos e entrevistas produzidos com empregados ou associados desta.

§ 11. O prazo prescricional em relação às sanções previstas nesta Lei:

I – é suspenso por ocasião da proposta de acordo de leniência, voltando a correr após o encerramento das negociações;

II – é interrompido, exclusivamente em relação aos atos e fatos objeto do acordo de leniência, por ocasião da sua celebração ou rescisão.

§ 12. Na ausência de órgão de controle interno no Estado, no Distrito Federal ou no Município, o acordo de leniência previsto no *caput* somente poderá ser celebrado pelo chefe do respectivo Poder.

§ 13. O Ministério Público detém com exclusividade a atribuição para celebrar acordo de leniência em relação às sanções previstas nesta lei quando:

I – houver notícia de atos de corrupção de agentes políticos, assim considerados os titulares de cargos eletivos, secretários e ministros de Estado e membros do Poder Judiciário, Ministério Público e dos Tribunais de Contas; ou

II – a eficácia probatória do acordo estiver vinculada à celebração de acordos de colaboração premiada com pessoas naturais vinculadas de qualquer maneira à pessoa jurídica; ou

III – em caso de atos lesivos praticados contra a administração pública estrangeira.

§ 14. Caberá ao Conselho Superior do Ministério Público, ou órgão com atribuição específica, após verificar o atendimento dos requisitos desta lei, homologar o acordo celebrado nos termos do § 13 acima.

§ 15. Em caso de rescisão do acordo de leniência por sua culpa, a pessoa jurídica ficará impedida de celebrar novo acordo pelo prazo de 3 (três) anos contados da data de rescisão.

§ 16. Os acordos de leniência poderão prever, como reparação adicional à sociedade, investimentos em projetos de prevenção e enfrentamento da corrupção, transparência da gestão pública, melhoria do ambiente público-privado, além de estudos técnicos e acadêmicos visando ao aperfeiçoamento da legislação brasileira em relação ao tema. " (NR)

"**Art. 16-A.** Também poderá ser celebrado acordo de leniência em relação a fatos previstos no art. 5º desta Lei, praticados antes de sua entrada em vigor, com vistas à isenção ou atenuação das sanções administrativas previstas nos arts. 86 a 88 da Lei n. 8.666, de 21 de junho de 1993, e em outras normas que regem licitações e contratos. " (NR)

"**Art. 16-B.** Os processos administrativos sancionatórios referentes a licitações e contratos em curso em outros órgãos ou entidades que versem sobre o mesmo objeto do acordo de leniência deverão ser, com a celebração deste, sobrestados e, posteriormente, arquivados, em caso de cumprimento integral do acordo pela pessoa jurídica. " (NR)

"**Art. 16-C.** Os documentos, relatos, entrevistas e quaisquer outros elementos de informação apresentados pela pessoa jurídica no âmbito de acordo de leniência não poderão ser utilizados para a aplicação de sanções não pactuadas em face da empresa colaboradora, ressalvada a possibilidade de sua utilização para o cálculo e cobrança do ressarcimento dos prejuízos causados ao erário e para os lançamentos de tributos e juros de mora decorrentes, observando-se o disposto nos arts. 17 e 17-A, II, desta Lei.

Parágrafo único. O disposto neste artigo e no art. 17-C também se aplica a pessoas naturais que celebrarem acordos de colaboração premiada com o Ministério Público, nos termos da Lei n. 12.850, de 2 de agosto de 2013." (NR)

"**Art. 17.** A celebração de acordo de leniência será considerada para efeitos do art. 138 do Código Tributário Nacional, com efeitos retroativos à data da apresentação da petição de que trata o art. 16, § 1º, I, desde que:

I – acompanhada do pagamento de todos os tributos e contribuições devidos e dos juros de mora ou o depósito da importância arbitrada pela autoridade fazendária quando o montante do tributo dependa de apuração, não impedindo que a Administração Tributária efetue lançamentos complementares sobre os mesmos fatos; e

II – não haja, até a data da formalização da proposta de acordo pela pessoa jurídica, qualquer procedimento administrativo ou medida de fiscalização em andamento para o mesmo período base, relacionados com a infração.

Parágrafo único. O disposto neste artigo também se aplica a pessoas naturais que celebrarem acordos de colaboração premiada com o Ministério Público, nos termos da Lei n. 12.850, de 2 de agosto de 2013." (NR)

"**Art. 17-A.** Sem prejuízo do controle exercido pelos Tribunais de Contas sobre a legalidade dos acordos celebrados pelos órgãos previstos no *caput* do art. 16, o acordo de leniência, exclusivamente em relação aos fatos que constituem seu objeto:

I – isentará as pessoas jurídicas que celebrem o acordo das sanções de atribuição dos Tribunais de Contas previstas em lei específica;

II – limitará a condenação ao ressarcimento dos danos à cota-parte da pessoa jurídica, garantindo-se o benefício de ordem em relação aos demais responsáveis solidários pelos atos ilícitos.

Parágrafo único. O disposto neste artigo, assim como no art. 17-C, também se aplica a pessoas naturais que celebrarem acordos de colaboração premiada com o Ministério Público, nos termos da Lei n. 12.850, de 2 de agosto de 2013." (NR)

"**Art. 17-B.** A pessoa jurídica que não for a primeira a se manifestar sobre seu interesse em cooperar para a apuração do ato ilícito, nos termos do art. 16, §1º, acima, poderá propor acordo de leniência relacionado a outra infração que obedeça aos requisitos desta lei.

Parágrafo único. Na hipótese deste artigo, a pessoa jurídica, preenchidos os requisitos do art. 16, § 1º, II a VII, poderá ter a multa reduzida em até 1/3 (um terço) e ser isentada das demais sanções que lhe forem aplicáveis pelo fato já revelado por outra empresa, sem prejuízo da obtenção dos benefícios de que tratam o § 3º e incisos, do art. 16 desta lei em relação à nova infração denunciada." (NR)

"**Art. 17-C.** No caso de rescisão do acordo de leniência por culpa da empresa, esta perderá a proteção conferida ao leniente, incluindo a redução de sanções (art. 16, § 3º, e art. 17-B, parágrafo único), o benefício de ordem (art. 16, § 7º, II), o sobrestamento de processos administrativos (art. 16-B), o limite no uso dos documentos e provas entregues (art. 16-C) e a limitação por parte do Tribunal de Contas de aplicar sanções e cobrar a cota-parte com benefício de ordem (art. 17-A), preservando-se, contudo, os efeitos tributários previstos no art. 17." (NR)

Art. 2º. A Lei nº 8.429, de 2 de junho de 1982, passa a vigorar com as seguintes alterações:

"**Art. 17-A.** O Ministério Público ou pessoa jurídica interessada poderão celebrar acordo com as pessoas naturais e jurídicas responsáveis pela prática dos atos de improbidade administrativa previstos nesta Lei que colaborarem efetivamente com as investigações e com o processo administrativo ou judicial, de maneira que dessa colaboração resulte:

I – a identificação dos demais envolvidos na infração, quando for o caso;

II – a obtenção de informações e documentos que comprovem a infração noticiada ou sob investigação; e

III – a cooperação da pessoa natural ou jurídica com as investigações.

§ 1º. O acordo de que trata o *caput* somente poderá ser celebrado se preenchidos, cumulativamente, os seguintes requisitos:

I – o interesse público deve estar evidenciado, o que poderá ocorrer, alternativamente, se:

a) o acordo permitir o avanço célere das investigações sobre fatos de maior gravidade ou, pelo número e relevância das pessoas implicadas, atender aos critérios de prevenção e repressão de atos de improbidade administrativa; ou

b) a reparação do dano antecipada e consensual, ainda que parcial, indicar ser transação mais vantajosa do que a continuidade ou a instauração do processo judicial;

II – o interessado aceite ser submetido a, pelo menos, uma das sanções previstas no art. 12 desta Lei, a qual poderá ser reduzida, na hipótese do inciso I, "a", em até 4/5 (quatro quintos) e, na do inciso I, "b", em até 2/3 (dois terços), conforme a espécie do ato de improbidade administrativa praticado e demais circunstâncias do caso;

III – o interessado cesse completamente seu envolvimento na infração investigada a partir da data em que manifestar seu interesse em colaborar ou transacionar, salvo se isso prejudicar o sigilo das investigações a serem instauradas em virtude desse acordo ou prejudicar ação controlada, conforme decisão judicial;

IV – o interessado admita sua participação no ilícito e coopere plena e permanentemente com as investigações e o processo administrativo e judicial, apresentando toda documentação pertinente aos fatos revelados, além de comparecer, sob suas expensas, sempre que solicitado, a todos os atos processuais, até seu encerramento;

V – as características pessoais do interessado e as circunstâncias do ato ímprobo indiquem que a solução adotada é suficiente para a prevenção e para a repressão de atos de improbidade administrativa; e

VI – o interessado não tenha outro acordo de que trata esta Lei rescindido nos últimos três anos, por sua culpa.

§ 2º. Na hipótese de acordo celebrado com fulcro no § 1º, I, "a", o acordo estipulará, por escrito, as condições necessárias para assegurar a efetividade da colaboração e o resultado útil da persecução, aplicando-se subsidiariamente o disposto na Lei n. 12.846, de 1º de agosto de 2013.

§ 3º. A vantagem prevista no § 1º, II, "b", deverá ser aferida levando-se em consideração, entre outros fatores, os custos diretos e indiretos da lide, o tempo estimado de duração do processo, a perspectiva de adimplemento ao final do processo e a probabilidade de procedência do pedido.

§ 4º. O acordo não dá quitação dos danos causados nem exime a pessoa natural ou jurídica que o celebre da obrigação de reparar integralmente o dano causado.

§ 5º. O eventual pagamento de valores a título de reparação do dano em acordo não impede que os legitimados proponham ação de reparação de danos, observando-se:

I – eventual compensação dos valores de ressarcimento do dano pagos em decorrência do acordo; e

II – a garantia do benefício de ordem em relação aos demais responsáveis solidários pelos atos ilícitos.

§ 6º. A proposta de acordo se tornará pública após a celebração do respectivo acordo ou sua homologação, salvo no interesse das investigações e do processo administrativo, ou, ainda, em casos de ações controladas autorizadas judicialmente.

§ 7º. Não importará reconhecimento da prática do ato ilícito e não poderá ser usada para iniciar qualquer investigação a proposta de acordo rejeitada, devendo ser entregues à pessoa natural ou jurídica proponente quaisquer documentos apresentados durante o procedimento de pré-acordo, inclusive relatos e entrevistas produzidos com empregados ou associados da pessoa jurídica.

§ 8º. O prazo prescricional em relação às sanções previstas nesta Lei:

I – é suspenso por ocasião da proposta de acordo, voltando a correr após o encerramento das negociações;

II – é interrompido, exclusivamente em relação aos atos e fatos que forem objeto do acordo, por ocasião da sua celebração ou rescisão.

§ 9º. O Ministério Público detém com exclusividade a atribuição para celebrar o acordo de que trata este artigo quando:

I – houver notícia de atos de corrupção de agentes políticos, assim considerados os titulares de cargos eletivos, secretários e ministros de Estado e membros do Poder Judiciário, Ministério Público e Tribunais de Contas; ou

II – a eficácia probatória do acordo estiver vinculada à celebração de acordos de colaboração premiada com pessoas naturais vinculadas de qualquer modo à pessoa jurídica.

§ 10. Os documentos, relatos, entrevistas e quaisquer outros elementos de informação apresentados pelo interessado no âmbito do acordo previsto nesta Lei não poderão ser utilizados para a aplicação de outras sanções não pactuadas em face do interessado, ressalvada a possibilidade de sua utilização para fins criminais, cálculo e cobrança do ressarcimento dos prejuízos causados ao erário e lançamentos de tributos e juros de mora decorrentes.

§ 11. Presentes os requisitos previstos neste artigo, o acordo de que trata esta Lei pode ser celebrado em conjunto, no mesmo instrumento, com outros acordos previstos em leis específicas aplicáveis aos mesmos fatos.

§ 12. O acordo firmado pela pessoa jurídica interessada deverá ser submetido à homologação judicial.

§ 13. Caberá unicamente ao Conselho Superior do Ministério Público, ou órgão com atribuição específica, após verificar o atendimento dos requisitos desta lei, homologar o acordo celebrado pelo Ministério Público.

§ 14. O acordo homologado em juízo constitui título executivo judicial.

§ 15. A celebração do acordo implica a extinção da ação de improbidade administrativa com resolução do mérito ou o impedimento de sua propositura em face das mesmas pessoas que celebraram o acordo com base nos mesmos fatos, inclusive por outros entes legitimados.

§ 16. A ação de improbidade administrativa poderá deixar de incluir agente público no polo passivo, quando este tiver celebrado acordo.

§ 17. O acordo deverá prever como penalidades por seu descumprimento as sanções previstas no art. 12 desta Lei, conforme a espécie do ato de improbidade praticado, a serem aplicadas com a execução judicial do título, sem a necessidade de propositura de nova ação de conhecimento.

§ 18. Em caso de rescisão do acordo por sua culpa, a pessoa natural ou jurídica ficará impedida de celebrar novo acordo pelo prazo de 3 (três) anos contados da decisão de rescisão e perderá a proteção conferida ao leniente, incluindo a redução de sanções (art. 17-A, § 1º), o benefício de ordem (art. 17-A, § 5º) e o limite no uso dos documentos e provas entregues (art. 17-A, § 10).

§ 19. O Ministério Público deverá ser ouvido antes da homologação do acordo celebrado pela pessoa jurídica em juízo." (NR)

Art. 3º Revoga-se o art. 17, § 1º, da Lei n. 8.429, de 2 de junho de 1992.

Art. 4º Esta Lei entra em vigor na data de sua publicação.

Brasília, xxx de xxx de 2018.

JUSTIFICATIVA

O projeto tem por objetivo atualizar a legislação brasileira quanto à realização de acordos de leniência. Consoante se tem visto no desenrolar da Operação Lava Jato, a legislação atual deixa uma série de brechas que causam insegurança jurídica e acabam por desincentivar a plena cooperação das empresas com as investigações.

Acordos de leniência e de colaboração premiada foram o motor propulsor que conduziu à ampliação exponencial das investigações na Operação Lava Jato. No entanto, para que os acordos continuem a servir para esse fim no futuro, é necessário respeitar um princípio de racionalidade fundamental, segundo o qual o indivíduo ou empresa colaboradora deve receber do Estado um benefício que o coloque em situação mais benéfica do que estaria se não colaborasse, tendo em conta não apenas a situação no momento da colaboração como também a perspectiva provável do desdobramento da investigação.

A regra parece óbvia e simples, mas sua implementação torna-se complexa quando existem vários órgãos públicos que podem atuar sobre um mesmo fato, o que exige esforço de interpretação do ordenamento jurídico para que as normas, como um todo, sejam dotadas de coerência e eficácia.

Assim, é necessário que a Lei garanta a manutenção de um ambiente favorável à colaboração. Portanto, o sistema de cooperação premiada deve prezar pela racionalidade, preservando-se o interesse em acordos futuros por parte de pessoas investigadas.

Vale destacar que o funcionamento do sistema de leniências e colaborações premiadas tem recebido dedicada atenção e cuidadosa reflexão por vários órgãos, doutrinadores e articulistas. Por exemplo, entre os órgãos legitimados, pode-se fazer referência a um estudo técnico e uma nota técnica publicados pela 5ª Câmara de Coordenação e Revisão do Ministério Público Federal[4], responsável por coordenar a atuação do órgão quanto ao respeito ao combate à corrupção, e à Portaria Interministerial CGU/AGU nº 2.278, de 15 de dezembro de 2016, que estabelece procedimentos de cooperação entre o Ministério da Transparência e a Advocacia-Geral da União na celebração de acordos de leniência de competência do primeiro. As ponderações desses estudos e variados posicionamentos foram considerados na elaboração deste projeto.

O projeto tem o mérito de solucionar o problema da definição de atribuições entre os distintos órgãos componentes do microssistema de combate à corrupção, definindo em quais situações tal atribuição será do Ministério Público e em quais casos competirá ao órgão central de controle interno de cada Poder (a exemplo da CGU, no âmbito do Poder Executivo federal). Para tanto, cria um balcão único no Ministério Público em situações nas quais a atuação dos órgãos administrativos seja limitada por sua própria natureza e atribuições.

Como a própria CGU reconhece, falta a esse órgão atribuição para investigar agentes políticos, e parece razoável interpretar que lhe falta atribuição para o próprio acordo.

---

4   Disponível em: <<http://www.mpf.mp.br/atuacao-tematica/ccr5/notas-tecnicas/docs/nt-01-2017-5ccr-acordo-de-leniencia-comissao-leniencia.pdf>> e <<http://www.mpf.mp.br/atuacao-tematica/ccr5/publicacoes/estudos-tecnicos/docs/Estudo%20Tecnico%2001-2017.pdf>>. Acesso em: 12 dez. 2017.

Ademais, como a definição de agentes políticos indica, torna-se necessária a intervenção de um órgão independente, que, conforme a Constituição Federal, é o Ministério Público, para que os objetivos da legislação anticorrupção sejam alcançados, evitando-se a possibilidade do uso do acordo de leniência no interesse privado de partidos e agentes políticos.

A segunda hipótese de atribuição exclusiva do Ministério Público diz respeito às situações em que o acordo com a pessoa jurídica dependa da produção de provas por pessoas naturais a ela vinculadas. Uma vez que as pessoas naturais se sujeitam à responsabilização criminal, de atribuição exclusiva do Ministério Público conforme a Constituição, não há sentido lógico, prático ou jurídico em permitir que acordos entrelaçados estejam sob a responsabilidade de órgãos diferentes. Nos casos em que há atribuição criminal, não há como se formar balcão único sem que seja perante o Ministério Público, dada a própria regra constitucional lhe atribuir privativamente o exercício da ação penal pública (art. 129, I, da Constituição).

Por fim, na hipótese de atos lesivos praticados contra a administração pública estrangeira, as informações obtidas deverão servir à instrução de possíveis ações penais no Brasil pelos crimes de corrupção de funcionários públicos estrangeiros, previstos no Código Penal, de atribuição do Ministério Público. Ainda, por força de tratados internacionais, como a Convenção Contra a Corrupção da Organização das Nações Unidas e a Convenção Contra a Corrupção de Funcionários Públicos Estrangeiros, da Organização para a Cooperação e o Desenvolvimento Econômico, os fatos também deverão servir à cooperação jurídica internacional em matéria penal, também de atribuição do Ministério Público.

As alterações estão propostas tanto na Lei n. 12.846/2013, a chamada Lei Anticorrupção (LAC), quanto na Lei n. 8.4259/92, a Lei de Improbidade Administrativa (LIA).

A LAC passa a disciplinar o modelo principal de leniência a ser seguido, uma vez que todos os atos praticados a partir de 2014 sujeitam-se às penalidades dessa legislação – observa-se que, para a maioria dos casos vistos na Operação Lava Jato, os fatos eram anteriores a 2014, razão por que a legislação sancionatória aplicável era a LIA ou, ainda, a Lei de Licitações e Contratos.

O projeto também altera a LIA para permitir a realização de acordos nessa esfera. Na LIA, o acordo também poderá ter a natureza de leniência, quando for de interesse das investigações. Nesse caso, o acordo da LIA será complementar ao da LAC, evitando-se deixar em aberto a possibilidade de penalização em duplicidade da empresa em esfera autônoma ou, ainda, que a pessoa natural que fez acordo de colaboração na esfera criminal seja penalizada na esfera cível, compatibilizando-se, assim, com o microssistema de combate à corrupção que vem contemplando, em todas as áreas, as soluções negociadas e consensuais, para garantir sua eficiência.

Há também a previsão na LIA de um acordo mais geral, com o caráter de transação, quando a reparação do dano antecipada e consensual, ainda que parcial, indicar ser a transação mais vantajosa do que a continuidade ou a instauração do processo judicial, conforme fatores determinados. Ou seja, o acordo também poderá ser feito quando for mais vantajoso transacionar que litigar, considerando-se a reparação do dano prevista no acordo, desde que as características pessoais do interessado e as circunstâncias do ato ímprobo indiquem que a solução adotada é suficiente para a prevenção e a repressão de atos de improbidade administrativa. Ainda, a análise dessa vantagem deverá levar em consideração os custos diretos e indiretos da lide, o tempo estimado de duração do processo, a perspectiva de adimplemento ao final do processo e a probabilidade de procedência do pedido, entre outros fatores.

Em outro ponto, o projeto estabelece a transversalidade dos efeitos do acordo de leniência na esfera administrativa, impedindo-se que a empresa celebre acordo, pague multa e, ainda, fique sujeita à atuação de outros órgãos estatais.

Calcado na boa-fé das relações entre o Estado e o particular, o projeto estabelece o preceito de que as informações e evidências apresentadas pela pessoa jurídica no acordo de leniência não poderão ser usadas por outros órgãos para a aplicação de sanções sem o respeito aos termos do acordo. No entanto, o projeto também esclarece que o ressarcimento ao erário e o lançamento dos tributos poderão utilizar-se de tais provas, uma vez que o acordo não exime a pessoa jurídica da obrigação de ressarcir o dano, conforme previsto no art. 17-A, § 3º. Apesar de poder lançar tributos e juros de mora decorrentes, a Administração não pode, com base no material provido pela empresa, aplicar sanções, como multas, ainda que fiscais. Essa restrição passa a ser expressa na Lei e conhecida de antemão pelo particular, evitando-se insegurança jurídica e respeitando-se o princípio da racionalidade fundamental da colaboração, segundo o qual o indivíduo ou empresa colaboradora deve receber do Estado um benefício que o coloque em situação mais benéfica do que estaria se não colaborasse, e não o contrário. Seguindo essa mesma lógica, não há vedação a sanções aplicadas com base em apurações próprias e provas independentes daquelas trazidas pelo colaborador.

No caso do acordo da LIA, o projeto também deixa claro que as provas apresentadas poderão ser utilizadas para fins criminais, inclusive contra o próprio celebrante. Essa possibilidade é conhecida de antemão pelo particular, que terá a opção de negociar acordo paralelo de colaboração premiada com o Ministério Público, nos termos da Lei n. 12.850, de 2 de agosto de 2013.

O projeto aprimora a redação e esclarece a regra geral da Lei atual de que o acordo de leniência não quita qualquer valor pago como ressarcimento de danos às vítimas. Em acréscimo, estabelece um forte incentivo – benefício de ordem – para a celebração de acordos de leniência. Como normalmente em casos de colusão todos os responsáveis são solidários, esse benefício torna-se um incentivo econômico para a celebração do acordo.

O texto também estabelece um forte incentivo ao acordo de leniência, ao dar à sua celebração efeito de denúncia espontânea para fins tributários.

O projeto, ainda, coloca os Tribunais de Contas como órgãos encarregados da análise da legalidade dos acordos de leniência celebrados pelos órgãos de controle interno dos Poderes, respeitando-se as atribuições constitucionais das cortes de controle externo. Considerando-se, entretanto, a necessidade de evitar múltiplas sanções de diferentes esferas governamentais, o projeto também isenta a pessoa jurídica celebrante das sanções previstas nas leis específicas dos Tribunais de Contas, evitando-se a violação da boa-fé da pessoa jurídica que entregou todos os fatos ilícitos. Ressalva-se que a isenção das sanções não impedirá os Tribunais de Contas de condenarem os responsáveis pelo ressarcimento dos danos causados.

O projeto cria a possibilidade de leniência para a empresa que não seja a primeira a se manifestar sobre o fato, desde que essa mesma empresa agregue informações relacionadas a outras infrações. É a chamada "leniência *plus*", já existente na legislação que regulamenta a leniência do CADE. Nesse caso, a redução da multa será menor que a conferida à primeira a se manifestar.

Por fim, o projeto torna o acordo na improbidade título executivo judicial, se homologado em juízo, permitindo sua imediata execução. Assim, faz-se possível prever a aplicação das penalidades por ato de improbidade administrativa como decorrência do descumprimento do acordo. Nesse caso, as sanções poderão ser executadas diretamente em juízo, sem a necessidade de propositura de nova ação de conhecimento.

O projeto traz ainda uma série de aprimoramentos no sistema anticorrupção, dos quais se destaca:

- cria um incentivo para a comunicação rápida e espontânea de atos lesivos, ao prever a aplicação em dobro da multa quando a administração da pessoa jurídica tiver tomado conhecimento dos atos ilícitos sem comunicá-los imediatamente às autoridades;
- estabelece claramente a responsabilidade objetiva da pessoa jurídica nos casos de corrupção pública;
- estabelece benefícios claros para a implementação de *compliance* (redação da antiga MP 703);
- estabelece o "*marker*", assim entendido como o marco que demonstra ter sido a pessoa jurídica a primeira a se manifestar sobre o interesse em cooperar, com o cuidado de se exigirem poderes específicos;
- afirma a leniência como uma técnica de investigação que visa desbaratar colusão grave. Dessa maneira, fecha-se a porta para revelações de menor importância;
- abre exceção à cessação imediata dos ilícitos, permitindo que o Estado possa desenvolver suas investigações de modo sigiloso, inclusive com a permissão expressa de continuidade dos ilícitos para corroboração e reforço probatório das informações trazidas;
- cria a obrigação de realizar investigações internas como condição para o acordo de leniência;
- cria a previsão de monitoramento independente para acompanhar a implantação pela pessoa jurídica dos requisitos do acordo de leniência;
- estabelece o sigilo da proposta e a publicidade da celebração do acordo, ressalvada a necessidade de manutenção do sigilo no interesse das investigações ou no caso de ação controlada;
- proíbe o uso de qualquer evidência apresentada em negociação que não seja concluída, regra importante para garantir a amplitude necessária de informações na fase de pré-acordo;

- estabelece a suspensão do prazo prescricional no momento da proposta, evitando-se a utilização das tratativas de acordo para protelação de eventuais processos e sanções;
- cria norma de cunho processual que permite a tramitação de ação de improbidade administrativa mesmo sem a presença de agente público no polo passivo, quando este tiver celebrado acordo.

Por fim, vale destacar que os acordos de leniência representam muito mais que mera confissão. A colaboração de organizações empresariais com os órgãos de controle, especialmente aquelas protagonistas em seus mercados, pode oferecer robustez probatória singular (bases de dados, transferências bancárias etc.) e a visão integrada (não apenas individual) do funcionamento de condutas ilícitas que tenham se tornado práticas arraigadas na relação público-privada, aportando elementos úteis e muitas vezes indispensáveis para sua descoberta e desfazimento, em prazos e condições que, diante da natureza e complexidade das condutas, não seriam possíveis de outra maneira.

Por todas essas razões, entendemos que o projeto cumpre o papel de aperfeiçoar o sistema de leniências a fim de garantir que possam continuar sendo forte instrumento no combate à corrupção.

Por questões de coerência interna desta iniciativa da FGV Direito Rio e Transparência Internacional Brasil, cumpre observar que, na hipótese de ser aprovado outro projeto da iniciativa, que amplia o rol de penas dos arts. 6º e 19 da Lei n. 12.846/2016, deverá ser ampliado o rol de dispositivos indicados no art. 16, § 3º, neste projeto, a fim de garantir a devida efetividade e abrangência da leniência aqui tratada.

51 CONTINUIDADE DE INVESTIGAÇÕES CONEXAS ÀQUELAS DE FORO PRIVILEGIADO

O foro por prerrogativa de função, ou foro privilegiado, garante que determinadas autoridades públicas sejam julgadas pela prática de crimes apenas perante Tribunais. Atualmente, quando surgem indícios de envolvimento nos crimes de uma pessoa que possui foro privilegiado, toda a investigação é suspensa e remetida em sua integralidade às instâncias superiores, o que foge à boa técnica e acarreta prejuízo ao andamento da apuração em relação às pessoas que não têm foro privilegiado.

Principais pontos da proposta
- O foro por prerrogativa de função cessa com o término do mandato, cargo ou função pública, salvo se o processo já tiver a instrução iniciada no Tribunal, caso em que continuará o julgamento.
- A renúncia ao mandato, ao cargo ou à função, bem como a aposentadoria voluntária do agente, não determinará a modificação da competência em relação aos processos com instrução já iniciada nos tribunais.
- Se, durante alguma investigação, surgirem evidências concretas da participação de pessoas com foro privilegiado em algum fato, o juiz até então competente extrairá cópia do feito, remetendo-a para o juízo competente para apuração da conduta do agente com foro privilegiado, permanecendo a competência do juiz originário em relação aos demais agentes e fatos.
- Caso o Tribunal responsável pela investigação em relação ao agente com prerrogativa de função verifique que a separação prevista prejudicará a apuração do crime, sendo imprescindível a unidade de julgamento, poderá, a pedido do Ministério Público, determinar a reunião dos feitos sob sua competência.

Problemas que pretende solucionar
- A praxe atual de remeter a investigação inteira ao Tribunal quando aparecem evidências do envolvimento de autoridade com foro privilegiado, viola a boa técnica jurídica e prejudica o bom andamento das investigações. De fato, quanto à boa técnica, a competência por conexão não pode se sobrepor à competência constitucional que estabelece que o foro privilegiado está adstrito a determinadas autoridades, previsão essa, aliás, que deve ser interpretada restritivamente, na linha de recentes precedentes da Suprema Corte.
- Além disso, a praxe atual causa evidente prejuízo às investigações, que, muitas vezes, tramitam com o emprego de interceptações telefônicas, suspensas sem prazo para retomada. Investigações da espécie, não raro, envolvem crimes como

corrupção e lavagem de dinheiro e são complexas. Algumas apurações envolvem milhares de documentos, e-mails, transações bancárias e conversas telefônicas. A compreensão da investigação para retomada, em tribunal superior, pode demorar meses ou anos, o que gera esmaecimento de provas e dificuldade de se alcançarem os resultados desejáveis, o que, na prática, funciona como escudo de pessoas que têm foro privilegiado contra investigações. As alterações propostas visam amenizar esse cenário.

- Além disso, autoridades que ocupam cargos políticos com frequência mudam de função pública. Assim, um deputado estadual pode se tornar governador e, em seguida, deputado federal. Isso gera uma sucessão de remessas entre diferentes tribunais competentes (TJ, STJ e STF, respectivamente), o que, igualmente, promove soluções de continuidade que atrapalham o curso célere das apurações.

ANTEPROJETO DE LEI

Altera regras sobre o foro por prerrogativa de função

O **PRESIDENTE DA REPÚBLICA** faço saber que o Congresso Nacional decreta e eu sanciono a seguinte lei:

Art. 1º. Insere-se o art. 84-A no Decreto-Lei n. 3.689, de 3 de outubro de 1941, **Código de Processo Penal,** com a seguinte redação:

"**Art. 84-A.** O foro por prerrogativa de função cessa com o término do mandato, cargo ou função pública, salvo se o processo já tiver a instrução iniciada no Tribunal, caso em que este continuará o julgamento.

§1º. A renúncia ao mandato, ao cargo ou à função, bem como a aposentadoria voluntária do agente, não determinarão a modificação da competência em relação aos processos com instrução já iniciada nos tribunais.

§2º. Se durante alguma investigação surgirem evidências concretas de envolvimento ilícito de autoridade com prerrogativa de função nos fatos apurados, o juiz competente de primeira instância extrairá cópia do feito, remetendo ao juízo competente para apuração da conduta do agente, permanecendo a competência do juiz de primeira instância em relação aos demais agentes e fatos.

§3º. Caso o Tribunal responsável pela apuração em relação ao agente com prerrogativa de função verifique que a separação prevista no §3º prejudicará sobremaneira a apuração do fato delituoso e a imprescindibilidade da unidade de julgamento, poderá, a pedido do Ministério Público, determinar a reunião dos feitos sob sua competência." (NR)

Art. 2º Esta Lei entra em vigor noventa dias após sua publicação.

Brasília, X de XXXX de 2018.

JUSTIFICATIVA

Neste projeto, busca-se disciplinar a questão do foro por prerrogativa de função, visando evitar que seja ampliado demasiadamente e, ainda, que tenha regras seguras sobre seus limites.

Foi assim inserido o art. 84-A, com o intuito de disciplinar algumas questões referentes ao foro por prerrogativa de função de acordo com as novas tendências da jurisprudência e da doutrina. Historicamente, os tribunais, até por sua estrutura, não têm se revelado vocacionados à investigação e à instrução processual. Conforme asseverou o decano do STF, Ministro Celso de Mello, existem cerca de 800 autoridades com prerrogativa de foro apenas no Supremo, entre autoridades do Executivo, militares, ministros de tribunais superiores e outros.

Como o STF já fez interpretação do texto constitucional em entendimento majoritário pelo STF na Questão de Ordem na Ação Penal (AP) 937, em que seis ministros já votaram no sentido de que o foro por prerrogativa de função se aplica apenas a crimes cometidos no exercício do cargo e em razão das funções a ele relacionadas, a questão não foi incluída no projeto.

Todavia, estabelece-se claramente que o foro por prerrogativa de função cessa com o término do mandato, cargo ou função, mas, para evitar que o processo passe a "viajar" por diversas instâncias, estabiliza-se a competência em caso de a instrução já ter sido iniciada no Tribunal. Nesse caso, o Tribunal prorrogará sua a competência, até mesmo em atenção ao princípio da identidade física do juiz. Fixa-se, assim, um termo claro e certo, conferindo previsibilidade, evitando atrasos e assegurando prestação jurisdicional efetiva. Ademais, estabelece-se, com base no Projeto de Lei do Senado 156 (Projeto de Novo Código de Processo Penal), que a renúncia ao cargo ou à função, bem como a aposentadoria voluntária do acusado, não determinará a modificação da competência em relação aos processos com instrução já iniciada nos tribunais. Evita-se que, no caso de agentes políticos que ocupam sucessivamente diferentes mandatos ou funções públicas, os autos migrem sucessivamente em diferentes tribunais, regiões e instâncias, com prejuízo grave ao andamento da investigação ou ação penal. Evita-se ainda que o imputado possa "manipular" o juiz natural ou renunciar ou se aposentar apenas para evitar sua responsabilização iminente. Afasta-se, assim, o desvio de finalidade. Conforme asseverou o Ministro Roberto Barroso, o "juiz natural não significa a possibilidade de o réu escolher o juiz competente ou afastá-lo por decisão unilateral. Como consequência, a competência do STF, de base constitucional, não pode ser subtraída por conduta deliberada e manipulativa da parte; é possível sustar esse efeito secundário da renúncia, uma vez instaurado o processo que possa levar à perda do mandato". (AP 606 QO, Relator(a): Min. Roberto Barroso, Primeira Turma, julgado em 12/08/2014, acórdão eletrônico DJe-181 divulg 17-09-2014 public 18-09-2014)

Por sua vez, o projeto tratou do surgimento de evidências sobre participação de autoridade com prerrogativa de função. Atualmente, quando surgem indícios de envolvimento de pessoa que goza de foro privilegiado em uma investigação, toda ela é suspensa e remetida às instâncias superiores, até a definição se é o caso ou não de desmembramento – o que pode levar meses e até anos. Isso viola a boa técnica jurídica, porque as regras de conexão e continência são de modificação de competência, e não vocacionadas a mudar a competência constitucional, restrita no caso de foro por prerrogativa de função às autoridades que dela gozam. Além disso, há evidente prejuízo às investigações, que muitas vezes tramitam com o emprego de interceptações telefônicas, suspensas sem prazo para retomada. Investigações da espécie não raro envolvem crimes como corrupção e lavagem de dinheiro, e são complexas. Sua compreensão para retomada, em tribunal superior, pode demorar meses, o que gera esmaecimento de provas e dificuldade de se alcançarem os resultados desejáveis, o que, na prática, funciona como um escudo de proteção de pessoas que têm foro privilegiado contra investigações.

Ademais, o próprio STF já delineou uma visão mais restritiva da reunião processual por conexão ou continência a partir do Agravo Regimental no Inquérito 3.515, estabelecendo que a regra será a cisão, a união, a exceção. Contudo, o fato é que se observa que, por essa interpretação, permite-se ainda o deslocamento de competência para tribunais da investigação de fatos e pessoas que não envolvem foro privilegiado, que sobem conjuntamente (ainda que para posterior desmembramento), inclusive com violação de regras constitucionais. Buscando superar tal situação, em atenção ao princípio da eficiência e sem descurar do princípio do juiz natural, a prerrogativa de foro passa a ser preservada, em atenção à boa técnica e sem grandes consequências negativas para as apurações, mediante a remessa pontual das provas e evidências envolvendo a autoridade que goza de foro privilegiado. Por isso, estabeleceu-se que, se durante alguma investigação surgirem evidências concretas de envolvimento ilícito de autoridade com prerrogativa de função nos fatos apurados, o juiz competente de primeira instância extrairá cópia do feito, remetendo ao juízo competente para apuração da conduta do agente e permanecendo a competência do juiz de primeira instância em relação aos demais agentes e fatos. Portanto, a regra será a cisão, que poderá ser feita pelo próprio juiz que encontra fortuitamente as provas. Não obstante tal regra, deixou-se previsão para que o Tribunal responsável pela apuração do agente possa, a pedido do MP, caso entenda que a referida separação prevista prejudicará sobremaneira a apuração do fato delituoso e a unidade de julgamentos se demonstre imprescindível, determinar a reunião dos feitos sob sua competência.

Em síntese, a proposta do projeto é bastante simples, evitando-se, inclusive, discussões maiores sobre procedimentos e evitando brechas que ensejem a nulidade de muitos feitos envolvendo pessoas com foro privilegiado. Portanto, a cisão da investigação ou ação penal passa a ser obrigatória *ex lege*, como regra. A regra complementar é de que o juízo que tomar conhecimento no âmbito de sua jurisdição de indícios ou provas deverá imediatamente remetê-las ao juízo ou tribunal competente, permanecendo sua competência para os demais fatos não relacionados aos quais detenha prerrogativa de foro ou em razão da matéria. Assim, caso surjam indícios de envolvimento de autoridade sujeita a foro especial, o juiz não deverá deslocar todos os feitos para discutir se há ou não eventual conexão ou continência por um juízo prevalente. Por fim, prevê-se medida compensatória, permitindo que o Tribunal competente, em situações excepcionais e a pedido do MP, possa reunir os feitos sob sua responsabilidade, quando a separação puder prejudicar sobremaneira as apurações.

Desse modo, observado o princípio da legalidade, atende-se à razão central da prerrogativa de foro (julgamento exclusivo de quem ocupa determinado cargo), evita-se um assoberbamento dessas instâncias originárias e, sobretudo, evitam-se deslocamentos de competência para "cisão por órgão mais graduado" (que pode permitir, inclusive, tratamentos diferenciados em situações similares), conferindo celeridade aos feitos processuais e preservando o bom andamento de investigações, especialmente quando complexas, como as de corrupção. Como a cisão é obrigatória, o juízo inferior deverá imediatamente remeter ao competente *apenas* os elementos de prova que não digam respeito à sua competência constitucionalmente estabelecida, observadas ainda – em relação a ele – as regras de conexão e continência entre os fatos remanescentes. Não se prejudica qualquer direito dos imputados e, todavia, é assegurada a eficiência da persecução.

Embora a questão do foro tenha tido maioria no STF recentemente, para limitá-lo apenas para quando o agente estiver no exercício do cargo e em razão dele, o projeto vai além e regulamenta outras situações ainda não totalmente definidas pelo STF – como a estabilização da competência após o início da instrução, evitando delongas –, a par de fixar regra importante de desmembramento em primeira instância, evitando o lento, burocrático e ineficiente sistema de deslocamento total do feito ao órgão superior para que, somente após análise – o que leva muito tempo –, se faça o desmembramento e o feito seja remetido à instância inferior.

X

APRIMORAMENTO DA RESPOSTA DO ESTADO À CORRUPÇÃO NO ÂMBITO PENAL E PROCESSUAL PENAL

52 ARQUIVAMENTO DE CASOS PENAIS COM MENOR PERSPECTIVA ÚTIL

O excesso de casos penais de menor relevância no sistema, com a banalização de investigações e ações criminais, assola a justiça. É infactível dar conta da investigação de todos os fatos criminosos. Na prática, a polícia faz a seleção de casos, instaurando investigação para alguns dos muitos boletins de ocorrência, sem critérios e sem racionalização. O projeto sugere regular de modo adequado o que a realidade em grande medida já impôs. O projeto sugere o estabelecimento regrado do princípio de oportunidade da ação penal para situações predeterminadas, autorizando o Ministério Público a decidir pela não apuração criminal do fato ou deixar de propor a ação penal, ou dela desistir, em situações específicas, canalizando os recursos humanos e materiais limitados do sistema de justiça para ações mais relevantes ou com maior perspectiva útil.

Principais pontos da proposta

- Introduz, para situações predeterminadas, de modo regrado, o princípio de oportunidade da ação penal.
- O órgão do Ministério Público, de ofício ou acolhendo sugestão da autoridade policial ou da defesa, poderá fundamentadamente decidir pela não apuração criminal do fato ou deixar de propor a ação penal, ou dela desistir, quando, por exemplo: for insignificante a lesão ao bem jurídico tutelado; em razão da qualidade da prova, for baixa a probabilidade de êxito da ação penal; houver perda do interesse de agir; houver acordo de leniência celebrado nos casos em que a lei o admitir; ou, em razão da necessidade de racionalizar o emprego de recursos materiais e humanos, por sua natureza ou lesividade, o caso não estiver entre os temas para atuação prioritária segundo o órgão de revisão ou coordenação competente, o qual elaborará periodicamente um rol de temas prioritários, que pode ser regionalizado após audiência pública, para a qual deverão ser convidados diversos atores do poder público e da sociedade civil.
- Da decisão, cabe recurso para o procurador-geral ou outro órgão a que a lei orgânica atribua competência revisional.
- Independentemente de recurso, o membro do Ministério Público deverá encaminhar sua decisão para o procurador-geral ou outro órgão a que a lei atribua competência revisional, o qual poderá homologar a decisão, requisitar inquérito, que será distribuído a outro membro do Ministério Público, ou designar outro órgão do Ministério Público para oferecer denúncia ou prosseguir na ação.

Problemas que pretende solucionar

- Em muitas situações, tem havido o arquivamento de investigações pelo Ministério Público ou, mesmo, a seleção pela polícia das notícias que gerarão a instauração de inquérito, mas de modo assistemático, sem a possibilidade de interposição de recurso pela vítima e sem controles institucionais adequados.

- Isso tem ocorrido com base em diferentes fundamentos, como insignificância, punição extrapenal com ressarcimento de danos aliados a outros fatores, improbabilidade de sucesso da investigação, falta de interesse de agir, casos de colaboração premiada, casos de perdão judicial, casos de acordo de leniência, casos de acordo penal ou, por fim, para racionalizar recursos materiais e humanos.
- A proposta regula o que a realidade impôs, criando controles apropriados. Além disso, torna a Justiça penal mais ágil, efetiva, relevante, econômica, realista, humana e lhe dá a necessária liberdade para priorizar a investigação e o processamento de casos realmente importantes, como corrupção e desvio de dinheiro público.

ANTEPROJETO DE LEI

>Acrescenta o art. 100-A ao Código Penal para estabelecer hipóteses em que o Ministério Público pode deixar de propor a ação penal ou dela desistir.

O **PRESIDENTE DA REPÚBLICA** faço saber que o Congresso Nacional decreta e eu sanciono a seguinte lei:

Art. 1º. O Código Penal passa a vigorar acrescido de art. 100-A com a seguinte redação:

Art. 100-A. O órgão do Ministério Público, de ofício ou acolhendo sugestão da autoridade policial ou da defesa, poderá fundamentadamente decidir pela não apuração criminal do fato ou deixar de propor a ação penal ou dela desistir quando:

I – for insignificante a lesão ao bem jurídico tutelado;

II – o dano tiver sido integralmente ressarcido, quando houver, e seu autor tiver sofrido punição em instância não penal considerada suficiente, observadas sua vida pregressa e a intensidade da lesão ao bem jurídico tutelado pela norma penal;

III – *em razão da demora no conhecimento do fato ou por outra circunstância objetivamente demonstrada, a comprovação da materialidade ou determinação da autoria for improvável ou impossível, ressalvado o disposto no art. 18, do Decreto-Lei n. 3.689, de 14 de outubro de 1941, Código de Processo Penal;*

IV – *em razão da qualidade da prova, for baixa a probabilidade de êxito da ação penal;*

V – houver perda do interesse de agir;

VI – nos casos em que o investigado ou réu atender às condições legais para receber os benefícios previstos pela colaboração premiada;

VII – nas demais hipóteses em que a lei autorizar o perdão judicial;

VIII – houver acordo de leniência celebrado nos casos em que a lei o admitir;

IX – houver acordo penal; e

X – *em razão da necessidade de contingenciar ou racionalizar o emprego dos recursos materiais e humanos disponíveis, por sua natureza ou lesividade, o caso não estiver incluído no rol de temas ou situações de atuação prioritária do órgão colegiado ao qual a respectiva lei orgânica atribua funções de coordenação e revisão.*

§1º. Não cabe recurso da decisão que recusar a sugestão de arquivamento.

§2º. Em qualquer das hipóteses do *caput*, o Ministério Público notificará a vítima, quando houver, que poderá impugnar a decisão em até 30 dias.

§3º. Superado o prazo do parágrafo anterior, havendo ou não impugnação, o órgão do Ministério Público, em até 10 dias, se não reconsiderar sua decisão, fará remessa dos autos ao procurador-geral ou ao órgão colegiado a quem a respectiva lei orgânica atribuir competência revisional, que poderá:

   I – homologar a decisão do órgão do Ministério Público de origem;

   II – requisitar a instauração de inquérito, que deverá ser distribuído a outro órgão do Ministério Público;

   III – designar outro órgão do Ministério Público para oferecer denúncia ou prosseguir na ação penal.

§4º. A decisão de arquivamento fundada no inciso X do *caput*, que também poderá tomar em conta a existência de procedimentos administrativos ou cíveis que constituam resposta suficiente à prática da infração, *não impede o exercício da ação penal privada subsidiária.*

§5º. A lista com o rol dos temas de atuação prioritária a que se refere o inciso X, do art. 1º, que poderá ser regionalizada, terá vigência de 2 (dois) anos, e sua definição será precedida de audiência pública, assegurada a participação dos membros do Ministério Público com atribuição criminal, devendo ser convidados a indicar representantes à Polícia Judiciária e aos demais órgãos de segurança pública, além dos Poderes Executivo, Legislativo e Judiciário, Defensoria Pública, OAB e entidades da sociedade civil.

Art. 2º. Esta lei entra em vigor na data de sua publicação.

JUSTIFICATIVA

Hoje, ainda mais com a expansão da legislação penal para diferentes domínios, o exercício obrigatório da ação penal tem levado a banalizações, que produzem jurisprudência que enfraquece a Justiça Criminal, sobrecarrega o Judiciário e é, depois, utilizada para assegurar impunidade de casos graves.

São cada vez mais frequentes as decisões judiciais definindo e aumentando os parâmetros para a insignificância, exigindo dolo específico onde a lei não prevê (crimes de licitação) ou a comprovação de danos em crimes formais ou de mera conduta. Muitas vezes, esses precedentes se originam em casos nos quais a aplicação da lei penal não seria recomendável, mas em que a ação foi proposta. A banalização da ação penal gera tais precedentes, posteriormente utilizados para justificar absolvições em casos importantes e graves.

Mas não é só. A banalização da ação penal aumenta as taxas de congestionamento do Sistema de Justiça Criminal, fazendo com que casos graves, inclusive de corrupção, não tenham resposta penal efetiva e célere, gerando impunidade, que retroalimenta os índices de criminalidade, principalmente do "colarinho branco".

Deve-se ponderar, ainda, que alguns setores da doutrina indicam excesso de encarceramento e condições carcerárias que chegam perto de violar direitos humanos, quando não violam. A prisão tem ainda um papel negativo, por vezes, na formação de facções e filiação de membros. Assim, a prisão deve ser reservada para as situações mais graves no seio da sociedade. A rigidez da obrigatoriedade da ação penal, contudo, muitas vezes acaba operando em sentido contrário.

Por escolha constitucional, ao Ministério Público foi conferida a condição de *dominus litis*, cabendo-lhe privativamente propor a ação penal e competindo-lhe decidir, com exclusividade, se deve ou não promover a persecução penal.

O Código de Processo Penal, em seu art. 28, estabelece mecanismo de controle do *non agire*, facultando ao juiz discordar da promoção de arquivamento e submeter o caso à apreciação do procurador-geral.

Contudo, o mesmo Código dispõe que, caso o procurador-geral insista na decisão de arquivamento, o juiz é obrigado a acatá-la. Ou seja, a palavra final sobre o exercício ou não da ação penal é do Ministério Público, e cabe à instituição definir a política criminal.

Evidentemente, não é o caso de deixar a decisão sobre o *non agire* ao talante discricionário e individual de um membro do MP em particular, mas é apropriado criar instrumentos para trazer equilíbrio ao sistema.

Nessa perspectiva, propõe-se a definição de um modelo complexo que permita a inação do Estado nos casos de crimes e em que a ação criminal é inoportuna, com mecanismos de controle interno para assegurar que o posicionamento seja institucional, e não pessoal ou individual.

Nesse ponto, cumpre recordar que não há previsão explícita do princípio da obrigatoriedade da ação penal pública no ordenamento pátrio. A doutrina costumava extraí-lo da simples locução: "nos crimes de ação penal pública, esta *será* promovida por denúncia do MP..." (art. 24 do CPP).

Diversas hipóteses de oportunidade/discricionariedade já são praticadas no Brasil, diante do crescente congestionamento do Judiciário com feitos criminais. É o caso do arquivamento com base a) no princípio da insignificância; b) no princípio da *ultima ratio*; c) no reconhecimento da ausência de potencialidade lesiva no caso concreto (por exemplo, no caso de uso de documento grosseiramente falsificado); d) no apenamento administrativo do desobediente; e assim por diante.

A ausência de balizas próprias para a inação, aliás, gera uma multidão de soluções casuístas ou regionais, despidas de controles institucionais apropriados.

Além disso, o ordenamento jurídico prevê outras hipóteses de atuação discricionária, segundo critérios de oportunidade e conveniência, ainda que regrada. Podem ser citadas, por exemplo, a transação penal ("*nolo contendere*") e suspensão condicional do processo, o pedido de suspensão do processo na colaboração premiada, a realização de acordo de leniência pelo MP nos crimes contra a ordem econômica e a colaboração com a justiça no crime de lavagem de ativos.

Parece mais adequado, portanto, incorporar de maneira explícita, sistemática e controlada o princípio da oportunidade regrada no Código de Processo Penal, inclusive por razões de segurança jurídica.

A discricionariedade regrada deve abranger situações em que, no Direito Comparado, já é franqueado ao MP exercer o juízo de oportunidade, seja até a denúncia (arquivamento ou sobrestamento), seja após a denúncia (sobrestamento ou desistência), como nas seguintes situações: a) delitos que, pela pequena expressão da ameaça ou lesão imposta a bem jurídico individual, coletivo ou difuso, não justifiquem o custo inerente à persecução; b) delitos de competência do Tribunal Penal Internacional, nos casos em que o agente tiver sido confiado à custódia do Tribunal; c) delitos a distância e praticados no exterior, quando houver procedimento penal mais adiantado no outro país ou ausência de prejuízo ao Brasil; d) quando houver culpabilidade mínima ou participação de ínfima importância do agente, sobretudo nos casos em que a persecução puder criar embaraços à responsabilização das condutas com maior desvalor; e) quando houver "pena natural", casos em que o agente, como consequência de conduta culposa, tiver sofrido dano físico ou moral que torne desproporcional a aplicação da pena (falecimento do cônjuge do motorista imprudente); f) dispensa, anterior ou posterior à denúncia, de atuação do aparato sancionador extrapenal em situações similares (por exemplo, no caso de crime contra o sistema financeiro nacional de manutenção de valores sem a devida declaração ao BACEN, quando houver aumento do piso para declaração de bens no exterior pelo BACEN, o que faz com que não faça sentido punir condutas anteriores que envolvam valores inferiores ao novo piso); g) alta improbabilidade de obtenção da prova; h) inviabilidade da aplicação da sanção, como nos casos em que se prospecta com segurança prescrição intercorrente pela pena em perspectiva; e i) perigo sério causado pela instauração da persecução.

A título de controle, o projeto previu que a vítima disponha de recursos contra a decisão do órgão acusador para o órgão ao qual as respectivas leis orgânicas atribuam competência revisional. De fato, a previsão de recurso é oportuna porque, nesses casos, não se justifica a propositura da ação privada subsidiária, cabível apenas nos casos de inércia do MP, exceto quando a inação fundamenta-se em definição de prioridades.

Busca-se, então, o regramento da decisão de inação do sistema de justiça penal mediante o estabelecimento de diretrizes não cogentes de eficiência/uniformização/coordenação. Assim, aliás, ocorre em outros países, como na França, em que o Ministério da Justiça estabelece a política de persecução penal a ser seguida e suas prioridades, respeitada a convicção pessoal dos procuradores.

53 CRIA GATILHO DE EFICIÊNCIA PARA ATINGIR A DURAÇÃO RAZOÁVEL DO PROCESSO

"A Justiça que tarda é Justiça que falha"[1]. A Constituição Federal coloca a duração razoável do processo como garantia fundamental de todas as pessoas e da sociedade como um todo. Organizar os procedimentos investigatórios e os processos judiciais de maneira que a averiguação e o julgamento sobre esquemas de corrupção ocorram de maneira célere, ao mesmo tempo que respeitem os direitos fundamentais, é essencial para combater a impunidade no país. Caberá, de acordo com esta proposta, ao Conselho Nacional de Justiça e ao Conselho Nacional do Ministério Público garantir que esses casos sejam resolvidos e que a Justiça seja, de fato, realizada.

Principais pontos da proposta

- Define o que se entende por duração razoável do processo em diferentes instâncias e hipóteses, para os exclusivos fins dessas normas, que buscam incrementar a eficiência da atuação do Estado. Para processos judiciais, não devem demorar mais que 2 anos na instância originária; 1 ano na instância recursal ordinária; e seis meses em cada uma das instâncias recursais especial e extraordinária.
- Determina que todos os tribunais nacionais devam encaminhar ao CNJ informações e estatísticas relativas aos processos relacionados a improbidade administrativa, corrupção e crimes contra a Administração Pública. Esses relatórios também deverão ser publicados e serem de fácil acesso ao público.
- Prevê a criação de uma comissão no CNJ responsável por analisar as informações recebidas e propor medidas para garantir o cumprimento das regras de duração razoável do processo.
- Define, também para o exclusivo fim dessas normas, que os procedimentos investigatórios cíveis e criminais sob a presidência do Ministério Público não devam exceder 3 anos, entre o ato de instauração e seu desfecho, independentemente da instância em que tramite.
- Cria comissão específica para o diagnóstico, a análise de informações e a propositura de medidas de aperfeiçoamento tendentes à concretização da atuação ministerial resolutiva, especialmente quanto a procedimentos investigatórios (cíveis e criminais) e ações judiciais destinados à apuração de atos de improbidade administrativa, corrupção e crimes contra a Administração Pública.

---

1 DODGE, R. **Um dia antes de julgamento de recurso de Lula, Dodge diz que justiça que tarda é Justiça que falha.** Brasília, 3 abr. 2018. Disponível em: <https://g1.globo.com/politica/noticia/um-dia-antes-de-julgamento-de-recurso-de-lula-dodge-diz-que-justica-que-tarda-e-justica-que-falha.ghtml>. Acesso em: 3 abr. 2018.

- Determina que os Ministérios Públicos da União, dos estados e do Distrito Federal e Territórios deverão encaminhar ao CNMP relatório estatístico anual contendo informações acerca dos procedimentos investigatórios (cíveis e criminais) e ações judiciais destinados à apuração de atos de improbidade administrativa, de corrupção e de crimes contra a Administração Pública.
- Prevê a criação de uma comissão no CNMP responsável por analisar as informações recebidas e propor medidas para garantir o cumprimento das regras de duração razoável do processo.

Problemas que pretende solucionar

- Investigações e processos judiciais envolvendo crimes de corrupção praticados por poderosos são, em geral, bastante morosos. A demora em si gera injustiça, mas, além disso, propicia a prescrição e absoluta impunidade. Quem mais conhece os problemas do sistema são os atores que se dedicam à investigação e ao processamento dos casos de corrupção, juízes e promotores. Contudo, a comunidade jurídica não tem contribuído de forma permanente e sistemática para a solução desses problemas, cuja solução depende, em geral, de mudanças legislativas. Assim, as propostas criam mecanismos que permitirão um adequado diagnóstico das causas da morosidade, bem como estimulam uma postura colaborativa do Judiciário e Ministério Público perante o Congresso, na sugestão de soluções.
- Embora se reconheça que a edição de tal medida isoladamente não resolverá de imediato a referida lentidão, ela cria um ambiente institucional propício para o surgimento de soluções que conduzirão ao julgamento célere desses casos. Além disso, a proposta confere transparência às informações sobre a efetividade do Judiciário e do Ministério Público, o que contribui para o debate sobre os problemas e suas potenciais soluções também pela sociedade.

PROJETO DE RESOLUÇÃO CNJ

> Dispõe sobre medidas de *accountability* e relacionadas à duração razoável dos processos destinados *à apuração de atos de improbidade administrativa (Lei n.* 8.429, de 2 de junho de 1992), corrupção (Lei n. 12.846, de 1º de agosto de 2013) e crimes contra a Administração Pública (Título XI do Decreto-Lei n. 2848, de 7 de dezembro de 1940).

O **PRESIDENTE DO CONSELHO NACIONAL DE JUSTIÇA – CNJ**, no uso de suas atribuições constitucionais, legais e regimentais, tendo presentes as conclusões do Processo Administrativo nº e

CONSIDERANDO a necessidade de se concretizar, da melhor maneira possível, a garantia constitucional da duração razoável do processo;

CONSIDERANDO que medidas isoladas tendentes a imprimir celeridade a processos judiciais destinados à apuração de atos de improbidade administrativa e de crimes contra a Administração Pública não geraram os efeitos esperados, já que as metas traçadas por este Conselho não lograram ser atingidas pelos Tribunais;

CONSIDERANDO a imprescindibilidade de se instituir mecanismos que permitam o diagnóstico dos problemas que dificultam a tempestiva conclusão de tais demandas e a conveniência de se constituir foro permanente para discussão acerca de práticas que permitam aperfeiçoar o funcionamento do sistema de justiça, conferindo-lhe presteza e resolutividade;

CONSIDERANDO a exigência constitucional e legal de se conceder transparência e publicidade às atividades dos órgãos estatais;

RESOLVE

Art. 1º. Para fins exclusivos desta Resolução, considera-se razoável duração do processo aquela que não exceder dois anos na instância originária, um ano na instância recursal ordinária e seis meses em cada uma das instâncias recursais especial e extraordinária, contados a partir da distribuição dos autos em cada instância.

Parágrafo único. Os prazos aqui fixados têm o propósito único de fixar metas objetivas a serem perseguidas pelos órgãos jurisdicionais, de modo a facilitar a mensuração de dados e a indicação das medidas destinadas a alcançar tal escopo.

Art. 2º. No prazo de 30 (trinta) dias contados da aprovação desta Resolução, será criada comissão específica para o diagnóstico, a análise de informações e a propositura de medidas de aperfeiçoamento tendentes à concretização da garantia constitucional da duração razoável do processo, especialmente quanto a processos e procedimentos destinados à apuração de atos de improbidade administrativa (Lei n. 8.429, de 2 de junho de 1992), corrupção (Lei n. 12.846, de 1º de agosto de 2013) e crimes contra a Administração Pública (Título XI do Decreto-Lei n. 2848, de 7 de dezembro de 1940).

Art. 3º. O Superior Tribunal de Justiça, os Tribunais Regionais Federais e os Tribunais de Justiça dos estados e do Distrito Federal e Territórios deverão encaminhar ao Conselho Nacional de Justiça, até o final do mês de março do exercício subsequente, relatório estatístico anual contendo informações dos processos judiciais destinados à apuração de atos de improbidade administrativa (Lei n. 8.429, de 2 de junho de 1992), corrupção (Lei n. 12.846, de 1º de agosto de 2013) e crimes contra a Administração Pública (Título XI do Decreto-Lei n. 2848, de 7 de dezembro de 1940).

§1o. No prazo de 180 (cento e oitenta) dias a contar da criação da comissão de que trata o art. 2º, deverá ela apresentar proposta de ato normativo que regulamente:

I – a forma, o conteúdo e a data de divulgação do relatório estatístico indicado no *caput*, observada a necessidade de tornar público, globalmente e para cada um dos órgãos e unidades, o tempo médio de duração dos processos e procedimentos desde a primeira entrada até a saída final de cada órgão e unidade, assim como o número de processos e procedimentos:

a) que ingressaram ou foram instaurados no exercício do ano civil;

b) julgados, arquivados ou que, por qualquer modo, tiveram sua saída realizada de maneira definitiva, durante o ano civil; e

c) pendentes de apreciação definitiva, com a indicação do seu respectivo tempo médio de tramitação.

II – as informações que deverão acompanhar os dados estatísticos de que trata o inciso I, na hipótese de os processos ali mencionados tiverem sido apreciados em prazo superior ao indicado no art. 1º, as quais deverão contemplar:

a) a identificação, pelo magistrado responsável pelo feito, dos motivos que geraram a delonga;

b) a indicação das medidas administrativas instauradas para superar eventual demora; e

c) a apresentação de sugestões de eventuais medidas normativas reputadas importantes para assegurar a razoável duração do processo.

Art. 4º. A comissão de que trata o art. 2º apresentará, periodicamente, propostas de medidas administrativas e legislativas tendentes a assegurar a razoável duração do processo relativamente aos feitos tratados nesta Resolução.

Art. 5º. O Conselho Nacional de Justiça, o Superior Tribunal de Justiça, os Tribunais Regionais Federais e os Tribunais de Justiça dos estados e do Distrito Federal e Territórios manterão espaço permanente e de fácil acesso, em seus sítios eletrônicos, para divulgação dos dados estatísticos de que trata o art. 3º.

Parágrafo único. A existência de inconsistências na base de dados não poderá obstar o acesso, devendo elas serem informadas e, se possível, detalhadas na página de acesso e/ou no arquivo gerado com os dados.

Art. 6º. Esta Resolução entra em vigor na data de sua publicação.

Brasília, X de XXXX de 201X.

Presidente
Ministra
Corregedor-geral
Ministro

JUSTIFICATIVA

A morosidade na tramitação das demandas judiciais relacionadas ao combate à corrupção foi reconhecida pelo Conselho Nacional de Justiça (CNJ), que chegou a estabelecer meta para as Justiças Estadual, Federal e Militar, e para o Superior Tribunal de Justiça, a fim de "identificar e julgar, até 31/12/2013, as ações de improbidade administrativa e ações penais relacionadas a crimes contra a administração pública distribuídas até 31/12/2011" (Meta 18, de 2013).

No entanto, as metas estabelecidas pelo CNJ não alcançaram o efeito desejado. Mesmo com os esforços concentrados realizados por juízes país afora, o Relatório de Metas Nacionais do Poder Judiciário 2009-2013 revelou que nenhum Tribunal do país logrou alcançá-la. Do estoque de 43.773 ações de improbidade distribuídas e não julgadas identificado ao final de 2011, foram julgadas somente 10.643 demandas em 2012 e 9.864 em 2013, já depois dos esforços exigidos pela Meta 18.

A despeito da relevância e do mérito da iniciativa, os resultados verificados permitem afirmar que o problema da morosidade na tramitação dessas ações não será resolvido exclusivamente por meio de esforços concentrados e eventual priorização pontual de julgamentos. Além de tal ordem de medidas, faz-se necessário identificar os fatores que realmente influenciam na dificuldade de tramitação desses processos e criar meios para destravá-los.

É nesse contexto que se coloca a presente iniciativa, cujo objetivo é auxiliar na concretização da garantia constitucional da duração razoável de procedimentos e processos destinados à apuração de atos de improbidade administrativa (Lei n. 8.429, de 2 de junho de 1992), corrupção (Lei n. 12.846, de 1º de agosto de 2013) e crimes contra a Administração Pública (Título XI do Decreto-Lei n. 2848, de 7 de dezembro de 1940).

Sobre o tema, como já alertavam Cintra, Grinover e Dinamarco, a efetivação da razoável duração do processo ocorrerá "na medida em que a legislação contiver mecanismos processuais capazes de propiciá-la e o Poder Judiciário estiver estruturado de modo quantitativa e qualitativamente capaz de absorver as demandas judiciais"[2].

Trata-se, portanto, de uma garantia constitucional que se concretizará progressivamente, com base em um conjunto de medidas que a estimulem e a efetivem. Embora se reconheça que a superação de parcela considerável dos obstáculos para materializá-la esteja atrelada à realização de reformas processuais relevantes, a proposta aqui veiculada, por si, já permite o levantamento de dados diagnósticos, a divulgação e a disseminação de boas práticas e a criação de foro permanente de discussão relativas às medidas tendentes a essa efetivação.

Para tanto, e de início, entendeu-se necessária a definição de marcos temporais que indiquem, para fins dessa resolução, o lapso de tempo que se reputa razoável para a duração dos feitos aqui mencionados.

---

2   CINTRA, Antônio Carlos Araújo; GRINOVER, Ada Pellegrini; DINAMARCO, Cândido Rangel. Teoria Geral do Processo. São Paulo: Malheiros, 2011, p. 72.

A definição de critérios objetivos para a duração dos processos permite a aferição quantitativa do quão próximo ou distante se está do marco normativo. Tal como afirmou o Ministro Luís Roberto Barroso em entrevista ao jornal O Estado de S. Paulo (04.07.2016), uma das premissas para o funcionamento satisfatório do Poder Judiciário brasileiro é o estabelecimento de metas objetivas que concretizem a razoável duração de um processo[3]. Em linha semelhante, Flávia Piovesan, ao tratar dos direitos sociais (cuja implementação também é de cariz progressivo), trata da relevância de se estabelecer indicadores capazes de mensurar a progressividade de aplicação desses direitos[4].

A definição dos prazos aqui contemplados considerou a legislação em vigor. Tomou-se em conta a usual complexidade de que se revestem esses feitos e, por isso, adotou-se por parâmetro de aferição o prazo estabelecido no art. 22 da Lei n. 12.850/2012, que prevê o encerramento da instrução criminal desses feitos no prazo de 120 (cento e vinte) dias, renováveis por igual período[5].

Na medida em que, ao lado da fase probatória, há outras fases processuais (em especial, a fase postulatória, e, diante da complexidade antes mencionada, é corrente a necessidade de se protrair no tempo a fase decisória, não a instaurando no próprio ato em que há o encerramento da instrução), os prazos fixados para o primeiro grau foram estabelecidos em patamar equivalente ao triplo do prazo máximo para o encerramento da instrução contemplado na Lei n. 12.850/2012.

Portanto, considerando que não há, de ordinário, a prática de atos instrutórios perante os Tribunais, o prazo definido para o segundo grau implicou a metade do prazo estabelecido para o primeiro grau, e o prazo para as instâncias especiais e extraordinárias (cujo acesso é, em tese, mais restrito e em relação às quais não há – e não deveria haver – a rediscussão dos fatos) foi definido como metade do lapso de tempo estabelecido para as instâncias recursais ordinárias.

---

[3] Disponível em: <http://politica.estadao.com.br/blogs/fausto-macedo/nos-precisamos-fazer-uma-revolucao-no-modo-como-o-judiciario-funciona-diz-ministro-luis-roberto-barroso/>.

[4] Nas palavras da autora, "além de conferir maior rigor metodológico, a utilização de indicadores permite realizar o *human rights impact assessment* em relação às políticas, programas e medidas adotadas pelo Estado, permitindo a *accountability* com relação às obrigações contraídas pelo Estado no âmbito internacional e doméstico. Fomenta, ainda, a geração de dados, estatísticas e informações, que compõe a base sólida para a composição de um preciso diagnóstico sobre a progressividade dos direitos sociais. [...] Por meio da utilização de indicadores, é possível identificar avanços, retrocessos e inações dos poderes públicos em matéria de direitos sociais. É condição para compor um diagnóstico preciso do enquadramento das ações e inações públicas no marco dos direitos sociais, permitindo um balanço crítico de programas e medidas implementadas. É a partir de um diagnóstico preciso que também é possível identificar prioridades e estratégias visando ao aprimoramento da realização de direitos sociais, o que poderá compreender uma melhor e mais eficaz interlocução dos Poderes Públicos, mediante arranjos interinstitucionais orientados à plena implementação dos direitos sociais." (Proteção dos direitos sociais: desafios do ius commune sul-americano. Revista do TST, Brasília, v. 77 (4), out.-dez. 2011, p. 136-7. Disponível em: <https://juslaboris.tst.jus.br/bitstream/handle/1939/28340/004 _piovesan.pdf?sequence=5>).
A regra geral para os procedimentos criminais comuns é de 60 (sessenta) dias para encerramento da instrução, conforme o art. 400 do CPP. Nesse sentido, não se pode olvidar que o princípio 4 da Declaração de Princípios sobre Liberdade de Expressão (aprovada pela Comissão Interamericana de Direitos Humanos, em seu 108º período ordinário de sessões, celebrado de 16 a 27 de outubro de 2000) estabelece que "O acesso à informação em poder do Estado é um direito fundamental do indivíduo. Os Estados estão obrigados a garantir o exercício desse direito. Este princípio só admite limitações excepcionais que devem estar previamente estabelecidas em lei para o caso de existência de perigo real e iminente que ameace a segurança nacional em sociedades democráticas." (Texto consultado em: Coletânea de acesso à informação. 3ª ed. rev. e ampl., Brasília: Ministério da Transparência, Fisalização e Controladoria-Geral da União [s/d], disponível em: http://www.acessoainformacao.gov.br/central-de-conteudo/publicacoes/ arquivos/ coletanea_acesso _informacao_3edicao.pdf). Disponível em: <https://juslaboris.tst.jus.br/bitstream/handle/1939/28340/004 _piovesan.pdf?sequence=5>).

[5] A regra geral para os procedimentos criminais comuns é de 60 (sessenta) dias para encerramento da instrução, conforme o art. 400 do CPP.

É necessário salientar que os prazos foram fixados tanto com a finalidade de permitir que haja um critério de avaliação quanto como meta a ser, em um primeiro momento, perseguida, reclamando esforços de diagnóstico e de alteração de processos de trabalho que priorizem e atuem de maneira resolutiva em face das demandas aqui tratadas.

A iniciativa prevê, ainda, tornar as informações públicas, o que concede transparência à atuação do Poder Judiciário no atendimento ao direito fundamental à duração razoável do processo ao mesmo tempo que respeita o direito fundamental de acesso à informação (uma das facetas do direito à liberdade de opinião e expressão, previsto no art. XIX da Declaração Universal de Direitos Humanos)[6].

Embora se reconheça que a edição de tal medida isoladamente não resolverá a morosidade na tramitação dos feitos que apreciam atos de corrupção, o objetivo por ela visado é criar um ambiente institucional favorável a que o sistema judicial atinja tal escopo, permitindo cogitar soluções que maximizem os recursos humanos e materiais já disponíveis para atuação em face dessas demandas.

---

[6] Nesse sentido, não se pode esquecer que o princípio 4 da Declaração de Princípios sobre Liberdade de Expressão (aprovada pela Comissão Interamericana de Direitos Humanos, em seu 108º período ordinário de sessões, celebrado de 16 a 27 de outubro de 2000) estabelece que "o acesso à informação em poder do Estado é um direito fundamental do indivíduo. Os Estados estão obrigados a garantir o exercício desse direito. Este princípio só admite limitações excepcionais que devem estar previamente estabelecidas em lei para o caso de existência de perigo real e iminente que ameace a segurança nacional em sociedades democráticas". (Texto consultado em: Coletânea de acesso à informação. 3. ed. rev. e ampl. Brasília: Ministério da Transparência, Fiscalização e Controladoria-Geral da União [s/d]. Disponível em: <http://www.acessoainformacao.gov.br/central-de-conteudo/publicacoes/arquivos/coletanea_acesso _informacao_3edicao.pdf>).

PROJETO DE RESOLUÇÃO DO CJF

Dispõe sobre medidas de *accountability* e relacionadas à duração razoável dos procedimentos investigatórios e processos judiciais destinados *à apuração de atos de improbidade administrativa (Lei n.* 8.429, de 2 de junho de 1992), corrupção (Lei n. 12.846, de 1º de agosto de 2013) e crimes contra a Administração Pública (Título XI do Decreto-Lei n. 2848, de 7 de dezembro de 1940).

A **PRESIDENTE DO CONSELHO NACIONAL DO MINISTÉRIO PÚBLICO**, no uso de suas atribuições constitucionais, legais e regimentais, tendo presentes as conclusões do Processo Administrativo nº   e

CONSIDERANDO o contido na Recomendação n. 54, de 28 de março de 2017, segundo a qual o Ministério Público brasileiro deve atuar de modo resolutivo, sendo tal maneira de agir conceituada como "aquela por meio da qual o membro, no âmbito de suas atribuições, contribui decisivamente para prevenir ou solucionar, de modo efetivo, o conflito, problema ou controvérsia envolvendo a concretização de direitos ou interesses para cuja defesa e proteção é legitimado o Ministério Público, bem como para prevenir, inibir ou reparar adequadamente a lesão ou ameaça a esses direitos ou interesses e efetivar as sanções aplicadas judicialmente em face dos correspondentes ilícitos, assegurando-lhes a máxima efetividade possível por meio do uso regular dos instrumentos jurídicos que lhe são disponibilizados para a resolução extrajudicial ou judicial dessas situações" (art. 1º, §1º);

CONSIDERANDO que tal modo de atuar é especialmente relevante nos processos e procedimentos destinados à apuração de atos de improbidade administrativa (Lei n. 8.429, de 2 de junho de 1992), corrupção (Lei n. 12.846, de 1º de agosto de 2013) e crimes contra a Administração Pública (Título XI do Decreto-Lei n. 2848, de 7 de dezembro de 1940) para os quais o Ministério Público detém, como regra, a titularidade da ação;

CONSIDERANDO a imprescindibilidade de se instituir mecanismos que permitam o diagnóstico dos problemas que dificultam a tempestiva conclusão dos procedimentos atinentes à matéria e a conveniência de se constituir foro permanente para discussão acerca de práticas que permitam aperfeiçoar o funcionamento das unidades de execução, conferindo-lhe presteza e resolutividade;

CONSIDERANDO a exigência constitucional e legal de que se conceda transparência e publicidade às atividades dos órgãos estatais;

RESOLVE

Art. 1º. Para fins exclusivos desta Resolução, considera-se razoável a duração dos procedimentos investigativos cíveis e criminais sob a presidência do Ministério Público aquela que não exceder três anos transcorridos entre o ato de instauração do procedimento e seu desfecho, independentemente da instância em que tramitar, bem como razoável duração do processo judicial aquela que não exceder dois anos na instância originária; um ano na instância recursal ordinária; e seis meses em cada uma das instâncias recursais especial e extraordinária, contados a partir da distribuição dos autos em cada instância.

Parágrafo único. Os prazos aqui fixados têm o propósito único de estabelecer metas objetivas a serem perseguidas pelos órgãos e unidades de execução, de modo a facilitar a mensuração de dados e a indicação das medidas destinadas a alcançar tal escopo.

Art. 2º. No prazo de 30 (trinta) dias contados da aprovação desta Resolução, será criada comissão específica para o diagnóstico, a análise de informações e a propositura de medidas de aperfeiçoamento tendentes à concretização da atuação ministerial resolutiva, especialmente quanto a procedimentos investigativos (cíveis e criminais) e ações judiciais destinados à apuração de atos de improbidade administrativa (Lei n. 8.429, de 2 de junho de 1992), corrupção (Lei n. 12.846, de 1º de agosto de 2013) e crimes contra a Administração Pública (Título XI do Decreto-Lei n. 2848, de 7 de dezembro de 1940).

Art. 3º. Os Ministérios Públicos da União, dos estados e do Distrito Federal e Territórios deverão encaminhar ao Conselho Nacional do Ministério Público, até o final do mês de março do exercício subsequente, relatório estatístico anual contendo informações acerca dos procedimentos investigativos (cíveis e criminais) e ações judiciais destinados à apuração de atos de improbidade administrativa (Lei n. 8.429, de 2 de junho de 1992), corrupção (Lei n. 12.846, de 1º de agosto de 2013) e crimes contra a Administração Pública (Título XI do Decreto-Lei n. 2848, de 7 de dezembro de 1940).

§1º. No prazo de 180 (cento e oitenta) dias a contar da criação da comissão de que trata o *caput*, deverá ela apresentar proposta de ato normativo que regulamente:

I – a forma, o conteúdo e a data de divulgação do relatório estatístico indicado no *caput*, observada a necessidade de tornar público, globalmente e para cada um dos órgãos e unidades, o tempo médio de duração dos procedimentos investigatórios e processos judiciais desde a primeira entrada até a saída final de cada órgão e unidade, assim como:

a) o número de procedimentos investigatórios cíveis e criminais instaurados, arquivados, encerrados por propositura de ação judicial ou que, por qualquer modo, tiverem sua saída realizada de maneira definitiva, bem como a quantidade de procedimentos pendentes de apreciação definitiva;

b) o número de ações judiciais e respectivos incidentes propostos, em andamento e decididos em definitivo na instância em que tramitam, com indicação do tempo de tramitação; e

c) o número de denúncias oferecidas e de arquivamentos propostos a partir de inquéritos policiais, com indicação do tempo de tramitação do inquérito policial.

II – as informações que deverão acompanhar os dados estatísticos de que trata o inciso I, na hipótese de os procedimentos e processos ali mencionados terem sido apreciados em prazo além do razoável, as quais deverão contemplar:

a) a identificação, pelo membro responsável pela condução da investigação ou por atuar na ação judicial, dos motivos que geraram a delonga;

b) a indicação das medidas administrativas instauradas para superar eventual demora; e

c) a apresentação de sugestões de eventuais medidas normativas reputadas importantes para assegurar a razoável duração dos procedimentos investigatórios e dos processos judiciais.

Art. 4º. A comissão de que trata o art. 2º apresentará, periodicamente, propostas de medidas administrativas e legislativas tendentes a assegurar a razoável duração dos procedimentos e processos relativamente aos feitos tratados nesta Resolução.

Art. 5º. O Conselho Nacional do Ministério Público e os Ministérios Públicos da União, dos estados e do Distrito Federal e Territórios manterão espaço permanente e de fácil acesso, em seus sítios eletrônicos, para divulgação dos dados estatísticos de que trata o art. 3º.

Parágrafo único. A existência de inconsistências na base de dados não poderá obstar o acesso, devendo ser informadas e, se possível, detalhadas na página de acesso e/ou no arquivo gerado com os dados.

Art. 6º. Esta Resolução entre em vigor na data de sua publicação.

Brasília, X de XXXX de 201X.

Presidente

Corregedor-geral

JUSTIFICATIVA

Tal como já externado por ocasião da edição da Resolução n. 54, de 28 de março de 2017, do CNMP, o Ministério Público brasileiro deve voltar suas práticas à obtenção de resultados úteis para a sociedade. Para tanto, deve se afastar de atuações meramente burocráticas e formais que, usualmente, são lentas e pouco efetivas para a tutela dos interesses defendidos pelo MP.

O presente ato tem por finalidade contribuir para a concretização da atuação ministerial resolutiva em casos de apuração de atos de improbidade administrativa (Lei n. 8.429, de 2 de junho de 1992), corrupção (Lei n. 12.846, de 1º de agosto de 2013) e crimes contra a Administração Pública (Título XI do Decreto-Lei n. 2848, de 7 de dezembro de 1940).

Embora se reconheça que a superação de considerável parcela dos obstáculos para materializá-la esteja atrelada à realização de reformas processuais relevantes, a proposta aqui veiculada, por si, já permite o levantamento de dados diagnósticos, a divulgação e a disseminação de boas práticas e a criação de foro permanente de discussão relativamente a medidas tendentes a essa efetivação.

Para tanto, e de início, entendeu-se necessária a definição de marcos temporais que indiquem, para fins dessa resolução, o lapso de tempo que se reputa razoável para a duração dos procedimentos e processos aqui mencionados, pois a definição de critérios objetivos permite a aferição quantitativa do quão próximo ou distante se está do marco normativo.

O Ministro Luís Roberto Barroso, em entrevista ao jornal O Estado de S. Paulo (04.07.2016), afirmou que uma das premissas para o funcionamento satisfatório do Poder Judiciário brasileiro é o estabelecimento de metas objetivas que concretizem a razoável duração de um processo[7]. Como corolário lógico, pode-se afirmar o mesmo em relação a procedimentos investigatórios cíveis e criminais. Somente a partir da definição de marcos objetivos é que se poderá aferir os resultados úteis para a sociedade produzidos a partir da atividade investigativa levada a efeito pelo Ministério Público Brasileiro e quando estão sendo produzidos[8].

A definição dos prazos contemplados na iniciativa considerou a legislação em vigor.

Relativamente aos procedimentos investigatórios, adotou-se por parâmetro os marcos temporais previstos na Resolução CNMP nº 23/2007, que trata da instauração e da tramitação do inquérito civil. Nos termos do art. 2º, §4º e §6º, da referida resolução, a instauração do inquérito civil pode ser precedida pela instauração de procedimento preparatório, cujo prazo de tramitação é de 90 (noventa) dias, prorrogáveis, por uma única vez, por igual período. Depois dele, se ainda não foram reunidos elementos que permitam a formação de convicção para arquivar o procedimento ou ajuizar a respectiva ação civil pública, é possível instaurar inquérito civil, cuja regra é que a conclusão ocorra em um ano (art. 9º)[9]. Portanto, a baliza temporal prevista para os procedimentos é o dobro do previsto para o encerramento ordinário de procedimentos investigatórios cíveis precedidos por procedimento preparatório e o triplo do prazo para encerramento dos inquéritos civis.

Com relação aos processos judiciais, foram estabelecidos os mesmos parâmetros da minuta de resolução do CNJ. Conforme lá esclarecido, os prazos fixados consideraram conta a usual complexidade de que se revestem os feitos que apuram atos de corrupção, e, por isso, adotou-se por parâmetro de aferição o prazo estabelecido no art. 22 da Lei n. 12.850/2012, que prevê o encerramento da instrução criminal desses feitos no prazo de cento e vinte dias, renováveis por igual período[10].

---

7   Disponível em: <http://politica.estadao.com.br/blogs/fausto-macedo/nos-precisamos-fazer-uma-revolucao-no-modo-como-o-judiciario-funciona-diz-ministro-luis-roberto-barroso/>.

8   Em linha semelhante, Flávia Piovesan, ao tratar dos direitos sociais (cuja implementação é de cariz progressivo, tal qual é progressiva a implementação da duração razoável de processos e procedimentos), trata da relevância de se estabelecer indicadores capazes de mensurar a progressividade de aplicação desses direitos. Nas palavras da autora, "além de conferir maior rigor metodológico, a utilização de indicadores permite realizar o *human rights impact assessment* em relação às políticas, programas e medidas adotadas pelo Estado, permitindo a *accountability* com relação às obrigações contraídas pelo Estado no âmbito internacional e doméstico. Fomenta, ainda, a geração de dados, estatísticas e informações, que compõe a base sólida para a composição de um preciso diagnóstico sobre a progressividade dos direitos sociais [...]. Por meio da utilização de indicadores é possível identificar avanços, retrocessos e inações dos poderes públicos em matéria de direitos sociais. É condição para compor um diagnóstico preciso do enquadramento das ações e inações públicas no marco dos direitos sociais, permitindo um balanço crítico de programas e medidas implementadas. É a partir de um diagnóstico preciso que também é possível identificar prioridades e estratégias visando ao aprimoramento da realização de direitos sociais, o que poderá compreender uma melhor e mais eficaz interlocução dos Poderes Públicos, mediante arranjos interinstitucionais orientados à plena implementação dos direitos sociais". (Proteção dos direitos sociais: desafios do ius commune sul-americano. Revista do TST, Brasília, v. 77 (4), out.-dez. 2011, p. 136-7. Disponível em: <https://juslaboris.tst.jus.br/bitstream/handle/1939/28340/004 _piovesan.pdf?sequence=5>).

9   Note-se, ainda, que os prazos contemplados para a conclusão das investigações criminais são mais estreitos que os aqui mencionados. O art. 3º, §6º, da Resolução n. 181/2017, prevê que as representações recebidas que dependam de diligências preliminares devem ser encaminhadas no prazo de até 90 (noventa) dias; e o art. 13 estabelece esse mesmo prazo para a conclusão das investigações.

10 A regra geral para os procedimentos criminais comuns é de 60 (sessenta) dias para encerramento da instrução, conforme o art. 400 do CPP.

Na medida em que, ao lado da fase probatória, há outras fases processuais (em especial, a fase postulatória, e, diante da complexidade antes mencionada, é corrente a necessidade de se protrair no tempo a fase decisória, não a instaurando no próprio ato em que há o encerramento da instrução), os prazos fixados para o primeiro grau foram estabelecidos em patamar equivalente ao triplo do prazo máximo para o encerramento da instrução contemplado na Lei n. 12.850/2012.

Portanto, considerando que não há, de ordinário, a prática de atos instrutórios perante os Tribunais, o prazo definido para o segundo grau implicou a metade do prazo estabelecido para o primeiro grau, e o prazo para as instâncias especiais e extraordinárias (cujo acesso é, em tese, mais restrito e em relação às quais não há – e não deveria haver – a rediscussão dos fatos) foi definido como metade do lapso de tempo estabelecido para as instâncias recursais ordinárias.

É necessário salientar que os prazos foram fixados tanto com a finalidade de permitir que haja um critério de avaliação quanto como meta a ser, em um primeiro momento, perseguida, reclamando esforços de diagnóstico e de alteração de processos de trabalho que priorizem e atuem de maneira resolutiva em face das demandas aqui tratadas.

A iniciativa prevê, ainda, tornar as informações públicas, o que concede transparência à atuação do Ministério Público no atendimento ao direito fundamental à duração razoável do processo, ao mesmo tempo que respeita o direito fundamental de acesso à informação (uma das facetas do direito à liberdade de opinião e expressão, previsto no art. XIX da Declaração Universal de Direitos Humanos)[11].

Embora se reconheça que a edição de tal medida isoladamente não resolverá a morosidade na tramitação dos feitos que apreciam atos de corrupção, o objetivo visado por ela é criar um ambiente institucional favorável à atuação ministerial resolutiva, permitindo cogitar soluções que maximizem os recursos humanos e materiais já disponíveis para atuação em face dessas demandas.

---

[11] Nesse sentido, não se pode esquecer que o princípio 4 da Declaração de Princípios sobre Liberdade de Expressão (aprovada pela Comissão Interamericana de Direitos Humanos, em seu 108º período ordinário de sessões, celebrado de 16 a 27 de outubro de 2000) estabelece que "o acesso à informação em poder do Estado é um direito fundamental do indivíduo. Os Estados estão obrigados a garantir o exercício desse direito. Este princípio só admite limitações excepcionais que devem estar previamente estabelecidas em lei para o caso de existência de perigo real e iminente que ameace a segurança nacional em sociedades democráticas". (Texto consultado em: Coletânea de acesso à informação. 3. ed. rev. e ampl. Brasília: Ministério da Transparência, Fiscalização e Controladoria-Geral da União [s/d]. Disponível em: <http://www.acessoainformacao.gov.br/central-de-conteudo/publicacoes/arquivos/coletanea_acesso_informacao_3edicao.pdf>).

54 IMPRIME MAIOR CELERIDADE AO SISTEMA RECURSAL

A morosidade da Justiça brasileira, praticamente a única com quatro instâncias de julgamento, é uma das principais causas da impunidade dos crimes de "colarinho branco" no país. Sem eliminar garantias processuais e, principalmente, o direito à ampla defesa e ao devido processo legal, esta proposta pretende conferir maior celeridade ao sistema recursal brasileiro.

É importante ressaltar que muitos especialistas consideram a prisão após a condenação em segunda instância uma discussão inafastável para a redução da impunidade de poderosos no Brasil. Contudo, tal questão não foi tratada na iniciativa porque já foi decidida pelo Supremo Tribunal Federal (HC 126.292).

Principais pontos da proposta

- Prevê que o prazo para o pedido de vista de um processo será de apenas 4 sessões, prorrogável uma única vez por mais 2 sessões, após as quais deverá ser reincluído em pauta, que ficará sobrestada até o julgamento do caso (ressalvados processos com previsão legal de urgência). Prevê ainda a possibilidade de convocação de um julgador substituto.
- Estabelece, em consonância com o novo CPC, novas regras para o processamento de embargos de declaração no processo penal, prevendo, inclusive, prazo para seu julgamento e vedação da interposição de embargos de declaração sucessivos.
- Determina a aplicação de multa nos casos de interposição de embargos de declaração manifestamente protelatórios.
- Suspende a prescrição enquanto estiver suspenso o processo, inclusive para análise de repercussão geral. Estabelece que decisões e acórdãos sobre recurso interposto interrompem a prescrição.
- Prevê a possibilidade de interposição de agravo para seção, órgão especial ou pleno contra decisão concessiva de habeas corpus.
- Extingue os chamados "recursos de ofício".

Problemas que pretende solucionar

- Apesar de constituírem um válido instrumento para garantir a cuidadosa apreciação de todos os processos, os pedidos de vista vêm tomando uma dimensão inimaginável, causando graves atrasos no julgamento de muitos feitos. Em matéria penal, por exemplo, o tempo médio de pedidos de vista no STF, entre 1988 e 2013, era de 209 dias e, em questões de processo penal, 163 dias[12].

---
12 FALCÃO, J.; HARTMANN, I.; CHAVES, V. **Relatório Supremo em Números: o Supremo e o tempo**. Rio de Janeiro: Escola de Direito do Rio de Janeiro da FGV, 2014, p. 101.

- A utilização de embargos declaratórios como instrumento de protelação do cumprimento das decisões judiciais é outro dos fenômenos que impedem a conclusão dos processos e a efetiva execução das penas. Casos como o do Senado Luiz Estevão e do Juiz Nicolau dos Santos, em que foram interpostos mais de 10 embargos de declaração cada, são sintomas desse problema.
- Hoje, muitas grandes operações têm sido anuladas em exames superficiais da matéria feito em habeas corpus, mesmo quando outros tribunais inferiores já reconheceram unanimemente a legalidade do ato e, às vezes, por maioria, sem que exista a possibilidade de recurso em favor da sociedade. Cria-se, assim, tal recurso em atenção à paridade de armas.
- Embora não se coadune com um processo em marcha, a prescrição ocorre no Brasil como um mecanismo sistemático de impunidade em casos de réus de "colarinho branco", mesmo quando o processo tem um trâmite regular. Assim, introduzem-se causas de interrupção e de suspensão da prescrição para harmonizar a regulamentação legal da prescrição com os fundamentos que norteiam o instituto.

ANTEPROJETO DE LEI

Altera os arts. 382, 574, 584, 600, §4º, 613, inc. I, 619, 620 e 584, do Decreto-Lei n. 3.689, de 3 de outubro de 1941, Código de Processo Penal, e acrescenta os arts. 578-A, 580-A, 620-A e 667-A, também ao mesmo diploma, no intuito de melhorar a eficiência da Justiça.

O **PRESIDENTE DA REPÚBLICA** faço saber que o Congresso Nacional decreta e eu sanciono a seguinte lei:

Art. 1º. Revogam-se o art. 382, o art. 574, o §4º do art. 600, e o inciso I do art. 613 do Decreto-Lei n. 3.689, de 3 de outubro de 1941, Código de Processo Penal.

Art. 2º. Acresça-se o art. 578-A ao Decreto-Lei n. 3.689, de 3 de outubro de 1941, Código de Processo Penal, nos seguintes termos:

"**Art. 578-A.** O membro do Tribunal que pedir vistas terá o prazo correspondente a quatro sessões para estudar o caso, após o qual o recurso será reincluído em pauta para julgamento na sessão seguinte à data em que a devolução deveria ter ocorrido.

§1º. O membro do tribunal que pedir vista poderá, em manifestação fundamentada e por uma única vez, solicitar a prorrogação do prazo previsto no *caput* por mais duas sessões, em vista da complexidade do caso.

§2º. Se os autos não forem devolvidos tempestivamente ou se não for solicitada prorrogação de prazo pelo membro do Tribunal, na forma do §1º, o presidente do órgão fracionário os requisitará para julgamento do recurso na sessão ordinária subsequente, com publicação da pauta em que for incluído.

§3º. Quando requisitar os autos na forma do §2º, se aquele que fez o pedido de vista ainda não se sentir habilitado a votar, o presidente convocará substituto para proferir voto, na forma estabelecida no regimento interno do tribunal.

§4º. Ultrapassado o prazo para o pedido de vista, de acordo com os §1º e §2º, a pauta do órgão fracionário ficará sobrestada até que se ultime a votação do caso, ressalvado o julgamento dos feitos que possuírem previsão constitucional ou legal de urgência.

§5º. O tribunal disponibilizará em sua página na internet, mensalmente, lista atualizada e cumulativa de todos os pedidos de vista, indicando o órgão colegiado em que ocorreu, o número dos autos, a data de autuação, o nome do relator e do julgador que pediu vista, a data do pedido e a data da devolução.

§6º. O procedimento estabelecido neste artigo é uma garantia da realização do direito das partes à duração razoável do processo."

Art. 3º. É acrescido o art. 580-A ao Decreto-Lei n. 3.689, de 3 de outubro de 1941, Código de Processo Penal.

"**Art. 580-A.** A publicação do acórdão ou da decisão sobre recurso interposto será considerada marco interruptivo da prescrição para todos os fins.

Parágrafo único. A decisão que suspender o processo para qualquer fim, inclusive para análise de repercussão geral em matéria penal (art. 1035 da Lei n. 13.105, de 16 de março de 2015, Código de Processo Civil), implicará suspensão do prazo prescricional, enquanto suspenso o processo." (NR).

Art. 4º Os arts. 619 e 620 do Código de Processo Penal passam a vigorar com a seguinte redação:

"**Art. 619.** Cabem embargos de declaração, no prazo de 5 (cinco) dias, para:

I – esclarecer obscuridade ou eliminar contradição;

II – suprir omissão de ponto ou questão sobre o qual devia se pronunciar o juiz de ofício ou a requerimento;

III – corrigir erro material.

§1º. Os embargos só terão efeito modificativo na medida do esclarecimento da obscuridade, eliminação da contradição, suprimento da omissão ou correção do erro material.

§2º. O relator intimará o embargado para se manifestar sobre os embargos opostos, se for de sua vontade, no prazo de 5 (cinco) dias, caso seu eventual acolhimento implique a modificação da decisão embargada.

§3º. O juiz julgará os embargos no prazo de 5 (cinco) dias. No tribunal, o relator apresentará os embargos em mesa na sessão subsequente, independentemente de intimação, proferindo voto. Se não houver julgamento nessa sessão, o recurso será incluído em pauta automaticamente.

§4º. Quando os embargos de declaração forem opostos à decisão do relator ou outra decisão unipessoal proferida em tribunal, o órgão prolator da decisão embargada decidirá monocraticamente.

§5º. Os embargos de declaração não possuem efeito suspensivo e interrompem o prazo para a interposição de recurso, para qualquer das partes, ainda quando não conhecidos, salvo por intempestividade ou quando julgados improcedentes.

§6º. É vedada a interposição de embargos de declaração sucessivos.

§7º. Quando manifestamente protelatórios os embargos de declaração, o juiz ou o tribunal, em decisão fundamentada, condenará o embargante a pagar multa de até 100 vezes o valor do salário mínimo, caso em que a interposição de qualquer recurso ficará condicionada ao depósito prévio do valor da multa, à exceção do beneficiário de gratuidade da justiça, que a recolherá ao final.

§8º. O valor da multa referida neste artigo será dimensionado segundo a capacidade financeira do réu e sua conduta processual passada.

§9º. O valor da multa referida neste artigo será destinado à vítima ou, caso não seja determinada, à União." (NR)

Art. 620. Caso o acolhimento dos embargos de declaração implique modificação da decisão embargada, o embargado que já tiver interposto outro recurso contra a decisão originária tem o direito de complementar ou alterar suas razões, nos exatos limites da modificação e de suas implicações, no prazo de 15 (quinze) dias, contado da intimação da decisão dos embargos de declaração.

Parágrafo único. Se os embargos de declaração forem rejeitados ou não alterarem a conclusão do julgamento anterior, o recurso interposto pela outra parte antes da publicação do julgamento dos embargos de declaração será processado e julgado independentemente de ratificação." (NR)

Art. 5º. É acrescido o art. 620-A ao Decreto-Lei n. 3.689, de 3 de outubro de 1941, Código de Processo Penal.

"**Art. 620-A.** Consideram-se incluídos no acórdão os elementos que o embargante suscitou, para fins de pré-questionamento, ainda que os embargos de declaração sejam inadmitidos ou rejeitados, caso o Tribunal superior considere existentes erro, omissão, contradição ou obscuridade."

Art. 6º. O art. 584 passa a ter a seguinte redação:

"**Art. 584.** [...]

§4º. O Tribunal poderá, a pedido da acusação ou da defesa, atribuir efeito suspensivo ao recurso ou deferir, em antecipação de tutela, total ou parcialmente, a pretensão recursal, comunicando ao juiz sua decisão.

§5º. No caso do §4º, o pedido da parte será acompanhado de cópia do recurso interposto em primeira instância e será dirigido ao relator eventualmente já prevento ou, não havendo, ao relator sorteado após livre distribuição."

Art. 7º. É acrescido ao Decreto-Lei n. 3.689, de 3 de outubro de 1941, Código de Processo Penal, o art. 667-A.

"**Art. 667-A.** Da decisão concessiva de *habeas corpus* em Tribunal caberá agravo para a Seção, o Órgão Especial ou o Tribunal Pleno, conforme disposição prevista em regimento interno.

Parágrafo único. Não caberá o recurso previsto no *caput* quando se tratar de decisão unânime que conceda liberdade ou esteja restrita à revogação ou substituição de medida cautelar pessoal."

Art. 8º. Esta Lei entra em vigor na data de sua publicação.

Brasília, X de XXXX de 201X.

JUSTIFICATIVA

Este projeto inspira-se nas Dez Medidas Contra a Corrupção, buscando maior eficiência à Justiça Criminal, embora se evitem pontos polêmicos e se aperfeiçoem aquelas propostas.

O principal gargalo para a eficiência da justiça criminal e o enfrentamento à corrupção é o anacrônico sistema recursal brasileiro.

Tal como reconhecido pelo então presidente do STF, Ministro Cezar Peluso, em entrevista concedida ao jornal O Estado de S. Paulo no dia 22 de dezembro de 2010, "o Brasil é o único país do mundo que tem, na verdade, quatro instâncias recursais". É certo que essa ampla e quase inesgotável via recursal tem sido utilizada, na maioria das vezes, para protelar a marcha processual e evitar o cumprimento da lei. Daí a importância de que as condutas tendentes a prejudicar a celeridade e a efetividade da prestação jurisdicional sejam neutralizadas, sobretudo nos tribunais, em que a instrução probatória já se encontra exaurida.

De fato, um estudo da morosidade judicial promovido pelo Banco Mundial, publicado em 2003, destaca o emprego de táticas protelatórias que beneficiam quem as emprega como uma das causas da morosidade no Brasil (*Brazil. Making Justice Count. Measuring and Improving Judicial Performance in Brazil*). Ressalta ainda o amplo reconhecimento de brechas da legislação processual brasileira, as quais permitem métodos protelatórios, propiciando oportunidades para que o réu escape da justiça. Uma das soluções propostas para a sobrecarga do sistema judicial brasileiro é o aumento da efetividade judicial.

Apesar das metas estabelecidas pelo CNJ, a grande possibilidade de manuseio desarrazoado de recursos emperra a efetiva prestação jurisdicional. Em reportagem de maio de 2014, o jornal O Globo noticiou estudo da Fundação Getulio Vargas em que foi avaliado o tempo de tramitação das ações no Supremo Tribunal Federal, chegando-se à conclusão de que o principal motivo de lentidão é o volume de recursos:

Entre os motivos para o quadro de lentidão, o grande volume de recursos que tomam o tempo do STF é apontado como o principal. A chamada repercussão geral foi um dos instrumentos criados pela emenda 45 para diminuir esse volume, diz Ayres Britto. Com ele, o STF só aceita recursos extraordinários de temas "que ultrapassem os interesses subjetivos da causa".

Mas esse instrumento poderia ser mais usado pela Corte. Até 9 de maio, dos casos com repercussão geral reconhecida, mais da metade (65,7%) estava com julgamento do mérito pendente. E, dos casos com julgamento pendente, só 14,07% foram incluídos em pauta; 83,53% estão conclusos ao relator; e há 2,4% "iniciados".

Outra tentativa de diminuir o número de recursos foi feita pelo ex-ministro Cezar Peluso, autor da PEC 15/2011, que dizia que decisões de segunda instância seriam definitivas. Mas foi alterada em comissão do Senado em 2013. Agora, aguarda votação[13].

São evidentes o espaço e a tentação que as táticas protelatórias representam no processo penal. A sobrecarga de processos em tribunais superiores faz com que o simples despacho de uma petição demore muito. Um estudo da FGV de 2014 (III Relatório Supremo em Números, de setembro de 2014), por exemplo, revelou que o tempo médio para uma decisão, quando os autos vão conclusos, é de 154 dias, sendo 54 dias em matéria processual penal e 64 dias em matéria penal. Após a decisão, o tempo médio de publicação de acórdãos é de 167 dias, sendo 197 dias em casos de direito penal. Somando o tempo de decisão e o tempo de publicação de acórdão, decorrem em média 261 dias em matéria penal, isto é, mais de meio ano. Bastam três petições clamando por decisões, como embargos de declaração, para que o feito se arraste por dois anos. O fato de o decurso do tempo, na seara penal, conduzir à prescrição, aliado à demora natural dos feitos, gera um ambiente que estimula o emprego de táticas protelatórias.

Uma das consequências da demora recursal é a impossibilidade de o Brasil repatriar centenas de milhões de reais desviados pela corrupção e que se encontram bloqueados no exterior, pois as demais nações só costumam entregar os valores ao país de origem quando há uma decisão definitiva, com trânsito em julgado. É difícil até, no trato diário, que as autoridades estrangeiras compreendam que a decisão final poderá demorar, no Brasil, mais de quinze anos. No Caso Merchants, por exemplo, os Estados Unidos exigiram relatórios trimestrais do andamento dos feitos que embasaram bloqueios efetivados há mais de dez anos.

Passados mais de vinte anos desde a promulgação da Constituição de 1988, urge sedimentar políticas legislativas que promovam a celeridade processual e coíbam o uso abusivo de recursos, de maneira que, preservados os direitos e as garantias individuais, seja também assegurada ao jurisdicionado a garantia de "razoável duração do processo", na feliz expressão da Emenda Constitucional n. 45/2004. Se não é possível admitir a violação do direito de defesa no processo sumário, tampouco se pode tolerar a morosidade da prestação jurisdicional.

Um exemplo positivo do enxugamento das instâncias recursais decorre da nova sistemática adotada em torno da Lei da Ficha Limpa, que considera inelegíveis os condenados em virtude da prática de crimes graves, por decisão de órgão judicial colegiado, mesmo quando ainda não esgotada a via recursal.

É certo que o duplo grau de jurisdição, entendido como garantia de revisão dos atos jurisdicionais, é um importante princípio do Estado de Direito, e, como tal, é recomendável sua integração nos ordenamentos jurídicos democráticos. A garantia individual de

---

13 Disponível em: <http://oglobo.globo.com/brasil/lentidao-suprema-stf-leva-em-media-cinco-anos-para-julgar-acoes-que-ferem-constituicao-12525704#ixzz3NISSiyDR>.

ver uma decisão judicial revista por órgão judicial diverso e hierarquicamente superior, porém, não pode ser vista como um direito infinito ao recurso, a serviço da ineficiência do sistema processual penal.

É nesse contexto, pois, que se colocam as modificações legislativas propostas. Elas não maculam, sob nenhum aspecto, as garantias constitucionais inerentes ao devido processo legal e à ampla defesa, na medida em que se mantém hígido o direito das partes à produção de provas em seu favor perante um juiz imparcial com competência previamente delimitada, não restringe o direito à assistência por advogado ou à apresentação de razões recursais nem o direito daquele que, não vendo sua demanda acolhida pelo tribunal, submete a matéria aos tribunais superiores. O procedimento em primeiro grau, aliás, não sofre praticamente nenhuma alteração.

Propõe-se a revogação do art. 574, que tratava dos chamados impropriamente "recursos de ofício". As referidas medidas baseiam-se em prévia desconfiança do legislador em medidas concedidas pelo juiz e não se justificam mais em um Estado Democrático de Direito.

Por sua vez, propõe-se a supressão do §4º do art. 600 porque, não raramente, após o protesto pela apresentação de razões em segundo grau, o apelante, intimado para esse fim na instância recursal, deixa de fazê-lo, o que gera a necessidade de nova intimação pessoal do acusado, por vezes via carta de ordem. Ademais, a razão histórica deixou de existir. Previu-se a medida originariamente porque, em geral, os advogados criminalistas estavam situados nas capitais, e, para os feitos localizados no interior dos Estados, buscava-se com o dispositivo facilitar a apresentação das razões perante os tribunais existentes na capital. Na atual quadra histórica, a medida não tem mais qualquer sentido, tratando-se de verdadeiro anacronismo. Embora a medida não pareça acarretar grande atraso, é fato que, em decorrência da grande quantidade de feitos em trâmite nas diversas esferas do Judiciário, o trâmite recursal pode efetivamente procrastinar-se por meses, enquanto são diligenciadas a localização e a intimação pessoal do acusado na instância de origem.

Assim, a revogação do §4º do art. 600 do CPP é medida necessária, que traria impactos positivos no trâmite dos recursos e, também, nenhum prejuízo significativo às partes, já que remanescem os prazos para apresentação das razões na instância recorrida.

Quanto ao art. 578-A proposto, deve-se observar que, de um lado, há o natural desejo de as questões colocadas em julgamento serem apreciadas da maneira mais cuidadosa e abrangente possível. Nessa linha, o pedido de vistas é um importante instrumento para permitir uma qualificada decisão sobre a matéria fática e jurídica em julgamentos colegiados, evitando que os julgadores julguem os casos com o quais não estão familiarizados. Assegura, assim, uma decisão responsável sobre o feito. Por outro lado, muitas vezes, pedidos de vista acabam procrastinando o julgamento do feito, levando à ocorrência da prescrição e impedindo o julgamento em prazo razoável, criando a sensação de impunidade no seio da sociedade. Isso se torna mais sensível ainda em casos complexos, como aqueles que envolvem corrupção e lavagem de dinheiro.

Nesse contexto, é imperiosa a regulação dos pedidos de vistas por membros de tribunais, de modo que haja previsibilidade quanto ao julgamento dos recursos ou sucedâneos recursais apresentados. De fato, uma simples consulta aos sítios eletrônicos de Tribunais de todo o Brasil mostra que alguns processos perduram em demasia (algumas vezes, por longos anos) caso haja pedido de vistas, o que implica atraso inaceitável para o processo. Uma pesquisa indicava que pedidos de vista poderiam esperar no STF por até 20 anos[14]. Verificou-se que, nos feitos criminais, entre 1988 e 2013, os pedidos duravam em média 163 dias em processo penal – ou seja, mais de cinco meses – e 209 dias em matéria penal. Na mesma linha, pesquisa analisando pedidos de vista entre 1988 e 2010 nas ações de controle de constitucionalidade do STF indicou que, em um universo de 63 processos, os pedidos de vista aumentavam em quase 22% do tempo de duração dos processos[15] (). Ademais, por vezes, o pedido de vista é utilizado de maneira não recomendável, obstruindo a conclusão de julgamentos com resultado já definido por formação da maioria do colegiado.

Assim, aproveitando-se as considerações constantes do Substitutivo apresentado pelo Deputado Onyx Lorenzoni ao Projeto de Lei 4580, de 2016 – e em homenagem ao trabalho dos parlamentares de diferentes partidos que ouviram mais de 100 especialistas e aprovaram unanimemente (por 30 a zero) o texto no âmbito da Comissão Especial –, e as alterações recentes do Código de Processo Civil, buscou-se regulamentar a matéria, estabelecendo-se prazos razoáveis, alternativas em caso de descumprimento do prazo e, inclusive, medidas para dar efetividade à regulamentação legal. A proposta, ainda, considerou prazos e regras da Resolução 278/2003 (atualizada pelas Resoluções 313/2005 e 322/2006) do STF, que teve seu prazo ampliado, de modo a compensar o maior rigor na exigência de seu cumprimento.

Por essa razão, pretende-se estabelecer que, se o relator tiver proferido seu voto e ocorrer algum pedido de vistas, o processo necessariamente deverá ser reapresentado para ser julgado no prazo equivalente a quatro sessões. Será possível, por uma única vez, prorrogar o prazo por mais duas sessões, em manifestação fundamentada, em virtude da complexidade dos prazos. Ou seja, confere-se prazo razoável para a análise do feito, com atenção às eventuais particularidades do caso. Além disso, previu-se a possibilidade de o presidente do órgão fracionário convocar membro substituto quando o membro do tribunal, mesmo ultrapassado o prazo, não se sentir apto a julgar o feito.

Considerando também a necessidade de dar eficácia às normas, previu-se medida para "trancar" a pauta do órgão fracionário, em modelo semelhante ao que ocorre com as medidas provisórias e o Parlamento – com exceção das questões urgentes previstas na Constituição ou na lei (como o *habeas corpus*, por exemplo) –, garantindo, assim, a conciliação e a ponderação entre a razoável duração do processo e a evidente necessidade de, em alguns casos, o julgador pretender acercar-se de maior cuidado para proferir seu

---

14 FALCÃO, J.; HARTMANN, I. A.; CHAVES, V. P. Relatório supremo em números: o Supremo e o tempo. Rio de Janeiro: Escola de Direito do Rio de Janeiro da Fundação Getulio Vargas, 2014, p. 101.

15 PEREIRA, S. A. Os pedidos de vista no Supremo Tribunal Federal: uma análise quantitativa nos casos de controle concentrado de constitucionalidade. Monografia de Conclusão de Curso. Escola de Formação da Sociedade Brasileira de Direito Público-SBDP. São Paulo, 2010, p. 35-6

voto. Para garantir maior transparência perante a sociedade, determinou-se que cada tribunal divulgará mensalmente uma lista atualizada e cumulativa de todos os pedidos de vista, feitos e devolvidos, com dados identificadores. Por fim, o procedimento estabelecido no referido artigo 578-A é revestido da qualidade de garantia do direito fundamental à duração razoável do processo, o que representa um avanço para a realização desse direito constitucional.

Por sua vez, o art. 580-A é acrescido para contemplar a interrupção da prescrição pelo acórdão ou decisão que analise recurso, independentemente de adentrar o mérito deste. Assim, a interrupção da prescrição é ampliada para além da decisão colegiada que "confirma" a sentença condenatória ou, mesmo, que altere a pena, casos em que há substituição da decisão impugnada. Neste último caso, a tendência atual da jurisprudência interrompe a prescrição. Contudo, é o caso de ampliar por duas razões. Primeiro, porque ambas as decisões representam uma aproximação da execução da pretensão punitiva, tanto a que não conhece recursos como aquela que confirma o mérito, ainda que altere a pena. Some-se que se o recurso admitido e conhecido interrompe a prescrição, não há razão para privilegiar recursos protelatórios que sequer são conhecidos. Estes, com mais razão, devem ensejar a interrupção da prescrição. Em segundo lugar, se o Estado agiu e julgou recurso, não há que se falar em inércia, justificando a interrupção do marco prescricional. Conforme já decidiu o STF, a "ideia de prescrição está vinculada à inércia estatal, e o acórdão que confirma a sentença condenatória, justamente por revelar pleno exercício da jurisdição penal, é marco interruptivo do prazo prescricional" (STF, Habeas Corpus n. 138.088-RJ, Rel. Ministro Marco Aurélio, julgado em 19.9.2017, publicado no DJ de 27.11.2017).

Além de ter fundamento na própria *ratio* da prescrição, tal proposta desestimula que os recursos sejam utilizados unicamente com a finalidade de procrastinar o andamento feito, buscando a prescrição. Ademais, a proposta busca suprir lacuna que restou em razão da aprovação no novo regime da repercussão geral e dos recursos repetitivos introduzidos pela Lei n. 13.105, de 16 de março de 2015, Código de Processo Civil. Com a previsão de que os processos fiquem suspensos aguardando a decisão no caso paradigma, é necessário fixar definitivamente – embora a jurisprudência caminhasse nesse sentido – a suspensão do prazo prescricional enquanto a questão aguarda julgamento. Há casos aguardando julgamento de repercussão geral – por exemplo, no caso da prorrogação de interceptações por mais de 30 dias – há mais de 7 anos, tempo bastante elevado para fins prescricionais. Propôs, assim, cláusula geral para solucionar essa e outras questões em que há omissão da legislação penal, para que toda decisão que suspender o processo implique em suspensão da prescrição, evitando-se a impunidade.

Questão também relevante diz respeito aos embargos de declaração, que, não raro, servem a propósitos meramente protelatórios. Veja-se, por exemplo, o caso dos Embargos de Declaração nos Embargos de Declaração nos Embargos de Declaração em Agravo Regimental no Agravo de Instrumento nº 752.247/PR, relator Ministro Joaquim Barbosa, un., j. 22/5/2012, DJe-112, de 23/5/2012. Na ocasião, o réu condenado pela prática de crime interpôs recurso extraordinário cujo seguimento foi negado pelo Tribunal recorrido.

Interpôs agravo de instrumento destinado ao Supremo Tribunal Federal, que houve por bem denegá-lo, depois um agravo regimental e três embargos de declaração sucessivos, até que o Supremo Tribunal determinou que fosse certificado o trânsito em julgado do feito, independentemente da interposição de novos recursos.

Sob esse enfoque, o objetivo da mudança é, a par de harmonizar com algumas disposições do Novo Código de Processo Civil (Lei n. 13105/2015), racionalizar o manejo dos embargos, para que sua utilização seja realmente resguardada para situações em que houver necessidade de sua interposição para sanar os vícios da decisão indicados.

No primeiro enfoque – de harmonização com o novo CPC –, foram feitas alterações para assegurar a manifestação do embargado em caso de potencial efeito infringente da decisão (art. 1023, §2º), a inclusão dos embargos em mesa na sessão subsequente ou automaticamente na sessão subsequente (art. 1024, §1º) e, ainda, que o relator possa decidir monocraticamente quando forem opostos contra decisão do relator ou outra decisão monocrática (art. 1024, §2º).

Sobre o segundo enfoque – buscar racionalizar o uso dos embargos de declaração –, a preocupação é com o uso abusivo desse recurso. Nessa linha, o objetivo da proposta é desestimular a oposição de embargos de declaração meramente protelatórios. Conforme episódios recentemente vistos, os referidos embargos são comumente utilizados para protelar sentenças e acórdãos condenatórios, visando à postergação do início da execução com o único propósito da ocorrência da prescrição. Por exemplo, no caso do processo envolvendo o ex-Senador Luiz Estevão no conhecido escândalo do superfaturamento do Tribunal Regional do Trabalho (autos n. 2000.61.81.001198-1), foram opostos embargos de declaração por dez vezes ao longo da tramitação do processo. No mesmo processo, o ex-Juiz Nicolau dos Santos Neto valeu-se dos embargos de declaração por no mínimo doze vezes (autos n. 2000.61.81.001198-1). Certamente, a utilização indiscriminada desses recursos internos foi um dos motivos para a excessiva dilação do processo, que somente chegou ao final após mais de 23 anos. Vejam-se outros exemplos: EDcl no AgRg nos EDcl nos EDcl no AgRg nos EDcl no AREsp 160340 / PB, ou seja, embargos de declaração no agravo regimental nos embargos de declaração nos embargos de declaração no agravo regimental nos embargos de declaração no agravo em recurso especial 2012/0052411-4. Veja-se outro exemplo, ainda mais claro: AgRg no RE nos EDcl no AgRg nos EDcl nos EDcl no AgRg nos EDcl no AREsp 160.340/PB, Rel. Ministro Humberto Martins, corte especial, julgado em 20/11/2017, DJe 28/11/2017, ou seja, agravo regimental no recurso extraordinário nos embargos de declaração no agravo regimental nos embargos de declaração nos embargos de declaração no agravo regimental nos embargos de declaração no agravo em recurso especial 2012/0052411-4. Veja-se a sequência de recursos interpostos, em situações claramente abusivas, em que se reconheceu o abuso do direito de reconhecer. E os exemplos são cotidianos, frequentes e atuais (ambos os exemplos foram julgados em 2017).

Ademais, conforme conclusão de relatório da Fundação Getulio Vargas, entre 2011 e março de 2016, "uma em cada três decisões em ações penais julga recursos internos. E elas são majoritariamente negativas às pretensões de reversão da decisão recorrida, seja nos inquéritos, seja nas ações penais, o que dimensiona também o possível caráter protelatório desses recursos"[16]. Ademais, segundo o mesmo relatório, "os recursos internos custaram 566 dias de tramitação às ações penais que terminaram em 2016"[17]. Conclui-se ainda que "a duração e o excesso dos recursos internos" é uma das causas que prejudicam o processamento de inquéritos e ações penais no Supremo[18].

Assim, a proposta de alteração da disciplina dos embargos de declaração visa coibir a utilização dos embargos de declaração com intuito meramente protelatório, estabelecendo, à luz do vigente artigo 1026 do Novo Código de Processo Civil (Lei n. 13105/2015), a imposição de multa passível de adequação à gravidade do abuso processual e à situação econômica do réu. A referida multa será revertida à vítima, caso determinada, ou à sociedade, por intermédio da União, nos demais casos. Inclusive, da mesma maneira, buscou-se a restrição à interposição de embargos de declaração sucessivos, que frequentemente são utilizados para a procrastinação do feito. Foram, ainda, incorporadas a alterações constantes do Substitutivo apresentado pelo Deputado Lorenzoni ao Projeto de Lei n. 4580, de 2016. Em relação aos efeitos, previu-se que os embargos de declaração não possuirão efeito suspensivo, permitindo que a decisão impugnada produza seus efeitos, já que a maioria das decisões é de improcedência de tais recursos.

Revogou-se o art. 382 do CPP para unificar o tratamento dos embargos de declaração em relação a todas decisões. Ademais, alterou-se pontualmente o regime do recurso em sentido estrito para permitir que o Tribunal conceda efeito suspensivo ou ativo aos recursos interpostos. Pelo atual regime jurídico, as partes não possuem recursos aptos e adequados para reverter uma equivocada decisão judicial, mesmo que traga graves consequências, o que acaba fazendo com que decisões, mesmo teratológicas, produzam efeitos imediatamente, sem que as partes possuam um instrumento para uma tutela jurisdicional adequada. Por exemplo, em face de uma decisão que libere milhões de reais, mesmo que provenientes de crime, ou conceda liberdade a pessoas extremamente perigosas, o Ministério Público não possui instrumento para dar efetiva proteção à sociedade e permitir uma decisão rápida e eficaz. Além disso, o regime atual conduz ao desvirtuamento do *habeas corpus* para abranger medidas não privativas de liberdade – como se fosse um verdadeiro "agravo geral" – ou do mandado de segurança pela acusação, fazendo com que as partes sequer se valham do recurso cabível em razão de sua ineficiência. A medida, portanto, permite que o Tribunal analise o recurso em sentido estrito interposto e confira tutela adequada – o que significa que a tutela "seja realizada de forma célere, plena e eficaz" (STF, Rcl 5758, Relator(a): Min. Cármen Lúcia, Tribunal Pleno, julgado em 13/05/2009).

Previu-se, ainda, o cabimento de agravo das decisões concessivas de *habeas corpus* para assegurar que seja possível a revisão das decisões por um colegiado mais amplo,

---

16 FALCÃO, J. et al. Supremo em números: o foro privilegiado. Rio de Janeiro: Escola de Direito do Rio de Janeiro da Fundação Getulio Vargas, 2017, p. 82.

17 Idem, p. 9.

18 Idem, p. 3.

mecanismo para garantir maior equilíbrio e paridade de armas no processo. Com efeito, matérias como anulação de provas, muitas vezes complexas e densas, têm sido discutidas em *habeas corpus*, destinadas a um exame mais superficial do caso e com contraditório limitado, quando seu ambiente apropriado é a ação penal. Apesar disso, grandes operações têm sido anuladas, não raro com voto minoritário de julgadores quando se considera a soma das manifestações dos julgadores que examinaram o caso em todas as instâncias. É possível, nesse sentido, que três ministros de uma turma do Supremo invalidem prova considerada válida por dez outros julgadores, se somados aqueles da mesma instância e daquelas inferiores. Assim, abre-se a possibilidade de um recurso interno, dentro do próprio tribunal, contra decisões concessivas de *habeas corpus*. No entanto, restringe-se o cabimento de tal recurso quando houver decisão unânime que conceda a liberdade ou trata da revogação ou substituição de medidas cautelares pessoais – ou seja, nas hipóteses em que o *habeas corpus* for utilizado para sua finalidade constitucional e histórica precípua.

Por fim, cabe uma ressalva. As causas da morosidade na tramitação das ações e recursos não se resumem à regulamentação do procedimento recursal. Não se ignora que uma série de fatores estruturais, econômicos políticos e sociológicos também tenham papel relevante na lentidão dos processos. No entanto, a existência de outros fatores não justifica que não se resolvam os problemas decorrentes de incongruências do procedimento recursal; pelo contrário, deve-se ao máximo implementar os meios necessários para assegurar a viabilização do interesse social na responsabilização dos autores de crimes e o direito constitucional do réu e da sociedade de se valer de procedimento judicial célere para tanto.

55 IMPRIME MAIOR CELERIDADE AOS AGRAVOS EM TRIBUNAIS

Processos envolvendo réus de "colarinho branco" chegam com grande facilidade aos Tribunais superiores. Neles, o agravo certamente é um dos expedientes que, em virtude de sua regulação ou, mesmo, da falta dela, mais atrasam o julgamento de feitos criminais, contribuindo para a impunidade. Assim, esta proposta busca aprimorar as regras que regulam a tramitação dos agravos nos tribunais superiores, proporcionando maior eficiência em sua tramitação.

Principais pontos da proposta
- Prevê que os agravos regimentais, no STF e STJ, não terão efeitos suspensivo.
- Determina o processamento imediato do agravo, nos próprios autos, apenas quando este for interposto em face de decisão extintiva do processo, decisão de não admissão ou não seguimento do recurso. Nas demais hipóteses, o agravo ficará retido e será julgado com o recurso ou com a ação, com exceção também dos casos de cabimento do agravo de instrumento.
- Possibilita o julgamento do agravo, pelo órgão colegiado, por meio eletrônico.
- Autoriza a aplicação de multa ao agravante, quando esse recurso for declarado manifestamente infundado, inadmissível ou improcedente em votação unânime pelo órgão colegiado.

Problemas que pretende solucionar
- A duração excessiva dos recursos internos é um dos maiores problemas no processo penal brasileiro. Eles chegaram a custar uma média de 566 dias de tramitação nas ações penas que chegaram a termo no STF em 2016[19].
- Em razão da especificidade da Lei n. 8.038 de 1990, é cabível o agravo regimental de praticamente todas as decisões interlocutórias (art. 39 exige apenas "gravame à parte"), o que é incompatível com a lógica do CPP e do novo CPC. Nos tribunais superiores, a maior parte das decisões é monocrática. Como o agravo acaba muitas vezes suspendendo o curso da investigação ou processo, passam a ocorrer frequentes interrupções e, consequentemente, grandes atrasos.
- A falta de regulamentação uniforme em relação ao processamento dos agravos produz também graves inconsistências, e cada ministro segue um percurso diferente[20].

---
19 FALCÃO, J.; HARTMANN, I.; ALMEIDA, G.; CHAVES, L. **Relatório Supremo em Números: o Foro Privilegiado e o Supremo.** Rio de Janeiro: Escola de Direito do Rio de Janeiro da FGV, 2017, p. 9.
20 Idem, p. 20.

ANTEPROJETO DE LEI

Altera o art. 39 da Lei n. 8.038, de 28 de maio de 1990, quanto aos procedimentos relativos ao agravo regimental.

O **PRESIDENTE DA REPÚBLICA** faço saber que o Congresso Nacional decreta e eu sanciono a seguinte lei:

Art. 1º. Esta Lei modifica a Lei n. 8.038, de 28 de maio de 1990.

Art. 2º. O art. 39 da Lei nº 8.038 passa a vigorar com a seguinte alteração:

"**Art. 39.** Da decisão do Presidente do Tribunal, de Seção, de Turma ou de Relator, em matéria penal ou processual penal, que causar gravame à parte, caberá agravo para o órgão especial, Seção ou Turma, conforme o caso, no prazo de 5 (cinco) dias.

§1º. O agravo não possui efeito suspensivo e será levado em mesa para julgamento.

§2º. O agravo poderá, a critério do relator, ser submetido a julgamento por meio eletrônico, observada a respectiva competência do órgão especial, Seção ou Turma.

§3º. Nas seguintes hipóteses, o agravo será imediatamente processado nos próprios autos:

I – quando a decisão for extintiva do processo;

II – quando a decisão for de não admissão;

III – quando a decisão for de não seguimento de recurso;

§4º. Nos demais casos, o agravo ficará retido nos autos e será apreciado por ocasião de julgamento do recurso ou da ação, salvo quando se tratar de decisão suscetível de causar grave lesão à parte e de difícil reparação, quando será admitida sua interposição por instrumento, sem prejuízo da possibilidade de aplicação da sanção prevista no §6º.

§5º. No caso de interposição do agravo por instrumento, na hipótese do §4º, caberá ao agravante instruir o recurso com cópia da decisão agravada e de outras peças essenciais à pretensão recursal

§6º. Se o agravo interno não for conhecido pelo órgão colegiado, o agravante deverá pagar as custas e as despesas processuais.

§7º. Quando o agravo for declarado manifestamente infundado, inadmissível ou improcedente em votação unânime, o órgão colegiado, em decisão fundamentada, condenará o agravante a pagar multa de 2 (duas) até 100 (cem) vezes o valor do salário mínimo.

§8º. No caso de condenação à multa prevista no §6º, a interposição de qualquer recurso ficará condicionada ao depósito prévio do valor da multa, à exceção do beneficiário de gratuidade da justiça, que a recolherá ao final.

§9º. O valor da multa referida neste artigo será destinado à vítima ou, caso não seja determinada, à União." (NR)

Art. 3º Esta Lei entra em vigor na data de sua publicação.

Brasília, xx de xxxx de 2018.

JUSTIFICATIVA

Há diversos meandros e labirintos para postergar o julgamento de uma questão penal. Recentemente, um levantamento sobre a carga de trabalho dos ministros do Supremo Tribunal Federal (STF), promovido pelo departamento de Pesquisas Judiciárias, do Conselho Nacional de Justiça (CNJ), revelou que, de cada cinco processos em tramitação nessa Corte, um prescreveu.

Certamente, o agravo regimental em matéria criminal se encontra entre aqueles expedientes mais utilizados com o intuito de procrastinar o julgamento final de feitos criminais, em especial em casos envolvendo ações penais originárias de agentes corruptos, levando não raras vezes à impunidade.

Conforme conclusão de relatório da Fundação Getulio Vargas sobre o foro privilegiado no STF, verificou-se que, entre 2011 e março de 2016, "uma em cada três decisões em ações penais julgam recursos internos. E elas são majoritariamente negativas às pretensões de reversão da decisão recorrida, seja nos inquéritos, seja nas ações penais, o que dimensiona também o possível caráter protelatório desses recursos"[21]. Ademais, segundo o mesmo relatório, "os recursos internos custaram 566 dias de tramitação às ações penais que terminaram em 2016"[22]. Conclui-se, ainda, que "a duração e o excesso dos recursos internos" é uma das causas que prejudicam o processamento de inquéritos e ações penais no Supremo[23]. Vejam-se outros exemplos: EDcl no AgRg nos EDcl nos EDcl no AgRg nos EDcl no AREsp 160340 / PB, ou seja, embargos de declaração no agravo regimental nos embargos de declaração nos embargos de declaração no agravo regimental nos embargos de declaração no agravo em recurso especial 2012/0052411-4. Veja-se outro exemplo, ainda mais claro: AgRg no RE nos EDcl no AgRg nos EDcl nos EDcl no AgRg nos EDcl no AREsp 160.340/PB, Rel. Ministro HUMBERTO MARTINS, CORTE ESPECIAL, julgado em 20/11/2017, DJe 28/11/2017, ou seja, agravo regimental no recurso extraordinário nos embargos de declaração no agravo regimental nos embargos de declaração nos embargos de declaração no agravo regimental nos embargos de declaração no agravo em recurso especial 2012/0052411-4. Veja-se a sequência de recursos interpostos, em situações claramente abusivas, em que se reconheceu o abuso do direito de reconhecer. E os exemplos são cotidianos, frequentes e atuais (ambos os exemplos foram julgados em 2017).

Assim, o objetivo da proposta é padronizar o uso do agravo nos diversos tribunais e, ainda, evitar que seja utilizado para fins procrastinatórios.

De início, o agravo – chamado de "regimental" pela jurisprudência – é o recurso cabível, em matéria penal, contra decisão monocrática prolatada pelo relator de recurso, a fim de submeter matéria em discussão à apreciação do respectivo órgão colegiado. Com a entrada em vigor do Novo Código de Processo Civil, passou-se a fazer distinção entre o

---

[21] FALCÃO, J. et al. Supremo em números: o foro privilegiado. Rio de Janeiro: Escola de Direito do Rio de Janeiro da Fundação Getulio Vargas, 2017.

[22] Idem, p. 9.

[23] Idem, p. 3.

agravo regimental – cabível para matéria penal com prazo de 5 dias – e o agravo interno – cabível para matéria cível, com prazo de *15 dias úteis*, este último regulamentado pelo novo CPC (STJ, AgRg na Rcl 34.605/SP, Rel. Ministro Reynaldo Soares da Fonseca, Terceira Seção, julgado em 13/09/2017, DJe 20/09/2017). Mantém-se, no projeto, a distinção para que cada recurso tenha seus prazos próprios e, em especial, sua maneira diferenciada de contagem do prazo. No entanto, busca-se aproximar a regulamentação em outros aspectos, em especial visando impedir a utilização abusiva do agravo regimental, tal como do agravo interno.

No entanto, do modo como disciplinado o agravo nas ações originárias, há uma incoerência no sistema penal. Enquanto em uma ação penal em primeira instância somente seria possível o recurso das decisões interlocutórias nos casos expressamente previstos em lei (art. 581 do Código de Processo Penal), no caso de ações penais originárias nos STJ e STF, a generalidade do preceito anterior permitiria que todas as decisões interlocutórias do relator pudessem ser revistas imediatamente pelo colegiado, causando demora excessiva e diversas intercorrências prejudiciais ao andamento do processo. Procurou-se, assim, estabelecer a necessidade de que, ressalvados os casos em que a decisão coloca fim ao processo ou de não conhecimento ou seguimento a recurso, seja demonstrada a urgência na análise do feito para possibilitar sua interposição imediata via instrumento. Nos demais casos, em que não houver urgência, o agravo ficará retido nos autos. Referida urgência deve ser vista não em relação à decisão em si, que possa causar prejuízo à parte (medidas cautelares, por exemplo), mas também de maneira correlata ao procedimento. Caso se trate, por exemplo, de decisão proferida pelo relator após o oferecimento da denúncia, deve o agravante indicar que não se pode aguardar o próximo momento procedimental para análise pelo colegiado (recebimento da denúncia, no caso), ficando retido nos autos.

Ademais, por não ter uma disciplina mínima na legislação processual penal, o agravo acaba sendo utilizado de maneira pouco uniforme nos tribunais e recorrentemente utilizado para manobras protelatórias. Uma das conclusões de Relatório da Fundação Getulio Vargas é que, no STF, "há uma total falta de padronização que cria grande discrepância entre a duração da mesma etapa do processo sob a relatoria de ministros diferentes e faz com que processos de classes processuais ou assuntos muito similares tenham durações totalmente diversas"[24]. No caso do agravo, essa falta de padronização, decorrente da ausência de regulamentação legal mais detalhada, acaba se desdobrando na sua tramitação interna variada e díspar, trazendo prejuízos para a eficiência, sem qualquer ganho para o direito de defesa.

Essas considerações indicam a necessidade de modificação da regulamentação quanto aos agravos regimentais, visando racionalizar sua utilização, em especial nas investigações e ações penais originárias, envolvendo autoridades com foro por prerrogativa de função.

Previu-se expressamente que o agravo não tenha efeito suspensivo e será levado em mesa para julgamento, independentemente de prévia inclusão em pauta, conforme já

---

24 Falcão, J. et al. Relatório Supremo em números: o Supremo e o tempo. Rio de Janeiro: Escola de Direito do Rio de Janeiro da Fundação Getulio Vargas, 2014, p. 20.

previsto no regimento interno do STJ. Previu-se, ainda, a possibilidade de o agravo ser submetido, a critério do relator, a julgamento por meio eletrônico, observada a respectiva competência da Turma ou do Plenário, nos termos do Regimento Interno do STF.

Conforme visto acima, a maioria das decisões do colegiado se dá no sentido de negar provimento aos agravos regimentais. Se assim é, racionalmente, as decisões devem produzir seus efeitos, pois são a maioria. Nessa perspectiva, a regra deve ser que o recurso não possua efeito suspensivo. Nada impede que o próprio órgão que proferiu a decisão possa rever sua decisão, caso julgue relevantes os fundamentos.

Por sua vez, outro objetivo da proposta é evitar que agravos regimentais interpostos no decorrer de inquéritos ou do processo prejudiquem o andamento da persecução penal em casos de autoridades com foro por prerrogativa de função. Na sistemática atual, esses recursos são, muitas vezes, interpostos nos autos principais, prejudicando a continuidade da investigação ou da ação, pois os autos ficam paralisados até o julgamento do agravo. As diligências investigatórias e o andamento dos processos acabam sendo prejudicados por longos períodos de tempo. Confere-se indevidamente ao agravo um efeito suspensivo que ele não tem. A questão, que poderia parecer menor, agrava-se em um contexto em que há inúmeras decisões monocráticas do relator proferidas no curso de uma investigação e de um processo em caso de foro por prerrogativa de função.

Segundo estudo da Fundação Getulio Vargas, em 2016, nos inquéritos, a porcentagem de decisões colegiadas foi de apenas 22%, ou seja, 78% das decisões são monocráticas[25]. Para cada decisão monocrática, é possível utilizar-se do agravo regimental. Com base nisso, pode-se imaginar a quantidade de recursos passíveis de atravancar o andamento da investigação. Caso o agravo seja interposto nos autos principais, na maioria dos casos, a investigação ficará parada até que o recurso seja julgado. A isso se soma a possibilidade de utilização sucessiva de agravos regimentais.

Por sua vez, buscou-se criar filtros contra a utilização abusiva do agravo regimental, como o pagamento de custas e despesas em caso de não conhecimento do agravo, além da possibilidade de multa, tal qual previsto para o agravo interno no processo civil. Sobre o pagamento das custas em caso de não conhecimento do recurso, inspirou-se em solução similar à existente na Itália e em Portugal. Da mesma forma que já previsto no art. 1021, §4º do Novo Código de Processo Civil (Lei n. 13105/2015), previu-se a possibilidade de aplicação de multa de 2 até 100 vezes o valor do salário mínimo, estabelecendo-se expressamente a possibilidade de sua aplicação no processo penal. A referida disposição, ao mesmo tempo que assegura o direito de defesa, impede sua utilização abusiva, conferindo maiores poderes ao Poder Judiciário para evitar o abuso do direito recursal. Essa multa será destinada à vítima, caso seja determinada, ou à União, nas demais hipóteses.

Cuida-se de proposta que pretende, assim, tornar mais célere o julgamento de processos, sem esquecer a necessidade da existência do duplo grau de jurisdição.

---

[25] FALCÃO, J. et al. Supremo em números: o foro privilegiado. Rio de Janeiro: Escola de Direito do Rio de Janeiro da Fundação Getulio Vargas, 2017, P. 52.

56 APERFEIÇOA A PRESCRIÇÃO PENAL

A maior parte dos casos criminais contra a administração pública e de "colarinho branco" prescreve, isto é, não está sujeita a qualquer punição, ainda que tenha havido condenação lastreada em amplas provas. A impunidade é uma das condições que favorecem a corrupção no Brasil, pois faz o crime compensar. Nesta medida, propõem-se alterações em artigos do Código Penal que tratam do sistema prescricional para que este cumpra a função que tem ao redor do mundo, isto é, propiciar a estabilização das relações sociais sem ser, ao mesmo tempo, instrumento sistemático de impunidade em casos que tiveram tramitação ordinária.

Principais pontos da proposta

- Propõe a extinção da prescrição retroativa, que só existe no Brasil, alterando-se o art. 110 do Código Penal. A prescrição com base na pena aplicada na sentença não terá, por termo inicial, em nenhuma hipótese, data anterior à da publicação da sentença.
- Propõe, alinhando a legislação brasileira com a de outros países e o instituto da prescrição executória com seu fundamento, que o marco inicial da prescrição da pretensão executória seja o dia em que a sentença condenatória transita em julgado.
- Propõem-se ainda alterações em duas causas interruptivas da prescrição penal, mediante mudanças no art. 117 do Código Penal. O inciso I passa a estabelecer que é o oferecimento da denúncia, e não o recebimento, que interrompe a prescrição, de modo alinhado com o modelo acusatório, o que tem importante efeito em casos de foro privilegiado, nos quais há significativo decurso de tempo entre o oferecimento e o recebimento da denúncia. Propõe, ainda, a inserção do inciso IV-A, que estabelece a interrupção da prescrição pela publicação do acórdão ou da decisão sobre recurso interposto, alinhando a regulamentação do instituto com seu fundamento.

Problemas que pretende solucionar

- O sistema de prescrição que vigora atualmente é, em diversos aspectos, incoerente com o fundamento técnico do instituto e, além disso, causa de sistemática impunidade, algo para o que jamais foi pensado.
- As propostas aproximam o modelo prescricional penal constante no Código Penal brasileiro do modelo europeu e latino-americano, em que a prescrição opera em bases estatisticamente razoáveis, não atuando em prol do afastamento sistemático da responsabilidade penal de poderosos.

ANTEPROJETO DE LEI

> Altera os arts. 110, 112 e 117 do Código Penal, relativos ao sistema prescricional penal, extinguindo a prescrição retroativa, redefinindo o termo inicial da prescrição da pretensão executória e ajustando o rol de causas interruptivas da prescrição.

O **PRESIDENTE DA REPÚBLICA** faço saber que o Congresso Nacional decreta e eu sanciono a seguinte lei:

Art. 1º. O art. 110 do Código Penal passa a ter a seguinte redação:

"Art. 110. [...]

§1º. A prescrição, depois da sentença condenatória com trânsito em julgado para a acusação ou depois de improvido seu recurso, regula-se pela pena aplicada, não podendo, em nenhuma hipótese, ter como termo inicial data anterior à da publicação da sentença. [...]"

Art. 2º. O art. 112 do Código Penal passa a ter a seguinte redação: "**Art. 112.** Depois de transitar em julgado a sentença condenatória, a prescrição começa a correr:

I – do dia em que transita em julgado, para todas as partes, a sentença condenatória ou a que revoga a suspensão condicional da pena ou o livramento condicional; [...]"

Art. 3º. O art. 117 do Código Penal passa a ter a seguinte redação:

"Art. 117. [...]

I – pelo oferecimento da denúncia ou queixa;

[...]

IV-A – pela publicação do acórdão ou da decisão sobre recurso interposto;

[...]"

Art. 5º. Esta Lei entra em vigor 90 (noventa) dias após a sua publicação.

Brasília, X de XXXX de XXXX.

JUSTIFICATIVA

Antes de adentrar no mérito das propostas ora apresentadas, é oportuno apresentar alguns números referentes ao impacto da prescrição no sistema de justiça criminal brasileiro, da maneira como está atualmente regulada a matéria no Código Penal.

No relatório denominado "Supremo em ação", o Conselho Nacional de Justiça (CNJ), ao analisar dados do ano-base de 2016, verificou o percentual de decisões de extinção da punibilidade em relação ao total de decisões terminativas, com destaque àquelas em que se operou a extinção pelo advento da prescrição[26].

Para tanto, foram analisadas duas espécies diversas de situações: a) nas ações penais, casos em que os ministros reconhecem a extinção da punibilidade em processos de sua competência; e b) nos casos penais que ingressam no Supremo em grau de recurso.

Em relação às ações penais originárias, ou seja, aquelas envolvendo autoridades com prerrogativa de julgamento junto ao E. Supremo Tribunal Federal em razão do cargo ocupado, o relatório mostrou que a prescrição era de 0% em 2009 e 2010 e chegou a 18,8% em 2016. Na média do octênio, o índice de extinção da punibilidade nas ações penais foi de 11,6% e o índice de prescrição foi de 7,3%.

A análise do CNJ também teve por objeto os percentuais de prescrição nas instâncias inferiores, em 2015 e 2016. Nesse âmbito, as informações foram classificadas em dois grupos: a) os casos com origem no 1º grau de jurisdição, em que foi identificada a presença ou não de prescrição, independentemente da decisão de extinção da punibilidade ter ocorrido no primeiro grau ou em grau de recurso; e b) os casos originários de 2º grau.

Aqui, o relatório chama a atenção para o fato de que: nas ações penais propriamente ditas, foram encontrados os percentuais de 13,7% para os casos originários de 2º grau e 22,1% nos casos ingressados na primeira instância da Justiça Comum[27]. Ou seja, quase um quarto do trabalho do Estado – polícia, Ministério Público, Judiciário – é desperdiçado, o que acontece mesmo em casos nos quais restou comprovada a culpa (condenação) em uma ou mais instâncias.

É essencial destacar que, embora sejam impactantes por si só, tais dados representam somente o percentual de infrações penais que, de algum modo, são levados ao conhecimento do Estado, excluindo a chamada cifra negra, que escapa dos órgãos de persecução.

Some-se a isso o baixíssimo índice de resolução das investigações no país. Dados da Secretaria Estadual de Segurança Pública e do Ministério Público de São Paulo publicados em 2010 mostraram que, na capital paulista, apenas 5,2% dos fatos investigados resultavam em posterior processo criminal[28].

---

26 Disponível em: <http://www.cnj.jus.br/files/conteudo/arquivo/2017/08/f8bcd6f3390e723534ace4f7b81b9a2a.pdf>. Acesso em: 3 fev. 2018.

27 "Quanto aos índices de prescrição nas ações penais propriamente ditas, foram encontrados os percentuais de 13,7% para os casos originários de 2º grau e 22,1% nos casos ingressados na primeira instância da Justiça Comum" (p. 72 do relatório).

28 Os dados foram divulgados pela imprensa. Disponível em: <http://sao-paulo.estadao.com.br/noticias/geral,em-sp-95-dos-crimes-ficam-impunes,581914>. Acesso em: 6 fev. 2018.

Assim, se o número de prescrições identificado pelo relatório do CNJ já é elevado em termos absolutos – dando conta de que quase 1/4 de todas as infrações penais comunicadas à polícia ou ao Ministério Público são fulminadas pela prescrição –, o contexto no qual isso se opera (v.g., cifra negra, investigações sem solução) acaba por potencializar os danos sociais causados pelo déficit de aplicação da lei penal.

A fim de começar a corrigir esse processo de inefetividade do sistema de justiça criminal, urge que sejam promovidas modificações do regime jurídico da prescrição no Brasil. Para tanto, o projeto propõe a mudança das redações dos arts. 110, 116 e 117, todos do CP.

A alteração proposta pelo PL no art. 110, do Código Penal, é a supressão, em definitivo, da prescrição retroativa, contida no atual §1º do dispositivo. A Lei 12.234, de 5 de maio de 2010, já o fez parcialmente, impedindo sua ocorrência entre a data do fato e o recebimento da denúncia. Todavia, manteve-a entre o recebimento da denúncia e a sentença.

A supressão integral da prescrição retroativa é medida necessária: a figura não encontra similar em todo o mundo e se mostra disfuncional, hipertrofiando a incidência da prescrição, enquanto causa extintiva de punibilidade, no Brasil.

Denominada "teoria da prescrição penal à brasileira" na exposição de motivos do natimorto Código Penal de 1969 – cuja letra pretendia eliminá-la da jurisprudência (até então, não estava legislada, mas apenas sumulada pelo STF) –, a prescrição retroativa é instituto diretamente responsável pelo fracasso persecutório respectivo a crimes de grande gravidade. Sua incidência é corriqueira, sobretudo em crimes de difícil investigação, dependentes de ampla prova documental, perícias etc., cuja persecução em juízo é naturalmente mais lenta.

É preciso distinguir um grupo de crimes de grande visibilidade, praticados em locais públicos, como furtos, roubos, homicídios, cuja prova é de arrecadação célere e cujos processos ficam menos afetos à prescrição. Outro grupo de crimes, de baixa visibilidade (conforme ensina Bajo Fernandes, são crimes com características etiológicas de "aparência de licitude", operados mediante uma "moral de fronteira", com "afetividade" neutra no tecido social e portadores de escassa reprovação social, conquanto sejam altamente lesivos)[29], exige um empenho de arrecadação de prova muito mais lento, diante da complexidade das matérias de fato e, mesmo, pela qualidade dos esforços defensivos que se dão em favor dos eventuais réus. Aqui, entram em cena os crimes econômicos e os crimes contra a administração pública.

A dificuldade de enxergar tais crimes deriva da maneira subliminar com que se realizam, confundindo-se, em regra, com atividades de aparência lícita, realizadas no âmbito de profissões. Fraudes em licitações, lavagem de dinheiro, sonegações, peculatos e corrupções em sentido amplo são rápidos exemplos do que se narra: crimes de difícil arrecadação de prova.

Como a coleta da prova pré-processual é lenta, o tempo entre a prática do crime e o recebimento da denúncia (atualmente, a primeira causa interruptiva do lapso prescricional) é extenso. Até a Lei n. 12.234/2010, havia nesses crimes, entre o fato e o recebimento

---

29 BAJO FERNANDES, M. "La delincuencia economica. Un enfoque criminologico y político criminal". In: Estudios Penales. Libro homenaje al Prof. J. Antón Oneca. Salamanca: Ed. Universidad de Salamanca, 1982, p. 587 e s.

da denúncia, a produção em escala industrial de situações fadadas à prescrição retroativa. Atualmente, a eliminação parcial da prescrição retroativa atenuou o problema.

Todavia, após recebida a denúncia, a reprodução judicial da prova documental e mesmo a produção da prova oral, quando submetidas ao contraditório, ganham enorme complexidade. A alta capa social a que pertencem os sujeitos ativos desses crimes de baixa visibilidade, aliada a peculiaridades do sistema processual penal brasileiro, v.g. o sistema de nulidades, acaba fazendo com que a prescrição, e não a absolvição, seja a primeira estratégia defensiva.

Um levantamento feito pelo Conselho Nacional de Justiça (CNJ) demonstra que, entre 2010 e 2011, a Justiça brasileira deixou prescrever 2.918 ações envolvendo crimes de corrupção, lavagem de dinheiro e atos de improbidade administrativa. Todos esses atos ilícitos são reconhecidamente graves, por retirarem recursos do Estado que poderiam ser empregados para atender aos anseios da população por melhores serviços públicos, como a exigência para uma cidadania mais ampla.

Até o final de 2012, tramitavam 25.799 processos de corrupção, lavagem de dinheiro ou atos de improbidade em todo o Poder Judiciário. Analisando-se os dados, constata-se que os processos prescritos somente em dois anos (2010 e 2011) representam mais de 11% dos feitos em andamento, o que não deve ser tolerado.

Some-se a esses aspectos o malogro das taxas de condenação no âmbito da competência originária dos vários Tribunais do país, que atrai boa parcela da criminalidade de colarinho branco, sobretudo associada a sujeitos ativos em posições de poder na estrutura do Estado. Há uma decantada lentidão no trâmite de processos de competência originária, já que não se cuidam de órgãos estruturados, primordialmente, para atuar em investigações e instruções criminais. Além de se lidar com crimes de regra complexos – normalmente, contra a administração pública – e elevado número de corréus, os feitos dependem de cartas de ordem para todo e qualquer ato. A prescrição retroativa tem alta incidência.

Nesse passo, a prescrição retroativa revela-se perniciosa a uma eficiente política criminal, comprometendo os mínimos patamares ideais de atuação da justiça criminal capazes de fazerem as normas penais serem levadas a sério. A advertência é de Roxin:

> [...] por força dos efeitos preventivo-especiais, a pena não pode ser reduzida até o ponto em que a sanção já não seja levada a sério na comunidade: pois isto quebraria a confiança no ordenamento jurídico e através disso se estimularia a imitação.[30]

O raciocínio, atinente ao convívio entre as funções preventivas da pena, pode perfeitamente ser tomado por empréstimo no tema da prescrição, já que correlata justamente às funções de prevenção.

De fato, autores consagrados no estudo da corrupção tratam a impunidade como um fator decisivo na escolha do agente entre praticar ou não a corrupção. De fato, tanto Rose-Ackerman como Klitgaad colocam a probabilidade da punição como um dos

---
[30] ROXIN, C. Derecho Penal. Parte General. Tomo I. Madri: Civitas, p. 97.

fatores decisivos avaliados pelo agente na análise da relação entre custo e benefício da prática da corrupção, daí a importância de transformar nosso sistema punitivo disfuncional em um sistema de punições justas e efetivas, capaz de detectar, investigar e punir comportamentos desviados.

Note-se que o sistema penal tem que possuir, necessariamente, a regra da prescrição. O tempo esmaece as vantagens provenientes da punição, e, por isso, o Estado efetivamente perde o interesse em punir. Porém, sua atuação deve ser operada em patamares tais que não convertam a extinção da punibilidade em uma espécie de regra tácita, servindo as condenações – ou mesmo as absolvições – como exceções. Nesses termos, a prescrição opera de modo distorcido.

Assim, abolir a prescrição retroativa não tem nenhuma relação com uma política criminal repressiva ou um direito penal autoritário, por exemplo. Trata-se apenas de racionalizar o instituto da prescrição no Brasil e aproximá-lo de patamares similares àqueles em que atua no resto do mundo. A política criminal no Estado Democrático de Direito opera mediante um direito penal de garantias, e não por meio de um direito penal que nega a si mesmo.

Todavia, tecnicamente, a prescrição retroativa é, por várias razões, instituto insustentável. Enumerem-se:

1. Viola os fundamentos da prescrição[31]. A prescrição é o desinteresse estatal em punir pelo decurso do tempo, ou "renúncia do Estado ao direito de castigar baseada em razões de política criminal aglutinadas pelo transcurso do tempo" (Morillas Cueva)[32]. Quando o Estado, dentro do prazo que lhe era assinado, oferece denúncia validamente recebida, mostra seu interesse na punição, afirmando-o de modo ainda precário. Se o Estado-persecutor obtém sentença condenatória junto ao Estado-juiz, aquele interesse precário de punir ganha força, coroando-se quando do trânsito em julgado. Nesse sentido, ver Morillas Cueva[33] e Quintero Olivares[34], entre outros. Significa dizer que a obtenção de condenação dentro dos prazos assinalados, para tanto, reforça o interesse em punir, e não o diminui. Estranhamente, é justamente essa sentença condenatória que serve como base para declarar a prescrição retroativa, ou seja, o desinteresse estatal em punir.

Na doutrina brasileira, é costume defender a prescrição retroativa com apoio na ideia de que a pena lançada na sentença seria a "pena justa", de maneira que sua aplicação como parâmetro para calcular a prescrição justifica-se desde o início da fluência do prazo respectivo, daí a necessidade de fazer retroagir o cálculo da prescrição com base nela, e não na pena máxima.

Ora, o princípio da "pena justa", segundo o qual a pena concretizada na sentença deve servir para o cálculo da prescrição, só pode ter utilidade da sentença para diante. Afinal, é impossível usar a *pena justa* antes de haver pena. Nesse caso,

---

31 GUARAGNI, F. A. Prescrição Penal e Impunidade. Curitiba: Juruá, 2000, p. 117.
32 MORILLAS CUEVA, L. Acerca de la Prescripción de los delitos y de las penas. Granada: Universidad de Granada, 1980, p. 43.
33 Idem, p. 84.
34 QUINTERO OLIVARES, G. Derecho Penal. Parte general. 2. ed. Barcelona: PPU, 1995, p. 684-5.

segue-se o modelo dos demais países: a pena máxima em abstrato é referência, concretizando-se as circunstâncias que, de antemão, sabem-se incidentes (causas gerais e especiais de aumento e diminuição).

Note-se que o princípio da "pena justa" é o critério de cálculo da prescrição, e não seu fundamento. Este, já se disse, é o desinteresse estatal em punir pelo decurso do tempo. Liga-se às teorias preventivas da pena: a passagem do tempo esmaece todo o efeito preventivo penal, seja de prevenção geral (teoria do esquecimento), seja especial (teoria da emenda). Tal fundamento é associado à gravidade do delito: quanto menos grave, em menos tempo se dá o esquecimento do fato e eventual emenda do sujeito ativo, daí recorrer-se à pena maximamente individualizada, tanto antes quanto depois da sentença. Porém, usar a pena da sentença para momentos anteriores à sua publicação é uma impossibilidade lógica, que faz o critério de cálculo da prescrição ser mais importante que o motivo pelo qual se calcula a prescrição.

2. A prescrição retroativa viola os princípios da certeza, irredutibilidade e utilidade dos prazos[35]. Com efeito, confere-se ao Ministério Público prazo para obter, como titular da ação penal, o recebimento de sua denúncia e, sendo o caso, a sentença condenatória. Porém, dependendo do montante da pena lançada na sentença – evento futuro e incerto em relação ao momento da denúncia e das práticas processuais instrutórias –, o prazo que lhe fora assinalado é reduzido, mesmo que tenha sido aproveitado (utilidade dos prazos) para a prática do ato que delimitava temporalmente.

Nesse passo, a letra do art. 109, CP, com as tábuas de prazos prescricionais da pretensão punitiva pela pena máxima em abstrato, não se revela confiável. Temos, no CP brasileiro, uma norma na qual é impossível confiar. Trata-se de uma tábua de prazos "mentirosa". Assinala prazos para o Ministério Público atuar que não são certos e podem ser reduzidos por força de evento futuro e incerto (uma condenação com pena em concreto capaz de alterar a banda prescricional original do crime). É indiscutível, aqui, a afronta ao princípio constitucional do devido processo legal, que exige prazos úteis, certos e irredutíveis.

3. A prescrição retroativa viola a natureza e os fundamentos das causas interruptivas, reabrindo prazos prescricionais que, uma vez interrompidos, deveriam ser descartados. As causas interruptivas do art. 117 seguem o princípio da imprescritibilidade da ação penal em movimento. Figueiredo Dias ensina que "o decurso do tempo [...] não pode favorecer o agente quando a pretensão punitiva do Estado e suas exigências de punição são confirmadas através de certos actos de perseguição penal"[36]. A ideia é simples: se a ação penal paralisada denota o desinteresse estatal em punir, seu movimento revela o oposto. No primeiro caso, há prescrição; no segundo não. Por isso, determinados atos estatais, reveladores do interesse de punir, devem implicar descarte do prazo prescricional que fluiu até então e retomada da contagem, *ex integro et ex novo*. É a letra do art. 117, 2º, CP.

No Brasil, v.g., são atos que revelam o interesse estatal em punir o recebimento da denúncia, a prolação de sentença condenatória recorrível, a pronúncia no rito escalonado

---

35 Sobre os princípios em questão, ver TOURINHO FILHO, F. C. Processo Penal. Vol. III. 12. ed. São Paulo: Saraiva, 1990, p. 92.
36 FIGUEIREDO DIAS, J. Direito Penal Português. Lisboa: Notícias, 1993, p. 708.

do júri, etc. Todos repelem a prescrição porque, no tempo assinalado em lei, o Estado demonstrou interesse na punição. Por isso, ocorridos esses atos, o prazo prescricional decorrente até então é eliminado e a prescrição é retomada do zero.

Pois bem. A prescrição retroativa, atualmente, ao determinar a recontagem dos prazos prescricionais entre o recebimento da denúncia e a sentença, restaura prazos que já haviam sido descartados, bem como declara a prescrição em situações nas quais o Estado declarou validamente, e em tempo hábil, seu interesse em punir.

Aliás, essa foi uma das razões pelas quais, durante muito tempo (de 1947 a 1961), o C. STF não aplicava a prescrição retroativa, contrariando a inventiva orientação jurisprudencial que a criara. Todavia, em 1964, sua aplicabilidade foi sedimentada na famosa súmula 146 e, em 1977, foi prevista em lei pela primeira vez, ganhando os atuais contornos na reforma do CP de 1984 (art. 110, parágrafo 2º).

4. A prescrição retroativa viola a lógica formal mais comezinha. É calculada com base na pena concretizada na sentença. Porém, como incide sobre lapsos anteriores à sentença (por isso, retroativa), implica – quando declarada – na invalidade da sentença (quando operada a prescrição entre o recebimento da denúncia e a sentença). Conduz, desse modo, à seguinte conclusão esdrúxula: a sentença não tem validade, exceto para proclamar que não tem validade. Em outros termos: a sentença condenatória só vale para dizer que não vale[37]...

Não é por outra razão que, efetivamente, nenhuma legislação conhecida adote similar modalidade de prescrição. Os Códigos de países como Alemanha, Itália (atualmente, com um sistema prescricional desfigurado, derivado da reação dos piores setores da classe política às investigações ocorridas no âmbito das *mani puliti*[38]), Portugal, Espanha e México não adotam esse instituto. Países vizinhos, como a Argentina e o Paraguai, também não. Nos Estados Unidos, a prescrição só corre até o início do processo criminal, e não há nada parecido com a prescrição retroativa. Trata-se de instituto desconhecido em qualquer corpo legislativo penal.

Por tudo isso, é absolutamente necessário que se extirpe a prescrição retroativa do sistema penal brasileiro. Restaria somente um meio de prescrição da pretensão punitiva regida pela pena *in concreto* no Brasil: a prescrição superveniente, também disposta no atual art.110, §1º, do CP e mantida pela proposta. É certo que esta padece do mesmo defeito tratado no item 1, acima, acerca da prescrição retroativa. Porém, não padece dos demais, na medida em que respeita a natureza das causas interruptivas, a certeza, irredutibilidade e certeza dos prazos, bem como a lógica formal que só permite usar a pena fixada na sentença para cálculo da prescrição dali em diante, e não de modo retroativo.

Mudanças do art. 112.

Quanto ao art. 112, CP, o PL trata de mudança respectiva ao termo *a quo* da prescrição da pretensão executória. A redação atual vigora desde 1984. O PL propõe o retorno ao critério da redação primitiva de 1940, alinhando a legislação brasileira com o critério

---

37 - GUARAGNI, Fábio André. Op. cit., p. 123-5.
38 Sobre as reações legislativas à operação *mani pulite*, incluindo a redução dos prazos prescricionais, ver CHEMIM, R. Mãos Limpas e Lava Jato: a corrupção se olha no espelho. Porto Alegre: CDG, 2017, p. 163-201.

comumente adotado em outros países para fixar o marco inicial da prescrição da pretensão executória (ou prescrição da pena, denominação mais corrente) como o dia em que a sentença condenatória transita em julgado para ambas as partes.

O atual art. 112, inc. I, CP, dispõe que o prazo prescricional alusivo ao exercício da pretensão executória corre:

> I – do dia em que transita em julgado a sentença condenatória, para a acusação, ou a que revoga a suspensão condicional da pena ou livramento condicional.
>
> [...]

Interessa a primeira parte do inciso, ao estabelecer o *dies a quo* da prescrição da pretensão executória a partir do trânsito em julgado da sentença condenatória para a acusação.

O alinhamento da legislação brasileira com o critério comumente adotado em outros países para fixar o marco inicial da prescrição da pretensão executória (ou prescrição da pena, denominação mais corrente) exige um olhar sobre os diplomas legais estrangeiros. Por exemplo, o diploma penal italiano dispõe, no art. 172, §4º, quanto ao termo inicial da prescrição da pena:

> O prazo corre do dia no qual a condenação tornou-se irrevogável, ou do dia no qual o condenado se subtraiu voluntariamente à execução já iniciada da pena.[39]

Por sua vez, a atual redação do CP espanhol, art. 134, assim explicita:

> O tempo da prescrição da pena computar-se-á desde a data da sentença firme ou desde a quebra da condenação, se esta houver começado a cumprir-se.[40]

Nesse mesmo sentido prevê o CP uruguaio, art. 129[41]. Do mesmo modo, na Alemanha, o StGB, §79 (6), evocando expressamente o trânsito em julgado: "A prescrição começará com a firmeza da decisão". Ainda, o CP português, de 1995:

Art. 122º (Prazos de Prescrição das penas)

1. [...]

2. O prazo de prescrição começa a correr no dia em que transitar em julgado a decisão que tiver aplicado a pena.

Assim, os modelos italiano, espanhol, uruguaio, alemão e português representam o tratamento mais comum da matéria e, diga-se, mais correto.

É evidente o motivo pelo qual se inicia o prazo prescricional, destinado a reger a pretensão executória, com o trânsito em julgado da sentença (sentença firme, sentença irrevogável). Afinal, enquanto não advém sentença condenatória com força de definitiva, não há que se pensar na possibilidade do exercício da pretensão executória, ou *jus*

---

[39] Art. 172. *Estinzione delle pene della reclusione e della multa per decorso del tempo.* [...] *Il termine decorre dal giorno in cui la condanna è divenuta irrevocabile, ovvero dal giorno in cui il condannato si è sottratto volontariamente all'esecuzione già iniziata della pena.*

[40] Art. 134. 1. *El tiempo de la prescripción de la pena se computará desde la fecha de la sentencia firme, o desde el quebrantamiento de la condena, si ésta hubiese comenzado a cumplirse.*

[41] Art. 129. *De la prescripción de la condena. La pena se extingue por un transcurso de tiempo superior a un tercio del que se requiere para la extinción del delito, debiendo empezar a contarse dicho término desde el día en que recayó sentencia ejecutoriada o se quebrantó la condena. Es aplicable a la prescripción de las penas el artículo 123 relativo a la prescripción de los delitos.*

executionis, que é uma espécie do gênero *jus puniendi*. Se não existe espaço para o exercício dessa pretensão, automaticamente não pode correr o prazo a ela destinado.

Contrariamente, caso seja mantida a atual redação do art. 112, I, CP, tem-se a excrescente situação segundo a qual flui a prescrição para início da execução penal a partir da data do trânsito em julgado da decisão condenatória para o Ministério Público, mesmo que o reportado início de execução esteja obstado pela interposição de apelo por parte da defesa. Consequentemente, a legislação vigente desenha um cenário em que se fulmina a pretensão executória estatal – cujo pressuposto é seu desinteresse de punir (a prescrição é verdadeiro signo disso) –, sem que seja dada ao Estado qualquer chance de evidenciar seu interesse, mediante a submissão do sentenciado ao início da execução, uma vez que está vedada enquanto a sentença condenatória não passa em julgado. Em suma: corre o lapso destinado à extinção da pretensão executória em período no qual sequer pode ser exercida.

Com efeito, a extinção da punibilidade pela prescrição da pretensão de executar tem um pressuposto básico: o trânsito em julgado da sentença. Nesse sentido, esclarece Mantovani[42] que "*la prescrizione della pena presuppone che sia intervenuta una sentenza definitiva di condana*". No mesmo passo do pronunciamento da nossa doutrina, vale destacar o clássico pensamento de Aloysio de Carvalho Filho, comentando a redação de 1940:[43]

> [...] uma vez que a prescrição da pena [...] só existe depois de transitada em julgado a condenação, é claro que a sentença que assinala o ponto originário da prescrição é aquela que já se tornou definitiva. [...] Sentença passada em julgado, para esse ou qualquer efeito, é aquela de que não houve recurso, ou em que, havendo, não foi provido. Para que a prescrição comece a correr, há que esperar, portanto, pela intimação ao acusado, e pela decorrência, dessa data, do lapso para o recurso. Não interposto, este, no prazo legal, a sentença preenche a condição para ser executada, como definitiva que é. Inaugura-se, nesse momento, o curso da prescrição da pena.

Igualmente pensavam Christiano José de Andrade[44] e Antonio Rodrigues Porto[45]. Ambos consideravam correta, com razão, a redação primeira, de 1940, cuja letra os três projetos legislativos ora analisados praticamente restauram.

A posição em que se baseou o legislador de 1984 é, conforme se vê, incorreta, conquanto encontre defensores, inclusive com curiosas tentativas de soluções de conciliação, como o argumento há muito formulado por Damásio de Jesus[46], definindo que o termo *a quo* deveria iniciar-se conforme o CP, art. 112, inc. I, primeira parte, condicionado ao

---

42 MANTOVANI, F. Diritto Penale. 3. ed. Milano: CEDAM, 1992, p. 832. No mesmo sentido lecionava ANTOLISEI, F. Manuale di Diritto Penale. Parte gen. 11. ed. Milano: Giuffré, 1989, p. 673.
43 CARVALHO FILHO, A. Comentários ao Código Penal. Vol. IV, 4. ed. Rio de Janeiro: Forense, 1958, p. 393.
44 ANDRADE, C. J. Da Prescrição em Matéria Penal. São Paulo: Revista dos Tribunais, 1979 p. 101. Já se assinalava, entretanto, em 1979, inúmeros precedentes jurisprudenciais no sentido positivado pelo atual CP.
45 PORTO, A. R. Da Prescrição Penal. 4. ed. São Paulo: Revista dos Tribunais, 1988, p. 83.
46 JESUS, D. E. Prescrição Penal. 10. ed. São Paulo: Saraiva, 1995, p. 109-10.

trânsito em julgado para as duas partes. Assim, somente após este, poderia ter lugar a prescrição da pretensão executória. Porém, o prazo, para tanto, correria do trânsito em julgado para o MP, isto é, o termo *a quo* situar-se-ia preteritamente ao implemento da condição. Ora, se há uma condição para o exercício da pretensão executória, aceitar que flua o respectivo prazo prescricional constitui autêntica *contraditio in se*.

É fato que o princípio do *ne reformatio in pejus*, amparado pelo CPP nos termos do art. 617, impede alterações no comando sentencial que sejam prejudiciais ao réu, a partir do trânsito em julgado da decisão para o MP. Porém, a imutabilidade da sentença para o MP não implica autorização para se iniciar a respectiva execução. O início da contagem da prescrição atinente ao exercício da execução penal guarda relação íntima com a possibilidade de se iniciar a própria execução. Por sua vez, o momento em que se torna imutável a sentença para o MP não coincide com o momento em que principia a execução penal. Assim, o fato de ocorrer a mencionada imutabilidade não gera qualquer interferência na demarcação da data de partida do prazo prescricional da pretensão executória.

O que importa, para que se inicie a fluência da prescrição da pena, é a exequibilidade da sentença, inexistente até que esteja firmada para ambas as partes (ou, conforme orientação do C. STF retomada a partir de 2016, até o esgotamento do duplo grau ordinário de jurisdição). Importa a possibilidade de exercer o *jus executionis*, vedada enquanto não opera o trânsito em julgado. A inviabilidade de alterar-se *in pejus* o comando sentencial não torna, automaticamente, exequível a sentença e, por isso, não dá sustento à atual redação do art. 112, I, CP.

O PL ajusta o sistema prescricional brasileiro à lógica comezinha de que só correrá o prazo prescricional para execução penal se for possível iniciá-la. Veja-se, por exemplo, a inesquecível lição de Oscar Vera Barros: *"Mientras la sentencia de condena no se vuelve irrecurrible y por lo tanto, irrevocable, opera la prescripción de la acción. Sólo desde el momento en que la sentencia cobra autoridad de cosa juzgada puede prescribir la pena y no la acción*[47].

Já o atual art. 112, inc. I, primeira parte, CP, implica uma redução do tempo destinado ao exercício do direito de executar de que o Estado é titular. Suponha-se o seguinte exemplo: X é condenado a 8 meses de pena privativa de liberdade, transitando a sentença em julgado para o Ministério Público em 20.10.17. O réu apela. Cerca de um ano e seis meses após, em 20.04.19, transita em julgado o acórdão que houve pelo improvimento da apelação da defesa. O condenado mudou-se para local não sabido nesse meio-tempo. A partir de 20.04.19, com o trânsito em julgado, operou-se a "condição" para que se inicie a execução, e eis que a sentença se firmou para ambas as partes. Então, está o aparelho estatal autorizado a praticar atos no sentido de localizar o sentenciando, submetendo-o à pena. Para tanto, porém, terá apenas 1 ano e 6 meses, em vez dos 3 anos que caberiam pelo art. 109, inc. VI, c.c. art. 110, CP, e eis que o prazo prescricional iniciou a fluir ainda em 20.10.17, aproveitando ao sentenciado todo o interregno durante o qual se operou a fase recursal, período em que o Estado estava proibido de iniciar a execução da pena.

---

47 VERA BARROS, O. La Prescrición Penal en el Código Penal. Buenos Aires: Ed. Bibliográfica Argentina, 1960, p. 164-5.

Nesses termos, abre-se espaço para o exercício do direito de recorrer não como expressão de inconformismo com o comando sentencial, na boa-fé de empregar-se a garantia processual do duplo grau de jurisdição para obter-se melhor prestação jurisdicional. Nada disso se busca quando o recurso aparece como mecanismo para forçar a ocorrência da prescrição[48]: se não incidir a prescrição intercorrente superveniente, entre a sentença de primeiro grau e o trânsito em julgado, nos termos do art. 110, 1°, 1ª parte, o réu obterá, ao menos, a redução do tempo dirigido ao Estado para que providencie o início da execução penal. Se houver um plano de fuga, o tempo correlato será necessariamente reduzido. É certo que, dentro da mecânica legislativa ora em vigor, faz parte das possibilidades de defesa o emprego desse expediente. Todavia, é certo que o escopo da garantia constitucional do duplo grau de jurisdição não é esse. Os objetivos são outros: permitir às partes comandos sentenciais mais seguros, conferir-lhes mecânica de controle das decisões judiciais, ampliar a defesa técnica indireta, dar colegialidade à decisão para minimizar a chance de erro etc. É difícil, porém, pensar que o mecanismo do duplo grau de jurisdição, enquanto garantia processual, tenha por pretensão – no sistema processual penal – ser um facilitador de obtenção da extinção da punibilidade pela prescrição.

Por sua vez, os recursos dirigidos às Instâncias Raras – STJ e STF – entram no mosaico de situações por meio das quais as Cortes cumprem suas funções centrais de controle de leis infraconstitucionais e de constitucionalidade, respectivamente. São pretensões menos apegadas a casos concretos do que ao efeito genérico de uniformização de jurisprudência e, no caso do STF, na guarda da hierarquia normativa, fundada na Carta Constitucional como pináculo. Assim se dá o uso dos recursos especiais e extraordinários como mecanismos de elasticimento da prestação jurisdicional, no afã de se obter a prescrição superveniente ou de reduzir o período dentro do qual, na prática, será possível iniciar a execução, desnatura-os.

O uso de brechas do sistema recursal para postergar indefinidamente o fim do processo é um meio de frustrar a aplicação da lei penal que ganha dimensão particularmente danosa no âmbito do *white collar crimes*, dentro do qual estão inseridos os crimes contra a administração pública – corrupções *lato sensu*. No âmbito da criminalidade de rua, as prisões em flagrante fazem com que a tramitação dos feitos seja célere. Todavia, os crimes – sobretudo com emprego de violência e grave ameaça – têm faixas prescricionais longas. Ainda: a defesa é menos qualificada nesse nicho de criminalidade, de modo que o emprego do expediente de extensão *ad eternum* do feito para a obtenção da prescrição não se mostra recorrente. Tudo se dá ao revés nos crimes contra a administração pública.

Portanto, o sistema utilizado pelo CP, além de tecnicamente inadequado por não se ater à exercitabilidade da pretensão executória prescribenda, pode implicar, na prática, redução do prazo prescricional destinado à satisfação da pretensão executória, com sérios prejuízos político-criminais voltados às funções de prevenção delitiva, atribuídas tradicionalmente ao direito penal.

---

48 Isso não escapou ao C. STF, no julgamento das ADCs 43 e 44, tratadas com mais detalhe adiante. Colhe-se do voto do Exmo. Sr. Min. Teori Zavascki: "E não se pode desconhecer que a jurisprudência que assegura, em grau absoluto, o princípio da presunção da inocência – a ponto de negar executividade a qualquer condenação enquanto não esgotado definitivamente o julgamento de todos os recursos, ordinários e extraordinários – tem permitido e incentivado, em boa medida, a indevida e sucessiva interposição de recursos das mais variadas espécies, com indisfarçados propósitos protelatórios visando, não raro, à configuração da prescrição da pretensão punitiva ou executória".

O PL corrige, portanto, a anomalia de iniciar-se a fluência do prazo prescricional da pretensão executória sem que esta possa ser exercida.

Mudanças do art. 117, I

Quanto ao art. 117, propõem-se alterações em duas causas interruptivas da prescrição penal. Atualmente, a hipótese do inciso I concerne à interrupção da prescrição da pretensão punitiva pelo recebimento da denúncia ou queixa, e não pelo oferecimento. Quanto aos incisos IV e V, a redação atual não contempla como causas interruptivas decisões que, julgando recursos interpostos, confirmem a condenação anterior, ainda que reduzam a pena.

Em relação ao inciso I, é curial que a causa interruptiva da prescrição deva ligar-se à atividade do órgão investido da titularidade da ação penal, e não àquela desenvolvida pelo Poder Judiciário. Parte-se do conceito de prescrição, como desinteresse estatal na pretensão punitiva, ou executória, pelo decurso do tempo. Se a prescrição penal é, antes de tudo, a revelação desse desinteresse, o órgão que enverga a titularidade da ação penal, legitimado *ad causam* ativamente, é aquele sobre quem recai a expectativa de que se mostre interessado (ou não). Nesses termos, ele é o destinatário do prazo prescricional. Sua inércia é que demarca o desinteresse estatal de punir (mesmo na ação penal privada, que excepcionalmente é admitida no sistema brasileiro: afinal, nela se dá substituição processual, de modo que o querelante pede, em nome próprio, que se exerça poder punitivo alheio).

Com efeito, radicam os fundamentos da prescrição no desinteresse estatal de exercer seu poder de punir, pois o correlato interesse declina à medida que, com o passar do tempo, os efeitos preventivos hauridos da condenação e, pois, da correlata pena, já não se façam sentir.

Assim, o prazo prescricional, quando superado, traduz a inércia estatal quanto à persecução de um fato penalmente relevante ou à execução da sanção penal[49]. Há renúncia estatal em relação a ambas, cada qual ocorrendo segundo o momento em que a inércia aconteça (antes ou após o trânsito em julgado).

Esta afirmação conduz, a *contrario sensu*, à conclusão de que o exercício de atos persecutórios destinados à apuração do fato e a punição do infrator demonstram a inequívoca intenção estatal de exercer a pretensão de punir. Em outras palavras, cada ato persecutório do Estado chancela seu interesse na punição e, portanto, afasta qualquer possibilidade de se conceber que tenha renunciado ao *jus puniendi*. Eis o motivo pelo qual o fluxo da prescrição penal é passível de interrupção.

Veja-se a afirmação de Figueiredo Dias: "O decurso do tempo [...] não pode favorecer o agente quando a pretensão punitiva do Estado, e suas exigências de punição são confirmadas através de certos actos de perseguição penal"[50]. Quintero Olivares tece consi-

---

[49] Cf. MANZINI (*apud* VERA BARROS, O., op. cit., p. 31): "[...] *la razón genética de la prescripción de la acción penal parece haber sido la idea de castigar la negligencia o la molicie del acusador*". Todavia, note-se que se buscava, com tal sustentação, defender a prescrição com base em uma natureza jurídica processual.

[50] FIGUEIREDO DIAS, J. Op. cit. Lisboa: Notícias, 1993, p. 708.

derações idênticas[51]: "[...] *si la prescripción se funda en la fuerza destructora del paso del tiempo que 'va borrando de la memoria' es evidente que, mientras continúe o se vuelva a investigar el delito, no puede hablarse de tal olvido*". Comentando as causas interruptivas da prescrição da ação na Alemanha, Jescheck e Weigend comentam: "*Su nota común consiste en que documentan la voluntad del Estado de llevar a cabo el proceso penal*"[52].

No Brasil, a orientação também é tradicional, a exemplo de Aloysio de Carvalho Filho[53]:

Para a justificativa da interrupção do prazo prescritivo busca-se o próprio fundamento do instituto. Se a ação criminal prescreve, ou a pena, em vista da desnecessidade da repressão, pelo esquecimento em que o tempo vai envolvendo o crime, todos os atos praticados no sentido da punição do delinquente, e reveladores do interesse do Estado nessa punição, devem, logicamente, interromper a prescrição.

O cerne da interrupção dos prazos prescricionais está na "incompatibilidade de uma ação em movimento" – por força dos atos persecutórios – com a ocorrência de prescrição. Se a prescrição atinge o direito do Estado que, inerte, dá mostras claras de desinteresse no exercício do *jus puniendi*, estando em movimento a ação penal, não há inércia. Ao contrário, os atos persecutórios, a cada momento em que praticados, reafirmam o interesse estatal na punibilidade, pois se destinam a esse fim. *Pari passu*, sendo os atos processuais encadeados com vistas à sentença, a cada ato persecutório o Estado se aproxima cada vez mais da condenação postulada junto ao Estado-juiz.

A fluência do prazo prescricional se inicia com a consumação do fato ou último ato de tentativa (adota-se, na maior parte das legislações, o momento de cessação da ilicitude ou ofensa ao bem jurídico, não discrepando o CP brasileiro, conforme art. 111), sendo obstada pelo primeiro ato persecutório. Daí em diante, só pode se consumar nos intervalos entre esses atos – nos quais, de fato, há inércia –, e, ao contrário, a cada ato de impulso processual voltado ao exercício do direito de punir, a prescrição logicamente recomeçará a correr.

No momento em que o Estado reafirma o interesse na punição, tornando clara a inexistência de renúncia ao *jus puniendi*, o prazo que corria para que isso ocorresse deixa de ter qualquer valor. Flui então o lapso prescricional *ex novo*, e por isso se diz que o período pretérito é "esquecido."

Em preciosa lição, Morillas Cueva[54] apresenta quatro estruturas básicas de construção sistêmica das causas interruptivas:

1. sistemas que têm em conta como causadores de interrupção os atos de procedimento dirigidos contra o autor, pelo Ministério Público;
2. sistemas que adotam como causas de interrupção a condenação ou um ato do juiz;

---

51 QUINTERO OLIVARES, G. Op. cit. Barcelona: PPU, 1995. p. 683.
52 JESCHECK, H.; WEIGEND, T. Tratado de Derecho Penal. Parte General. 5. ed. Granada: Comares, 2002, p. 986.
53 CARVALHO FILHO, A. Op. cit., p. 425. ANDRADE C. Op. cit., p. 124. Na doutrina de meados do século XX, ver GARCIA, B. Instituições de Direito Penal. Vol. I, tomo II, 4. ed. São Paulo: Max Limonad, 1959, p. 707.
54 MORILLAS CUEVA, L. Op. cit., p. 75-6. O autor situa a origem histórica das causas interruptivas no CP francês de 1791.

3. sistemas que adotam como causas de interrupção uma combinação dos modelos 1 e 2;
4. sistemas que têm como causas de interrupção conjuntamente atos de procedimento e atos comissivos de novos crimes.

Na primeira hipótese, toda vez que o MP pratica um ato procedimental que implique a tramitação do processo, no afã de levá-lo ao resultado final condenatório, está-se diante de ato dirigido contra o autor.

O sistema é absolutamente racional, pois traduz exatamente a impossibilidade de prescrever a ação em movimento, conferindo-se, a cada ato de impulsão do feito contra o réu, o caráter interruptivo. Como já se disse, esses atos trazem a ideia de que o Estado mantém o interesse direcionado à punibilidade do autor do ilícito. Ao contrário, implica a prescrição da ação a inércia do órgão estatal oficiante pelo prazo assinalado em lei, considerado a partir do último ato de movimentação. Peca o primeiro modelo, somente, no fato de não incluir a sentença como causa interruptiva, pois, apesar de não emanar do MP, é o momento máximo da persecução penal. Todavia, impõe-se que o sistema defina, *numerus clausus*, os atos persecutórios que carregam o signo de evidenciarem interesse na resolução do caso penal e no coroamento de eventual pretensão punitiva, estando presentes os elementos materiais caracterizadores do crime.

O segundo modelo, com base na prolação da sentença e outros atos judiciais como causas interruptivas, considera atuar o Estado apenas provisoriamente no intuito de levar adiante o *jus persequendi* do delito, e eis que somente se confirma a necessidade da reprimenda por meio dos órgãos jurisdicionais estatais. Portanto, a movimentação destes no sentido de fazerem tramitar a ação é o que importa para o estabelecimento dos atos capazes de causar a prescrição.

Ocorre que a mesma lógica que justifica que atos do juízo dirigidos à tramitação do feito funcionem como causas interruptivas da prescrição também importa na conclusão de que atos do Ministério Público – por importarem em movimento da persecução penal – tenham idêntico efeito. Nesse diapasão, tem-se a lição de Figueiredo Dias:

Só "actos judiciais em sentido estrito" (actos de um juiz, não também actos de outros sujeitos processuais) devem ser elevados à dignidade de causas de interrupção da prescrição. Este princípio não pode hoje, porém, afirmar-se sem limitações, derivadas da circunstância de na efectivação da pretensão punitiva participar não só o juiz, mas também – para aquele efeito com um papel de não menor importância – o magistrado do Ministério Público: também certos actos que pertencem à competência deste devem, pois, ter a virtualidade de interromper a prescrição. [55]

Na sequência, alude o doutrinador português ao StGB, que admite interrupção, no §78-C I, até mesmo a partir de atos policiais.

De qualquer modo, o fortalecimento do princípio acusatório no processo penal moderno, tornando mais e mais afastado o juiz-presidente da prática de papel inquisitorial no feito e cometendo todos os atos de atividade persecutória ao MP, reforça a crítica ora lavrada.

---

[55] FIGUEIREDO DIAS, J. Op. cit., 1993, p. 708.

Mas a justificativa não encontra guarida somente do ponto de vista teórico. Na prática, notadamente em ações penais de competência originária, tem-se percebido uma demora significativa entre o oferecimento da denúncia e seu recebimento. Vários fatores contribuem para isso: o rito da Lei n. 8.038/90; a já mencionada estruturação das Cortes Superiores; e uma maior suscetibilidade a interferências políticas nas instâncias raras.

Tome-se, a título meramente ilustrativo, uma vez que há diversos outros casos similares, o exemplo da denúncia oferecida pelo Ministério Público contra o ex-presidente da Assembleia Legislativa do Paraná, o parlamentar Nelson Justus.

Embora a denúncia tenha sido oferecida pelo Ministério Público em fevereiro de 2015, foi recebida pelo Órgão Especial do Tribunal de Justiça do Estado Paraná somente 21 (vinte e um) meses depois, em 7 de novembro de 2016[56]. Ou seja, embora praticado inequívoco ato persecutório pelo titular da ação penal, o prazo prescricional continuou fluindo por mais 21 (vinte e um) meses, aumentando significativamente as chances de prescrição das imputações[57].

Há, porém, que se sublinhar uma exceção: o ato judicial sentencial condenatório, em qualquer instância (racionalidade extensível no rito do júri, à pronúncia e confirmação dela, assim como novas decisões em recursos que, ao fim, culminam com a execução da pena). De fato, o processo destina-se à resolução do caso penal, à vista da pretensão punitiva deduzida pelo MP. Objetiva-se, desde que presente o crime, atingir a punibilidade do agente *in concreto*. Se a prescrição é vista como perda do interesse estatal nessa punibilidade, pelo decurso do tempo, a contrapartida também é válida: há um reforço da pretensão punitiva quando o Estado, exercendo funções de acusação, obtém o decreto condenatório. Se, no primeiro caso, o passar do tempo apaga o interesse estatal na punibilidade do fato, fazendo com que renuncie aos próprios atos persecutórios, tem-se, no segundo caso, efeito oposto: durante o passar do tempo, o Estado-acusador fortalece o interesse na condenação, logrando obter sentença, emanada do Estado-juiz, acolhendo sua pretensão, após praticar os atos persecutórios de sua responsabilidade.

Nesses termos, portanto, a sentença condenatória deve, mesmo, interromper a prescrição, como evidência do interesse estatal de punir.

Reforce-se, entretanto, que o sistema de causas interruptivas, à exceção da sentença condenatória e decisões de recursos, deve concentrar-se em atos ministeriais, e não judiciais. Afastando os atos do Ministério Público da estrutura de causas interruptivas, qualquer sistema legal incorrerá em rotundo equívoco, pois afastará, por meio da prescrição, a pretensão punitiva, pressupondo um respectivo desinteresse, quando o órgão que, por excelência, pode manifestar tal interesse não tem como fazê-lo para efeitos de impedir a fluência do curso da prescrição. E não se deve esquecer que, no caso do Brasil, a titularidade da pretensão punitiva é atribuída ao Ministério Público por destinação constitucional, art. 129, inc. I, CF/88.

---

56 As datas podem ser verificadas em: http://g1.globo.com/pr/parana/noticia/2016/11/tj-pr-aceita-denuncia-contra-o-deputado-estadual-nelson-justus.html. Acesso em: 8 fev. 2018.

57 No caso, as investigações foram de severa complexidade, envolvendo fatos anteriores à Lei n. 12.234/2010, havendo, portanto, possibilidade de ocorrência da prescrição retroativa, o que talvez explique a demora de 21 meses para ser decidido o recebimento da denúncia.

Destarte, o segundo sistema acima destacado alija do rol de causas interruptivas os atos praticados pelo Ministério Público, o que resulta inadequado, pois este é o titular da ação penal e tem por mister o exercício da pretensão punitiva, que é precisamente o que se fulmina pela prescrição.

O terceiro sistema, compondo no rol de causas interruptivas atos do juízo e do *parquet*, atende aos fundamentos das causas interruptivas, assinalando-se que a sentença condenatória, pelo que representa em termos de revitalização da pretensão punitiva, deve sempre ser contemplada como causa de interrupção.

O último dos sistemas, que tem como causas de interrupção conjuntamente atos de procedimento e atos comissivos de novos crimes, é o mais completo (porém, aqui, os fundamentos pelos quais a comissão de novo crime interrompe a prescrição escapam aos limites de enunciação da justificativa em mesa, alheios ao anteprojeto sob exame).

No Brasil, o CP arrola somente atos judiciais como causas interruptivas do prazo prescricional alusivo ao exercício da pretensão punitiva, divorciando-se totalmente da orientação segundo a qual os atos do Ministério Público devem relevar como causas interruptivas. Assim, estampa o equívoco de concluir pela inércia e desinteresse estatal na punibilidade do réu sem dar chances ao próprio interessado – Ministério Público – de demonstrar, praticando atos persecutórios interruptivos, que não está a renunciar ao *jus puniendi*. Um rematado absurdo!

Nesses termos, a proposta de modificação contida na redação sugerida para o art. 117, I, CP, alinha-se com um sistema que faz recair sobre o titular da ação penal a demonstração do interesse na pretensão de punir, que – até a emissão de um comando sentencial – não pode efetivamente ser representado por ato do Poder Judiciário. Inclusive, à vista de um sistema acusatório de distribuição de papéis, também não se entende que o recebimento da denúncia pelo Poder Judiciário represente um interesse estatal em punir, interrompendo a prescrição. A imparcialidade judicial, como princípio constitucional (sobretudo associado à presunção de inocência no curso do feito), não combina com esta conclusão – à exceção do momento da sentença, em que justamente o Estado-juiz posiciona-se sobre a necessidade de que a pretensão punitiva efetivamente incida.

Inserção do inciso IV-A no art. 117

Quanto à proposta do PL de inserção do inciso IV-A no art. 117, CP, considera-se, mais uma vez, a manutenção no sistema da prescrição intercorrente superveniente.

Com efeito, se houvesse a compreensão de que o interesse de punir satisfez-se com a sentença condenatória, bem como que toda atividade jurisdicional posterior é meramente substitutiva do comando sentencial de 1º grau, seria plausível que sequer fluísse a prescrição da pretensão punitiva no intercurso entre a decisão de piso e aquelas emanadas por Instâncias Superiores, ordinárias ou raras (como o C. STF ou o E. STJ).

Porém, o art. 110, CP, §1º, prevê caso de prescrição intercorrente superveniente com base na pena em concreto (atualmente, o dispositivo aglutina também a prescrição retroativa). Assim, o prazo prescricional flui mesmo que a pretensão punitiva tenha sido alcançada com condenação em 1º grau.

Nesses termos, a decisão de Instâncias Superiores, julgando recursos, é expressão de uma persecução criminal em movimento, e não inerte. E evidencia – tanto quanto a condenação em 1ª instância –interesse na punição, contrariando a prescrição como sinal de desinteresse e levando, por conseguinte, à respectiva interrupção.

Seguiria idêntica lógica, com a manutenção da prescrição intercorrente superveniente, a previsão legislativa que acrescentasse causas suspensivas do lapso prescricional, atualmente dispostas no art. 116, CP. Assim, alternativamente à interrupção da prescrição pelo julgamento de recursos, seria bastante razoável que se adotasse como causa de suspensão do prazo prescricional a interposição de recurso especial ou extraordinário, mantendo-se suspensa a prescrição até seu julgamento. Nesse sentido, aliás, previu o recente anteprojeto de reforma do Código de Processo Penal.

De fato, a mesma *ratio* justificaria ambas as modificações, ou seja, a falta de inércia, representada por uma decisão de instância superior que substitui a anterior, somada ao fato de que o recurso especial e o recurso extraordinário têm por objeto exclusivamente matéria de Direito, ou seja, os fatos já se tornaram incontroversos, aproximando-se o Estado da certeza da satisfação da pretensão punitiva.

Por ora, contudo, parece ser adequada a adoção das novas causas interruptivas do prazo prescricional dispostas nos incisos IV e V, art. 117, CP.

Por fim, por meio das modificações ora propostas, é possível antever ajustes no modelo prescricional penal constante do CP, de modo a aproximá-lo dos modelos europeus e latino-americanos. Neles, a prescrição opera em bases estatisticamente razoáveis, não tendo qualquer papel de atuar sistematicamente como mecânica de afastamento da responsabilidade penal.Com isso, haverá alteração no cotidiano forense da justiça criminal brasileira, incapaz de atingir práticas criminais ofensivas à administração pública (corrupções, em sentido amplo) e crimes de "colarinho branco", entre outras razões, por força das brechas – desconhecidas em legislações outras – existentes no sistema prescricional codificado.

57 PROÍBE O INDULTO, A GRAÇA E A ANISTIA PARA CONDENADOS POR CORRUPÇÃO

Indulto, graça e anistia são importantes instrumentos de política penitenciária no Brasil. Têm, entretanto, o potencial de serem cooptados pelo processo político e serem desviados de seu objetivo-fim para proteger políticos e outros agentes investigados ou condenados por corrupção. Com o intuito de se preservar esses instrumentos, mas evitar seu desvio de finalidade, esta proposta visa ampliar a lista de crimes insuscetíveis de graça, indulto e anistia para incluir a corrupção e crimes correlatos.

Principais pontos da proposta
- Proíbe a concessão de anistia, graça ou indulto para indivíduos condenados por peculato doloso, concussão e corrupção pública passiva e ativa.

Problemas que pretende solucionar

- Foi publicado, em 22 de dezembro de 2017, decreto de indulto assinado pelo Presidente da República (Decreto n. 9.246/2017), o qual teria beneficiado, em virtude da redução das condições exigidas, muitos dos investigados e réus acusados de envolvimento com esquemas de corrupção. Permitiria, por exemplo, o perdão das penas após cumprido 1/5 delas, sem qualquer restrição em relação ao montante global da pena perdoada. O fato de o indulto também perdoar a pena de multa aplicada chamou igualmente atenção[58]. Eventualmente, por iniciativa da PGR, o decreto de indulto foi parcialmente suspenso pelo STF.

- Exemplos internacionais evidenciam como a concessão desses benefícios pode ser desvirtuada e atrelada a negociações políticas[59]. Considerando-se o número de políticos brasileiros poderosos já condenados, além daqueles investigados, é salutar remover essa ameaça de impunidade. No mais, considerando o pequeno contingente de presos afetados por essa proposta, em relação à população carcerária brasileira, não há qualquer ameaça à utilização desses benefícios com o objetivo de reduzir a superpopulação carcerária.

---

58 G1. **Governo reduz tempo de cumprimento de pena para concessão de indulto de Natal.** Brasília, 22 dez. 2017. Disponível em: <https://g1.globo.com/politica/noticia/governo-reduz-tempo-de-cumprimento-de-pena-em-indulto-de-natal-de-2017.ghtml>. Acesso em: 12 mar. 2018.

59 O presidente peruano, alega-se, negociou a concessão de indulto ao ex-ditador Fujimori em troca de votos no Congresso Nacional. EL PAÍS. **Indulto de Kuczynski a Fujimori divide o Peru**. Lima, 26 dez. 2017. Disponível em: <https://brasil.elpais.com/brasil/2017/12/25/internacional/1514226251_340721.html>. Acesso em: 12 mar. 2018.

PROPOSTA DE EMENDA À CONSTITUIÇÃO

> Estabelece que os crimes de peculato doloso, concussão e corrupção pública passiva e ativa são insuscetíveis de anistia, graça e indulto.

As MESAS DA CÂMARA FEDERAL E DO SENADO FEDERAL promulgam a seguinte emenda, que entrará em vigor na data de sua publicação:

Art. 1º. O artigo 5º da Constituição Federal passa a vigorar com o seguinte acréscimo:

"Art. 5º. [...]

XLIV-A – constitui crime insuscetível de anistia, graça e indulto o peculato doloso, a concussão e a corrupção pública passiva e ativa;

[...]"

Brasília, XX de XXXX de XXXX.

JUSTIFICATIVA

Indulto, graça e anistia são importantes instrumentos de política penitenciária no Brasil. Têm, entretanto, o potencial de serem cooptados pelo processo político e serem desviados de seu objetivo-fim para proteger políticos e outros agentes investigados ou condenados por corrupção. Com o intuito de se preservar esses instrumentos, mas evitar seu desvio de finalidade, esta proposta visa ampliar a lista de crimes insuscetíveis de graça, indulto e anistia para incluir a corrupção e crimes correlatos.

Recentemente, essa possibilidade de desvio de finalidade concretizou-se, ameaçando a luta contra impunidade. Foi publicado, em 22 de dezembro de 2017, decreto de indulto assinado pelo Presidente da República (Decreto n. 9.246/2017), o qual teria beneficiado, em virtude da redução das condições exigidas, muitos dos investigados e réus acusados de envolvimento com esquemas de corrupção. Permitiria, por exemplo, o perdão das penas após cumprido 1/5 delas, sem qualquer restrição em relação ao montante global da pena perdoada. O fato de o indulto também perdoar a pena de multa aplicada chamou igualmente atenção[60]. Eventualmente, por iniciativa da PGR, o decreto de indulto foi parcialmente suspenso pelo STF.

Exemplos internacionais evidenciam como a concessão desses benefícios pode ser desvirtuada e atrelada a negociações políticas[61]. Considerando-se o número de políticos brasileiros poderosos já condenados, além daqueles investigados, é salutar remover essa ameaça de impunidade. No mais, considerando o pequeno contingente de presos afetados por essa proposta, em relação à população carcerária brasileira, não há qualquer ameaça à utilização desses benefícios com o objetivo de reduzir a superpopulação carcerária.

Por essas razões, pretende-se proibir a concessão de anistia, graça ou indulto para indivíduos condenados por peculato doloso, concussão e corrupção pública passiva e ativa.

---

[60] G1. **Governo reduz tempo de cumprimento de pena para concessão de indulto de Natal.** Brasília, 22 dez. 2017. Disponível em: <https://g1.globo.com/politica/noticia/governo-reduz-tempo-de-cumprimento-de-pena-em-indulto-de-natal-de-2017.ghtml>. Acesso em: 12 mar. 2018.

[61] O presidente peruano, alega-se, negociou a concessão de indulto ao ex-ditador Fujimori em troca de votos no Congresso Nacional. EL PAÍS. **Indulto de Kuczynski a Fujimori divide o Peru.** Lima, 26 dez. 2017. Disponível em: <https://brasil.elpais.com/brasil/2017/12/25/internacional/1514226251_340721.html>. Acesso em: 12 mar. 2018.

58 AUMENTA PENAS PARA CRIMES DE CORRUPÇÃO

O combate à corrupção realiza-se por múltiplas frentes. O trabalho preventivo baseia-se tanto no fortalecimento institucional e no aumento da transparência e da integridade quanto no efeito dissuasório exercido pela punição. Por isso, pretende-se aumentar não só a probabilidade de corruptos terem seus crimes descobertos e comprovados, mas também as penas previstas para os crimes de corrupção e correlatos.

Principais pontos da proposta

- Tipifica o peculato-estelionato, figura por meio da qual um funcionário público utiliza-se de seu cargo para praticar uma fraude e fazer com que lhe seja entregue, voluntariamente, bem móvel ou dinheiro.
- Aumenta as penas previstas para uma série de crimes, uniformizando-as também. As penas previstas para a prática de peculato, corrupção passiva e ativa, concussão e corrupção ativa em transação comercial internacional passam a ser de 4 a 12 anos. A pena da corrupção e do peculato hoje é de 2 a 12 anos, o que significa um aumento relativamente pequeno.
- Estabelece como condição para a progressão de regime de cumprimento da pena, a suspensão condicional, a substituição por pena restritiva de direitos, o livramento condicional, a comutação e o indulto, nos crimes de "colarinho branco", a efetiva reparação dos danos causados ou a devolução do produto do ilícito.
- Determina, como causa de aumento da pena nos crimes de "colarinho branco", que as penas serão dobradas quando o dano causado ou o produto do ilícito for igual ou superior a 1000 salários mínimos.

Problemas que pretende solucionar

- O efeito dissuasório da pena é uma função da probabilidade de punição e do montante da punição. No Brasil, além de a probabilidade de punição ser bastante baixa, o montante da punição é ínfimo, o que torna a corrupção um crime de baixíssimo risco e alto benefício. De fato, a pena no país, tradicionalmente, é aplicada sempre de modo próximo ao mínimo legal, que é de 2 anos. Uma pena inferior a 4 anos é convertida em penas alternativas e ainda será indultada depois de cumprida uma pequena fração dela, próxima ou até menor do que 1/4.
- O aumento das penas para crimes de corrupção e correlatos tem como objetivo transformar o cálculo racional realizado pelos agentes antes de transgredirem, instituindo um efeito dissuasório. Estudiosos dos crimes do "colarinho branco" – como Neal Shover e Andy Hochstetler – afirmam que o aumento das penas é uma medida de política criminal saudável. O estabelecimento de uma pena padrão para crimes semelhantes resolve, ainda, inconsistências atuais.

- Por fim, punir de forma semelhante indivíduos que desviaram milhões de reais em recursos públicos e aqueles responsáveis por pequenos desvios afigura-se injusto e desproporcional. O sistema atual (com a avaliação do valor desviado como uma das várias circunstâncias do art. 59 do Código Penal) mostra-se insuficiente para conferir o devido peso ao montante desviado na determinação da pena, especialmente em casos nos quais houve desvio de grandes somas. A criação de uma causa de aumento de pena para grandes desvios alinha-se, ainda, com a previsão, na seara internacional, do crime específico de grande corrupção, com pena diferenciada.

ANTEPROJETO DE LEI

Altera dispositivos do Decreto-Lei n. 2.848, de 7 de dezembro de 1940, Código Penal, para majorar as penas de crimes contra a administração pública, estabelecer uma causa geral de aumento de pena para crimes de "colarinho branco" e condicionar benefícios penais nesses casos ao ressarcimento do dano; e altera dispositivos para suprimir a regulação específica do crime de corrupção em leis especiais.

O **PRESIDENTE DA REPÚBLICA** faço saber que o Congresso Nacional decreta e eu sanciono a seguinte lei:

Art. 1º O Decreto-lei n° 2.848/1940 – Código Penal, passa a vigorar com as seguintes alterações:

"**Art. 171.** [...]

§3º – A pena é dobrada se o crime é cometido em detrimento de entidade de direito público ou de instituto de economia popular, assistência social ou beneficência." *(NR)*

"**Art. 312.** [...]

Pena – reclusão, de 4 (quatro) a 12 (doze) anos, e multa.

[...]

§1º-A – Aplica-se a mesma pena, se o funcionário público, embora não tendo a posse do dinheiro, valor ou bem, o obtém ou concorre para que seja obtido, em proveito próprio ou alheio, induzindo ou mantendo a Administração Pública ou alguém em erro, mediante artifício, ardil ou qualquer outro meio fraudulento, valendo-se de facilidade que lhe proporciona a qualidade de funcionário.

[...]

§4º *Se o réu* for primário e o valor da coisa apropriada for de até vinte salários mínimos, o juiz poderá substituir a pena de reclusão pela de detenção e diminuí-la em até um terço." (NR)

"Peculato mediante inserção de dados falsos em sistema de informações

Art. 313-A. [...]

Pena – reclusão, de quatro a doze anos, e multa." (NR)

"Art. 316. [...]

Pena – reclusão, de quatro a doze anos, e multa.

[...] Peculato na exação excessiva

§2º [...]

Pena – reclusão, de quatro a doze anos, e multa." (NR)

"Art. 317. [...]

Pena – reclusão, de 4 (quatro) a 12 (doze) anos, e multa." (NR)

"Art. 333. [...]

Pena – reclusão, de 4 (quatro) a 12 (doze) anos, e multa." (NR)

"Art. 337-B. [...]

Pena – reclusão, de quatro a doze anos, e multa.

[...]" (NR)

Art. 2º. O art. 3º da Lei n. 8.137, de 27 de dezembro de 1990, passa a vigorar com a seguinte redação:

"Art. 3º [...]

I – [...]

Pena: reclusão, de 3 (três) a 8 (oito) anos, e multa.

II – Patrocinar, direta ou indiretamente, interesse privado perante a administração fazendária, valendo-se da qualidade de funcionário público.

Pena: reclusão, de 1 (um) a 4 (quatro) anos, e multa." (NR)

Art. 3º. Revoga-se o inciso I do art. 1º do Decreto-Lei n. 201, de 27 de fevereiro de 1967.

Art. 4º. O §4º do art. 33 do Decreto-Lei n. 2.848/1940, **Código Penal**, passa a vigorar com a seguinte redação:

"§4º O condenado por crime contra a administração pública, o sistema financeiro, o mercado de capitais, a ordem econômica ou tributária, as relações de consumo ou a economia popular terá a progressão de regime do cumprimento da pena, a suspensão condicional, a substituição por restritiva de direitos, o livramento condicional, a comutação e o indulto condicionados à reparação do dano que causou ou à devolução do produto do ilícito praticado, com os acréscimos legais." (NR)

Art. 5º. O Decreto-Lei n. 2.848/1940, Código Penal, passa a vigorar acrescido do artigo 67-A, com a seguinte redação:

"**Causa de aumento de pena nos crimes do 'colarinho branco'**

Art. 67-A. Nos crimes dolosos contra a administração pública, o sistema financeiro, o mercado de capitais, a ordem econômica ou tributária, as relações de consumo ou a economia popular, aplicam-se as penas em dobro, se o dano causado ou o produto do ilícito for igual ou superior a mil salários mínimos vigentes ao tempo do fato." (NR)

Art. 6º. Esta Lei entra em vigor na data da sua publicação.

Brasília, XX de XXXX de XXXX.

JUSTIFICATIVA

A presente proposta tem por inspiração a 3ª medida da iniciativa conhecida como Dez Medidas Contra a Corrupção, considerando não só seu texto inicial, apoiado por mais de dois milhões de brasileiros, mas também o texto aprovado por unanimidade na Comissão Especial, por trinta deputados de diferentes partidos, após serem ouvidos mais de cem especialistas, e mais tarde aprovado pelo plenário da Câmara dos Deputados.

Observa-se que os organismos internacionais que realizam a medição dos índices de percepção da corrupção, entre os quais se destacam a Transparência Internacional (TI), a Oficina Europeia de Luta contra a Fraude (Olaf) e a Oficina Antifraude das Nações Unidas, coincidem em destacar que em nenhuma outra época da história da humanidade houve uma percepção tão intensa de corrupção quando comparada à realidade atual.

E, nesse cenário, o Brasil infelizmente ocupou lugar de destaque. O trabalho realizado pela força-tarefa da Lava Jato desvelou a grave situação de corrupção institucionalizada em nosso país.

De outra parte, e seguindo lições do prof. Robert Klitgaard, um dos maiores especialistas sobre a temática da corrupção, a corrupção existe na proporção dos incentivos para sua prática. Esta proposta de lei aborda o problema inspirado no raciocínio econômico, apoiado na teoria, que conta com bastante adesão, segundo a qual os agentes envolvidos em um esquema de corrupção realizam cálculos de custos e benefícios na definição de suas condutas.

Nesse contexto, o efeito dissuasório de uma sanção é produto ou função do montante da pena e da probabilidade da punição. Como a corrupção é um crime altamente difícil de ser detectado e comprovado, é recomendável que sua pena seja mais elevada, a fim de que se torne um crime de alto risco, invertendo a fórmula atual de alto benefício e baixo risco.

Sem prejuízo de iniciativas para reforçar a integridade e senso de cidadania, a saída residiria na reforma das instituições, que passariam a sustentar um sistema de dissuasão e incentivos capaz de desestimular a corrupção, a qual deixa de ser uma questão moral e passa a ser um problema de política pública. A prevenção da corrupção deve focar no estabelecimento e concretização de políticas públicas.

Prevenindo-se com eficiência, a tendência, como já se observa em alguns países (citem-se os países nórdicos, Nova Zelândia, Canadá etc.), é de obtenção de resultados bastante significativos em matéria de redução dos índices de corrupção, seja ela estatal, empresarial ou mesmo individual. Prevenir mais para reprimir menos. Porém, não se podem esquecer as medidas repressivas, ainda bastante necessárias e essenciais no contexto desse enfrentamento no Brasil.

E é nesse contexto que se apresenta esta proposta. Destacamos seus principais aspectos:

1. É importante notar que esta proposta deixa de conferir o rótulo de crime hediondo para a corrupção. Contudo, a proposta de emenda à Constituição, constante na Medida 57, torna a corrupção, a concussão e o peculato doloso insuscetíveis de graça, indulto e anistia, o que seria um efeito da caracterização de tal crime como hediondo.

    A opção feita aqui tem duas vantagens. De um lado, impede-se a concessão de benefícios de cunho político para um crime que, não raro, é praticado por pessoas que ostentam grande poder político e econômico e, por isso, poderiam influenciar a concessão dos benefícios. Some-se que o pequeno número de pessoas presas por corrupção não justifica que os instrumentos humanitários do indulto e da comutação sejam aplicados a tais crimes quando o objetivo é reduzir a superpopulação carcerária.

    Todavia, permite-se que sejam aplicadas ao crime de corrupção as regras ordinárias para a individualização da pena, o que não ocorreria se fosse considerado hediondo. As regras de individualização se aplicam para qualquer delito e não se relacionam com a superpopulação carcerária – para a qual as condenações por corrupção praticamente não contribuem –, mas com o aumento progressivo do senso de responsabilidade do detento e sua reincorporação gradual ao meio social.

2. Além disso, o projeto de lei promove uma série de adequações, inclusive para harmonizar a Lei com a emenda à Constituição apresentada. Primeiro, ele redefine penas de crimes que se enquadram no conceito amplo de corrupção. Seguindo a tendência de projetos que tramitam no Congresso e das medidas aprovadas pela Câmara, a pena da corrupção foi redefinida para o intervalo entre 4 e 12 anos. Isso permitirá a substituição da pena por medidas alternativas apenas quando as circunstâncias forem altamente favoráveis e a sanção for fixada no mínimo legal. São alterados os nomes dos crimes do artigo 313-A e do §2º do art. 316 para deixar claro que tratam de modalidades de peculato e estão, assim, sujeitos à restrição constitucional.

3. Supriu-se, no caso do peculato, uma lacuna do ordenamento. Note-se que a atual redação do art. 312, CP, prevê três espécies distintas de peculato em sua modalidade dolosa: peculato-apropriação (art. 312, *caput*), peculato-desvio (art. 312, *caput*) e peculato-furto (art. 312, §1º). Todas essas formas dolosas de peculato incriminadas atualmente no art. 312, CP, possuem três elementares comuns, a saber: (a) a qualidade de funcionário público do sujeito ativo; (b) a necessidade de o objeto material ser um bem móvel, como dinheiro ou valor, público ou particular; (c) uma relação entre o cargo e a possibilidade de acesso ao bem móvel.

    A principal nota distintiva entre as figuras do *caput* e a do §1º do artigo 312 é que, para a tipificação daquelas, mostra-se imprescindível a posse lícita anterior do bem móvel. Já no peculato-furto (artigo 312, §1º), o funcionário público não tem a anterior posse do objeto material, mas o subtrai ou concorre para que outro o subtraia, em proveito próprio ou alheio. Em suma: para a caracterização do peculato-apropriação e do peculato-desvio, além de lícita, deve haver a posse anterior do bem. Já o peculato-furto pune a conduta do funcionário público que subtrai coisa pública valendo-se da facilidade que lhe proporciona a condição de funcionário. Nesses casos, o funcionário retira o bem móvel, dinheiro ou valor, da vítima, que no caso é a pessoa jurídica de direito público proprietária do objeto material subtraído. O Código Penal brasileiro não tipifica como peculato, portanto, a conduta do funcionário público que, valendo-se de fraude, artifício ou ardil, logra em ludibriar a vítima (que pode ser a Administração Pública), que, em razão do engodo, entrega voluntariamente o bem móvel, dinheiro ou valor ao próprio funcionário público, ou a terceiro, que, assim, obtém indevida vantagem econômica.

Há, portanto, grave lacuna na legislação penal brasileira no que diz respeito à tutela do patrimônio público e enfrentamento da corrupção em sentido amplo. Pune-se pela prática de peculato o funcionário público que desvia ou se apropria de objeto que já está licitamente na sua posse (art. 312, *caput*, do CP). Do mesmo modo, pratica peculato o funcionário público que, valendo-se das facilidades proporcionadas pelo cargo, subtrai do patrimônio público determinado bem móvel (art. 312, §1º, do CP). Entretanto, deixa-se de punir, como crime contra a Administração Pública, conduta muito semelhante: a do funcionário público que utiliza o cargo para praticar uma fraude e, assim, fazer com que lhe seja entregue, ou a terceiro, voluntariamente, o bem móvel, dinheiro ou valor.

Apesar dessa identidade de desvalor das condutas, a figura do peculato-estelionato simplesmente não é punida entre os crimes contra a Administração Pública pelo Código Penal brasileiro, enquanto o crime de estelionato é previsto no art. 171, CP, no Capítulo dos Crimes Contra o Patrimônio. Gera-se, assim, uma distorção do sistema, já que há punição justificadamente mais grave ao autor do peculato-furto e injustificadamente menos grave à conduta daquele funcionário público que se locupleta da coisa pública mediante fraude, facilitada pelo cargo. É importante corrigir essa omissão, racionalizando a punição dos diferentes meios de peculato, com a inclusão da figura do peculato-estelionato.

Veja-se que a falta do dispositivo tem gerado debates em vários casos compreendidos como corrupção (em sentido amplo) e são supostos peculato-estelionato. Casos como o de Jorgina de Freitas, responsável por desvios milionários do INSS, geram discussões acerca da adequação típica da conduta no delito de estelionato ou no de peculato. No estado do Paraná, os casos que ficaram conhecidos como Diários Secretos, envolvendo fraudes milionárias na Assembleia Legislativa Estadual (desvios de dinheiro dos salários de funcionários fantasmas), também ensejaram a mesma discussão acerca da tipificação das condutas[62].

Enfim, embora a gravidade da situação seja a mesma daquela do peculato-furto, se for enquadrada como estelionato, a conduta pode estar sujeita a penas bastante diferentes. Observe-se que estão presentes no peculato-estelionato todos os elementos das outras modalidades dolosas do crime, já citados acima: a qualidade de funcionário público do sujeito ativo; a necessidade de o objeto material ser um bem móvel, tal como dinheiro ou valor, público ou particular; a relação entre o cargo e a possibilidade de acesso ao bem móvel, o que justifica um tratamento uniforme. A diferença reside no fato de que o funcionário público que pratica o peculato-estelionato não tem a posse lícita anterior do objeto como no peculato-furto, mas, diferentemente deste último, o recebe voluntariamente (mediante fraude), sem subtração.

---

[62] TJPR – APL: 12886885 PR 1288688-5 (Acórdão), Relator: José Mauricio Pinto de Almeida, Data de Julgamento: 01/10/2015, 2ª Câmara Criminal, Data de Publicação: DJ: 1675 23/10/2015.

De modo harmônico, é feita uma alteração na causa de aumento de pena que incide sobre o estelionato quando praticado em prejuízo do Erário, quando não há participação de funcionário público (quando houver, a conduta caracterizará peculato-estelionato). Hoje, a pena do estelionato em detrimento do Erário é de um a cinco anos, aumentada de um terço. A realidade tem mostrado muitos crimes de estelionato, sobretudo previdenciário, com prejuízos multimilionários. Apesar disso, a pena resulta sempre menor do que quatro anos, sendo passível de substituição, de modo desproporcional ao prejuízo causado à coletividade.

Na alteração proposta, a pena permanece a mesma, de um a cinco, mas sujeita à duplicação (em vez do aumento atual de um terço) quando o crime é praticado em detrimento do Erário. Assim, a situação do estelionatário comum não é em nada alterada, permitindo, inclusive, a suspensão condicional do processo (pois a pena mínima é de um ano), mas se confere uma proteção mais adequada para o estelionato praticado em detrimento dos cofres públicos.

4. Ainda no caso de peculato, a fim de se evitar sanções desproporcionais no caso de infrações de menor gravidade, criou-se a possibilidade de o julgador diminuir a pena em até um terço quando o valor envolvido for menor que vinte salários mínimos.

5. Para além da adequação de tipos e penas, são revogados tipos penais de corrupção previstos em lei esparsas, a fim de assegurar que sua pena variará de acordo com as regras do Código Penal, não havendo razão para distinguir especificamente a corrupção no âmbito tributário ou praticada por prefeito.

6. Amplia-se, ainda, a previsão de necessidade de ressarcimento para a concessão de benefícios penais. Antes aplicável apenas a crimes contra a administração, passa a ser feita a exigência também para outros crimes que lesam a coletividade, como aqueles contra o sistema financeiro, o mercado de capitais, a ordem econômica e tributária, as relações de consumo e a economia popular. Além disso, o rol de benefícios que passa a ser condicionado ao ressarcimento é ampliado. Trata-se de uma especial proteção dada à vítima: a coletividade.

7. Além disso, para esses mesmos tipos de crime, dos quais resulte enriquecimento ilícito ou danos ao Erário, ao sistema financeiro, ao mercado de capitais, à ordem econômica, às relações de consumo ou à economia popular, o *quantum* de pena também passa a ser balizado, por meio de uma causa de aumento de pena, pelo valor desviado. Se desviado mais de mil salários mínimos, a pena passa a ser aplicada em dobro.

O aumento da pena aqui é mais brando que aquele estabelecido nas Dez Medidas Contra a Corrupção originais, que estabeleciam uma tabela de aumento de penas a partir de cem salários-mínimos. Ao mesmo tempo, cria-se uma regra que, embora mais branda, tem lógica semelhante e consagra a opção por fazer a pena variar, nesses crimes, especialmente em face do valor desviado. Ressalte-se que em legislações estrangeiras, por vezes, é consagrado um crime específico de grande corrupção, o que acaba por ser parcialmente abrangido por essa previsão de causa de aumento de pena.

Por fim, por ser bastante pertinente, cita-se a justificativa do projeto das Dez Medidas que serviu de apoio a esta proposta e foi aprovado, em grande medida, pelo plenário da Câmara dos Deputados, frisando-se que a presente proposta é, em vários aspectos, uma espécie de meio-termo entre a legislação atual, excessivamente leniente, e as propostas inseridas nas Dez Medidas:

"1. *Alteração das penas dos crimes mais lesivos contra a Administração Pública previstos no Código Penal*

As mudanças propostas visam fazer da corrupção, termo usado aqui em sentido amplo, uma conduta de alto risco.

A corrupção é hoje um crime de baixo risco, com pena iniciando em dois anos de prisão. Criminosos de colarinho branco normalmente são primários, e as penas ficam próximas do mínimo legal. Quando há condenação e não prescrevem, as penas são substituídas, por força de lei, por penas restritivas de direitos, isto é, por penas bem brandas, as quais, em pouco tempo (em regra após cumprido apenas um quarto da pena substitutiva), serão atingidas por indultos ou comutações, reduzindo-se a nada ou quase nada. Considerando que a corrupção é um crime difícil de ser descoberto e provado, o criminoso só será punido em uma pequena parcela dos crimes que cometer, o que faz dela um crime altamente vantajoso.

A elevação da pena mínima dos crimes mais graves contra a Administração Pública para quatro anos significa que mesmo réus primários – e os réus de colarinho branco normalmente são primários mesmo quando praticaram crimes antes – não terão suas penas substituídas por penas restritivas de direitos e começarão a cumprir a pena, na melhor das hipóteses, em regime semiaberto. Ninguém que praticar corrupção poderá contar com um regime aberto, o qual, em muitos casos, na prática, por falta de casa de albergado e de fiscalização, significa pena nenhuma.

Adicione-se que a pena mínima atual, de dois anos, bastante aplicada nos casos desses crimes em razão do método de fixação da pena do nosso sistema, acarreta a prescrição em apenas quatro anos, o que tende a acontecer como regra em processos de crimes do colarinho branco. Uma pena maior permite também um prazo mais dilatado para a sua investigação e processamento sem que o crime prescreva, o que é necessário, em decorrência de ser normalmente um crime de apuração complexa, praticado às escondidas.

Como o furto e o roubo, a corrupção suprime patrimônio. Diferentemente do furto e roubo, a corrupção endêmica brasileira vitimiza a nação. A corrupção rouba a comida, o remédio e a escola de milhões de pessoas, prejudicando o futuro de todos. Essas circunstâncias acentuam bastante sua gravidade e também justificam a pena mínima proposta como uma reprovação proporcional ao gravame. Cumpre observar, aliás, que há projetos de lei em trâmite que sugerem penas ainda maiores para alguns dos crimes (PL 7.868/2014, por exemplo, estabelece a pena inicial de cinco anos para o peculato e a concussão), enquanto outras estabelecem o patamar idêntico ao proposto (PL 5.900/2013).

Se queremos um país livre de corrupção, esta deve ser transformada em um crime de alto risco. Como o homicídio, a corrupção mata. Contudo, diferentemente da maior parte dos homicídios, a corrupção é planejada e pensada, ou seja, é uma decisão racional que toma em conta custos e benefícios. A elevação da pena mínima constitui um desincentivo, um custo, da escolha pelo ato corrupto.

Quanto à gradação das penas desses crimes, embora entre as circunstâncias judiciais do art. 59 do Código Penal, que regulam a individualização da pena, já se encontrem as consequências do crime, o valor do prejuízo ou da vantagem econômica constitui, no contexto normativo atual, apenas mais um dos fatores considerados na dosimetria da pena, que sempre parte do mínimo legal.

Contudo, em crimes contra a Administração Pública, o volume da supressão de recursos do Estado, além de ser a principal circunstância a ser sopesada, pode engendrar consequências gravíssimas. Os milhões, ou bilhões, suprimidos dos cofres públicos inevitavelmente afetam as diversas camadas da população em seus direitos essenciais, como segurança, saúde, educação (isto é, furtam-lhes a possibilidade de um futuro melhor) e, em última análise, a própria vida. Embora seja difícil, em concreto, estabelecer-se o nexo causal entre os desvios de verbas e a morte de pessoas (tendo em vista que a ofensa é difusa), não há dúvidas de que o desvio de verbas públicas em escala acentuada acaba por provocar mortes.

O parâmetro de pena razoável nesses casos deve ser o crime de homicídio, cuja pena, quando simples, é de seis a vinte anos e, quando qualificado, é de doze a trinta anos. Outro parâmetro razoável, para corrupção de grande magnitude, é o crime de latrocínio, que tem pena de vinte a trinta anos, e o delito de extorsão qualificada pela morte, cuja pena é de vinte a trinta anos.

Por coerência, propôs-se igualmente a gradação da pena quando se tratar de crime de estelionato contra o erário ou contra a previdência social, os quais entram também na categoria dos mais graves crimes praticados contra a população e merecem ser apenados de acordo com o montante do prejuízo.

O aumento da pena proporcionalmente ao dano causado ou à vantagem ilícita auferida é adotada em outros países, inclusive com democracias mais avançadas e instituições mais amadurecidas e consolidadas, como, por exemplo, os Estados Unidos da América.

Com efeito, o 2014 USSC Guidelines Manual (Manual de Orientações da Comissão de Penas dos Estados Unidos, vigente a partir de novembro de 2014), que orienta os juízes e tribunais estadunidenses na dosimetria das penas criminais naquele país, determina que, se a vantagem auferida ou o dano ao Erário supera 5 mil dólares[63], a pena base passa a sofrer acréscimo proporcional, de acordo com a seguinte tabela:

---

63 "*If the value of the payment, the benefit received or to be received in return for the payment, the value of anything obtained or to be obtained by a public official or others acting with a public official, or the loss to the government from the offense, whichever is greatest, exceeded $5,000, increase by the number of levels from the table in §2B1.1 (Theft, Property Destruction, and Fraud) corresponding to that amount*" [USSG, §2C1.1(b)(2)].

Loss (Apply the Greatest)	Increase in Level
(A) $5,000 or less	no increase
(B) More than $5,000	add 2
(C) More than $10,000	add 4
(D) More than $30,000	add 6
(E) More than $70,000	add 8
(F) More than $120,000	add 10
(G) More than $200,000	add 12
(H) More than $400,000	add 14
(I) More than $1,000,000	add 16
(J) More than $2,500,000	add 18
(K) More than $7,000,000	add 20
(L) More than $20,000,000	add 22
(M) More than $50,000,000	add 24
(N) More than $100,000,000	add 26
(O) More than $200,000,000	add 28
(P) More than $400,000,000	add 30

Essa tabela impõe um acréscimo à pena-base, que pode variar entre 6 meses (acima de 5 mil dólares de vantagem auferida) até o máximo de 10 anos (acima de 400 milhões de dólares de vantagem auferida) de aprisionamento[64], para o réu primário.

Com base na proposta, apresenta-se abaixo o quadro de penas, em anos, por ato criminoso, que passariam a vigorar para os principais crimes contra a Administração Pública, com base no salário mínimo vigente a partir de 1º de janeiro de 2015, ressaltando que a primeira coluna retrata as penas que hoje são cominadas pelo Código Penal:

Crime	Pena atual	Proposta: pena variável pelo prejuízo ou benefício (R$)			
		0 a 77.999,99	≥ 78.800,00	≥ 788.000,00	≥ 7.880.000,00
Peculato (art. 312 e §1º)	2 a 12	4 a 12	7 a 15	10 a 18	12 a 25
Inserção de dados falsos em sistema de informações (art. 313-A)	2 a 12	4 a 12	7 a 15	10 a 18	12 a 25
Concussão (art. 316)	2 a 8	4 a 12	7 a 15	10 a 18	12 a 25
Excesso de exação qualificada (art. 316, §2º)	2 a 12	4 a 12	7 a 15	10 a 18	12 a 25
Corrupção passiva (art. 317)	2 a 12	4 a 12	7 a 15	10 a 18	12 a 25
Corrupção ativa (art. 333)	2 a 12	4 a 12	7 a 15	10 a 18	12 a 25
Estelionato (art. 171)[65]	1 a 5	2 a 8	4 a 10	6 a 12	8 a 14

[64] *USSG*, Ch. 5, Pt. A.
[65] Foi considerada a pena antes do aumento de um terço do §3º e incidente quando o crime é praticado em detrimento de entidade de direito público.

Parece ser instintivo que as condutas que representam dano maior devem ser mais severamente apenadas, não só como retribuição, mas, sobretudo, pelo seu caráter dissuasório. Por essa razão é que se propõe que a proporcionalidade entre o resultado lesivo e a sanção criminal seja expressamente prevista em relação aos mais graves crimes do colarinho branco praticado com abuso de função pública ou em prejuízo ao Erário, cujo potencial de danos é tão grande quanto o de crimes de violência. Corrupção mata e deve ser uma conduta de alto risco, risco esse que deve ser proporcional ao gravame que pesará sobre a população.

Por fim, tendo em vista a necessidade de adaptar os princípios da moderna Justiça Restaurativa também aos crimes praticados contra os interesses difusos, é que se propõe que a obtenção de benefícios e favores legais relacionados ao cumprimento da pena seja condicionada à reparação do dano e à devolução da riqueza indevidamente amealhada.

2. Supressão da regulação específica do crime de corrupção praticado no contexto tributário, previsto no art. 3º da Lei 8.137, de 1990, e do crime de peculato praticado por prefeito, do art. 1º, I, do Decreto-Lei n. 201, de 1967

   A proposta não suprime o crime de corrupção praticado no contexto tributário ou o crime de peculato praticado por prefeito, mas apenas suprime sua regulação especial pela Lei n. 8.137/1990 e pelo Decreto-Lei n. 201/1967. Com a alteração proposta, a corrupção praticada no contexto tributário e o peculato de prefeito passam a ser previstos e punidos diretamente pelo Código Penal. Isso evita regulações adicionais e desnecessárias, bem como a necessidade de reproduzir na lei especial a gradação da pena da corrupção segundo o proveito econômico, que foi proposta no âmbito do Código Penal. A previsão especial, aliás, tende a gerar distorções a longo prazo. Projetos em trâmite no Congresso, que tornam hediondos a corrupção e o peculato, por exemplo, sequer mencionam esses tipos penais, o que tornaria hedionda a corrupção e o peculato de forma geral, e não a corrupção no contexto tributário e o peculato praticado por prefeito. Isso, por si só, já seria ilógico, mas se torna mais aberrante se percebermos que tradicionalmente esses crimes especiais têm uma pena maior do que o crime de corrupção em geral. Uma vez que não há razão para privilegiar auditores-fiscais ou prefeitos que cometem crime de corrupção, é proposta a supressão nesses artigos.

3. Inclusão da corrupção no rol de crimes hediondos do art. 1º da Lei n. 8.072, de 1990

   Esta proposta também está no contexto de fazer da corrupção um crime de alto risco patrimonial e moral, especialmente a corrupção de altos valores, porque esta produz consequências mais sérias. Se queremos um país livre de corrupção, ela deve ser transformada em um crime de alto risco, e esse risco deve corresponder à gravidade da conduta.

   A corrupção rouba a comida, o remédio e a escola de milhões de pessoas, prejudicando o futuro de todos. Como se disse acima, a corrupção afeta a população em "seus direitos essenciais, como segurança, saúde e, em última análise, vida". "Embora seja difícil, em concreto, estabelecer-se o nexo causal entre os desvios de verbas e a morte de pessoas, não há dúvidas de que o desvio de verbas públicas em escala acentuada acaba por provocar mortes. O parâmetro de pena razoável nesses casos deve ser o crime de homicídio, cuja pena, quando simples, é de seis a vinte anos, e, quando qualificado, é de doze a trinta anos."

O Projeto de Lei n. 3.506/2012 – um dos vários no Congresso que buscam estabelecer a corrupção como crime hediondo –, em sua justificativa, menciona uma reportagem da revista Veja, de 26 de outubro de 2011, que busca fazer um vínculo concreto entre a corrupção e os danos à sociedade. A matéria ressalta que os R$ 85 bilhões desviados mediante corrupção no ano de 2010 poderiam ser empregados para: "1 – Erradicar a miséria; 2 – Custear 17 milhões de sessões de quimioterapia; 3 – Custear 34 milhões de diárias de UTI nos melhores hospitais; 4 – Construir 241 km de metrô; 5 – Construir 36.000 km de rodovias; 6 – Construir 1,5 milhão de casas; 7 – Reduzir 1,2% na taxa de juros; 8 – Dar a cada brasileiro um prêmio de R$ 443,00 reais; 9 – Custear 2 milhões de bolsas de mestrado; e 10 – Comprar 18 milhões de bolsas de luxo".

Em nota técnica de apoio ao Projeto de Lei n. 5.900/2013, a Associação Nacional dos Procuradores da República consigna que, com base em dados do Programa das Nações Unidas para o Desenvolvimento, são desviados do Brasil ao menos R$ 200 bilhões por ano. Isso é quase duas vezes o total do orçamento federal da saúde de 2014, o que significa que a qualidade da saúde no Brasil (no que depende de verbas federais) poderia ser triplicada caso se fechassem as torneiras da corrupção. O valor é aproximadamente duas vezes e meia maior do que o orçamento federal da educação, o que poderia também, pelo menos, triplicar a qualidade da educação, no que depende de verbas federais. Já quanto ao investimento federal em ciência, tecnologia e inovação, poderia ser multiplicado por 30 vezes[66]. Poderia ser duplicado o programa "Minha Casa, Minha Vida", que entregou aproximadamente 1,7 milhão de casas populares.

Passou da hora de se reconhecer a gravidade concreta desse crime, especialmente quando os valores envolvidos são elevados. A inclusão da corrupção em sentido amplo entre os crimes hediondos é um reconhecimento de que são crimes que atentam, direta e indiretamente, contra direitos fundamentais da população.

Como são crimes que possuem motivação e consequências econômicas, é natural a inserção de um parâmetro econômico para a configuração de sua hediondez. Pela proposta, crimes como corrupção e peculato passam a ser hediondos quando o valor envolvido supera cem salários mínimos, o que em valores atuais representa R$ 78.800,00. Quanto maiores os valores econômicos, maior o dano social, até um ponto em que o prejuízo social pode ser equiparado ao de outros crimes extremamente graves, que são delitos hediondos. Crimes como corrupção e peculato, quando envolvem cem vezes o valor que é, não raro, tudo que pessoas têm para

---

[66] Dados com base no orçamento federal de 2014. O orçamento federal da saúde de 2014 esteve entre 82,5 e 106 bilhões. O da educação esteve entre 42,2 e 82,3 bilhões. O de ciência, tecnologia e inovação foi de 6,8 bilhões. Disponível em: <http://www.brasil.gov.br/saude/2014/01/saude-tera-orcamento-de-r-106-bilhoes-em-2014>; <http://www.redebrasilatual.com.br/economia/2014/02/dilma-corta-r-44-bi-do-orcamento-mas-preserva-saude-educacao-e-programas-sociais-9023.html>;<http://g1.globo.com/politica/noticia/2013/12/congresso-aprova-orcamento-de-2014.html>. Acesso em: 7 jan. 2015.

passar o mês – um salário mínimo –, pode ser, sem dúvidas, caracterizado como hediondo, ainda mais dentro de um contexto de compromisso do Estado em combater a corrupção.

Some-se que, na linha do que figura nesta proposta, a pena desses crimes contra a Administração Pública, com proporção econômica superior a cem salários mínimos, varia no mínimo entre 7 e 15 anos. Esse patamar de pena é harmônico com outros crimes considerados hediondos pela lei, como estupro, cuja pena varia de 6 a 10 anos em sua forma simples, ou ainda o favorecimento da prostituição ou outra forma de exploração sexual de criança ou adolescente ou de vulnerável, com pena de 4 a 10 anos.

Reflexo do reconhecimento social da hediondez é o fato de que há numerosos projetos de lei propostos no Congresso, desde 1992, que objetivam transformar corrupção em crime hediondo, até mesmo independentemente do valor envolvido.

Como já dito anteriormente, a corrupção é hoje um crime de baixo risco. Quando há condenação e as penas não prescrevem, elas são brandas (não prisionais) e, em pouco tempo, serão atingidas por indultos ou comutações, reduzindo-se a nada ou quase nada. A atribuição da qualidade de crime hediondo às modalidades mais graves de corrupção terá como um dos efeitos positivos impedir a concessão de indulto e comutação de pena aos criminosos. Tal restrição só pode acontecer por iniciativa do Congresso Nacional, aliás, pela inserção de tais crimes na categoria de crimes hediondos, para os quais a própria Constituição veda os benefícios de indulto e comutação, já que de outro modo a concessão destes está dentro da esfera de prerrogativas do Presidente da República.

Além disso, segundo estudos consagrados sobre corrupção, como os de Rose-Ackerman[67] e Klitgaard[68,] uma das perspectivas do ato corrupto apresenta-o como fruto de uma decisão racional que toma em conta os benefícios e os custos da corrupção e os do comportamento honesto. A ponderação dos custos da corrupção envolve o montante da punição e a probabilidade de tal punição ocorrer. A inserção de tais delitos como hediondos repercute diretamente no montante da punição, sob prisma prático, pesando como fator negativo na escolha racional do agente.

É extremamente raro que autores de crimes de colarinho branco sejam punidos e, quando punidos, que cumpram pena em regime fechado, mesmo quando os crimes são extremamente graves. A perspectiva de pena mais grave, e de condições mais gravosas de cumprimento de pena, será certamente um fator de desestímulo a tais práticas criminosas. No cenário atual, em que grandes esquemas de corrupção são descobertos, é preciso adotar medidas firmes para mudar a realidade.

---

[67] ROSE-ACKERMAN, S. A economia política da corrupção. In: ELLIOT, K. A. (Org.); GLYNN, P. et al. A corrupção e a economia global. Tradução de Marsel Nascimento Gonçalves de Souza. Brasília: Editora Universidade de Brasília, 2002, p. 72-3.

[68] KLITGAARD, R. A corrupção sob controle. Tradução de Octavio Alves Velho. Rio de Janeiro: Jorge Zahar, 1994, p. 87.

59 AUMENTA PENAS DA LEI DE LICITAÇÕES

Diversos crimes contra a Administração Pública têm penalidades brandas, especialmente quando se considera que a dosimetria da pena, no Brasil, acarreta penas finais próximas ao mínimo. A isso se soma que as regras vigentes sobre prescrição e a morosidade, que se relaciona também ao excesso de recursos, ensejam frequentemente a impunidade. No caso da Lei de Licitações, não só as penas mínimas, mas também as máximas, são brandas. Dos 10 tipos penais, só 2 têm pena máxima superior a 4 anos, o que veda prisão preventiva para 80% dos crimes contra concorrência e Administração Pública previstos na Lei de Licitações. Por prever pena de "detenção", não cabe interceptação telefônica e regime inicial fechado. Trata-se de crimes que, frequentemente, lesam milhares ou milhões de cidadãos com o desvio de verbas que seriam essenciais para o bom funcionamento de diversos serviços públicos.

Principais pontos da proposta

- Aumenta penas dos crimes da Lei de Licitações, mitigando o risco de imunidade de crimes do "colarinho branco" e ampliando seu efeito dissuasório. A pena mínima passa a ser, em alguns tipos que refletem condutas mais graves, de 4 anos, de modo coerente com as penas propostas para a corrupção e crimes assemelhados em outro projeto deste pacote.
- Alguns tipos penais são ampliados ou alterados, para preencher lacunas existentes. Assim, o tipo penal de extorsão em licitação passa a ter tratamento semelhante ao da extorsão previsto no Código Penal.
- Amplia os limites da multa aplicável.

Problemas que pretende solucionar

Desviar dinheiro em licitações passará a ser crime de alto risco. Hoje, quem rouba um veículo de uma pessoa à mão armada pode ser submetido a uma pena entre 5 e 13 anos. Trata-se de dano limitado ao patrimônio de uma vítima. Contudo, quem frauda licitação para desviar milhões de reais e prejudica milhares ou milhões de pessoas não vai para a cadeia nenhum dia, visto que condenações de 2 a 4 anos geram substituição da pena por medidas alternativas. Enquanto a extorsão no Código Penal é punida com sanção entre 4 e 10 anos, na Lei de Licitações a pena varia entre 2 e 4 anos. O projeto busca corrigir essas distorções que contribuem para a percepção de que os crimes da lei de licitações compensam.

ANTEPROJETO DE LEI

Altera a Lei n. 8.666 de 1993 para adequar as penas previstas para os crimes de licitação.

O **PRESIDENTE DA REPÚBLICA** faço saber que o Congresso Nacional decreta e eu sanciono a seguinte lei:

Art. 1º. O Art. 89 da Lei Federal n. 8.666/93 passa a ter a seguinte redação:

Art. 89. [...]

Pena – reclusão de 4 (quatro) a 8 (oito) anos e multa.

Parágrafo único. (Revogado) (NR)

Art. 2º. O Art. 90 da Lei Federal n. 8.666/93 passa a ter a seguinte alteração:

Art. 90. [...]

Pena – reclusão, de 4 (quatro) a 8 (oito) anos e multa.

Art. 3º. O Art. 91 da Lei Federal n. 8.666/93 passa a ter a seguinte alteração:

Art. 91. [...]

Pena – reclusão de 2 (dois) a 5 (cinco) anos e multa.

Art. 4º. O Art. 92 da Lei Federal n. 8.666/93 passa a ter a seguinte alteração:

Art. 92. [...]

Pena – reclusão de 4 (quatro) a 8 (oito) anos e multa.

Parágrafo único. (Revogado)

Art. 5º. O Art. 95 da Lei Federal n. 8.666/93 passa a ter a seguinte alteração:

Art. 95. [...]

Pena – reclusão de 4 (quatro) a 10 (dez) anos e multa.

§1º. Se o crime é cometido por duas ou mais pessoas, ou com emprego de arma, aumenta-se a pena de um terço até metade.

§2º. Se da violência resulta lesão corporal grave, a pena é de reclusão, de sete a quinze anos, além da multa; se resulta morte, a reclusão é de vinte a trinta anos, sem prejuízo da multa.

§3º. Se o crime é cometido mediante a restrição da liberdade da vítima, e essa condição é necessária para a obtenção da vantagem, a pena é de reclusão de 6 (seis) a 12 (doze) anos, além da multa; se resulta lesão corporal grave ou morte, aplicam-se as penas previstas no art. 159, §§2º e 3º, respectivamente, do Decreto-Lei n. 2.848, de 7 de dezembro de 1940, Código Penal.

Art. 6º. O Art. 96 da Lei Federal n. 8.666/93 passa a ter a seguinte alteração:

Art. 96. [...]

Pena – reclusão de 4 (quatro) a 8 (oito) anos e multa.

§1º. Incide nas mesmas penas aquele que fraudar, em prejuízo da Fazenda Pública, licitação instaurada para a alienação de bem ou direito integrante do patrimônio da Administração Pública direta ou indireta, adquirindo-o por preço inferior ao de mercado.

§2º. O funcionário público que praticar o crime ou nele participar, no exercício da função ou prevalecendo-se dela, terá sua pena aumentada em um quarto.

Art. 7º. O Art. 97 da Lei Federal n. 8.666/93 passa a ter a seguinte alteração:

Art. 97. Admitir à licitação empresa ou profissional declarado inidôneo:

Pena – reclusão de 1 (um) a 3 (três) anos e multa.

§1º. Celebrar contrato com empresa ou profissional declarado inidôneo:

Pena – reclusão de 3 (três) a 6 (seis) anos e multa.

§2º. Incide na mesma pena do *caput* aquele que, declarado inidôneo, venha a licitar com a Administração, e na mesma pena do §1º aquele que, declarado inidôneo, com ela contratar.

Art. 8º. O Art. 98 da Lei Federal n. 8.666/93 passa a ter a seguinte alteração:

Art. 98.[...]

Pena – reclusão de 2 (dois) a 5 (cinco) anos e multa.

Art. 9º. O Art. 99 da Lei Federal n. 8.666/93 passa a ter a seguinte alteração:

Art. 99. A pena de multa cominada nos arts. 89 a 98 desta Lei consiste no pagamento de quantia fixada na sentença, calculada em um múltiplo do valor da vantagem efetivamente obtida ou potencialmente auferível pelo agente.

§1º. O valor a que se refere este artigo não poderá superar 50 vezes o valor da vantagem referida no *caput*.

§2º. Se não for possível estimar o valor da vantagem efetivamente obtida ou potencialmente auferível pelo agente, a multa será fixada em valor que não poderá ser inferior a 4% (quatro por cento) nem superior a 5 (cinco) vezes o valor do contrato licitado ou celebrado com dispensa ou inexigibilidade de licitação.

§3º. O produto da arrecadação da multa reverterá, conforme o caso, à Fazenda Federal, Distrital, Estadual ou Municipal.

Art. 10. A Lei Federal n. 8.666/93 passa a ter o seguinte acréscimo:

Art. 99-A. As penas dos crimes previstos nesta Lei serão aumentadas de um quarto se a modalidade licitatória de concorrência foi ou devesse ter sido adotada.

Art. 11. Esta lei entra em vigor após 90 (noventa) dias de sua publicação.

Brasília, XX de XXXX de XXXX.

JUSTIFICATIVA

Não obstante a política criminal moderna recomendar a diminuição da tipificação de delitos e entender que o aumento de penas, por si só, não seja um fator que contribua para diminuir a incidência de delitos, é de se reconhecer que tal discurso não se aplica aos chamados "crimes do colarinho branco" ou "crimes de rico". De fato, tal categoria de delitos, notadamente aqueles contra o patrimônio público, historicamente sempre foram considerados delitos que servem apenas para justificar a tipificação de "delitos de pobre" ou "delitos de rua, patrimoniais", na linha discursivo-ideológica adotada pelo nosso Direito Penal "liberal-burguês", com pensamento pautado ainda no século XIX, quando se privilegiava a proteção ao patrimônio individual e se relegava a segundo (ou mesmo a terceiro) plano a proteção ao patrimônio coletivo.

Para se constatar tal realidade, basta evidenciar que os crimes contra a administração pública, tipificados no Código Penal (a partir do art. 312), têm, em regra, apenamento mínimo significativamente baixo. Por exemplo: Art. 312 – Peculato (desvio, subtração ou apropriação de verba pública em proveito próprio ou alheio): pena mínima igual a dois anos; Art. 315 – Emprego irregular de verbas públicas: pena mínima igual a um mês; Art. 316 – Concussão (exigir vantagem para fazer ou deixar de fazer alguma coisa): pena mínima igual a dois anos; Art. 317 – Corrupção passiva (solicitar, receber ou aceitar promessa de vantagem para fazer ou deixar de fazer alguma coisa): pena mínima igual a dois anos; Art. 319 – Prevaricação: pena mínima igual a três meses; Art. 332 – Tráfico de influência: pena mínima igual dois anos; Art. 333 – Corrupção ativa (oferecer ou prometer vantagem indevida a funcionário público): pena mínima igual a dois anos; Art. 337-B – Corrupção ativa internacional: pena mínima igual a um ano; Arts. 359-A a 359-H – Crimes contra as finanças públicas: penas mínimas que variam de três meses a um ano.

Como se percebe pelos exemplos acima, os apenamentos mínimos para os crimes considerados "mais graves" tipificados contra a administração pública no Código Penal estão entre três meses a dois anos. Importa anotar que a tradição da jurisprudência brasileira fixa as penas no mínimo legal ou próximo do mínimo. Raras vezes alcança o termo médio e quase nunca o patamar máximo. Nos termos do Código Penal, as penas aplicadas em concreto, até quatro anos, costumam ser cumpridas em regime aberto e/ ou, quando muito, ensejam a aplicação de penas alternativas à prisão, a exemplo da prestação de serviços à comunidade ou da multa – esta, frise-se, não raro, em valores ridículos, bem inferiores a um salário mínimo.

Ademais, pelas penas mínimas aplicadas, o lapso temporal para verificação da prescrição (artigo 109 do Código Penal) enseja verificar a prescrição em prazos de dois a quatro anos, o que, aliado à crônica carência estrutural da Justiça Brasileira e à natural morosidade da instrução processual penal, não raras vezes resulta na impossibilidade de punição dos autores desses delitos pela "prescrição retroativa" frente à pena aplicada em concreto.

O mesmo se dá com os crimes da Lei de Licitações (Lei n. 8.666/93). Aliás, aqui, além das penas mínimas serem brandas, as máximas também o são. Dos dez tipos penais nela regrados (arts. 89 a 98), apenas dois têm pena máxima superior a quatro anos, a saber: art. 89 – dispensa indevida de licitação, com pena máxima de cinco anos; e art. 96 – fraude qualificada de licitações, com pena máxima de seis anos. Esse cenário implica não se admitir prisão preventiva para oito dos dez crimes envolvendo condutas lesivas à livre concorrência e à administração pública, pois o art. 313 do Código de Processo Penal estabelece que ela é cabível somente para crimes cuja pena máxima seja superior a quatro anos. Ademais, as penas para todos os crimes da atual Lei de Licitações são estabelecidas como "detenção", e não "reclusão", o que, nos termos do art. 33, CP, impede a adoção de regime fechado para início de cumprimento da pena e a utilização de instrumento eficaz de investigação desses delitos, como é o caso da interceptação de comunicação telefônica (Lei n. 9.296/96 – art. 2º, III).

Não é possível, por exemplo, que a fraude a um milionário processo licitatório, que muitas vezes lesa milhares, senão milhões de pessoas ao mesmo tempo, drenando para bolsos privados a verba pública destinada a saúde, educação, moradia e outros bens e melhorias de vida da carente população brasileira, seja apenada com detenção de 2 a 4 anos (como ocorre, por exemplo, no art. 90 da Lei n. 8.666/93), enquanto o roubo de um veículo à mão armada, que lesa o patrimônio de uma única pessoa, implique privação da liberdade entre 5 anos e 4 meses e 13 anos de reclusão. A clara distorção fala por si mesma, precisando urgentemente ser superada pelo legislador. Enquanto isso não ocorrer, fraudar licitações continuará sendo um "excelente negócio".

Símbolo do descompasso é o crime de extorsão da lei de licitações (art. 95), punido com pena entre 2 e 4 anos, enquanto o crime de extorsão no Código Penal (art. 158), que é menos grave (pois, no caso da lei de licitações, exige-se um prejuízo adicional à licitação), é punido com pena entre 4 e 10 anos. É uma incoerência interna do sistema penal que reflete o tratamento excessivamente leniente com os "colarinhos brancos". As penas precisam ser, no mínimo, equiparadas, por um imperativo de justiça.

Sendo assim, tanto os delitos contra a administração pública e as finanças públicas, bem como aqueles da Lei de Licitações, permitem, via de regra, os maiores benefícios da Lei Penal, ou seja, a não aplicação da pena privativa de liberdade aos infratores, o que, além de estimular a prática de delitos dessa natureza, garante o posterior desfrute do patrimônio desviado por essa classe especial de criminosos, verdadeiramente letal à sociedade brasileira, e que vem se proliferando dia a dia, conforme os rumorosos e sucessivos escândalos da República, rotineiramente divulgados pela imprensa.

A nossa Lei Penal confere a esses gravíssimos delitos cometidos contra a sociedade tratamento semelhante ao dispensado aos chamados delitos de menor potencial ofensivo, resolvidos no âmbito dos Juizados Especiais Criminais, o que se constitui um arrematado engano de política criminal. Nessa seara, o Direito Penal mínimo deve ceder espaço – já que não se demonstrou capaz de superar a verdadeira crise de moralidade pública que vivemos – para um Direito Penal mais eficaz e rigoroso, que acene para os potenciais criminosos do "colarinho branco", não mais com o convite para o crime e o gozo efetivo de seus frutos, mas, diversamente, com a possibilidade concreta de punição, por meio da privação da liberdade em nossos cárceres, por alguns anos.

Portanto, visando diminuir os desmandos da coisa pública, a reforma, seguramente, passa também pela revisão do Direito Penal Econômico, notadamente sua vertente voltada para o patrimônio público, com ampliação das penas, de modo moderado, para refletir critérios já utilizados no próprio Código Penal ou, então, propostos em projetos de lei que compõem esta iniciativa anticorrupção da FGV e Transparência Internacional. De fato, em outro projeto desta mesma iniciativa, aproveitando o parâmetro de projetos em trâmite no Congresso, a pena da corrupção que se propõe varia entre 4 e 12 anos – admitindo, na proposta apresentada, um aumento da pena proporcional ao valor desviado. Além disso, o Código Penal hoje prevê para crimes como excesso de exação e favorecimento ao contrabando e descaminho, de gravidade semelhante a alguns dos tipos da lei de licitações, a pena de prisão entre 3 e 8 anos.

Deve-se ainda observar que o efeito dissuasório da pena é uma função ou produto do montante da punição e da probabilidade da punição, segundo anotam vários estudiosos de crimes do "colarinho branco". Hoje, a probabilidade de detecção dos crimes econômicos em geral é bastante baixa, dada a sofisticação com que são praticados, e, mesmo quando detectados e comprovados a contento, ainda assim é improvável sua punição. Além de se buscar tornar mais certa a punição, é uma medida de contenção adequada o aumento da pena, segundo indicam estudos. Hoje, tais crimes são de alto benefício e baixo risco, e é necessário inverter essa fórmula.

Assim, sugerem-se as seguintes alterações na Lei de Licitações:

Redação atual	Proposta de nova redação
Art. 89. Dispensar ou inexigir licitação fora das hipóteses previstas em lei ou deixar de observar as formalidades pertinentes à dispensa ou à inexigibilidade: Pena – detenção de 3 (três) a 5 (cinco) anos e multa. Parágrafo único. Na mesma pena incorre aquele que, tendo comprovadamente concorrido para a consumação da ilegalidade, beneficiou-se da dispensa ou inexigibilidade ilegal, para celebrar contrato com o Poder Público.	Art. 89. [...]. Pena – reclusão de 4 (quatro) a 8 (oito) anos e multa. Parágrafo único. (Revogado) (NR)

A pena mínima de 4 anos segue a lógica de evitar, para esse tipo de situação, sua substituição, que ocorrerá apenas quando, após ponderar os fatores que guiam a dosimetria da pena, ela for fixada no seu mínimo legal. A pena proposta, como se afirmou acima, é coerente com aquelas atualmente previstas no Código Penal para crimes como excesso de exação e favorecimento ao contrabando e descaminho, punidos com sanção entre 3 e 8 anos.

A redação do parágrafo único atual parece indicar que não basta concorrer material ou moralmente para a fraude, nos termos do art. 29 do Código Penal (teoria monista ou unitária), só podendo ser punido o beneficiário quando alcançado o resultado material desejado. Isso, aliás, é incompatível com a caracterização do delito do art. 89 como crime formal, como parte da doutrina e jurisprudência o entende. Desse modo, foi revogado o texto do parágrafo único, sem se entrar diretamente na disputa sobre o caráter material ou formal do crime, que se reputou melhor deixar para a discussão jurisprudencial.

A redação proposta admite a interpretação no sentido de que o tipo penal pretende proteger não apenas o erário. O artigo 3º, da Lei n. 8666/93, estabelece que "a licitação destina-se a garantir a observância do princípio constitucional da isonomia, a seleção da proposta mais vantajosa para a administração e a promoção do desenvolvimento nacional sustentável e será processada e julgada em estrita conformidade com os princípios básicos da legalidade, da impessoalidade, da moralidade, da igualdade, da publicidade, da probidade administrativa, da vinculação ao instrumento convocatório, do julgamento objetivo e dos que lhes são correlatos".

Nessa perspectiva, bastante razoável, a lei de licitações busca também a observância do princípio constitucional da isonomia, a promoção do desenvolvimento nacional sustentável e o cumprimento de princípios básicos de Administração Pública, bens jurídicos ofendidos pela indevida dispensa ou inexigibilidade de licitação, tenha ou não o erário sofrido prejuízo. Contudo, diga-se novamente, a proposta não buscou colocar um ponto final na discussão sobre o caráter material ou formal do tipo, que se preferiu deixar para o âmbito da Justiça, à luz das centenas ou milhares de situações concretas. Todavia, deixou-se margem para ambas as interpretações.

Paralelamente à punição dos dirigentes, empregados e prepostos responsáveis pela prática dos crimes da Lei de Licitações e Contratos Administrativos, haverá a pessoa jurídica que responder objetivamente por esses atos lesivos, consoante previsto na Lei n. 12.846/2013.

Redação atual	Proposta de nova redação
Art. 90.	Art. 90. [...].
Frustrar ou fraudar, mediante ajuste, combinação ou qualquer outro expediente, o caráter competitivo do procedimento licitatório, com o intuito de obter, para si ou para outrem, vantagem decorrente da adjudicação do objeto da licitação.	Pena – reclusão de 4 (quatro) a 8 (oito) anos e multa.
Pena – detenção de 2 (dois) a 4 (quatro) anos e multa.	

O tipo do art. 90, da Lei n. 8.666/1993, é, certamente, o mais grave dos delitos da Lei especial. Essa é a razão da substituição da detenção para a reclusão e da elevação do *quantum* da pena para patamar que é proposto, em projeto desta mesma iniciativa anticorrupção, para o delito de corrupção.

Redação atual	Proposta de nova redação
Art. 91. Patrocinar, direta ou indiretamente, interesse privado perante a Administração, dando causa à instauração de licitação ou à celebração de contrato, cuja invalidação vier a ser decretada pelo Poder Judiciário:	Art. 91. [...].
	Pena – reclusão de 2 (dois) a 5 (cinco) anos, e multa.
Pena – detenção de 6 (seis) meses a 2 (dois) anos e multa.	

O art. 91 cuida de modo especial do tráfico de influência, que visa à obtenção da vantagem ilegal a qualquer preço, dando causa à instauração do procedimento licitatório ou à celebração do contrato. A gravidade da conduta deve ser proporcional à das sanções aplicáveis, mas a proporcionalidade está ausente neste e nos outros tipos penais sob comento. A pena atual é uma clara violação ao princípio da proibição da proteção deficiente. A pena sugerida é um pouco maior que aquela da advocacia administrativa prevista na Lei n. 8.137/90 (1 a 4 anos e multa), em razão da maior gravidade da conduta aqui prevista, que inclui um resultado lesivo para a Administração Pública.

Redação atual	Proposta de nova redação
Art. 92. Admitir, possibilitar ou dar causa a qualquer modificação ou vantagem, inclusive prorrogação contratual, em favor do adjudicatário, durante a execução dos contratos celebrados com o Poder Público, sem autorização em lei, no ato convocatório da licitação ou nos respectivos instrumentos contratuais, ou, ainda, pagar fatura com preterição da ordem cronológica de sua exigibilidade, observado o disposto no art. 121 desta Lei. Pena – detenção de dois a quatro anos e multa. Parágrafo único. Incide na mesma pena o contratado que, tendo comprovadamente concorrido para a consumação da ilegalidade, obtém vantagem indevida ou se beneficia, injustamente, das modificações ou prorrogações contratuais.	Art. 92. [...]. Pena – reclusão de 4 (quatro) a 8 (oito) anos e multa. Parágrafo único. (Revogado)

As modificações ou vantagens de que cuida o art. 921, são de ordem econômica e ilegal, em quatro momentos distintos: no momento inicial da licitação, quando da publicação dos editais, com a alteração de suas cláusulas para benefício de um determinado interessado; na fase da celebração do contrato administrativo, para o pagamento de vantagem não prevista; durante a execução do contrato administrativo, pagando-se por algo não executado ou, então, isentando-se da execução algo já contratado e pago; e, finalmente, a preterição da ordem cronológica para o pagamento de fatura, em proveito de determinado contratado e prejuízo de outro(s).

Todos esses estratagemas são ilegais e lesivos ao patrimônio público e à sociedade, sendo de gravidade proporcional às alterações relacionadas à pena, as quais são harmônicas e proporcionais às alterações de penas efetuadas nos demais artigos, segundo a gravidade das condutas.

A redação do parágrafo único atual parece indicar que não basta concorrer material ou moralmente para a fraude, nos termos do art. 29 do Código Penal (teoria monista ou unitária), só podendo ser punido o beneficiário quando alcançado o resultado material desejado. Por isso, propõe-se sua revogação.

Redação atual	Proposta de nova redação
Art. 95. Afastar ou procurar afastar licitante, por meio de violência, grave ameaça, fraude ou oferecimento de vantagem de qualquer tipo. Pena – detenção de 2 (dois) a 4 (quatro) anos e multa, além da pena correspondente à violência. Parágrafo único. Incorre na mesma pena quem se abstém ou desiste de licitar em razão da vantagem oferecida.	Art. 95. [...]. Pena – reclusão de 4 (quatro) a 10 (dez) anos e multa. §1º. Se o crime é cometido por duas ou mais pessoas, ou com emprego de arma, aumenta-se a pena em um terço até metade. §2º. Se da violência resulta lesão corporal grave, a pena é de reclusão de sete a quinze anos, além da multa; se resulta morte, a reclusão é de vinte a trinta anos, sem prejuízo da multa. §3º. Se o crime é cometido mediante a restrição da liberdade da vítima, e essa condição é necessária para a obtenção da vantagem, a pena é de reclusão de 6 (seis) a 12 (doze) anos, além da multa; se resulta lesão corporal grave ou morte, aplicam-se as penas previstas no art. 159, §§2º e 3º, respectivamente, do Decreto-Lei n. 2.848, de 7 de dezembro de 1940, Código Penal.

A prática criminosa descrita no art. 95 da Lei de Licitações aproxima-se da gravidade do delito de extorsão tipificado no art. 158 do Código Penal, com pena de reclusão de 4 a 10 anos e multa. Assim, a nova redação proposta visa equiparar as condutas no âmbito privado e no setor público, com penas equivalentes. A discrepância hoje existente é uma clara expressão da leniência com delitos econômicos, em violação à proibição de proteção deficiente da sociedade. Os parágrafos espelham os parágrafos do art. 158 do Código Penal, inclusive quanto às penas. Assim, nesse ponto, não há qualquer majoração de penas em relação àquelas já previstas no sistema penal, ao qual apenas se confere coerência interna.

Redação atual	Proposta de nova redação
Art. 96. Fraudar, em prejuízo da Fazenda Pública, licitação instaurada para aquisição ou venda de bens ou mercadorias, ou contrato dela decorrente: I – elevando arbitrariamente os preços; II – vendendo, como verdadeira ou perfeita, mercadoria falsificada ou deteriorada; III – entregando uma mercadoria por outra; IV – alterando substância, qualidade ou quantidade da mercadoria fornecida; V – tornando, por qualquer modo, injustamente, mais onerosa a proposta ou a execução do contrato. Pena – detenção de 3 (três) a 6 (seis) anos e multa.	Art. 96. [...]. Pena – reclusão de 4 (quatro) a 8 (oito) anos e multa. §1º. Incide nas mesmas penas aquele que fraudar, em prejuízo da Fazenda Pública, licitação instaurada para a alienação de bem ou direito integrante do patrimônio da Administração Pública direta ou indireta, adquirindo-o por preço inferior ao de mercado. §2º. O funcionário público que praticar o crime ou nele participar, no exercício da função ou prevalecendo-se dela, terá sua pena aumentada em um quarto.

Este é um dos crimes mais graves da lei, merecendo ter por baliza a mesma pena do crime previsto no art. 90 e as mesmas justificativas anteriormente referidas.

O §1º trata de hipótese de subfaturamento de bem integrante do patrimônio público, omitido no dispositivo. Como cediço, a licitação também é empregada para vender bens públicos, podendo ocorrer a fraude econômica quando o concorrente paga menos que o valor de mercado pelo bem ou direito adquirido. O §2º estabelece uma causa de aumento de pena para o funcionário público, para quem a pena é de 5 a 10 anos.

Redação atual	Proposta de nova redação
Art. 97. Admitir licitação ou celebrar contrato com empresa ou profissional declarado inidôneo. Pena – detenção de 6 (seis) meses a 2 (dois) anos e multa. Parágrafo único. Incide na mesma pena aquele que, declarado inidôneo, licite ou contrate com a Administração.	Art. 97. Admitir licitação com empresa ou profissional declarado inidôneo. Pena – reclusão de 1 (um) a 3 (três) anos e multa. §1º. Celebrar contrato com empresa ou profissional declarado inidôneo: Pena – reclusão de 3 (três) a 6 (seis) anos e multa. §2º. Incide na mesma pena do *caput* aquele que, declarado inidôneo, licite com a Administração e, na mesma pena do §1º, aquele que, declarado inidôneo, com ela contratar.

A proposta separa as condutas previstas na redação original em dois momentos distintos, considerando a gravidade delas. Uma coisa é a admissão no procedimento licitatório de interessado inidôneo, que não necessariamente será o vencedor. Outra coisa, muito mais grave, é a celebração de negócio jurídico com alguém inapto a contratar com o Poder Público, comportamento que merece censura proporcionalmente mais elevada.

Redação atual	Nova redação proposta
Art. 98. Obstar, impedir ou dificultar, injustamente, a inscrição de qualquer interessado nos registros cadastrais ou promover indevidamente a alteração, suspensão ou cancelamento de registro do inscrito. Pena – detenção de 6 (seis) meses a 2 (dois) anos e multa.	Art. 98. [...] Pena – reclusão de 2 (dois) a 5 (cinco) anos e multa.

A nova redação visa dar apenamento adequado à conduta que hoje é considerada de menor potencial ofensivo, resolvendo-se no Juizado Especial Criminal. O aumento das penas e a adoção da reclusão como parâmetro são essenciais à gravidade e proporcionalidade da conduta tipificada.

Redação atual	Nova redação proposta
Art. 99. A pena de multa cominada nos arts. 89 a 98 desta Lei consiste no pagamento de quantia fixada na sentença e calculada em índices percentuais, cuja base corresponderá ao valor da vantagem efetivamente obtida ou potencialmente auferível pelo agente.	Art. 99. A pena de multa cominada nos arts. 89 a 98 desta Lei consiste no pagamento de quantia fixada na sentença, calculada em um múltiplo do valor da vantagem efetivamente obtida ou potencialmente auferível pelo agente.
§1º. Os índices a que se refere este artigo não poderão ser inferiores a 2% (dois por cento) nem superiores a 5% (cinco por cento) do valor do contrato licitado ou celebrado com dispensa ou inexigibilidade de licitação.	§1º. O valor a que se refere este artigo não poderá superar 50 vezes o valor da vantagem referida no caput.
§2º. O produto da arrecadação da multa reverterá, conforme o caso, à Fazenda Federal, Distrital, Estadual ou Municipal.	§2º. Se não for possível estimar o valor da vantagem efetivamente obtida ou potencialmente auferível pelo agente, a multa será fixada em valor que não poderá ser inferior a 4% (quatro por cento) nem superior a 5 (cinco) vezes o valor do contrato licitado ou celebrado com dispensa ou inexigibilidade de licitação.
	§3º. O produto da arrecadação da multa reverterá, conforme o caso, à Fazenda Federal, Distrital, Estadual ou Municipal.

A alteração do §1º, com a elevação do valor da multa, é essencial, posto que os percentuais como constam da redação atual são irrisórios, não representando punição efetiva dos autores desses delitos. É importante ter em conta que a multa, diferentemente da prisão, entra no cálculo econômico do crime. Se uma a cada dez condutas de fraude à licitação é detectada – um percentual otimista para vários desses tipos de crimes – e a multa corresponder a menos de dez vezes o valor da vantagem ilícita, ainda assim o crime valerá a pena. Por isso, é preciso dar maior liberdade ao juiz para fixar uma multa capaz de produzir um efeito dissuasório.

O art. 99-A proposto visa agravar a punição das fraudes cometidas nas concorrências, posto que é essa a modalidade licitatória utilizada para a celebração dos grandes negócios da Administração Pública, de maior vulto econômico. Trata-se da aplicação dos princípios da razoabilidade e proporcionalidade. Não parece adequado que a fraude a uma concorrência de milhões de reais receba o mesmo tratamento de uma fraude em uma carta convite de quinze mil reais. A técnica utilizada de prever causa de aumento de pena comum a vários tipos em separado é a mesma utilizada na Lei de Drogas (art. 40).

XI

APRIMORAMENTO DA RESPOSTA DO ESTADO À CORRUPÇÃO NO ÂMBITO DA IMPROBIDADE ADMINISTRATIVA

60 ESPECIALIZAÇÃO DE VARAS EM IMPROBIDADE E CORRUPÇÃO

Ações de Improbidade Administrativa, empregadas para responsabilizar agentes públicos que cometeram irregularidades no exercício da função pública, são de difícil e demorado julgamento em razão de suas complexidades jurídicas e factuais. Assim, criar varas específicas, dedicadas unicamente ao julgamento dessas ações, permitirá que se estabeleçam rotinas e padrões mais eficientes. Esta proposta baseia-se na bem-sucedida experiência das Varas Especializadas em Lavagem de Dinheiro e Crimes contra o Sistema Financeiro.

Principais pontos da proposta
- Determina que os Tribunais de Justiça e os Tribunais Regionais Federais instituirão Varas Especializadas em Ações Cíveis de Improbidade, com competência para julgar aquelas ações previstas na Lei n. 8.429, de 1992, e na Lei n. 12.846, de 2013.
- Essas varas terão competência, ainda, para ações cíveis conexas e para as ações penais correlatas aos mesmos fatos e agentes, ressalvada a competência especializada de outras varas especializadas, como as de lavagem e de combate ao crime organizado.

Problemas que pretende solucionar
- É grande a morosidade no julgamento de ações de improbidade administrativa. Apesar de ser meta do Conselho Nacional de Justiça (Meta 4), há alguns anos, o incremento na celeridade do julgamento dessas ações ainda permanece um substancial passivo de processos de improbidade a serem julgadas, totalizando mais de 65 mil ações distribuídas[1].
- Além disso, como indica o Relatório de Metas de 2016, apenas cinco tribunais conseguiram cumprir a meta (no caso da Justiça Estadual, julgar 70% das ações distribuídas até 2013, inclusive). A Justiça Federal, com a meta de julgar 70% das ações distribuídas até 2014, inclusive, foi ainda pior, tendo cumprido menos de 50% dessa meta[2].
- Ações de improbidade administrativa são notoriamente exigentes, consumindo grande tempo e esforço para serem julgadas. Por isso, seu julgamento se beneficiaria de um tratamento mais específico e padronizado.

---

1   CNJ. **Relatório Metas Nacionais do Poder Judiciário.** Brasília, abr. 2017. Disponível em: <http://www.cnj.jus.br/files/conteudo/arquivo/2017/05/64acb190bee63682ea4b7f7805f5acce.pdf>. Acesso em: 12 mar. 2018.
2   Idem.

PROJETO DE RESOLUÇÃO DO CONSELHO NACIONAL DE JUSTIÇA

O **Presidente do Conselho Nacional de Justiça – CNJ**, no uso de suas atribuições constitucionais, legais e regimentais, tendo presente as conclusões do Processo Administrativo n° [...] e

CONSIDERANDO a oportunidade e conveniência de especialização de unidades jurisdicionais da Justiça Comum em matéria de improbidade administrativa e

CONSIDERANDO a necessidade de padronização e uniformização, bem como a celeridade do processo, julgamento e execução da sentença nas ações cíveis de improbidade de competência da Justiça Federal,

RESOLVE

Art. 1°. Os Tribunais Regionais Federais e os Tribunais de Justiça dos Estados e do Distrito Federal e Territórios instituirão Varas Especializadas em Ações Cíveis de Improbidade no âmbito de sua competência territorial respectiva, localizando-as e instalando-as conforme recomendar sua Corregedoria mediante estudo e estatísticas previamente realizados.

Parágrafo primeiro. As Varas Cíveis Especializadas em Ações de Improbidade terão competência para o julgamento das ações previstas na Lei n. 8.429, de 2 de junho de 1992, e na Lei n. 12.846, de 1° de agosto de 2013, assim como seus incidentes.

Parágrafo segundo. As Varas Cíveis Especializadas em Ações de Improbidade poderão, conforme estabelecer justificadamente o ato de instalação correspondente, cumular a competência para outras ações cíveis conexas e para ações penais correlatas aos mesmos fatos e agentes, ressalvada a competência especializada de Varas Criminais de Lavagem de Dinheiro e Combate ao Crime Organizado e das demais Varas Especializadas, as quais, em qualquer caso, preservam sua competência originária.

Parágrafo terceiro. A competência das Varas Especializadas em Ações Cíveis de Improbidade deverá compreender o processo, o julgamento e o cumprimento das sentenças respectivas, bem como todos os respectivos incidentes processuais de competência da Justiça de Primeiro Grau.

Parágrafo quarto. A Corregedoria indicará e proporá ao respectivo Tribunal de Justiça o número de Varas a serem especializadas, a extensão da sua competência territorial, sua sede, os recursos humanos e materiais necessários ou disponíveis e o modo de provimento dos juízes e servidores.

Parágrafo quinto. As Varas Especializadas em Ações Cíveis de Improbidade poderão ser instaladas por conversão ou especialização de unidades já existentes e em funcionamento, por instalação de Varas ou Juízos desmembrados ou já criados e ainda não instalados, ou por instalação de Juízos ou Varas novos a serem criados por lei de iniciativa do Tribunal.

Parágrafo sexto. A critério do respectivo Tribunal, poderão ser especializadas em ações de improbidade mais de uma Vara Federal se assim justificar o volume de demandas, sua complexidade e a necessária celeridade processual, observado o disposto nos parágrafos anteriores.

Art. 2º. Os Tribunais instalarão as Varas Especializadas em Ações Cíveis de Improbidade no prazo de 180 dias.

Parágrafo único. Em caso de impossibilidade, os Tribunais, nesse prazo e com as razões respectivas, informarão o Conselho Nacional de Justiça.

Art. 3º. Os Tribunais mencionados no artigo 1º e o Superior Tribunal de Justiça poderão editar ato normativo para disciplinar a especialização de Turma para os fins desta lei, que poderá cumular outras competências.

Art. 4º. Esta Resolução entra em vigor no prazo de 30 dias da publicação.

Brasília, X de XXXX de 201X.

JUSTIFICATIVA

A presente iniciativa normativa possui a finalidade primordial de agilizar a tramitação das ações de improbidade administrativa com a criação de Varas Especializadas em seu julgamento.

Assim ocorre em razão da experiência exitosa, no Direito Brasileiro, das Varas Criminais Especializadas para o julgamento de crimes de lavagem de dinheiro e contra o sistema financeiro nacional.

Em uma vara com atribuição cível universal, o julgador tem, em seu acervo, milhares de ações com os mais variados temas e ritos. A título ilustrativo, consoante estatísticas publicadas pelo Conselho da Justiça Federal, em 2013, havia um estoque médio de 8.757 processos por Vara Federal no Distrito Federal aguardando julgamento.

A sistemática atual de distribuição de ações judiciais não contempla qualquer diferenciação entre uma ação de improbidade administrativa e algum outro processo repetitivo, a exemplo de mandados de segurança, que envolvem questões tributárias. Assim, para fins estatísticos, não há diferenciação entre proferir uma sentença em um processo comum, em um mandado de segurança ou em uma ação de improbidade administrativa.

Ocorre que, ordinariamente, o julgamento de uma ação de improbidade administrativa demanda da autoridade julgadora mais tempo e maior esforço intelectivo do que o julgamento de outros processos mais simples ou de matéria repetitiva.

De fato, considerando-se a necessidade de revirar extensa matéria de fato e de direito e a responsabilidade de proferir julgamento sobre direitos fundamentais dos acusados, cada ação de improbidade administrativa demanda muito mais do julgador do que outros processos com matérias mais corriqueiras e de natureza exclusivamente patrimonial.

Diante disso, a racionalização da atividade jurisdicional recomenda a especialização da atividade de instrução e julgamento, com o tratamento específico e com base em rotinas próprias, dos processos mais complexos, como as ações de improbidade administrativa.

A morosidade na tramitação das ações de improbidade administrativa é nefasta a ponto de o Conselho Nacional de Justiça (CNJ), órgão de controle externo do Poder Judiciário, estabelecer a meta das Justiças Estadual, Federal e Militar, além do Superior Tribunal de Justiça, para "identificar e julgar, até 31/12/2013, as ações de improbidade administrativa e ações penais relacionadas a crimes contra a administração pública distribuídas até 31/12/2011" (Meta 18, de 2013).

No entanto, as metas estabelecidas pelo CNJ ficaram longe de alcançar o efeito desejado. Mesmo com os esforços concentrados realizados por juízes país afora, o Relatório de Metas Nacionais do Poder Judiciário 2009-2013 revelou que nenhum Tribunal do país logrou alcançar a meta. Segundo as informações prestadas pelos Tribunais, até 31 de dezembro de 2011 havia, no Poder Judiciário, um estoque de 43.773 ações de improbidade distribuídas e não julgadas. Mesmo com os esforços impostos pela Meta 18, de tais ações, somente 10.643 foram julgadas em 2012, e apenas outras 9.864 em 2013.

Vê-se, portanto, que o problema da morosidade na tramitação dessas ações não será resolvido apenas com esforços concentrados e priorização de julgamentos. Para tanto, é necessário identificar os fatores que realmente influenciam na dificuldade de tramitação desses processos, bem como criar meios para destravá-los.

Nesse sentido, uma das possíveis soluções reside na criação de Varas Especializadas para o julgamento de ações de improbidade administrativa.

A própria Associação de Juízes Federais (AJUFE) já apresentou proposta nesse sentido ao CNJ em 18 de maio de 2016.

Esse foi o modelo implantado nas já mencionadas Varas Criminais Especializadas para julgar crimes de lavagem de dinheiro e contra o sistema financeiro nacional, o qual vem se mostrando exitoso e de acordo com o princípio constitucional da razoável duração do processo, e também por isso foi elencado dispositivo no sentido de autorizar que as ditas Varas Especializadas julguem os crimes decorrentes da menção aos atos ímprobos descritos, por meio da ação penal respectiva.

Aproveitou-se a oportunidade para incluir, no âmbito da especialização, as ações judiciais cíveis decorrentes da Lei Anticorrupção (Lei n. 12.846, de 1º/8/2013), em decorrência da similitude quanto aos seus objeto e finalidade, bem como se autorizou que os Tribunais, inclusive o Superior Tribunal de Justiça, criem Turma específica voltada ao julgamento desse tipo de ação.

É certo que as causas da morosidade na tramitação das ações de improbidade administrativa seguramente não se resumem a esse aspecto procedimental. Não se ignora que uma série de fatores políticos e sociológicos também possui relevante papel na lentidão dessas ações, uma vez que não raramente essas causas interferem em poderosos interesses econômicos e políticos e dizem respeito a réus que detêm influência social e meios financeiros para dificultar o andamento do processo judicial.

No entanto, a existência de outros fatores não justifica que não se resolvam os problemas decorrentes de incongruências procedimentais e estruturais; pelo contrário, deve-se ao máximo implementar os meios necessários para que o processo sirva para assegurar a viabilização do interesse social na responsabilização dos autores de atos ímprobos e o direito constitucional da sociedade de se valer, para tanto, de procedimento judicial célere.

É importante salientar, finalmente, que o Conselho Nacional de Justiça é competente para editar a presente resolução, que determina a criação de Varas Especializadas para o julgamento das ações civis por ato de improbidade, bem como das ações conexas, no âmbito da Justiça Estadual e da Justiça Federal.

Com efeito, o Conselho Nacional de Justiça, criado por meio da Emenda Constitucional no 45, de 8 de dezembro de 2004, possui o poder de expedir atos regulamentares e de recomendar providências com a finalidade de uniformizar procedimentos e aumentar a eficiência da estrutura administrativa do Poder Judiciário.

O Supremo Tribunal Federal, inclusive, por ocasião do julgamento da Ação Declaratória de Constitucionalidade n. 12, de relatoria do Ministro Carlos Ayres Britto, já reconheceu que as Resoluções do Conselho Nacional de Justiça têm "força de diploma normativo primário".

Na toada desse entendimento do Supremo Tribunal Federal, o Conselho Nacional de Justiça tem editado diversos atos normativos, até mesmo resoluções criam unidades judiciais, a exemplo das Resoluções 184/2013 e 238/2016.

A Resolução n. 184/2013 dispôs sobre os critérios para a criação de cargos, funções e unidades no âmbito do Poder Judiciário, estabelecendo também a possibilidade de criação de unidades judiciárias com jurisdição especializada, quando a especificidade do caso justificar. A Resolução n. 238/2016 dispôs sobre a criação, pelos Tribunais de Justiça e Tribunais Regionais Federais, de Varas Especializadas em matéria de saúde nas Comarcas ou Seções Judiciárias onde houver mais de uma Vara de Fazenda Pública, compensando-se a distribuição.

PROJETO DE RESOLUÇÃO DO CONSELHO DA JUSTIÇA FEDERAL

O **Presidente do Conselho da Justiça Federal – CJF**, no uso de suas atribuições constitucionais e legais, presentes as conclusões do Processo Administrativo n° , e

CONSIDERANDO a conveniência e oportunidade da política de especialização de unidades jurisdicionais no âmbito das Regiões da Justiça Federal de Primeiro Grau e

CONSIDERANDO a necessidade de padronização e uniformização, bem como a celeridade do processo, julgamento e execução da sentença nas ações cíveis de improbidade de competência da Justiça Federal,

RESOLVE

Art. 1°. Fica instituída, em cada Seção Judiciária de cada uma das Regiões, uma Vara Federal Especializada em Ações Cíveis de Improbidade de competência da Justiça Federal de Primeiro Grau.

Parágrafo primeiro. Ficam compreendidas na competência da Vara Federal Especializada em Ações Cíveis de Improbidade as ações cíveis previstas na Lei n. 8.429, de 2 de junho de 1992, e na Lei n. 12.846, de 1° de agosto de 2013, seus incidentes e ações conexas, assim como as ações penais correlatas aos mesmos fatos e agentes, ressalvada a competência especializada das Varas Federais Criminais de Lavagem de Dinheiro e Combate ao Crime Organizado e das demais Varas Federais Especializadas, as quais, em qualquer caso, preservam sua competência originária.

Parágrafo segundo. As Varas Federais Especializadas nos termos do *caput* serão instaladas por especialização ou desmembramento de Varas Federais já existentes, caso em que o Tribunal Regional Federal poderá dispor sobre a redistribuição do resíduo entre as demais unidades de jurisdição federal; por especialização de Vara Federal já criada e ainda não instalada; ou por especialização de Vara Federal nova a ser criada por lei de iniciativa do Tribunal Regional Federal respectivo com a aprovação do Conselho da Justiça Federal e do Conselho Nacional de Justiça.

Parágrafo terceiro. As Varas Federais Especializadas em Ações Cíveis de Improbidade terão competência territorial sobre toda a jurisdição da respectiva Seção Judiciária e terão sede na mesma cidade da sede da Seção Judiciária correspondente.

Parágrafo quarto. A competência das Varas Federais Especializadas em Ações Cíveis de Improbidade compreende o processo, o julgamento e a execução das sentenças respectivas, bem como todos os respectivos incidentes processuais de competência da Justiça Federal de Primeiro Grau.

Parágrafo quinto. A critério do respectivo Tribunal Regional Federal, poderá ser especializada em ações de improbidade mais de uma Vara Federal se assim justificar o volume de demandas, a complexidade delas e a necessária celeridade processual, observado o disposto nos parágrafos anteriores.

Art. 2º. As Varas Federais Especializadas em Ações Cíveis de Improbidade serão instaladas na forma disposta pelo Tribunal Regional Federal respectivo no prazo de 180 dias, respeitados, em qualquer caso, os limites orçamentários, prudenciais e demais limitações legais.

Parágrafo único. Em caso de impossibilidade de instalação da Vara Federal Especializada em Ações de Improbidade, o respectivo Presidente do Tribunal Regional Federal, com as razões correspondentes, informará o Conselho da Justiça Federal.

Art. 3º. Os Tribunais Regionais Federais editarão ato normativo para disciplinar a especialização de Turma para os fins desta Resolução, que poderá cumular outras competências, estabelecendo os mecanismos de compensação de distribuição adequados.

Art. 4º. Os Tribunais Regionais Federais editarão ato normativo para disciplinar a especialização de Turma para os fins desta Resolução, que poderá cumular outras competências, estabelecendo os mecanismos de compensação de distribuição adequados.

Art. 5º. Esta Resolução entra em vigor 30 dias depois de sua publicação.

Brasília, X de XXXX de 201X.

JUSTIFICATIVA

A presente iniciativa normativa possui a finalidade primordial de agilizar a tramitação das ações de improbidade administrativa com a criação de Varas Especializadas em seu julgamento.

Assim ocorre em razão da experiência exitosa, no Direito Brasileiro, das Varas Criminais Especializadas para o julgamento de crimes de lavagem de dinheiro e contra o sistema financeiro nacional.

Em uma vara com atribuição cível universal, o julgador tem, em seu acervo, milhares de ações com os mais variados temas e ritos. A título ilustrativo, consoante estatísticas publicadas pelo Conselho da Justiça Federal, em 2013, havia um estoque médio de 8.757 processos aguardando julgamento por Vara Federal no Distrito Federal.

A sistemática atual de distribuição de ações judiciais não contempla qualquer diferenciação entre uma ação de improbidade administrativa e algum outro processo repetitivo, a exemplo de mandados de segurança que envolvem questões tributárias. Assim, para fins estatísticos, não há diferenciação entre proferir uma sentença em um processo comum, em um mandado de segurança ou em uma ação de improbidade administrativa.

Ocorre que, ordinariamente, o julgamento de uma ação de improbidade administrativa demanda da autoridade julgadora mais tempo e maior esforço intelectual do que o julgamento de outros processos mais simples ou de matéria repetitiva.

De fato, considerando-se a necessidade de revirar extensa matéria de fato e de direito e a responsabilidade de proferir julgamento sobre direitos fundamentais dos acusados, cada ação de improbidade administrativa demanda muito mais do julgador do que outros processos com matérias mais corriqueiras e de natureza exclusivamente patrimonial.

Diante disso, a racionalização da atividade jurisdicional recomenda a especialização da atividade de instrução e julgamento, com o tratamento específico e com base em rotinas próprias, dos processos mais complexos, como as ações de improbidade administrativa.

A morosidade na tramitação das ações de improbidade administrativa é nefasta a ponto de o Conselho Nacional de Justiça (CNJ), órgão de controle externo do Poder Judiciário, estabelecer a meta das Justiças Estadual, Federal e Militar, além do Superior Tribunal de Justiça, para "identificar e julgar, até 31/12/2013, as ações de improbidade administrativa e ações penais relacionadas a crimes contra a administração pública distribuídas até 31/12/2011" (Meta 18, de 2013).

No entanto, as metas estabelecidas pelo CNJ ficaram longe de alcançar o efeito desejado. Mesmo com os esforços concentrados realizados por juízes país afora, o Relatório de Metas Nacionais do Poder Judiciário 2009-2013 revelou que nenhum Tribunal do país logrou alcançar a meta. Segundo as informações prestadas pelos Tribunais, até 31 de dezembro de 2011 havia, no Poder Judiciário, um estoque de 43.773 ações de improbidade distribuídas e não julgadas. Mesmo com os esforços impostos pela Meta 18, de tais ações, somente 10.643 foram julgadas em 2012, e apenas outras 9.864 em 2013.

Vê-se, portanto, que o problema da morosidade na tramitação dessas ações não será resolvido apenas com esforços concentrados e priorização de julgamentos. Para tanto, é necessário identificar os fatores que realmente influenciam na dificuldade de tramitação desses processos e criar meios para destravá-los.

Nesse sentido, uma das possíveis soluções reside na criação de Varas Especializadas para o julgamento de ações de improbidade administrativa.

A própria Associação de Juízes Federais (AJUFE) já apresentou proposta nesse sentido ao CNJ em 18 de maio de 2016.

Esse foi o modelo implantado nas já mencionadas Varas Criminais Especializadas para julgar crimes de lavagem de dinheiro e contra o sistema financeiro nacional, o qual vem se mostrando exitoso e de acordo com o princípio constitucional da razoável duração do processo. Também por isso foi elencado dispositivo no sentido de autorizar que as ditas Varas Especializadas julguem os crimes decorrentes da menção aos atos ímprobos descritos, por meio da ação penal respectiva.

Aproveitou-se a oportunidade para incluir, no âmbito da especialização, as ações judiciais cíveis decorrentes da Lei Anticorrupção (Lei n. 12.846, de 1º/8/2013), em decorrência da similitude quanto aos seus objeto e finalidade, bem como se autorizou que os Tribunais, inclusive o Superior Tribunal de Justiça, criem Turma específica voltada ao julgamento desse tipo de ação.

É certo que as causas da morosidade na tramitação das ações de improbidade administrativa seguramente não se resumem a esse aspecto procedimental. Não se ignora que uma série de fatores políticos e sociológicos também possui relevante papel na lentidão dessas ações, uma vez que não raramente essas causas interferem em poderosos interesses econômicos e políticos e dizem respeito a réus que detêm influência social e meios financeiros para dificultar o andamento do processo judicial.

No entanto, a existência de outros fatores não justifica que não se resolvam os problemas decorrentes de incongruências procedimentais e estruturais; pelo contrário, deve-se ao máximo implementar os meios necessários para que o processo sirva para assegurar a viabilização do interesse social na responsabilização dos autores de atos ímprobos e o direito constitucional da sociedade de se valer, para tanto, de procedimento judicial célere.

É importante salientar, finalmente, que o Conselho da Justiça Federal é competente para editar a presente resolução, que visa determinar que os Tribunais Regionais Federais, em suas áreas de jurisdição, promovam a especialização de Varas Federais para o julgamento das ações cíveis previstas na Lei n. 8.429, de 2 de junho de 1992, e na Lei n. 12.846, de 1º de agosto de 2013, seus incidentes e ações conexas, assim como as ações penais correlatas aos mesmos fatos e agentes.

A Constituição de 1988, em seu art. 105, parágrafo único, I, com a redação dada pela Emenda Constitucional n. 45/2004, estabelece que o Conselho da Justiça Federal tem a incumbência de "exercer, na forma da lei, a supervisão administrativa e orçamentária da Justiça Federal de primeiro e segundo graus, como órgão central do sistema e com poderes correicionais, cujas decisões terão caráter vinculante".

No exercício dessas atividades de supervisão administrativa e orçamentária, o CJF pode regulamentar todas as matérias afetas à Justiça Federal e estranhas ao exercício da função jurisdicional, inclusive editando Resoluções normativas para tanto.

Há também previsão legislativa expressa nesse sentido, qual seja a Lei n. 11.798/2008, que, em seus arts. 3º e 5º, estabelece que o Conselho da Justiça Federal pode expedir normas afetas ao sistema de administração judiciária e deve aprovar sugestões de alteração da legislação relativa às matérias de competência da JF.

Nesse sentido, a Resolução n. 273/2013 do Conselho da Justiça Federal estabelece "critérios de distribuição de competência das varas federais especializadas em crimes contra o sistema financeiro nacional e de lavagem de dinheiro ou ocultação de bens, direitos e valores e naqueles praticados por organizações criminosas".

61 AMPLIA CONCEITO DE AGENTE PÚBLICO NA LEI DE IMPROBIDADE ADMINISTRATIVA

A Lei de Improbidade Administrativa (Lei Federal n. 8.429/92) estabelece punições de caráter cível aplicáveis aos agentes públicos em casos de improbidade administrativa (má gestão pública), a exemplo de: enriquecimento ilícito, atos que causam prejuízo ao erário e atos que atentam contra os princípios da Administração Pública. A lei aplica-se aos agentes públicos. É, portanto, de fundamental importância determinar o que se entende por agentes públicos. No art. 2º, em vigor, são entendidos como agentes públicos: "todo aquele que exerce, ainda que transitoriamente ou sem remuneração, por eleição, nomeação, designação, contratação ou qualquer outra forma de investidura ou vínculo, mandato, cargo, emprego ou função nas entidades mencionadas no artigo anterior". A medida propõe a ampliação do conceito, equiparando a agentes públicos pessoas físicas ou jurídicas que celebram ajuste administrativo com a Administração Pública que lhes confere o gerenciamento de recursos públicos.

Principais pontos da proposta

- Passa a ser agente público por equiparação "o particular, pessoa física ou jurídica, que celebra com a Administração Pública convênio, contrato de repasse, contrato de gestão, termo de parceria, termo de cooperação ou ajuste administrativo equivalente".

Problemas que pretende solucionar

- Quando a Lei n. 8.429/92 foi criada, a participação de particulares no exercício de atividades notoriamente de interesse público, mediante ajuste administrativo com a Administração Pública, ainda não era recorrente, de modo que sua situação não chegou a ser abrangida na Lei de Improbidade, muito embora estejam em posição semelhante à dos agentes públicos por ela atingidos.
- Hoje, é frequente a prática de atos de improbidade administrativa por particulares, pessoas físicas ou jurídicas. A alteração visa, portanto, atualizar a norma para ajustar seu alcance à razão de sua existência, conferindo maior efetividade a essa lei, que tem um importante papel na prevenção e punição, inclusive, de atos de corrupção.

ANTEPROJETO DE LEI

Inclui o parágrafo único ao art. 2º da Lei Federal n. 8.429/92.

O **PRESIDENTE DA REPÚBLICA** faço saber que o Congresso Nacional decreta e eu sanciono a seguinte lei:

Art. 1º. O art. 2º da Lei Federal n. 8.429/92 passa vigorar com o seguinte texto:

"**Art. 2º** [...]

Parágrafo Único. Equipara-se a agente público, para os fins desta Lei, o particular, pessoa física ou jurídica, que celebra com a Administração Pública convênio, contrato de repasse, contrato de gestão, termo de parceria, termo de cooperação ou ajuste administrativo equivalente."

Art. 2º. Esta Lei entra em vigor no dia de sua publicação.

Brasília, X de XXXX de 2018.

JUSTIFICATIVA

Todo aquele que pratica alguma das condutas previstas na Lei Federal n. 8.429/92 no trato de recursos públicos, mais que ressarcir os danos provocados, deve estar sujeito às suas sanções civis e políticas estabelecidas no aludido diploma, dada a periculosidade manifesta de, em breve período, praticar novos ilícitos.

Porém, a aplicação dessas sanções civis e políticas somente é possível se estiver presente o ato de improbidade administrativa. Por sua vez, na atual conjuntura do ordenamento jurídico, exige-se, para sua configuração, a presença de agente público na prática das ações, vedando-se o reconhecimento da prática de improbidade quando houver somente a participação de particulares, mesmo que no exercício de atividades notoriamente de interesse público, como a gestão de recursos obtidos mediante a celebração, com a Administração Pública, de convênios, contratos de repasse, contratos de gestão, termos de parceria, termos de cooperação ou ajustes administrativos equivalentes.

O posicionamento atual da jurisprudência, conforme se vê a seguir, impede a aplicação da Lei para esse tipo de situação:

> PROCESSUAL CIVIL E ADMINISTRATIVO. RECURSO ESPECIAL. AÇÃO DE IMPROBIDADE ADMINISTRATIVA PROPOSTA APENAS CONTRA PARTICULAR.
>
> EXTINÇÃO SEM RESOLUÇÃO DO MÉRITO. AUSÊNCIA DE AGENTE PÚBLICO NO POLO PASSIVO. IMPOSSIBILIDADE. RECURSO NÃO PROVIDO. PRECEDENTES.
>
> I – A abrangência do conceito de agente público estabelecido pela Lei de Improbidade Administrativa encontra-se em perfeita sintonia com o construído pela doutrina e jurisprudência, estando em conformidade com o art. 37 da Constituição da República.

II – Nos termos da Lei n. 8.429/92, podem responder pela prática de ato de improbidade administrativa o agente público (arts. 1º e 2º) ou terceiro que induza ou concorra para a prática do ato de improbidade ou dele se beneficie sob qualquer forma direta ou indireta (art. 3º).

III – A responsabilização pela prática de ato de improbidade pode alcançar terceiro ou particular, que não seja agente público, apenas em três hipóteses: a) quando tenha induzido o agente público a praticar o ato ímprobo; b) quando haja concorrido com o agente público para a prática do ato ímprobo; ou c) tenha se beneficiado com o ato ímprobo praticado pelo agente público.

IV – Inviável a propositura de ação de improbidade administrativa contra o particular sem a presença de um agente público no polo passivo, o que não impede eventual responsabilização penal ou ressarcimento ao Erário pelas vias adequadas. Precedentes.

V – Recurso especial improvido.

(REsp 1405748/RJ, Rel. Ministra MARGA TESSLER (JUÍZA FEDERAL CONVOCADA DO TRF 4ª REGIÃO), Rel. p/ Acórdão Ministra REGINA HELENA COSTA, PRIMEIRA TURMA, julgado em 21/05/2015, DJe 17/08/2015)

Isso não se mostra, contudo, justo, muito menos razoável.

Como afirmar, por exemplo, não haver ato de improbidade administrativa na hipótese de uma fundação exclusivamente privada receber recursos públicos, de grande monta, para a construção de uma universidade, sob condição de oferecer percentuais de bolsas integrais, e deixar de construí-la ou, então, não oferecer os percentuais de bolsas integrais anteriormente acordados? Neste caso hipotético, não há a participação de qualquer agente público nos termos da atual definição da Lei Federal n. 8.429/92.

Da mesma maneira, como afirmar não haver ato de improbidade de um professor de universidade particular que receba, a título próprio, verba pública para o desenvolvimento de pesquisas de interesse público, mas não as realiza, gastando os valores, por exemplo, com viagens ao exterior? Também nesse caso não há a participação de qualquer agente público.

Como não admitir a prática de ato de improbidade por pessoa física que receba recursos públicos para a realização de obra cinematográfica visando ao desenvolvimento e à divulgação da cultura nacional, em nítida vinculação a políticas públicas previamente definidas, e, além de não a executar, deixar de prestar contas, utilizando vultosa quantia (maior que o montante de muitos contratos administrativos celebrados com diversos municípios brasileiros) em fins particulares? Esse é exatamente o caso do julgado Resp n. 1.405.748-RJ (2013/0322955-7).

Por fim, como também afirmar não haver ato de improbidade administrativa nas hipóteses em que uma fundação privada recebe recursos para promover a alfabetização de crianças, adultos, idosos, indígenas etc., mas os desvia em outros fins, deixando de promover a consecução da política pública estabelecida pela Administração? Mais uma vez, de acordo com o posicionamento jurisprudencial, essa não seria hipótese de configuração de atos de improbidade administrativa, ensejando mera ação ordinária de cobrança, de reconhecida pouca eficiência tanto na recomposição dos danos como na prevenção da prática de novos atos ímprobos.

É necessário deixar clara a possibilidade da existência de atos de improbidade administrativa quando praticados exclusivamente por particulares, pessoas físicas ou jurídicas, desde que vinculados à celebração, com a Administração Pública, de convênios, contratos de repasse, contratos de gestão, termos de parceria, termos de cooperação ou contratos administrativos equivalentes.

Sobre a possibilidade de se atribuir à pessoa jurídica a prática de ato de improbidade, independentemente da participação de seus sócios ou administradores, assim já se posicionou, inclusive, o Superior Tribunal de Justiça:

> PROCESSUAL CIVIL E ADMINISTRATIVO. RECURSO ESPECIAL. AÇÃO CIVIL PÚBLICA POR ATO DE IMPROBIDADE. VIOLAÇÃO AO ARTIGO 535 DO CPC INOCORRENTE. PESSOA JURÍDICA DE DIREITO PRIVADO. LEGITIMIDADE PASSIVA.
>
> **1.** Não há violação do artigo 535 do CPC quando o acórdão, mesmo sem ter examinado individualmente cada um dos argumentos trazidos pelo recorrente, adota fundamentação suficiente para decidir de modo integral a controvérsia, apenas não adotando a tese defendida pelo recorrente, manifestando-se, de maneira clara e fundamentada, acerca de todas as questões relevantes para a solução da controvérsia, inclusive em relação às quais o recorrente alega contradição e omissão.
>
> **2.** Considerando que as pessoas jurídicas podem ser beneficiadas e condenadas por atos ímprobos, é de se concluir que, de forma correlata, podem figurar no polo passivo de uma demanda de improbidade, ainda que desacompanhada de seus sócios.
>
> **3.** Recurso especial não provido.
>
> (REsp 970.393/CE, Rel. Ministro BENEDITO GONÇALVES, PRIMEIRA TURMA, julgado em 21/06/2012, DJe 29/06/2012)

Vale lembrar que, à época da edição da Lei Federal n. 8.429/92, a participação de particulares na Administração Pública, seja em atividades delegadas ou de interesse público, ainda era muito tímida, mormente diante das inovações trazidas pela Constituição Federal de 1988 e que ainda estavam sendo absorvidas pela comunidade jurídica.

Tanto isso é verdadeiro que um dos principais diplomas a disciplinar a participação de particulares na Administração Pública ocorreu somente muito anos depois, com a edição da Lei Federal n. 11.079/2004, a instituir normas gerais para licitação e contratação de parceria público-privada no âmbito da administração pública.

Constata-se, assim, que a alteração ora proposta visa preservar a higidez do microssistema de combate à corrupção e à improbidade administrativa, em nítida atividade interpretativa diante do desenvolvimento social verificado nas últimas duas décadas, explicitando a aplicação da Lei Federal n. 8.429/92 a hipóteses que se inserem, perfeitamente, em seu real e mais profícuo escopo.

62 MELHORA RESPOSTA DA LEI DE IMPROBIDADE ADMINISTRATIVA PARA A FALTA DE PRESTAÇÃO DE CONTAS

Torna a obstrução de trânsito de mandato político ato de improbidade administrativa. Isso significa que aqueles que impedirem a transição entre governos, prejudicando a continuidade do serviço público ou a prestação de contas de recursos já recebidos, poderão perder suas funções públicas e ter seus direitos políticos suspensos. Também cria uma presunção relativa de dano pela omissão na prestação de contas, já que, hoje, a ausência de prestação de contas pode ser utilizada por administradores como forma de não devolver valores desviados, pois a comprovação da má utilização dos recursos é extremamente difícil sem a colaboração do próprio órgão omisso.

Principais pontos da proposta

- Tipifica como ato de improbidade administrativa a obstrução de transição de mandato. Dessa maneira, quem impedir ou, de qualquer forma, embaraçar a transição de mandatos políticos, prejudicando a imediata continuidade do serviço público ou a prestação de contas de recursos recebidos no mandato anterior, poderá ser punido administrativamente.

- Transfere a previsão da omissão da prestação de contas do art. 11 para o 10, criando, quanto aos efeitos da condenação, uma presunção relativa de dano, já que o gestor ímprobo que tenha desviado, executado de forma deficiente ou mesclado o uso de recursos para aquela obra ou serviço específico com outros recursos vê na omissão de prestação de contas uma "saída" para não devolver valores eventualmente desviados ou malversados.

- Cria o dever de ressarcir a totalidade dos recursos com contas não prestadas ou manifestamente ineptas, com o propósito de impedir que o administrador se utilize de artifícios por ele mesmo criados para evitar sua submissão às sanções decorrentes da Lei Federal n. 8.429/92, notadamente as patrimoniais. Da mesma forma, cria-se um incentivo para que o administrador público realize a prestação de contas, ainda que incompletas, de modo a afastar a configuração de seu dolo na prática do ato ímprobo.

Problemas que pretende solucionar

- Hoje, na guerra política, há episódios em que o mandatário que deixa a posição pública, visando dificultar a vida de seu opositor que assumirá a posição pública, subtrai ou inutiliza documentos referentes a gastos, impedindo a devida prestação de contas por sucessores e trazendo sérias dificuldades para as agências de fiscalização e para a própria governabilidade do município, uma vez que a não prestação de contas dos recursos federais transferidos impede que o ente municipal receba novos recursos.

- Além disso, em diversos casos se constata que há uma omissão proposital do gestor em prestar contas, como estratégia de defesa, isto é, para esconder informações que comprovem o desvio ou mau uso dos recursos pelos administradores. De fato, é muito difícil comprovar a má aplicação de recursos públicos sem a colaboração do órgão omisso. Dado que cabe ao autor da ação de improbidade ou ressarcimento o ônus de comprovar o dano, mesmo quando o gestor não prestou contas, é melhor para o mau gestor simplesmente se omitir, pois, mesmo com a eventual condenação por ato de improbidade, ele se livrará de sofrer uma condenação que determine o ressarcimento do dano provocado. Esse quadro privilegia o gestor omisso se comparado àquele que prestou contas e que terá as irregularidades e os danos mais facilmente apurados.

ANTEPROJETO DE LEI

> Altera a Lei n. 8.429, de 2 de junho de 1992, para tipificar como improbidade a obstrução de transição de mandato político e para transferir a previsão da omissão de prestação de contas do art. 11 para o 10º, criando, no tocante aos efeitos da condenação, uma presunção relativa de dano.

O **PRESIDENTE DA REPÚBLICA** faço saber que o Congresso Nacional decreta e eu sanciono a seguinte lei:

Art. 1º. O art. 11 da Lei n. 8.429, de 2 de junho de 1992, passa a vigorar com o acréscimo do inciso X:

"**Art. 11.** [...]

X – Impedir ou, de qualquer forma, embaraçar a transição de mandatos políticos, prejudicando a imediata continuidade do serviço público ou a prestação de contas de recursos recebidos no mandato anterior."

Art. 2º. O art. 10 da Lei n. 8.429, de 2 de junho de 1992, passa a vigorar acrescido do seguinte inciso XXII:

XXII – deixar de prestar contas quando estiver obrigado a fazê-lo, incluindo-se, no cálculo da extensão do dever de ressarcir, a totalidade dos recursos com contas não prestadas ou manifestamente ineptas."

Art. 3º. Fica revogado o inciso VI do art. 11 da Lei Federal n. 8.429, de 2 de junho de 1992.

Art. 4º. Esta Lei entra em vigor na data de sua publicação.

Brasília, X de XXXX de 2018.

JUSTIFICATIVA

Quanto à presença do tipo de obstrução de transição de mandato político, há de se observar que, a cada quatro anos, chefes do Poder Executivo deixam seus cargos para que os novos eleitos os assumam. Essa sucessão de governos é motivo de comemoração no panorama democrático, de alternância do poder, mas também tem gerado atenção e cuidado dos órgãos de controle e fiscalização com relação a um inadequado fenômeno que se tornou prática comum, especialmente nos municípios brasileiros.

Com frequência, os prefeitos que saem não têm prestado as contas dos recursos que receberam e que se venceram em seus mandatos, bem como subtraído os documentos referentes a tais gastos, impedindo a devida prestação de contas pelo seu sucessor e trazendo sérias dificuldades para as agências de fiscalização e para a própria governabilidade do município, uma vez que a não prestação de contas dos recursos federais transferidos impede que o ente municipal receba novos recursos.

Com relação ao problema de governabilidade, considerando que a maioria dos municípios brasileiros depende basicamente de FPM e recursos federais de toda ordem, tal comportamento gera prejuízos imediatos para a população local, inclusive em setores fundamentais, como saúde e educação.

No plano do controle, os órgãos encontram dificuldades na investigação do uso regular da verba federal encaminhada ao município, principalmente pela ausência dos documentos na prefeitura. Esse comportamento reiterado tornou-se uma tipologia de improbidade administrativa que merece destaque na lei.

Quanto à alteração promovida para transferir o tipo de omissão de prestação de contas do art. 11 da lei para o art. 10º, cabe uma explicação mais detalhada. Desde 2016, tem-se verificado, no âmbito da Procuradoria-Geral Federal, que 50% das ações ajuizadas tratam de omissão na prestação de contas, indicando que há uma possível tendência de que gestores que praticaram irregularidades na administração de recursos públicos optem propositalmente por não prestar contas, com o objetivo de não fornecer elementos que comprovem o desvio ou mau uso dos recursos.

Isso segue uma lógica evidente. Se a jurisprudência atribui ao autor da ação de improbidade ou ressarcimento o ônus de comprovar o dano, mesmo quando o gestor não prestou contas, é melhor para o mau gestor simplesmente se omitir, pois, mesmo com a eventual condenação por ato de improbidade, ele irá se livrar da condenação em ressarcir o dano provocado. Esse quadro privilegia o gestor omisso se comparado àquele que prestou contas e terá as irregularidades e os danos mais facilmente apurados.

Assim, a omissão na prestação de contas, além de descumprimento de dever constitucional, passa a ser uma estratégia de defesa que se abriga na regra geral de distribuição do ônus da prova, isentando o mau gestor do ressarcimento ao erário.

Ante esse estado de coisas, o que se constata, na realidade, é a insuficiência de controle sobre o destino dado às verbas públicas, e a prestação de contas, no mais das vezes e quando realizada, é meramente *pro forma*.

É importante ressaltar que a experiência demonstra que a prova de dano no caso de omissão de prestação de contas é diabólica. De fato, repetem-se casos em que, após convênio para transferência de recursos para aplicação em serviços ou bens específicos, o dinheiro é sacado em espécie das contas bancárias, o que impede seu rastreamento. Nessas hipóteses, na ausência de colaboração e informações por parte de quem deveria prestar contas, a investigação é infrutífera.

Merece realce que, em nosso país, apesar de a execução de convênios administrativos necessitar da abertura de contas bancárias específicas, com desembolsos e movimentações que, além de identificadas, devem ter a finalidade estritamente vinculada aos seus objetivos, ainda é comum que se realizem saques em espécie (sem identificação) ou movimentações para outras contas bancárias não vinculadas ao programa para, então, dar-se a movimentação espúria, impedindo não apenas a identificação dos destinatários dos recursos, como também os respectivos fins em que estes são empregados. Desse modo, não haveria interesse do gestor em prestar contas, apresentando extratos bancários hábeis a imputar-lhe responsabilidades.

Em outras palavras, não se mostra crível que o gestor apresente extratos bancários que o incriminem e revelem, como citado, a existência de saques não identificados ou em espécie.

Cite-se um caso concreto, verificado em Guarulhos, relativo à execução do Convênio nº 858024/2006, em que o prefeito, à época dos fatos, efetuou transferências de recursos da conta específica de execução do Convênio (672005-5/CEF) para outras cinco contas (961470-x/BB; 6010/BB; 96141/BB; 95116/BB; 96131-0/BB) e, em seguida, efetuou movimentações e saques sem comprovação de sua aplicação no programa objeto do Convênio, muito menos identificação de seus destinatários. O referido Convênio foi objeto de ação civil de improbidade administrativa nº 0002692-64.2016.4.03.6119, que tramitou perante a 1ª Vara Federal de Guarulhos. O réu, ao saber que seria submetido à aludida ação de improbidade administrativa por informações veiculadas na imprensa, efetuou o ressarcimento de cerca de R$ 2.800.000,00 (dois milhões e oitocentos mil reais) em única parcela, o que demonstra que preferiu ressarcir os valores a prestar contas que talvez pudessem revelar condutas muito mais graves que o ato de improbidade em si.

É imprescindível deixar claro que o repasse de recursos públicos segue regras que visam destiná-los aos locais com maior carência no cumprimento das políticas públicas a que se prestam. Portanto, quando determinado agente público os recebe, isso certamente se dá porque, diante do panorama apresentado, as necessidades daquele local no cumprimento da aludida política pública afiguram-se mais prementes que em outros locais ou entes federativos.

Alguém poderia objetar que não é recomendável a inserção do ato de improbidade relativo à omissão em prestar contas no art. 10 porque passaria a ser punido culposamente. Contudo, isso não é empecilho para a alteração legislativa proposta, haja visto que a jurisprudência já consolidou que o reconhecimento dos atos de improbidade previstos no art. 10 dependem da demonstração de dolo, má-fé ou culpa grave do gestor, não se confundindo com eventual desídia ou despreparo no trato com a coisa pública:

AÇÃO DE IMPROBIDADE ORIGINÁRIA CONTRA MEMBROS DO TRIBUNAL REGIONAL DO TRABALHO. LEI 8.429/92. LEGITIMIDADE DO REGIME SANCIONATÓRIO.

EDIÇÃO DE PORTARIA COM CONTEÚDO CORRECIONAL NÃO PREVISTO NA LEGISLAÇÃO. AUSÊNCIA DO ELEMENTO SUBJETIVO DA CONDUTA. INEXISTÊNCIA DE IMPROBIDADE.

1. A jurisprudência firmada pela Corte Especial do STJ é no sentido de que, excetuada a hipótese de atos de improbidade praticados pelo Presidente da República (art. 85, V), cujo julgamento se dá em regime especial pelo Senado Federal (art. 86), não há norma constitucional alguma que imunize os agentes políticos, sujeitos a crime de responsabilidade, de qualquer das sanções por ato de improbidade previstas no art. 37, § 4º. Seria incompatível com a Constituição eventual preceito normativo infraconstitucional que impusesse imunidade dessa natureza (Rcl 2.790/SC, DJe de 04/03/2010).

2. Não se pode confundir improbidade com simples ilegalidade. A improbidade é ilegalidade tipificada e qualificada pelo elemento subjetivo da conduta do agente. Por isso mesmo, a jurisprudência do STJ considera indispensável, para a caracterização de improbidade, que a conduta do agente seja dolosa, para a tipificação das condutas descritas nos artigos 9º e 11 da Lei 8.429/92, ou pelo menos eivada de culpa grave, nas do artigo 10.

3. No caso, aos demandados são imputadas condutas capituladas no art. 11 da Lei 8.429/92 por terem, no exercício da Presidência de Tribunal Regional do Trabalho, editado Portarias afastando temporariamente juízes de primeiro grau do exercício de suas funções, para que proferissem sentenças em processos pendentes.

Embora enfatize a ilegalidade dessas Portarias, a petição inicial não descreve nem demonstra a existência de qualquer circunstância indicativa de conduta dolosa ou mesmo culposa dos demandados.

4. Ação de improbidade rejeitada (art. 17, § 8º, da Lei 8.429/92).

(AIA 30/AM, Rel. Ministro TEORI ALBINO ZAVASCKI, CORTE ESPECIAL, julgado em 21/09/2011, DJe 28/09/2011)

Nessa vereda, o gestor ímprobo que tenha desviado ou executado de modo deficiente ou mesclado o uso de recursos para aquela obra ou serviço específico com outros recursos, atualmente, vê na omissão de prestação de contas uma "saída" para não devolver valores eventualmente desviados ou malversados.

Exatamente por essa razão, para fins de fixação da responsabilidade patrimonial, o ônus de provar a ausência de prejuízos causados ao Erário, quando se deixa de prestar contas dos recursos recebidos, deve passar a ser do gestor, porque é seu o dever constitucional de prestar contas, conforme dispõe o artigo 70, parágrafo único, da Constituição Federal.

Deve-se ressaltar que não há qualquer tipo de presunção de culpa. Uma coisa é o estabelecimento da responsabilidade pelo ato de improbidade, o que enseja condenação ou absolvição, e outra é, havendo a condenação, a delimitação da responsabilidade patrimonial. O ônus para provar o ato de improbidade permanece tal como sempre foi. Repita-se que, para a configuração do ato de improbidade administrativa, ainda se deverá provar a existência de dolo, má-fé ou culpa grave do administrador, assim como a realização da conduta com todos os seus elementos. O que muda agora é, uma vez provado o ato de improbidade, a distribuição do ônus em relação tão somente às consequências patrimoniais do ato comprovado.

Portanto, em relação às contas omitidas pelo gestor, é justificável uma redistribuição do ônus probatório para fins de aferição da respectiva responsabilidade patrimonial, correspondente à totalidade dos recursos cuja utilização não tenha sido demonstrada ou se revele manifestamente inepta, *pro forma*.

É necessário, portanto, que se insira no texto legal a possibilidade de, no âmbito do dever, ressarcir o dano e os valores cuja prestação de contas foi inexistente ou manifestamente inepta (oferecida com o único objetivo de se esquivar da responsabilização prevista no art. 11, inciso VI, da Lei Federal n. 8429/92), sob pena de quase nunca se conseguir responsabilizar o respectivo gestor.

Certamente, a mudança da distribuição do ônus probatório quanto às consequências patrimoniais da ausente ou má prestação de contas trará maior controle no uso do dinheiro público, posto que o administrador não poderá mais se utilizar de artifícios criados por ele mesmo para evitar sua submissão às sanções decorrentes da Lei Federal n. 8.429/92, notadamente as patrimoniais.

Da mesma maneira, a nova regra cria um incentivo para o administrador público fornecer prestações de contas, ainda que incompletas, de modo a afastar a configuração de seu dolo na prática do ato ímprobo.

De outra parte, a revogação do inciso VI do art. 11 da Lei Federal n. 8.429/92 não traz prejuízo algum ao sistema de combate à corrupção e improbidade. Doutrina e jurisprudência mostram-se uníssonas ao afirmar que todos os incisos dos artigos 9º, 10 e 11 da Lei Federal n. 8.429/92 inserem-se na descrição dos respectivos *capita*.

Em outras palavras, os incisos de cada um desses artigos têm o papel de deixar expressas algumas condutas que, diante da gravidade ou importância de suas consequências, não poderiam ser negligenciadas pelos órgãos de controle da Administração Pública, muito menos pelos operadores do Direito.

E, na situação em testilha, não houve, como se diria na seara penal, "*abolitio*" em relação à conduta prevista no inciso com revogação proposta. Ao contrário, a hipótese passou a ser prevista em dispositivo distinto com garantias mais robustas, incrementando, aliás, a proteção ao bem jurídico ora tutelado.

Vale dizer que, atualmente, o reconhecimento do ato de improbidade administrativa pela prática do inciso VI do art. 11 da Lei Federal n. 8.429/92 somente se dá em casos de comprovação de dolo do agente público, com manifesta má-fé. Consequentemente, as condutas hoje reconhecidas com gravidade suficiente para aplicação do inciso VI em tela ensejam perfeitamente a aplicação do *caput* do art. 11, de sorte que a revogação desse inciso não abriga, repita-se, prejuízo aos sistemas de combate à corrupção e improbidade.

Verifica-se, assim, com a alteração legislativa proposta, o efetivo resguardo do interesse público e o incremento no controle dos gastos públicos, o que constitui um importante instrumento para a probidade no trato da coisa pública e a prevenção da corrupção.

63 APERFEIÇOA O SISTEMA DE PUNIÇÕES DA LEI DE IMPROBIDADE ADMINISTRATIVA

O presente projeto de lei introduz uma série de medidas que visam melhorar o atual sistema de punições da Lei de Improbidade Administrativa, tornando-o mais justo e efetivo.

Principais propostas da medida:
- Torna vinculantes as sanções de ressarcimento integral e perda de bens ou valores quando comprovado o dano ao erário ou enriquecimento ilícito, não podendo ser aplicadas isoladamente.
- Possibilita o aumento em até 2/3 da pena relativa ao ato de improbidade administrativa que importe desvio de verba pública da saúde ou da educação, ou que cause prejuízo à efetiva prestação desses serviços.
- Estabelece parâmetros claros, hoje inexistentes, a serem levados em consideração pelo juiz na aplicação da sanção. Entre eles, a gravidade da infração, a vantagem auferida ou pretendida pelo réu, a consumação ou não da infração, o grau de lesão ou perigo de lesão e as consequências sociais e econômicas produzidas pela infração, a capacidade econômica do infrator, seu poder político ou econômico e sua colaboração para a investigação.
- Determina que o juiz poderá atribuir peso diferenciado aos fatores e que aqueles que não forem aferidos ou aplicáveis não afetarão, em benefício ou em prejuízo do sujeito passivo, a dosimetria das sanções.
- Determina que a corte de apelação tratará diferencialmente a dosimetria da pena feita na sentença, revisando-a no caso de constatar abuso de poder discricionário.
- Determina que o juiz poderá autorizar o parcelamento do débito resultante de condenação pela prática de improbidade administrativa se o réu demonstrar incapacidade financeira de saldá-lo, de imediato, em até 24 parcelas mensais.

Problemas que pretende solucionar
- Hoje, a redação imprecisa da Lei de Improbidade tem levado alguns magistrados a deixar de aplicar o ressarcimento ou perda de bens e valores, quando estes deveriam ser aplicados, ou, então, a condenar o infrator apenas ao ressarcimento ou perda de bens ou valores – o que também é vedado pelo STJ –, quando essas sanções têm caráter meramente ressarcitório, não devendo ser aplicadas isoladamente, necessitando do acompanhamento de uma sanção de natureza punitiva.
- Em segundo lugar, dado que as áreas de saúde e educação foram alvo de quase 70% dos esquemas de corrupção e fraude desvendados em operações policiais e de fiscalização do uso de verba federal pelos municípios nos últimos 13 anos, e que a saúde e

educação são direitos humanos fundamentais com especial estatura e proteção constitucional, é razoável conceber que as penas para atos de improbidade administrativa que os prejudiquem sejam mais severas.

- Em terceiro lugar, este projeto de lei busca solucionar outro ponto que sempre gerou insegurança no juízo de dosimetria das sanções aplicadas na improbidade administrativa: a ausência de parâmetros claros e seguros para o juiz se guiar. Propõe-se a adoção de parâmetros semelhantes àqueles trazidos pela lei Anticorrupção (Lei n. 12.846/2013), mais abrangentes e seguros.
- Ainda, a presente medida visa conferir maior liberdade ao juiz para conferir pesos diferenciados aos fatores a serem considerados. Além disso, pretende evitar o equívoco de dividir o montante total da possível variação da pena pelo número de fatores, o que, na prática, acabaria por reduzir a margem de liberdade do juiz. Ainda, a presente medida busca lidar com a insegurança jurídica gerada pelo não reconhecimento de uma margem de liberdade para o juiz, a qual poderia provocar a revisão indiscriminada da dosimetria da pena e um ineficiente funcionamento do sistema de revisão judicial.
- Por fim, o projeto preenche a lacuna da lei referente à inexistência de autorização para parcelamento. Tal lacuna tem ensejado, por vezes, parcelamentos judiciais desvinculados da demonstração de incapacidade financeira para o pagamento, em prejuízo da sociedade.

ANTEPROJETO DE LEI

Altera os arts. 12 e 17, §1º da Lei Federal n. 8.429, de 2 de junho de 1992, e insere o art. 12-A no mesmo diploma.

O **PRESIDENTE DA REPÚBLICA** faço saber que o Congresso Nacional decreta e eu sanciono a seguinte lei:

Art. 1º. A Lei n. 8.429, de 2 de junho de 1992, passa a vigorar com as seguintes alterações:

"**Art. 12.** [...]

Parágrafo único. (revogado)

§ 1º. Quando comprovado o dano ao Erário ou enriquecimento ilícito, as sanções de ressarcimento integral e perda de bens ou valores são vinculantes, não podendo ser aplicadas isoladamente.

§ 2º. O ato de improbidade administrativa que importe em desvio de verba pública da saúde ou da educação, ou que cause prejuízo à efetiva prestação desses serviços importará no aumento da pena em até 2/3."

[...]

"**Art. 12-A.** Serão levados em consideração na aplicação das sanções, sem prejuízo de outros fatores julgados relevantes:

I – a gravidade da infração;

II – a vantagem auferida ou pretendida pelo réu;

III – a consumação ou não da infração;

IV – o grau de lesão ou perigo de lesão;

V – as consequências sociais e econômicas produzidas pela infração;

VI – a situação econômica do sujeito passivo;

VII – o poder econômico ou político do infrator;

VIII – a cooperação do réu para a apuração das infrações;

IX – a existência de mecanismos e procedimentos internos de integridade, auditoria e incentivo à denúncia de irregularidades e a aplicação efetiva de códigos de ética e de conduta no âmbito da pessoa jurídica ré; e

X – o valor dos contratos mantidos pela pessoa jurídica com o órgão ou entidade pública lesada.

§ 1º. Os fatores poderão receber peso diferenciado, e aqueles que não forem aferidos ou aplicáveis não afetarão, em benefício ou em prejuízo do sujeito passivo, a dosimetria das sanções.

§ 2º. A corte de apelação tratará com deferência a dosimetria da pena feita na sentença, revisando-a no caso de constatar abuso de poder discricionário.

§ 3º. Os parâmetros de avaliação de mecanismos e procedimentos previstos no inciso VIII do *caput* serão estabelecidos em regulamento do Poder Executivo federal."

"Art. 17. [...]

§1º. O juiz poderá autorizar o parcelamento do débito resultante de condenação pela prática de improbidade administrativa se o réu demonstrar incapacidade financeira de saldá-lo de imediato, em até 24 (vinte e quatro) parcelas mensais, corrigidas pelos índices da Justiça, ressalvado o pagamento imediato em única parcela das custas e honorários advocatícios."

Art. 2º. Esta Lei entra em vigor na data de sua publicação.

Brasília, X de XXXX de 2018.

JUSTIFICATIVA

Com o advento da Lei n. 12.120/09, o legislador deixou pacífico que as sanções previstas no art. 12 da Lei de Improbidade podem ser aplicadas isolada ou cumulativamente pelo juiz, cuja dosimetria da pena deve ser proporcional à gravidade da conduta, conforme precedentes do Superior Tribunal de Justiça (REsp 892.818/RS, Rel. Ministro Herman Benjamin, Segunda Turma, julgado em 11 de novembro de 2008, DJe 10/02/2010).

Embora as sanções possam ser aplicadas isoladamente, à prudente discrição do juiz, existem duas medidas previstas no art. 12 que são sanções apenas no seu sentido amplo, cuja natureza é meramente reparatória, e não punitiva, como as demais. Estamos nos referindo às medidas de ressarcimento de danos ao erário e perda de bens e valores, as quais, a rigor, não visam punir o infrator, apenas reparar um dano ou um enriquecimento ilícito, temas, inclusive, mais afetos à responsabilidade civil.

Tais medidas, portanto, uma vez constatado o dano ou o enriquecimento, são de aplicação cogente, conforme já decidiu o STJ (REsp 1315528 – Mauro Campbell – T2 – Julg. 21.08.2012). E não poderia ser diferente, pois, do contrário, a prática da improbidade teria valido a pena financeiramente, sendo esse, na maioria das vezes, o intento do infrator.

É por isso que a própria Lei n. 8.429/92 estabelece a impositividade da aplicação de tais medidas nos seguintes artigos:

> Art. 5º Ocorrendo lesão ao patrimônio público por ação ou omissão, dolosa ou culposa, do agente ou de terceiro, dar-se-á o integral ressarcimento do dano.
>
> Art. 6º No caso de enriquecimento ilícito, perderá o agente público ou terceiro beneficiário os bens ou valores acrescidos ao seu patrimônio.

Entretanto, mesmo com toda essa lógica, muitos magistrados têm sido induzidos a erro por conta da expressão genérica acrescida no art. 12 pela Lei n. 12.120/09, deixando de aplicar o ressarcimento ou perda de bens e valores, quando era para ser aplicado, ou condenando o infrator *apenas* ao ressarcimento ou perda de bens ou valores, o que também é vedado pelo STJ, pois essas sanções têm caráter meramente ressarcitório e não devem ser aplicadas isoladamente, necessitando do acompanhamento de uma sanção de natureza punitiva (STJ – REsp 1315528 – Mauro Campbell – T2 – Julg. 21.08.2012).

Além disso, segundo levantamento feito pelo jornal O Estadão[3], as áreas de saúde e educação foram alvo de quase 70% dos esquemas de corrupção e fraude desvendados em operações policiais e de fiscalização do uso de verba federal pelos municípios nos últimos 13 anos. Os desvios descobertos pelo Ministério da Transparência, Fiscalização e Controladoria-Geral da União (CGU), em parceria com a Polícia Federal e o Ministério Público Federal, evidenciam como os recursos destinados a essas duas áreas são especialmente visados por gestores municipais corruptos e, sem dúvida nenhuma, são os que causam maior prejuízo à população.

Sendo certo que saúde e educação são direitos humanos de segunda geração, plasmados na Constituição da República de 1988 como direitos fundamentais com especial estatura e proteção constitucional, é razoável conceber que as penas para atos de improbidade administrativa que desviam ou causam prejuízo a serviços de saúde e educação devam ser mais severas, admitindo-se, portanto, uma causa de aumento.

Outro ponto que sempre gerou insegurança no juízo de dosimetria das sanções aplicadas na improbidade administrativa foi a ausência de parâmetros claros e seguros para o juiz se guiar. O parágrafo único do art. 12 é totalmente insuficiente, pois leva em consideração um parâmetro meramente econômico quando diz que: "Na fixação das penas previstas nesta lei, o juiz levará em conta a extensão do dano causado, assim como o proveito patrimonial obtido pelo agente".

Nesse ponto, tem-se que a Lei n. 12.846/2013, chamada lei anticorrupção, trouxe parâmetros mais abrangentes e seguros para permitir ao juiz a aplicação de uma pena mais proporcional e adequada à reprovabilidade da conduta e suas circunstâncias e consequências.

Desse modo, propõem-se critérios assemelhados para a Lei n. 8.429/92, assegurando a aplicação de uma sanção mais justa em casos de condenações.

Quanto à dosimetria ainda, foram propostas três importantes cautelas. A primeira é dar liberdade ao juiz para conferir pesos diferenciados aos fatores a serem considerados. Assim, se de um lado o número de fatores a serem considerados é ampliado, de outro há flexibilidade na atribuição de pesos diferentes.

Além disso, ao estabelecer que fatores não aferidos ou aplicáveis não devem ser considerados para beneficiar ou prejudicar o infrator, afasta-se a ideia de que dosimetria é simples matemática. Evita-se, com isso, o equívoco de dividir o montante total da possível variação da pena pelo número de fatores e a consequente determinação de um certo montante de aumento ou diminuição de pena fixo para cada fator, o que, na prática, acabaria por reduzir a margem de liberdade do juiz na fixação da pena, se diversos fatores não fossem aplicáveis ou aferidos no caso concreto. Devem ser considerados na dosimetria tão somente os fatores presentes e aferidos, cabendo às partes sua demonstração.

Sabe-se ainda que a dosimetria da pena se guia por uma discricionariedade regrada.

---

[3] Disponível em: <http://politica.estadao.com.br/blogs/fausto-macedo/70-dos-desvios-nas-cidades-afetam-a-saude-e-a-educacao/>. Acesso em: 1 fev. 2018.

Caso não seja reconhecida uma margem de liberdade para o juiz, todas as sentenças serão sempre revisadas nesse ponto. Isso gera insegurança jurídica, incentiva o recurso e se traduz em um mau investimento de tempo e recursos humanos altamente qualificados. Por isso, determina-se que o tribunal, na revisão da sentença, dê tratamento deferencial à dosimetria de pena feita pelo julgador e apenas a modifique caso seja reconhecido abuso no poder discricionário. A regra, inspirada no direito anglo-saxão (em que existem *standards* de revisão), confere uma racionalidade econômica e eficiente ao sistema de justiça, sem prejudicar a justiça dos julgamentos e a ampla defesa.

Por fim, observa-se que a Lei n. 8.429/92, hoje, não abriga a possibilidade do parcelamento do débito, ficando essa hipótese restrita à edição de leis específicas do ente público acerca de parcelamento de débitos. Não se pode ignorar que muitos réus em improbidade são pessoas com atuação ou influência na seara política, e a impossibilidade de parcelar o débito pode incentivar acordos políticos que favoreçam parcelamentos despidos de critérios, como a incapacidade financeira para o pagamento, em detrimento da sociedade e dos próprios fins da Lei de Improbidade Administrativa.

Uma considerável parcela da doutrina, assim como nas hipóteses de ressarcimento de danos ambientais, mostra que, muito embora o ressarcimento, em si, não possa hoje ser objeto de transação ou acordo (dada a indisponibilidade do interesse tutelado), o modo como ele se dará pode, todavia, ser objeto de apreciação judicial, permitindo-se, como na hipótese ora em apreço, seu parcelamento, desde que atendido o interesse público.

Por tais razões, a possibilidade de parcelamento do débito, por meio de decisão judicial, mostra-se útil na medida em que privilegia mecanismos de recomposição do erário sem descuidar da proteção do interesse público.

64 APERFEIÇOA AS REGRAS DE PRESCRIÇÃO DA LEI DE IMPROBIDADE ADMINISTRATIVA

A prescrição é a perda do poder do Estado de punir quem comete ilegalidades em razão da passagem do tempo. O modo como a Lei de Improbidade Administrativa a regula, contudo, faz com que seu cálculo seja complexo, diferenciando-se conforme o tipo de ato ou de agente público infrator, sem que haja justificativa razoável para o tratamento diferenciado. Dessa forma, o presente projeto de lei propõe que as regras de prescrição da Lei de Improbidade Administrativa sejam simplificadas, adotando-se o prazo prescricional único de 10 anos contado da data do fato ilegal. Também é proposto aqui que, quando tais atos constituam crimes, o prazo prescricional siga as regras da lei penal.

Principais propostas da medida
- Unifica os regimes de prescrição da Lei de Improbidade Administrativa. A prescrição ocorrerá no prazo de dez anos contado da data do fato.
- Estabelece que, quando o ato de improbidade administrativa configurar crime, o prazo prescricional será regulado de acordo com as regras do Código Penal, pelo máximo da pena privativa de liberdade cominada ao crime, independentemente da propositura e do resultado da respectiva ação penal.

Problemas que pretende solucionar
- Este projeto de lei pretende tornar mais justas as regras de prescrição da Lei de Improbidade Administrativa, bem como reduzir sua complexidade. As diferentes formas de cálculo, além de darem tratamento desigual para situações idênticas, demandam o acesso a estatutos de servidores públicos que podem ser peculiares em cada unidade da federação brasileira entre os milhares de existentes. Isso torna muito difícil o controle do prazo final do trabalho de investigação de um ato de improbidade, contribuindo para sua prescrição, que é uma das principais causas de impunidade em nosso sistema de direito sancionador. As mudanças propostas visam resolver esses problemas.

ANTEPROJETO DE LEI

Altera o art. 23 da Lei Federal n. 8.429, de 2 de junho de 1992, para modificar as regras de prescrição da ação de improbidade administrativa.

O **PRESIDENTE DA REPÚBLICA** faço saber que o Congresso Nacional decreta e eu sanciono a seguinte lei:

Art. 1º. A Lei n. 8.429, de 2 de junho de 1992, passa a vigorar com as seguintes alterações:

Art. 23. A ação destinada a levar a efeito as sanções previstas nesta Lei prescreve no prazo de dez anos, contado da data do fato.

I – (revogado);

II – (revogado);

III – (revogado).

§ 1º. Se o ato de improbidade administrativa configurar crime, o prazo prescricional será regulado de acordo com o art. 109 do Decreto-Lei n. 2.848, de 7 de dezembro de 1940 – Código Penal, pelo máximo da pena privativa de liberdade cominada ao crime, independentemente da propositura e resultado da respectiva ação penal. (NR)

§ 2º. O termo inicial da prescrição em relação a particulares que concorrem, induzem ou se beneficiam de ato ímprobo é idêntico ao do agente público que praticou a ilicitude.

§ 3º. Não prescreve a ação de ressarcimento de dano decorrente de ato de improbidade administrativa." (NR)

Art. 2º. Esta Lei entra em vigor na data de sua publicação.

Brasília, X de XXXX de 2018.

JUSTIFICATIVA

A prescrição da improbidade administrativa é um dos temais mais complexos da Lei n. 8.429/92, gerando uma enorme insegurança para os próprios investigados e réus, diante de várias polêmicas doutrinárias e jurisprudenciais que dificultam o correto cálculo do instituto.

Isso porque a Lei n. 8.429/92, em vez de simplificar, criou regimes de prescrição nos incisos I, II e III do art. 23, cada um estabelecendo um prazo próprio, com marcos temporais de início diferentes. E não há justificativa razoável para prazos tão distintos e regimes tão diversos, pois o que vale, na contagem da prescrição, não é a qualidade do agente público, e sim a gravidade do ato de improbidade em si, como ocorre no regime de prescrição penal.

Desse modo, propõe-se uma simplificação no regime de prescrição da improbidade, aumentando-se o seu prazo para 10 (dez) anos, contados da data do fato.

Entendemos que há um equilíbrio aqui entre o prazo e o *dies a quo*, levando em considerando que, no regime anterior do inciso I, o prazo era de 5 (cinco) anos, mas o *dies a quo* só tinha início quando do término do vínculo com a Administração, podendo se estender por bem mais de 10 (dez) anos, como no caso de um prefeito reeleito, cujo prazo de prescrição poderia chegar a 13 (treze) anos.

No caso do regime do inciso II, a insegurança é ainda maior, pois a Lei n. 8.429/92 não estabeleceu prazo, remetendo para este prescrição de sanção de demissão a bem do serviço do agente público, cujos prazo e contagem variam de acordo com o regime funcional de agente público, que deve ser procurado nas centenas de leis municipais, dezenas de leis estaduais e dezenas de leis federais (neste caso, considerando os diversos regimes estatutários a depender da carreira federal). Há regimes que sequer têm a pena de demissão, como é o caso da LOMAN, na qual resta a celeuma sobre se as improbidades praticadas pelos magistrados são imprescritíveis ou se deve-se aplicar outra lei por analogia e, nesse último caso, qual delas – se a Lei n. 8.112/90 (servidores públicos federais) ou a Lei Orgânica do Ministério Público –, sendo que, a depender da resposta, o prazo e a contagem são diferentes.

Os particulares, por exemplo, que também cometem ato de improbidade não têm um prazo específico em lei, e, durante muito tempo, esse prazo foi motivo de polêmica doutrinária, até que o Superior Tribunal de Justiça pacificou[4] a questão, estabelecendo que o termo inicial da prescrição em improbidade administrativa quanto a particulares que se beneficiam de ato ímprobo é idêntico ao do agente público que praticou a ilicitude.

Como se vê, considerando que a prescrição é uma das principais causas de impunidade em nosso sistema de direito sancionador, facilitar sua contagem e estabelecer um prazo objetivo é o melhor caminho para cobrar do Estado uma ação no tempo adequado e proteger o cidadão de insegurança jurídica em um tema tão caro para sua proteção jurídica.

O § 1º cria uma graduação no prazo prescricional de acordo com a gravidade do fato, pois estabelece que, quando o ato de improbidade administrativa configurar crime, o prazo prescricional será regulado de acordo com o art. 109 do Decreto-Lei n. 2.848, de 7 de dezembro de 1940 – Código Penal, pelo máximo da pena privativa de liberdade cominada ao crime, independentemente da propositura e do resultado da respectiva ação penal.

Essa regra, inclusive, já vale para a maioria dos casos das improbidades que tramitam na Justiça Federal com regime de prescrição do inciso II, art. 23, considerando que a principal norma remetida é a Lei n. 8.112/90, em que o art. 142[5], em seu parágrafo segundo, estabelece que "Os prazos de prescrição previstos na lei penal aplicam-se às infrações disciplinares capituladas também como crime".

Por fim, o § 3º apenas reforça o que já está dito na Constituição da República (art. 37, § 5º), no sentido de que não prescreve a ação de ressarcimento de danos decorrentes de ato de improbidade administrativa.

---

4 STJ: "A compreensão firmada no Superior Tribunal de Justiça é no sentido de que, nas ações de improbidade administrativa, para o fim de fixação do termo inicial do curso da prescrição, aplicam-se ao particular que age em conluio com agente público as disposições do art. 23, I e II, da Lei n. 8.429/1992" (REsp 1405346/SP, Rel. Ministro Napoleão Nunes Maia Filho, Rel. p/ Acórdão Ministro Sérgio Kukina, Primeira Turma, julgado em 15 de maio de 2014, DJe 19 de agosto de 2014).

5 Art.142. A ação disciplinar prescreverá: I. em 5 (cinco) anos, quanto às infrações puníveis com demissão, cassação de aposentadoria ou disponibilidade e destituição de cargo em comissão; [...]
§ 1º O prazo de prescrição começa a correr da data em que o fato se tornou conhecido.
§ 2º Os prazos de prescrição previstos na lei penal aplicam-se às infrações disciplinares capituladas também como crime.
§ 3º A abertura de sindicância ou a instauração de processo disciplinar interrompe a prescrição até a decisão final proferida por autoridade competente.
§ 4º Interrompido o curso da prescrição, o prazo começará a correr a partir do dia em que cessar a interrupção.

65 IMPRIME MAIOR CELERIDADE AO PROCESSAMENTO DE AÇÕES DE IMPROBIDADE ADMINISTRATIVA

O réu que confessa um fato no âmbito do processo penal tem direito a benefícios legais, ao passo que o mesmo réu, em uma ação de improbidade administrativa, não recebe nenhum tratamento diferenciado com relação àquele que, além de negar autoria, sabendo-se culpado, ainda tenta alongar o processo no tempo, visando a sua impunidade. Nesse sentido, este projeto de lei apresenta benefícios para o réu que confessar os fatos e concordar com suas consequências jurídicas. Elimina também brechas e procedimentos desnecessários que prolongam o julgamento de ações de improbidade administrativa. A defesa inicial, nesse tipo de processo, é hoje duplicada (em defesa prévia e contestação), quando isso não acontece nem no processo penal, o qual tutela a liberdade, bem mais caro à sociedade. Propõe-se a simplificação do procedimento, resguardando-se plena oportunidade para o acusado exercer amplamente sua defesa.

Principais pontos da proposta

- Propõe-se, no âmbito da improbidade administrativa, um benefício de redução de pena, em até 1/3, para o réu que confessar os fatos que lhe são imputados, concordar com suas consequências jurídicas e pedir o julgamento antecipado do feito já no momento da defesa inicial. Caso isso ocorra em momento posterior, a redução será de até 1/6. Além disso, mesmo tendo dado causa ao ajuizamento da ação de improbidade, haverá isenção dos ônus da sucumbência na primeira situação e redução proporcional na segunda.
- Elimina a defesa prévia, instância em que o réu tinha a oportunidade de se manifestar sobre a admissibilidade da petição inicial antes do seu recebimento.
- Determina que caberá ao juiz avaliar o preenchimento dos requisitos de admissibilidade da ação e, caso entenda que estão presentes, ordenar a citação do réu para que apresente sua contestação, aplicando-se, a partir de então, as regras do Código de Processo Civil, o qual, por sua vez, confere ampla oportunidade para que o juiz julgue conforme o estado do processo, impedindo eventuais ações descabidas de seguirem adiante.

Problemas que pretende solucionar

- A morosidade do Judiciário em julgar ações de improbidade administrativa já levou o CNJ a emitir metas para todos os tribunais do país – metas que são repetidamente não cumpridas[6]. Mudar o procedimento de defesa inicial duplicado (defesa prévia e contestação) a que estão sujeitas essas ações é necessário para resolver esse problema.

---

6 CNJ. **Relatório Metas Nacionais do Poder Judiciário.** Brasília, abr. 2017. Disponível em: <http://www.cnj.jus.br/files/conteudo/arquivo/2017/05/64acb190bee63682ea4b7f7805f5acce.pdf>. Acesso em: 12 mar. 2018.

- Há um tratamento diferenciado injustificado concedido ao réu que confessa os fatos no âmbito do processo penal quando comparado àquele concedido ao que confessa em ação de improbidade administrativa. Enquanto o primeiro tem direito a benefícios legais (v.g., CP, art. 65, "d"), este último recebe o mesmo tratamento que o réu que, além de negar autoria, sabendo-se culpado, tenta protrair o processo no tempo, visando a sua impunidade.
- Um dos fatores que contribui para essa morosidade é a fase duplicada de defesa prévia. Como se exige hoje a citação pessoal em dois momentos iniciais do processo – não se satisfazendo a exigência sequer com a notificação de advogado constituído –, com frequência passam-se anos até que essa fase inicial da tramitação da ação de improbidade, duplicada de modo desnecessário, seja superada. A habilidade de réus se evadirem da citação, somada à complicação nos casos de réus múltiplos, configura receita para demora e impunidade.
- Um exemplo que ilustra essa situação é ação em face dos dirigentes da Fundação da UNB e do Cespe, proposta em razão de irregularidades cometidas em licitações. Proposta contra 7 réus, foram necessários 4 anos para que a defesa prévia de todos fosse apresentada e a ação, recebida. Depois, foi necessário mais um ano e meio para que se procedesse à renovação das citações. No total, foram mais de 5 anos apenas para que o juiz determinasse às partes a produção de provas.
- Trata-se de procedimento ineficaz que sequer potencializa o direito de defesa do réu. Na maioria dos casos, o réu se presta apenas a repetir, na defesa prévia e na contestação, os mesmos argumentos de fato e de direito. Obriga, ainda, o juiz a se manifestar em duas oportunidades sobre os mesmos argumentos.

ANTEPROJETO DE LEI

Altera a Lei n. 8.429, de 2 de junho de 1992, para criar dar celeridade ao processamento de ações de improbidade administrativa.

O **PRESIDENTE DA REPÚBLICA** faço saber que o Congresso Nacional decreta e eu sanciono a seguinte lei:

Art. 1º. A Lei n. 8.429, de 2 de junho de 1992, passa a vigorar com as seguintes alterações:

Art. 18-A. O réu que, em sua defesa inicial, espontaneamente confessar os fatos que lhe são imputados, entrar em acordo com o autor sobre as consequências jurídicas, ainda que ilíquidas, e requerer a abreviação do procedimento para julgamento do processo no estado em que se encontra, terá sua pena reduzida em até 1/3 e a isenção de pagamento de verbas sucumbenciais.

§ 1º. Havendo mais de um réu no processo, o procedimento só poderá ser abreviado se todos concordarem.

§ 2º. Em caso de discordância, o juiz poderá desmembrar os autos, aplicando o procedimento abreviado e os benefícios para o réu confesso que, além das condições previstas no *caput*, se dispuser a apresentar sua confissão mediante depoimento também nos demais autos que prosseguirão para os demais réus, caso solicitado.

§ 3º. Não haverá redução para ressarcimento integral do dano, perda de bens e valores e perda da função pública.

§ 4º. O juiz, considerando a suspeita de reserva mental na confissão do réu, pode deixar de aplicar o procedimento abreviado e os benefícios do *caput*.

§ 5º. Se o réu, em momento posterior, espontaneamente confessar os fatos que lhe são imputados e requerer a abreviação do procedimento para julgamento do processo no estado em que se encontra, terá sua pena reduzida em até 1/6 e as verbas sucumbenciais reduzidas de modo inversamente proporcional ao tempo decorrido, respeitadas as demais disposições deste artigo.

§ 6º. Se o réu, após a decisão judicial, negar fatos confessados, recorrer das consequências jurídicas com que concordou ou, de outro modo, adotar comportamento contraditório com os pressupostos que ensejaram a concessão do benefício previsto neste artigo, o tribunal poderá, mediante requerimento formulado pela parte contrária em contrarrazões, recompor integralmente a pena.

§ 7º. É facultado ao réu recorrer com base em fato superveniente à decisão ou para obter a redução máxima da pena prevista neste artigo para a situação, o que não impedirá eventual liquidação de danos e a execução imediata do remanescente.

Art. 2º. O § 7º do art. 17 da Lei n. 8.429, de 2 de junho de 1992, passa a vigorar com a seguinte redação:

"Art. 17. [...]

§ 7º Estando a inicial em devida forma, o juiz ordenará a citação do requerido para responder à ação, no prazo de quinze dias úteis, aplicando-se a partir deste momento as regras do Código de Processo Civil."

Art. 3º. Ficam revogados os §§ 8º e 9º do artigo 17 da Lei n. 8.429, de 2 de junho de 1992.

Art. 4º. O § 10 do art. 17 da Lei n. 8.429, de 2 de junho de 1992, passa a vigorar com a seguinte redação:

"**Art. 17** [...]

§ 10. São válidas as intimações e notificações dirigidas ao endereço no qual se deu a citação do réu, salvo se ela indicar outro ao qual se aplicará a mesma regra, sendo obrigação da parte atualizar o endereço sempre que houver sua modificação temporária ou definitiva." (NR)

Art. 5º. Esta Lei entra em vigor na data de sua publicação.

Brasília, X de XXXX de 2018.

JUSTIFICATIVA

Pretende-se conferir maior celeridade ao processamento de ações de improbidade administrativa por duas vias distintas: (i) criando a possibilidade do procedimento abreviado, nos casos de celebração de acordo com o réu; e (ii) extinguindo a fase duplicada de defesa prévia.

Com relação à primeira via, nota-se, inicialmente, que o réu que confessa um fato no âmbito do processo penal tem direito a benefícios legais (v.g., CP, art. 65, "d"), enquanto o mesmo réu, em uma ação de improbidade administrativa, não recebe nenhum tratamento diferenciado com relação àquele que, além de negar autoria, sabendo-se culpado, ainda tenta protrair o processo no tempo, visando a sua impunidade.

Assumir o que fez e as consequências jurídicas de seu ato é um comportamento adequado e socialmente responsável por parte de alguém que desrespeitou as leis de um país democrático e deve ser estimulado por meio de benefícios legais. Isso ocorre, no ordenamento penal, por exemplo, quando se confere um tratamento favorável a quem confessa o crime (atenuante de confissão), a quem desiste de praticá-lo (desistência voluntária) ou cuida de evitar os danos causados por sua conduta (arrependimento eficaz e arrependimento posterior) ou, ainda, de ressarci-los (permitindo-se a progressão da pena).

Propõe-se, no âmbito da improbidade administrativa, um benefício de redução de pena em até 1/3 para o réu que confessar os fatos que lhe são imputados, concordar com suas consequências jurídicas e pedir o julgamento antecipado do feito já no momento da defesa inicial. Caso isso ocorra em momento posterior, a redução será de até 1/6. Além disso, mesmo tendo dado causa ao ajuizamento da ação de improbidade, haverá isenção dos ônus da sucumbência na primeira situação e redução proporcional na segunda.

Considerando não haver mais controvérsia quanto aos fatos ou consequências jurídicas, ainda que ilíquidas, propõe-se a abreviação do procedimento a fim de ser julgado o processo no estado em que se encontra, evitando que uma demanda em que já não existe lide se prolongue indevidamente no tempo. A conjugação do reconhecimento dos fatos e consequências jurídicas com as vantagens decorrentes da abreviação ensejam o benefício para o réu.

O procedimento abreviado não é uma novidade no direito comparado, mas uma medida racionalizadora para demandas consensuais em vários países da Europa, como na Itália (*giudizio abbreviato* – CPP de 1988) e em Portugal (processo abreviado – CPP, art. 391, introduzido pela Lei n. 48/2007).

Assim, o réu que, já na defesa inicial, espontaneamente confessar os fatos que lhe são imputados, reconhecer as consequências jurídicas em acordo com a parte autora, ainda que de modo ilíquido, e requerer a abreviação do procedimento para julgamento do processo no estado em que se encontra, terá sua pena reduzida em até 1/3 e isenção de pagamento de verbas sucumbenciais.

Obviamente, a redução da pena em 1/3 só se aplica para as sanções de natureza punitivas passíveis de redução, razão por que o dispositivo traz a ressalva de que não haverá redução para ressarcimento integral do dano, perda de bens e valores, pois essas medidas são necessárias para recompor o Erário do prejuízo causado ou do enriquecimento indevido, ou, ainda, perda da função pública.

A hipótese tratada neste projeto não versa sobre casos em que há colaboração com as investigações em relação a terceiros, hipótese em que seria o caso de celebração de acordo de colaboração premiada, improbidade ou leniência, objeto de outros projetos, compatíveis e harmônicos com este, desta iniciativa da FGV e Transparência Internacional.

Faculta-se ao juiz deixar de aplicar o benefício nos casos em que houver suspeita de reserva mental na confissão do réu, quando, por exemplo, assume todos os fatos para proteger seus principais autores ou só confessa parcialmente, mesmo diante de provas que digam o contrário.

Além disso, para o réu que confessar os fatos e requerer o julgamento antecipado em momento posterior à defesa inicial, será aplicável a redução na metade do patamar, em 1/6, e a redução das custas será inversamente proporcional ao tempo decorrido.

Por fim, se o réu adotar em seu recurso comportamento contraditório com a confissão e o reconhecimento das consequências jurídicas ou, ainda, com os pressupostos da redução da penalidade, mediante requerimento da parte contrária em contrarrazões, o Tribunal poderá recompor integralmente a pena.

No que se refere à extinção da fase duplicada de defesa prévia, as alterações propostas nos aludidos dispositivos do art. 17 da Lei n 8.429, de 2 de junho de 1992, buscam implementar melhorias no rito procedimental relacionado às ações de improbidade administrativa, a fim de superar uma das principais causas responsáveis pela notória morosidade na tramitação dessas ações.

Pretende-se, com efeito, a extinção da esdrúxula fase de notificação preliminar e recebimento da ação de improbidade administrativa.

A Lei da Improbidade Administrativa teve como um de seus objetivos criar um mecanismo judicial célere que permitisse a responsabilização de natureza cível e administrativa com relação a agentes públicos que praticaram ou tentaram praticar atos ímprobos.

No entanto, ultrapassados mais de vinte anos desde a edição da Lei n. 8.429/1992, o que se tem é um excessivo e irrazoável rigor procedimental no processo de sancionamento por atos de improbidade administrativa, enquanto o processo penal – o qual tutela um bem jurídico ainda mais importante para o indivíduo, a liberdade – tornou-se mais ágil que o processo civil correspondente (ao menos quanto à tramitação das ações penais em primeiro grau de jurisdição).

A morosidade na tramitação das ações de improbidade administrativa é nefasta a ponto de o Conselho Nacional de Justiça (CNJ), órgão de controle externo do Poder Judiciário, estabelecer a meta das Justiças Estadual, Federal e Militar, além do Superior Tribunal de Justiça, para "identificar e julgar, até 31/12/2013, as ações de improbidade administrativa e ações penais relacionadas a crimes contra a administração pública distribuídas até 31/12/2011" (Meta 18, de 2013).

No entanto, as metas estabelecidas pelo CNJ ficaram longe de alcançar o efeito desejado.

Mesmo com os esforços concentrados realizados por juízes país afora, o Relatório de Metas Nacionais do Poder Judiciário 2009-2013 revelou que *nenhum Tribunal do país logrou alcançar a meta*. Segundo as informações prestadas pelos Tribunais, até 31 de dezembro de 2011 havia, no Poder Judiciário, um estoque de 43.773 ações de improbidade distribuídas e não julgadas. Mesmo com os esforços impostos pela Meta 18, de tais ações, somente 10.643 foram julgadas em 2012, e apenas outras 9.864 em 2013.

Vê-se, portanto, que o problema da morosidade na tramitação dessas ações não será resolvido apenas com esforços concentrados e priorização de julgamentos. Para tanto, é necessário identificar os fatores que realmente influenciam na dificuldade de tramitação desses processos, bem como criar meios para destravá-los.

O primeiro obstáculo procedimental à celeridade das ações de improbidade administrativa é, sem dúvida, a fase de notificação preliminar e recebimento da ação, antes mesmo da citação do réu.

Dito procedimento, criado pela Medida Provisória n. 2.225-45, de 2001, tinha a intenção declarada de possibilitar um contraditório prévio, a fim de evitar a tramitação de ações consideradas temerárias. Assim, pretendia-se conferir ao julgador a oportunidade de, antes mesmo de admitir ou não a tramitação do processo, conhecer os argumentos de defesa do réu e deliberar pelo não recebimento da ação, quando convencido liminarmente da inexistência do ato de improbidade, da improcedência da ação ou da inadequação da via eleita.

Ocorre, desafortunadamente, que a MP n. 2.225/2001 acabou por criar a necessidade de uma dupla notificação/citação do réu, já que, após a notificação preliminar e a decisão sobre o recebimento da ação, ainda se faz necessária a citação pessoal do réu.

Na prática, isso implica que o réu deverá ser intimado pessoalmente duas vezes: a primeira para se manifestar sobre os termos da ação, e a segunda para contestá-la. Não há, entretanto, diferença substancial entre as defesas da primeira notificação e da segunda citação; em regra, há a mera repetição da peça, uma vez que o réu pode, já na manifestação preliminar, apresentar toda a matéria de defesa de fato e de direito, na tentativa de convencer o julgador a rejeitar liminarmente a ação.

Esse procedimento esdrúxulo constitui um verdadeiro obstáculo à celeridade na tramitação das ações de improbidade administrativa porque os dois atos – notificação preliminar e citação – devem ser dirigidos à pessoa do réu, não se podendo sequer fazê-lo ao advogado constituído. É comum que, após diversas tentativas de localizar o réu para receber a notificação para manifestação preliminar, tais tentativas tenham que ser refeitas após o recebimento da ação, apenas para que o réu possa ser agora citado pessoalmente.

A situação é agravada quando há diversos réus na ação, já que o recebimento da inicial somente poderá ocorrer após a notificação preliminar de todos eles. Muitas vezes, a citação somente ocorre anos após a primeira notificação, quando o réu já mudou seu endereço.

Ainda deve-se levar em consideração que, no governo federal e nos governos estaduais, é extremamente comum que os detentores de cargos de direção sejam requisitados de outros órgãos ou deslocados de outras lotações para o exercício daquele cargo, de modo que essas pessoas mudam constantemente de endereços. Com a necessidade de dupla notificação/citação, em regra não se logra localizar o réu no mesmo endereço da primeira notificação.

As terríveis consequências desse procedimento para a tramitação das ações de improbidade administrativa ficam ainda mais evidentes diante de casos concretos que demonstram a verdadeira paralisação dos processos em razão dessas dificuldades.

Veja-se a ação de improbidade administrativa relacionada ao caso do Projeto Correio Híbrido Postal, um dos desdobramentos do famigerado esquema de fraudes nas licitações dos Correios, envolvendo, entre outros, Maurício Marinho, que ganhou notoriedade nacional com a divulgação de registro de vídeo em que recebia propina.

A ação, com sete réus, foi proposta em 29 de julho de 2010. A fase de notificação preliminar dos réus somente foi concluída em julho de 2013, ou seja, três anos depois da propositura da ação. Em seguida, em 12 de novembro de 2013, foi proferida a decisão de recebimento da petição inicial e ordenada a realização da citação dos réus. Desde então, decorrido bem mais de um ano, o processo ainda se encontra na fase de citação.

Ressalta-se que o ato de comunicação processual realizado nesta fase – a citação – não é essencialmente diferente do ato de notificação, pois ambos visam dar conhecimento ao réu do teor da acusação formulada e permitir a defesa.

Ou seja, nesta ação foram necessários apenas três anos para que fosse concluída a fase de notificação preliminar dos réus, e, na fase seguinte, mais de um ano já foi consumido apenas para renovar a comunicação processual, não sendo possível prever quando, finalmente, se iniciará a fase de instrução do processo.

Diga-se, mais ainda, que muito provavelmente os réus terão o trabalho único de renovar as linhas de argumentação já oferecidas por ocasião da defesa preliminar, em um verdadeiro faz de conta procedimental no qual o único perdedor é o Princípio da Razoável Duração do Processo, estabelecido no art. 5º, LXXVIII, da Constituição.

O caso aludido não é isolado. Uma simples pesquisa da tramitação das ações no Poder Judiciário permite identificar diversos outros processos por improbidade administrativa nos quais a marcha processual foi atrasada em alguns anos, em razão da fase de dupla notificação/citação dos réus.

Nessa linha, os mesmos percalços sofreram a ação em face de dirigentes da FUB (Fundação Universidade de Brasília) e do CESPE (Centro de Seleção e Promoção de Eventos da UnB, responsável pela realização de boa parte dos concursos do país), proposta em razão de burla à Lei de Licitações e do desvio de recursos para empresas cujos sócios tinham vínculos com dirigentes do CESPE.

A ação, com sete réus, foi proposta em 15 de outubro de 2008. A fase preliminar somente foi concluída quatro anos após, com o recebimento da ação em 6 de novembro de 2012. Em seguida, foi necessário aguardar mais um ano e meio para a renovação das citações, e a instrução processual somente foi desencadeada de fato em julho de 2014, com o despacho que determinou às partes a indicação das provas a serem produzidas.

Outros tantos atos de improbidade administrativa acabam por ter a mesma sina: embora a investigação identifique graves atentados ao erário e aos princípios da Administração Pública, a efetiva aplicação de penalidades acaba por ser prejudicada em razão do distanciamento temporal entre o julgamento e a acusação.

Para sanar esse problema, pretende-se trazer para a ação de improbidade administrativa o rito do Código de Processo Civil, em que há, hoje, um exame sobre a presença das hipóteses de julgamento antecipado de mérito. Entre essas hipóteses, estão aquelas em que o juiz estiver convencido da inexistência do ato de improbidade, da improcedência da ação ou da inadequação da via eleita.

O procedimento não deixa de guardar semelhança com aquele que foi implementado para o processo penal, pela Lei n. 11.719, de 20 de junho de 2008. A reforma instituída por esse diploma modificou o Código de Processo Penal para criar uma fase de análise preliminar da (in)viabilidade da acusação realizada, no entanto, *após a citação* do réu.

Com a instituição de um momento único de citação do réu, seguido de uma análise preliminar sobre a viabilidade da ação que hoje está prevista no Código de Processo Civil para todos os casos, entende-se que se está contemplando tanto a preocupação que deu origem à fase de dupla notificação/citação criada pela MP n. 2.245/2001 (evitar a tramitação de ações temerárias) quanto a necessidade de agilizar a tramitação do processo judicial mediante a extinção da desnecessária duplicidade de notificação pessoal para instauração do processo.

Nessa linha, a jurisprudência tem entendido que o procedimento criado pela Lei n. 11.719/2008, na esfera processual penal, suplantou até mesmo o procedimento de notificação preliminar do funcionário público previsto no art. 514 do Código de Processo Penal, uma vez que é mais democrático e, ao mesmo tempo, respeita o contraditório prévio.

De fato, veja-se o entendimento exposto pelo Ministro Celso de Mello, do Supremo Tribunal Federal (HC n. 115441/MT):

> [...] a reforma processual penal estabelecida por legislação editada em 2008 revelou-se mais consentânea com as novas exigências estabelecidas pelo moderno processo penal de perfil democrático, cuja natureza põe em perspectiva a essencialidade do direito à plenitude de defesa e ao efetivo respeito, pelo Estado, da prerrogativa inelimiinável do contraditório.
>
> Bem por isso, a Lei nº 11.719/2008, ao reformular a ordem ritual nos procedimentos penais, instituiu fase preliminar caracterizada pela instauração de contraditório prévio, apto a ensejar, ao acusado, a possibilidade de arguir questões formais, de discutir o próprio fundo da acusação penal e de alegar tudo o que possa interessar à sua defesa, além de oferecer justificações, de produzir documentos, de especificar as provas pretendidas e de arrolar testemunhas, sem prejuízo de outras medidas ou providências que repute imprescindíveis.
>
> Com tais inovações, o Estado observou tendência já consagrada em legislação anterior, como a Lei nº 10.409/2002 (art. 38) e a Lei nº 11.343/2006 (art. 55), cujas prescrições viabilizaram a prática de verdadeiro contraditório prévio no qual o acusado poderia invocar todas as razões de defesa – tanto as de natureza formal quanto as de caráter material.
>
> Tenho por relevante, por isso mesmo, esse aspecto da questão, uma vez que o magistrado federal de primeiro grau, no caso em exame, ordenou a citação do denunciado, ora paciente, para que oferecesse resposta à denúncia do Ministério Público Federal, ensejando, assim, a possibilidade do contraditório prévio a que se referem os arts. 396 e 396-A do Código de Processo Penal, o que afasta a alegação de prejuízo para a defesa do acusado.
>
> É que, tal como anteriormente enfatizado, esse novo modelo ritual tornou lícita a formulação, em mencionada resposta prévia, de todas as razões, de fato ou de direito, inclusive aquelas pertinentes ao mérito da causa, reputadas essenciais ao pleno exercício da defesa pelo acusado, como assinala, com absoluta correção, o magistério da doutrina (Eugênio Pacelli de Oliveira e Douglas Fischer, "Comentários ao Código de Processo Penal e sua Jurisprudência", p. 869/870, 2. ed., 2011, Lumen Juris; Pedro Henrique Demercian e Jorge Assaf Maluly, "Curso de Processo Penal", p. 374/375, 4. ed., 2009, Forense; Andrey Borges de Mendonça, "Nova Reforma do Código de Processo Penal", p. 260-4, 2. ed., 2009, Método, v.g.)

Tem-se que, se o objetivo da fase de notificação preliminar e do recebimento da ação de improbidade administrativa é oportunizar o contraditório prévio e evitar a tramitação de ações temerárias, encontra-se ele integralmente atendido pelo acolhimento do procedimento atualmente previsto no Código de Processo Civil, tal como aquele previsto na aludida reforma do Código de Processo Penal, daí que se mostra absolutamente desnecessário e prejudicial ao trâmite da ação proceder a duas notificações pessoais, uma antes e outra após a decisão de recebimento.

A modificação ora pretendida, portanto, exclui do rito procedimental da ação de improbidade administrativa o arcaico procedimento de notificação preliminar, recebimento e citação pessoal, o qual contribui, em larga escala, para a morosidade do processo judicial de responsabilização e, em última análise, para a impunidade, em razão da inefetividade jurídico-social do instituto como meio de combate à corrupção.

Diga-se que o § 10 do art. 17 da Lei n. 8.429/1992 recebeu novo teor, à semelhança do que já ocorre no art. 238, parágrafo único, do Código de Processo Civil, adequando este último dispositivo à necessidade de conferir celeridade à ação, resguardado o pleno respeito aos princípios da ampla defesa, contraditório e devido processo legal.

Por fim, é importante registrar que, após detectar os principais obstáculos à efetividade da ação de improbidade administrativa, um estudo realizado pelo Conselho Nacional de Justiça[7] diagnosticou que:

> Houve uma inovação posterior na Lei de Improbidade Administrativa, com a adoção de um procedimento utilizado no direito penal, que é a possibilidade de apresentação da denominada defesa preliminar (Art. 17. A ação principal, que terá o rito ordinário, será proposta pelo Ministério Público ou pela pessoa jurídica interessada, dentro de 30 dias da efetivação da medida cautelar. [...]. § 7º Estando a inicial em devida forma, o juiz mandará autuá-la e ordenará a notificação do requerido, para oferecer manifestação por escrito, que poderá ser instruída com documentos e justificações, dentro do prazo de 15 dias.).
>
> Almejou o legislador adotar um sistema inovador no direito processual civil, com um sistema prévio de admissibilidade da ação, qual seja, a possibilidade de ser apresentada uma defesa preliminar, visando demonstrar a total ausência de plausibilidade da demanda, considerando a gravidade do seu simples processamento em termos de prejuízos materiais e morais para o réu (Francisco Octávio de Almeida Prado, Improbidade administrativa. São Paulo: Malheiros, 2001, p. 192).
>
> Assim, a regra do § 7º, do art. 17, da Lei n. 8.429/1992, determina a existência de um contraditório prévio, ou seja, da oitiva dos réus como condição indispensável para o recebimento da inicial (STF – Pet 3.067-MG, rel. Min. Carlos Ayres Brito, j. 04.12.2003 – DJU 11.12.2003 – p. 15 – decisão monocrática, STJ – REsp. 1.163.643-SP, rel. Min. Teori Albino Zavascki, j. 24.03.2010 – DJ 30.03.2010; e TJSP – AgIn. 294.165-5/1-00 – Getulina – rel. Des. Toledo Silva – j. 12.02.2003 – LEX – JTJ 266 – p. 322-3).
>
> Como já decidido pelo STJ, esta fase somente deve ser aplicada quando se tratar de uma ação de improbidade típica, ou seja, quando postulada a aplicação das sanções previstas na Lei de Improbidade Administrativa

---

[7] Lei de Improbidade Administrativa: obstáculos à plena efetividade do combate aos atos de improbidade. Coordenação Luiz Manoel Gomes Júnior, equipe Gregório Assegra de Almeida et al. Brasília: Conselho Nacional de Justiça, 2015.

(suspensão de direitos políticos, proibição de contratar com o poder público, perda da função etc.), não sendo necessária quando se almeja apenas uma indenização por atos ilegais (STJ – REsp. 1.163.643-SP, rel. Min. Teori Albino Zavascki, j. 24.03.2010 – DJ 30.03.2010).

Aqui não há citação, mas sim uma notificação, com o prazo de resposta de 15 dias, aplicáveis às regras dos arts. 188 e 191 do CPC. Apesar de ser uma notificação, para fins de interrupção da prescrição, possui o mesmo efeito da citação. De qualquer modo, ainda que assim não fosse, a citação válida retroage seus efeitos à data da sua efetivação (art. 219, § 1º, CPC) (Cássio Scarpinella Bueno. Improbidade Administrativa: questões polêmicas e atuais. São Paulo: Malheiros, 2002, p. 150-1).

O seu objetivo, sem qualquer dúvida, é impedir que Ações de Improbidade Administrativa sejam ajuizadas sem qualquer fundamento, permitindo a rejeição liminar, inclusive com uma análise do mérito da causa. A verificação feita pelo julgador é a mais ampla possível ante os elementos de prova apresentados ou indicados na inicial (TRF 4.ª Região – Apelação Cível 2005.71.13.000228-0, rel. Des. Márcio Antônio Rocha, j. 30.09.2009 – DJ 19.10.2009).

Na prática, a proposta não alcançou a finalidade almejada, isso pelos seguintes motivos:

a) pela verificação dos processos, a fase da defesa preliminar tem tramitado de forma burocrática, sendo que em alguns casos os réus optam por nem mesmo apresentar a defesa;

b) há uma grande demora nas Ações de Improbidade Administrativa, especialmente aquelas com uma elevada quantidade de réus, havendo assim a necessidade de dois atos processuais (notificação/citação), atrasando em muito a marcha processual.

c) apesar do percentual de rejeição das iniciais (18%), deve ser verificado se tal situação decorreu exclusivamente de falta de elementos antes mesmo do ajuizamento.

d) a sua supressão não teria qualquer prejuízo aos réus, pois demandas sem qualquer substância probatória poderiam ter a sua tramitação questionada em sede de agravo de instrumento ou logo após a apresentação da contestação;

e) há, nestes casos, um acesso amplo aos tribunais com excesso de recursos já no início do processo, quando do deferimento ou indeferimento de medidas de urgência, novamente a possibilidade de agravo de instrumento no recebimento da inicial e no deferimento ou indeferimento de provas, impedindo que haja a necessária celeridade processual.

Seria adequado determinar que antes da instrução, quando o caso, houve [*sic*: haja] a prolação de uma decisão, devidamente fundamentada, acolhendo ou rejeitando a inicial, ficando assim atendidas as finalidades da Defesa Preliminar.

XII

INSTRUMENTOS DE RECUPERAÇÃO DO DINHEIRO DESVIADO

66 AÇÃO DE EXTINÇÃO DE DOMÍNIO

Impedir que os produtos de atividades ilícitas sejam aproveitados pelos criminosos é necessário para eliminar um possível incentivo à prática criminosa e agravar o efeito dissuasório das políticas anticorrupção. É mister também evitar que esses recursos adentrem a economia formal. É exatamente para suprir as lacunas em que a persecução criminal não alcança os frutos do crime que se propõe a criação da ação de extinção de domínio.

Principais pontos da proposta
- Prevê a ação de extinção de domínio como instrumento para decretar e ver cumprida a perda dos direitos de propriedade e de posse sobre bens, direitos e valores que sejam produto ou proveito, direto ou indireto, de infração penal ou outras atividades ilícitas.
- Estabelece um rol taxativo de crimes em relação aos quais a ação de extinção de domínio será aplicável.
- A decretação da extinção de domínio não depende da aferição de culpa pela conduta ilícita ou de processo e julgamento das infrações penais relativas, mas ficará prejudicada em caso de sentença penal absolutória com trânsito em julgado.
- Autoriza a concessão de tutelas de urgências, bem como a alienação antecipada para evitar o perdimento ou degradação dos bens objeto da ação.
- São legitimados ativos para propor a ação de extinção de domínio a União, os Estados e o Distrito Federal, para quem os direitos de propriedade serão transferidos.

Problemas que pretende solucionar
- São muitos os casos em que as infrações não podem ser investigadas ou punidas – prescrição, morte do autor, fuga, impossibilidade jurídica ou material para obtenção de provas suficientes –, criando uma lacuna legislativa que possibilitaria a fruição, pelo próprio autor ou terceiro, de patrimônio oriundo de atividades ilícitas. Ou seja, nos casos em que a persecução criminal se figura impossível, depende-se da ação civil de extinção de domínio para evitar a contaminação da economia formal e a retroalimentação de atividades ilícitas.

ANTEPROJETO DE LEI

Disciplina a ação civil de extinção de domínio, por meio da qual poderá ser decretada a perda civil de bens, direitos e valores que sejam provenientes de infração penal, ou de outras atividades ilícitas, ou que estejam relacionados com a sua prática na forma desta lei, e a sua transferência em favor da União, dos Estados ou do Distrito Federal.

O **PRESIDENTE DA REPÚBLICA** faço saber que o Congresso Nacional decreta e eu sanciono a seguinte lei:

Art. 1º. Fica estabelecida a extinção de domínio, a ser decretada e cumprida por meio de ação civil, referente a bens, direitos e valores que sejam produto ou proveito, direto ou indireto, de infração penal ou de outras atividades ilícitas, ou que estejam relacionados com a sua prática.

Parágrafo único. A extinção de domínio abrange os direitos de propriedade e de posse, bem como outros direitos, reais ou pessoais, e seus frutos, com a subsequente transferência dos bens, direitos e valores em favor da União, dos Estados ou do Distrito Federal.

Art. 2º. A extinção de domínio será decretada quando os bens, direitos ou valores sejam:

I – provenientes, direta ou indiretamente, de infração penal, ainda que praticada por terceiros;

II – utilizados como meio ou instrumento para a prática, ainda que por terceiros, de infração penal, ou a esta estejam relacionados ou destinados;

III – utilizados para ocultar ou dissimular a natureza, origem, localização, disposição, movimentação ou propriedade de bens, direitos ou valores provenientes, direta ou indiretamente, de infração penal, ainda que praticada por terceiros, ou dificultar sua localização;

IV – provenientes de alienação, aquisição, permuta ou outro negócio jurídico que envolvam bens, direitos ou valores previstos nos incisos I a III;

§ 1º. A caracterização das hipóteses previstas nos incisos I a IV, apuradas na ação civil de extinção de domínio para os seus fins próprios e segundo os parâmetros e na forma desta lei, configura desatendimento à função social da propriedade.

§ 2º. A ilicitude da atividade apta a configurar o desrespeito à função social da propriedade, para os fins desta lei, refere-se à procedência, à origem ou à utilização dos bens de qualquer natureza, direitos ou valores, sempre que relacionados, direta ou indiretamente, com as condutas previstas nos seguintes dispositivos:

a) Art. 159 e parágrafos do Código Penal (extorsão mediante sequestro);

b) Art. 231 do Código Penal (tráfico internacional de pessoa com fins de exploração sexual);

c) Art. 231-A do Código Penal (tráfico interno de pessoa com fins de exploração sexual);

d) Art. 312 do Código Penal (peculato);

e) Art. 312-A do Código Penal (inserção de dados falsos em sistema de informações);

f) Art. 316 do Código Penal (concussão);

g) Art. 317 do Código Penal (corrupção passiva);

h) Art. 332 do Código Penal (tráfico de influência);

i) Art. 333 do Código Penal (corrupção ativa);

j) Art. 357 do Código Penal (exploração de prestígio);

k) Art. 3º da Lei n. 8.137/1990 (Tráfico de Influência, Corrupção e Concussão de Funcionários do Fisco);

l) Arts. 33 a 39 da Lei n. 11.343/2006(.)

m) Art. 17 da Lei n. 10.826/2003 (comércio ilegal de arma de fogo);

n) Art. 18 da Lei n. 10.826/2003 (tráfico internacional de arma de fogo)(;)

§ 3º. A transmissão de bens, direitos ou valores por meio de herança, legado ou doação não impede a decretação da extinção de domínio.

§ 4º. O disposto neste artigo não se aplica ao lesado e ao terceiro de boa-fé que, pelas circunstâncias ou natureza do negócio jurídico, por si ou por seu representante, não tinha condições de saber a origem, utilização ou destinação ilícita dos bens, direitos ou valores.

Art. 3º. A decretação da extinção de domínio independe da aferição de culpa pela conduta ilícita ou de processo e julgamento das infrações penais ou das atividades ilícitas que originaram ou a que estão vinculados os bens, direitos ou valores a que se refere o art. 2º.

§1º. O trânsito em julgado de sentença penal absolutória que taxativamente reconheça a inexistência fato vinculará o juízo competente para conhecer da ação civil de que trata esta Lei.

§2º. Prejudicará a ação de extinção de domínio, caracterizando ausência de interesse processual, a constrição cautelar, enquanto perdurar, e a determinação judicial de perda, como efeito de condenação ou pena, que recaiam sobre os mesmos bens, direitos ou valores e sejam provenientes de processo penal ou civil que apure as infrações criminais ou atividades ilícitas originárias.

Art. 4º. A ação de extinção de domínio terá por objeto bens, direitos ou valores situados no Brasil, ainda que a infração penal ou a atividade ilícita tenham sido praticadas no exterior.

§ 1º. Na falta de tratado ou convenção, os recursos provenientes da alienação de bens, direitos ou valores objeto da ação de extinção de domínio proposta mediante solicitação de autoridade estrangeira serão repartidos entre o Estado requerente e o Brasil, na proporção de metade, ressalvado o direito do lesado ou de terceiro de boa-fé.

§ 2º. Antes da repartição a que alude o §1º, serão deduzidas as despesas efetuadas com a guarda e manutenção dos bens, direitos ou valores, e com os custos necessários à sua alienação ou devolução.

Art. 5º. Têm legitimidade para propor a ação de extinção de domínio o Ministério Público, a União, os Estados e o Distrito Federal, concorrentemente, observada a pertinência temática da causa com as atribuições de cada um.

§ 1º. Quando não for autor, o Ministério Público intervirá obrigatoriamente como fiscal da ordem jurídica e, em caso de desistência infundada ou abandono da ação por outro legitimado, poderá assumir o polo ativo do processo.

§ 2º. O legitimado ativo que não atuar como parte poderá habilitar-se como litisconsorte.

Art. 6º. O Ministério Público e a pessoa jurídica de direito público legitimada poderão, observadas as normas jurídicas que disciplinam a sua atuação extrajudicial, instaurar procedimento para a apuração de fatos que ensejem a propositura de ação civil de extinção de domínio, podendo também requisitar, de qualquer órgão ou entidade pública, certidões, informações, exames ou perícias, bem como informações de particulares.

Art. 7º. A Polícia Judiciária e os demais órgãos e entidades públicas, se constatarem indícios de que bens, direitos ou valores se encontram nas hipóteses do art. 2º, deverão comunicar o fato ao Ministério Público e à pessoa jurídica de direito público interessada.

Parágrafo único. Havendo interesse de outra pessoa jurídica de direito público, as informações recebidas na forma do *caput* deverão ser compartilhadas com ela e o respectivo Ministério Público.

Art. 8º. É parte legítima para figurar no polo passivo da ação de extinção de domínio a pessoa natural ou jurídica que figure como proprietária, possuidora, administradora ou controladora, a qualquer título, dos bens, direitos ou valores a que se refere o art. 2º.

Parágrafo único. O preposto, gerente, diretor, administrador ou representante de pessoa jurídica estrangeira que figurar no polo passivo da ação presume-se autorizado a receber citação.

Art. 9º. O réu incerto ou desconhecido será citado por edital, na forma do art. 256, inciso I, do Código de Processo Civil, devendo constar no edital a descrição dos bens, direitos e valores objeto da ação de extinção de domínio.

§1º. Ao réu incerto ou desconhecido citado por edital será nomeado curador especial.

§ 2º. A pessoa natural ou jurídica que, não sendo a ré, apresentar-se como proprietária ou possuidora dos bens, direitos ou valores objeto da ação de extinção de domínio poderá ingressar no polo passivo, recebendo o processo na fase em que se encontrar.

Art. 10º. A ação de extinção de domínio poderá ser proposta no foro da situação da coisa, do domicílio do réu ou do lugar da infração penal ou atividade ilícita a que se refere o art. 2º.

Parágrafo único. A propositura da ação prevenirá a competência do juízo para todas as ações de extinção de domínio posteriormente propostas que possuam a mesma causa de pedir ou o mesmo pedido.

Art. 11. A petição inicial será instruída com indícios suficientes das hipóteses do art. 2º, ainda que desconhecido ou isento de pena o autor ou partícipe do fato ilícito, ou que esteja extinta a punibilidade.

Art. 12. A qualquer tempo, o legitimado à propositura da ação de extinção de domínio, para assegurar o resultado útil do processo, poderá requerer a concessão de tutelas de urgência, com as técnicas previstas no art. 301 do Código de Processo Civil, ainda que não tenha sido identificado o proprietário ou possuidor dos bens, direitos ou valores.

§ 1º. As tutelas de urgência concedidas em caráter preparatório perderão sua eficácia se o pedido principal não for formulado no prazo de 60 (sessenta) dias, contado da data de sua efetivação, prorrogável por igual período, desde que reconhecida a necessidade pelo juiz em decisão fundamentada.

§ 2º. A comprovação suficiente de que os bens, direitos ou valores são provenientes ou vinculados a infrações penais ou a atividades ilícitas, na forma do art. 2º desta Lei, caracteriza a plausibilidade e o perigo da demora necessários para a decretação da tutela de urgência, sendo dispensável demonstração de comportamento do réu tendente a ocultar ou se desfazer de tais bens, direitos ou valores.

§ 3º. Comprovada a origem lícita de bens, direitos ou valores constritos por força de tutela de urgência, o juiz determinará sua liberação total ou parcial, mediante requerimento do réu ou interessado.

§ 4º. O requerimento a que se refere o § 3º será apreciado sem prejuízo da manutenção da eficácia das tutelas de urgência enquanto presentes os seus pressupostos, podendo o juiz determinar a prática dos atos necessários à conservação de bens, direitos ou valores.

§ 5º. Realizada a apreensão do bem, o juiz imediatamente decidirá pela sua alienação antecipada ou pela nomeação de administrador.

§ 6º. As medidas de cumprimento e os incidentes relativos às tutelas de urgência, concedidas em caráter preparatório ou incidental, deverão ser processados em autos apartados e com tramitação separada do processo principal.

Art. 13. O juiz, de ofício ou a requerimento do Ministério Público ou da pessoa jurídica de direito público interessada, determinará a alienação antecipada, para preservação do valor dos bens constritos, sempre que estes estiverem sujeitos a qualquer grau de deterioração ou depreciação, ou quando houver dificuldade para sua custódia e manutenção.

§ 1º. A alienação antecipada será requerida mediante petição autônoma, que será juntada e apreciada nos autos apartados relativos à tutela de urgência, conforme o § 6º do art. 12 desta Lei.

§ 2º. O requerimento de alienação antecipada deverá conter a relação dos bens, com a descrição e a especificação de cada um deles, e informações sobre quem os detém e o local onde se encontram.

§ 3º. O juiz determinará a avaliação dos bens, nos autos apartados, e intimará as partes, o Ministério Público, os intervenientes e os interessados, devendo ser intimados por edital aqueles que forem incertos ou desconhecidos.

§ 4º. O juízo competente, ouvido o Ministério Público, poderá determinar que, em vez da alienação antecipada ou da custódia por administrador judicial, os bens, direitos ou valores apreendidos sejam destinados ao uso de órgãos e entidades públicos indicados pela União, pelo Estado ou pelo Distrito Federal.

§ 5º. Não sendo possível a custódia por órgão ou entidade públicos, os bens não submetidos à alienação antecipada poderão, mediante ordem judicial, ser colocados sob uso e custódia de instituição privada que exerça atividades de interesse social ou atividade de natureza pública.

§ 6º. Decidindo-se pela alienação antecipada, uma vez feita a avaliação e dirimidas eventuais divergências sobre o respectivo laudo, o juiz homologará o valor atribuído aos bens e determinará que sejam alienados em leilão ou pregão, preferencialmente eletrônico, por valor não inferior a 75% (setenta e cinco por cento) da avaliação.

§ 7º. Realizado o leilão, a quantia apurada será depositada em conta judicial remunerada, vinculada ao processo e ao juízo, mediante documento adequado para essa finalidade, do seguinte modo:

I – nos processos de competência da Justiça Federal e da Justiça do Distrito Federal, os depósitos serão efetuados na Caixa Econômica Federal ou em instituição financeira pública;

II – nos processos de competência da Justiça Estadual, os depósitos serão efetuados em instituição financeira designada em lei, preferencialmente pública, de cada Estado ou, na sua ausência, em instituição financeira pública da União.

§ 8º. A instituição financeira manterá controle dos valores depositados na forma do §7º, devendo fornecer informações circunstanciadas sempre que requeridas.

§ 9º. Serão deduzidos da quantia apurada no leilão todos os tributos e multas incidentes sobre o bem alienado, sem prejuízo de iniciativas que, no âmbito da competência de cada ente da Federação, desonerem bens sob constrição judicial daqueles ônus.

§ 10. Terão apenas efeito devolutivo os recursos interpostos contra as decisões proferidas no curso dos procedimentos de alienação antecipada previstos neste artigo.

Art. 14. Quando as circunstâncias o aconselharem, o juiz, ouvido o Ministério Público, nomeará pessoa natural ou jurídica qualificada para a administração dos bens, direitos ou valores sujeitos a tutelas de urgência, mediante termo de compromisso.

Art. 15. A pessoa responsável pela administração dos bens:

I – terá direito a remuneração, fixada pelo juiz, que será satisfeita, preferencialmente, com o produto ou os frutos dos bens, direitos ou valores objeto da administração;

II – prestará informações da situação dos bens, direitos ou valores sob sua administração, bem como explicações e detalhamentos sobre investimentos e reinvestimentos realizados:

a) periodicamente, em prazo a ser fixado pelo juiz;
b) quando destituído da administração;
c) quando encerrada a fase de conhecimento do processo;
d) sempre que o juiz assim determinar;

III – praticará todos os atos inerentes à manutenção dos bens, direitos ou valores administrados, inclusive a contratação de seguro, quando necessário, vedada a prática de qualquer ato de alienação de domínio;

IV – poderá ceder onerosamente bens administrados para utilização por terceiros, sendo obrigatória a contratação de seguro pelo cessionário, se assim determinar o juiz, em razão da natureza do bem a ser cedido ou das circunstâncias relativas ao seu uso.

Art. 16. Nas ações de extinção de domínio, não haverá adiantamento de custas, emolumentos, honorários periciais ou quaisquer outras despesas, nem a condenação do autor em honorários advocatícios, custas, despesas processuais ou em indenização por cassação ou revogação de tutela de urgência, salvo comprovada má-fé.

§ 1º. Sendo necessária perícia, esta será realizada, preferencialmente, por experto integrante de órgãos ou entidades da Administração Pública.

§ 2º. Se na perícia determinada de ofício ou a requerimento do autor for imprescindível a nomeação de perito não integrante de órgãos ou entidades da Administração Pública, as despesas para sua realização serão adiantadas pela União, pelo Estado ou pelo Distrito Federal, conforme o caso.

§ 3º. Na hipótese do § 2º, as despesas com a realização da perícia e os honorários do perito serão pagos ao final pelo réu, se este resultar vencido ao final do processo, ou pela União, pelo Estado ou pelo Distrito Federal, conforme o caso, na hipótese de improcedência dos pedidos.

Art. 17. Transitada em julgado a decisão que tenha decretado a extinção de domínio, o juiz determinará as medidas necessárias à transferência definitiva dos bens, direitos ou valores, e seus eventuais acessórios, ao patrimônio da União, dos Estados ou do Distrito Federal, conforme o caso.

Art. 18. Na hipótese de trânsito em julgado de decisão de improcedência dos pedidos, os bens, direitos ou valores eventualmente constritos serão liberados e restituídos ao seu titular, corrigidos monetariamente, quando cabível.

Art. 19. Se o pedido de extinção de domínio for julgado, em definitivo, improcedente por insuficiência de provas, qualquer legitimado poderá propor outra ação com idêntico fundamento, valendo-se de nova prova.

Art. 20. A extinção de domínio será declarada com independência de que os pressupostos para sua procedência tenham ocorrido com anterioridade à vigência desta Lei.

Art. 21. A ação de extinção de domínio é imprescritível.

Art. 22. Aplicam-se à ação de extinção de domínio, no que couber, os dispositivos da Lei n. 7.347, de 24 de julho de 1985, e, subsidiariamente, o Código de Processo Civil.

Art. 23. Esta Lei entra em vigor 90 (noventa) dias após sua publicação, podendo a extinção de domínio alcançar bens, direitos ou valores obtidos a qualquer tempo, se verificadas as hipóteses do art. 2º.

Brasília, X de XXX de 2018.

JUSTIFICATIVA

A ação para extinção de domínio de bens adquiridos com a prática de ilícitos foi exaustivamente estudada e discutida no âmbito da Estratégia Nacional de Combate à Corrupção e Lavagem de Ativos (ENCCLA) em 2005, 2010 e 2011. O fruto desse debate foi a unanimidade dos diversos órgãos que compõem a ENCCLA em torno de anteprojeto de lei, sendo este o resultado final da ação 16 da ENCCLA de 2011.

Apresentado no âmbito das propostas das 10 Medidas contra a Corrupção (Projeto de Lei n. 4.850/2016 da Câmara dos Deputados), o anteprojeto concebido no âmbito da ENCCLA para disciplinar a ação de extinção de domínio no Brasil passou por debates no Congresso Nacional e em diversos outros fóruns, chegando a um texto de substitutivo submetido a votação no final de 2016 e que é a base da proposta ora apresentada.

Para crimes e atividades ilícitas graves que geram benefícios econômicos, incumbe ao Estado, tanto quanto a punição dos responsáveis, evitar a fruição dos ganhos oriundos do delito, bem como evitar a aplicação do patrimônio decorrente de atividades criminosas ou ilegais na logística necessária para outras infrações. Admitir a fruição dos *lucros* auferidos com atividades ilícitas afasta a confiança da sociedade na lei, criando modelos negativos de conduta bem-sucedida. Em longo prazo, a fruição disseminada de *lucro* auferido com atividade ilícita afeta a economia (ante as possíveis vantagens concorrenciais ilícitas decorrentes dos ganhos ilícitos) e contamina até mesmo a atividade política, colocando em xeque as fundações de uma sociedade democrática. Ademais, os ganhos decorrentes de atividades criminosas e ilícitas constituem meios importantes para o financiamento de novos delitos, servindo para perpetuar o desrespeito à lei.

Porém, nem todas as infrações podem ser investigadas e punidas, inclusive por força das irrenunciáveis garantias constitucionais e legais dos cidadãos. Prescrição, morte do autor, fuga, impossibilidade jurídica e/ou material de obtenção de provas suficientes, por exemplo, são óbices relativamente comuns à punição do responsável a despeito de ter havido crime ou atividade ilícita. Nessas hipóteses, a persecução com foco na punição do infrator será incapaz de alcançar o proveito econômico dos ilícitos, abrindo ensejo à fruição, pelo próprio autor do fato ou por terceiros a ele ligados, do patrimônio oriundo da prática de atividades proscritas pelo ordenamento jurídico.

Para obstar a fruição de *lucros* decorrentes de atividades ilícitas, são já conhecidos, no direito comparado e no direito internacional, regras e institutos jurídicos que visam conferir instrumentos específicos compatíveis com a missão: a) formas de confisco, ou perda de bens, dissociadas de prévia condenação criminal (*non-conviction based confiscation*); b) investigação patrimonial autônoma, paralela à apuração da conduta típica em si, voltada para a identificação de bens possivelmente oriundos de crimes e passíveis de confisco; c) regras materiais e processuais especiais viabilizando, no âmbito da jurisdição civil e independentemente da persecução criminal, o confisco de bens de possível origem criminosa; e d) inversão do ônus da prova, exigindo-se que, em determinadas circunstâncias, o detentor do bem comprove, sob pena de confisco, a origem lícita do seu domínio.

A extinção civil do domínio, confisco civil ou perda civil de bens se insere nesse contexto. Constitui mecanismo para a decretação do perdimento de bens, direitos ou valores de origem ilícita no âmbito da jurisdição civil brasileira, em ação independente da apuração e da punição das condutas ilícitas que ensejaram a propriedade ou posse do patrimônio. No direito estrangeiro, os institutos similares à extinção de domínio ora proposta são conceituados como a privação do direito de propriedade, sem qualquer compensação para seu titular, em razão de aquela ter sido usada de maneira contrária às determinações legais do ente soberano. Em um contexto mundial de combate intensivo à lavagem de dinheiro e à fruição dos ganhos econômicos decorrentes de crimes e atividades ilícitas, os organismos internacionais recomendam a implementação, por parte das nações, de legislação que autorize a extinção civil de domínio *in rem*, ou perda civil de bens.

Nessa esteira, a Convenção das Nações Unidas contra a Corrupção (Convenção de Mérida), promulgada no Brasil pelo Decreto n. 5.687/2006, contém, no Artigo 54, a previsão da adoção de formas de confisco desvinculadas da aplicação de sanção penal (*Cada Estado Parte, a fim de prestar assistência judicial recíproca conforme o disposto no Art. 54 da presente Convenção relativa a bens adquiridos mediante a prática de um dos delitos qualificados de acordo com a presente Convenção ou relacionados a esse delito, em conformidade com sua legislação interna: [...]* c) Considerará a possibilidade de adotar as medidas que sejam necessárias para permitir o confisco desses bens sem que envolva uma pena, nos casos nos quais o criminoso não possa ser indiciado por motivo de falecimento, fuga ou ausência, ou em outros casos apropriados). Podem ser citados ainda, sobre o tema, o Projeto STAR, da UNDOC (Nações Unidas) e do Banco Mundial (http://star.worldbank.org/star/), e a (atual) Recomendação n. 4 do Grupo de Ação Financeira contra a Lavagem de Dinheiro e o Financiamento do Terrorismo (GAFI/FATF).

Portugal, Colômbia, Espanha, Reino Unido e Estados Unidos, entre outros países com os quais o Brasil mantém relações diplomáticas e comerciais frequentes, preveem em suas legislações meios de decretação da perda de bens vinculados a atividades criminosas ou ilícitas por meio da jurisdição civil, independentemente da apuração e punição dos crimes que ensejaram o enriquecimento.

Não é demais divisar, nesse contexto, que a ausência de previsão de mecanismo como a ação de extinção de domínio constitui, em certa medida, mora da República Brasileira em cumprir diretrizes fixadas em âmbito internacional, além de ser uma restrição à plena cooperação com países engajados na luta contra o crime organizado, a corrupção e a lavagem de dinheiro.

No Brasil, o fundamento constitucional que autoriza a expropriação sem indenização da propriedade ou posse, em razão do descumprimento de sua função social, encontra lastro no artigo 5º, inciso XXIII, da Constituição da República de 1988, que reza: "*a propriedade atenderá a sua função social*". A propriedade de bens e valores oriundos de atividades ilícitas afronta essa função social, autorizando, assim, a decretação da extinção de domínio mesmo que as atividades que ensejaram o acréscimo patrimonial não possam ser apuradas e punidas (em razão de prescrição, fuga etc.). Com efeito, independentemente da punição das condutas ilícitas que ensejaram o enriquecimento ilícito, é diretriz ordinária dos ordenamentos jurídicos que o enriquecimento ilícito seja proscrito e sujeito à reversão por meios coercitivos.

Expostos os fundamentos que recomendam a adoção de uma ação de extinção de domínio no Brasil, cabe analisar as linhas gerais do Anteprojeto de Lei que ora se propõe.

O Anteprojeto abandonou a noção, preconizada inicialmente no âmbito da ENCCLA, de rol de crimes que autorizariam a decretação de extinção de domínio, considerando que todas as atividades ilícitas que ensejam acréscimo patrimonial ofendem da mesma maneira o princípio da função social da propriedade. Ademais, a previsão de um rol será sempre insuficiente e tendente a ofensa à proporcionalidade, em face da adoção de critérios diferentes para situações similares, conforme o enquadramento ou não no rol.

O art. 2º, assim, procura estabelecer a possibilidade de decretação de extinção de domínio sempre que os bens, direitos ou valores sejam decorrentes da prática de determinadas atividades ilícitas ou vinculados a ela. Garante, ainda, em conformidade com os objetivos do instituto do perdimento civil, a possibilidade de decretação de extinção de domínio dos bens de origem ilícita que sejam transferidos a título gratuito ou *causa mortis* (§ 2º), em plena harmonia, aliás, com a norma do inciso XLV do art. 5º da Constituição da República. Todavia, o texto do Anteprojeto de Lei preocupa-se em garantir os direitos do lesado e do terceiro de boa-fé, afastando a extinção de domínio em relação a estes (§3º, art. 2º).

A independência da ação de extinção de domínio em relação à apuração e à punição das condutas que ensejaram o enriquecimento ilícito está disciplinada no artigo 3º. Faz-se ressalva, porém, às sentenças penais absolutórias que reconheçam a inexistência do fato (art. 3º, §1º), bem como aos casos em que os mesmos bens, direitos ou valores já sejam objeto de medidas cautelares ou de perdimento decretados em processos específicos que apurem a responsabilidade pela conduta ilícita, evitando-se indesejável duplicidade de medidas com o mesmo escopo sobre o mesmo patrimônio.

O artigo 4º fixa que os bens, direitos e valores situados no Brasil provenientes de crimes ou atividades ilícitas praticadas no exterior também se sujeitam à extinção de domínio, fixando, ainda, critérios para a repartição do patrimônio objeto da medida quando exista interesse paralelo de nações estrangeiras.

No artigo 5º, são previstos os legitimados para a propositura da ação de extinção de domínio – Ministério Público, União, Estados e Distrito Federal –, bem como, no art. 6º, a possibilidade de que esses legitimados instaurem procedimentos específicos para a apuração e colheita de indícios que viabilizem ao ajuizamento fundamentado da demanda. Estabelece-se, ainda, obrigação de que os órgãos públicos que tenham conhecimento de fatos que possam ensejar a extinção de domínio os comuniquem aos legitimados ativos (art. 7º).

Os legitimados passivos, nos termos do art. 8º, são todas as pessoas naturais e jurídicas que exerçam controle sobre os bens provenientes de crimes ou atividades ilícitas.

O Anteprojeto também regula normas específicas para o procedimento da ação civil de extinção de domínio, em especial sobre a comunicação de atos processuais e a competência territorial, exigindo, ainda, a apresentação de substrato probatório mínimo (justa causa) para a admissão do processo (arts. 9º, 10 e 11).

As tutelas de urgência, assim como a alienação antecipada e a designação de administrador para os bens constritos no curso da ação de extinção de domínio, são reguladas pelos arts. 12 a 15 do Anteprojeto de Lei. Quanto às tutelas de urgência, seguindo o que se aplica no

Brasil em relação à medida cautelar real de sequestro, no âmbito do processo penal, e em relação à indisponibilidade de bens, nas ações de improbidade administrativa, o Anteprojeto de Lei deixa explícita a não necessidade de comprovação de que o requerido está dilapidando seus bens como condição para a concessão da tutela cautelar (art. 12, § 2º) – sendo certo que a própria posse e utilização de patrimônio proveniente de crimes ou de atividades ilícitas já configura por si só risco de dano irreparável à ordem jurídica, nos termos acima indicados. Quanto à alienação antecipada, o Anteprojeto de Lei segue o modelo vigente no Código de Processo Penal, com pequenas alterações pontuais.

O regime de custas e despesas processuais é fixado no artigo 16 do Anteprojeto de Lei, seguindo, em linhas gerais, o que já se aplica nas ações civis públicas. Prevê que os peritos a serem designados serão preferencialmente vinculados a órgãos públicos, com o fim de diminuir os custos do processo. Esclarece, ainda, que não cabe, considerando a natureza da ação e a legitimação ativa que se estabelece para ela, indenização por tutelas cautelares cassadas ou revogadas, ressalvada as hipóteses de má-fé.

Os artigos 17 a 19 do Anteprojeto de Lei tratam dos efeitos dos julgamentos de procedência e de improcedência dos pedidos da ação de extinção de domínio, fixando, também em harmonia com o que se aplica nas ações civis públicas, a possibilidade de que, mediante novas provas, seja proposta demanda com o mesmo objeto daquela que tenha sido julgada improcedente por insuficiência de provas (art. 19).

O artigo 20 prevê a retroatividade da norma, nos termos do sugerido no art. 3º da Lei Modelo de Extinção de Domínio. Isso é previsto em diversos países democráticos, como Reino Unido, Irlanda, Canadá e Austrália. Essa retroatividade é constitucional, pois a ação de extinção de domínio tem natureza civil, não se aplicando os princípios penais, como da irretroatividade da norma, ressaltando-se que a perda de bens ilícitos não é uma sanção, mas uma consequência natural da prática de infrações penais e atos de improbidade, e poderiam ser alcançados por outro tipo de ação civil "*ex delicto*".

O artigo 21 prevê que a ação de extinção de domínio é imprescritível, como previsto na "Lei Modelo de extinção de domínio", elaborada pelo Escritório das Nações Unidas sobre Drogas e Crime – UNODC. Quanto ao direito comparado, países como Irlanda, Colômbia, México, Guatemala e Filipinas preveem expressamente essa imprescritibilidade.

O artigo 22, por seu turno, remete à Lei n. 7.347/1998 (Lei de Ação Civil Pública) e, subsidiariamente, ao Código de Processo Civil a disciplina dos aspectos processuais e procedimentais omissos no Anteprojeto de Lei.

Por fim, o artigo 23 estabelece *vacatio* de 90 dias para a aplicação da lei, esclarecendo, porém, que os bens, direitos e valores provenientes de crimes e atividades ilícitas praticadas antes da vigência da norma estarão também sujeitos à extinção de domínio. A regra é, a rigor, expletiva, tendo em vista que a origem ilícita do patrimônio de que trata o Anteprojeto de Lei independe e é anterior à previsão da ação de extinção de domínio, constituindo esta apenas meio processual para implementar o perdimento de patrimônio de origem que já é proscrita pelo ordenamento.

Cuida-se, enfim, de instrumento útil e necessário para o efetivo combate, no Brasil, a crimes e atividades ilícitas que geram vantagens econômicas, bem como à lavagem de dinheiro, seguindo parâmetros já amplamente adotados em outros países e em diretrizes internacionais.

67 CONFISCO ALARGADO

O confisco alargado visa instituir de maneira mais efetiva a ideia clássica de que "o crime não compensa" ou, mais precisamente, não deve compensar. Em crimes graves que geram benefícios econômicos ilícitos, cabe ao Estado não somente punir os responsáveis, mas também evitar que mantenham os recursos que obtiveram por meio da infração e os utilizem em outros delitos. No entanto, nem todos os crimes podem ser investigados e punidos, em razão da limitação de recursos à disposição do Estado, de modo que o confisco alargado visa permitir ao Estado alcançar patrimônio cuja origem não tenha sido explicada e possa ser razoavelmente atribuída a condutas criminosas.

Principais propostas da medida

- Torna efeito da condenação em segunda instância por crimes específicos a perda, em favor da União, da diferença entre o valor total do patrimônio do condenado e a parte desse patrimônio cuja origem possa ser demonstrada por seus rendimentos lícitos ou outras fontes legítimas. O processamento da perda dos referidos bens, direitos ou valores, efetivado mediante requerimento fundamentado do Ministério Público, terá início no prazo de até dois anos, perante juízo criminal.

Problemas que pretende solucionar

- Em primeiro lugar, a presente proposta visa fazer cumprir diretrizes de tratados dos quais o Brasil é signatário, adequando o sistema jurídico pátrio a recomendações de fóruns internacionais voltados a coibir o crime organizado. Além disso, busca harmonizar a legislação brasileira com sistemas jurídicos de outros países que já preveem medidas similares e com os quais o Brasil mantém relações e acordos de cooperação, permitindo a reciprocidade e o combate a crimes graves de efeitos transnacionais.

- Em segundo lugar, diante da existência de situações em que não é possível identificar ou comprovar a prática de crimes graves que geram benefícios econômicos, casos em que, sem a possibilidade de se promover a responsabilidade criminal, o confisco clássico e o confisco por equivalente não são capazes de evitar o proveito ilícito e a utilização desse patrimônio de origem injustificada em novas atividades criminosas, esta medida visa permitir que o Estado alcance o patrimônio de origem injustificada, desde que comprovada 1) prévia condenação por um crime que, nos termos legais, enseja presunção razoável de uma carreira criminosa anterior que gerou ganhos econômicos; e 2) comprovação pela acusação de que o condenado controla um patrimônio incompatível com seus rendimentos e atividades econômicas lícitas conhecidas.

ANTEPROJETO DE LEI

Institui o confisco alargado ou perda ampliada no Brasil.

O **PRESIDENTE DA REPÚBLICA** faço saber que o Congresso Nacional decreta e eu sanciono a seguinte lei:

Art. 1º. O Código Penal, Decreto-lei n. 2.848, de 7 de dezembro de 1940, passa a vigorar acrescido do seguinte art. 91-A:

Art. 91-A. Independentemente da sanção aplicada no caso concreto, na hipótese de condenação em segunda instância, por infração penal dolosa relativo aos crimes abaixo nominados, será também efeito da condenação a perda, em favor da União, da diferença entre o valor total do patrimônio do condenado e a parte desse patrimônio cuja origem possa ser demonstrada por seus rendimentos lícitos ou por outras fontes legítimas:

I – pelos seguintes crimes previstos neste Código:
    a) redução a condição análoga à de escravo (art. 149, §§ 1º e 2º);
    b) extorsão mediante sequestro (art. 159, *caput* e §§ 1º a 3º);
    c) apropriação indébita previdenciária (arts. 168-A, *caput* e § 1º);
    d) estelionato em detrimento da União, Estados, Distrito Federal e Municípios e seus órgãos da administração direta e indireta (art. 171, § 4º);
    e) enriquecimento ilícito (art. 312-A);
    f) peculato (art. 312, *caput* e § 1º);
    g) inserção de dados falsos em sistema de informações (art. 313-A);
    h) concussão (art. 316, *caput*);
    i) excesso de exação (art. 316, §§ 1º e 2º);
    j) corrupção passiva e ativa (arts. 317 e 333);
    k) facilitação de contrabando ou descaminho (art. 318);
    l) tráfico de influência (art. 332);
    m) sonegação de contribuição previdenciária (art. 337-A);
    n) associação criminosa (art. 288);
    o) exploração de prestígio (art. 357);
    p) tráfico de pessoas, receptação, lenocínio, moeda falsa, descaminho e contrabando (arts. 149-A, *caput* e 1º; 180, *caput* e § 1º, e 180-A; 227, *caput* e §§ 1º e 2º; 228, *caput* e §§ 1º e 2º; 229; 230, *caput* e §§ 1º e 2º; 289, *caput* e §§ 1º, 3º e 4º; arts. 334, *caput* e § 1º; e 334-A, *caput* e § 1º, respectivamente, do Código Penal), quando praticado de maneira organizada, em continuidade delitiva, em concurso de crimes relativos ao mesmo tipo penal ou por pessoa que já tenha sido condenada em outro processo pelo mesmo crime ou por outro dos crimes referidos;
    q) demais delitos contra a Administração Pública, quando praticados de maneira organizada nos termos da Lei n. 12.850, de 2013, e aptos a gerar vantagem econômica de qualquer natureza, direta ou indiretamente;

II – pelos seguintes crimes previstos na legislação extravagante:
   a) previsto no art. 1º do Decreto-lei nº 201, de 27 de fevereiro de 1967;
   b) contra o mercado de capitais (arts. 27-C e 27-D da Lei n. 6.385, de 7 de dezembro de 1976);
   c) contra o sistema financeiro nacional (arts. 2º a 23 da Lei n. 7.492, de 16 de junho de 1986);
   d) contra a ordem tributária praticados por particulares e funcionários públicos (arts. 1º e 3º da Lei n. 8.137, de 27 de dezembro de 1990, respectivamente);
   e) contra a economia e as relações de consumo nas modalidades dolosas (arts. 4º e 7º da Lei n. 8.137, de 27 de dezembro de 1990);
   f) contra as normas de licitações e contratos da administração pública previstos nos arts. 89, *caput* e parágrafo único, 90, 92, 94, 95 e 96 da Lei n. 8.666, de 21 de junho de 1993;
   g) ocultação ou dissimulação de bens, direitos ou valores (art. 1º, *caput* e §§ 1º e 2º, da Lei n. 9.613, de 3 de março de 1998);
   h) comércio ilegal de arma de fogo e tráfico internacional de arma de fogo (arts. 17 e 18 da Lei n. 10.826, de 22 de dezembro de 2003);
   i) tráfico ilícito de drogas (arts. 33 a 37 da Lei n. 11.343, de 23 de agosto de 2006);
   j) organização criminosa (art. 2º, *caput* e § 1º da Lei n. 12.850, de 2 de agosto de 2013);
   k) de terrorismo (arts. 2º, 3º, 5º e 6º da Lei n. 13.260, de 16 de março de 2016);
   l) crimes ambientais aptos a gerar expressiva vantagem econômica, entendida como superior a 10 (dez) salários-mínimos.

III – por contravenção cuja prática enseje expressiva vantagem econômica, entendida como superior a 10 (dez) salários mínimos.

§ 1º. Para os efeitos deste artigo, entende-se por patrimônio do condenado o conjunto de bens, direitos e valores que:

I – na data da instauração de procedimento investigatório criminal ou civil relativo aos fatos que ensejaram a condenação, estejam sob a propriedade ou posse do condenado, e aqueles que, mesmo estando em nome de terceira pessoa interposta, natural ou jurídica, sejam controlados ou usufruídos pelo condenado como se proprietário fosse;

II – transferidos pelo condenado a terceira pessoa a título gratuito ou mediante contraprestação irrisória nos cinco anos anteriores à data de instauração do procedimento investigatório;

III – recebidos pelo condenado nos cinco anos anteriores à data de instauração do procedimento investigatório, ainda que sua destinação não possa ser determinada.

§ 2º. As medidas cautelares reais previstas na legislação processual penal e a alienação antecipada para preservação de valor poderão recair sobre bens, direitos ou valores que se destinem a assegurar a perda a que se refere este artigo.

§ 3º. Após a condenação em segunda instância a que se refere o *caput*, a perda de bens, direitos ou valores com fundamento neste artigo terá seu processamento iniciado no prazo de até dois anos, perante o juízo criminal que a proferiu, observadas, no que couber, as disposições do Código de Processo Civil, seguindo o critério de preponderância das evidências.

§4º. A perda ampliada será efetivada mediante requerimento fundamentado do Ministério Público que demonstre ser o condenado titular, nos termos do § 1º, de patrimônio cujo valor seja incompatível com seus rendimentos lícitos ou cuja fonte lícita ou legítima seja desconhecida.

§ 5º. No curso e na forma do procedimento a que se referem os §§ 3º e 4º, o condenado poderá demonstrar a inexistência da incompatibilidade patrimonial indicada pelo Ministério Público ou que, embora existente essa incompatibilidade, os bens, direitos ou valores têm origem lícita ou legítima.

§ 6º. Serão excluídos de medidas cautelares reais e da perda ampliada os bens, direitos ou valores reivindicados por terceira pessoa que comprove sua propriedade e origem lícita.

§ 7º. O confisco alargado é autônomo em relação à ação penal que lhe originou.

§ 8º. A União ou outra pessoa jurídica ou ente lesado poderá requerer seu ingresso no processo de confisco alargado na qualidade de assistente do Ministério Público.

Art. 2º. Serão regulamentadas, posteriormente, a criação e a organização dos órgãos responsáveis pela administração de bens confiscados até sua efetiva alienação

Parágrafo único. Parte dos valores arrecadados em decorrência desta Lei será destinada a indenizar eventuais vítimas que puderem ser identificadas e ao custeio dos órgãos públicos encarregados da identificação dos bens ou do patrimônio dos réus.

Art. 3º. Os chefes do Ministérios Públicos da União e dos Estados elaborarão relatório anual ao Conselho Nacional do Ministério Público para controle de transparência e eficiência a respeito da aplicação do instituto.

Parágrafo único. O relatório abrangerá a descrição da atuação de órgãos eventualmente designados para a função de identificação e localização de bens ou ativos.

Art. 4º. Esta Lei entra em vigor 90 (noventa) dias após sua publicação.

Parágrafo único. A perda ampliada pode alcançar bens, direitos ou valores obtidos por meio de infrações penais praticadas antes da vigência e da publicação desta Lei, se observados os parâmetros do art. 91-A ora acrescido ao Código Penal.

Brasília, X de XXX de 2018.

JUSTIFICATIVA

Este Anteprojeto de Lei visa acrescentar um artigo 91-A ao Código Penal brasileiro, dispositivo que introduzirá o confisco alargado, ou perda ampliada, na legislação nacional, cumprindo diretrizes de tratados dos quais o Brasil é signatário e adequando o sistema jurídico pátrio a recomendações de fóruns internacionais voltados a coibir o crime organizado. O dispositivo proposto também harmoniza a legislação brasileira com sistemas jurídicos de outros países que já preveem medidas similares e com os quais o Brasil mantém relações e acordos de cooperação, permitindo a reciprocidade e o combate a crimes graves de efeitos transnacionais.

Apresentada proposta de instituição de confisco alargado, em termos similares, no âmbito das 10 Medidas contra a Corrupção (Projeto de Lei n. 4.850/2016 da Câmara dos Deputados), a redação ora encaminhada considera os resultados dos debates realizados no Congresso Nacional e em diversos outros fóruns acerca da aplicação do instituto no Brasil. De fato, buscou-se contemplar, no que foi possível, a redação aprovada pela Comissão Especial daquela Casa.

O confisco alargado visa instituir de maneira mais efetiva a ideia clássica de que "o crime não compensa" ou, mais precisamente, não *deve* compensar. Em crimes graves que geram benefícios econômicos ilícitos, incumbe ao Estado, tanto quanto a punição dos responsáveis, evitar o proveito econômico da infração e a utilização do patrimônio decorrente da atividade criminosa em outros delitos. Mas a persecução criminal do Estado não é, não pode e até mesmo não deve ser exaustiva. Nem todas as infrações podem ser investigadas e punidas, inclusive por força das garantias constitucionais e legais dos cidadãos. O confisco alargado, assim, é instituto que visa permitir ao Estado alcançar patrimônio de origem injustificada cuja origem possa ser razoavelmente atribuída a condutas criminosas prévias que, todavia, não podem, por algum motivo, ser aferidas com os requisitos próprios de uma condenação penal.

O confisco clássico e o confisco por equivalente, previstos hoje na legislação penal brasileira (art. 91, Código Penal), alcançam, além dos instrumentos do crime que sejam em si ilícitos (art. 91, "a", Código Penal), apenas os bens ou valores correspondentes que sejam produto ou proveito da específica infração objeto da condenação criminal. Contudo, conforme já se anotou, há situações em que não é possível identificar ou comprovar, nos termos exigidos para uma condenação criminal, a prática de crimes graves que geram benefícios econômicos, embora as circunstâncias demonstrem a origem ilícita do patrimônio controlado por determinadas pessoas. Nesses casos, sem a possibilidade de se promover a responsabilidade criminal, o confisco clássico e o confisco por equivalente não são capazes de evitar o proveito ilícito e a utilização desse patrimônio de origem injustificada em novas atividades criminosas. O instituto ora proposto visa, assim, instituir meio de retirar o patrimônio de origem injustificada do poder de organizações e de pessoas com atividade criminosa extensa que não possa ser completamente apurada.

Como se trata de medida que atinge apenas o patrimônio de origem injustificada, sem imputar ao afetado nenhum dos efeitos inerentes a uma condenação criminal pelos fatos que ensejaram a posse desses bens, o confisco alargado se harmoniza com o princípio da presunção de inocência, conforme tem sido reconhecido em outros países e em organismos e fóruns internacionais. **Portugal** (arts. 7º a 12 da Lei n. 5/2002, com alterações trazidas pela Lei n. 30/2017, de 20/05/2017), **França** (Código Penal, art. 131-21 e art. 222-49; Código de Processo Penal, art. 706-103), **Itália** (Decreto-Lei n. 306/1992, art. 12-*sexies,* e também Decreto Legislativo n. 159/2011), **Espanha** (parágrafo segundo do art. 127 e art. 127 bis do Código Penal), **Alemanha** (Código Penal, §73d), **Reino Unido** (POCA, 2002) e **Estados Unidos** (US Code, §§ 853, 881, 981 e 982, bem como o Racketeer Influenced and Corrupt Organizations Act – RICO – US Code §1963 a), entre outros, preveem meios de confisco alargado de bens, todos com respaldo das cortes constitucionais e mesmo de cortes e fóruns supranacionais.

No âmbito do direito internacional, há diversas normas recomendando ao Brasil a instituição de mecanismos próprios do confisco alargado, do que se pode até mesmo inferir a mora do país em estabelecer tal espécie de instituto. Nessa linha, tem-se a Convenção contra o Tráfico Ilícito de Entorpecentes e Substâncias Psicotrópicas (Convenção de Viena), promulgada no Brasil pelo Decreto n. 154/1991, no seu artigo 5º, em especial os itens 6 (confisco por equivalente) e 7 (inversão do ônus da prova), redigido o último nesses termos: "cada Parte considerará a possibilidade de inverter o ônus da prova com respeito à origem lícita do suposto produto ou outros bens sujeitos a confisco, *na medida em que isto seja compatível com os princípios de direito interno e com a natureza de seus procedimentos jurídicos e de outros procedimentos*". Também se tem a Convenção das Nações Unidas contra o Crime Organizado Transnacional, adotada em Nova York, em 15 de novembro de 2000 (Convenção de Palermo), promulgada no Brasil pelo Decreto 5.015/2004: Artigo 12, em especial os itens 3, 4 (confisco por equivalente) e 7 (inversão do ônus da prova), este com disposição similar à que está acima transcrita, da Convenção de Viena; bem como os artigos 13 e 14, com normas sobre cooperação internacional para o confisco e sobre a destinação dos bens confiscados. Ainda, a Convenção das Nações Unidas contra a Corrupção (Convenção de Mérida), promulgada no Brasil pelo Decreto n. 5.687/2006, contendo, no artigo 31, determinações a respeito do confisco, com previsão, entre outros, e nos moldes já citados das convenções de Viena e de Palermo, de inversão do ônus da prova para viabilizar a expropriação de bens ligados ao crime (artigo 31, item 8: "*Os Estados Partes* poderão considerar a possibilidade de exigir de um delinquente que demonstre a origem lícita do alegado produto de delito ou de outros bens expostos ao confisco, *na medida em que ele seja conforme com os princípios fundamentais de sua legislação interna e com a índole do processo judicial ou outros processos*"). Ainda na Convenção de Mérida, como exemplo, consta no art. 54 a previsão da adoção de formas de confisco desvinculadas da aplicação de sanção penal (*Cada Estado Parte, a fim de prestar assistência judicial recíproca conforme o disposto no Art. 54 da presente Convenção relativa a bens adquiridos mediante a prática de um dos delitos qualificados de acordo com a presente Convenção ou relacionados a esse delito, em conformidade com sua legislação interna: [...] c)* Considerará a possibilidade de adotar as medidas que sejam necessárias para permitir o confisco desses bens sem que envolva uma pena, nos casos nos quais o criminoso não possa ser indiciado por motivo de falecimento, fuga ou ausência, ou em outros casos apropriados). Podem ser citados ainda, sobre o tema, o Projeto STAR, da UNDOC (Nações Unidas) e do Banco Mundial (http://star.worldbank.org/star/), e a (atual) Recomendação n. 4 do Grupo de Ação Financeira contra a Lavagem de Dinheiro e o Financiamento do Terrorismo (GAFI/FATF).

O confisco alargado ora proposto, na esteira da legislação de outros países, tem como pressuposto uma prévia condenação por crimes graves que geram vantagens econômicas, o que autoriza a presunção razoável do recebimento anterior de benefícios econômicos por meios ilícitos semelhantes. Estabelece, nesses casos, um ônus probatório para a acusação acerca da diferença entre o patrimônio que esteja em nome do condenado, ou que seja por ele controlado de fato, e seus rendimentos lícitos. São, portanto, dois os requisitos para o confisco alargado: 1) prévia condenação por um crime que, nos termos legais, enseja presunção razoável de uma carreira criminosa anterior que gerou ganhos econômicos; e 2) comprovação pela acusação de que o condenado controla um patrimônio incompatível com os seus rendimentos e atividades econômicas lícitas conhecidas.

Portanto, não se trata, no confisco alargado, de perdimento do produto ou proveito da infração penal objeto da condenação, mas de um momento subsequente, no qual se analisa todo o patrimônio do condenado a fim de verificar se há lastro legítimo. Após a condenação pelo crime que, nos termos legais, gera a presunção razoável de uma *carreira criminosa* prévia que ensejou vantagens econômicas indevidas, a acusação deve demonstrar não os crimes anteriores que resultaram no enriquecimento do agente, mas a desproporção entre o patrimônio controlado pelo condenado e seus rendimentos e atividades econômicas lícitos conhecidos.

O patrimônio injustificado, assim, é submetido ao confisco (alargado) independentemente de apuração, acusação ou condenação pelas *prováveis* infrações penais que originaram os respectivos bens e valores. É garantida ao condenado, porém, a oportunidade de demonstrar a legalidade do seu patrimônio, bem como aos terceiros de boa-fé potencialmente afetados pela decretação do perdimento.

Diz-se, assim, que há uma *inversão do ônus da prova*, pois o condenado é incumbido de demonstrar a origem lícita dos seus bens, sob pena de efetivação do confisco. Mas não é bem assim. A rigor, não se trata de inversão de ônus da prova (não há decisão judicial atribuindo o ônus a pessoa diversa da originariamente onerada), mas de uma atribuição legal de encargo probatório com base em regras materiais especiais. Além disso, o ônus da prova para iniciar o processo de confisco alargado continua sendo da acusação, nos termos já expostos. Depois da condenação por um dos crimes listados no rol do art. 91-A, que enseja a presunção legal de prévia carreira criminosa do agente, cabe à acusação apurar e demonstrar (investigação patrimonial) o patrimônio do condenado que seja incompatível com atividades lícitas por ele desenvolvidas. Apenas depois, uma vez produzida essa prova pela acusação, abre-se a possibilidade para que o requerido desconstitua a prova da acusação quanto à ausência de origem lícita ou legítima, demonstrando a legalidade da aquisição dos bens indicados para o confisco alargado.

O confisco alargado não constitui propriamente uma reação penal (sanção penal). Embora estruturado como medida auxiliar à repressão criminal, trata-se de providência de caráter não penal que procura unicamente uma ordem de perda patrimonial conforme o direito. Ao estabelecer a constrição e a perda de bens cuja origem não possa ser comprovada pelo seu detentor, com base em fundada suspeita de origem ilícita, a medida visa apenas retirar de circulação a riqueza que não seja coerente com as atividades legais do seu detentor. Não há, assim, imposição de sanção penal ou mesmo ofensa ao estado de inocência consagrado constitucionalmente, pois a medida apenas atinge o patrimônio e não constitui risco de privação de liberdade ou de registro de antecedente criminal.

Atente-se, por sua vez, que a proteção constitucional ao direito de propriedade não tutela patrimônio incongruente com os rendimentos lícitos do cidadão, cuja origem não possa ser demonstrada por ele na hipótese de haver fundada suspeita de origem criminosa. O confisco alargado, embora tenha como ponto central prescindir de uma condenação pelo crime que tenha gerado a posse do bem (*non-conviction based confiscation*), baseia-se em fundadas suspeitas, a cargo de órgão estatal, acerca da origem ilícita do patrimônio confiscado. Se comprovado pelo Estado, em processo com garantia do contraditório e da ampla defesa, que o patrimônio controlado por determinado agente não é compatível com seus rendimentos lícitos conhecidos, havendo também fundadas suspeitas de que decorra da prática de crimes (ainda que tais crimes não possam ser identificados especificamente), é coerente com a função social da propriedade e demais princípios da Constituição da República que a lei autorize o confisco de tal patrimônio sem lastro legal.

O Anteprojeto de Lei, compatibilizando o instituto proposto com a legislação processual penal atual e na esteira do que estabelece o Código Penal a respeito do confisco por equivalente recentemente instituído (§2º do art. 91, incluído pela Lei n. 12.684/2012), prevê a aplicação das medidas cautelares reais penais para a garantia do confisco alargado. Também prevê expressamente a possibilidade de alienação antecipada de coisas sujeitas a deterioração ou depreciação, evitando que o tempo necessário para a decisão acerca do confisco resulte em perdas econômicas ou prejuízos para o acusado ou terceiro de boa-fé.

Busca-se aproveitar das lições de outros países para garantir a eficácia deste instrumento. A suficiência de uma condenação em segunda instância torna-se necessária, tendo em vista o tempo excessivo até o trânsito em julgado de ações penais e o expressivo número daquelas que não alcançam aquele estágio. Aproxima-se, assim, de outras instâncias em que já se autoriza a realização dos efeitos de sentenças condenatórias após sua confirmação, como a execução antecipada da pena privativa de liberdade e os efeitos decorrentes da Lei da Ficha Limpa, a Lei Complementar n. 135, de 2010.

Considerando tratar-se de um dos efeitos da condenação criminal, o projeto prevê que o cumprimento da sentença que decretar o confisco alargado, após a condenação em segunda instância, terá seu processamento iniciado, no prazo de até dois anos, no juízo criminal que proferiu a decisão. Nessa fase, o Ministério Público, com base no título judicial, deverá alegar e comprovar que o patrimônio do condenado não é compatível com seus rendimentos lícitos e que também não tem outra origem lícita conhecida, segundo as informações públicas disponíveis e após regular apuração. Remete-se o procedimento à legislação processual civil, permitindo a aplicação das normas de liquidação por artigos e de cumprimento de sentença do Código de Processo Civil.

Reconhecendo-se o interesse dos órgãos público lesados em participar do processo de recuperação de eventuais valores decorrentes de práticas criminosas que lesaram seu patrimônio, garante-se sua participação como assistente de acusação e, eventualmente, como indenizado.

Com relação aos aspectos práticos, mostra-se salutar, com base na experiência internacional, especialmente a portuguesa, a criação de órgãos na Administração Pública Federal encarregados da administração e alienação dos bens e valores confiscados. No mais, a elaboração de relatórios periódicos sobre a aplicação desse novo instituto configura uma importante previsão de transparência.

A proposta, portanto, visa atualizar e compatibilizar a legislação brasileira com o que vige no cenário internacional, conferindo ao Estado um instrumento de combate aos ganhos ilícitos decorrentes do crime em harmonia com os primados do Estado Democrático de Direito, fazendo valer a máxima de que o crime não deve compensar.

68 APERFEIÇOA O BLOQUEIO DE BENS NA AÇÃO DE IMPROBIDADE ADMINISTRATIVA

Este projeto de lei visa evitar uma possível interpretação equivocada da Lei n. 8.429/92, deixando ainda mais claro o que já está explicitado na lei e pacificado na jurisprudência. Além disso, tem por objetivo conceder tanto à Administração Pública quanto ao Poder Judiciário medidas efetivas que permitam preservar alguma espécie de patrimônio que possa futuramente servir para arcar com uma eventual condenação e, assim, garantir os resultados da ação de improbidade administrativa. O motivo disso seria a difícil recuperação de bens obtidos em decorrência de atos de improbidade administrativa, em virtude da ocultação e dilapidação do patrimônio por agentes ímprobos.

Principais pontos da proposta

- Atribui à autoridade administrativa responsável pelo inquérito de improbidade administrativa a responsabilidade de representar ao Ministério Público para adoção da tutela cautelar de indisponibilidade dos bens do indiciado, quando o ato de improbidade causar lesão ao patrimônio público ou ensejar enriquecimento ilícito.

- Permite a indisponibilidade de bens adquiridos anteriormente ao suposto ato de improbidade, a fim de assegurar o integral ressarcimento do dano, a restituição do acréscimo patrimonial resultante do enriquecimento ilícito e o pagamento de possível multa civil como sanção autônoma.

- Dá ao juiz permissão de autorizar o desconto administrativo mensal de até 30% (trinta por cento) da remuneração do agente público, até o valor do enriquecimento ilícito auferido ou do prejuízo sofrido pela Administração Pública, diante da insuficiência de bens, devendo o produto ser depositado em juízo e convertido em renda ao ente público envolvido caso o agente seja, ao final, condenado, ou a ele restituído, se absolvido das imputações.

Problemas que pretende solucionar

- Possível interpretação equivocada da Lei n. 8.429/92. A nova redação tem por objetivo deixar ainda mais claro na lei o que já está claro e pacificado na jurisprudência.

- Difícil recuperação de bens obtidos em decorrência de atos de improbidade administrativa, em razão da ocultação e dilapidação do patrimônio por agentes ímprobos. Assim, a alteração concederia tanto à Administração Pública como ao Poder Judiciário medidas efetivas que permitissem amealhar ou resguardar alguma espécie de patrimônio que pudesse servir, futuramente, para liquidar a condenação eventualmente proferida.

ANTEPROJETO DE LEI

> Altera os arts. 7º e 16 da Lei n. 8.429, de 2 de junho de 1992, para aperfeiçoar o bloqueio de bens e garantir os resultados da ação de improbidade administrativa.

O **PRESIDENTE DA REPÚBLICA** faço saber que o Congresso Nacional decreta e eu sanciono a seguinte lei:

Art. 1º. A Lei n. 8.429, de 2 de junho de 1992, passa a vigorar com as seguintes alterações:

Art. 7º. Quando o ato de improbidade lesar o patrimônio público ou ensejar enriquecimento ilícito, caberá à autoridade administrativa responsável pelo inquérito representar ao Ministério Público para adoção da tutela cautelar de indisponibilidade dos bens do indiciado. (NR)

Parágrafo único. A indisponibilidade a que se refere o *caput* deste artigo recairá sobre bens que assegurem o integral ressarcimento do dano, a restituição do acréscimo patrimonial resultante do enriquecimento ilícito e o pagamento de possível multa civil como sanção autônoma, podendo recair sobre bens adquiridos anteriormente ao suposto ato. (NR)

Art. 16. [...]

§ 1º. O pedido de sequestro será processado de acordo com o Código de Processo Civil, sendo presumido o perigo de dano irreparável. (NR)

[...]

§ 3º. Diante da insuficiência de bens, o juiz poderá autorizar o desconto administrativo mensal de até 30% (trinta por cento) da remuneração do agente público, até o valor do enriquecimento ilícito auferido ou do prejuízo sofrido pela Administração Pública, devendo o produto ser depositado em juízo e convertido em renda ao ente público envolvido caso o agente seja, ao final, condenado, ou a ele restituído, se absolvido das imputações.

Art. 2º. Esta Lei entra em vigor na data de sua publicação.

Brasília, X de XXXX de 2018.

JUSTIFICATIVA

A natureza jurídica das cautelares patrimoniais previstas na Lei n. 8.429/92 foram pacificadas pelo Superior Tribunal de Justiça[1] como sendo "tutelas de evidência", caso em que resta dispensada a comprovação do dano ou perigo de dano para que seja deferida medida de indisponibilidade ou sequestro, conforme se depreende do julgado abaixo:

> "No caso da medida cautelar de indisponibilidade, prevista no art. 7º da LIA, não se vislumbra uma típica tutela de urgência, como descrito acima, mas sim uma tutela de evidência, uma vez que o *periculum in mora* não é oriundo da intenção do agente dilapidar seu patrimônio, e sim, da gravidade dos fatos e do montante do prejuízo causado ao erário, o que atinge toda a coletividade. O próprio legislador dispensa a demonstração do perigo de dano, em vista da redação imperativa da Constituição Federal (art. 37, §4º) e da própria Lei de Improbidade (art. 7º)." (REsp 1319515/ES – Rel. Mauro Campbell – S1 – Data do julgamento 22/08/2012)

Contudo, a doutrina tem atrelado os casos de tutela de evidência à situação de tutelas satisfativas, de modo que é mais apropriado falar em presunção do perigo de demora na concessão da medida. Assim, propõe-se modificação de redação apenas para deixar claro na lei o que já está claro e pacificado na jurisprudência, não havendo, nesse ponto, nenhuma repercussão prática sobre os efeitos dos mencionais dispositivos.

De igual modo, há um acréscimo de redação ao parágrafo único do art. 7º da Lei n. 8.429/92, apenas para também acompanhar a jurisprudência pacífica[2] do STJ, que assenta que: *"Na ação de improbidade, a decretação de indisponibilidade de bens pode recair sobre aqueles adquiridos anteriormente ao suposto ato, além de levar em consideração o valor de possível multa civil como sanção autônoma"*.

A decisão do STJ está correta, pois o infrator responde com seu patrimônio para o ressarcimento ao Erário, independentemente de os bens terem sido adquiridos antes ou depois do ato de improbidade.

Por fim, é absolutamente incoerente, frente à presunção acima retratada, que, diante de

---

[1] Precedentes da Tutela de Evidência: Precedentes: AgRg no REsp 1342860/BA, Rel. Ministro Napoleão Nunes Maia Filho, Primeira Turma, julgado em 02/06/2015, DJe 18/06/2015; AgRg no AREsp 341211/PR, Rel. Ministro Benedito Gonçalves, Primeira Turma, julgado em 09/06/2015, DJe 17/06/2015; AgRg no REsp 1460770/PA, Rel. Ministro Herman Benjamin, Segunda Turma, julgado em 05/05/2015, DJe 21/05/2015; AgRg no AREsp 369857/SP, Rel. Ministro OG Fernandes, Segunda Turma, julgado em 28/04/2015, DJe 06/05/2015; AgRg no AgRg no REsp 1396811/DF, Rel. Ministra Marga Tessler (juíza federal convocada do TRF 4ª Região), Primeira Turma, julgado em 10/03/2015, DJe 17/03/2015; REsp 1461882/PA, Rel. Ministro Sérgio Kukina, Primeira Turma, julgado em 05/03/2015, DJe 12/03/2015; AgRg no REsp 1460687/PI, Rel. Ministro Humberto Martins, Segunda Turma, julgado em 03/03/2015, DJe 09/03/2015; EDcl no REsp 1482497/PA, Rel. Ministro Mauro Campbell Marques, Segunda Turma, julgado em 18/12/2014, DJe 19/12/2014.

[2] Precedentes: REsp 1461892/BA, Rel. Ministro Herman Benjamin, Segunda Turma, julgado em 17/03/2015, DJe 06/04/2015; REsp 1461882/PA, Rel. Ministro Sérgio Kukina, Primeira Turma, julgado em 05/03/2015, DJe 12/03/2015; REsp 1176440/RO, Rel. Ministro Napoleão Nunes Maia Filho, Primeira Turma, julgado em 17/09/2013, DJe 04/10/2013; AgRg no REsp 1191497/RS, Rel. Ministro Humberto Martins, Segunda Turma, julgado em 20/11/2012, DJe 28/11/2012; AgRg no AREsp 20853/SP, Rel. Ministro Benedito Gonçalves, Primeira Turma, julgado em 21/06/2012, DJe 29/06/2012; REsp 1426699/MA (decisão monocrática), Rel. Ministra Regina Helena Costa, julgado em 16/06/2015, DJe 23/06/2015; AREsp 391067/SP (decisão monocrática), Rel. Ministro OG Fernandes, julgado em 27/02/2015, DJe 19/03/2015; REsp 924142/ES (decisão monocrática), Rel. Ministro Mauro Campbell julgado em 03/08/2009, DJe 13/08/2009. (vide informativo de jurisprudência n. 533)

fortes indícios da prática de ato de improbidade administrativa, ainda assim a Administração Pública remunere o agente ímprobo em sua integralidade.

Sobre o assunto, aliás, urge dizer que, em regra, os agentes ímprobos são audazes e absolutamente perspicazes em ocultar e dilapidar seus patrimônios. Na maioria das vezes – e a prática forense revela essa circunstância às escâncaras –, mesmo diante da medida liminar prevista no art. 7º da Lei Federal n. 8.429/92, raramente é encontrando algum bem em nome do agente sujeito a processo de apuração de ato de improbidade administrativa.

Disso deflui a necessidade de que seja prevista a possibilidade de descontos cautelares do seu salário, como medida para resguardar os cofres públicos quando não houver bens suficientes para tanto.

De fato, mostra-se paradoxal que, ainda assim, mesmo havendo sequestro de bens ou ação principal de improbidade administrativa, a Administração Pública não possa descontar, cautelarmente e mediante autorização judicial, pequeno percentual da remuneração, paga por ela ao agente público, com o escopo de resguardar a possiblidade de vir-se minimamente ressarcida pelos danos causados caso o agente, ao final, seja condenado.

A referida medida, assim, tem por finalidade harmonizar o sistema de acautelamento já previsto no art. 7º da Lei Federal n. 8.429/92, em sua combinação com os artigos 16 e 17 do mesmo diploma legal.

É imperioso conceder tanto à Administração Pública quanto ao Poder Judiciário medidas efetivas que permitam amealhar ou resguardar alguma espécie de patrimônio que possa servir, futuramente, para liquidar a condenação eventualmente proferida.

Repita-se que os descontos serão realizados enquanto tramitarem pedidos de sequestro ou ações principais, de modo que, ao final, haverá produto a ser convertido em renda do ente público, se houver condenação, ou devolvido ao agente, nos casos de absolvição, favorecendo a efetiva recomposição do erário.

69 EXECUÇÃO CÍVEL DA PENA

O Novo Código de Processo civil prevê, no rol de títulos executivos judiciais, a sentença penal condenatória transitada em julgado, decisão definitiva que costuma levar anos até ser tomada e da qual não se pode recorrer. Contudo, a necessidade do trânsito em julgado da sentença criminal para a execução da parte cível da pena, isto é, aquela que não diz respeito ao direito de ir e vir do cidadão, gera, como consequência, a impossibilidade de reapropriação de centenas de milhões de reais desviados pela corrupção enquanto durar o processo. Assim, a medida permitiria a execução da parte cível da pena após interpostos os recursos ordinários, evitando o desnecessário e longo tempo de espera para o ressarcimento dos danos.

Principais pontos da proposta

- Incluir a sentença condenatória penal e de improbidade confirmadas pelo Tribunal de 2º grau entre os títulos executivos judiciais (ainda que caiba recurso especial ou extraordinário).

- A caução – valor depositado como garantia para o cumprimento de obrigação ou indenização de possível dano – poderá ser dispensada nos casos em que o crédito for de natureza pública, independentemente de sua origem.

- Estabelece que poderão também promover a execução, no juízo cível, para o efeito de reparação do dano, o ofendido, seu representante legal e herdeiros.

Problemas que pretende solucionar

- A necessidade do trânsito em julgado da sentença criminal para a execução da parte cível. Uma das consequências da demora recursal é a impossibilidade de o Brasil se reapropriar das centenas de milhões de reais desviados pela corrupção e que se encontram impedidos de serem restituídos aos cofres públicos diante da necessidade de obtenção da demorada decisão definitiva, com trânsito em julgado.

ANTEPROJETO DE LEI

Altera o art. 515, inciso VI, e o art. 521, da Lei n. 13.105, de 16 de março de 2015, Código de Processo Civil, e o art. 63 e seu parágrafo único do Decreto-Lei n. 3.689, de 3 de outubro de 1941, Código de Processo Penal, para redefinir a execução cível da pena criminal quanto ao ressarcimento do dano.

O **PRESIDENTE DA REPÚBLICA** faço saber que o Congresso Nacional decreta e eu sanciono a seguinte lei:

Art. 1º. O art. 515 da Lei n. 13.105, de 16 de março de 2015, Código de Processo Civil, passa a vigorar com a seguinte redação em seu inciso VI e a ser acrescido do seguinte §3º:

"**Art. 515** [...]

VI – a sentença condenatória penal confirmada pelo Tribunal de Justiça ou pelo Tribunal Regional Federal; [...] (NR)

§ 1º Nos casos dos incisos VII a IX, o devedor será citado no juízo cível para o cumprimento da sentença ou para a liquidação no prazo de 15 (quinze) dias. (NR)

§ 3º No caso do inciso VI, no prazo de 15 (quinze) dias, o devedor será citado no juízo cível para liquidação ou cumprimento da sentença que observará, enquanto não houver o trânsito em julgado, o Capítulo II e, após transitada em julgado, o Capítulo III, ambos do Título II, do Livro I, da Parte Especial."

Art. 2º. O art. 521 da Lei n. 13.105, de 16 de março de 2015, Código de Processo Civil, passa a vigorar acrescida do seguinte inciso:

"**Art. 521.** A caução prevista no inciso IV do art. 520 poderá ser dispensada nos casos em que: [...]

V – o crédito for de natureza pública, independentemente de sua origem;"

Art. 3º. O Art. 63 e seu parágrafo único do Decreto-Lei n. 3.689, de 3 de outubro de 1941, Código de Processo Penal, passa a vigorar com a seguinte redação:

"**Art. 63.** Ao proferirem julgamento de mérito em matéria penal, os tribunais de apelação autorizarão, a pedido do Ministério Público, a execução provisória cível da decisão penal condenatória, para todos os fins, ainda que na pendência de recurso extraordinário ou recurso especial.

§1º Poderão também promover a execução, no juízo cível, para efeito da reparação do dano, o ofendido, seu representante legal ou seus herdeiros.

§2º Transitada em julgado a sentença condenatória, a execução poderá ser efetuada pelo valor fixado nos termos do inciso IV do *caput* do art. 387 deste Código sem prejuízo da liquidação para a apuração do dano efetivamente sofrido."

Art. 4º. Esta Lei entra em vigor na data de sua publicação.

Brasília, em X de XXXX de 2018.

JUSTIFICATIVA

O efeito secundário da sentença penal condenatória é a certeza da obrigação de reparar o dano resultante da infração penal, porque a sentença penal condenatória é título executivo a ser executado também na esfera civil.

O Novo Código de Processo civil, em seu art. 515, prevê, entre o rol de títulos executivos judiciais, a sentença penal condenatória transitada em julgado.

Com a reforma sofrida pela Lei n. 11.719/08, o parágrafo único do artigo 63 do Código de Processo Penal passou a prever que: *"Transitada em julgado a sentença condenatória, a execução poderá ser efetuada pelo valor fixado nos termos do inciso IV do* caput *do art. 387 deste Código sem prejuízo da liquidação para a apuração do dano efetivamente sofrido"*.

Todavia, a necessidade do trânsito em julgado da sentença criminal para a execução da parte cível traz à baila o caótico sistema recursal brasileiro. Uma das consequências da demora recursal é a impossibilidade de o Brasil se reapropriar das centenas de milhões de reais desviados pela corrupção que se encontram impedidos de serem restituídos aos cofres públicos diante da necessidade de obtenção da demorada decisão definitiva, com trânsito em julgado.

Nesse contexto, ante a premente necessidade de recuperação dos valores desviados para fins de assegurar recursos básicos para implementação das políticas públicas, importa estabelecer um sistema de execução da pena na perspectiva cível após recursos ordinários.

No CPC/1973, embora a regra fosse o efeito suspensivo dos recursos, o recurso extraordinário e o recurso especial já eram desprovidos do efeito suspensivo, nos termos do art. 497 do CPC/1973.

Já o novo CPC, diferentemente do que ocorria com o CPC/1973, cuja regra geral era o efeito suspensivo dos recursos (art. 497), inova ao estabelecer que a interposição do recurso não tem o condão de impedir que a decisão impugnada surta efeitos imediatos, nos termos do art. 995 do CPC/2015.

Segundo dados da Assessoria de Gestão Estratégica do Supremo Tribunal Federal, entre 2009 e 2010, foram interpostos 5.300 recursos extraordinários criminais e agravos de instrumento em matéria criminal, o que equivale a 8 % do total do período. Destes, apenas 145 foram providos. Esse índice representa apenas 0,22% do total de recursos extraordinários interpostos no STF em 2009 e 2010. Ainda há que se considerar que, desses 145 recursos, 77 foram providos em favor do Ministério Público e 59 tratavam de execução criminal. Ou seja, apenas 9 (nove) recursos extraordinários criminais foram julgados e providos pelo STF em prol da defesa, antes do trânsito em julgado da condenação. Em apenas um desses RE, o STF veio a absolver o réu.

Outrossim, o Conselho da Europa aprovou, em 1995, a Recomendação R (95) 5, cujo art. 7º, alínea "e", conclama que, nos Estados Partes as decisões da jurisdição cível e comercial proferidas por tribunais de segundo grau sejam imediatamente executáveis, salvo se esse mesmo tribunal ou uma corte superior (*third court*) determinar a suspensão da execução ou se o apelante prestar garantias à execução ("*Decisions made by the condrose court should be enforceable, unless the second or the third court grants a stay of execution or the appellant gives adequate security*").

Por isso, é importante fazer valer a ausência do efeito suspensivo dos RE e dos REsp para redefinir a execução cível da pena criminal quanto à reparação do dano.

Esse raciocínio coaduna-se com a orientação do Supremo Tribunal Federal no Habeas Corpus 126.292/SP, ao permitir a possibilidade de execução da pena de prisão após julgamento de decisão de Tribunal de segundo grau mesmo sem trânsito em julgado. Sendo assente a diretriz pretoriana no sentido de que o princípio constitucional da não culpabilidade não inibe a constrição do *status libertatis* do réu com condenação confirmada em segundo grau, porquanto os recursos especial e extraordinário sejam, em regra, desprovidos de efeito suspensivo, mais ainda se justifica a execução da condenação criminal, no seu aspecto cível, para fins de reparação do dano.

É nesse contexto, pois, que se colocam as modificações legislativas propostas. Elas não maculam, sob nenhum aspecto, as garantias constitucionais inerentes ao devido processo legal e à ampla defesa, na medida em que se mantém hígido o direito do réu de recorrer às instâncias extraordinárias.

Além disso, o réu tem assegurado o regime do cumprimento provisório da sentença que reconhece a exigibilidade da obrigação de pagar quantia certa, especialmente no sentido de que a execução cível da condenação criminal "corre por iniciativa e responsabilidade do exequente, que se obriga, se a sentença for reformada, a reparar os danos que o executado tenha sofrido". Nesse caso, foi inserida uma nova possibilidade de dispensa de caução para esses créditos de natureza pública, tal como ocorre em relação aos créditos de natureza alimentar.

Por fim, há de se aplicar idêntico raciocínio no tocante à sentença condenatória na ação de improbidade administrativa confirmada pelos Tribunais.

70 RASTREAMENTO DE BENS

Desvendar complexos esquemas de corrupção exige um conjunto de ferramentas à disposição de investigadores e promotores. Atualmente, eles se encontram prejudicados pela dificuldade em obter o cumprimento de ordens judiciais de quebra de sigilo bancário e fiscal. As informações oriundas desses procedimentos são de enorme valor para que se compreenda os fluxos de recursos dentro de organizações criminosas e entre atores público e privados. Obtê-las integralmente e de maneira célere é, portanto, essencial para que essas investigações tenham sucesso.

Pontos principais da proposta
- Estabelece 20 dias como prazo máximo para o envio de informações, em ordens judiciais de quebra de sigilo fiscal e bancário, pelas instituições financeiras e pela Receita Federal.
- Determina que bancos e instituições financeiras criem setores próprios, especializados em atender ordens judiciais de quebra de sigilo bancário e rastreamento de recursos.
- Autoriza que juízes apliquem multa, em caso de não cumprimento de ordens judiciais, no valor de um mil a dez milhões de reais.
- Prevê que o Ministério Público e as autoridades policiais deverão ter acesso direto, por meio eletrônico, às informações bancárias relativas a operações financeiras em que já envolvam dinheiro público.
- Autoriza o compartilhamento de informações bancárias recebidas das instituições financeiras pela Receita Federal com o Ministério Público.

Problemas que pretende solucionar
- Com frequência, no bojo de grandes operações de investigação, o longo tempo que demoram as instituições financeiras para cumprir ordens judiciais prejudica o desenrolar das investigações e ameaçam as chances de efetiva recuperação de dinheiro desviado.
- Quando bancos fornecem as informações requeridas em formatos pouco amigáveis ou incompletas, exige um grau de retrabalho por parte dos investigadores e servidores do Judiciário que não se justifica tendo em vista o elevado nível de tecnologia empregado pelos bancos no serviço aos seus clientes.

ANTEPROJETO DE LEI

> Altera o art. 17-C da Lei n. 9.613, de 3 de março de 1998, e acrescenta os artigos 17-F e 17-G à Lei n. 9.613, de 3 de março de 1998, com o fim de garantir o rastreamento célere de recursos.

O **PRESIDENTE DA REPÚBLICA** faço saber que o Congresso Nacional decreta e eu sanciono a seguinte lei:

Art. 1º. O art. 17-C da Lei n. 9.613, de 3 de março de 1998, passa a vigorar com a seguinte redação:

"**Art. 17-C.** Os encaminhamentos das instituições financeiras e tributárias em resposta às ordens judiciais de quebra ou transferência de sigilo, proferidas com base nesta ou em outra lei, deverão ser apresentados, , em meio informático, , de modo completo, em arquivos que possibilitem a migração de informações para os autos do processo sem redigitação sempre que determinado, diretamente ao órgão que o juiz indicar.

§ 1º O juiz poderá determinar que as informações sejam prestadas de acordo com o formato eletrônico preestabelecido e padronizado que seja utilizado para tratamento das informações por órgão de abrangência nacional.

§ 2º Ressalvados casos urgentes em que o prazo determinado poderá ser inferior, a Instituição Financeira e a Receita Federal deverão encaminhar as informações, de modo completo, no prazo máximo de 20 dias.

§ 3º As Instituições Financeiras manterão setores especializados em atender ordens judiciais de quebra de sigilo bancário e rastreamento de recursos para fins de investigação e processos criminais, e deverão disponibilizar, em página da internet disponível a membros do Poder Judiciário, do Ministério Público e à Polícia, os telefones e nomes das pessoas responsáveis pelo atendimento às ordens previstas no *caput*, incluindo dados para contato pessoal em finais de semana e em qualquer horário do dia ou da noite.

§ 4º Caso não se observe o prazo deste artigo, ou sejam encaminhadas as informações de modo incompleto, ou exista embaraço relevante para contato pessoal com os responsáveis pelo cumprimento das ordens judiciais, o juiz aplicará multa no valor de um mil reais a dez milhões de reais por episódio, graduada de acordo com a relevância do caso, a urgência das informações, a reiteração na falta, a capacidade econômica do sujeito passivo e a pertinência da justificativa apresentada pela instituição financeira, sem prejuízo das penas do crime de desobediência.

§ 5º No caso de aplicação da multa referida no parágrafo anterior, o juiz comunicará o CNJ, que manterá disponível na internet estatísticas por banco sobre o descumprimento das ordens judiciais a que se refere este artigo.

§ 6º O recurso em face da decisão que aplicar a multa prevista no § 4º possui efeito meramente devolutivo, salvo por erro claro e convincente ou se comprometer mais de vinte por cento do lucro do banco no ano em que for aplicada."

Art. 2º. Acrescente-se os artigos 17-F e 17-G à Lei 9.613, de 3 de março de 1998:

Artigo 17-F Independentemente de autorização judicial, o Ministério Público e a autoridade policial terão acesso direto, por meio eletrônico a ser disponibilizado pelas instituições financeiras, às informações bancárias relativas a operações financeiras em que há dinheiro público.

Artigo 17-G O órgão da Receita Federal poderá compartilhar com o Ministério Público as informações bancárias recebidas das instituições financeiras, mediante requisição direta em conformidade ao artigo 6º da Lei Complementar 105/01.

Art. 3º. Esta Lei entra em vigor na data de publicação.

Brasília, em X de XXXX de 201X.

JUSTIFICATIVA

Hoje, apesar da tecnologia, ainda encontramos decisões judiciais que autorizam quebra de sigilo por vias anacrônicas, dificultando a análise e o rastreamento de recursos.

Além disso, quando se avança no desenvolvimento de um canal eletrônico de comunicação com Instituições Financeiras para recebimento de dados bancários padronizados, como o Sistema de Investigação de Movimentações Bancárias (Simba), já instalado em diversas instituições, verifica-se que vários bancos, na maior parte dos casos, são recalcitrantes na prestação de informações completas, o que dificulta o rastreamento célere de recursos espúrios.

As disposições previstas nos parágrafos acima são essenciais para conferir maior efetividade às quebras de sigilo bancário e ao rastreamento de recursos, especialmente em razão de diversos problemas quanto de prolação das decisões e o modo de autorização de quebras e atendimento das ordens judiciais por instituições financeiras.

O caso Lava Jato é expressão desse problema. Empresas utilizadas para fins criminosos, como a Empreiteira Rigidez, a MO Consultoria, a GFD Investimentos, a RCI e outras pessoas físicas e jurídicas, tiveram seu sigilo bancário afastado nos autos do Processo 5027775-48.2013.404.7000. A decisão foi encaminhada ao Banco Central e, posteriormente, encaminhada aos bancos, em 30 de junho de 2014, com prazo de 30 dias para cumprimento da ordem judicial.

A título de exemplo, em 20 de agosto de 2014, das quebras determinadas em 30 de junho, ainda estavam pendentes 135 contas, sendo 19 da CEF, 93 do Bradesco, 6 do HSBC, 5 do Banco Sofisa, 4 do Pine e 8 do Santander. Após novo requerimento do Ministério Público Federal, a Justiça Federal reiterou a ordem aos bancos em 10 de setembro de 2014. Somente no final de outubro foram recebidas pelo MPF as informações das últimas contas pendentes, aproximadamente quatro meses após as quebras, em caso de repercussão envolvendo réus presos e crimes extremamente graves. Mesmo assim, em muitas das operações bancárias informadas, os bancos não identificaram o beneficiário ou a origem dos recursos, passando informações incompletas aos órgãos de persecução. A falta de identificação de origem e destino impede o rastreamento dos recursos, isto é, mesmo 4 meses depois da ordem judicial, informações bancárias indispensáveis não foram prestadas pelas instituições financeiras

Não é possível esperar quatro meses para poder rastrear recursos quando criminosos os movem com a rapidez de um "clique" de computador. O problema, atual e sério, que se busca solucionar é o fato de que, sem um rastreamento célere, não é possível alcançar e apreender recursos desviados nem investigar adequadamente crimes graves. A medida proposta visa criar um mecanismo de efetivo incentivo para que as instituições financeiras cumpram seu papel de contribuir com o funcionamento de mecanismos de combate à lavagem de dinheiro. Em outra quebra de sigilo bancário da Operação Lava Jato, os bancos foram comunicados da ordem judicial em 28 de agosto de 2014, com prazo de 30 dias, para cumprimento da decisão judicial, mas, até 15 de novembro de 2014, não tinham cumprido integralmente a ordem.

Todavia, como regra geral, o prazo estipulado para cumprimento às ordens judiciais de afastamento de sigilo bancário é de 30 (trinta) dias para que as instituições financeiras disponibilizem os extratos bancários e de 10 (dez) dias para que o Banco Central forneça as informações constantes no Cadastro de Clientes do Sistema Financeiro Nacional – CCS. Esse prazo reduzido concedido ao BACEN se justifica em razão da pouca complexidade que envolve a coleta e transmissão das informações do CCS/BACEN. Cabe esclarecer, no entanto, que outros prazos são concedidos pelas autoridades judiciais, de acordo com a urgência ou complexidade de cada investigação.

Neste particular, é importante ressaltar que, via de regra, o êxito das investigações que necessitam de exame de informações obtidas em afastamentos de sigilo bancário depende primordialmente da celeridade e da qualidade dos atendimentos das informações fornecidas pelas instituições financeiras, seja quanto às informações cadastrais e, principalmente, quanto às informações de origem e destino dos recursos investigados.

Como é de conhecimento geral, as instituições financeiras possuem alta tecnologia quanto à informatização da rede bancária para oferta dos diversos produtos e serviços bancários aos usuários e clientes, e também aumentam, a cada ano, os investimentos de recursos nas áreas de *compliance* e prevenção à fraude e lavagem de capitais, razão pela qual o Sistema Financeiro Nacional é reconhecido como um dos mais avançados do mundo.

Sabe-se que as instituições financeiras têm colocado à disposição de seus clientes produtos e serviços diversificados, nas mais diversas plataformas, permitindo a rápida recuperação dos detalhes das informações referentes às transações bancárias. Portanto, as instituições financeiras dispõem das informações em tempo real, inclusive estão sendo automatizadas aquelas que antes necessitavam de recuperação manual, como a compensação de cheques.

Além disso tudo, muitas vezes é difícil conseguir contato, ainda mais pessoal, com as pessoas dos bancos responsáveis pelo cumprimento das ordens judiciais, a fim de garantir um resultado efetivo e em prazo adequado, bem como aferir o andamento e tirar dúvidas quanto ao cumprimento da determinação judicial.

Por seu turno, os artigos 17-F e 17-G transportam e consolidam em texto legal decisões proferidas por nossas Cortes de Justiça e que podem facilitar muito o rastreamento de recursos oriundos da prática criminosa.

Com efeito, é entendimento do STF que é possível a utilização de dados obtidos pela Secretaria da Receita Federal, em regular procedimento administrativo fiscal, para fins de instrução processual penal. Nessa linha, vejam-se as seguintes decisões: ARE 998.818, Rel. Min. Ricardo Lewandowski; RE 1.073.398, Rel. Min. Luiz Fux; RE 1.090.776, Rel. Min. Alexandre de Moraes; RE 1.064.544, Rel. Min. Edson Fachin.

Todavia, já é assente em nossos tribunais que o sigilo bancário não se aplica a contas que recebem repasses da União. As contas públicas, ante o princípio da publicidade e moralidade, não possuem proteção do direito à intimidade/privacidade. Nesse sentido, por exemplo, vale citar o Habeas Corpus 308.493-CE, 5ª Turma do Superior Tribunal de Justiça.